GRUNDRISSE DES RECHTS

Rudolf Rengier · Strafrecht

Besonderer Teil I

Überschrift =

Definition =

Wichtig =

D1666918

Strafrecht
Besonderer Teil I

Vermögensdelikte

von

Dr. Rudolf Rengier
em. o. Professor an der Universität Konstanz

24., neu bearbeitete Auflage 2022

Zitiervorschlag: Rengier StrafR BT I § ... Rn. ...

www.beck.de

ISBN Print 978 3 406 77985 5
ISBN E-Book 978 3 406 77986 2

© 2022 Verlag C.H.Beck oHG
Wilhelmstraße 9, 80801 München
Druck und Bindung: Druckerei C.H.Beck, Nördlingen
(Adresse wie Verlag)

Satz: Thomas Schäfer, www.schaefer-buchsatz.de
Umschlaggestaltung: Druckerei C.H.Beck Nördlingen

chbeck.de/nachhaltig

Gedruckt auf säurefreiem, alterungsbeständigem Papier
(hergestellt aus chlorfrei gebleichtem Zellstoff)

Vorwort zur 24. Auflage

Das Lehrbuch zum Besonderen Teil des Strafrechts ist in erster Linie für Studierende gedacht. Es eignet sich für Anfangssemester genauso wie für Examenskandidaten. Referendaren ermöglicht es eine Wiederholung des Stoffes. Das Buch umfasst zwei Bände. Der vorliegende Band I enthält die Vermögensdelikte, der ergänzende Band II (23. Aufl. 2022) die Delikte gegen die Person und die Allgemeinheit. Das Lehrbuch zum Allgemeinen Teil (13. Aufl. 2021) vervollständigt das Lehrwerk. Alle Lehrbücher konzentrieren sich auf den erfahrungsgemäß prüfungs- und examensrelevanten Pflichtfachstoff. Hinweise zur Benutzung werden in → § 1 Rn. 6 ff. gegeben.

Das Erscheinen bereits der 24. Auflage nach der 1. Auflage 1997 unterstreicht den andauernden Erfolg des „BT I" und zeigt, dass insbesondere die studentischen Leserinnen und Leser das Werk annehmen und die didaktisch orientierte Mischung zwischen systematischer und fallorientierter Darstellung breite Zustimmung findet.

Die vorliegende Neuauflage ist gründlich überarbeitet worden. Erneut habe ich großen Wert auf die Einarbeitung aktueller und ausbildungsrelevanter Entscheidungen und die Aspekte der Fallbearbeitung gelegt. Im Zentrum stehen einige Strafvorschriften, deren Lehrbuch-Paragrafen zugleich neu durchnummeriert worden sind: § 9 (Raub mit Todesfolge), § 10 (Räuberischer Diebstahl), § 11 Rn. 38–52 (Erpressung), § 13 (Betrug) und § 23 (Geldwäsche). Ferner hat § 6 (Vorschriften der §§ 247–248c) neue Randnummern erhalten.

Im Übrigen wurde die gesamte Darstellung durchgesehen, ergänzt und auf den neuesten Stand gebracht. Literatur und Rechtsprechung sind bis Januar 2022 berücksichtigt. Soweit BGH-Entscheidungen nur mit Aktenzeichen zitiert werden, sind diese (noch) nicht gedruckt publiziert, indes unter www.bundesgerichtshof.de und in der Regel auch in beck-online und juris abrufbar.

Für alle Äußerungen aus dem Leserkreis bedanke ich mich. Hinweise, Kritik und Anregungen nehme ich auch weiterhin gerne per E-Mail entgegen (Rudolf.Rengier@uni-konstanz.de).

Konstanz, Anfang Februar 2022 *Rudolf Rengier*

Aus dem Vorwort zur ersten Auflage (1997)

Meinen Mitarbeitern danke ich für ihre Unterstützung, insbesondere Herrn *Reinhold Brandt,* Herrn *Stephan Haack* und Herrn *Dr. Bernd Hecker.* Meine Sekretärin, Frau *Gisa Pflanz,* hat geduldig und zuverlässig das Manuskript erstellt. Auch ihr sei herzlich gedankt.

Inhaltsverzeichnis

5. Kapitel. Anschlussstraftaten

6. Kapitel. Sachbeschädigung (§§ 303–305a)

Abkürzungs- und Literaturverzeichnis

K/*Schramm*, BT I .... *Kindhäuser/Schramm*, Strafrecht, Besonderer Teil I, Straftaten gegen Persönlichkeitsrechte, Staat und Gesellschaft, 10. Aufl. 2021

Klesczewski, BT .... *Klesczewski*, Strafrecht, Besonderer Teil, 2016.

Kühl, AT .... *Kühl*, Strafrecht, Allgemeiner Teil, 8. Aufl. 2017

Küper/Zopfs, BT ...... *Küper/Zopfs*, Strafrecht, Besonderer Teil, Definitionen mit Erläuterungen, 10. Aufl. 2018

Lackner/Kühl .... *Lackner/Kühl*, Strafgesetzbuch, 29. Aufl. 2018

Lfg. .... Lieferung

LK/*Bearbeiter*,
10. Aufl. .... Strafgesetzbuch, Leipziger Kommentar, 10. Aufl. 1978 ff.

LK/*Bearbeiter*, 11.,
12. bzw. 13 Aufl. ...... Strafgesetzbuch, Leipziger Kommentar, 11. Aufl. 1992 ff.; 12. Aufl. 2006 ff.; 13. Aufl. 2019 ff.

m. w. N. .... mit weiteren Nachweisen

M/*Bearbeiter*, BT 1   *Maurach/Schroeder/Maiwald/Hoyer/Momsen*, Strafrecht, Besonderer Teil, Teilbd. 1, Persönlichkeits- und Vermögenswerte, 11. Aufl. 2019

M/*Bearbeiter*, BT 2   *Maurach/Schroeder/Maiwald*, Strafrecht, Besonderer Teil, Teilbd. 2, Straftaten gegen Gemeinschaftswerte, 10. Aufl. 2012

M/R/*Bearbeiter* .... *Matt/Renzikowski*, Strafgesetzbuch, 2. Aufl. 2020

MDR/D .... *Dallinger*, Aus der Rechtsprechung des Bundesgerichtshofs in Strafsachen, in: Monatsschrift für Deutsches Recht (Jahrgang, Seite)

MDR/H .... *Holtz*, Aus der Rechtsprechung des Bundesgerichtshofs in Strafsachen, in: Monatsschrift für Deutsches Recht (Jahrgang, Seite)

medstra .... Zeitschrift für Medizinstrafrecht

MfS .... Ministerium für Staatssicherheit (DDR)

Mitsch, BT 2 .... *Mitsch*, Strafrecht, Besonderer Teil 2, Vermögensdelikte, 3. Aufl. 2015

MMR .... Multimedia und Recht

MüKo/*Bearbeiter* .... Münchener Kommentar zum Strafgesetzbuch, 3. Aufl. 2016 ff.; 4. Aufl. 2020 ff.

MüKoBGB/*Bearbeiter* .... Münchener Kommentar zum Bürgerlichen Gesetzbuch, 8. Aufl. 2018 ff.; 9. Aufl. 2021 ff.

NJ .... Neue Justiz

NJW .... Neue Juristische Wochenschrift

NK/*Bearbeiter* .... Nomos Kommentar Strafgesetzbuch, 5. Aufl. 2017

str.	streitig
StraFo	Strafverteidiger Forum
StrÄndG	Strafrechtsänderungsgesetz
StrRG	Gesetz zur Reform des Strafrechts
StV	Strafverteidiger
SubvG	Subventionsgesetz
TKG	Telekommunikationsgesetz
u. a.	unter anderem
usw.	und so weiter
UWG	Gesetz gegen den unlauteren Wettbewerb
Var.	Variante
vgl.	vergleiche
VRS	Verkehrsrechts-Sammlung
W/*Beulke*/*Satzger*, AT	*Wessels*/*Beulke*/*Satzger*, Strafrecht, Allgemeiner Teil, 51. Aufl. 2021
W/H/E/*Bearbeiter*, BT 1	*Wessels*/*Hettinger*/*Engländer*, Strafrecht, Besonderer Teil 1, Straftaten gegen Persönlichkeits- und Gemeinschaftswerte, 45. Aufl. 2021
W/H/S/*Bearbeiter*, BT 2	*Wessels*/*Hillenkamp*/*Schuhr*, Strafrecht, Besonderer Teil 2, Straftaten gegen Vermögenswerte, 44. Aufl. 2021
WaffG	Waffengesetz
WiKG	Gesetz zur Bekämpfung der Wirtschaftskriminalität
wistra	Zeitschrift für Wirtschaft, Steuer, Strafrecht bzw. Wirtschafts- und Steuerstrafrecht (seit 1997)
WiStStR/*Bearbeiter* .	*Graf*/*Jäger*/*Wittig*, Wirtschafts- und Steuerstrafrecht, 2. Aufl. 2017
Wittig, WiStR	*Wittig*, Wirtschaftsstrafrecht, 5. Aufl. 2020
WM	Wertpapier-Mitteilungen
z. B.	zum Beispiel
ZIS	Zeitschrift für Internationale Strafrechtsdogmatik bzw. (seit 2022) Strafrechtswissenschaft (Online-Zeitschrift, abrufbar unter www.zis-online.com)
ZJS	Zeitschrift für das Juristische Studium (Online-Zeitschrift, abrufbar unter www.zjs-online.com)
ZPO	Zivilprozessordnung

Paragrafen ohne Gesetzesangabe sind solche des StGB.

§ 1. Einführung

I. Strukturen des Besonderen Teils

Der Besondere Teil des Strafgesetzbuches (§§ 80–358) ist in 30 Ab- 1
schnitte unterteilt. Allerdings kann man hinter dem gesetzlichen Aufbau kein klares Ordnungsprinzip erkennen. Auch was den Inhalt der
einzelnen Abschnitte und die konkrete Paragrafenfolge anbelangt, so
werden nur zum Teil geschlossene Strukturen sichtbar (z. B. 9., 13.,
24., 29. Abschnitt). Vor diesem Hintergrund hat sich ein Gliede-
rungsprinzip durchgesetzt, das von den geschützten Rechtsgütern
ausgeht. Insoweit unterscheidet man zunächst die Straftaten, die gegen Individualrechtsgüter gerichtet sind, von solchen, die Rechtsgüter der Allgemeinheit betreffen. Die Individualdelikte wiederum un-
terteilen sich in die Delikte gegen die Person und gegen das
Vermögen. Den Gegenstand dieses ersten Bandes meines Lehrbuchs
zum Besonderen Teil bilden die Straftaten gegen das Vermögen. Die
Straftaten gegen die Person und die Allgemeinheit werden im zweiten
Band behandelt.

II. Insbesondere die Straftaten gegen das Vermögen

Bei den Vermögensdelikten bilden die Straftaten gegen das Eigen- 2
tum und die Straftaten gegen das Vermögen als Ganzes die beiden
Hauptgruppen. Man spricht insoweit auch von Vermögensdelikten
im weiteren und engeren Sinn. Die Eigentumsdelikte (§§ 242 ff.,
249–252, 303) zählen zur ersten Gruppe, weil das Eigentum als Sachwert zwar regelmäßig, indes nicht immer einen Vermögenswert verkörpert und unabhängig davon geschützt wird, ob beim Opfer im
Einzelfall ein wirtschaftlicher Schaden eintritt; als Tatobjekt z. B. eines Diebstahls kommt also auch eine wirtschaftlich wertlose Sache
wie ein Liebesbrief in Betracht (erg. → § 2 Rn. 1, 6, 97 f.). Demgegenüber bezieht das Gesetz bei den typischen Vermögensdelikten im engeren Sinn (§§ 253, 255, 263, 266) das Vermögen als Ganzes mit all
seinen wirtschaftlich fassbaren Werten (z. B. Forderungen, Besitz,
Anwartschaften) in den Schutzbereich ein, schützt es allerdings nur
dann, wenn das Vermögen des Opfers per Saldo einen wirtschaftli-

chen Schaden erleidet (zum Ganzen A/W/*Heinrich*, BT, § 11 Rn. 1 ff.; zum Vermögensschaden näher → § 13 Rn. 138 ff.).

3　　Der Eigentumsschutz wird ergänzt durch Tatbestände, die bestimmte einzelne Vermögenswerte schützen, namentlich Nutzungsrechte (z. B. §§ 248b, 248c, 289) und Aneignungsrechte (§§ 292 ff.). Bei den Delikten gegen das Vermögen als Ganzes sind im Laufe der Zeit im Zuge der Bekämpfung der Computer-, Karten- und Wirtschaftskriminalität viele neue Tatbestände in das Strafgesetzbuch gekommen (z. B. §§ 263a, 264, 264a, 266b). Anschlussstraftaten (z. B. §§ 257, 259) runden den Vermögensschutz ab.

4　　Alle Einteilungen stehen vor dem Problem unvermeidbarer – und zum Teil umstrittener – Überschneidungen. So berühren etwa die §§ 257, 261 sowie zahlreiche Wirtschaftsdelikte (z. B. §§ 264, 264a, 265b) Rechtsgüter der Allgemeinheit. § 316a steht in der Praxis wie in der Fallbearbeitung den §§ 249 ff. näher als den Straßenverkehrsdelikten und wird daher, didaktischen Bedürfnissen entsprechend, im Rahmen der §§ 249–255 erörtert (→ § 12). Andererseits ist § 142 – obwohl Vermögensgefährdungsdelikt – systematisch besser bei den Verkehrsdelikten aufgehoben und findet folglich im zweiten Band seinen Platz (*Rengier*, BT II, § 46). Die strukturell verwandten §§ 239a, 239b sollten, unabhängig von der Erpressungskomponente des § 239a, zusammen mit den Freiheitsdelikten behandelt werden (*Rengier*, BT II, § 24). Strukturelle und didaktische Gründe sprechen ferner dafür, die Anschlussstraftaten (§§ 257–261) geschlossen darzustellen; daher bezieht das 5. Kapitel dieses Bandes nicht nur die §§ 257, 261, sondern auch die §§ 258, 258a ein, obwohl die beiden letzten Tatbestände eindeutig nicht zu den Vermögensstraftaten gehören (→ §§ 20–23).

5　　Im Aufbau folgt der vorliegende Band, ohne dass systematische Aspekte zu kurz kommen, weitgehend dem gesetzlichen Vorbild und ermöglicht dadurch eine rasche Orientierung. Die Darstellung beginnt in den → §§ 2–6 mit dem 19. Abschnitt des StGB („Diebstahl und Unterschlagung") und fährt in den → §§ 7–12 mit den um § 316a ergänzten Taten des 20. Abschnitts („Raub und Erpressung") fort. Jetzt schließen sich aus dem 22. Abschnitt der Betrug und die betrugsähnlichen Straftaten an (→ §§ 13–17), bevor die Untreue und die untreueähnlichen Straftaten behandelt werden (→ §§ 18, 19). Danach werden die Anschlussstraftaten des 21. Abschnitts erörtert (→ §§ 20–23). Am Ende stehen der 27. Abschnitt über die Sachbeschädigung (→ §§ 24–26) und die sonstigen Straftaten gegen das Vermögen (→ §§ 27–29).

III. Zur Benutzung des Lehrbuchs

Die Bände „BT I" und „BT II" können selbstverständlich unab- 6
hängig voneinander benutzt werden. Andererseits bilden sie insoweit
eine Einheit, als der Leser durch Querverweise auch zwischen den
Bänden in die Lage versetzt werden soll, übergreifende Zusammen-
hänge und parallele Fragestellungen leichter zu erkennen und besser
zu verstehen.

Ferner habe ich großen Wert auf die für das Verständnis und den 7
Lernerfolg wichtige Integration namentlich von solchen Fragen des
Allgemeinen Teils gelegt, die typischerweise im Zusammenhang mit
bestimmten Tatbeständen des Besonderen Teils auftauchen und leicht
vernachlässigt werden. Wer derartige „AT-Fragen" gezielt studieren
möchte, kann die einschlägigen Fundstellen mit Hilfe des ausführli-
chen Stichwortverzeichnisses schnell finden (siehe z. B. die Stichworte Absicht, Analogie, Bedingungen, Beendigung, Einverständnis,
Einwilligung, Erfolgsqualifizierte Delikte, Gefahr, Irrtum, Konkurrenzen, Täterschaft und Teilnahme, Rücktritt, Unterlassen, Versuch,
Vorsatzwechsel).

Die den einzelnen Paragrafen vorangestellten Fälle dienen u. a. dem 8
Zweck, fortgeschrittenen Studierenden die Möglichkeit zu bieten, die
Sachverhalte übungshalber erst selbst zu bearbeiten, bevor die Ergebnisse mit den im Text angebotenen Lösungsskizzen (auf die bei den
Fällen verwiesen wird) verglichen werden. Je nach Lernmethode
kann man die Fälle aber auch erst dann lesen, wenn man zu den Lösungsskizzen gelangt. Dieser Weg dürfte namentlich für Anfänger
sinnvoller sein.

Nicht oft genug kann die Aufforderung erfolgen, zitierte Gesetzes- 9
bestimmungen unbedingt stets nachzulesen. In der genauen Arbeit
mit dem Gesetzestext liegt ein entscheidender Schlüssel zum Erfolg.
In Übungsarbeiten vermeiden präzise Zitate Ungenauigkeiten und
Missverständnisse.

Schließlich seien dem Studierenden noch meine „Empfehlungen 10
zur vertiefenden Lektüre" ans Herz gelegt, die sich in der Regel an
jeden Paragrafen anschließen. Diese Empfehlungen sollen nicht, was
den für Studium und Examen relevanten Stoff anbelangt, Lücken im
Text schließen; insoweit habe ich darauf geachtet, dem berechtigten
Anspruch des Studierenden auf ein „vollständiges" Lehrbuch zu ge-

nügen. Bei den Empfehlungen habe ich bewusst eine Auswahl allein unter didaktischen Aspekten getroffen und lediglich solche Entscheidungen bzw. Beiträge ausgesucht, die aus der Sicht des Lernenden zum Vertiefungsstudium besonders geeignet erscheinen und auch den Anfänger nicht überfordern. Dem Leser kann nur dringend geraten werden, von dem Lektüreangebot zumindest teilweise Gebrauch zu machen; denn ein solches ergänzendes Studium eröffnet andere Perspektiven, schult die Diskussionsfähigkeit und fördert maßgeblich das Verständnis.

Insoweit kann auch das digitale Angebot gute ergänzende Dienste leisten, mit dessen Reichweite inner- und außerhalb des universitären Campus man vertraut sein sollte. Soweit man auf amtliche Entscheidungssammlungen (wie BGHSt) online kaum Zugriff hat, lässt sich das Aktenzeichen meist leicht über Suchmaschinen ermitteln (z. B. *BGH* 4 StR 591/17 für BGHSt 63, 215) und die Entscheidung dann etwa unter www.bundesgerichtshof.de zumindest studieren.

11 Den richtigen Umgang mit Rechtsprechung und Literatur lernt der Studierende nicht zuletzt bei der gewissenhaften Anfertigung von Hausarbeiten. Als kleine Hilfe können von meiner Homepage ausführliche „Hinweise für die Formalia und Erstellung rechtswissenschaftlicher Hausarbeiten" abgerufen werden (www.jura.uni-konstanz.de/rengier/materialien/).

12 Schließlich noch ein Wort zum Pflichtfachstoff: Die meisten Prüfungsordnungen haben im Bereich des Besonderen Teils gewisse Stoffbegrenzungen normiert, die unterschiedlich ausfallen und mit denen insbesondere die fortgeschrittenen Studierenden vertraut sein sollten. Was nicht zum Prüfungsstoff gehört, ist in Hausarbeiten und Klausuren auch dann nicht zu erörtern, wenn allgemein nach der Strafbarkeit der Beteiligten gefragt wird.

1. Kapitel. Diebstahl und Unterschlagung

§ 2. Diebstahl (§ 242)

Fall 1: Tochter T hütet vorübergehend das Haus ihrer reisenden und längst allein lebenden alten Mutter M. Auf der Reise stirbt M. Danach, doch bevor T die Todesnachricht erhält, nimmt sie ein Schmuckstück der M an sich, um es zu behalten. *Drei Varianten:* a) T ist Alleinerbin. b) Neben T ist Sohn S Miterbe, der im Augenblick der Tat von dem Tod auch noch nichts weiß. c) Nur Miterbe S weiß schon im Augenblick der Tat von dem Tod. → Rn. 12, 25, 26

Fall 2: In einer Lebensmittelabteilung nimmt A drei Flaschen Schnaps aus dem Regal, öffnet sie, trinkt sie an, legt sie in seinen Einkaufswagen und begibt sich zur Kasse, wo er, über Bargeld nicht verfügend, die Flaschen mit einem dafür nicht gültigen Gutschein des Sozialamts bezahlen will. Die Annahme des Gutscheins wird, von A einkalkuliert, verweigert (*OLG Köln* NJW 1986, 392). → Rn. 56

Fall 3: Die gelernte Buchhändlerin und Studentin S arbeitet in der im Universitätsgebäude gelegenen Buchhandlung. Am Abend schließt sie den Laden und begibt sich noch in die nahe Universitätsbibliothek, wo sie Ladenschlüssel und Schreibmaterial auf einem Tisch deponiert, bevor sie sich auf die Suche nach den benötigten Büchern macht. Ihr Kommilitone K erkennt die Situation, nimmt den Schlüssel, öffnet die Buchhandlung, ergreift im Laden die neueste Auflage eines wichtigen Lehrbuchs und hat dieses gerade in seinem Rucksack verborgen, als er noch im Laden ertappt wird. Den Schlüssel wollte K von Anfang an hinterher ins Gebüsch werfen, während er bezüglich des Lehrbuchs unwiderlegt angibt, er habe es nur für die letzte „heiße Phase" einer Hausarbeit gebraucht und nach ein paar Tagen wieder zurückbringen wollen. → Rn. 126 ff., 142

I. Grundlagen und Aufbaufragen

Der Diebstahl ist die bedeutendste Straftat gegen das Eigentum. 1 Als Eigentumsdelikt bezieht der Tatbestand wirtschaftlich wertlose Sachen ein (→ Rn. 97 f.; → § 1 Rn. 2). Geschützte Rechtsgüter des § 242 sind nach der vorzugswürdigen h. M. nicht nur das Eigentum, sondern auch der Gewahrsam. Dies hat in erster Linie Konsequenzen für den Kreis der „Verletzten", zu dem auf dem Boden der h. M. auch der Gewahrsamsinhaber gehört (vgl. §§ 77, 247, 248a und → § 6 Rn. 3, 6). Im Übrigen dürfte unabhängig von der Anerkennung des

Gewahrsams als eigenständiges Schutzgut unstreitig sein, dass selbst der Dieb als Gewahrsamsinhaber wieder Opfer eines Diebstahls werden kann, weil durch eine solche Tat auch der Eigentümer (erneut) verletzt wird.

Zur h. M. BGHSt 10, 400, 401; 29, 319, 323; *Lackner/Kühl*, § 242 Rn. 1; *Heghmanns*, BT, Rn. 1002 f. – A. A. Sch/Sch/*Bosch,* § 242 Rn. 1/2; MüKo/ *Schmitz,* § 242 Rn. 4 ff.; *Eisele*, BT II, Rn. 8. – Zusammenfassend *Schramm*, JuS 2008, 678 f.

2   Der richtige **Aufbau** bereitet immer wieder Schwierigkeiten: Der objektive Tatbestand verlangt die Wegnahme einer fremden beweglichen Sache. Im dann folgenden subjektiven Tatbestand ist zunächst der übliche Vorsatz (§ 15) zu prüfen; von dem Tatbestandsvorsatz muss anschließend als weiteres (besonderes) subjektives Tatbestandsmerkmal die Zueignungsabsicht scharf unterschieden werden. Erst jetzt kann man logischerweise zur Frage der Rechtswidrigkeit der (beabsichtigten) Zueignung kommen, obwohl es sich bei dem Merkmal „rechtswidrig" um ein objektives Tatbestandsmerkmal handelt, das wiederum eine entsprechende Vorsatzprüfung verlangt. An die so geprüfte Tatbestandsmäßigkeit schließt sich die allgemeine Rechtswidrigkeits- und die Schuldprüfung an. – Daraus ergibt sich für den **vollendeten** Diebstahl das folgende

---

3 | **Aufbauschema (§ 242)**

I. Tatbestandsmäßigkeit
  1. Objektiver Tatbestand
    Wegnahme einer fremden beweglichen Sache
  2. Subjektiver Tatbestand
    a) Vorsatz
    b) Zueignungsabsicht (Schema hierzu in → Rn. 96)
  3. Objektive Rechtswidrigkeit der erstrebten Zueignung und
    entsprechender Vorsatz
II. Rechtswidrigkeit
III. Schuld

Nach der Bejahung des § 242 muss man oft § 243 prüfen. Diese Prüfung kann in das Diebstahlsschema integriert und als Punkt „IV. Strafzumessung: Besonders schwere Fälle (§ 243)" angefügt werden (→ § 3 Rn. 9).
Weiter wird häufig § 244 zu erörtern sein (erg. → § 4 Rn. 2). Speziell zum Wohnungseinbruchdiebstahl (§ 244 I Nr. 3) siehe noch → § 4

Rn. 82a. Soweit ein Raub zur Debatte steht, sollte mit § 249 begonnen werden (→ § 7 Rn. 4). Zu § 246 siehe → § 5 Rn. 4.
   Siehe ergänzend das allgemeine Aufbauschema zum vollendeten Delikt
in *Rengier*, AT, § 12 Rn. 6.

Daran anknüpfend verläuft die Prüfung des **versuchten** Diebstahls 4
nach dem üblichen Schema: Hier rückt der – beim Versuch vielfach
auch Tatentschluss genannte – subjektive Tatbestand mit identischem
Inhalt an die erste Stelle, bevor im objektiven Tatbestand das unmittelbare Ansetzen gemäß § 22 zu erörtern ist. Für die §§ 242, 22 ergibt
sich demnach das folgende

Aufbauschema (§§ 242, 22)   5

Vorprüfung: (1) Kein vollendeter Diebstahl; (2) Hinweis auf § 242 II

I. Tatbestandsmäßigkeit
    1. Subjektiver Tatbestand (Tatentschluss)
       a) Vorsatz bezüglich der Wegnahme einer fremden be-
          weglichen Sache
       b) Zueignungsabsicht
       c) Vorsatz bezüglich der Rechtswidrigkeit der erstrebten
          Zueignung
    2. Objektiver Tatbestand
       Unmittelbares Ansetzen gemäß § 22
II. Rechtswidrigkeit
III. Schuld

Auch beim versuchten Diebstahl ist ggf. als Punkt IV die Prüfung des
§ 243 anzuschließen (→ § 3 Rn. 49), grundsätzlich auch vor einem etwaigen
Rücktritt (→ § 3 Rn. 50).
   Siehe ergänzend das allgemeine Aufbauschema zum versuchten Delikt
in *Rengier*, AT, § 34 Rn. 2.

II. Objektiver Tatbestand: Fremde bewegliche Sache

1. Bewegliche Sache

a) <u>Sache</u>. Unter Sachen im Sinne des § 242 versteht man jeden 6
(auch wertlosen) körperlichen Gegenstand im Sinne des § 90 BGB,

und zwar unabhängig von seinem jeweiligen Aggregatzustand (flüssig, gasförmig, fest). Energie, namentlich elektrische Energie ist keine Sache, weshalb – als Folge des strafrechtlichen Analogieverbotes (Art. 103 II GG; *Rengier*, AT, § 4 Rn. 31 ff.) – § 248c geschaffen wurde. Keine Sachen sind auch Strahlen und elektronisch, magnetisch oder in anderer Weise gespeicherte Daten im Sinne des § 202a II, ebenso wenig Rechte wie Geld auf einem Bankkonto und das Urheberrecht (*Heghmanns*, BT, Rn. 861). Daher kann z. B. ein „Diebstahl" geistigen Eigentums durch unzulässiges Kopieren von Computerprogrammen nicht nach § 242 bestraft werden (zu § 202a siehe *Rengier*, BT II, § 31 Rn. 24 ff.).

7   **Tiere** gehören unstreitig zu den Sachen im strafrechtlichen Sinn, da sie eigentumsfähig sind und von daher des Schutzes der §§ 242, 303 bedürfen. Fraglich ist die Begründung:

(1) Man kann erstens von Akzessorietät zum zivilrechtlichen Sachbegriff ausgehen. Dann stößt man über § 90a Satz 1 BGB, der die Sacheigenschaft von Tieren verneint, auf die in § 90a Satz 3 BGB angeordnete Analogie. Vom strafrechtlichen Analogieverbot her (Art. 103 II GG) aufkommende Bedenken lassen sich mit der Begründung entkräften, dass das Gesetz selbst die entsprechende Anwendung gestattet und von daher gar keine gesetzliche Regelungslücke vorliegt (BT-Drs. 11/7369, S. 6 f.).

(2) Im Ergebnis ist es aber überzeugender, den strafrechtlichen Sachbegriff unabhängig von § 90a Satz 3 BGB eigenständig zu bilden und Tiere unmittelbar einzubeziehen; die §§ 324a I Nr. 1, 325 I, VI Nr. 1, die Tiere und „andere" Sachen in einem Atemzug nennen, bestätigen diese Sichtweise (hierzu *Küper*, JZ 1993, 435 ff., 441; *Fischer*, § 242 Rn. 3; *Graul*, JuS 2000, 215 ff.; Falllösungen bei *Jänicke*, Jura 2014, 449; *Schöpe*, JuS 2017, 45 f.).

8   **b) Beweglichkeit.** Beweglich sind alle Sachen, die tatsächlich fortbewegt werden können. Mit Blick auf den Schutzzweck des § 242 erfasst das Merkmal – unter gewissen Abweichungen vom bürgerlichen Recht (vgl. §§ 94, 95 BGB) – alle wegnehmbaren Sachen, also auch solche, die erst zum Zwecke der Wegnahme beweglich gemacht werden (Getreide, Bestandteile von „unbeweglichen" Grundstücken wie Heizkörper, Waschbecken, Türen, Fenster). Daher ist ein Schäfer nach § 242 strafbar, der seine Schafe auf einer fremden Wiese Gras und Klee abfressen lässt; in Tateinheit damit steht § 303, der zwar nicht bezüglich der abgefressenen Wiese, wohl aber hinsichtlich des

zertretenen und verkoteten Grundstückszustands eigenständige Bedeutung hat (*LG Karlsruhe* NStZ 1993, 543).

2. Merkmal „fremd"

Ob eine Sache fremd ist, richtet sich nach zivilrechtlichen Regeln. 9
Fremd sind alle beweglichen Sachen, die zumindest auch im Eigentum eines anderen stehen. Mit- und Gesamthandseigentum genügen
daher genauso wie Vorbehalts- und Sicherungseigentum. Herrenlose
Sachen (vgl. §§ 958 ff. BGB) können nicht Tatobjekt eines Diebstahls,
wohl aber eventuell einer Wilderei sein (→ § 29). Ist die zivilrechtliche
Eigentumslage fraglich, so muss die Fremdheit auch in der Straf-
rechtsarbeit genau geprüft werden.

Beispiele: (1) N benutzt einen Fernsprechautomaten, der infolge eines be- 10
stimmten Defekts unverbrauchte Münzen nicht freigibt; N ärgert sich und
zieht resigniert ab. X kennt den Defekt und nimmt die Münzen an sich. –
Hier hat N erstens ohne die zustande gekommene Nutzung sein Eigentum
nicht an den Automatenaufsteller verloren (§§ 929, 158 I BGB). Zweitens
kommt der „faktischen Kapitulation" ohne besondere Anhaltspunkte kein
rechtsgeschäftlicher Charakter zu, sie beinhaltet also insbesondere keine Dereliktion gemäß § 959 BGB. X nimmt daher eine fremde Sache weg (zum Gewahrsam des Automatenaufstellers → Rn. 31) und ist nach § 242 strafbar (näher zu dem Fall *OLG Düsseldorf* NJW 1983, 2153; NJW 1988, 1335). –
Handelte es sich bei dem Automaten um einen Wechselautomaten, der Rausgeld nicht freigäbe, so bliebe das Eigentum an dem Rausgeld beim Aufsteller.

(2) Wer nach einem Sammelaufruf einer Wohltätigkeitsorganisation Sam- 11
melgut am Straßenrand bereitstellt, verzichtet weder im Sinne des § 959 BGB
auf sein Eigentum noch ist er mit einer Ansichnahme durch beliebige Dritte
einverstanden (*BayObLG* JZ 1986, 967). Wer mit Vernichtungsabsicht Sachen
in einen Papierkorb oder eine Mülltonne wirft (z. B. Briefe, Kontounterlagen,
Girocard/Maestro-Karte samt Schreiben mit PIN), handelt nicht generell mit
Dereliktionsabsicht, sondern gibt sein Eigentum in der Regel nur gegenüber
dem zuständigen Müllentsorger auf (vgl. *OLG Hamm* BeckRS 2011, 07785
mit Bspr. *Jahn,* JuS 2011, 755 ff.).

(3) Insbesondere Fragen der Dereliktion stellen sich auch beim sog. Contai-
nern. Dabei steht die Strafbarkeit von Personen zur Debatte, die weggewor-
fene, indes noch genießbare, Lebensmittel – auch zum Eigenverbrauch – aus
Abfallcontainern (von Geschäften) herausholen, oft verbunden mit der Intention, gegen Lebensmittelverschwendung vorzugehen. De lege lata geht es in
der Regel um die – vom *BVerfG* gebilligte (NJW 2020, 2953) – Strafbarkeit
gemäß den §§ 242, 243, 303, 123. – Näher *BayObLG* NStZ-RR 2020, 104
mit Bspr. *Jahn,* JuS 2020, 85 ff.; *Schiemann,* KriPoZ 2019, 231 ff.; *Rennicke,*
ZIS 2020, 344 ff.; *Jäger,* BT, Rn. 276 f.; aus sachenrechtlicher Sicht *Heller-
mann/Birkholz,* Jura 2020, 303 ff.

(4) Paare, die sog. Liebesschlösser als Symbol ewiger Liebe an Brückengeländern anbringen, geben im Normalfall ihr Eigentum nicht auf (*AG Köln* bei *Jahn*, JuS 2013, 271 ff.; *Reinhardt*, JA 2016, 189 ff. mit Falllösung).

12   (5) Im Todesfall geht nach § 1922 I BGB das Eigentum auf den oder die Erben über. Daraus folgt für den **Fall 1a**, dass T mit dem Tode der M Alleineigentümerin des Schmuckstücks geworden ist. T kann nur wegen (untauglichen) Diebstahlsversuchs bestraft werden, da ihrer Vorstellung nach das Schmuckstück noch im Eigentum der M steht und M als Reisende Gewahrsamsinhaberin ist (vgl. → Rn. 27 f.). Die versuchte Unterschlagung ist subsidiär (→ § 5 Rn. 3 f.). In den **Fällen 1b und c** ist das Schmuckstück dagegen für T fremd, weil es gemäß §§ 1922 I, 2032 I BGB auch S als Gesamthandseigentümer gehört (zur weiteren Lösung → Rn. 25 f.).

13   (6) Ein Täter, der sich eigenmächtig Geld wieder verschafft, das er im Zusammenhang mit einem gegen § 134 oder § 138 BGB verstoßenden Rechtsgeschäft übergeben hat, kann § 242 (bzw. § 246 oder § 249) verwirklichen, wenn er das Geld wirksam übereignet hat und es damit eine für ihn fremde Sache geworden ist. Für den Normalfall nimmt dies die h. M. mit der Begründung an, dass das Erfüllungsgeschäft (die Übereignung) von der Nichtigkeit des Grundgeschäfts unberührt bleibt. Doch kann es sein, dass der Verstoß die dingliche Übereignung mit erfasst: So erstreckt sich beim Handeltreiben mit Betäubungsmitteln das strafrechtliche Verbot (§ 29 BtMG) auch auf die Kaufpreisübergabe, weshalb das Eigentum am Geld nicht gemäß § 929 Satz 1 BGB übergeht (vgl. BGHSt 31, 145; *BGH* NStZ-RR 2000, 234; *Hecker*, JuS 2001, 231; *Grüneberg/Ellenberger,* § 134 BGB Rn. 13, § 138 BGB Rn. 20; MüKoBGB/*Armbrüster,* § 134 Rn. 15 ff., § 138 Rn. 292 ff.).

14   (7) Nach h. M. können illegal erworbene Drogen tauglicher Gegenstand eines Eigentumsdelikts sein, auch wenn an ihnen nach den Verbotsvorschriften des BtMG i. V. m. § 134 BGB Eigentum nicht rechtsgeschäftlich übertragen werden kann. Denn entscheidend ist die formale Eigentumsposition, die jemand innehat und die bei illegalen Drogen in der Regel gemäß § 950 BGB beim Erzeuger liegt (*BGH* NJW 2015, 2898, 2900; *BGH* NJW 2006, 72 mit Anm. *Kudlich,* JA 2006, 335 und *Satzger,* JK 4/06, StGB, § 249/10; *Schramm*, JuS 2008, 680; a. A. MüKo/*Schmitz,* § 242 Rn. 17 f.). – Ergänzend *Rengier*, AT, § 21 Rn. 21 zur Geltung des § 859 II BGB.

15   (8) Bei Warenautomaten ist das Übereignungsangebot an die Bedingung der Zahlung geknüpft; daher bleibt die Ware für einen Täter fremd, der einen Automatendefekt ausnutzt (→ Rn. 74). Ähnlich liegt die Frage der Fremdheit beim normalen „Schwarztanken"; da in diesem Fall eine Wegnahme ausscheidet (→ Rn. 73), wird die zivilrechtliche Frage in → § 5 Rn. 13 erörtert.

16   Abweichend vom Zivilrecht ist stets zu beachten, dass die bürgerlich-rechtlichen Rückwirkungsfiktionen (§§ 142, 184, 1953 BGB) im Strafrecht nicht gelten. Dies entspricht einem allgemeinen strafrechtlichen Grundsatz, wonach es für die Beurteilung der Strafbarkeit nur auf den Zeitpunkt der Tatbegehung ankommt, weil die Strafbarkeit nicht rückwirkend begründet werden darf (vgl. W/H/S/*Hillenkamp*, BT 2, Rn. 86; *Mitsch*, BT 2, 10; *Eisele*, BT II, Rn. 22).

Teilweise umstritten ist, inwieweit der **menschliche Körper**, Kör- 17 perteile, Leichen(teile) und **Implantate** (z. B. Zahngold, Herzschrittmacher) als fremde Sachen anzusehen sind. Festzuhalten ist: Der lebende Mensch ist als ein mit Menschenwürde ausgestattetes Rechtssubjekt keine Sache. Mit dem Tod ändert sich dies; der Leichnam stellt nach h. M. eine Sache dar, ist allerdings grundsätzlich herrenlos. Fest, auch bloß für eine bestimmte Zeit eingepflanzte „Substitutiv"-Implantate wie künstliche Gelenke und Zahngold, die defekte Körperteile ersetzen, werden Bestandteile des Körpers und teilen dessen rechtliche Einstufung. „Supportiv"-Implantate wie Herzschrittmacher, die nur unterstützende Funktionen erfüllen, behandelt die h. M. nach ihrer Einpflanzung genauso; doch wird bezüglich dieser Implantate zunehmend die Sacheigenschaft, die Eigentumsfähigkeit und infolgedessen auch die Vererbbarkeit (§ 1922 I BGB) bejaht.

Für den Fall der (auch vorübergehenden) Abtrennung gilt: Beim 18 lebenden Menschen erlangen Teile seines Körpers (z. B. Zähne, Haare, Blut, Organe, Sperma) und eingepflanzte Implantate mit der Abtrennung Sachqualität und gehen gemäß § 953 BGB analog unmittelbar in das Eigentum des früheren Trägers über.

Beim Leichnam bleiben Körperteile und Implantate – nach h. M. 19 einschließlich der Supportiv-Implantate – auch mit der Abtrennung grundsätzlich herrenlos. Doch bejaht man in bestimmten Grenzen – man denke etwa an Organspenden und die Überlassung für anatomische Zwecke – ein Aneignungsrecht am Leichnam, an seinen Teilen und an den Implantaten. Solange freilich ein Aneignungsvorgang nicht stattgefunden hat, bleiben die Sachen herrenlos.

Zum Ganzen Sch/Sch/*Bosch*, § 242 Rn. 20 f.; MüKo/*Schmitz*, § 242 20 Rn. 27 ff.; LK/*Vogel*, 12. Aufl. § 242 Rn. 34; *Schramm*, JuS 2008, 679 f.

Demnach ist das **Zahngold** von eingeäscherten Leichnamen zwar eine Sa- 21 che, in der Regel mangels Fremdheit aber herrenlos, so dass im Falle der Aneignung z. B. durch Bedienstete eines Krematoriums eine Strafbarkeit gemäß § 242 ausscheidet. In Betracht kommen nur § 168 (*BGH* NJW 2015, 2901 mit Bspr. *Kudlich*, JA 2015, 872 ff.) und § 133 (*OLG Nürnberg* NJW 2010, 2071 mit Bspr. *Kudlich*, JA 2010, 226 ff.; *Rengier*, BT II, § 57 Rn. 4) sowie bei einem Irrtum über die Eigentumslage die §§ 242, 22 (*OLG Hamburg* NJW 2012, 1601, 1604; erg. *Rengier*, AT, § 35 Rn. 17 ff.). – Falllösungen bei *Safferling/Menz*, Jura 2008, 382 ff.; *Jahn/Ebner*, JuS 2008, 1086 ff.; *Rudolph*, JA 2011, 346 ff.

III. Objektiver Tatbestand: Wegnahme

22   Wegnahme heißt Bruch fremden und Begründung neuen, nicht notwendig eigenen Gewahrsams. Diese Standarddefinition ist für § 242 unumstritten, darf aber nicht ohne weiteres auf die Wegnahmebegriffe des § 168 I (*OLG Zweibrücken* JR 1992, 212 mit Anm. *Laubenthal*) und § 289 (→ § 28 Rn. 10 ff.) übertragen werden. Für den Wegnahmebegriff des § 242 muss man also dreierlei feststellen, nämlich ob erstens fremder Gewahrsam vorhanden war, zweitens neuer Gewahrsam begründet und drittens der fremde Gewahrsam auch „gebrochen" wurde.

1. Fremder Gewahrsam

23   **a) Grundlagen.** Der Gewahrsamsbegriff enthält zwei maßgebliche Komponenten, nämlich die tatsächliche Sachherrschaft und den natürlichen Herrschaftswillen. Demgemäß ist unter Gewahrsam die tatsächliche Sachherrschaft eines Menschen über eine Sache zu verstehen, die von einem natürlichen Herrschaftswillen getragen wird. Dabei spielt die jeweilige Verkehrsauffassung mit ihren Wertungen eine bedeutende Rolle.

24   Die Frage des Gewahrsams ist streng von der Frage des Eigentums zu unterscheiden. Für das Merkmal der Fremdheit kommt es allein auf die zivilrechtliche Rechtslage an. Hingegen richtet sich die Frage, ob jemand Gewahrsam hat oder nicht, ausschließlich nach der faktischen, willensgetragenen Sachherrschaft. Keinesfalls darf man den zivilrechtlichen Besitz mit dem strafrechtlichen Gewahrsam ohne weiteres gleichsetzen. So ist der mittelbare Besitzer (§ 868 BGB) nicht schon aufgrund dieser Position Gewahrsamsinhaber, und Besitzdiener (§ 855 BGB) können Gewahrsam im strafrechtlichen Sinn innehaben (→ Rn. 36 ff.).

25   **Weitere Beispiele:** Die Fiktion des § 857 BGB, wonach der Besitz auf den Erben übergeht, sagt nichts darüber aus, ob fremder Gewahrsam vorliegt. Im **Fall 1b** stellt das Schmuckstück für T zwar eine fremde Sache dar (→ Rn. 12), aber es steht nicht in fremdem Gewahrsam, weil M's Gewahrsam mit dem Tod untergegangen ist (→ Rn. 23, 42) und Miterbe S den gewahrsamsbegründenden Willen zur tatsächlichen Sachherrschaft noch nicht haben konnte. Scheidet deshalb § 242 aus, gelangt man wie im **Fall 1a** (→ Rn. 12) zu einem untauglichen Diebstahlsversuch, darüber hinaus zu § 246 I. Trotz dessen Subsidiaritätsklausel (→ § 5 Rn. 3, 64 ff.) und der schwereren Strafdrohung der §§ 242, 22 (vgl. §§ 23 II, 49 I Nr. 2) wird insoweit, vom Wortlaut her freilich durchaus problematisch, Tateinheit anzunehmen sein, weil das bloße Versuchsunrecht die erfolgte Eigentumsverletzung nicht verdrängen kann (*Geppert*, Jura 2002, 282; SK/*Hoyer*, § 246 Rn. 47; *Rehmet/Ströle*, ZJS 2021, 360 ff. mit Falllösung; a. A. *Jäger*, BT, Rn. 262; *Lackner/Kühl*, § 246 Rn. 14).

Im **Fall 1c** kann man nach der Lebenserfahrung davon ausgehen, dass S den **26** Herrschaftswillen gefasst hat und damit nach der Verkehrsauffassung in die Gewahrsamsposition eingerückt ist. Folglich erfüllt T § 242.

Die Beurteilung der Gewahrsamsverhältnisse richtet sich nach den **27** Anschauungen des täglichen Lebens, nach der jeweiligen Verkehrsauffassung. Eine tatsächliche Sachherrschaft liegt vor, solange der Berechtigte auf die Sache unter normalen Umständen einwirken kann und seiner Herrschaft keine Hindernisse entgegenstehen. Dabei spielen wertende Aspekte (wie die Zugehörigkeit oder die soziale Zuordnung einer Sache zu einem bestimmten Herrschaftsbereich) und die konkreten Umstände des Einzelfalles eine tragende Rolle. Vor diesem Hintergrund schließen räumliche Distanz sowie Schlaf oder Bewusstlosigkeit den Gewahrsam nicht aus. Auch muss der Berechtigte „sein" Gewahrsamsobjekt nicht unbedingt gedanklich konkret erfasst haben.

Beispiele: Der Wohnungsinhaber behält auf Reisen Gewahrsam an den Sa- **28** chen in der Wohnung. Der Studierende in der Vorlesung besitzt die tatsächliche Sachherrschaft über das abgestellte Fahrrad oder seinen irgendwo geparkten Pkw, der Bauer über den Pflug auf dem weit entfernt liegenden Feld oder der Tierhalter über das allein „ausgehende" Haustier. Ebenso ordnet die Verkehrsauffassung regelmäßig demjenigen den Gewahrsam zu, in dessen Gewahrsamssphäre Gegenstände eingebracht werden (Briefkasten, Warenpakete vor der Haus- oder Ladentür). Der Geschäftsinhaber behält an den Waren Gewahrsam, die nach Zerstörung einer Schaufensterscheibe in unmittelbarer Nähe herausfallen. Wer eine Sache verliehen hat, erlangt den Gewahrsam auch dann wieder, wenn er zum Zeitpunkt der Rückgabe z. B. schläft (vgl. *BGH* GA 1962, 78; *Heghmanns*, BT, Rn. 1012 f.). Bewusstlosigkeit hebt selbst dann nicht den Gewahrsam auf, wenn der Betroffene vor seinem Tod aus der Bewusstlosigkeit nicht mehr aufwacht (so zu Recht *BGH* NJW 1985, 1911; Sch/Sch/*Bosch*, § 242 Rn. 30).

b) Gewahrsamssphäre und genereller Gewahrsamswille. Schon **29** aus den letzten Beispielen geht zum Teil hervor (Briefkasten, Warenpakete), dass der Inhaber eines räumlichen Machtbereichs den Gewahrsam aufgrund eines generellen Gewahrsamswillens erlangen kann, freilich nicht muss, so wenn Sachen auf sein Grundstück geworfen werden.

30   Von besonderer Bedeutung ist dieser Punkt, wenn man innerhalb einer fremden Gewahrsamssphäre Sachen verliert und insoweit der eigene Gewahrsam endet (→ Rn. 39 ff.). Hier nimmt man an, dass der Gewahrsam üblicherweise auf den Inhaber der fremden Gewahrsamssphäre übergeht, weil dieser den generellen Willen hat, über verlorene Sachen seine Sachherrschaft zu begründen. Auf bloß vergessene Sachen erstreckt sich dieser Wille zwar auch, doch wird insoweit in der Regel nur Mitgewahrsam begründet, weil der alte Gewahrsam noch fortbesteht (→ Rn. 39 ff.).

31   **Beispiele:** Ein typischer Schulfall ist die Kinoanweiserin, die aus § 242 bestraft wird, wenn sie von Besuchern verlorene Sachen nach der Vorstellung nicht an den Kinobesitzer abliefert, sondern für sich behält. Ein Beispiel sind auch die im Automaten zurückgelassenen Münzen des Falles in → Rn. 10, die in den „generellen" Gewahrsam des Betreibers (z. B. Telekom) übergehen. Für öffentliche Dienstgebäude und Verkehrsmittel (Behördenräume, Universitäten, Busse, Bundesbahn), für Theater und Geschäfte gilt Entsprechendes (erg. → Rn. 30, 43).

32   Übt bei **verschlossenen Behältnissen** ein anderer als der Schlüsselinhaber die tatsächliche Sachherrschaft über das Behältnis aus, so kann man sich an der Leitlinie orientieren, dass nach der Verkehrsauffassung bei ortsfesten Behältnissen (Schließfächer, Tresore, Automaten) der Schlüsselinhaber entweder Alleingewahrsam am Inhalt hat oder zumindest Mitgewahrsam, falls er nur mit Zustimmung des Verwahrers an den Inhalt gelangen kann. Demgegenüber hat bei bewegbaren Behältnissen (z. B. aufgegebener Reisekoffer, bei Freunden verwahrte Schmuckkassette) normalerweise der Verwahrer Alleingewahrsam, weil er in der Lage ist, das Behältnis mit dem Inhalt fortzuschaffen (vgl. BGHSt 22, 180, 182 ff.; Sch/Sch/*Bosch*, § 242 Rn. 34; W/H/S/*Hillenkamp*, BT 2, Rn. 110 ff.; *Zopfs*, ZJS 2009, 509 f.).

33   **c) Mehrere (potentielle) Gewahrsamsinhaber.** Es ist möglich, dass mehrere Personen Träger der tatsächlichen Verfügungsgewalt sind. In solchen Fällen muss man sorgfältig zwischen **übergeordnetem** Gewahrsam, **gleichberechtigtem** Mitgewahrsam und bloß **untergeordnetem** (Mit-)Gewahrsam unterscheiden. Für eine Wegnahme reicht stets der Bruch sowohl von übergeordnetem Gewahrsam als auch von echtem gleichberechtigten Mitgewahrsam aus. Dabei kommen als Täter neben beliebigen Dritten genauso der gleichberechtigte Mitgewahrsamsinhaber und der untergeordnete Gewahrsamsinhaber in Betracht. Hingegen liegt im Bruch von nur untergeordnetem Ge-

wahrsam niemals eine Wegnahme; man kann auch deutlicher sagen, dass der untergeordnete Inhaber gar keinen Gewahrsam hat (*Lackner/Kühl*, § 242 Rn. 13).

Gleichberechtigter Mitgewahrsam besteht typischerweise unter 34 Eheleuten bezüglich der gemeinsam genutzten Sachen in der gemeinsamen Wohnung. Weitere Mitgewahrsamsfälle: → Rn. 38; *BGH* wistra 1989, 18.

Die Fälle mit (allenfalls) untergeordnetem Gewahrsam werden bei 35 sog. Besitzdienern (vgl. § 855 BGB) aktuell, Personen also, die den Gewahrsamsinhaber als Gewahrsamsgehilfen oder Gewahrsamshüter nur vertreten. Es geht hier in erster Linie um Gewahrsamsverhältnisse innerhalb von Dienst-, Arbeits- und Auftragsverhältnissen.

Beispiele: (1) **Ladenangestellte** begehen in der Regel einen Diebstahl, wenn 36 sie eigenmächtig Waren aus den Regalen nehmen. Gewahrsamsinhaber ist der Geschäftsinhaber (Filialleiter, in einem größeren Kaufhaus eventuell auch der Abteilungsleiter); die Angestellten haben allenfalls untergeordneten Gewahrsam (vgl. *BGH* MDR/H 1995, 1091). Entsprechendes gilt für die „Mitnahme" von Arbeitswerkzeug durch Arbeitnehmer; der Arbeitgeber behält hier auch dann seinen übergeordneten Gewahrsam am Werkzeug, wenn es sich im Rahmen der Arbeitnehmertätigkeit im „Tabubereich" des Arbeitnehmers, also etwa in der Hosentasche, befindet (vgl. → Rn. 47 f.). Hausangestellte haben in der Regel ebenfalls nur die Stellung von Gewahrsamsgehilfen.

Aber: Speziell der **Kassierer** (z. B. im Supermarkt) hat nach der Verkehrs- 37 auffassung Alleingewahrsam bezüglich des in der Kasse befindlichen Geldes, sofern er die Kasse in alleiniger Verantwortung führt, also niemand bis zur Abrechnung gegen seinen Willen Geld entnehmen darf; ein bloßes Kontroll- und Weisungsrecht des Dienstherrn ändert daran nichts (dazu *BGH* wistra 1989, 60; NStZ-RR 2001, 268; 2018, 108, 109). Entnimmt ein solcher Kassierer Geld für sich, begeht er keinen Diebstahl, sondern eine (veruntreuende) Unterschlagung (zu einer etwaigen Untreue → § 18 Rn. 28 f.). Zur Gruppe der Kassierer gehört ferner etwa auch der Kellner mit seiner Geldbörse.

(2) A und B liefern als Fahrer der Kellerei X Wein an Kunden; einmal sor- 38 tieren sie unterwegs zwölf Flaschen edlen Weins aus, die sie untereinander teilen und für sich behalten. – Bei solchen **Fahrten mit einem Transportfahrzeug des Arbeitgebers** unterscheidet man danach, ob der Arbeitgeber die Fahrtroute aufgrund einer gewissen Nähe und Überwachung (z. B. Routenplan) überschaut oder nicht. Bei Fahrten im gleichen Ort tendiert man dazu, den Gewahrsam des Arbeitgebers fortbestehen zu lassen, so dass Arbeitnehmer, die Waren an sich nehmen, jedenfalls Mitgewahrsam des Arbeitgebers brechen und daher einen Diebstahl begehen. Hingegen lässt man den (Mit-) Gewahrsam des Arbeitgebers auf Fernfahrten entfallen sowie dann, wenn der Arbeitgeber nicht genau weiß, auf welcher Route die Arbeitnehmer fahren (vgl. *BGH* GA 1979, 390). Bezüglich A und B käme man in der Tendenz im

Nahbereich zu den §§ 242, 25 II, im Fernbereich zu den §§ 246 II, 25 II. Würde etwa A alleine handeln, so könnte A auch im Fernbereich nach § 242 bestraft werden, weil er dann gegen den Willen des B dessen Mitgewahrsam bräche (*OLG Köln* VRS 107, 366).

39   **d) Ende des Gewahrsams.** Der Gewahrsam endet, wenn die tatsächliche Sachherrschaft aufhört und/oder der Herrschaftswille aufgegeben wird. Das ist eindeutig der Fall, wenn jemand eine Sache außerhalb des eigenen Herrschaftsbereichs **verliert**. Zweifelhafter ist die Rechtslage, wenn man einen Gegenstand bloß **vergisst**. Hier kann man von einem Fortbestehen des Gewahrsams ausgehen, solange der Berechtigte weiß, wo sich die (vergessene) Sache befindet, und er sie ohne äußere Hindernisse zurückerlangen kann.

40   **Beispiele:** Student S hat nach einem Rendezvous auf der Parkbank seine Mappe liegen gelassen. Auf dem Nachhauseweg fällt ihm der Verlust auf, und er eilt zurück. Er kommt aber zu spät, weil X die Mappe schon gefunden und für sich behalten hat. – In diesem Fall ist von einem fortbestehenden Gewahrsam des S auszugehen, so dass X § 242 erfüllt.

41   **Variante:** Wenn sich S dagegen nicht mehr erinnern würde, wäre die Mappe gewahrsamslos, und es käme nur § 246 I in Betracht (zur Fundunterschlagung → § 5 Rn. 27, 35). Läge allerdings die Parkbank z. B. innerhalb eines Universitätsgeländes, müsste geprüft werden, ob die Universität aufgrund generellen Gewahrsamswillens Gewahrsam erworben hätte und so doch § 242 zu bejahen wäre. Auf ähnlichen Wegen käme man zu § 242, falls S die Mappe in einem weiterfahrenden öffentlichen Verkehrsmittel vergessen und X sie dort sich zugeeignet hätte (zwar Gewahrsamsverlust bei S, aber Gewahrsamsbegründung durch Verkehrsbetrieb). – Ergänzend → Rn. 29 ff., 38.

41a   Der Fall *BGH* NStZ 2020, 483 unterscheidet sich vom Beispielsfall (→ Rn. 40) nur insoweit, als es sich bei der Sache um ein Mobiltelefon handelt, das der Eigentümer um Mitternacht bei einem Gerangel auf einer Straße verloren hat, sich dann daran erinnert und zum Ereignisort vergeblich zurückkehrt, weil dort kurz zuvor T das Telefon mit Zueignungsabsicht an sich genommen hat. – Der *BGH* hält das Mobiltelefon für gewahrsamslos und sieht daher bei T entgegen dem *LG* nur § 246 I und nicht § 242 I als erfüllt an. Demgegenüber liegt im Lichte der üblichen Leitlinien (→ Rn. 39), auf die der *BGH* überhaupt nicht eingeht, die Bejahung des § 242 I näher (*Hecker*, JuS 2020, 1083 ff.; *Kudlich*, JA 2020, 865 ff.; dem *BGH* zust. *Rennicke*, ZJS 2020, 499 ff., der freilich für die Aufgabe der Unterscheidung zwischen verlorenen und vergessenen Sachen plädiert).

42   **e) Natürlicher Herrschaftswille.** Einen solchen Willen können auch Kinder, Geisteskranke, Schlafende und Bewusstlose haben. Ein ständig „wacher" Herrschaftswille ist nicht erforderlich. Dieser Wille endet erst mit dem Tod oder der endgültigen Aufgabe des Herrschaftswillens. Auch hier sind die Anschauungen des täglichen Lebens maßgebend. – Vgl. hierzu *OLG Braunschweig* StV 2016, 656 zum Gewahrsam eines 11-jährigen Kindes an seiner Spardose.

Da nur natürliche Personen einen Herrschaftswillen bilden können, scheiden juristische Personen, Behörden und Institutionen als solche als Gewahrsamsinhaber aus. Wenn z. B. vom Gewahrsam eines Geschäfts, einer GmbH, einer Universität, eines (Verkehrs-)Betriebs oder der Post die Rede ist (vgl. *BGH* wistra 1989, 18, 19), so steckt in Wirklichkeit der Gewahrsam(swille) des Geschäfts-/Betriebsinhabers, gesetzlichen Vertreters, Behördenleiters, verantwortlichen Amtsträgers bzw. einer beauftragten Person dahinter. Wichtige Konsequenz: Ein solcher Gewahrsamsinhaber kann – Alleingewahrsam vorausgesetzt – keinen Diebstahl, wohl aber Unterschlagung und Untreue zum Nachteil der Institution begehen (vgl. RGSt 60, 271). **43**

2. Begründung neuen Gewahrsams

Der „alte" Gewahrsam endet natürlich auch, wenn ihn ein anderer bricht und neuen Gewahrsam begründet. Die Frage, ob neuer Gewahrsam begründet wird, ist nach den tatsächlichen Umständen des Einzelfalles und der Verkehrsanschauung zu beantworten. Entscheidend ist, ob der Täter die tatsächliche Herrschaft über die Sache derart erlangt hat, dass er sie ohne Behinderung durch den bisherigen Gewahrsamsinhaber ausüben und dieser seinerseits nicht mehr über die Sache verfügen kann, ohne die Verfügungsmacht des Täters zu beseitigen. Neuer Gewahrsam wird regelmäßig in dem Augenblick begründet, in dem die Herrschaftsmacht des alten Gewahrsamsinhabers über die Sache vollständig aufgehoben ist. Dabei können im Einzelfall insbesondere die Größe, das Gewicht und die (Un-)Handlichkeit des Gegenstands eine Rolle spielen. **44**

Zusammenfassend *BGH* NStZ 2008, 624; 2011, 158, 159; *OLG Köln* NJW 1986, 392; *OLG Düsseldorf* NJW 1988, 922 f.; 1990, 1492; *BayObLG* NJW 1996, 3000, 3001. – In den anerkannten typischen Mitgewahrsamsfällen (→ Rn. 33 f.) wird genaugenommen kein neuer Gewahrsam begründet, sondern lediglich der bestehende verstärkt (*Heghmanns*, BT, Rn. 1027). **45**

Die Festlegung des Zeitpunktes für den Gewahrsamsübergang bereitet vor allem dort Schwierigkeiten, wo sich der Täter beim Ertapptwerden noch im räumlichen Machtbereich des bisherigen Gewahrsamsinhabers befindet und möglicherweise sogar beobachtet wurde. Eine große Rolle spielen insoweit vor allem Diebstähle in Kaufhäusern und Selbstbedienungsläden. Man kann wie folgt unterscheiden: **46**

47   **a) Gewahrsamswechsel im „Tabubereich" (oder: Schaffung einer „Gewahrsamsenklave").** Neuer, alleiniger Gewahrsam entsteht, wenn der Diebstahlstäter in **Kaufhäusern und Selbstbedienungsläden** kleinere und leicht transportable Sachen in oder unter seiner Kleidung verbirgt, wenn er solche Sachen in einer mitgeführten Tasche versteckt oder unter Umständen auch nur ergreift sowie festhält und auf diese Weise den Gegenstand so eng in seine „höchstpersönliche Sphäre" (*OLG Düsseldorf* NJW 1986, 2266) bringt, dass nach der Verkehrsauffassung selbst im fremden Machtbereich der alte Gewahrsam schon beseitigt wird. Dieser Standpunkt findet seine Rechtfertigung vor allem darin, dass die Körpersphäre mit einem Tabu umgeben ist (Persönlichkeitsrecht) und daher der alte Gewahrsamsinhaber, will er den Gegenstand wieder erlangen, in einen fremden „Tabubereich" eindringen und hierbei nach der Lebenserfahrung mit besonderen Widerständen rechnen muss. Grundsätzlich spielt es dabei keine Rolle, ob die Ware mit einem alarmauslösenden Sicherungsetikett versehen ist (*BayObLG* NJW 1995, 3000; zu § 243 I 2 Nr. 2 siehe → § 3 Rn. 30 f.).

48   Für das Verständnis hilfreich: Der Gedanke des Tabubereichs ist auf den diebstahlswilligen Täter gemünzt. Ein normaler Kunde, der seine körperliche Sphäre oder eine mitgebrachte Tasche „gleichsam als Einkaufskorb" benutzt, respektiert nach der Verkehrsauffassung den fremden Gewahrsam und bricht ihn folglich nicht (*Zopfs*, ZJS 2009, 511).

49   Innerhalb eines Tabubereichs tritt der Gewahrsamswechsel unabhängig von einer etwaigen – kein Einverständnis beinhaltenden (→ Rn. 66) – **Beobachtung** durch eingriffsbereite Personen ein; Diebstahl ist keine heimliche Tat (so zu Recht BGHSt 16, 271, 274; *OLG Düsseldorf* NJW 1988, 922, 923; *Zopfs*, ZJS 2009, 512, 513; h. M.; a. A. Sch/Sch/*Bosch*, § 242 Rn. 40).

50   Zum Ganzen einige **Beispiele:** Ergreifen und Festhalten von kleineren Sachen wie Geldstücken, Geldscheinen und Schmuck, die mehr oder weniger in der Hand verborgen werden (*BGH* NStZ 2011, 158, 159; 2014, 40, 41); Einstecken eines Päckchens Zigaretten in die Hosentasche unter Beobachtung durch eine Verkäuferin (BGHSt 16, 271); Verstecken von Flaschen in Sporttasche oder Rucksack (*BGH* NStZ 2019, 613); geschicktes Verbergen von zwei Sakkos unter dem Mantel bei Videobeobachtung (*OLG Düsseldorf* NJW 1990, 1492).
    In all diesen Fällen ist die Wegnahme durch den diebstahlswilligen Täter im Geschäftsraum unabhängig davon vollendet, ob der Täter vor oder nach der Kasse oder vor oder nach dem Ausgang ertappt wird. Eine freiwillige Rück-

gabe z. B. der Zigaretten noch vor der Kasse könnte in materiell-rechtlicher Hinsicht an der Vollendung des Tatbestandes nichts mehr ändern; denn mit der Vollendung scheidet ein strafbefreiender Rücktritt nach § 24 aus. Das Wegtragen einer umfangreichen Beute wie sechs Flaschen Whiskey in zwei mitgebrachten Tüten begründet innerhalb der Gewahrsamssphäre des Ladeninhabers noch keine Gewahrsamsenklave (*BGH* NStZ-RR 2013, 276). Zu einem etwaigen Sicherungsbetrug an der Kasse → § 13 Rn. 343.

b) Gewahrsamswechsel in anderen Kaufhaus-/Selbstbedie- 51 **nungsfällen.** In den übrigen Konstellationen tritt ein Gewahrsamswechsel solange nicht ein, wie die Gegenstände im Einkaufswagen geschoben oder in der fremden Gewahrsamssphäre typischerweise sichtbar so getragen werden – man denke an größere (verpackte) Gegenstände –, dass ein etwaiger Zugriff ohne Verletzung des Tabubereichs erfolgen kann. Der Gewahrsamsverlust erfolgt spätestens mit dem Verlassen des fremden Herrschaftsbereiches, kann aber nach den Anschauungen des täglichen Lebens schon früher stattfinden, wie etwa nach dem Passieren einer vor dem Ausgangsbereich liegenden Kasse. Zum fremden Herrschaftsbereich gehört auch noch eine im Freien vor einem Selbstbedienungsgeschäft befindliche Verkaufsfläche (*BayObLG* NJW 1997, 3326 mit Bspr. *Martin,* JuS 1998, 890 ff.).

Beispiele: (1) Wer in einem Selbstbedienungsladen Gegenstände, die er ent- 52 wenden will, in einem Einkaufswagen mit einem Kleidungsstück überdeckt, um die Gegenstände an der Kasse vorbeizuschmuggeln, erlangt eigenen Gewahrsam erst, wenn er den Kassenbereich verlassen hat oder das Kassenpersonal seine Abfertigung als abgeschlossen ansieht (*OLG Köln* NJW 1984, 810; zur Abgrenzung mit § 263 siehe → § 13 Rn. 94). Wird der Täter dabei z. B. von einem eingriffsbereiten Hausdetektiv beobachtet, so kann der Übergang der tatsächlichen Sachherrschaft und damit der Vollendungszeitpunkt auch noch einige Meter nach dem Kassenbereich liegen (*OLG Düsseldorf* NJW 1986, 2266; *BayObLG* NStE Nr. 23 zu § 242 StGB).

(2) Ein Täter, der in einem Kaufhaus eine unbezahlte Bratpfanne offen in 53 der Hand trägt, die Hauswarenabteilung im Tiefgeschoss verlässt und sich ins Erdgeschoss begibt, führt nicht schon mit dem Verlassen der Abteilung ohne weiteres einen Gewahrsamsverlust herbei (*OLG Köln* StV 1989, 156).

(3) Wer einen bestimmten verpackten Gegenstand kaufen will, im Laden 54 heimlich die Verpackung öffnet, mit Zubehör ergänzt und wieder schließt, um das Zubehör unbezahlt mitzuerlangen, begründet zunächst keinen neuen Gewahrsam am Zubehör (zum „Verstecken" erg. → Rn. 58). Der Gewahrsamswechsel findet bezüglich des gesamten Inhalts erst an der Kasse statt. Fraglich ist lediglich, ob das Zubehör an der Kasse im Wege der Wegnahme (= § 242) oder der täuschungsbedingten Verfügung (= § 263) erlangt wird (nä-

her → § 13 Rn. 96 f.). Der Fall liegt nicht anders, wenn der Inhalt der Verpackung ganz oder teilweise ausgetauscht wird (Falllösung bei *Dürr*, Jura 2014, 356 f.).

55 (4) Wer Diebstahlsobjekte im umzäunten Außenbereich eines Baumarkts durch den Zaun nach draußen steckt und dabei vom Ladendetektiv beobachtet wird, hat noch keinen neuen Gewahrsam begründet, wenn er nach dem Passieren des Kassenbereichs gestellt wird. Daher liegt nur ein versuchter Diebstahl vor (*LG Zwickau* NJW 2006, 166).

56 Im **Fall 2** hat A, was die mit ihrem restlichen Inhalt in den Wagen gelegten Flaschen anbelangt, den Berechtigten nicht aus seiner Gewahrsamsposition verdrängt und dies auch nie gewollt (also entfallen auch die §§ 242, 22). Anders liegt es hinsichtlich der geschluckten Menge, die A „vorab" und ohne Einverständnis des Geschäftsinhabers (vgl. → Rn. 64 ff.) in seinen Körper gebracht hat; insoweit muss § 242 bejaht werden. Dazu tritt in Tateinheit eine Sachbeschädigung durch das Öffnen der Flasche (zum bestimmungsgemäßen Verbrauch → § 24 Rn. 18). § 263 oder §§ 263, 22 entfallen mangels Täuschungswillens. – Siehe ergänzend die Falllösung bei *Heinrich*, Jura 1997, 366 ff. (Verzehr vor dem Bezahlen durch zahlungswilligen Kunden).

57 **c) Außerhalb des Ladenbereichs.** Es gelten die erörterten Grundsätze entsprechend, z. B. bei Diebstählen aus einer Privatwohnung. Auch hier ist die Tat mit Überführung des Diebesguts in den „Tabubereich" vollendet (*BGH* NStZ 2015, 276). Ansonsten tritt die Vollendung in der Regel mit dem Verbringen der Beute aus dem fremden Herrschaftsbereich, also typischerweise mit dem Verlassen der Wohnung, des Grundstücks oder umzäunten Geländes ein (vgl. auch BGHSt 23, 254 ff.; 26, 24, 25 f.; *OLG Karlsruhe* NStZ-RR 2005, 140 f.). Eher untypisch liegt der Fall *BGH* NStZ 1981, 435, in dem die Täter im Augenblick der Festnahme einen 300 kg schweren Tresor – immerhin schon 5 m vom Gebäude entfernt – gerade auf ein Transportfahrzeug aufladen wollen (nach *BGH* noch ein bloß versuchter Diebstahl).

58 **d) Verstecken.** Verbirgt der Täter eine Sache, die er sich zueignen will, innerhalb einer fremden Gewahrsamssphäre in einem Versteck, so hebt dies allein die Sachherrschaft des Rauminhabers nicht auf. Anders liegt es aber, sofern der Täter **freien und ungehinderten Zugang** zu dem Versteck im Machtbereich des anderen hat und somit über die Sache faktisch unter Ausschluss des bisherigen Gewahrsamsinhabers verfügen kann. In einem solchen Fall hat der Täter eine mit dem „Tabubereich" vergleichbare „Gewahrsamsenklave" geschaffen (vgl. dazu Sch/Sch/*Bosch*, § 242 Rn. 24, 39).

Danach kann ein vollendeter Diebstahl nicht bejaht werden, wenn **59**
Täter Diebesgut im – von einem 3 m hohen Gitterzaun umgebenen –
Außengelände eines Baumarkts in Regentonnen verstecken, um es
zwei bis drei Stunden später in der anschließenden Nacht abzutrans-
portieren (*LG Potsdam* NStZ 2007, 336 f.). Entgegen der Ansicht des
LG Potsdam haben hier die Täter aber auch das Versuchsstadium des
§ 22 noch nicht erreicht, falls sie nach der Kassenzone und relativ
kurz vor Ladenschluss gestellt werden (*Walter*, NStZ 2008, 157).

Ebenso wenig ist die Schwelle des § 22 überschritten, wenn ein Täter in einem Selbstbedienungsgeschäft hochwertige Waren in eine Tüte gepackt und so
in einem anderen Bereich zwischen Waren versteckt hat, wo sie von einem
Mittäter abgeholt werden sollen, wozu es jedoch nicht mehr kommt (a. A.
BGH 1 StR 605/15; erg. *Rengier*, AT, § 36 Rn. 18 ff.).

e) Gewahrsamslockerungen. Solange der Gewahrsamswechsel **60**
nicht stattgefunden hat, kann man allenfalls von Gewahrsamslockerungen sprechen (die für den objektiven Tatbestand des § 242 irrele-
vant sind). Um bloße Gewahrsamslockerungen geht es insbesondere
auch dann noch, wenn man jemanden bittet, etwas mal eben festzuhalten, oder wenn der Geschäftsinhaber dem Kunden ein Kaufobjekt
zur Besichtigung oder Anprobe an Ort und Stelle, auch zum Betrach-
ten draußen bei natürlichem Licht, überlässt. Wer in einem solchen
Fall z. B. mit dem Schmuckstück in der Hand – selbst mit einem
über den Finger gestreiften Ring (*BGH* GA 1966, 244) – oder mit
dem anprobierten Kleid in Zueignungsabsicht verschwindet, begeht
einen Diebstahl (bei täuschungsbedingter Gewahrsamslockerung: einen sog. „Trick"-Diebstahl und keinen Betrug).

In diesem Bereich können sich wichtige und schwierige Abgren- **61**
zungsfragen ergeben: Steht nämlich bereits ein vorheriger einver-
ständlicher Gewahrsamswechsel zur Debatte, so kann eventuell nur
§ 246 bejaht werden, oder es kommt im Falle einer täuschungsbedingten Gewahrsamsübertragung (Vermögensverfügung) ausschließlich § 263 in Betracht (näher → § 13 Rn. 81 f., 91 ff.). Dazu an dieser
Stelle die folgenden

Beispiele: (1) T hat es auf das Mobiltelefon des O abgesehen und schwindelt **62**
ihm mit Zueignungsabsicht vor, er wolle mit der Taschenlampenfunktion des
Handys kurz nach einem verlorenen Gegenstand suchen. Daraufhin überlässt
O dem T das Handy, der es ergreift und in seine Tasche steckt. Das Herausgabeverlangen des O beantwortet T mit einem Faustschlag ins Gesicht, um
weitere Forderungen zu verhindern. – Nimmt man richtigerweise an, dass
das einverständlich erfolgte Ergreifen des Handys nur eine Gewahrsamslocke-

rung herbeigeführt hat (a. A. *AG Tiergarten* NStZ 2009, 270 f.: Gewahrsamswechsel, also § 263), erfüllt T, indem er das Handy einsteckt, § 242 und anschließend § 252 (in Tateinheit mit § 223).

(2) Der *BGH* bejaht in vergleichbaren Konstellationen, in denen T die Übergabe des Handys von O mit der Behauptung erschwindelt, bloß ein Telefonat führen zu wollen, zutreffend § 242 und dann die §§ 252, 250 II Nr. 1 Var. 2, sofern der fliehende T den ihn verfolgenden O mit einem Messer bedroht, um die Beute zu verteidigen (*BGH* 1 StR 402/16 mit zust. Bspr. *Eisele*, JuS 2017, 698 ff.; erg. *BGH* NStZ 2016, 727 mit zust. Bspr. *Kudlich*, JA 2016, 953 f. sowie Falllösung bei *Morgenstern*, ZJS 2019, 311 ff.; *BGH* 3 StR 307/19).

63   (3) In einem anderen Fall hat T sich das Handy des O bloß zeigen lassen und dann eigenmächtig ergriffen, um für die Rückgabe 20 € zu verlangen. Als O die Zahlung ablehnt, beschließt T, das Handy für sich zu behalten, steckt es in seine Tasche, geht davon, und hält O mit angedrohten Schlägen davon ab, Forderungen zu stellen und ihm zu folgen (*BGH* NStZ 2011, 36 mit Bspr. *Hecker*, JuS 2011, 374 f.; *Satzger*, JK 6/11, StGB § 242/25; W/H/S/ *Hillenkamp*, BT 2, Rn. 130; erg. *Esser/Rochner*, ZJS 2013, 87 ff. mit Falllösung). – Anders als in den Beispielen in → Rn. 62 liegt hier im Ergreifen eine Wegnahme, weil die Ansichnahme ohne die Kontrolle des O erfolgt. § 242 scheitert indes an der anfangs fehlenden Zueignungsabsicht (vgl. → Rn. 186 ff.), während die §§ 253, 22 erfüllt sind (vgl. → § 11 Rn. 50). Mit dem Einstecken verwirklicht T § 246 I. Ohne Diebstahl scheidet § 252 aus. Der erzwungene Verzicht auf die Verfolgung führt noch zu den §§ 253, 255, die freilich wegen des Sicherungscharakters zu verneinen sind (vgl. → § 11 Rn. 53 ff.); daher erfüllt T insoweit nur § 240.

3. „Bruch" fremden Gewahrsams

64   **a) Grundlagen.** Fremder Gewahrsam wird „gebrochen", wenn ihn der Täter ohne oder gegen den Willen des Gewahrsamsinhabers aufhebt. Liegt ein Einverständnis vor, so entfällt bereits das Merkmal der Wegnahme. Es handelt sich um ein sog. **tatbestandsausschließendes Einverständnis** (dazu *Rengier*, AT, § 23 Rn. 3 f., 40 ff.). Dieses Einverständnis ist rein tatsächlicher Natur. Es muss also nicht ausdrücklich erklärt sein, vielmehr genügt auch eine innere („stille") und dem Täter unbekannte Zustimmung. Ebenso reicht es bei § 242 grundsätzlich aus, wenn das Einverständnis durch Täuschung, Drohung oder auch Gewalt in der Form der „vis compulsiva" (*Rengier*, BT II, § 23 Rn. 3) erlangt worden ist; denn willentliche Gewahrsamsübertragung (= Vermögensverfügung) und „Bruch" fremden Gewahrsams schließen sich aus. Allerdings stellen sich rund um diese Alternativität viel diskutierte Abgrenzungsfragen, die aus systematischen Gründen erst im Zusammenhang mit § 263 (→ § 13 Rn. 81 ff.) bzw. § 253 (→ § 11 Rn. 13 ff., 30 ff.) erörtert werden. Da es schließlich auf den „natürlichen" Willen ankommt, können z. B. auch Kinder und Betrunkene mit einer Gewahrsamsübertragung einverstanden sein, sofern nur eine entsprechende natürliche Einsichtsfähigkeit gegeben ist.

Besonderer Aufmerksamkeit bedürfen die bloße Beobachtung **65** (→ Rn. 66), die klassische Diebesfalle (→ Rn. 67 ff.), die Lehre vom bedingten Einverständnis (→ Rn. 70 ff.) und der Missbrauch von Selbstbedienungskassen (→ Rn. 76 ff.).

b) Beobachtung. Die bloße Beobachtung (oder das bloße Gesche- **66** henlassen) der Tat etwa durch den Ladeninhaber oder einen Beauftragten (z. B. Hausdetektiv) beinhaltet kein Einverständnis mit der Wegnahme (erg. → Rn. 49).

c) Diebesfalle. Anders liegt es bei der klassischen Diebesfalle: Hier **67** präpariert der Eigentümer, vielfach mit Hilfe eines Polizeibeamten, z. B. einen Geldschein so, dass ein Verdächtiger, der den Geldschein ergreift, durch chemische Spuren an den Händen überführt werden kann. Damit die gewünschte Überführung gelingt, muss der Berechtigte mit einem Gewahrsamswechsel (Ergreifen und Einstecken des Geldscheines) einverstanden sein. Mangels Wegnahme kann daher nur wegen (untauglichen) Diebstahlsversuchs bestraft werden.

Dazu *BayObLG* NJW 1979, 729; *OLG Celle* JR 1987, 253; *LG Gera* StraFo 2000, 358; *Otto*, Jura 1989, 140 f., 204; zur Strafbarkeit des Polizeibeamten *Rengier*, AT, § 45 Rn. 67. – Lehrreich zu Gewahrsamsfragen und zum Grenzbereich zwischen bloßer Beobachtung und Diebesfalle *OLG Hamm* NStZ-RR 2014, 209 mit Bspr. *Brüning*, ZJS 2015, 310 ff.; *Jäger*, JA 2015, 390 ff.; *Hecker*, JuS 2015, 276 ff.

Neben den §§ 242, 22 nimmt die überwiegende Ansicht in Tatein- **68** heit (vgl. → Rn. 25) eine vollendete Unterschlagung mit der Begründung an, das Einverständnis beziehe sich nur auf den Gewahrsamswechsel, nicht aber auf die Zueignung, weil ein Eigentumsverlust nicht gewollt sei. Diese Auffassung verdient keine Zustimmung. Zu präzisieren ist: Das Merkmal der Zueignung setzt keinen Eigentumsverlust voraus, vielmehr genügt die Verwirklichung der Komponenten Enteignung und Aneignung. Wenn – aber auch nur wenn – sich der Eigentümer mit der Erfüllung dieser Zueignungselemente, also insbesondere mit dem dauernden Verlust des Köders abfindet, erstreckt sich sein Einverständnis ebenfalls auf die Zueignung und lässt deren Rechtswidrigkeit entfallen.

69   Wie hier *Hillenkamp*, JR 1987, 255 f.; W/H/S/*Hillenkamp*, BT 2, Rn. 123; K/H/H/*Hellmann*, BT 2, Rn. 46; *Eisele*, BT II, Rn. 53; *Hinderer*, JuS 2009, 628 f. mit Falllösung. – A. A. *OLG Celle* JR 1987, 253, 254; *LG Gera* StraFo 2000, 358, 359; *Otto*, Jura 1989, 204; *Lackner/Kühl*, § 246 Rn. 3, 5.

70   **d) Lehre vom bedingten Einverständnis.** Nach h. M. kann der Gewahrsamsinhaber sein Einverständnis an Bedingungen knüpfen. Diese Lehre vom bedingten Einverständnis stößt in die Lücke, die § 263 hinterlässt, wenn ein Täuschungspartner fehlt. Von daher beschränkt sich der Anwendungsbereich der Lehre hauptsächlich auf die Fälle der **automatisierten Waren- und Geldausgabe.** Hier erklärt sich der Automatenaufsteller mit dem Gewahrsamswechsel nur für den Fall einverstanden, dass der Mechanismus des Automaten äußerlich ordnungsgemäß betätigt wird. Weitere Vorbehalte (wie Zahlungswilligkeit, Zugangsberechtigung) sind unbeachtlich, weil sie nicht automatentypisch sind und verallgemeinert beim Sachbetrug die Grenzen zu § 242 auflösen würden, indem sie aus klassischen Betrugsfällen (Beispiel: Bezahlung gekaufter Ware mit Falschgeld) zugleich Diebstahlsdelikte machten. Wer daher einen Automaten mit falschem Geld bzw. geringerwertigen ausländischen Münzen füttert oder mit mechanischen Tricks (z. B. Drähten) manipuliert, erlangt die freigegebene Sache bei Zueignungsabsicht im Wege des Diebstahls.

Ergänzend siehe → § 3 Rn. 33; → § 14 Rn. 36a, 52a, 64 ff.; → § 16 Rn. 3 f. – Zum Ganzen *Brand*, ZWH 2020, 127 ff.; Sch/Sch/*Bosch*, § 242 Rn. 36 f.; *Ranft*, JA 1984, 6; *Neumann*, JuS 1990, 538.

71   Lehrreich ist der **Tesafilm-Fall** (*OLG Düsseldorf* NJW 2000, 158; dazu *Biletzki*, NStZ 2000, 424 f.; *Otto*, JR 2000, 214 ff.; *Geppert*, JK 00, StGB § 242/20; *Kudlich*, JuS 2001, 20 ff.): A „verlängert" einen echten 100-Euro-Schein mit Tesafilmstreifen. Den so präparierten Schein führt er mit Zueignungsabsicht wiederholt in einen Geldwechselautomaten ein und zieht ihn an den Tesafilmstreifen wieder heraus, nachdem der Schein die Lichtschranke überschritten und dadurch den Auswurf des Wechselgeldes ausgelöst hat. **Bezüglich des Wechselgeldes** erfüllt A wegen der nicht ordnungsgemäßen Bedienung den Tatbestand des Diebstahls. Das Regelbeispiel des § 243 I 2 Nr. 2 liegt allerdings nach h. M. nicht vor (→ § 3 Rn. 33; kritisch *Biletzki* und *Geppert*). Doch bejaht das *OLG Düsseldorf* (NJW 2000, 158, 159) wegen der beträchtlichen Beute (7.600 €) und des außerordentlich hohen Maßes an List einen unbenannten besonders schweren Fall (erg. → § 3 Rn. 4). Zum umstrittenen § 263a siehe → § 14 Rn. 67.

Was den **präparierten Schein** betrifft, so geht er weder in den Gewahrsam noch in das Eigentum des Automatenaufstellers über (keine Übergabe nach § 929 S. 1 BGB); daher scheiden Taten gemäß § 242 oder § 246 aus (a. A. *Kudlich*, JuS 2001, 22 ff.).

Wer dagegen den Automaten in technischer Hinsicht **ordnungs- 72 und programmgemäß bedient**, nimmt nicht weg, weil er den Gewahrsam mit Einverständnis des Automatenaufstellers erhält.

Beispiele: (1) Wer an einer Selbstbedienungssäule ohne Zahlungsbereitschaft 73 tankt, bricht nicht fremden Gewahrsam (*BGH* NJW 2012, 1092; h. M.; erg. → § 5 Rn. 13; → § 13 Rn. 5, 44, 324).

(2) Ebenso wenig nimmt weg, wer einen Spielautomaten unter Verwendung von speziellen Programmkenntnissen – mechanisch korrekt – leerspielt (*LG Freiburg* NJW 1990, 2635, 2636).

(3) Ferner entfällt eine Wegnahme, wenn der Täter unter unbefugter Benutzung einer Girocard/Maestro-Karte mit der ihm bekannten Geheimzahl Geld abhebt (BGHSt 35, 152, 158 ff.; *BGH* NJW 2018, 245; *Otto*, Jura 1989, 142; h. M.; a. A. *Mitsch*, BT 2, 29, 155 f.; zu § 263a siehe → § 14 Rn. 27 ff., 59 ff.).

Im Hinblick auf den zuletzt angesprochenen Geldautomaten-Fall 73a hat der *BGH* seit 2018 in drei uneinheitlichen Entscheidungen zu neuen Missbrauchsvarianten Stellung genommen. Deren Kern liegt darin, dass präsente Täter im Bereich eines Geldausgabeautomaten warten, bis ein Kunde, um Bargeld abzuheben, jedenfalls seine Karte und Geheimnummer eingegeben hat. Dann wird trickreich oder auch mit Gewalt, nachdem der Bankkunde oder der Täter – gleichsam als dritten und letzten Akt – die Auszahlung eines bestimmten Betrages veranlasst hat, das Geld dem Ausgabefach entnommen. Im Zentrum der Meinungsverschiedenheiten steht die Frage, inwieweit die Entnahme eine – zu § 242 oder § 249 führende – Wegnahme darstellt; insoweit kommen als (Mit-)Gewahrsamsinhaber der Automatenbetreiber sowie der Kunde in Betracht. – Eine klare, vertretbare und auch überzeugende Orientierung bieten die beiden folgenden Leitlinien:

(1) Erstens ist daran festzuhalten, dass im Falle einer technisch ord- 73b nungsgemäßen Bedienung eines Geldautomaten das Einverständnis des Automatenbetreibers einen Bruch dessen Gewahrsams auch dann ausschließt, wenn der Täter den Auszahlungsvorgang in die Wege leitet (*BGH* NJW 2018, 245 – 2. Senat).

Demgegenüber meint der 3. Senat (*BGH* NStZ 2019, 726, 727), der Wille des Geldinstituts sei mit der Bedingung verknüpft, den Gewahrsam nur an denjenigen zu übertragen, der sich durch die Eingabe von Bankkarte und zugehöriger PIN legitimiert habe; daher bestehe der Gewahrsam des Automatenbetreibers fort und werde gebrochen. Indes: Diese Aufweichung der Lehre vom bedingten Einverständnis überzeugt nicht (→ Rn. 70; *Brand*, ZWH 2020, 126 ff.; *Lenk*, JuS 2020, 411 f.; *Bechtel*, JR 2022, 42; a. A. *Jäger*, JA 2020, 68 f.; *Waßmer*, HRRS 2020, 26 f.).

73c   (2) Zweitens erlangt der Bankkunde (Mit-)Gewahrsam, soweit er selbst – und nicht der Täter – den letzten Geldausgabeakt beherrscht (*Brand*, ZWH 2020, 129 f.).

> Dagegen vertritt der 4. Senat die Ansicht (*BGH* NJW 2021, 1545, 1546), die Begründung des (Mit-)Gewahrsams knüpfe allein an die Legitimation durch die Eingabe von Karte und PIN an. Darin komme ein antizipierter Beherrschungswille des Kunden zum Ausdruck, so dass ihm gegenüber auch dann eine Wegnahme zu bejahen sei, wenn die Täter den abschließenden Auszahlungsakt durchführten und das ausgeworfene Geld ergriffen. Unerheblich sei, ob die Täter dabei das Bedienfeld mit Zeitungen abdeckten und verdeckt sowie möglicherweise heimlich und unbemerkt agierten (zust. *Bechtel*, JR 2022, 40 f.). Indes: Von einer tatsächlichen Sachherrschaft des Kunden kann nicht die Rede sein, wenn die Täter die Herrschaft über den Auszahlungsakt haben (*Lenk*, NJW 2021, 1547; *Ruppert*, StV 2022, 17 f.; *Brand*, ZWH 2022, V.).

73d   Der Fall *BGH* NJW 2018, 245 ist gut geeignet, die Probleme zu veranschaulichen: T stieß K, nachdem dieser seine Karte und Geheimnummer eingegeben hatte, mit Gewalt vom Bankautomaten weg, wählte dann selbst den Auszahlungsbetrag (500 €) und entnahm dem Ausgabefach das Geld, um sich zu bereichern. – Gegenüber der Bank entfällt § 249 mangels Gewahrsamsbruchs, weil der Automat technisch korrekt bedient wurde (→ Rn. 72 f.); mit Blick auf K ist bereits dessen (Mit-)Gewahrsam zu verneinen. Ob § 255 vorliegt, hängt von der Stellungnahme zum Streit um das Erfordernis der (nötigungsbedingten) Vermögensverfügung ab (→ § 11 Rn. 13 ff.). Dem Standpunkt der Rechtsprechung folgend bejaht der *BGH* konsequent § 255. Demgegenüber muss nach der vorzugswürdigen Verfügungslehre § 255 abgelehnt werden. Zu § 263a I Var. 3 äußert sich die Entscheidung nicht. Nach der subjektivierenden Auffassung könnte die Vorschrift bejaht werden. Im Lichte der betrugsspezifischen Parallele hat das Geschehen nach dem Wegstoßen zwar einen gewissen Täuschungscharakter, insgesamt bleibt die Tat aber von der Gewaltanwendung geprägt. In diesem Lichte scheidet ein Computerbetrug aus (vgl. → § 14 Rn. 14 ff., 25 ff.). Folglich erfüllt T nur § 246 I in Tateinheit mit § 240.

> *Brand*, NJW 2018, 246. – Instruktive Falllösungen bei *Böhm/Hautkappe*, ZJS 2019, 509 ff.; *Lenk*, Jura 2021, 1113 ff.

Zweifelhaft ist, ob von einem Einverständnis auch dann noch aus- 74
gegangen werden kann, wenn der Täter den Warenautomaten korrekt
mit einer vorgesehenen Codekarte (z. B. Kopierkarte, Girocard/
Maestro-Karte) bedient, der Automat aber aufgrund eines technischen Defekts die Ware freigibt, ohne die Gegenleistung von der
Karte oder dem Konto abzubuchen. Dies wird teilweise unter Hinweis darauf bejaht, dass nur automatentypische, äußerlich erkennbare
Bedingungen gestellt werden dürften und die Automaten ordnungsgemäß bedient worden seien (*Vogt/Brand*, Jura 2008, 306 f. mit Falllösung; *Geppert*, JK 10/08, StGB § 263 a/16). Nach einer Gegenmeinung soll aber wegnehmen, wer aus einem Automaten aufgrund eines
technischen Defekts Waren erlangt, ohne dafür das Entgelt entrichtet
zu haben (MüKo/*Schmitz*, § 242 Rn. 100). Im Ergebnis ist die Annahme einer Wegnahme überzeugender, da sich der technische Defekt
als äußerlicher Umstand begreifen lässt, an den der Automatenaufsteller sein Einverständnis knüpft. Immerhin kommt, selbst wenn
man eine Wegnahme verneint, eine Strafbarkeit gemäß § 246 in Betracht, weil das Übereignungsangebot an die Bedingung der Zahlung
geknüpft ist (*Vogt/Brand*, a. a. O. und *Geppert*, a. a. O.; auch § 246
abl. *Niehaus/Augustin*, JR 2008, 438; zu § 263a unten → § 14
Rn. 56 ff.).

Nach BGHSt 38, 120, 122 ff. soll selbst bei der Verwendung einer 75
gefälschten Codekarte noch eine technisch korrekte Bedienung des
Geldautomaten vorliegen. Der *BGH* sieht das tatbestandsausschließende Einverständnis darin, dass der Täter auf die Codekarte richtige
Kundendaten kopiert habe und die Geldausgabe allein von der Eingabe dieser Daten abhängig gewesen sei (erg. → § 14 Rn. 28). Überzeugend ist das nicht. Richtigerweise kann von einer ordnungsgemäßen Bedienung nur die Rede sein, wenn ein Zugangsmittel benutzt
wird, das der Aussteller als solches freigegeben hat. Andernfalls
müsste man auch beim Einwurf von Falschgeld in einen Warenautomaten, welches der Prüfungsmechanismus nicht als solches erkennt,
einen Gewahrsamsbruch ablehnen (so konsequent LK/*Vogel*,
12. Aufl. § 242 Rn. 115). Zuzugeben ist lediglich, dass in jedem Fall
§ 263a vorgeht (vgl. BGHSt 38, 120, 124 f.; → § 14 Rn. 70).

e) **Speziell: Selbstbedienungskassen.** Die Einrichtung von Selbst- 76
bedienungskassen in Einkaufsmärkten hat die Frage aufgeworfen, ob
im Lichte der Lehre vom bedingten Einverständnis ebenso einen
Diebstahl begeht, wer an einer Selbstbedienungskasse Ware nicht

ordnungsgemäß abrechnet und mitnimmt, um sie zu behalten. Eindeutig Diebstahl liegt vor, wenn die Ware nicht abgerechnet wird.

77 **Beispiel:** T geht in einem Elektronikmarkt mit drei begehrten Objekten im Einkaufskorb zur Selbstbedienungskasse. Die Preise von zwei Objekten (zusammen 30,– €) scannt er anhand der auf den Waren befindlichen Strichcodes ein, beim dritten Objekt (Kaufpreis 50,– €) richtet er den Scanner neben den Code. Abschließend bezahlt er mittels Girocard die Rechnung über 30,– € und verlässt mit allen drei Objekten das Geschäft. – Das Einverständnis des Geschäftsinhabers in den Gewahrsamsübergang steht unter der Bedingung, dass die Selbstbedienungskasse äußerlich korrekt (Einscannen des Strichcodes und Bezahlen) bedient wird. Da T bezüglich des dritten Objekts diese Bedingung nicht erfüllt hat, bricht er insoweit fremden Gewahrsam und begeht einen Diebstahl (zum Ganzen die Falllösung bei *Bülte/Becker*, Jura 2012, 326 f.). § 263a erfüllt T nicht (dazu Fall 2a von → § 14 Rn. 49 ff.).

78 Von einer äußerlich ordnungsgemäßen Abrechnung kann auch dann nicht die Rede sein, wenn der Täter die begehrte Ware nicht mit dem vorgesehenen aufgedruckten oder aufgeklebten, sondern mittels eines anderen Strichcodes abrechnet.

79 **Beispiel:** In einem Supermarkt erlangt T die begehrte Zeitschrift „Playboy" (Preis 5 €), indem er an der Selbstbedienungskasse einen zuvor aus einer Tageszeitung (Preis 1,30 €) herausgerissenen Strichcode unter das Lesegerät hält. Er bezahlt die angezeigten 1,30 € und verlässt mit dem „Playboy" das Geschäft. Strafantrag (§ 248a) ist gestellt. – Das *OLG Hamm* (wistra 2014, 36, 37) bestraft die Tat zu Recht als Diebstahl (zust. *Jäger*, JA 2014, 115 f.; *Jahn*, JuS 2014, 179 ff.; *Fahl*, NStZ 2014, 244 ff.; Falllösungen bei *Schneider*, Ad Legendum 2015, 42 ff.; *Preuß*, ZJS 2016, 639 ff.) und nicht als Computerbetrug (dazu Fall 2b von → § 14 Rn. 50 f.).

80 In den bisher kaum diskutierten Grenzbereich zwischen Diebstahl und Computerbetrug gelangt man, wenn man die in → § 13 Rn. 96 ff. hinsichtlich bedienter Kassen diskutierten Verpackungskonstellationen auf Selbstbedienungskassen überträgt.

81 **Beispiel:** T scannt an einer Selbstbedienungskasse den auf der verpackten Ware aufgedruckten Strichcode ein, bezahlt den angegebenen Kaufpreis und verlässt mit der Ware das Geschäft. Vor dem Passieren der Selbstbedienungskasse hat er in der Verpackung zusätzlich Ware (z. B. Zubehör) versteckt oder den Inhalt ausgetauscht (z. B. billige gegen teure CD).

82 Der Gedanke liegt nahe, den Abgrenzungsstreit zwischen Diebstahl und Betrug (→ § 13 Rn. 96 ff.) auf die Selbstbedienungsfälle zu übertragen (*Fahl*, NStZ 2014, 246 f.; *Schneider*, Ad Legendum 2015, 47; *Heinrich*, Beulke-FS, 2015, 398 ff.). Erneut zu § 242 gelangt man

dann auf jeden Fall, soweit man auch bei bedienten Kassen Diebstahl annimmt. Soweit man demgegenüber für Betrug plädiert, stellt sich bei Selbstbedienungskassen die Frage, ob man noch von einem äußerlich technisch ordnungsgemäßen – eine Wegnahme ausschließenden – Abrechnungsvorgang ausgehen kann, obwohl der Verpackungsinhalt manipuliert wurde. Auch wenn die Verpackungseinheit als solche korrekt abgerechnet wird, ändert dies nichts daran, dass der Täter versteckte Ware an sich bringt, die er in den Abrechnungsvorgang überhaupt nicht einbezogen hat und daher auch nicht ordnungsgemäß erlangen kann. Also ist an Selbstbedienungskassen in den Verpackungskonstellationen unabhängig vom Abgrenzungsstreit bei bedienten Kassen stets § 242 zu bejahen. Zu § 263a siehe Fall 2c von → § 14 Rn. 52.

IV. Subjektiver Tatbestand: Vorsatz

Der Vorsatz muss sich wie immer auf jedes objektive Tatbestandsmerkmal erstrecken. Glaubt der Täter beispielsweise, dass die Sache herrenlos sei oder ihm (ausschließlich) gehöre, oder nimmt er irrtümlich an, der Gewahrsamsinhaber sei mit der Gewahrsamsübertragung tatsächlich einverstanden, so fehlt ihm der Vorsatz, eine „fremde" Sache wegzunehmen bzw. fremden Gewahrsam zu „brechen". Zum (ebenfalls) vorsatzausschließenden Irrtum (§ 16 I 1) über die Rechtswidrigkeit der Zueignung → Rn. 187, 194. **83**

Für die Diebstahlstat und den Diebstahlsvorsatz spielt es keine Rolle, ob der Vorsatz von Anfang an auf bestimmte Objekte konkretisiert oder allgemein auf stehlenswerte Dinge gerichtet war, ob er sich *während der Tat*, d. h. während eines von einem einheitlichen Diebstahlsvorsatz getragenen Geschehens, verengt, erweitert oder sonst ändert (BGHSt 22, 350, 351; *BGH* 2 StR 48/17 Rn. 6 f.). Nimmt der Täter – bei *aufrechterhaltenem* Diebstahlsvorsatz – z. B. aufgrund einer Sinnesänderung statt Bargeld einen Teppich mit, so liegt *ein* vollendeter Diebstahl vor (und nicht etwa ein versuchter Diebstahl in Tateinheit mit einem vollendeten). Anders liegt es, wenn der ursprüngliche Diebstahlsvorsatz (Bargeld) endgültig aufgegeben wird und der Täter aufgrund eines *neuen* Diebstahlsvorsatzes die andere Sache (Teppich) wegnimmt. Hier konkurrieren verschiedene Taten miteinander, die, soweit nicht ein strafbefreiender Rücktritt in Betracht kommt, in Realkonkurrenz stehen (vgl. Sch/Sch/*Bosch*, § 242 Rn. 45). **84**

85   Größere Schwierigkeiten bereiten diese Fragen rund um den Vorsatzwechsel auf den Ebenen der §§ 243, 244 I Nr. 3 (→ § 3 Rn. 19, 43 ff.; → § 4 Rn. 86) und des § 249 (→ § 7 Rn. 26 ff., 36 f.).

V. Subjektiver Tatbestand: Zueignungsabsicht

1. Grundlagen

86   Die Zueignungsabsicht ist ein besonderes subjektives Tatbestandsmerkmal, das klar vom Vorsatz unterschieden werden muss. Sie hat die eigentumsrechtliche Position zum Gegenstand. Ob und inwieweit die beabsichtigte Zueignung tatsächlich erfolgt, spielt bei § 242 (und § 249) keine Rolle (zu § 246 siehe → § 5 Rn. 19 ff.). Es kommt allein auf die subjektive Zielvorstellung an, die **zum Zeitpunkt der Wegnahme** gegeben sein muss (*BGH* NStZ-RR 2007, 15). Wenn man insoweit von einer überschießenden Innentendenz spricht, so soll damit ausgedrückt werden, dass die Zueignungsabsicht keinen Bezugspunkt im objektiven Tatbestand hat. Wird die Zueignungsabsicht erst nach Vollendung der Wegnahme gefasst, so kommt § 242 nicht mehr in Betracht (aber insbesondere § 246). In systematischer Hinsicht sollte man sich von Anfang an einprägen, dass die im Folgenden erörterten Zueignungsprobleme bei § 249 völlig und bei § 246 nahezu identisch sind (vgl. → § 7 Rn. 35; → § 5 Rn. 16 ff.).

87   Das Merkmal der Zueignungsabsicht bereitet nicht nur dem Studierenden besondere Schwierigkeiten, sondern ist auch in Rechtsprechung und Schrifttum in vielen Einzelheiten umstritten (vgl. *Lackner/Kühl*, § 242 Rn. 21 ff.). Immerhin hat sich unter Führung der Rechtsprechung eine h. M. herausgebildet, die als „Vereinigungslehre" bezeichnet wird, weil sie die „Substanz-" und „Sachwerttheorie" vereint und damit anerkennt, dass neben der Sachsubstanz auch ein funktionsspezifischer Sachwert als Zueignungsobjekt in Frage kommt. Zusammen mit den Komponenten der Enteignung und Aneignung liefert diese Lehre ein brauchbares Gerüst, von dem auch der Studierende ausgehen sollte, wenn er sich nicht in unklaren Prüfungen verlieren will. Über Einzelheiten kann man dann immer noch streiten (zu den Theorien und ihren Varianten siehe etwa SK/*Hoyer*, § 242 Rn. 72 ff.).

88   Vor einer verbreiteten Neigung sei gleich am Anfang gewarnt: Die einprägsame Redeweise, bei der Selbstzueignung müsse sich der Täter eine eigentümerähnliche Stellung über die Sache anmaßen, sich wie ein Eigentümer gerieren („se ut dominum gerere"), wird leicht missverstanden und birgt die

Gefahr in sich, fast jede vorsätzliche Wegnahmehandlung als „eigentümerähnliches Verhalten", als Ausübung von Eigentumsmacht (vgl. § 903 BGB) zu interpretieren. Solche Formeln ersetzen nicht die präzise Prüfung der Enteignungs- und Aneignungskomponente als Bestandteile der Zueignungsabsicht (zust. MüKo/*Schmitz*, § 242 Rn. 126; *Zopfs*, ZJS 2009, 651; vgl. bereits *Otto*, Jura 1989, 142; zu Fehldeutungen bei unteren Gerichten vgl. z. B. *BGH* wistra 1988, 186; *OLG Frankfurt* StV 1984, 248).

Nach der üblichen **Kurzformel** setzt die Zueignung eine (dauernde) Enteignung und eine (wenigstens vorübergehende) Aneignung voraus. Dabei genügt bezüglich der dauernden Enteignung dolus eventualis, während für die Aneignung Absicht im engeren Sinne (dolus directus 1. Grades) erforderlich ist. Diese sich aus dem Wortlaut nicht ohne weiteres ergebende Differenzierung zwischen schlichtem Enteignungs*vorsatz* und zielgerichteter Aneignungs*absicht* soll Strafbarkeitslücken vermeiden, die sonst entstünden, weil der normale Dieb die schädigende Enteignung weniger direkt bezweckt als bloß in Kauf nimmt (*Witzigmann*, JA 2009, 492 f.). **89**

Mit der **Enteignungskomponente** wird die gewollte faktische dauerhafte Verdrängung des Berechtigten (Eigentümers) aus seiner Sachherrschaftsposition erfasst. Aus dieser Umschreibung ergibt sich, dass der Begriff der Enteignung natürlich nicht mit der Entziehung des zivilrechtlichen Eigentums gleichgesetzt werden darf; denn eine solche Folge könnte den Bestohlenen in den meisten Fällen gar nicht treffen (§ 935 I BGB). **90**

Die **Aneignungskomponente** drückt die beabsichtigte Einverleibung der Sache in das Vermögen des Täters (Selbst-Aneignung) oder des Dritten (Dritt-Aneignung) aus. Zu beachten ist, dass sich Selbst- und Drittzueignung *nur* auf der Ebene der Aneignung unterscheiden. Demnach besteht die Selbst-Zueignung (= die Absicht, die Sache „sich" zuzueignen) aus den Komponenten der Enteignung und Selbst-Aneignung, und die Dritt-Zueignung setzt sich aus Enteignung und Dritt-Aneignung zusammen. Im Übrigen hat innerhalb der Aneignungsabsicht die Prüfung der Selbst-Aneignung Vorrang; ist eine solche zu bejahen, erübrigen sich Ausführungen zu einer etwaigen (subsidiären) Dritt-Aneignung. **91**

Als Gegenstand der Zueignung, d. h. sowohl der Enteignung wie der Aneignung, kommen nach der von der h. M. vertretenen sog. **Vereinigungsformel** in Betracht: **92**

(1) die Sache selbst (Aussage der „Substanztheorie") oder auch (subsidiär)

(2) ein in der Sache verkörperter oder ihr innewohnender Sachwert (Aussage der „Sachwerttheorie").

2. Aufbaufragen

93   In der **Fallbearbeitung** empfiehlt es sich, mit dem **Enteignungselement** zu beginnen: Der Täter will die Sache als solche oder zumindest einen ihr innewohnenden (wirtschaftlichen) Sachwert endgültig dem Eigentümer entziehen.

94   Bei der anschließenden Erörterung des **Aneignungselements** prüft man zunächst – gleichsam als Regelfall – das Sich-Zueignen, genauer: die Absicht zur **Selbst-Aneignung**: Der Täter zielt darauf ab, die Sache als solche oder einen ihr innewohnenden (wirtschaftlichen) Sachwert wenigstens vorübergehend für sich zu behalten/auszunutzen, d. h. in sein Vermögen einzuverleiben.

95   Nur wenn eine Selbst-Aneignungsabsicht nicht vorliegt und der Sachverhalt zu weiteren Erörterungen Anlass gibt, ist die subsidiäre Frage der Dritt-Zueignung, also der Absicht zur **Dritt-Aneignung** aufzuwerfen: Der Täter strebt an, dass er die Sache oder den Sachwert einem Dritten zumindest vorübergehend in einer Weise verschafft, die dem „Sich"-Aneignen entspricht.

96   Damit ergibt sich für die Feststellung der Zueignungsabsicht das folgende

---

Aufbauschema (Zueignungsabsicht)

I. Dauernde Enteignung (dolus eventualis genügt) (→ Rn. 97–136)
   1. der Sache selbst? *wenn nein:*
   2. eines innewohnenden Sachwertes?

II. Wenigstens vorübergehende Aneignung (dolus directus 1. Grades erforderlich)
   1. Selbst-Aneignung (→ Rn. 137–146)
     a) der Sache selbst? *wenn nein:*
     b) eines innewohnenden Sachwertes? *wenn nein (subsidiär):*
   2. Dritt-Aneignung (→ Rn. 147–170)
     a) der Sache selbst? *wenn nein:*
     b) eines innewohnenden Sachwertes?

Zusammengefasst bestehen auf der Enteignungsebene zwei und auf der Aneignungsebene vier Möglichkeiten, das jeweilige Zueignungselement zu bejahen. Jede sich ergebende Enteignungs-/Aneignungskombination genügt, um die (Selbst- bzw. Dritt-)Zueignungsabsicht zu bejahen. Der klassische Fall einer unproblematischen Zueignung mit Ent- und Aneignung der Substanz liegt vor, wenn der Täter die weggenommene fremde Sache als solche auf Dauer für sich behalten will.

3. Enteignung der Sache selbst

a) Substanztheorie. Auf dem Boden der Substanztheorie ist der **97** Wille zur Enteignung der Sache selbst zu bejahen, wenn der Täter im Augenblick der Wegnahme (dem entscheidenden Zeitpunkt) den Vorsatz hat, die Sache dem Eigentümer auf Dauer zu entziehen. Dabei kommt es, da § 242 das Eigentum schützt, nicht darauf an, ob der Täter dem Eigentümer einen Vermögensschaden zufügen will (→ Rn. 1; → § 1 Rn. 2).

Den Tatbestand des § 242 kann also auch erfüllen, wer ein wertloses frem- **98** des Objekt wegnimmt, oder wer vorhat, den entwendeten Gegenstand – vielleicht sogar durch einen höherwertigen – zu ersetzen. In Zweifelsfällen wie dem eigenmächtigen Geldwechseln und Austausch anderer Gattungssachen können sachgerechte Ergebnisse mit dem Rechtfertigungsgrund der mutmaßlichen Einwilligung erzielt werden (*Mitsch*, BT 2, 47 ff.; M/*Hoyer*, BT 1, § 33 Rn. 52 f.).

Für die Prüfung und Feststellung der Enteignungskomponente **99** spielt der Aspekt eine zentrale Rolle, ob der Täter im Zeitpunkt der Wegnahme die Sache dem Eigentümer wieder zurückgeben will. Ein ernsthafter Rückgabe- oder Rückführungswille schließt den Enteignungsvorsatz grundsätzlich aus, es sei denn, dass der Sache ein innewohnender Sachwert entzogen werden soll (→ Rn. 103 ff.). Unerheblich ist, ob der mit Rückgabevorsatz handelnde Täter den Berechtigten schädigen, ärgern oder sonst beeinflussen möchte.

Beispiele: T versteckt nur für die Dauer eines Musikwettbewerbs die Geige **100** eines Konkurrenten; T nimmt für einen bestimmten Zeitraum ein Schmuckstück der geliebten G zu sich, um sie zur Rückkehr zu bewegen (zum „Rückführungswillen" erg. Rn. → 102, 104, 125).

b) Aneignung ohne Enteignung. Der Enteignungsseite fällt wei- **101** ter die wichtige Funktion zu, Diebstahl und **Gebrauchsanmaßung** zu unterscheiden. In den Fällen bloßer Gebrauchsanmaßung scheitert die Zueignungsabsicht nicht an der Aneignungskomponente (weil dafür ein vorübergehender Gebrauch genügt), sondern an dem Vorsatz zur (dauernden) Enteignung. In dadurch entstehende potentielle Strafbarkeitslücken stoßen die Tatbestände des § 248b (→ § 6 Rn. 7 ff.) und § 290.

102   **Beispiele:** (1) Student S nimmt einem Kommilitonen vorübergehend für die letzte Phase der Anfertigung einer Hausarbeit einen Kommentar weg (straflos); wollte S aber von Anfang an den Kommentar nach der Benutzung wegwerfen, wäre § 242 erfüllt. – (2) S unternimmt mit dem Rennrad oder Sportwagen des E ohne dessen Einverständnis eine Spritztour (nur § 248b). Die Tour führt freilich zu § 242, wenn zum Zeitpunkt der Wegnahme eine wesentliche (Sach-)Wertminderung hingenommen wird (→ Rn. 109) oder der notwendige „Rückführungswille" nicht besteht (→ Rn. 125). – (3) Täterin T nimmt in einem Einkaufsmarkt Ware allein in dem krankhaften Bestreben weg, entdeckt zu werden und sich dadurch seelische Entspannung zu verschaffen. Wenn sie allerdings nach Vollendung der Wegnahme nicht entdeckt wird und die Ware behält, kommt § 246 in Betracht (*BGH* NStZ-RR 2012, 207). – (4) Keinen Enteignungsvorsatz hat auch, wer (mit Gewalt) eine fremde Sache wegnimmt, um erneut ins Gefängnis zu kommen, und dabei die Sache wieder an den Eigentümer zurückgelangen lassen will (*BGH* NStZ-RR 2019, 248).

4. Enteignung des Sachwertes

103   **a) Sachwerttheorie.** Nach der Sachwerttheorie genügt es auch, wenn der Täter der Sache einen ihr innewohnenden, spezifischen Funktionswert, d. h. einen in ihr selbst verkörperten (wirtschaftlichen) Wert entziehen und insoweit die Sache wertloser machen will. In der entwendeten Sache als solcher muss der wirtschaftliche Wert mit einer tatsächlichen Erwerbschance verkörpert sein (BGHSt 35, 152, 157). Kurz charakterisiert: Tauglicher Sachwert ist allein ein „lucrum ex re", d. h. ein Gewinn/ein Wert aus der Sache selbst. Dazu ein einführendes

104   **Beispiel:** In einer Wohngemeinschaft nimmt T heimlich die Telefonkarte des E an sich, telefoniert damit und legt sie danach plangemäß an ihren Platz im Zimmer des E zurück. – Hier scheidet auf dem Boden der Substanztheorie die nur vorübergehend weggenommene Telefonkarte als Diebstahlsobjekt aus. Indes entzieht T der Karte dauerhaft einen ihr innewohnenden Sachwert, weil das in ihr verkörperte Guthaben nach dem Telefonat gesunken ist. Die weiter erforderliche Aneignung(sabsicht) kann ebenfalls mit diesem (grundsätzlich subsidiären) Sachwertaspekt begründet werden; doch lässt sie sich auch mit Hilfe der Substanztheorie aus dem vorübergehenden eigennützigen Gebrauch der Karte selbst ableiten (zust. *Zopfs*, ZJS 2009, 654).

b) Sparbuch. Der Sparbuch-Fall ist die klassische Konstellation,   105
die dem Gedanken der Sachwerttheorie zum Durchbruch verhalf.

Beispiel: M lebt mit der F zusammen. In Abwesenheit der F ergreift M ihr
Sparbuch, legt es der Bank vor und hebt mit Erfolg 100 € für sich ab. Anschließend deponiert er das Sparbuch wieder an Ort und Stelle.

Stellt man allein auf das Sparbuch als solches ab (Substanztheorie),   106
müsste man § 242 verneinen, da das Sparbuch zurückgebracht und
nicht etwa nach dem Eigengebrauch z. B. weggeworfen werden soll.
Zur Bejahung eines Diebstahls des Sparbuches führt erst die Sachwerttheorie: Weil Sparbücher qualifizierte Legitimationspapiere im
Sinne des § 808 BGB sind, an deren Inhaber mit befreiender Wirkung
geleistet werden kann, verkörpern die Bücher selbst das Guthaben
und die Möglichkeit, über das Geld zu verfügen.

Zum Sparbuch-Fall W/H/S/*Hillenkamp*, BT 2, Rn. 179 f.; K/H/H/*Hell-*   107
mann, BT 2, Rn. 64 ff.; *Mitsch*, BT 2, 64; zur Frage des § 263 siehe → § 13
Rn. 48. – Auch wenn die Verbreitung des Sparbuchs zurückgeht und an seine
Stelle etwa „Sparcards" treten, behält der Fall seine praktische und dogmati-
sche Bedeutung.

Ähnliche Konstellationen liegen vor, wenn der Täter einem Ge-   108
schäft schon ausgefertigte Warengutscheine oder einem Ferienclub
„Clubgeld" entwendet, um auf diese Weise im Geschäft bzw. Club
kostenlos einzukaufen (entzogen wird hier der Gegenwert des
Gutscheins bzw. Clubgeldes). Entsprechendes gilt für Täter, die andere Inhaberpapiere und Legitimationszeichen (z. B. Fahrkarten, Eintrittskarten aller Art und Garderobenmarken) wegnehmen, um den in
ihnen verkörperten Wert auszunutzen, ohne sich die Substanz der Sache zueignen zu wollen. Dieser Wert liegt in der Berechtigung des
Schuldners, an jeden Inhaber des Papiers/Zeichens mit befreiender
Wirkung zu leisten (hierzu LK/*Vogel*, 12. Aufl. § 242 Rn. 163; *Jauer-*
nig/Stadler, BGB, 15. Aufl. 2014, § 793 Rn. 9; § 807 Rn. 1 f.).

c) Wesentliche Wertminderung. Zu Recht nimmt die h. M. weiter   109
dann eine (Sachwert-)Enteignung und insoweit Diebstahl an, wenn
die Sache durch den Gebrauch wesentlich entwertet worden ist
(BGHSt 34, 309, 312: unbefugter Gebrauch von Maschinen über
zwei Jahre; *Lackner/Kühl*, § 242 Rn. 24). Als Schulbeispiel dient die
ausgedehnte Urlaubsreise mit einem entwendeten, nur „ausgeliehe-
nen" Pkw. Ab welcher Wertminderung hier die Wesentlichkeits-
schwelle von der Gebrauchsanmaßung (§ 248b) zum Diebstahl über-

schritten wird, ist eine Wertungsfrage (vgl. *OLG Hamm* JMBlNW 1962, 110, 111: Wertminderung um „wenigstens mehrere Prozent"; zu eng *Fricke*, MDR 1988, 540: über 50 %). Auf keinen Fall aber darf man die Wertung des § 248b dadurch unterlaufen, dass man insbesondere bezüglich des zwangsläufig mitverbrauchten Benzins aus § 242 bestraft (→ § 6 Rn. 21).

110   **d) Grenzen der Sachwerttheorie.** § 242 ist ein Zueignungsdelikt, das die aus dem Eigentum fließende dauernde Sachherrschaftsposition über die Sache schützt. In diese Position greift der Täter auch dann ein, wenn er der Sache einen mit ihr gleichsam untrennbar verbundenen wirtschaftlichen Wert entzieht. Damit sind zugleich die sich aus dem Schutzgut (Eigentum) ergebenden Grenzen abgesteckt. Überschreitet man sie, so droht die Umdeutung des § 242 in ein Bereicherungsdelikt. Vor diesem Hintergrund erfasst die richtig verstandene – insoweit auch als „restriktive" bezeichnete (*Küper/Zopfs*, BT, Rn. 834) – Sachwerttheorie nicht jeden wirtschaftlichen Vorteil, den man mit Hilfe einer Sache erlangen kann. Vielmehr muss der Vorteil in der Sache selbst angelegt sein („lucrum ex re", → Rn. 103); nicht einbezogen ist das „lucrum ex negotio cum re" (d. h. der Gewinn aus einer bloßen Verwendung der Sache).

111   **Beispiel:** Im Sparbuch-Fall (→ Rn. 105 ff.) nimmt M, um seine Berechtigung zu unterstreichen, auch den Personalausweis der F mit, legt ihn bei der Bank vor und danach wieder an seinen Platz zurück.

Der benutzte Personalausweis verkörpert keinen wie auch immer gearteten (wirtschaftlichen) Sachwert; er ist nach dem unbefugten Gebrauch nicht weniger wert und in seiner Funktion als Identitätspapier unangetastet. Die vorübergehende Wegnahme eines Ausweispapieres, um sich mit dessen Hilfe rechtswidrig zu bereichern, fällt daher mangels Enteignungswillens nicht unter § 242. Auf einen solchen – hier die Bereicherung mit Hilfe des Sparbuchs ermöglichenden – „Verwendungswert" erstreckt sich die Sachwerttheorie nicht.

112   Ebenso wenig genügt für die Enteignungskomponente das schlichte Kopieren, Löschen, Ansehen, Anhören oder Verwerten von Daten weggenommener Datenträger – die auch in Geräte wie PCs und Handys eingebaut sein können –, wenn der Datenträger (z. B. Speichermedien, CDs, DVDs) äußerlich wie seinem Wert nach unverändert zurückgegeben und in der Zwischenzeit nur in irgendeiner Weise benutzt werden soll.

BGH StV 2016, 642, 643 mit Bspr. *Satzger,* Jura (JK) 2016, 828; *BayObLG* NJW 1992, 1777, 1778; Falllösung bei *Dürr,* Jura 2014, 358 f.; zu § 202a siehe *Rengier,* BT II, § 31 Rn. 24 ff.

Auch die **vorübergehende Wegnahme einer Codekarte** wie der **113** Maestro-Karte, um sich unbefugt mittels der zugehörigen Geheimzahl Geld aus einem Bankautomaten zu verschaffen, kann nicht unter dem Aspekt der Sachwertentziehung als Diebstahl der Codekarte bestraft werden; denn anders als das Sparbuch, das den Wert verkörpert, eröffnet die Karte ähnlich einem Schlüssel lediglich den Zugang zu dem im Automaten verwahrten Geld.

Dazu BGHSt 35, 152, 156 ff.; *Stein,* JuS 1990, 915 f.; *Mitsch,* BT 2, 64 f.; zu weiteren Aspekten rund um diesen beliebten Fall → Rn. 75 und insbesondere die zusammenfassenden Hinweise in → § 14 Rn. 31; ferner *Meier,* JuS 1992, 1017 ff.; W/H/S/*Hillenkamp,* BT 2, Rn. 182 ff.; *Eisele/Fad,* Jura 2002, 306 f.).

5. Diskussion weiterer Problemfälle zur Enteignungsseite

Nach Maßgabe der vorherigen Ausführungen zur Enteignungs- **114** komponente kann man eine auch von der neueren Rechtsprechung anerkannte **Leitlinie** formulieren, die hilft, Fälle mit Problemen auf der Enteignungsseite richtig einzuordnen: An einer dauernden Enteignung fehlt es, wenn der Täter bereits zum Zeitpunkt der Wegnahme den Willen hat, die Sache dem Berechtigten (Eigentümer) unverändert oder ohne wesentliche Wertminderung zurückzugeben und so den rechtmäßigen Zustand wiederherzustellen (vgl. *BGH* NJW 1985, 1564, 1565 = JR 1985, 251 mit Anm. *Rudolphi).*

Diese Leitlinie soll, klassische Fälle aufgreifend, anhand der folgen- **115** den **Beispiele (1) bis (10)** konkretisiert werden:

(1) Der Vortäter, der die von ihm gestohlene Sache zunächst einem **116** Hehler verkauft hat und später diesem aufgrund eines neuen Entschlusses wieder wegnimmt, um sie dem Eigentümer zurückzugeben, handelt ohne Zueignungsabsicht *(BGH* NJW 1985, 1564).

(2) Dienstmützen-Fall: Soldat A entwendet am Ende seiner Dienstzeit dem **117** Soldaten K z. B. dessen Dienstmütze, um sie bei der Ausmusterung als „seine" zurückzugeben und auf diese Weise die Geltendmachung von berechtigten Ersatzansprüchen zu vermeiden.

(3) Dienststiefel-Fall: Soldat B entwendet der Soldatin L, um vorschriftswidrig in den Besitz komfortablerer Stiefel der Marke M zu gelangen, deren Paar M-Stiefel und tauscht sie anschließend bei der Bekleidungskammer in ihm passende größere Stiefel um, indem er behauptet, die Stiefel, mit denen er eingekleidet worden sei, seien zu eng. B geht es im Bewusstsein des vorschriftswidrigen Umtauschs allein darum, im Dienst bequemere Stiefel tragen zu können.

Zu § 242: Sieht man in der Bundeswehr die übergeordnete (Allein-) Gewahrsamsinhaberin (vgl. → Rn. 33 ff., 43; *Hecker,* JuS 2021, 562), scheidet in beiden Fällen ein Diebstahl aus. Indes spricht das gesamte Bekleidungsregime dafür (u. a. abschließbarer Spind), den Soldaten K und L zumindest Mitgewahrsam einzuräumen und daher Wegnahmen zu bejahen. Was A betrifft, so hat er allerdings im Lichte der Enteignungskomponente nicht den Vorsatz, die Bundeswehr zu enteignen. Der Mütze wird auch kein wirtschaftlicher Sachwert entzogen, vielmehr wird sie in ihrer Substanz und ihrem Wert dem Eigentümer ungeschmälert zugewendet. Die Verwendung der Mütze, um Regressansprüche abzuwehren, stellt nur ein „lucrum ex negotio cum re" dar, das die Sachwerttheorie nicht erfasst. Bei B entfällt die Enteignungskomponente genauso. – Nimmt man Alleingewahrsam der Bundeswehr an, muss § 246 I geprüft und abgelehnt werden; da dessen Enteignungskomponente mit der des § 242 übereinstimmt (→ § 5 Rn. 6, 16).

Zu § 263: A begeht einen Betrug. – Für B gilt dies aber nicht. Im täuschungsbedingten, unentgeltlichen Besitzverlust der Bundeswehr liegt schon kein Vermögensschaden, weil die Nutzung entsprechend dem dienstlichen Zweck erfolgt (vgl. → § 13 Rn. 173 ff., 274 f.); zudem fehlt die Bereicherungsabsicht, weil es B allein um den Tragekomfort geht.

Zu Fall (2) im Ergebnis richtig BGHSt 19, 387 (näher *Rudolphi,* JR 1985, 252 f.). – Zu Fall (3) *BayObLG* BeckRS 2020, 37990 mit lehrreicher Bspr. *Hecker,* JuS 2021, 561 ff.

118   **(4) Finderlohn-Fall:** T nimmt einem Finder F einen gefundenen Gegenstand oder ein gefundenes Tier weg, um das Objekt als angeblicher ehrlicher Finder dem Eigentümer E gegen die versprochene Belohnung zurückzubringen.

Hier will T nur als Fremdbesitzer in Erscheinung treten und dem berechtigten E in Anerkennung dessen Eigentums die Sache wieder verschaffen. E soll das Tatobjekt auch ohne jede Werteinbuße erhalten. Insoweit wäre es erneut verfehlt, die Sachwerttheorie heranzuziehen; denn die Möglichkeit, mit dem Gegenstand/Tier die Belohnung zu erlangen, ist kein Wert, den das Objekt selbst verkörpert (W/H/S/*Hillenkamp,* BT 2, Rn. 190 ff.; Sch/Sch/*Bosch,* § 242 Rn. 50).

119   Wenn T anschließend sein Vorhaben erfolgreich durchführt, ergeben sich zusätzlich die folgenden betrugsrechtlichen Fragen: § 263

zum Nachteil des E scheitert am Schaden, da E gegen den Finder-
lohnanspruch des F (§ 971 BGB) einwenden kann, durch die Leistung an T befreit worden zu sein (§ 851 BGB analog). T begeht aber
einen (Dreiecks-)Betrug zum Nachteil des F; das insoweit zwischen
E und F erforderliche Näheverhältnis ergibt sich aus dem durch den
Fund entstandenen Schuldverhältnis (Lösung entsprechend dem
Fall 4 in → § 13 Rn. 133 ff., 314; Falllösung bei *Radtke/Meyer,* Jura
2007, 715 ff.).

(5) **Pseudoboten- oder Warenpaket-Fall:** T entwendet ein von K gekauftes,   120
vom Verkäufer V zur Auslieferung bereitgestelltes Warenpaket, um es als angeblicher Bote zu K zu bringen und so, wie es V und K vereinbart haben, den
Kaufpreis bei Lieferung zu kassieren. – Ob T § 242 erfüllt, ist sehr umstritten
(bejahend *BayObLG* JR 1965, 26; *Wessels,* NJW 1965, 1157; *Tenckhoff,* JuS
1980, 723; *Otto,* Jura 1996, 383, 385; *Mitsch,* BT 2, 56f.; *Eisele,* BT II,
Rn. 87; verneinend Sch/Sch/*Bosch,* § 242 Rn. 50; *Schröder,* JR 1965, 27f.; *Rudolphi,* JR 1985, 253; K/H/H/*Hellmann,* BT 2, Rn. 94f.; A/W/*Heinrich,* BT,
§ 13 Rn. 105; *Thoss,* JuS 1996, 817).

Soweit (nicht immer genau) die Enteignungskomponente mit der   121
Begründung abgelehnt wird, T respektiere die Eigentumsordnung,
weil er nur das tue, wozu der Eigentümer nach dem Kaufvertrag verpflichtet sei, überzeugt dies nicht. Denn nach der Eigentumsordnung
steht allein dem V das Recht zu, die Lieferung an K Zug um Zug gegen Bezahlung zu bewirken. K hat noch keinen fälligen und einredefreien Übereignungsanspruch. Folglich will T mit der Wegnahme des
Pakets auch dauerhaft in das Eigentumsrecht des V eingreifen.

Die Selbst-Aneignungsabsicht könnte, wie es zum Teil geschieht,   122
mit der Verschaffung unbeschränkter, eigentumsähnlicher Verfügungsmacht begründet werden. Dagegen spricht jedoch, dass T,
ohne das fremde Eigentum zu leugnen, nur als Bote und Fremdbesitzer auftreten und insoweit die Ware eben nicht als ihm gehörend
(vorübergehend) in sein Vermögen einverleiben will. Auch liegt in
dem Streben nach dem Kaufpreis für das Paket nur ein „lucrum ex
negotio cum re", also kein wirtschaftlicher Vorteil, der mit Hilfe der
Sachwerttheorie erfasst werden kann (erg. → Rn. 110 ff., 161).

Bei T muss aber die – seit dem 6. StrRG 1998 gesetzlich erfasste –   123
Dritt-Aneignungsabsicht bejaht werden, weil die Zahlung des Kaufpreises von der „Übereignung" an K als notwendiges Zwischenziel
abhängt (erg. → Rn. 171 und → § 13 Rn. 302 f.). Falls T danach den
Kaufpreis plangemäß auch erlangt, begeht er zusätzlich einen real
konkurrierenden Betrug gegenüber K, dessen Schaden darin liegt,

dass er kein Eigentum erwerben kann (§ 935 I BGB) und weiterhin an V zahlen muss (§ 433 II BGB).

124 Aufmerksamkeit verdient noch die **Fallvariante** mit der Ergänzung, dass V dem Warenpaket eine von ihm bereits unterzeichnete Quittung beigefügt hat, die T mit übergibt: (1) Hier ist nach § 242 (Warenpaket) zusätzlich zunächst § 242 (Quittung) zu prüfen. Insoweit kann man, was umstritten ist, eine Selbst-Aneignungsabsicht mit der Begründung bejahen, T habe die Legitimationswirkung der echten Quittung (§ 370 BGB) ausgenutzt und sich damit – ähnlich wie im Sparbuch-Fall (→ Rn. 105 f.) – einen in der Sache verkörperten Wert angeeignet (a. A. *Eisele*, BT II, Rn. 87). Auf die Absicht, die Quittung dem K als Drittem zuzueignen, kommt es dann nicht mehr an. – (2) § 263 zum Nachteil des K entfällt jetzt: Was den Kaufpreisanspruch des V gemäß § 433 II BGB als möglichen Schaden betrifft, so kann sich K gegenüber V auf Erfüllung berufen (§§ 362, 370 BGB). Gegenüber dem Herausgabeanspruch des V aus § 985 BGB – wegen § 935 I BGB bleibt V Eigentümer – hat K ein Recht zum Besitz nach § 986 I 1 BGB, weil er dem Eigentümer nicht die Ware herausgeben muss, die dieser zu übereignen verpflichtet ist (§ 433 I 1 BGB). So könnte der Schaden des K allenfalls im fehlenden Eigentumserwerb liegen; da er aber angesichts der eindeutigen Sach- und Rechtslage seinen Übereignungsanspruch ohne Prozessrisiko durchsetzen kann, steht er wirtschaftlich wie ein Eigentümer da und erleidet von daher keinen Vermögensschaden. – (3) Ein Dreiecksbetrug zum Nachteil des V (Verlust des Anspruchs aus § 433 II BGB) ist parallel zum Finderlohn-Fall konstruierbar, tritt jedoch hinter § 242 (Paket) als Sicherungsbetrug zurück (→ § 13 Rn. 341 ff.; vgl. erg. die Falllösung bei *Thoss*, JuS 1996, 816 ff.).

125 **(6) Fahrzeugrückführungs-Fälle:** Wer ein entwendetes Fahrzeug im Anschluss an die eigenmächtige Fahrt – vorausgesetzt: ohne wesentliche Wertminderung – so abstellen will, dass es nach den konkreten Umständen wie der Nähe zum Tat- oder Wohnort ohne besondere Mühe wieder in den Herrschaftsbereich des bisherigen Gewahrsamsinhabers gelangen kann, hat nicht den (Eventual-)Vorsatz zu einer Enteignung, weil ein „**Rückführungswille**" vorhanden ist; daher kann nur § 248b eingreifen. Anders liegt es typischerweise, wenn das Fahrzeug hinterher „irgendwo" oder allgemein gesagt so abgestellt werden soll, dass es dem beliebigen Zugriff Dritter preisgegeben ist und die Rückführung dem Zufall überlassen bleibt; hier spricht der fehlende „Rückführungswille" in der Regel dafür, den

Enteignungsvorsatz zu bejahen (dazu BGHSt 22, 45; *BGH* NStZ 1982, 420; 1996, 38; 2015, 396, 397; *Schramm*, JuS 2008, 775).

(7) **Vorübergehende Entwendung eines neuen Buches**, um es zu lesen: 126
Fraglich ist, inwieweit eine solche eigenmächtige Leihaktion § 242 erfüllen kann. Im einschlägigen **Fall 3** ist hinsichtlich des Buches die Wegnahme bereits vollendet, obwohl K den räumlichen Machtbereich des (alten) Gewahrsamsinhabers noch nicht verlassen hat (Rucksack als „höchstpersönliche Sphäre"; vgl. → Rn. 47).

Im Rahmen der Zueignungsabsicht gelangt man zu der problema- 127
tischen Enteignungskomponente, die man, weil das Buch der Substanz nach zurückgelangen soll, nur mit Hilfe der Sachwerttheorie bejahen könnte. Das *OLG Celle* (NJW 1967, 1921, 1922) hat dies in einem vergleichbaren Fall (Taschenbuch-Krimi) mit der Begründung getan, das Buch hätte nach dem Gebrauch nicht mehr zum Neuwert, sondern bloß noch antiquarisch verkauft werden können.

Man muss präzisieren: Die Bejahung des Enteignungswillens hängt 128
davon ab, ob das Buch je nach (geplantem) Gebrauch und seiner (angenommenen) Stabilität nach der Rückgabe noch – wie ein zurückgegebenes „Buch zur Ansicht" – als „neues" Buch zu verkaufen gewesen wäre. Denn im Gegensatz etwa zu Parallelfällen bei fabrikneuen Kraftfahrzeugen werden Bücher, die ein Kunde vorübergehend in der Hand gehabt hat, nicht ohne weiteres als minderwertige Gebrauchtsache angesehen; die Praxis des Versandbuchhandels und Leseecken in Buchhandlungen unterstreichen dies.

Wie hier *Mitsch*, BT 2, 51 f.; *Heghmanns*, BT, Rn. 1053; Sch/Sch/*Bosch*, 129
§ 242 Rn. 53; *Britz/Jung*, JuS 2000, 1194 ff. mit Falllösung; ausführlich *Fahl*, JA 2002, 649 ff.

Fazit: Die Eignung einer Sache, zum Neuwert verkauft zu werden, 130
stellt einen selbstständigen Sachwert dar, der etwas anderes als den (unter Umständen auch einschlägigen) Aspekt der wesentlichen Wertminderung im Sinne von → Rn. 109 betrifft. Muss nach dem Gebrauch eines neuen Buches oder eines anderen neuen Gegenstandes – man denke namentlich an wenige Kilometer gefahrene Neuwagen – dessen Preis reduziert werden, so wird ihm sein Neuverkaufswert entzogen.

Im **Fall 3** lässt sich bei K nach allem der Enteignungsvorsatz hinsichtlich 131
des Lehrbuchs bejahen, wenn man meint, die vorgesehene Nutzung lasse sichtbare Gebrauchsspuren erwarten, die einen Preisnachlass notwendig machten. Die für die Bejahung der Zueignungsabsicht dann noch notwendige

Feststellung des Aneignungswillens (vorübergehendes Benutzen/Lesen) bereitet keine Schwierigkeiten.

132   **(8) Rückverkaufs-Fälle:** Zu Recht bejaht die h. M. eine Enteignung und damit § 242, wenn der Täter dem Eigentümer eine Sache stiehlt, um sie ihm später als fremde Sache zum Verkauf anzubieten (BGHSt 63, 215, 218 f.; K/H/H/*Hellmann*, BT 2, Rn. 90 f.; *Rudolphi*, JR 1985, 253; a. A. *Mitsch*, BT 2, 52 f.). Man denke etwa an die Wegnahme von Schrott oder standardisiertem Leergut (→ Rn. 134), um das Entwendete dem betroffenen Eigentümer später wieder zum Kauf anzubieten. In derartigen Fällen – die übrigens mit der erfolgreichen Wegnahme vollendet sind – soll der Eigentümer seine Sache nicht in Anerkennung, sondern nur unter Leugnung seines Eigentums zurückerhalten. Insoweit wird – anders als im Lösegeld-Fall (erörtert als Fall 4 in → § 11 Rn. 50) – für den Erwerb ein eigenständiger Rechtsgrund geschaffen, der unwissende Eigentümer muss seine Sache gewissermaßen neu erwerben. Dementsprechend muss ihm auch vorher die Sache entzogen werden, und zwar der Substanz nach, weil die Sache als solche wertmäßig unverändert bleibt und es daher nicht um den Entzug eines Sachwertes gehen kann.

133   Den in der erfolgreichen Rückveräußerung an den getäuschten Eigentümer liegenden Betrug (zum Schaden → § 11 Rn. 50) wird man im Verhältnis zur Vortat (§ 242) als Sicherungsbetrug einstufen können (vgl. → § 13 Rn. 341; a. A. LK/*Tiedemann*, 12. Aufl. § 263 Rn. 327).

134   **(9) Leergut-Fälle:** Sie sind durch das Muster gekennzeichnet, dass der Täter einem Geschäft Mehrweg-Leergut entwendet, um es beim selben Geschäft als eigenes Pfandgut zurückzugeben. Hier kommt es entscheidend auf die Eigentumsverhältnisse an. Handelt es sich um standardisiertes Leergut, das – wie etwa die meisten Bier- und Sprudelflaschen – viele Hersteller verwenden können, so wird bei allen Rechtsgeschäften auch das Eigentum am Leergut (mit) übertragen. Deshalb verläuft in dieser Konstellation die Lösung parallel zu den Rückverkaufs-Fällen (→ Rn. 132), so dass die Zueignungsabsicht zu bejahen ist. Anders liegt es bei individualisiertem Leergut, das nur einzelne Abfüller verwenden und so gekennzeichnet ist, dass die Mehrwegflaschen als Eigentum eines bestimmten Herstellers erkennbar sind. Diesbezüglich nimmt man überwiegend an, dass solche Pfandflaschen nur gebrauchsweise überlassen werden und im Eigentum des bestimmten Herstellers verbleiben. Folgt man dem, so fehlt hier dem Täter – freilich nur, sofern er subjektiv die Eigentumslage richtig einschätzt – entsprechend dem Dienstmützen-Fall (→ Rn. 117) der auf dauernde Enteignung gerichtete Vorsatz.

BGHSt 63, 215, 219f. (mit Bspr. *Kudlich*, JA 2019, 152ff.; *Jäger*, BT, **135** Rn. 329f.); *AG Berlin-Tiergarten* bei *Jahn*, JuS 2013, 753ff. – Zur zivilrechtlichen Rechtslage siehe *BGH* (Z) NJW 2007, 2913 mit Anm. *Wolf*, JA 2007, 737; *Hartmann/Henn*, Jura 2008, 691ff. Bei Individualflaschen ist die zivilrechtliche Rechtslage ziemlich undurchsichtig. Das *AG Flensburg* (NStZ 2006, 101) ordnet Coca-Cola-Flaschen dem individualisierten Leergut zu (zust. *Kudlich*, JA 2006, 571ff.; *Geppert*, JK 6/06, StGB, § 242/24; *Rönnau/ Golombek*, JuS 2007, 349f. mit Falllösung; a. A. *Schmitz/Goeckenjan/Ischebeck*, Jura 2006, 821ff.; generell für Gleichbehandlung der Individualflaschen mit standardisiertem Leergut *Wachter*, JZ 2019, 315f.) – Zum Ganzen ferner *Hellmann*, JuS 2001, 353ff. und *Schmitz u. a.*, a. a. O., auch zu weiteren Tatbeständen (§§ 263, 263a, 265a, 289). Zu § 263a bzw. § 289 näher → § 14 Rn. 7; → § 28 Rn. 5.

(10) Auch in **Fällen längeren, insbesondere „saisonalen" Besitz 136 entzugs** (Zelt/Boot für den Sommer; Schlitten für den Winter) sieht man zu Recht vielfach jedenfalls dann eine faktische dauernde Enteignung, wenn eine Ersatzbeschaffung unvermeidbar erscheint (vgl. W/ H/S/*Hillenkamp*, BT 2, Rn. 167; Müko/*Schmitz*, § 242 Rn. 150).

6. Selbst-Aneignung

a) **Substanztheorie.** Auf ihrem Boden ist die Absicht zum „Sich"- **137** Aneignen zu bejahen, wenn der Täter die weggenommene Sache selbst zumindest vorübergehend für sich behalten/ausnutzen, d. h. in sein Vermögen einverleiben will. Für die Überführung in das eigene Vermögen genügt jeder (auch vorübergehende) eigennützige Ge- und Verbrauch. Das Behaltenwollen oder die Nutzung im eigenen Interesse unter Verdrängung des Eigentümers kennzeichnet also die Aneignungskomponente.

b) **Enteignung ohne Aneignung.** Der Aneignungskomponente **138** fällt insbesondere die Aufgabe zu, den Diebstahl von der reinen – ggf. nach § 303 strafbaren – **Sachentziehung** abzugrenzen. Hierbei ist besonders zu beachten, dass man in der bloßen Besitzbegründung durch Wegnahme keine „vorübergehende" Aneignung, kein „se ut dominum gerere" sehen darf; andernfalls fielen nämlich Gewahrsamsbegründung und Aneignung zusammen und jede Sachentziehung würde zum Diebstahl hochgestuft. Demnach *fehlt* der Aneignungswille in solchen Fällen, in denen der Täter die Sache nur

wegnimmt, um sie wegzuwerfen, zu beschädigen, zu zerstören oder
sonst zu beseitigen, oder um einen anderen zu ärgern. Die in solchen
Handlungen ausgeübte Eigenmacht des Täters maßt sich zwar Eigen-
tümerbefugnisse an, ist aber nicht auf eine Änderung des Bestandes
seines Vermögens gerichtet.

139   **Beispiele:** A öffnet den Tierkäfig des E, um dem Tier die Freiheit zu schenken. A entwendet seiner früheren Verlobten den Verlobungsring, um diesen
ins Meer (in den Müll usw.) zu werfen. A verschafft sich eine ihn betreffende
Strafakte, um sie zu Hause im Ofen zu verbrennen (vgl. *BGH* NJW 1977,
1460). A nimmt ein Fotoalbum der E in der Absicht mit, es irgendwo draußen
liegenzulassen, nachdem er es durchsucht und ihm peinliche eingeklebte Fotos
herausgerissen und vernichtet hat. Mehrere Täter ziehen einem Rocker mit
Gewalt seine Rockerjacke aus, um sie verschwinden zu lassen und ihn zu de-
mütigen (*BGH* NStZ 2011, 699). A reißt einem Verbindungsstudenten, um
diesen lächerlich zu machen, die Mütze vom Kopf und benutzt sie zum Fan-
gen-Spiel mit Gleichgesinnten, wobei er ihren Verlust hinnimmt (*BGH* MDR/
H 1982, 810). A nimmt ein fremdes Smartphone allein deswegen weg, um den
Eigentümer an einer Kontaktaufnahme zu hindern (*BGH* NStZ-RR 2018,
282f.). – In diesen Fällen fehlt typischerweise nicht der (Eventual-)Wille zur
Enteignung, vielmehr die *Aneignungs*-Absicht. Zu § 303 siehe → § 24
Rn. 15f., zu § 303a → § 26 Rn. 1 ff.

140   **c) Enteignung mit (vorübergehender) Aneignung.** Eine vorübergehende Aneignung setzt, wie ausgeführt, mehr als bloße Besitzbegründung voraus. Von daher wird eine Sachentziehung (Enteignungskomponente) erst, aber auch schon dann zum Diebstahl, wenn
der Täter im Augenblick der Wegnahme die Absicht hat, die Sache
selbst zumindest vorübergehend, einverleibt in den Bestand seines
Vermögens, im eigenen Interesse für sich zu benutzen.

141   **Beispiele (in denen § 242 zu bejahen ist):** Ein weggenommener PKW soll
zu einer Fahrt benutzt und hinterher außerhalb der Stadt stehen gelassen werden; Wegnahme von Damenwäsche, um sie zu fetischistischen Zwecken oder
als Putzlappen zu gebrauchen und dann wegzuwerfen (*OLG Hamburg* MDR
1954, 697); Entwendung eines Briefes, um ihn nach der Lektüre (= Eigengebrauch) zu vernichten, oder einer Axt, um sie nach dem Fällen eines Baumes
im Wald liegen zu lassen (*Reinbacher/Brodowski*, JA 2016, 109f. mit Falllösung; Sch/Sch/*Bosch*, § 242 Rn. 52).

142   Erfasst ist weiter die Wegnahme eines Schlüssels (der später weggeworfen
werden soll), um damit eine Tür, ein Gefängnistor oder einen Tresor zu öffnen. Im **Fall 3** muss insoweit § 242 bezüglich des Ladenschlüssels bejaht werden: Die Wegnahme ist mit dem Ergreifen vollendet. K will auch enteignen,
weil er, wie die Art des Verschwindenlassens zeigt, den endgültigen Verlust
zumindest mit dolus eventualis hinnimmt. Die vorübergehende Aneignung,

die im Eigengebrauch des Schlüssels liegt, reicht aus (*BGH* NStZ 1981, 63; *Krehl*, Jura 1989, 648 f.; beide im Zusammenhang mit § 249).

Demgegenüber hat *keine* Aneignungsabsicht, wer bei der Wegnahme noch 143 nicht genau weiß, was er mit dem Gegenstand machen, ob er ihn also z. B. vernichten oder behalten will (*BGH* NStZ 2012, 239, 241; NStZ-RR 2015, 371 f.; W/H/S/*Hillenkamp*, BT 2, Rn. 157, 370).

Probleme bereiten bestimmte **Mobiltelefon-Fälle**, in denen Täter 144 ein fremdes Smartphone (gewaltsam) wegnehmen und dabei den Willen zur dauernden Enteignung haben, sich aber die Frage stellt, ob sie auch mit Aneignungsabsicht handeln, wenn es ihnen nur darauf ankommt, gespeicherte Daten – oft Fotos – zu sichten, zu löschen und/oder zu kopieren. Da der Täter hier gerätetypische Funktionen des Smartphones vorübergehend für eigene Zwecke nutzt, liegt es nicht ganz fern, Parallelen zu den vorstehenden üblichen Beispielsfällen zu ziehen. Der *BGH* tut dies nicht und verneint die Aneignungsabsicht mit der Begründung, der Täter erstrebe keine Veränderung im Bestand seines Vermögens, sondern nur eine (erzwungene) Gebrauchsanmaßung im Rahmen eines bestimmungsgemäßen Gebrauchs, der sich zeitlich auf die für das Suchen, Speichern und/oder Kopieren benötigte Zeit beschränke. Dass somit § 242 bzw. § 249 zu verneinen ist, verdient Zustimmung, weil das Ergebnis mit der Lösung im Parallelfall der Vernichtung von in einem Fotoalbum eingeklebten Bildern harmoniert (→ Rn. 139). Erfüllt sein können vor allem § 303, § 303a und im Falle von Zwang § 240.

BGH NStZ 2012, 627 (zust. *Hecker*, JuS 2013, 468 f.); 2019, 344 (mit zust. Anm. *Kudlich* und Bspr. *Eisele*, JuS 2019, 402 ff.); NStZ-RR 2015, 371; StV 2019, 388; 2020, 677 (zust. *Jahn*, JuS 2020, 467 ff.). – A.A *Jäger*, JA 2012, 709 f.; *Putzke*, ZJS 2013, 312 ff.; *Reinbacher*, ZStW 2014, 663 ff. – Falllösung bei *Wolf-Doettinchem*, JA 2018, 436 f.

d) Sachwerttheorie. Ihre für die Enteignungskomponente dargestellten Aussagen (→ Rn. 103 ff.) gelten auf der Aneignungsseite entsprechend. Demnach eignet sich eine Sache auch an, wer einen in ihr selbst verkörperten Sachwert („lucrum ex re") seinem Vermögen zumindest vorübergehend einverleiben will. Eine solche Aneignungsabsicht ist etwa im Telefonkarten-Fall (→ Rn. 104), im Sparbuch-Fall (→ Rn. 105 f.) und in den Wertminderungs-Fällen (→ Rn. 109) gegeben. Freilich liegt hier infolge des Eigengebrauchs zugleich eine (vorübergehende) Aneignung der Sachsubstanz vor. Insoweit braucht man zur Begründung des Sich-Aneignens den Rückgriff auf die (subsidiäre) Sachwerttheorie gar nicht.

146   Fraglich ist, ob die auf der Enteignungsseite weitgehend anerkannte Beschränkung der Sachwerttheorie auf das „lucrum ex re" genauso für die Aneignungskomponente gilt. Richtigerweise muss dies
bejaht werden. Die Begründung dafür erfolgt anschließend; sie hängt
mit der Einbeziehung der Drittzueignung durch das 6. StrRG 1998
zusammen (→ Rn. 158 ff.).

7. Dritt-Aneignung

147   **a) Grundlagen.** Erst das 6. StrRG 1998 hat die Alternative der
Drittzueignung in die §§ 242, 246 und 249 ausdrücklich einbezogen
und insoweit deren Absichtstatbestände an die §§ 253, 263 angegli-
chen, die den Dritten schon immer erfassten. Seitdem erfüllt ebenso
derjenige unproblematisch den Tatbestand des § 242, der im Augenblick der Wegnahme (nur) die Absicht hat, die Sache „einem Dritten"
zuzueignen. Der Unterschied gegenüber dem „Sich-Zueignen" liegt
allein auf der Aneignungsseite bei der Komponente der „Dritt-Aneignung"; alle zuvor zu prüfenden Tatbestandselemente sind identisch (→ Rn. 89).

148   Es liegt nahe, die für die Selbstzueignungsvariante anerkannten
Kriterien in entsprechender Weise auf den Drittzueignungsfall zu
übertragen. Demnach muss der Täter das Ziel verfolgen, durch eigenes, täterschaftliches Handeln den Dritten in eine Position zu bringen, die – als Selbstzueignung gedacht – den Mindestanforderungen
entspricht, die das (vorübergehende) „Sich-Aneignen" voraussetzt.
Dabei bleibt freilich zu beachten, dass – abgesehen von den Fällen
des gesetzlichen Eigentumsübergangs (vgl. → § 5 Rn. 40) – den eigentlichen Einverleibungsakt, z. B. den eigennützigen Gebrauch, nur
der Dritte selbst täterschaftlich vollziehen kann. Daher muss für die
fremdnützige Aneignungsabsicht der zielgerichtete Wille genügen,
den Dritten in eine sachenrechtsähnliche Herrschaftsbeziehung zum
Zueignungsobjekt zu bringen, die ihm die Aneignung ermöglicht.

149   Demnach reicht allein der zielgerichtete Wille, einem Dritten die
Aneignung zu ermöglichen, für die Drittaneignungsabsicht nicht
aus. Wer eine fremde Sache, z. B. ein Fahrrad, wegnimmt und irgendwo platziert, damit ein Dritter sie sich verschafft, verwirklicht
noch nicht § 242 (a. A. LK/*Vogel*, 12. Aufl. § 242 Rn. 188). Vielmehr
ist dafür der Wille notwendig, die für die Einverleibung in das fremde
Vermögen erforderliche Herstellung einer sachenrechtsähnlichen
Herrschaftsbeziehung des Dritten täterschaftlich herbeizuführen.

Ein solcher Wille läge im Beispielsfall dann vor, wenn der Täter zum
Zeitpunkt der Wegnahme die Absicht gehabt hätte, das Fahrrad vor
der Haustür oder im Garten des Dritten abzustellen.

W/H/S/*Hillenkamp*, BT 2, Rn. 171; Sch/Sch/*Bosch*, § 242 Rn. 58; *Fischer*, **150**
§ 242 Rn. 48; *Eisele*, BT II, Rn. 80; SSW/*Kudlich*, § 242 Rn. 52. – Insgesamt
entspricht diese Linie der h. M., was Abweichungen im Einzelnen nicht ausschließt (vgl. etwa noch *Küper/Zopfs*, BT, Rn. 826 ff.; *Rönnau*, GA 2000,
410 ff.; K/*Hilgendorf*, LPK-StGB, § 242 Rn. 67 ff.). – **Beachte:** Soweit die
Drittaneignung im Wege der Schenkung erfolgen soll, liegt (auch) die Absicht
der Selbstzueignung vor (dazu → Rn. 151 ff.; erg. zu den Drittzueignungs-
und Täterschaftskriterien → § 5 Rn. 29 ff., 39 ff.).

b) Fallgruppen. Fälle, in denen der Täter eine fremde Sache weg- **151**
nimmt, um sie (letztlich) einem Dritten zu verschaffen, kommen verhältnismäßig oft vor. Die folgenden Fallgruppen mit den Beispielen
(1), (2) und (3) führen auch zu den Abgrenzungs- und Konkurrenzfragen zwischen Selbst- und Drittzueignung. Im Einzelnen:

Beispiel (1): D nimmt fremde Gegenstände/Gelder weg, um das Erlangte **152**
anderen zu verkaufen, zu schenken oder zu spenden.

Die Konstellationen, in denen der Täter gegenüber dem Dritten als
– angeblich berechtigter oder sichtbar unberechtigter – Verkäufer,
Schenkender oder Spender auftritt, waren schon vor dem 6. StrRG
1998 als verhältnismäßig unproblematisch anzusehen. Denn wer
nach außen hin selbstständig in einer Weise verfügt, wie sie nur dem
Eigentümer zusteht, muss die Sache – und zwar die Sachsubstanz –
auch vorher durch Anmaßung der dinglichen Verfügungsbefugnis in
sein Vermögen einverleiben, also „sich" aneignen. Insoweit gibt es
keinen Anlass, die bisherige Einstufung als Selbstzueignung aufzuge-
ben.

Allerdings ist diese Einstufung für die Fälle **anonymer** Schenkun- **153**
gen und Spenden umstritten. Teilweise wird eine *erkennbare* Anmaßung der Eigentümerstellung verlangt, die bei anonymen Verfügungen fehlen soll mit der Folge, dass heimliche Zuwendungen allein
der Drittzueignungsabsicht zugeordnet werden (W/H/S/*Hillenkamp*, BT 2, Rn. 174; a. A. A/W/*Heinrich*, BT, § 13 Rn. 118). Im Ergebnis überzeugt das nicht, weil der vorübergehende Selbstaneig-
nungsakt nicht davon abhängt, ob man den Akt nach außen hin
irgendwie kundtut oder nur in Gedanken vollzieht. Zur Verdeutlichung die folgenden

154   **Beispiele:** A bringt fremde Gelder mit dem Ziel an sich, sie in Opferstöcke oder Sparschweine Dritter einzuwerfen. A entwendet ein Buch, das er einer bestimmten Person zukommen lassen will, indem er es heimlich vor ihre Haustür legt, in ihren Briefkasten wirft oder in ihr Bücherregal stellt. – In allen Fällen ist § 242 zu bejahen. Die (nicht sehr wichtige) Frage ist nur, ob man die Absicht einer Selbst- oder Drittzueignung annimmt (beachte aber → § 5 Rn. 44).

155   Möglicherweise lassen sich sogar eine Selbst- *und* Drittzueignung bejahen. Dann müsste, wenn man in den in → Rn. 152 ff. erörterten Fällen von einem „Sich"-Aneignen ausgeht, zugleich ein Fall der – die Sachsubstanz betreffenden – Drittzueignungsabsicht vorliegen können. Dies wird in der Literatur mit der Begründung bestritten, dass die Bejahung einer Selbstzueignung das gleichzeitige Vorliegen eines Drittzueignungsfalles ausschließe.

W/H/S/*Hillenkamp*, BT 2, Rn. 173; A/W/*Heinrich*, BT, § 13 Rn. 117; K/ *Böse*, BT II, § 2 Rn. 111. – A. A. Sch/Sch/*Bosch*, § 242 Rn. 57; LK/*Vogel*, 12. Aufl. § 242 Rn. 181; K/H/H/*Hellmann*, BT 2, Rn. 102; *Dencker*, Rudolphi-FS, 2004, 440.

156   Die Exklusivitätsthese überzeugt deshalb nicht, weil die Aneignungsabsicht gleichzeitig in mehrere Richtungen gehen und verschiedene Aspekte betreffen kann (z. B. vorübergehende Selbst- und dauernde Drittaneignung der Substanz; Absicht, die Sache sich selbst und anderen zeitweise zur Eigennutzung zu überlassen). Vorzugswürdig ist es, die Drittzueignung wegen ihrer altruistischen Tendenz grundsätzlich als subsidiär anzusehen.

157   Unabhängig davon kann der Studierende in der **Fallbearbeitung** dem Ratschlag folgen, die Frage der Selbstzueignung vorrangig zu prüfen und die Drittzueignungsabsicht nur zu erörtern, falls erstere verneint werden muss (*Jäger*, JuS 2000, 652). Das schließt es nicht aus, in Grenzfällen (z. B. anonyme Spende) pragmatisch vorzugehen und § 242 „jedenfalls" unter dem Aspekt der Drittaneignung zu bejahen.

158   **Beispiel (2):** D entwendet für seinen Auftraggeber A gegen eine Belohnung oder prozentuale Beteiligung am späteren Verkaufserlös ein Auto, ein bestimmtes Gemälde, technische Geräte usw.

159   Solange § 242 bis zum 6. StrRG 1998 nur die Selbstzueignung erfasste, hielt die frühere h. M. in solchen Fällen drohende Strafbarkeitslücken in Grenzen, indem sie den Sachwertgedanken (nur) im Rahmen der Aneignungskomponente großzügig ausdehnte. Sie bejahte nämlich ein „Sich"-Aneignen trotz (beabsichtigter) Weitergabe an einen Dritten, wenn der Täter sich davon einen wirtschaftlichen, auch nur mittelbaren, Nutzen oder Vorteil im weitesten Sinne versprach (dazu BGHSt 41, 187, 194; *BGH* NJW 1985, 812; wistra 1987, 253; wistra 1988, 186; *OLG Düsseldorf* JZ 1986, 203).

Für die frühere h. M. sprachen gewiss gewichtige kriminalpoliti- 160 sche Gründe. Sie war aber inkonsequent, weil sie die Sachwerttheorie im Rahmen der Enteignungskomponente eng verstand, auf der Aneignungsebene aber aufweichte; denn auf der Aneignungsseite sollte es nicht darauf ankommen, ob der Vorteil gerade aus der Sache selbst kam. Für das enge Verständnis spricht auch der Wortlaut des § 242 I, der ausdrücklich „die Sache" als Zueignungsobjekt nennt. Außerdem waren Abgrenzungsschwierigkeiten zwischen noch und nicht mehr ausreichenden mittelbaren (wirtschaftlichen) Vorteilen programmiert.

Nach der Einbeziehung der Drittzueignung durch das 6. StrRG 161 1998 erledigen sich die Einwände. Die neue Rechtslage ermöglicht eine andere, dogmatisch schlüssige Lösung: Richtigerweise bedarf es auf der Aneignungsseite keiner kriminalpolitisch motivierten „besonderen" (weiten) Sachwerttheorie mehr, die auch das Streben nach einem bloßen „lucrum ex negotio cum re" ausreichen lässt und in der Tendenz das Eigentumsdelikt in ein Bereicherungsdelikt umfunktioniert. Für die Einordnung als Drittzueignungsfall spricht ferner, dass in den Auftragsfällen der Täter (im Beispiel D) nur als Fremdbesitzer auftritt und insoweit eine mittelbare Sachherrschaftsbeziehung des Auftraggebers (A) begründet, der er (D) sich unterordnet. Demzufolge liegt in dem Beispiel (2) kein „Sich"-Zueignen, sondern allein eine – wiederum die Sachsubstanz betreffende – Drittzueignung(sabsicht) vor.

Zustimmend W/H/S/*Hillenkamp*, BT 2, Rn. 174; K/H/H/*Hellmann*, BT 2, 162 Rn. 103; *Eisele*, BT II, Rn. 80 f.; *Lackner/Kühl*, § 242 Rn. 26a; *Jäger*, JuS 2000, 652; *Zopfs*, ZJS 2009, 657; *Poller/Härtl*, JuS 2004, 1077 mit Falllösung.

In entsprechender Weise ist der schon besprochene Pseudoboten-Fall einzustufen (→ Rn. 120 ff.).

Beispiel (3): Student S bittet seine Freundin F, aus der Buchhandlung H einen teuren Kommentar „kostenlos" zu holen; F tut S den Gefallen „einfach so" oder für ideelle Ziele. 163

Altruistisches Handeln und die Verfolgung nichtwirtschaftlicher Ziele konnten vor dem 6. StrRG 1998 auf dem Boden der h. M. nicht erfasst werden. Da nach der Neufassung – unabhängig von den eigenen Motiven – die Absicht genügt, die Sache einem Dritten zuzueignen, erfüllt F heute § 242. Auch für diese Drittzueignungskonstellation ist – wie für den Pseudoboten-Fall (→ Rn. 120 ff.) und die entgeltlichen Auftragsfälle (→ Rn. 161) – typisch, dass der Täter (F) den Gewahrsam am Tatobjekt ausschließlich für den Dritten (S) begründet und ausübt.

164 In dem Beispiel (3) stellt sich folglich nicht mehr die Problematik rund um das „absichtslose dolose Werkzeug" (siehe aber → Rn. 173 ff.). Vielmehr ist die F in dem konkreten Fall, da sie eigenhändig die objektiven Tatbestandsmerkmale erfüllt, Täterin des § 242 mit Drittzueignungsabsicht. S verwirklicht die §§ 242, 26 und auch § 259 (→ § 22 Rn. 72); § 246 I tritt im Wege der gesetzlichen Subsidiarität zurück.

165 Parallel verläuft die Lösung des alten **Gänsebucht-Falles** (RGSt 48, 58): Bauer B beauftragt seinen bösgläubigen Knecht K, die Gänse des Bauern E in seinen (des B) Stall zu treiben. K erfüllt § 242; B verwirklicht die §§ 242, 26, aber nicht § 259 (a. A. *Jäger,* JuS 2000, 652), da K die Gänse nicht „erlangt hat" (→ § 22 Rn. 14).

166 **Beachte:** In anders gelagerten Fällen muss möglicherweise bei Personen wie F und K, die mit Drittzueignungsabsicht die Ziele anderer unterstützen, anhand der allgemeinen Kriterien zwischen (Mit-)Täterschaft und Beihilfe abgegrenzt werden (erg. → Rn. 198 ff.).

167 **c) Enteignung ohne Dritt-Aneignung.** Entsprechend den allgemeinen Grundsätzen (→ Rn. 147 f.) und den Konstellationen der Enteignung ohne (Selbst-)Aneignung (→ Rn. 138 f.) entfällt der Drittzueignungswille, wenn der Täter die Sache nur wegnimmt, damit sie ein Dritter wegwirft, beschädigt, zerstört oder sonst beseitigt.

168 **Beispiele:** (1) T nimmt den Hund der E weg, damit der Nachbar N das störende Tier töten kann. – § 242 scheitert an der fehlenden Drittaneignungsabsicht.

(2) T hat Mitleid mit dem Hund der E; er nimmt ihn weg, um ihn in ein Tierheim zu bringen (vgl. *BGH* wistra 1988, 186). – Hier entfällt der Wille zur Drittzueignung, wenn sich die Absicht des T darauf beschränkt, dem Tierheim nur Fremdbesitz etwa zur Verwahrung und Einleitung behördlicher Maßnahmen zu verschaffen.

(3) Wer ein ihn störendes fremdes Objekt als angeblich Berechtigter durch einen gutgläubigen Unternehmer zur Entsorgung abtransportieren lässt, erfüllt zwar in mittelbarer Täterschaft den objektiven Tatbestand des § 242, handelt aber ohne Drittaneignungsabsicht (Falllösung bei *Thoss,* Jura 1998, 426 f.).

169 **d) Enteignung mit (vorübergehender) Dritt-Aneignung.** Wenig diskutiert wird, inwieweit etwa die in → Rn. 103 ff., 140 erörterten

Konstellationen auch auf der Drittzueignungsebene zur Strafbarkeit
gemäß § 242 führen.

Beispiele: Im Telefonkarten-Fall nimmt T die Karte vorübergehend weg,
um einen Dritten damit telefonieren zu lassen (vgl. → Rn. 104). Die Entwendung des Pkw für die ausgedehnte Urlaubsreise erfolgt zugunsten eines anderen (vgl. → Rn. 109). T entwendet eine ihn nicht interessierende Sache (z. B.
Digitalkamera, CD, Buch, Schriftstück), die er einer dritten Person zur vorübergehenden Nutzung überlassen und nach der Rückgabe vernichten will
(vgl. → Rn. 140).

Man wird jeweils § 242 bejahen müssen, weil sich aus der gesetzge-   170
berischen Gleichbehandlung von Selbst- und Drittzueignung entsprechende Konsequenzen für die beabsichtigte Begünstigung Dritter
ergeben. Insoweit kommt es nicht darauf an, ob der Dritte Eigenbesitz im Sinne des § 872 BGB erlangt. Entscheidend für die Drittaneig-
nungskomponente ist, dass dem Dritten die Sache überlassen werden
soll, damit dieser sie zu eigenen Zwecken nutzt.

8. Zur „Absicht" der Aneignung

Die Aneignungskomponente erfordert ein Handeln mit dolus di-   171
rectus 1. Grades (→ Rn. 89). Das Absichtserfordernis wird etwa bei
der **Wegnahme von Behältnissen** mit Inhalt relevant. Insoweit
muss deutlich zwischen Behältnis (Geldkassette, Tasche usw.) und Inhalt (Geld, Schmuck, Utensilien usw.) unterschieden werden. Vielfach
hat es der Täter allein auf geldwerte Objekte, aber nicht auf das Behältnis abgesehen, das er nach der Trennung nur wegwerfen will. In
solchen Fällen fehlt jede Eigennutzungs- und insoweit die Aneignungs*absicht*, es sei denn, dem Täter kommt es z. B. auf die Nutzung
des Behältnisses als notwendiges Transportmittel an. Vor diesem Hintergrund begeht lediglich einen versuchten Diebstahl, wer eine Tasche
(auf die sich die Absicht nicht erstreckt) mit Tageseinnahmen oder
werthaltigem Schmuck wegnehmen will, aber nur ein Kosmetikköf-
ferchen bzw. wertlosen Modeschmuck erwischt.

BGH NJW 1990, 2569; 2019, 2868; ferner NStZ-RR 2013, 309; 2021, 212,
213; NStZ 2018, 334; *BGH* 4 StR 354/09 mit Bspr. *Jahn*, JuS 2010, 362 f. – Zu
den Behältnis-Fällen auf der Raubebene → § 7 Rn. 14, auf der Erpressungsebene → § 11 Rn. 59 f.

Um Fragen der Aneignungs*absicht* geht es auch, wenn jemand in   172
Gefängniskleidern (an denen zumindest Mitgewahrsam der Anstalt
besteht) flieht und diese baldmöglichst loswerden will. Soweit der Tä-

ter die Kleider vorübergehend benötigt, insbesondere um nicht zu frieren oder entblößt herumzulaufen, ist die dem Rechtsgefühl entsprechende Verneinung der Zueignungsabsicht schwer zu begründen (A/W/*Heinrich,* BT, § 13 Rn. 123). Üblicherweise wird der Gebrauch als unvermeidliche, unerwünschte Nebenfolge eingestuft, auf die es dem Täter nicht ankommt (vgl. *Fischer,* § 242 Rn. 41a; *Krehl,* Jura 1989, 650; erg. → § 13 Rn. 304 f.). Bei einem **Autodiebstahl** wird sich die Aneignungsabsicht vielfach nicht auf die im Wagen befindlichen Sachen erstrecken, so dass ein späterer Sinneswandel zu § 246 I führt (BGHSt 16, 190).

173   In Ausnahmefällen kann auch die **Drittaneignung** am *Absichts*element scheitern, falls dem Täter die Aneignung durch den Dritten gleichgültig ist und es ihm lediglich darauf ankommt, den Eigentümer zu ärgern oder zu schädigen.

174   **Beispiele:** In einer Abwandlung zum Buchhandlungs- und Gänsebucht-Fall (→ Rn. 163) sind F bzw. K die Wünsche des S bzw. B egal; ihnen ist, wie S und B wissen, nur die Gelegenheit willkommen, alte Rechnungen mit H und E zu begleichen. – In diesem schmalen Bereich besteht die Problematik des „absichtslosen dolosen Werkzeugs" fort (dazu *Rengier,* AT, § 43 Rn. 14 ff., 22; *Kühl,* AT, § 20 Rn. 54 ff.; Sch/Sch/*Heine/Weißer,* § 25 Rn. 19; W/H/S/*Hillenkamp,* BT 2, Rn. 172). Zur Lösung:

175   F (K) nimmt zwar vorsätzlich (dolos) den fremden Kommentar (die Gänse) weg, kann aber mangels Selbst- oder Drittaneignungsabsicht nicht nach § 242 bestraft werden. Bezüglich S (B) nimmt die vorzugswürdige h. M. mit der Begründung, F (K) werde als „absichtsloses" (und insoweit nicht volldeliktisch handelndes) doloses Werkzeug eingesetzt, einen Diebstahl in mittelbarer Täterschaft an (§§ 242, 25 I Var. 2). Die anschließende nochmalige Prüfung der Strafbarkeit von F (K) führt zu den §§ 242, 25 I Var. 2, 27.

176   Die Gegenmeinung wendet ein, dass auf dem Boden der Tatherrschaftslehre S (B) schwerlich als Diebstahlstäter eingestuft werden könne. Aus diesem Blickwinkel gelangt man bei S (B) nur zu § 246 I. Bezüglich F (K) sind dann auf jeden Fall die §§ 246 I, 27 zu bejahen; lässt man freilich für die Aneignungskomponente des § 246 I dolus eventualis ausreichen (→ § 5 Rn. 18), so liegt es nach dem 6. StrRG 1998 näher, eine täterschaftlich begangene Drittzueignung gemäß § 246 I anzunehmen (vgl. → § 5 Rn. 39 ff.).

177   Zum Parallelfall des qualifikationslosen dolosen Werkzeugs → § 18 Rn. 68; → § 27 Rn. 3 ff.; *Rengier,* AT, § 43 Rn. 14 ff.

Variante: Im Gänsebucht-Fall entfällt bei K die Zueignungsabsicht deshalb, **178** weil B dem K vorgespiegelt hat, er (B) wolle den E bloß ärgern und die Gänse später wieder zurücktreiben. – Diese Konstellation des „absichtslos" handelnden K liegt anders. Hier nutzt B einen Irrtum des – bezüglich der Enteignung vorsatzlos handelnden – K aus und begeht deshalb unproblematisch einen Diebstahl in mittelbarer Täterschaft (*Jäger*, JuS 2000, 652 f.; *Kühl*, AT, § 20 Rn. 56a). – Zu einem vergleichbaren Fall siehe → § 13 Rn. 111.

9. Probleme bei Bedingungen

Die Zueignungsabsicht kann mit dem Eintritt bestimmter Bedin- **179** gungen verknüpft sein, und zwar sowohl beim Element der dauernden Enteignung (für das dolus eventualis genügt) als auch bei der Aneignung (für die Absicht im engeren Sinne – dolus directus 1. Grades – erforderlich ist). Solche Bedingungen schließen das Vorliegen der Zueignungsabsicht keineswegs generell aus.

Vielmehr gilt Folgendes: Der Zueignungswille setzt voraus, dass **180** der Täter den Entschluss zur Enteignung und Aneignung endgültig gefasst hat. Zu beachten ist, dass ein „endgültiger" Entschluss in diesem Sinn (oder: ein „fester" Enteignungsvorsatz bzw. eine „feste" Aneignungsabsicht) auch dann vorliegt, wenn der Täter die Enteignung und/oder Aneignung von objektiven Bedingungen abhängig macht, auf die er keinen Einfluss hat. Denn bei einer derartigen inneren Einstellung ist der Täter – auf unsicherer Tatsachengrundlage – subjektiv bereits fest zur Enteignung bzw. Aneignung entschlossen. Davon sind die Fälle der Unentschlossenheit und bloßen Geneigtheit zu unterscheiden, in denen sich der Täter die abschließende Entscheidung über das „Ob" der Zueignung noch vorbehalten hat (vgl. hierzu *Gropp*, JR 1985, 519 f.; *Graul*, JR 1999, 340; Sch/Sch/*Bosch*, § 242 Rn. 62).

Beispiele: Wer bei einem Bekannten B heimlich eine Sache in der Vorstel- **181** lung einsteckt, erst zu Hause nach reiflicher Überlegung zu entscheiden, ob er die Sache des B behält und nicht zurückgibt, hat noch keinen „festen" Enteignungsvorsatz gefasst. § 242 entfällt; das Behalten nach der Entscheidung führt zu § 246. Demgegenüber ist § 242 zu bejahen, falls der Täter im Augenblick der Wegnahme die Rückgabe etwa davon abhängig macht, ob zur Beute Geld gehört, oder ob eine entwendete CD einen bestimmten Titel enthält oder seiner Freundin gefällt (seinem Einfluss entzogene objektive Bedingungen). An der Bejahung des § 242 ändert sich aber auch dann nichts, wenn der Täter die weggenommene Sache (z. B. die CD) für den Fall behalten will, dass sie (z. B. nach einem Hörtest) seinen Erwartungen entspricht bzw. als Beute verwertbar ist; denn auch jetzt liegt schon eine für § 242 ausreichende „feste"

Entscheidung vor, die lediglich von einer subjektiven Beurteilung als Bedingung abhängig ist (dazu *Gropp*, JR 1985, 520 f.; *Graul*, JR 1999, 340; Sch/Sch/*Bosch*, § 242 Rn. 62; *Fischer*, § 242 Rn. 42). – Siehe weiter das Beispiel in → § 4 Rn. 105.

182 **Hinweis:** Parallel liegende Konstellationen, deren Studium einbezogen werden sollte, kommen vor allem im Rahmen des Versuchsvorsatzes vor (→ § 7 Rn. 40; *Rengier*, AT, § 34 Rn. 9 ff., 39 ff.). Darüber hinaus spielen sie z. B. bei der Verwendungsabsicht der §§ 244 I Nr. 1b, 250 I Nr. 1b eine Rolle (→ § 4 Rn. 75 f.; → § 8 Rn. 4).

183 Eine weitere einschlägige prüfungsrelevante Fallgruppe betrifft die (eigenmächtige) **„Inpfandnahme".** Wer einen fremden Gegenstand im Wege der eigenmächtigen „Inpfandnahme" wegnimmt, um die Sache (nur) als Druckmittel zur Durchsetzung einer Forderung einzusetzen, handelt „nicht mit Zueignungsabsicht, weil er weder die Sache noch den in ihr verkörperten Sachwert seinem Vermögen einverleiben will" (*BGH* NStZ-RR 1998, 235, 236; NStZ 2018, 712; *Lackner/Kühl*, § 242 Rn. 25; NK/*Kindhäuser*, § 242 Rn. 82). Insbesondere die Absicht der Aneignung setzt eben mehr als bloßes Besitzenwollen voraus. – Im Übrigen gilt Folgendes:

184 (1) Unproblematisch zu bejahen ist die Absicht dann, wenn der Täter den unbedingten Entschluss gefasst hat, die entwendete Sache unberechtigt eigenmächtig zu verwerten (*BGH* StV 1984, 422).

185 (2) Typischerweise bewegt den Täter aber der Gedanke, die Sache bloß „notfalls" zu veräußern, sofern der Schuldner nicht zahlt. Hier entfällt die Absicht, wenn sich der Täter eine endgültige Entscheidung über die künftige Verwertung noch vorbehalten hat (*BGH* StV 1983, 329, 330). Macht er demgegenüber die Verwertung allein von einer objektiven Bedingung, insbesondere vom Verhalten des Schuldners abhängig, so muss die Aneignungsabsicht bejaht werden, weil der Täter dann – auf unsicherer Tatsachengrundlage – zur Verwertung bereits entschlossen ist.

186 *Gropp*, JR 1985, 519 f.; Sch/Sch/*Bosch*, § 242 Rn. 62; *Fischer*, § 242 Rn. 42; Falllösung bei *Heger*, JA 2013, 831. – Demgegenüber meinen *Bernsmann*, NJW 1982, 2215 f. und *Dickert*, JuS 1994, 633 f., dass der Verwertungswille hier lediglich den Grad des dolus eventualis erreiche.
Zur Erpressung in diesen Fällen → § 11 Rn. 59 f.

VI. Rechtswidrigkeit der erstrebten Zueignung

Die Rechtswidrigkeit der erstrebten Zueignung stellt richtigerweise 187
kein allgemeines Verbrechensmerkmal (vgl. demgegenüber etwa § 303
I), vielmehr ein objektives Tatbestandsmerkmal dar, das streng von
der üblichen allgemeinen Rechtswidrigkeit der Tat unterschieden
werden muss (zum Aufbau → Rn. 2 f.). Die Rechtswidrigkeit der beabsichtigten Selbst- oder Drittzueignung entfällt, wenn der Täter einen **fälligen und einredefreien Anspruch** auf Übereignung der weggenommenen Sache hat. Im Falle der Drittzueignung genügt auch ein
entsprechender Anspruch des Dritten (*Küper/Zopfs,* BT, Rn. 869).
Um die Problematik zu erschließen, empfiehlt es sich, zwischen
Stück- und Gattungsschulden zu differenzieren.

Darüber hinaus sollte man in systematischer Hinsicht von vornhe- 188
rein im Blickfeld haben, dass die anschließend erörterten Fragen für
die identische Zueignungsabsicht des § 249 dieselbe – in der Praxis
die größere – Bedeutung haben (→ § 7 Rn. 39).

Ferner ergeben sich Parallelen für die Bereicherungsabsichten des § 253 189
(„zu Unrecht") und § 263 („rechtswidrigen"). Diesbezüglich muss jedoch beachtet werden, dass der erpresste bzw. getäuschte Schuldner einer fälligen Forderung bei Gattungsschulden die Konkretisierung selbst vornimmt und daher
im Rahmen der §§ 253, 263 die Differenzierung zwischen Stück-, Gattungs-
und namentlich Geldschulden keine Bedeutung hat (erg. → § 11 Rn. 61 ff.;
→ § 13 Rn. 336 ff.).

1. Stückschulden

Ein Gläubiger, der seinem leistungsunwilligen Schuldner eine 190
längst bezahlte und zu liefernde konkrete Sache (z. B. ein gebrauchtes
Fahrrad) eigenmächtig (etwa durch Einbruch) wegnimmt, kann sich
nach den §§ 123, 303 strafbar machen, eignet sich die Sache aber nicht
„rechtswidrig" zu. Bildet sich der Gläubiger lediglich ein, einen entsprechenden Anspruch zu haben, entfällt gemäß § 16 I 1 der Tatbestandsvorsatz.

2. Gattungsschulden

Im Zusammenhang mit Gattungsschulden spielt die eigenmächtige 191
Befriedigung von Ansprüchen in erster Linie bei Geldschulden eine
bedeutende Rolle (meistens allerdings auf der Ebene des § 249).

Beispiel: K schuldet dem V schon lange 200 € für ein verkauftes und übergebenes Fahrrad. Eines Tages nimmt V dem K bei einem Besuch oder einer anderen Gelegenheit heimlich zwei 100-Euro-Scheine weg. Diebstahl oder, im Falle gewaltsamer Wegnahme, Raub?

192 Insbesondere die Rechtsprechung (BGHSt 17, 87 ff.; zust. etwa *Fischer*, § 242 Rn. 50) hält die eigenmächtige Zueignung des Geldes durch V für objektiv „rechtswidrig", weil Geldschulden Gattungsschulden seien und der Schuldner folglich das Recht habe, die zur Erfüllung der Schuld bestimmten Sachen (hier die einzelnen Geldscheine) auszuwählen (§ 243 BGB); V habe also keinen fälligen Anspruch gerade auf die konkret weggenommenen Geldscheine und insoweit das Auswahlrecht des K verletzt.

193 Dieser Ansicht muss entgegengehalten werden, dass bei Geld das Auswahlrecht des Gattungsschuldners geradezu sinnlos ist. Denn Geld ist ein Wertsummenträger, bei dem man nicht zwischen guten und schlechten Sachen (vgl. § 243 I BGB: „Sache von mittlerer Art und Güte") unterscheiden kann. Daher nimmt eine in der Literatur verbreitete Ansicht zu Recht an, dass bei Geldschulden die objektive Rechtswidrigkeit der Zueignung dann entfällt, wenn der Täter einen fälligen Anspruch auf die Wertsumme des weggenommenen Geldes hat (W/H/S/*Hillenkamp*, BT 2, Rn. 207; *Eisele*, BT II, Rn. 90). Auf andere Gattungsschulden kann diese Lehre aber nicht übertragen werden (h. M.; a. A. K/*Böse*, BT II, § 2 Rn. 74).

194 Vom Standpunkt der Rechtsprechung aus kommt man im Ergebnis allerdings auch sehr oft zur Verneinung des § 242 (bzw. § 249), und zwar über die Annahme eines Tatbestandsirrtums. Wenn nämlich die Rechtswidrigkeit der Zueignung ein objektives Tatbestandsmerkmal darstellt, dann führt die Vorstellung des Täters, einen fälligen Anspruch auf den weggenommenen Gegenstand zu haben, zu einem vorsatzausschließenden Irrtum nach § 16 I 1. Insoweit wird ein (nicht rechtskundiger) Täter, der einen (auch vermeintlichen) fälligen Geldanspruch eigenmächtig realisieren will, in der Regel die Vorstellung haben, auf das gerade im Besitz seines Opfers befindliche Geld zugreifen zu dürfen (dazu BGHSt 17, 87, 90 f.; *BGH* NJW 1990, 2832; jeweils zu § 249). Wem jedoch bewusst ist, das Auswahlrecht zu verletzen, kann der Glaube an ein dennoch bestehendes Selbsthilferecht nur als Verbotsirrtum zugutekommen. – Siehe erg. → § 13 Rn. 339 f.

VII. Versuch, Vollendung, Beendigung

Versuchter Diebstahl ist strafbar (§ 242 II; zum Aufbau → Rn. 4 f.). **195**
Einzelheiten der Versuchslehre sind im Allgemeinen Teil zu erörtern
(*Rengier*, AT, §§ 33–39). Der strafbare **Versuchsbeginn** erfordert das
unmittelbare Ansetzen zur Wegnahme (§ 22).

Beachte: Dieses unmittelbare Ansetzen zur Verwirklichung des Grundtat-
bestands (§ 242 I) ist auch in den häufigen Versuchsfällen erforderlich, in denen zugleich Regelbeispiele (§ 243) und/oder Qualifikationsgründe (§ 244)
verwirklicht werden (→ § 3 Rn. 57; → § 4 Rn. 88; *Rengier*, AT, § 34 Rn. 59 ff.).

Vom Versuch(sstadium) müssen die Vollendung und Beendigung **195a**
der Tat unterschieden werden. **Vollendet** ist die Tat bereits mit dem
Vollzug der Wegnahme, also mit der Begründung neuen Gewahrsams. **Beendet** – d. h. abgeschlossen – ist der Diebstahl erst, wenn
der Täter den Gewahrsam an den entwendeten Gegenständen gefestigt und gesichert hat. Wann eine ausreichende Sicherung in diesem
Sinne erreicht ist, hängt von den Umständen des Einzelfalles ab. Auf
jeden Fall stellt eine im Sinne des § 252 noch „frische Tat" (→ § 10
Rn. 10 ff.) immer auch eine noch unbeendete Tat dar. Im Übrigen
bleibt die Tat in der Regel solange unbeendet, wie der Täter sich
noch im räumlichen Herrschaftsbereich des bisherigen Gewahrsamsinhabers bzw. in unmittelbarer Nähe des Tatorts befindet, oder wie er
direkt nach der Tat verfolgt wird (vgl. hierzu *BGH* NJW 1987,
2687 f.; NStZ 2001, 88, 89; 2008, 152).

Mit der Vollendung scheidet – wie immer – ein strafbefreiender **196**
Rücktritt gemäß § 24 aus (vgl. schon → Rn. 50). Bis zur Vollendung
muss die Zueignungsabsicht vorliegen; wird sie erst danach gefasst,
kommt nur § 246 in Betracht.

Das Stadium zwischen Vollendung und Beendigung („Beendi- **197**
gungsphase") hat vor allem für zwei umstrittene Fallgruppen erhebliche Bedeutung: Erstens rechnet hier die wohl h. M. die Verwirklichung von qualifizierenden Merkmalen des § 244 noch zu (→ § 4
Rn. 48 ff., 74; zur Raubebene → § 8 Rn. 3, 4, 30 ff. und → § 9
Rn. 14 ff.). Zweitens sollen noch „sukzessive" Mittäterschaft und Beihilfe möglich sein (näher → § 7 Rn. 44 ff.). – Zur Rolle der Zeitpunkte
Vollendung und Beendigung im Zusammenhang mit den §§ 249, 252
siehe → § 10 Rn. 6 ff.

VIII. Mittäterschaft und Teilnahme

198   Bei der Zueignungsabsicht (§§ 242, 249) handelt es sich um ein besonderes subjektives Tatbestandsmerkmal. Die Zurechnungsnorm des § 25 II erlaubt es nur, objektive Tatbestandsmerkmale gegenseitig zuzurechnen. Deshalb kann Mittäter eines Diebstahls oder Raubs nur sein, wer *selbst* (getrennte Prüfung!) die erforderliche eigen- oder fremdnützige Zueignungsabsicht hat (vgl. *BGH* NJW 1985, 812, 813; StV 1988, 526, 527; NStZ 1994, 29, 30; 1999, 510).

199   **Beispiel:** Die frühere Geliebte G des A lebt jetzt auf Ibiza mit L zusammen. Der tief gekränkte A will beide dafür bestrafen und wieder trennen. Zu diesem Zweck räumt er zusammen mit B und V insbesondere die persönliche Habe beider aus dem Appartement und bringt sie nach Deutschland. Dabei will A die Sachen vorerst behalten und über sie später – je nach der weiteren Entwicklung des Geschehens – befinden; eventuell will er für den Fall der Aussöhnung mit G einen Teil zurückgeben, wie es dann später auch tatsächlich geschieht. B macht mit, weil ihm A für die Unterstützung 5.000 € in Aussicht gestellt hat. V, eine Rivalin der G, will es G aus Hass und Rache „endlich mal heimzahlen" und sie im Sinne der Strafaktion des A in größte Schwierigkeiten bringen.

A, B und V erfüllen neben den §§ 123, 25 II auch den objektiven Tatbestand des § 242 in Mittäterschaft. Die Zueignungsabsicht als subjektives Tatbestandsmerkmal muss allerdings für jeden Mittäter gesondert geprüft werden:

(1) Insoweit hat A im Augenblick der Wegnahme auch bezüglich der später zurückgegebenen Teile mit Enteignungsvorsatz gehandelt (dolus eventualis genügt); denn er hat die potentielle Rückgabe von Umständen abhängig gemacht, die außerhalb seines Willens angesiedelt waren, und sich von daher mit der dauernden Enteignung abgefunden. Die Aneignungsabsicht liegt im (vorläufigen) Behaltenwollen.

(2) B handelt mit der Absicht der Drittzueignung, da er für diesen Zweck bezahlt wird. Eine Absicht der Selbstzueignung sollte und kann nicht mehr damit begründet werden, dass er einen (mittelbaren) wirtschaftlichen Vorteil (Belohnung) erstrebt (→ Rn. 158 ff.).

(3) Auch V handelt mit Drittzueignungsabsicht. Dass es ihr nicht auf irgendwelche wirtschaftliche Vorteile ankommt, ist unerheblich (→ Rn. 163).

Zum streitigen Konkurrenzverhältnis zwischen den §§ 242, 25 II
und 123, 25 II siehe *Rengier*, BT II, § 30 Rn. 29.

Der Beispielsfall zeigt, dass nach der Einbeziehung der fremdnüt- **200**
zigen Absicht durch das 6. StrRG 1998 ein Diebstahlsbeteiligter (wie
B oder V), der nur mit Drittzueignungsabsicht handelt, nicht mehr
lediglich als Gehilfe, sondern ggf. als Mittäter des Diebstahls bestraft
werden kann. Außerdem haben die oben in → Rn. 163 ff. erörterten
Beispiele ergeben, dass auch eine Alleintäterschaft in Betracht
kommt.

Auf der anderen Seite kann altruistisches Handeln genauso die **201**
Rolle des Gehilfen prägen. Daher muss unter Umständen vor der Bejahung eines (mit)täterschaftlichen Diebstahls mit Drittzueignungsabsicht (§§ 242, 25 II) die Frage diskutiert werden, ob der fremdnützig
handelnde Beteiligte lediglich als Teilnehmer die Zueignung durch
den Dritten ermöglicht und insoweit allein die §§ 242, 27 erfüllt
(dazu auch *Jäger*, JuS 2000, 653; *Kudlich*, Schroeder-FS, 2006,
271 ff.). Eine (Mit-)Täterschaft wird immer dann vorliegen, wenn
der Beteiligte, der die Sache einem Dritten zueignen will, den objektiven Tatbestand des § 242 eigenhändig verwirklicht. Ansonsten muss
man die allgemeinen Abgrenzungsregeln anwenden und fragen, ob
einem solchen Beteiligten – der z. B. Schmiere steht – die objektive
Tatbestandserfüllung nach den Kriterien des § 25 II zugerechnet
oder nur eine Gehilfenrolle zugewiesen werden kann. Hierbei spielen
dann die vertretene Teilnahmelehre, die Tatherrschaft, das Tatinte-
resse, die Nähe zum Tatort und andere Umstände des Einzelfalles
eine wesentliche Rolle.

Derartige Beteiligungsprobleme stellen sich übrigens in Erpressungs- und **202**
Betrugsfällen mit Drittbereicherungscharakter in vergleichbarer Weise (vgl.
BGH StV 1997, 411 zu den §§ 263, 25 II oder 27).

Zur „sukzessiven" Mittäterschaft und Beihilfe wird im Rahmen des **203**
§ 249 Stellung genommen (→ § 7 Rn. 44 ff.), ebenfalls zu den Konstellationen der „Aufstiftung" oder „Überstiftung" (→ § 7 Rn. 50).

Empfehlungen zur vertiefenden Lektüre:
Rechtsprechung: BGHSt 16, 271 (Selbstbedienungsladen – Zigaretten in
Hosentasche); BGHSt 17, 87 (Rechtswidrigkeit der erstrebten Zueignung bei
Geldschulden); BGHSt 22, 45 und *BGH* NStZ 2015, 396 (Abgrenzung von
Fahrzeugdiebstahl und § 248b); BGHSt 63, 215 (Zueignungsabsicht bei Ent-
wendung von Pfandleergut); *BGH* NStZ 1981, 435 (Tatvollendung beim Ab-
transport schwerer Sachen); *BGH* NStZ 1982, 420 (Tatvollendung bei Weg-

nahme eines Fahrzeugs und Abgrenzung zu § 248b); *BGH* NStZ 2008, 624
(Tatvollendung in einem umschlossenen Herrschaftsbereich); *BGH* NStZ
2019, 613 (Selbstbedienungsladen – Verstecken von Flaschen in Sporttasche
und Rucksack); *BGH* NJW 2019, 2868 (Wegnahme eines Behältnisses mit billi-
gem Modeschmuck statt erwartetem werthaltigen Schmuck); *BGH* NStZ-RR
2015, 371 und *BGH* StV 2020, 677 (Zueignungsabsicht bei Wegnahme eines
Mobiltelefons, um Daten zu löschen); *BayObLG* NJW 1979, 729 (Diebesfalle);
OLG Köln NJW 1984, 810 (Selbstbedienungsladen – im Einkaufswagen mit
Kleidungsstück überdeckte Ware); *OLG Köln* NJW 1986, 392 (Selbstbedienungsladen – Antrinken von Schnapsflaschen im Kaufhaus); *OLG Celle* JR
1987, 253 (Diebesfalle); *OLG Düsseldorf* NJW 1988, 922 (Selbstbedienungsla-
den – Entwendung von Zubehör durch Verstecken in verpackter Ware); *OLG
Düsseldorf* NJW 1988, 1335 (Entwendung von Münzen aus einem Münzfern-
sprecher); *OLG Köln* StV 1989, 156 (Selbstbedienungsladen – Verlassen der
Hauswarenabteilung mit Bratpfanne in der Hand); *OLG Düsseldorf* NJW
1990, 1492 (Verbergen von Sakkos unter dem Mantel im Geschäft); *BayObLG*
NJW 1997, 3326 (Selbstbedienungsladen – Vollendung bei Verkaufsflächen im
Freien); *OLG Düsseldorf* NJW 2000, 158 (Überlisten eines Geldwechselautomaten mit einem mit Tesafilmstreifen beklebten Geldschein); *OLG Köln* VRS
107, 366 (Gewahrsamsverhältnisse auf Fahrten mit Transportfahrzeug des Arbeitgebers); *OLG Bamberg* bei *Jahn*, JuS 2008, 457 (Verwertung von Zahngold
eines eingeäscherten Leichnams); *OLG Hamm* wistra 2014, 36 (Selbstbedienungskasse – missbräuchliche Benutzung des Strichcodes einer anderen Ware).

Literatur: *Brand,* Diebstahl am Geldausgabeautomaten – eine unendliche
Geschichte?, ZWH 2022; *Fahl,* „Taschenbuch-Fall", JA 2002, 649 ff.; *Fahl,*
„Kassenschmuggel" an Selbstbedienungskassen, NStZ 2014, 244 ff.; *Heubel,*
Grundprobleme des Diebstahltatbestandes, JuS 1984, 445 ff.; *Jäger,* Diebstahl
nach dem 6. Strafrechtsreformgesetz – Ein Leitfaden für Studium und Praxis,
JuS 2000, 651 ff.; *Otto,* Strafrechtliche Aspekte des Eigentumsschutzes, Jura
1989, 137 ff.; *Otto,* Die neuere Rechtsprechung zu den Eigentumsdelikten,
Jura 1997, 464 ff.; *Ranft,* Grundfälle aus dem Bereich der Vermögensdelikte,
JA 1984, 1 ff., 277 ff.; *Rudolphi,* Anm. zu *BGH* JR 1985, 251 = NJW 1985,
1564, JR 1985, 252 ff.; *Samson,* Grundprobleme des Diebstahls (§ 242 StGB),
JA 1980, 285 ff.; *Schramm,* Grundfälle zum Diebstahl, JuS 2008, 678 ff., 773 ff.;
Zopfs, Der Tatbestand des Diebstahls, ZJS 2009, 506 ff., 649 ff.

§ 3. Besonders schwerer Fall des Diebstahls (§ 243)

Fall 1: A probiert in Diebstahlsabsicht in einem Kaufhaus ein Jackett an, bei
dem er zuvor das befestigte elektromagnetische Sicherungsetikett aufgebrochen hat. Darüber zieht er seinen Parka an. Noch in der Herrenabteilung
wird er von D gestellt, der ihn beobachtet hat. Das unbeschädigte Sicherungsetikett hätte am Ausgang des Kaufhauses durch akustische und optische Zeichen Alarm ausgelöst (*OLG Stuttgart* NStZ 1985, 76 mit Bspr. *Dölling,* JuS
1986, 688 ff.). → Rn. 30, 32

Fall 2: Dieb D bricht die Zugangstür a) zu einer Galerie, b) zu einer privaten Wohnung auf (Sachschaden 100 €) und entwendet daraus plangemäß ein
wertvolles Gemälde des X. → Rn. 68, 69

I. Grundlagen

Im Gegensatz zu § 244 (→ § 4 Rn. 1) oder etwa den §§ 224, 226   1
(*Rengier*, BT II, § 12) enthält § 243 nicht (abschließende) Tatbestände
oder Qualifikationen, sondern sog. Regelbeispiele in der Form be-
nannter Strafzumessungsregeln (ganz h. M.). Die sich seit 1969 ver-
breitende und erstmals bei § 243 praktizierte Regelbeispielstechnik
schafft gegenüber einer streng kasuistischen Regelung eine gewisse
Flexibilität, ist aber keineswegs unproblematisch. Vergleichbare andere durch Regelbeispiele „benannte" besonders schwere Fälle findet
man etwa in den §§ 113 II, 121 III, 240 IV, 261 IV, 263 III, 266 II, 267
III, 303b IV, 330 I. Von solchen „benannten" müssen die schlichten,
inzwischen seltenen, „unbenannten" besonders schweren Fälle (z. B.
§§ 106 III, 212 II) unterschieden werden.

Die Regelbeispielsmethode geht grundsätzlich von der Indizwir-   2
kung der Regelbeispiele aus, erlaubt aber Ausnahmen in zwei Richtungen (näher *Mitsch*, BT 2, 111 ff.; *Kudlich*, JuS 1999, L 90; *Graul*,
JuS 1999, 853):

(1) Erstens kann trotz Bejahung eines Regelbeispiels ein besonders   3
schwerer Fall verneint werden, sofern eine Gesamtwürdigung der
Tatumstände und des Täters den Diebstahl in einem so milden Licht
erscheinen lässt, dass die Indizwirkung des Regelbeispiels entkräftet
wird.

(2) Zweitens kann trotz Verneinung eines Regelbeispiels ein „unbe-   4
nannter" besonders schwerer Fall im Sinne des § 243 I 1 bejaht
werden, wenn „das gesamte Tatbild einschließlich aller subjektiven
Momente und der Täterpersönlichkeit vom Durchschnitt der erfahrungsgemäß gewöhnlich vorkommenden Fälle in einem Maße abweicht, dass die Anwendung des Ausnahmestrafrahmens geboten
ist" (BGHSt 29, 319, 322). Mit anderen Worten: Unrecht und Schuld
müssen sich deutlich vom Normalfall des einfachen Diebstahls gemäß
§ 242 abheben (*OLG Düsseldorf* NJW 2000, 158, 159; näher zu dieser
Entscheidung in → § 2 Rn. 71; zu **Fall 1** → Rn. 32). Kritiker werfen
der Regelungstechnik eine Umgehung des Analogieverbotes vor und
bezweifeln die Vereinbarkeit mit dem ebenfalls in Art. 103 II GG enthaltenen Bestimmtheitsgebot (*Zieschang*, Jura 1999, 563 f.).

5   Im praktischen Ergebnis hat sich herausgestellt, dass trotz des von der h. M. befürworteten Strafzumessungscharakters der Unterschied zu einer echten Qualifikation gering ist. Für die Minderheitsmeinung liegt auch darin ein Grund, eine „Tatbestandslösung" zu befürworten und die Regelbeispiele als Tatbestandsmerkmale einzustufen (*Eisele*, JA 2006, 309 ff.). – Eine Diebstahlsklausur mit diversen Problemen auch zu § 243 bei *Poller/Härtl*, JuS 2004, 1075 ff.

II. § 243 in der praktischen Fallbearbeitung

6   Der Studierende sollte im Zusammenhang mit § 243 zunächst auf den korrekten Sprachgebrauch achten und nicht von einem Tatbestand oder einer Qualifikation, sondern etwa von besonders schweren Fällen sprechen. Abgesehen davon hat § 243 aber qualifikationsähnlichen Charakter und wird auch **wie eine Vorsatzqualifikation** behandelt. Daraus folgt insbesondere:

7   (1) Ist § 242 zu bejahen, müssen alle in Betracht kommenden Regelbeispiele des § 243 I 2 als benannte Strafzumessungsgründe unbedingt geprüft werden (beachte aber → § 4 Rn. 82 zu § 244 I Nr. 3 und → § 7 Rn. 4 zu § 249).

(2) Da andererseits allgemeine Strafzumessungsfragen grundsätzlich nicht Gegenstand der Fallbearbeitung sind, erübrigen sich normalerweise Ausführungen dazu, ob die Indizwirkung des Regelbeispiels ausnahmsweise entkräftet wird, oder ob trotz nicht gegebenem Regelbeispiel ein unbenannter besonders schwerer Fall nach § 243 I 1 vorliegt. Eher kommt Letzteres in Betracht (vgl. → Rn. 32; → § 2 Rn. 71).

8   (3) Besonders wichtig ist die entsprechende (begünstigende) Anwendung der für Vorsatztatbestände geltenden Vorschriften des Allgemeinen Teils: So tritt die Indizwirkung der Regelbeispiele nur im Falle ihrer vorsätzlichen Verwirklichung ein (§ 15), ferner gelten die §§ 16 I 1, 25, 26, 27, 28 II analog. Beispielsweise erfüllt das Regelbeispiel des § 243 I 2 Nr. 1 nicht, wer als Mittäter eines Diebstahls das „Einbrechen" durch den Genossen nicht gewollt hat (vgl. ferner → Rn. 34).

9   Im **Aufbau** stellt sich die Frage, ob man § 243 im Anschluss an § 242 als selbstständigen Punkt erörtert (ohne von einem „Tatbestand" oder einer „Qualifikation" zu sprechen) oder in die Prüfung des § 242 integriert. Beide Wege sind gangbar. Den Vorzug verdient die zweite Alternative, weil sie den Strafzumessungscharakter der Re-

gelbeispiele deutlicher hervorhebt (ebenso etwa *Graul*, JuS 1999, 853 f.; *Kudlich*, JuS 1999, L 90). Somit ergibt sich folgendes

---

Aufbauschema (§ 243)

I.–III. Prüfung des § 242 (wie → § 2 Rn. 3)
  IV. Strafzumessung: Besonders schwere Fälle (§ 243)
   1. Regelbeispiele des § 243 I 2 Nr. 1–7
   2. Vorsatz bezüglich 1 (§§ 15, 16 I 1 analog)
   3. § 243 II
   4. Entfallen der Indizwirkung bei gegebenem Regelbeispiel (selten zu prüfen)
   5. Unbenannter besonders schwerer Fall (§ 243 I 1) bei nicht gegebenem Regelbeispiel (eher zu prüfen)

III. Zu den Regelbeispielen des § 243 I 2 im Einzelnen

1. Nr. 1

a) Umschlossener Raum. Der umschlossene Raum bildet den 10 Oberbegriff der geschützten Räumlichkeiten. Darunter ist jedes Raumgebilde (mit oder ohne Dach) zu verstehen, das (mindestens auch) dazu bestimmt ist, von Menschen betreten zu werden, und das mit (mindestens teilweise künstlichen) Vorrichtungen umgeben ist, die das Eindringen von Unbefugten abwehren sollen (BGHSt 1, 158, 164). Vom umschlossenen Raum muss insbesondere das Behältnis im Sinne der Nr. 2 scharf unterschieden werden (→ Rn. 21 ff.).

Beispiele: Zu den umschlossenen Räumen gehören eingezäunte Grundstücke (Gärten, Lagerplätze, Friedhöfe, Kasernengelände), Bürowagen sowie Schiffe; ferner der Insassenraum eines Autos und zum Betreten bestimmte Ladeflächen von Liefer- und Lastwagen, aber nicht der Kofferraum eines Pkw (→ Rn. 23).

Der Raum muss nicht *ver*schlossen, aber so umschlossen, umfrie- 11 det sein, dass für den Täter ein tatsächliches Hindernis besteht, das das Eindringen Unbefugter nicht unerheblich erschwert. Daher schließt das Betreten durch vorhandene oder leicht herstellbare Lücken in einer Umfriedung (Hecke, Zaun) oder das Übersteigen eines niedrigen Zaunes das Regelbeispiel aus (*BGH* MDR/H 1982, 810;

StV 1984, 204; NJW 1993, 2252, 2253; NStZ 2000, 143). Andererseits erfüllt das Regelbeispiel, wer einen hohen Zaun überwindet, ohne eine vorhandene Lücke zu benutzen.

12 Das beispielhaft genannte Gebäude unterscheidet sich vor allem dadurch, dass es ein durch Wände und Dach begrenztes Bauwerk bildet (BGHSt 1, 158, 163). Zu den Begriffen Dienst- oder Geschäftsraum siehe *Rengier*, BT II, § 30 Rn. 3, 6. Zum Wohnungseinbruchdiebstahl → § 4 Rn. 82 ff.

13   **b) Einbrechen.** Einbrechen bezeichnet das gewaltsame Öffnen von Umschließungen, die ein tatsächliches Hindernis bilden (→ Rn. 11) und insoweit dem Eindringen in den umschlossenen Raum entgegenstehen. Die Gewalt setzt die Anwendung nicht unerheblicher körperlicher Kraft voraus (*BGH* NStZ 2000, 143; 4 StR 584/13).

> **Beispiele:** Das „einfache" und „ohne weiteres" mögliche Hochheben und Beiseitedrücken eines beweglichen Zaunes reicht nicht aus (*BGH* NStZ 2000, 143). Ebenso wenig liegt ein Einbrechen vor, wenn sich ein verschlossenes Tor durch Lösen der Arretierung unproblematisch öffnen lässt (*OLG Karlsruhe* NStZ-RR 2005, 140). Überholt sind ältere Entscheidungen, in denen ein „gewaltsames" Öffnen schon beim Aufdrücken eines schwer verstellbaren, nicht verriegelten Schwenkfensters angenommen wurde (*BGH* NJW 1956, 389; VRS 35, 416, 417; zur Kritik K/H/H/*Hellmann*, BT 2, Rn. 137; LK/*Vogel*, 12. Aufl. § 243 Rn. 20).

14   Ein Betreten des Raumes ist nicht erforderlich, wenn nur das gewaltsame Öffnen den Zugriff ermöglicht (*BGH* StV 1985, 103 f.; 4 StR 584/13).

> **Beispiele:** A bricht ein Schloss auf oder drückt eine Scheibe ein und angelt dann von „draußen" Sachen heraus. Auch die Wegnahme des umschlossenen Raumes selbst (z. B. eines Pkw) im Wege des Einbrechens wird erfasst.

15   **c) Einsteigen.** Einsteigen bedeutet, dass der Täter unter Überwindung von – ein tatsächliches Hindernis bildenden (→ Rn. 11) – Umschließungen auf einem zum ordnungsgemäßen Eintritt nicht bestimmten Wege in den geschützten Raum gelangt. Der Täter muss wenigstens einen Fuß in den Raum gestellt, d. h. einen Stützpunkt gewonnen haben, der ihm die Wegnahme ermöglicht. Das bloße Hineinbeugen, um Sachen herauszuangeln, genügt nicht (BGHSt 10, 132; *BGH* NJW 1968, 1887; 4 StR 584/13).

> **Beispiele:** Überklettern einer Mauer oder eines Zaunes mit einer gewissen Höhe; Hindurchkriechen durch ein enges Loch im Zaun; Benutzung eines of-

fenen Fensters, das 1 m über dem Boden liegt (*Fischer*, § 243 Rn. 6). Nicht steigt ein, wer eine Terrassentür benutzt, die er durch Hineingreifen in einen gekippten Türflügel oder auf andere Weise geöffnet hat (BGHSt 61, 166 mit Bspr. *Theile*, ZJS 2016, 667 ff.).

d) Eindringen mit einem falschen Schlüssel. Zu den Schlüsseln   16
gehören auch elektronische Kartenschlüssel, wie sie z. B. in Hotels üblich sind (*Küper/Zopfs*, BT, Rn. 457). Falsch ist jeder Schlüssel, der im Augenblick der Tat zur Öffnung des betreffenden Verschlusses nicht oder nicht mehr bestimmt ist. Der bloß bestimmungswidrige Gebrauch eines echten (z. B. gefundenen oder entwendeten) Schlüssels macht diesen (noch) nicht zu einem falschen. Anders liegt es erst, wenn der Berechtigte dem Schlüssel die Bestimmung zum ordnungsgemäßen Öffnen von Räumen entzogen, ihn also entwidmet hat.

Beispiele: Unproblematisch sind unbefugt nachgemachte Schlüssel. Entwidmet und damit falsch ist der Schlüssel des Mieters, der nach Mietende und Auszug nicht zurückgegeben wird. Der gestohlene oder verlorene oder vergessene echte Schlüssel kann erst dann entwidmet und damit falsch werden, wenn der Berechtigte den Verlust entdeckt; dabei ergibt sich aus der Entdeckung in der Regel der (konkludente) Wille zur Entwidmung (BGHSt 21, 189; 65, 194, 196 f.). Keinen falschen Schlüssel benutzt daher, wer sich von außen her irgendwie den Besitz an einem innen steckenden Türschlüssel verschafft und mit diesem dann eindringt.

Mit dem gleichgestellten „nicht zur ordnungsmäßigen Öffnung be-   17
stimmten" **anderen Werkzeug** muss, wie leicht übersehen wird, ebenfalls auf den Schließmechanismus eingewirkt werden (Schlüsselersatzfunktion). In Betracht kommen z. B. Dietriche, Drähte, Haken und Zangen, dagegen nicht Brechwerkzeuge wie Stemmeisen, die eine gewaltsame Öffnung herbeiführen sollen und im Rahmen des Einbrechens (→ Rn. 13) erfasst werden (*Koch/Dorn*, JA 2012, 676 f.).
Die erforderliche Einwirkung auf den Schließmechanismus fehlt   17a
ferner, wenn der Täter Gegenstände aus einem Pkw entwendet, dessen Verriegelung er unbemerkt vom Fahrzeugführer mittels eines Störsenders verhindert hat; allerdings liegt die Annahme eines unbenannten besonders schweren Falles gemäß § 243 I 1 nahe.

BGH NStZ 2018, 212 mit Anm. *Hoven* und Bspr. *Kudlich*, JA 2018, 229 f.; Falllösung bei *Penkuhn/Petersen*, JA 2021, 212 f.

e) Sich-Verborgenhalten. In dieser Variante versteckt sich der Tä-   18
ter zur Ausführung der Tat in dem Raum. Ob er legal oder illegal in

den Raum gelangt ist, oder ob er den Raum zu anderer Zeit berechtigt betreten darf, spielt keine Rolle (vgl. BGHSt 22, 127).

Beispiel: Ein Besucher oder ein Angestellter lässt sich nach Geschäftsschluss einsperren, um ungestört stehlen zu können.

19   **f) Zur Ausführung der Tat.** Aus diesem Merkmal folgt, dass der Diebstahlsvorsatz bereits im Augenblick des Einbrechens, Einsteigens usw. vorliegen muss.

Beispiele: (1) Wer einbricht, um nur Verwüstungen anzurichten, oder einsteigt, um die Angebetete zu sehen, dann aber doch stiehlt, erfüllt allein § 242.
(2) Bei einem Täter, der mit einem bestimmten Diebstahlsvorsatz einbricht usw. und diesen danach ändert, muss entsprechend den Grundsätzen der allgemeinen Vorsatzlehre gefragt werden, ob die Abweichung wesentlich ist (ein Beispiel in → § 4 Rn. 105).

20   Mit der „Ausführung der Tat" beginnt normalerweise auch das strafbare Versuchsstadium (unten → Rn. 57). Zwingend ist dies aber nicht; man denke an Fälle, in denen die Wegnahme erst einige Stunden nach dem Eindringen oder Sich-Verborgenhalten erfolgen soll. Ob darüber hinaus die Beendigungsphase einbezogen ist, wird selten erörtert. Richtigerweise muss dies verneint werden (deutlich *Mitsch*, BT 2, 93). Auch die h. M. folgt offenbar diesem Standpunkt, wenn sie das Einbrechen in einen Raum, um für die bereits erlangte Beute ein Lager bis zum Abtransport zu finden, nicht erfassen will (*Fischer*, § 243 Rn. 11; *Lackner/Kühl*, § 243 Rn. 8; LK/*Vogel*, 12. Aufl. § 243 Rn. 18; erg. → § 2 Rn. 197).

2. Nr. 2

21   **a) Grundlagen.** Der besondere **Unrechtsgehalt** dieses Regelbeispiels liegt in dem erhöhten Maß an Rücksichtslosigkeit gegenüber fremdem Eigentum, das der Täter zeigt, indem er sich über eine besondere Sicherung hinwegsetzt, mit der der Eigentümer zu erkennen gibt, dass er auf die Erhaltung gerade dieser Sache Wert legt. Wie die Sicherung überwunden wird, spielt grundsätzlich keine Rolle. Anders als die Nr. 1 knüpft die Nr. 2 nicht an die Art der Tatausführung an.

Hierzu *BGH* NJW 2010, 3175 (mit Bspr. *Kudlich*, JA 2011, 153 ff.; *Bachmann/Goeck*, StV 2011, 19); NJW 1974, 567; *OLG Karlsruhe* NStZ-RR 2010, 48.

Für das Verständnis der Nr. 2 ist weiter wichtig, dass man die Begriffe Behältnis und Schutzvorrichtung klar vom umschlossenen

Raum der Nr. 1 unterscheidet. Nr. 1 und Nr. 2 schließen sich bezüglich ein und desselben Raumgebildes gegenseitig aus, weil als Behältnisse und Schutzvorrichtungen nur Einrichtungen in Betracht kommen, die – im Gegensatz zum umschlossenen Raum (→ Rn. 10) – *nicht* dazu bestimmt sind, von Menschen betreten zu werden. Daher fallen Türschlösser eines umschlossenen Raums, z. B. eines Pkw, als Bestandteil dieses Raums ausschließlich unter die Nr. 1.

Bezüglich verschiedener Barrieren kann freilich ein Dieb die beiden Regelbeispiele nebeneinander verwirklichen, so wenn er in ein Geschäft eindringt (Nr. 1) und eine Kasse aufbricht (Nr. 2). Ein anderes **22**

Beispiel: T stiehlt einen Pkw, nachdem er die Fahrertür aufgebrochen, das Lenkradschloss geknackt und den Motor kurzgeschlossen hat. Hier erfassen die Nr. 1 das Einbrechen in den Pkw und die Nr. 2 das Knacken des Lenkradschlosses sowie die Umgehung des Zündschlosses (erg. → Rn. 24).

b) Verschlossenes Behältnis. Als Beispiel für eine spezielle Schutz- **23** vorrichtung hebt das Gesetz das verschlossene Behältnis hervor. Ein **Behältnis** ist ein zur Aufnahme von Sachen dienendes und sie umschließendes Raumgebilde, das nicht dazu bestimmt ist, von Menschen betreten zu werden (BGHSt 1, 158, 163). **Verschlossen** ist das Behältnis, wenn es gegen ordnungswidrigen Zugriff gesichert ist.

Beispiele: Kofferraum eines Pkw, Tresore, Kassetten, Warenautomaten, Schränke, Koffer. Als Verschluss dienen typischerweise Schlösser, aber es kommen auch andere Zugriffssicherungen elektronischer und technischer Art in Betracht.

c) Schutzvorrichtung. Unter einer Schutzvorrichtung (Oberbe- **24** griff) ist jede von Menschenhand geschaffene Einrichtung zu verstehen, die ihrer Art nach geeignet und dazu bestimmt ist, die Wegnahme einer Sache erheblich zu erschweren (*OLG Stuttgart* NStZ 1985, 76).

Beispiele: Lenkradschloss, Fahrradschloss, Alarmeinrichtungen, Ketten. Auch das Zündschloss gehört dazu, weil es nicht nur dem Starten des Fahrzeugs dient (*Berkl*, JA 2006, 280). Zu Türschlössern → Rn. 21.

d) Besondere Sicherung gegen Wegnahme. Das Regelbeispiel **25** setzt weiter voraus, dass das verschlossene Behältnis bzw. die Schutzvorrichtung die Sache gegen Wegnahme besonders sichert. Die Zweckbestimmung der Vorrichtung muss (zumindest auch) darin liegen, die Sache **gerade gegen Wegnahme** – und zwar **besonders** – zu sichern.

25a   Insoweit muss man bei **Verpackungen, Umhüllungen und Befestigungen** prüfen, ob sie nur dem Transport dienen bzw. lediglich vor Erschütterungen, Beschädigungen oder dem Abhandenkommen schützen sollen, oder ob sie auch eine besondere Sicherung gegen Wegnahme (mit) bezwecken.

Beispiele: Keinem besonderen Sicherungszweck dienen die normalen Befestigungen eines Autoradios oder Navigationsgeräts (vgl. *OLG Schleswig* NJW 1984, 67; *Eisele*, BT II, Rn. 124). Entsprechendes gilt für Gurte, die das Verlieren von Gepäckstücken auf Gepäckträgern verhindern sollen, für Verschlüsse von Schmuckstücken und für verschnürte und zugeklebte Pakete. Befindet sich freilich ein derartiges Paket in einem mit einer Schnur verschlossenen Postsack, so ist der Inhalt des Pakets besonders gesichert (*OLG Hamm* NJW 1978, 769).

26   Stets verlangt das Regelbeispiel, dass der Täter, sofern er nicht sogar die Sache mitsamt dem Behältnis oder der Schutzvorrichtung stiehlt (Rn. 29 f.), die besondere Sicherung überwindet. Dabei kommt es nicht darauf an, ob dem Täter die Überwindung der Sicherung besonders schwer gemacht wird (→ Rn. 21). Allerdings muss eine „besondere" Sicherung überhaupt bestehen. Was man darunter zu verstehen hat, ist in einzelnen Fällen umstritten, die den Grad der Zugänglichkeit betreffen. Richtigerweise fehlt eine besondere Sicherung, wenn der Schlüssel im Schloss des Behältnisses steckt. Ebenso liegt es, sofern er vom Täter zur Öffnung benutzt werden darf. Anders ist bei einem Täter zu entscheiden, der den Schlüssel nur als Verwahrer besitzt und keine Öffnungsbefugnis hat (LK/*Vogel*, 12. Aufl. § 242 Rn. 32).

26a   Daran anknüpfend ist mit Blick auf den besonderen Unrechtsgehalt (→ Rn. 21) das Regelbeispiel in den folgenden Konstellationen zu bejahen:

Beispiele: (1) T bittet in einer Postfiliale ihren Kollegen K, der befugt den Schlüssel zum Tresor besitzt, sie beim Bedienen eines Kunden zu vertreten. Die Ablenkung nutzt T aus, den am Schalter des K liegenden Schlüssel an sich zu nehmen, damit den Tresor zu öffnen und aus ihm Bargeld zu entwenden (*BGH* NJW 2010, 3175).

(2) T öffnet als Einbrecher oder Untermieter mit dem gefundenen, nicht besonders versteckten Schlüssel einen Tresor, aus dem er Bargeld stiehlt (*OLG Karlsruhe* NStZ-RR 2010, 48; *KG* NJW 2012, 1093).

(3) T gibt sich als Bewohner eines Hotelzimmers aus und lässt sich von einem Angestellten den Zimmertresor öffnen, nachdem er vorgespiegelt hat, den

Code vergessen zu haben, und entwendet das gefundene Bargeld (*KG* NJW 2012, 1093, 1094 mit Bspr. *Jahn*, JuS 2012, 468 ff.).

Demgegenüber erfüllt das Regelbeispiel nicht, wer einen (echten) Schlüssel mit Öffnungsbefugnis besitzt und diese Befugnis zu einem Diebstahl aus dem verschlossenen Behältnis missbraucht (*OLG Zweibrücken* NStZ-RR 2018, 249, 250 mit Bspr. W/H/S/*Hillenkamp*, BT 2, Rn. 113).

Allgemein lässt sich formulieren: Wer Geld oder andere Sachen aus **27** Behältnissen wie Kassen oder Tresoren mit Hilfe von unbefugt erlangten Schlüsseln, Codekarten oder Geheimnummern stiehlt, erfüllt das Regelbeispiel. Ebenso liegt es bei einem Täter, der auf die gleiche Weise Schutzvorrichtungen unbefugt öffnet, um sich das gesicherte Objekt zuzueignen; man denke etwa an Fahrradschlösser jeder Art. Auch in solchen Fällen durchbricht der Dieb eine ihm gegenüber bestehende besondere Sicherungsschranke.

Vgl. *OLG Hamm* JR 1982, 119 mit Anm. *Schmid*; *OLG Karlsruhe* NStZ-RR 2010, 48; *Lackner/Kühl*, § 243 Rn. 15; W/H/S/*Hillenkamp*, BT 2, Rn. 243; *Eisele*, BT II, Rn. 127; LK/*Vogel*, 12. Aufl. § 242 Rn. 32; einschränkend *Murmann*, NJW 1995, 935 f.; *Otto*, Jura 1989, 200.

Folgt man dieser Linie, so ist es konsequent, gleichermaßen in der **28** unbefugten Öffnung einer Registrierkasse mittels eines Nothebels oder einer geheimen Schnellöffnungstaste die Überwindung einer besonderen Sicherung zu sehen.

OLG Frankfurt NJW 1988, 3028; *AG Freiburg* NJW 1994, 400. – Abl. *Murmann*, NJW 1995, 935 f.; *Otto*, Jura 1997, 471; *Lackner/Kühl*, § 243 Rn. 15.

Zwei weitere Konstellationen werden besonders diskutiert: **29**
(1) BGHSt 24, 248: Der Täter entwendet einen leicht transportablen Warenautomaten (oder z. B. einen verschlossenen Schmuckkoffer) und will das Behältnis (erst) zu Hause aufbrechen, um das Geld bzw. den Schmuck zu behalten. – Nach einer Ansicht soll in solchen Fällen die Nr. 2 nicht erfüllt sein, weil der Täter keine größere deliktische Energie aufwende und der Verschluss gar nicht die Funktion habe, die Gesamtsache gegen Wegnahme besonders zu sichern. Indes setzt der Unrechtsgehalt der Nr. 2 eine derartige kriminelle Energie nicht voraus (→ Rn. 21). Außerdem wird hier das Geld bzw. der Schmuck durchaus besonders gegen Wegnahme geschützt, wie man erkennt, wenn der Täter an Ort und Stelle den Warenautomaten bzw. den

Schmuckkoffer aufbricht. Die Verlegung des Aufbrechens an einen anderen Tatort bzw. die entsprechende Absicht rechtfertigt keine unterschiedliche Beurteilung, zeigt eher sogar mehr verbrecherische Energie. Insoweit setzt das Regelbeispiel nicht zwingend voraus, dass die Schutzvorrichtung tatsächlich überwunden wird, sondern wird ebenso von einem Dieb erfüllt, der auf dem Nachhauseweg mit dem verschlossenen Behältnis entdeckt wird.

Auf dieser Linie auch BGHSt 24, 248; *BGH* NJW 2010, 3175; W/H/S/*Hillenkamp*, BT 2, Rn. 242; *Lackner/Kühl*, § 243 Rn. 17. – Zur Gegenansicht Sch/Sch/*Bosch*, § 243 Rn. 25; LK/*Vogel*, 12. Aufl. § 242 Rn. 33.

29a   Für Schutzvorrichtungen gilt Entsprechendes. Ein abgeschlossenes Fahrrad ist – unabhängig von seiner Größe und seinem Gewicht – auch dann „besonders" gesichert, wenn es nicht mit einem festen Gegenstand verbunden wird. Wer es mitsamt dem Schloss entwendet, erfüllt das Regelbeispiel.

30   (2) *OLG Stuttgart* NStZ 1985, 76 mit Bspr. *Dölling*, JuS 1986, 688 ff.: Der Sachverhalt entspricht dem **Fall 1**. § 242 ist unabhängig von der Beobachtung bereits vollendet, weil A das Jackett in seine höchstpersönliche Sphäre gebracht hat (→ § 2 Rn. 47, 50). Was den § 243 I 2 Nr. 2 anbelangt, so stellt das **Sicherungsetikett** als Alarmanlage zwar eine andere Schutzvorrichtung dar. Freilich muss diese Schutzvorrichtung gerade gegen Wegnahme besonders sichern. Daran fehlt es hier. Da das Sicherungsetikett den Alarm erst am Ausgang auslöst, entfaltet es im konkreten Fall seine Sicherungsfunktion erst, nachdem der Gewahrsam bereits gebrochen ist; insoweit dient es lediglich der Wiedererlangung des Gewahrsams. Deshalb muss in dieser Konstellation das Regelbeispiel verneint werden.

Ebenso *BGH* NStZ 2019, 212; *OLG Dresden* NStZ-RR 2015, 211, 212 mit Bspr. *Hecker*, JuS 2015, 847 ff. – Übrigens kommt es dabei nicht darauf an, ob das Sicherungsetikett vorher beschädigt worden ist (vgl. → § 2 Rn. 47; *BayObLG* NJW 1995, 3000, 3001).

30a   Inzwischen werden auch sog. Sicherungsspinnen verwendet, die mittels eines Drahtgeflechts um das Produkt gespannt sind und eingeschaltet im Falle ihrer Zerstörung schon im Einkaufsmarkt Alarm auslösen und insoweit die Vollendung der Wegnahme vor dem Verschaffen in den „Tabubereich" (→ § 2 Rn. 47 ff.) erschweren können. In solchen Fällen ist das Regelbeispiel wegen der vorverlagerten Funktionsweise grundsätzlich zu bejahen (*BGH* NStZ 2019, 212 mit Bspr. *Jahn*, JuS 2018, 1013 ff. und *Jäger*, JA 2019, 228 ff.).

Bei allem kommt es für den Schritt zum Regelbeispiel darauf an, ob nach **31** den konkreten Gegebenheiten des Einzelfalles das Sicherungsmittel die Vollendung der Wegnahme erschwert hat, also etwa die Elektronik aktiviert war (*BGH* NStZ 2019, 212). Dementsprechend wäre im Fall 1 das Regelbeispiel zu bejahen, wenn die Wegnahme – z. B. bei einem über den Arm gelegten und noch gesicherten Jackett – erst mit dem Passieren der eingeschalteten Alarmschranke vollendet würde (a. A. W/H/S/*Hillenkamp*, BT 2, Rn. 256; *Jäger*, JA 2019, 229 f., die auf die generelle oder typische Sicherungseigenschaft abstellen).

Im Übrigen spricht im **Fall 1** manches für die Annahme eines unbenannten **32** besonders schweren Falles im Sinne des § 243 I 1 (vgl. *OLG Stuttgart* NStZ 1985, 76; *OLG Dresden* NStZ-RR 2015, 211, 212; *Dölling*, JuS 1986, 693; *Eisele*, JA 2006, 310). Ferner ist in Tateinheit § 303 zu bejahen. Zu § 123, falls A das Kaufhaus schon in Diebstahlsabsicht betreten hat, näher *Rengier*, BT II, § 30 Rn. 11 f.

Geld in **Waren-, Glücksspiel- und Wechselautomaten** wird durch **33** den Automaten als verschlossenes Behältnis besonders gesichert. Der Diebstahl des Geldes (zu § 242 siehe → § 2 Rn. 70 ff.) erfüllt freilich nur dann die Nr. 2, wenn er unter Überwindung der besonderen Sicherung, d. h. hier der automatentypischen – mechanischen oder elektronischen – Sicherungseinrichtungen erfolgt. Dies ist insbesondere bei Eingriffen in das Behältnis von außen etwa durch Aufbrechen oder durch Manipulationen mit Drähten der Fall. Demgegenüber genügt nicht das bloß listige Auslösen des normalen Ausgabemechanismus. Typisch hierfür ist die Bedienung des Automaten mit falschen oder ausländischen Münzen. Auch im Tesafilm-Fall (→ § 2 Rn. 71) entfällt von daher das Regelbeispiel. Zu bejahen ist die Nr. 2 allerdings, wenn ein zusätzlicher Sicherungsmechanismus wie ein elektronischer Münzprüfer existiert und falsche Münzen so präpariert werden, dass dieser Münzprüfer überwunden wird.

Zum Ganzen vgl. *BayObLG* NJW 1981, 2826; *OLG Stuttgart* NJW 1982, 1659; *OLG Düsseldorf* NJW 1999, 3208, 3209; 2000, 158, 159; W/H/S/*Hillenkamp*, BT 2, Rn. 247; *Eisele*, BT II, Rn. 126 f.

3. Nr. 3 bis 7

a) Nr. 3. Gewerbsmäßig handelt, wer sich – also eigen- und nicht **34** fremdnützig – durch wiederholte Tatbegehung (d. h. hier: durch wiederholte Diebstähle) eine nicht nur vorübergehende Einnahmequelle von einiger Dauer und einigem Umfang verschaffen will; liegt diese eigennützige Absicht vor, so ist schon die erste Tat – auch wenn sie die einzige bleibt – als gewerbsmäßig begangen einzustufen. Da sich der

Wille auf wiederholte Diebstähle beziehen muss, genügt nicht die Absicht, die in einem Akt erlangte Diebesbeute in mehreren Tranchen zu verwerten (vgl. *BGH* NStZ 2008, 282 f.; 2010, 148 f.; 2021, 235, 236). In Beteiligungsfällen gilt bei diesem persönlichen Merkmal § 28 II entsprechend (*BGH* 4 StR 584/13; *OLG Bamberg* StV 2016, 651; vertiefend zu Fragen des § 28 siehe → § 4 Rn. 106 f. und insbesondere *Rengier,* AT, § 46; BT II, § 5 und § 59 Rn. 1 ff.).

35   **b) Nr. 4.** Die Sachen müssen *unmittelbar* dem Gottesdienst (z. B. Kelche, Monstranzen, Kreuze, Leuchter) oder der religiösen Verehrung (z. B. Reliquien, Christus- und Heiligenbilder) dienen. Andere Sachen (insbesondere Inventar, Opferstöcke, Kunstwerke ohne den besonderen Bezug) sind nicht erfasst; Kunstwerke können unter die Nr. 5 fallen.

36   **c) Nr. 5.** Bei diesem Regelbeispiel ist zu beachten, dass die bedeutenden Sachen allgemein zugänglich oder öffentlich ausgestellt sein müssen (Bibliothek, Museum; keine Privatsammlung).

37   **d) Nr. 6.** Die **Hilflosigkeit** hat besondere Schwächezustände vor Augen und umfasst z. B. Blindheit, Krankheit, Trunkenheit und Ohnmacht. Hohes Alter allein genügt nicht. Auch der normale („gesunde") Schlaf ist nicht erfasst, da hier der Dieb, vergleichbar mit anderen Fällen ohne erhöhten Unrechtsgrad, nur die Unaufmerksamkeit oder auch die Abwesenheit eines anderen ausnutzt.

Zum Schlaf siehe *BGH* NJW 1990, 2569; 5 StR 177/21; *Gierhake,* Jura 2010, 314 mit Falllösung; zum Übrigen *BGH* NStZ 2001, 532, 533; *BayObLG* NJW 1973, 1808; *Küper/Zopfs,* BT, Rn. 352 f. – Zum Unglücksfall und zur gemeinen Gefahr näher *Rengier,* BT II, § 42 Rn. 3 ff.

Ausnutzen: Der Täter setzt gerade die durch die Hilflosigkeit usw. entstandene Lockerung des Eigentumsschutzes zur leichteren Durchführung der Tat ein. Dabei sind in den Schutzbereich insbesondere auch Taten zum Nachteil von Hilfe leistenden Personen einbezogen (*OLG Hamm* NStZ 2008, 218; *Lackner/Kühl,* § 243 Rn. 22).

38   **e) Nr. 7.** Die Vorschrift betrifft den Diebstahl besonders gefährlicher Waffen und von Sprengstoff, wobei es auf die sofortige Einsatzfähigkeit nicht ankommt. Stiehlt der Täter eine einsatzfähige Schusswaffe, so ist auch § 244 I Nr. 1a Var. 1 erfüllt (→ § 4 Rn. 51), hinter den dann § 242 i. V. m. § 243 I 2 Nr. 7 im Wege der Spezialität zurücktritt.

IV. § 243 II

In der Geringwertigkeitsklausel des § 243 II kann man eine Art **39**
Gegenindikation sehen, welche die besondere Schwere eines Falles,
mit Ausnahme der Fälle des § 243 I 2 Nr. 7, beseitigt (vgl. Sch/Sch/
Bosch, § 243 Rn. 49).

Dementsprechend verdient auch in der **Fallbearbeitung** in der Regel ein
Aufbau den Vorzug, der erst auf die Regelbeispiele eingeht und dann die Aus-
schlussklausel des Abs. 2 prüft (ebenso *Joecks/Jäger,* § 243 Rn. 9; *Eisele,* BT II,
Rn. 157; für die vorrangige Prüfung des § 243 II aber W/H/S/*Hillenkamp,*
BT 2, Rn. 263; *Zopfs,* Jura 2007, 422).

Nach dem Wortlaut des § 243 II, der sich nur auf § 243 I „Satz 2" **39a**
bezieht, kommt in anderen Geringwertigkeitsfällen die Annahme eines unbenannten besonders schweren Falles gemäß § 243 I 1 in Betracht. Viele Stimmen sehen darin ein gesetzgeberisches Versehen
und halten es zu Recht für widersprüchlich, dass die benannten besonders schweren Fälle leichter auszuschließen sein sollen als unbe-
nannte. Demnach ist die Vorschrift korrigierend zugunsten des Täters
auch auf § 243 I 1 zu erstrecken.

Lackner/Kühl, § 243 Rn. 4; *Eisele,* BT II, Rn. 156; K/H/H/*Hellmann,* BT 2,
Rn. 178; a. A. MüKo/*Schmitz,* § 243 Rn. 65; *Jesse,* JuS 2011, 313 ff.

Bezüglich der **Geringwertigkeit** kommt es – wie übrigens auch bei **40**
§ 248a (→ § 6 Rn. 5) – auf den Verkehrswert (oder: Verkaufswert) der
Sache an. Die maßgebliche obere Grenze ist lange bei etwa 50 DM
(umgerechnet rund 25 €) gezogen worden. Nunmehr werden teilweise 30 € vorgeschlagen. Angesichts der fortschreitenden Preis- und
Lohnentwicklung verdienen die Tendenzen Zustimmung, welche die
Grenze bei 50 € ansetzen.

So *OLG Hamm* NJW 2003, 3145; *OLG Frankfurt* NStZ-RR 2008, 311;
2017, 12; *Jahn,* JuS 2008, 1025; *Henseler,* StV 2007, 323 ff.; *Lackner/Kühl,*
§ 248a Rn. 3; *Mitsch,* BT 2, 104; MüKo/*Schmitz,* § 243 Rn. 67. – Für 30 €:
OLG Oldenburg NStZ-RR 2005, 111; *Fischer,* § 248a Rn. 3a.

Die Möglichkeit, aus der Verwertung der Sache einen größeren Ge- **41**
winn zu ziehen, spielt keine Rolle. Wer daher einen Firmenbriefbo-
gen und einen Stempel stiehlt, um damit einen Kreditbetrug zu ermöglichen, entwendet eine geringwertige Sache. Auf Sachen, die
keinen objektiv messbaren Verkehrswert haben, passt die Vorschrift

nicht; demzufolge bleibt es hier bei der Bestrafung aus § 243 I 2, sofern ein Regelbeispiel erfüllt ist. Zu den Sachen ohne eigentlichen Verkehrswert sind Strafakten, Ausweise, Scheckformulare, Girocards/Maestro-Karten und andere Codekarten zu zählen.

Vgl. zum Ganzen *BGH* NJW 1977, 1460, 1461; NStZ 1981, 62; 2012, 571; *OLG Hamm* BeckRS 2011, 07785; *Jahn*, JuS 2011, 756. – Einzelheiten sind streitig (vgl. Sch/Sch/*Bosch,* § 248a Rn. 7).

42   Ferner muss sich **die Tat** auf eine geringwertige Sache **beziehen.** Insoweit nimmt die h. M. zu Recht an, dass die Vorschrift nur dann zur Anwendung kommt, wenn sich die Tat objektiv *und* subjektiv – also kumulativ – auf eine geringwertige Sache bezieht.

Beispiele: A bricht ein und stiehlt plangemäß eine bestimmte Vase, die er irrtümlich für wertvoll hält, die in Wirklichkeit aber nur 20 € wert ist. A erfüllt § 242 i. V. m. § 243 I 2 Nr. 1; § 243 II greift nicht ein. – Die Abwandlung, in der A die objektiv wertvolle Vase irrig als geringwertig einstuft, ist genauso zu beurteilen.

Eine Gegenmeinung hält es für ausreichend, dass sich die Tat objektiv *oder* subjektiv auf eine geringwertige Sache bezieht, weil dann ein besonders schwerer Fall wegen des fehlenden Erfolgs- bzw. Handlungsunwertes zu verneinen sei.

Zur h. M. vgl. BGHSt 26, 104; *BGH* NStZ 1987, 71; 2012, 571; *Küper,* NJW 1994, 351. – Zur Gegenmeinung *Eisele,* BT II, Rn. 161.

43   Auch eine § 243 II berührende **Vorsatzerweiterung** oder **Vorsatzverengung** nach Tatbeginn (Stadium des § 22) ändert gemäß h. M. nichts daran, dass das Geschehen bei **aufrechterhaltenem** Diebstahlsvorsatz in den folgenden beiden Konstellationen einheitlich als Diebstahl (in einem besonders schweren Fall) zu beurteilen ist: (1) A bricht ein, um etwas Geringwertiges zu stehlen, nimmt dann aber etwas nicht Geringwertiges mit. – (2) A bricht ein, um etwas nicht Geringwertiges zu stehlen, nimmt anschließend aber etwas Geringwertiges mit.

Zur h. M. *Lackner/Kühl,* § 243 Rn. 6; LK/*Vogel,* 12. Aufl. § 243 Rn. 62; W/ H/S/*Hillenkamp,* BT 2, Rn. 264 ff.; *Eisele,* BT II, Rn. 162 ff.; zum Vorsatzwechsel vgl. schon → § 2 Rn. 84 und ferner → § 7 Rn. 26 ff., 36.

44   Eine Minderheitsmeinung wirft der herrschenden einheitlichen Betrachtungsweise vor, das Regelbeispiel rückwirkend anzuwenden und § 243 II zu verletzen (K/*Böse,* BT II, § 3 Rn. 49 ff.; SK/*Hoyer,* § 243

Rn. 53). Diese Ansicht beurteilt die Handlungen stets aus getrennter Perspektive.

Zutreffend ist eine differenziertere Betrachtungsweise: Die von der **45** h. M. befürwortete pauschale Einstufung beider Konstellationen als vollendeter Diebstahl in einem besonders schweren Fall macht nicht deutlich, dass es hier um Fragen der (un)wesentlichen Abweichung vom ursprünglichen Diebstahlsvorsatz geht (→ Rn. 19). Nur soweit man von unwesentlichen Abweichungen sprechen kann, erfasst der Diebstahlsvorsatz zum Zeitpunkt des Einbruchs auch die nach der Vorsatzänderung weggenommene Sache. Unter dieser Voraussetzung liegt in beiden Konstellationen *ein* Diebstahl in einem besonders schweren Fall vor. Dann ist auch die Verneinung des § 243 II richtig, weil sich in keiner Variante die – mit dem Einbruch beginnende – „Tat" durchgehend auf eine objektiv und subjektiv geringwertige Sache bezieht.

Um demgegenüber getrennt zu würdigende (zwei) Taten handelt es **46** sich, wenn anfänglicher Diebstahlsvorsatz und anschließend ausgeführte Diebstahlstat nicht mehr aufeinander bezogen sind. Bei einer solchen Sachlage scheidet die Zusammenfassung des Komplexes zu einer einzigen „Tat" aus. Allgemein gesprochen ist dies der Fall, wenn der „andere", „neue" Diebstahl von dem „alten" Diebstahlsvorsatz wesentlich abweicht und zu einer anderen Bewertung der ursprünglich geplanten Tat führt. In diesen Rahmen lässt sich auch die von der h. M. ebenfalls als „Trennungsfall" anerkannte Konstellation einordnen, dass der Täter den ursprünglichen Diebstahlsvorsatz zwischenzeitlich **endgültig aufgibt** und anschließend einen neuen fasst. Weiter können solche Fälle einschlägig sein, in denen der eigentliche Plan endgültig scheitert und nunmehr ein völlig anderes Objekt weggenommen wird. – Zu den Fragen der Vorsatzerweiterung und Vorsatzverengung die folgenden

Beispiele: (1) T bricht ein, um einen Computer zu stehlen. Den Computer **47** gibt es aber nicht. Aus „Frust" trinkt T eine Flasche Bier leer, die er im Kühlschrank findet. – Hier ist T richtigerweise, im Ergebnis übereinstimmend mit der Minderheitsmeinung, nach den §§ 242, 22 i. V. m. § 243 I 2 Nr. 1 (Computer) in Tateinheit mit § 242 (Bier) zu bestrafen (a. A. *Mitsch*, BT 2, 109 f.; *Jäger*, BT, Rn. 371 f. und wohl auch die h. M., die von *einem* vollendeten Diebstahl in einem besonders schweren Fall ausgehen).

(2) T bricht ein, a) um 20 € zu stehlen, findet aber wider Erwarten 100 €, die er mitnimmt; b) um 100 € zu stehlen, findet aber nur 20 €, die er mitnimmt. – Da in beiden Varianten die Abweichungen unwesentlich sind, verwirklicht T jeweils § 242 i. V. m. § 243 I 2 Nr. 1. Die h. M. käme zu demselben Ergebnis.

Die Minderheitsmeinung würde in der Variante a) bezüglich der 20 € (§§ 242, 22) den § 243 II anwenden und im Ergebnis nach § 242 (100 €) bestrafen; die Variante b) würde sie entsprechend dem Beispiel (1) lösen.

V. Versuch

1. Aufbaufragen

48   Die Probleme rund um die drei speziellen Versuchskonstellationen des § 243 hängen mit dem Strafzumessungscharakter der Vorschrift zusammen. § 243 ist eine Strafzumessungsregel und enthält keine Bestimmung über die Strafbarkeit des Versuchs, weil es nach § 22 einen Versuch nur bei *Tatbeständen* geben kann.

49   In der **Fallbearbeitung** geht es demnach stets um die Prüfung der „§§ 242, (22) i. V. m. 243"; die „§§ 243, 22" dürfen nicht kombiniert werden. Im **Aufbau** beginnt man mit der normalen Prüfung des § 242 bzw. der §§ 242, 22 (Aufbauschemata in → § 2 Rn. 3, 5), bevor auch hier unter Punkt „IV. Strafzumessung: Besonders schwere Fälle (§ 243)" die drei Versuchskonstellationen des § 243 behandelt werden. Dabei verläuft in der ersten Konstellation (→ Rn. 51) die Prüfung entsprechend dem Schema von → Rn. 9.

50   Steht im Falle der §§ 242, 22 ein **Rücktritt** zur Debatte, so schließt sich dessen Prüfung an. Auch wenn ein Rücktritt zu bejahen ist, sollte auf die vorherige Erörterung der Regelbeispiele in der Tendenz nicht verzichtet werden. In Teilnahmefällen versteht sich dies wegen der Akzessorietät der Teilnahme von selbst. In anderen Fällen dürfte es jedenfalls aus klausurtaktischer Sicht ratsam sein, etwaige Regelbeispiele zumindest anzusprechen, sich dabei aber angesichts des durchgreifenden Rücktritts eher kurz zu fassen (ähnlich *Zopfs*, Jura 2007, 421 mit Fn. 3).

2. Die drei Versuchskonstellationen

51   **a) Erste Konstellation.** Der erste Fall betrifft die Kombination von versuchtem „Grunddelikt" und „vollendetem" Regelbeispiel.

Beispiel: A bricht in die Galerie des X ein, um ein bestimmtes Gemälde zu stehlen, findet es aber nicht.

In diesem Fall ist neben den §§ 242, 22 das Regelbeispiel (§ 243 I 2 Nr. 1) voll verwirklicht und daher die Indizwirkung gegeben. Die Bejahung eines versuchten Diebstahls in einem besonders schweren Fall liegt auf der Hand. Die §§ 123, 303 treten nach der bisher h. M. zurück (→ Rn. 60 f.).

b) Zweite Konstellation. Hier sind versuchtes „Grunddelikt" 52
und „versuchtes" Regelbeispiel kombiniert.

Beispiel: A will gerade in die Galerie des X einbrechen, um ein bestimmtes
Gemälde zu stehlen, als er ertappt wird.

Dies ist die höchst umstrittene Konstellation von BGHSt 33, 370.
Der *BGH* bejaht hier, abgesehen von den §§ 242, 22, auch einen versuchten Diebstahl in einem besonders schweren Fall. Er begründet
dies im Wesentlichen mit dem tatbestandsähnlichen Charakter des
§ 243 und dem Willen des historischen Gesetzgebers, durch die Um-
wandlung des § 243 von einer Qualifikation in eine Strafzumessungs-
vorschrift die Reichweite des § 243 nicht einzuschränken. Die besseren Gründe sprechen aber für die Gegenmeinung, die nur die §§ 242,
22 anwendet. So lässt schon der Wortlaut des § 22 den Versuch nur
bei *Tatbeständen* zu. Ferner setzt der *BGH* den (nicht erfassten) Versuch z. B. des Einbrechens und das vollendete Einbrechen einfach
gleich. Das Regelbeispiel mit seiner Indizwirkung kann jedoch nicht
vorliegen, wenn seine Verwirklichung misslungen ist. In einem solchen Fall bleibt allein die Verbindung der §§ 242, 22 mit einem unbenannten besonders schweren Fall auf der Basis einer umfassenden
Gesamtwürdigung (→ Rn. 4) denkbar.

Bemerkenswerterweise vertritt der *BGH* genau diese Auffassung 53
im Zusammenhang mit den §§ 263, 22 und dem Regelbeispiel des
§ 263 III 2 Nr. 2 Var. 1 (*BGH* wistra 2007, 111). Hier lehnt der
BGH es zu Recht ab, bei einer bloß gewollten Herbeiführung eines
Vermögensverlustes großen Ausmaßes (→ § 13 Rn. 349) die Indizwirkung des Regelbeispiels zu bejahen. Für die Regelbeispiele des § 243
kann nichts anderes gelten.

BGHSt 33, 370 stimmen zu: *BayObLG* NStZ 1997, 442; K/*Böse*, BT II, § 3 54
Rn. 55 ff.; *Eckstein*, JA 2001, 553 f.; *Eisele*, JA 2006, 314; *Streng*, Puppe-FS,
2011, 1030 ff. – Zur berechtigten Kritik der Gegenmeinung siehe *OLG Düsseldorf* NJW 1983, 2712; W/H/S/*Hillenkamp*, BT 2, Rn. 223 ff.; K/H/H/*Hellmann*, BT 2, Rn. 162 f.; *Graul*, JuS 1999, 854 f.; *Zieschang*, Jura 1999, 565 f.;
Geppert, JK 98, StGB § 243/3.

c) Dritte Konstellation. Im dritten Fall treffen vollendetes 55
„Grunddelikt" und „versuchtes" Regelbeispiel zusammen.

Beispiel: A will mit einem falschen Schlüssel in die Galerie des X eindringen;
als er aber bei der Benutzung des Schlüssels feststellt, dass die Tür offen ist,
betritt er so das Haus und nimmt das Gemälde mit.

Wäre § 243 eine Qualifikation und die Versuchsstrafbarkeit wie in § 242 II angeordnet, müsste § 242 in Tateinheit mit den §§ 243, 22 bejaht werden. Auf dem Boden des geltenden Rechts darf man jedoch auf keinen Fall die „§§ 243, 22" als Strafzumessungsregel isoliert prüfen oder gar zur Tateinheit mit § 242 kommen. Vielmehr kann es nur um die Frage gehen, ob ein (vollendeter) Diebstahl in einem besonders schweren Fall vorliegt und für den potentiellen besonders schweren Fall der Wille zur Verwirklichung des Regelbeispiels ausreicht, um die Indizwirkung eintreten zu lassen. Wer die Frage so stellt, muss sie verneinen; denn das Regelbeispiel verlangt objektiv ein Eindringen mit einem falschen Schlüssel, und dies hat A gerade nicht getan (*Graul*, JuS 1999, 856; W/H/S/*Hillenkamp*, BT 2, Rn. 222). A begeht also nur einen einfachen Diebstahl, mit dem § 123 in Tateinheit steht.

56 Auf dem Boden von BGHSt 33, 370 müsste in der dritten Konstellation eigentlich erst recht § 242 i. V. m. § 243 I 2 Nr. 1 bejaht werden (dafür K/*Böse*, BT II, § 3 Rn. 56 f.; *Reichenbach,* Jura 2004, 260 ff.). BGHSt 33, 370, 376 meint jedoch, die Entscheidung sei dafür nicht präjudiziell. Daran anknüpfend lehnt *BGH* NStZ 2003, 602 im Falle eines vollendeten § 177 I bei einem versuchten erzwungenen Beischlaf zu Recht die Anwendung des § 177 II 2 Nr. 1 ab, stellt aber nicht überzeugend einen Widerspruch zu BGHSt 33, 370 mit der Begründung in Abrede, dass bei einem vollendeten Grunddelikt eine andere Konstellation vorliege. In einer früheren Entscheidung, in der es um das inzwischen in eine Qualifikation (§ 176a II Nr. 1) umgewandelte Regelbeispiel des § 176 III 2 Nr. 1 a. F. ging, findet sich die zutreffende Begründung: Den Versuch eines besonders schweren Falles „gibt es im System des Strafgesetzbuchs nicht, weil die Vorschriften über besonders schwere Fälle, insbesondere die gesetzlichen Regelbeispiele keine Tatbestände im engeren Sinn, sondern lediglich Strafzumessungsregeln enthalten" (*BGH* NStZ-RR 1997, 293; dazu *Graul,* JuS 1999, 856 f.). – Falllösung bei *Kreß/Baenisch*, JA 2006, 712 f.

3. Versuchsbeginn und Rücktritt

57 Was den **Versuchsbeginn** anbelangt, so muss gemäß § 22 immer auf den Tatbestand, also auf § 242 und damit auf den unmittelbar bevorstehenden Gewahrsamsangriff abgestellt werden. Die Handlungsmodalitäten der Regelbeispiele des § 243 sind schon mangels ihres Tatbestandscharakters nicht entscheidend. Indes: Selbst wenn man in den Regelbeispielen qualifizierende Merkmale sähe, änderte sich nichts, weil die Versuchsstrafbarkeit auch bei Qualifikationen – wie namentlich § 244 – ein unmittelbares Ansetzen zum Grunddelikt voraussetzt. Eine andere Frage ist, inwieweit ein strafbares Ansetzen zur Wegnahme bereits dann vorliegt, wenn der Täter – am Beispiel der §§ 243 I 2 Nr. 1 und 244 I Nr. 3 verdeutlicht – mit dem Einbrechen, Einsteigen oder Eindringen in den umschlossenen Raum bzw. die Wohnung beginnt (näher → § 4 Rn. 88; *Rengier*, AT, § 34 Rn. 59 ff.).

Auch ein möglicher **Rücktritt** ist wie bei Qualifikationen allein aus **58** der Perspektive des Grundtatbestandes, hier also der §§ 242, 22 – unabhängig von einer etwaigen „Vollendung" des § 243 – zu beurteilen.

VI. Konkurrenzen

Zwischen § 243 (Strafzumessungsregel) und § 242 (Tatbestand) **59** kann es kein Konkurrenzverhältnis geben. Insbesondere stellt § 243 keine Qualifikation, keinen Spezialfall des § 242 dar. Vielmehr steht immer nur ein (versuchter) Diebstahl in einem besonders schweren Fall zur Debatte (§ 242 bzw. §§ 242, 22 i. V. m. § 243). Um *einen* Diebstahl in einem besonders schweren Fall geht es auch dann, wenn der Täter mehrere Regelbeispiele gleichzeitig verwirklicht.

Sehr oft werden im Rahmen der Varianten des § 243 I 2 Nr. 1, ins- **60** besondere neben einem Einbruchdiebstahl, sowie in Fällen des § 243 I 2 Nr. 2 auch § 303 I und/oder § 123 verwirklicht. Um die auftauchenden Konkurrenzfragen gut zu erfassen, ist es sinnvoll, von Anfang an auf die besondere Bedeutung des § 243 I 2 Nr. 1 zu achten, die darin liegt, dass die unrechtssteigernden Merkmale dieses Regelbeispiels beim Wohnungseinbruchdiebstahl (§ 244 I Nr. 3, IV) und schweren Bandendiebstahl (§ 244a I) zwingende qualifizierende Tatbestandsmerkmale sind (→ § 4 Rn. 82, 108).

Was das **Konkurrenzverhältnis mit § 303 I** betrifft, hat die h. M. **61** in der Sachbeschädigung lange eine typische Begleittat gesehen, die im Wege der Gesetzeskonkurrenz in Form der Konsumtion verdrängt wird (erg. *Rengier*, AT, § 56 Rn. 30 ff.). Die erste Korrektur erfolgte, als der *BGH* anlässlich von Fällen der §§ 242, 243 I 2 Nr. 1, 2 zu Recht betonte, dass die Abgrenzung zwischen Konsumtion und Tateinheit auf dem Boden einer konkreten Betrachtungsweise zu erfolgen hat und Tateinheit zumindest dann besteht, wenn im konkreten Einzelfall der angerichtete Sachschaden insbesondere wegen seiner Höhe aus dem regelmäßigen Verlauf eines Diebstahls in einem besonders schweren Fall gemäß § 243 I 2 Nr. 1, 2 herausfällt (h. M. seit *BGH* NJW 2002, 150 ff. mit Bspr. *Rengier*, JuS 2002, 850 ff.).

62 Bemerkenswerterweise ist Tateinheit auch im Lichte der Literaturansicht anzunehmen, nach der Regelbeispiele wie diejenigen des § 243 I wegen ihres Strafzumessungscharakters (vgl. → Rn. 1, 5, 48) nicht mit Tatbeständen konkurrieren können und es deshalb für das Konkurrenzverhältnis allein auf § 242 ankommt. Für diese Meinung ist der Schritt zur Tateinheit einfach und darüber hinaus unabhängig von der Höhe des Sachschadens anzunehmen. – Mit deutlichen Sympathien für diese Ansicht *BGH* NJW 2002, 150 f.; *Rengier*, JuS 2002, 853 f.; SK/*Hoyer*, § 243 Rn. 58.

63 In einem zweiten Schritt bejahte der *BGH* bei Bandendiebstählen aus aufgebrochenen Fahrzeugen (§§ 242, 244a I i. V. m. 243 I 2 Nr. 1, 303 I) zwischen § 244a I und § 303 I ebenfalls tateinheitliches Handeln, ohne insoweit die Höhe des Schadens noch für relevant zu halten. Dabei bemerkte das Gericht, die Entscheidung der Konkurrenzfrage zwischen Konsumtion oder Tateinheit könne nicht davon abhängig sein, ob die unrechtssteigernden Merkmale gesetzestechnisch als Regelbeispiele (§ 243 I 2) oder als Tatbestandsmerkmale (§ 244a I) ausgestaltet seien (*BGH* NStZ 2014, 40 mit Bspr. *Hecker*, JuS 2014, 181 ff.; *Zöller*, ZJS 2014, 214 ff.).

64 Schließlich hat BGHSt 63, 253 mit dem Einbruchdiebstahl im Visier in einer ausführlich begründeten Entscheidung den insgesamt überzeugenden Schlusspunkt gesetzt. Danach besteht in allen Fällen eines Einbruchdiebstahls – sowohl nach § 244a I i. V. m. § 243 I 2 Nr. 1 Var. 1 als auch nach § 244 I Nr. 3 Var. 1 wie nach § 242 i. V. m. § 243 I 2 Nr. 1 Var. 1 (BGHSt 63, 253, 257 f.) – Tateinheit mit § 303 I, und zwar unabhängig von der Höhe des Sachschadens. Die wesentlichen, zum Teil an die erwähnten früheren Entscheidungen anknüpfenden, Argumente sind: Mit einer Einbruchtat gehe, so der *BGH*, „nicht ausnahmslos" eine Sachbeschädigung einher, weshalb die „Begleittypik" fehle. Überzeugender ist das systematische Argument, dass bei allen anderen Varianten des § 243 I 2 Nr. 1 die Begehung einer Sachbeschädigung fernliege und innerhalb ein und derselben Regelbeispielsgruppe ein systematischer Bruch nicht hinnehmbar sei (so schon *BGH* NJW 2002, 150, 151; *Rengier*, JuS 2002, 855). Zudem seien die Opfer des Diebstahls und der Sachbeschädigung als Rechtsgutsinhaber oft nicht identisch. Gegen die frühere Rechtsprechung, die der Höhe des Sachschadens eine tragende Rolle zugewiesen habe (→ Rn. 61), spreche, dass sie erhebliche Unschärfen und Abgrenzungsschwierigkeiten hervorrufe.

Im Wesentlichen zust. *Grosse-Wilde*, HRRS 2019, 160 ff.; *Jäger*, JA 2019, 386 ff.; *Mitsch*, NJW 2019, 1091; K/H/H/*Hellmann*, BT 2, Rn. 140; abl. W/

Beulke/Satzger, AT, Rn. 1271; W/H/S/*Hillenkamp*, BT 2, Rn. 254; *Fahl*, JR 2019, 114 ff.

Was das **Konkurrenzverhältnis mit § 123** betrifft, so dominiert, deutlicher noch als bisher bezüglich § 303 I, der Standpunkt, dass die Vorschrift von § 243 I 2 Nr. 1 (auch i. V. m. §§ 244 I Nr. 3, IV, 244a I) im Wege der Konsumtion verdrängt wird. BGHSt 63, 253 äußert sich dazu nicht. Indes ergeben sich im Lichte dieser Entscheidung die folgenden Auswirkungen: **65**

(1) Unverändert bleibt allein das Konsumtionsverhältnis mit § 244 I Nr. 3, IV, da hier die Wohnung das einzige Tatobjekt darstellt und allenfalls selten § 123 nicht erfüllt sein wird. **66**

(2) Demgegenüber erfassen die beiden anderen bezüglich § 243 I 2 Nr. 1 einschlägigen Konstellationen jeden umschlossenen Raum. Dazu gehören vor allem die Insassenräume von Autos (→ erg. Rn. 10); die häufig vorkommenden Diebstähle von und aus Autos (vgl. → Rn. 63) gehen nicht mit der Erfüllung des § 123 einher. Der Blick von der Nr. 1 des § 243 I 2 auf die Nr. 2 (z. B. Diebstahl von öffentlich abgestellten, abgeschlossenen Fahrrädern) und die Nr. 3 (z. B. gewerbsmäßiger Diebstahl von Taschendieben) bestätigt die fehlende Regelmäßigkeit, was die Erfüllung des § 123 im Rahmen des § 243 I 2 angeht. Demnach steht § 123 I – genauso wie § 303 I – sowohl namentlich mit § 242 i. V. m. § 243 I 2 Nr. 1 als auch mit § 244a I i. V. m. § 243 I 2 Nr. 1 in Tateinheit. **67**

Vgl. schon *Rengier*, JuS 2002, 854. – Bezüglich der §§ 242 i. V. m. 243 deckt sich das Ergebnis wieder mit der in → Rn. 62 erwähnten Literaturansicht.

Im **Fall 2a** erfüllt D neben § 242 i. V. m. § 243 I 2 Nr. 1 Var. 1 auch die §§ 303 I, 123. Entgegen der bislang wohl h. M. treten in diesem klassischen Diebstahlsfall weder § 303 I (unabhängig von der Höhe des Sachschadens) noch § 123 im Wege der Konsumtion zurück, sondern in Tateinheit gemäß § 52 hinzu. BGHSt 63, 253 hat dies überzeugend mit Blick auf § 303 I begründet, und für § 123 gelten vergleichbare Gründe (im Ergebnis ebenso die Ansicht in → Rn. 62). **68**

Fall 2b hat einen klassischen Wohnungseinbruchdiebstahl zum Gegenstand. Hier besteht nur zwischen § 244 I Nr. 3, IV und § 303 I Tateinheit, während § 123 konsumiert wird. **69**

Aus konkurrenzrechtlicher Sicht interessant ist noch die Entscheidung *BGH* NStZ-RR 2011, 111: Hier greift der *BGH* offenbar auf den tatbestandsähnlichen Charakter des § 243 zurück (vgl. → Rn. 6, 8, 52), indem er das beim Einbrechen in eine Tiefgarage verwirklichte Regelbeispiel des § 243 I 2 Nr. 1 heranzieht, um die anschließenden Diebstähle aus verschiedenen Fahrzeugen **70** unter dem Aspekt der Teilidentität der Ausführungshandlungen zur Tateinheit zu verbinden (erg. *Rengier*, AT, § 56 Rn. 50 ff., 70).

71   Um andere Konstellationen geht es, wenn § 244 I Nr. 1, 2, § 249 oder § 252 vollendet vorliegt und hinter einen dieser Tatbestände § 242 (i. V. m. § 243) im Wege der Spezialität zurücktritt (§ 243 betrifft nur die Strafzumessung); hier erlangen die §§ 123, 303 unter einem anderen Blickwinkel auf jeden Fall selbstständige Bedeutung und konkurrieren mit § 244 I Nr. 1, 2, § 249 bzw. § 252 ideal (Beispiele in → § 4 Rn. 50, 76).

Empfehlungen zur vertiefenden Lektüre:
Rechtsprechung: BGHSt 21, 189 und BGHSt 65, 194 (gestohlener bzw. vergessener Schlüssel als falscher Schlüssel); BGHSt 33, 370 (Regelbeispiel beim versuchten Einbrechen); BGHSt 63, 253 (Tateinheit zwischen § 303 I und allen Fällen des Einbruchdiebstahls); *BGH* NJW 2010, 3175, *OLG Karlsruhe* NStZ-RR 2010, 48, *KG* NJW 2012, 1093 und *OLG Zweibrücken* NStZ-RR 2018, 249 (unbefugtes Öffnen verschlossener Behältnisse); *BGH* NStZ 2018, 212 (Einwirken auf den Schließmechanismus mittels eines Störsenders); *BGH* NStZ 2019, 212 (Sicherungsspinne als Schutzvorrichtung); *OLG Hamm* NJW 1978, 769 (Karton und Postsack als besondere Sicherung); *OLG Stuttgart* NJW 1982, 1659 (Trickdiebstahl aus einem Glücksspielautomaten); *OLG Düsseldorf* NJW 1983, 2712 (Regelbeispiel beim versuchten Einbrechen); *OLG Stuttgart* NStZ 1985, 76 (Entfernen des Sicherungsetiketts).
Literatur: *Dölling*, Diebstahl in einem besonders schweren Fall bei Ausschaltung einer Alarmanlage in einem Kaufhaus? – OLG Stuttgart, NStZ 1985, 76, JuS 1986, 688 ff.; *Eisele*, Die Regelbeispielsmethode: Tatbestands- oder Strafzumessungslösung?, JA 2006, 309 ff.; *Graul*, „Versuch eines Regelbeispiels" – BayObLG, NStZ 1997, 442; BGH NStZ-RR 1997, 293, JuS 1999, 852 ff.; *Kudlich*, § 243 StGB – ein besonders schwerer Fall für die Klausur?, JuS 1999, L 89 ff.; *Otto*, Strafrechtliche Aspekte des Eigentumsschutzes, Jura 1989, 200 ff.; *Zopfs*, Der besonders schwere Fall des Diebstahls (§ 243 StGB), Jura 2007, 421 ff.

§ 4. Diebstahl mit Waffen; Wohnungseinbruch- und Bandendiebstahl

Fall 1: D will in das geschlossene Geschäft des E einbrechen. Mit seinem Pkw und einsatzbereiter Schusswaffe fährt er zum Tatort und parkt das Auto 100 m vor dem Geschäftsgrundstück. Die Schusswaffe lässt er im Handschuhfach. Nachdem er eingebrochen ist und Ware gestohlen hat, wird er zufällig von E entdeckt und verfolgt. D kann zu seinem Wagen rennen und davonfahren, so dass E den Anschluss verliert. → Rn. 50

Fall 2: D ist mit Hilfe eines Hammers in das Büro des E eingebrochen, um nach Bargeld zu suchen. Unbehelligt findet er schließlich Geld und verlässt den Tatort. Vorher hat er während seiner Suche im Büro eine ungeladene Schusswaffe gefunden und spontan eingesteckt, a) um etwaige Störenfriede in Schach halten zu können, b) um sie ggf. als Schlaginstrument einzusetzen. c) D hat während seiner Suche eine Schnur gefunden und eingesteckt, um auftauchende Widersacher fesseln zu können. → Rn. 76

I. Grundlagen und Aufbaufragen

Anders als § 243 (→ § 3 Rn. 1) enthält § 244 I Nr. 1–3 Qualifikationen, bei denen die strafschärfende Wirkung nur eintritt, wenn die gesetzlichen Tatbestandsmerkmale vorliegen. Alle qualifizierenden Tatbestände des § 244 I enthalten Vorsatzdelikte (§ 15), bei denen auch der Versuch strafbar ist (§ 244 II). In systematischer Hinsicht muss besonders beachtet werden, dass § 244 I Nr. 1 mit § 250 I Nr. 1a und 1b sowie § 244 I Nr. 2 mit § 250 I Nr. 2 übereinstimmt, was zu einer Übertragbarkeit der Ergebnisse führt. 1

In der **Fallbearbeitung** ist der Blick in der Regel zuerst – und oft nur – auf § 244 I Nr. 1 (mit seinen Varianten) zu richten. Dabei empfiehlt es sich, die Qualifikation isoliert nach § 242 (ggf. i. V. m. § 243) zu prüfen. Auch wenn keine Regelbeispiele, sondern „nur" die §§ 242, 244 in Betracht kommen, empfiehlt sich bei diesen komplexen Tatbeständen die gemeinsame Prüfung von Grunddelikt und Qualifikation im Normalfall nicht (zu den Gründen → § 8 Rn. 2). Ferner ist bei der Prüfung und Zitierweise zwischen § 244 I Nr. 1a Var. 1 und Var. 2 sowie § 244 I Nr. 1b genau zu unterscheiden. – Beschränkt auf § 244 I Nr. 1 ergibt sich damit folgendes 2

Aufbauschema (§ 244 I Nr. 1)	3

I. § 242
   1. Prüfung des § 242
   2. Strafzumessung: Regelbeispiele des § 243 I 2 und entsprechender Vorsatz
II. § 244 I Nr. 1
   1. Nr. 1a Var. 1
   2. Nr. 1a Var. 2
   3. Nr. 1b

Zum Aufbau bei § 244 I Nr. 3, IV siehe → Rn. 82a und bei den §§ 244 I Nr. 2, 244a I → Rn. 88b.

II. Diebstahl mit Waffen und anderen gefährlichen Werkzeugen (§ 244 I Nr. 1a)

1. Grundlagen

4   Die Qualifikation beruht auf der erhöhten abstrakten Gefährlichkeit, welche von Tätern ausgeht, die eine Waffe oder ein anderes gefährliches Werkzeug bei sich führen. Diese allgemeine Gefahr liegt in der latenten Gefahr des Gebrauchs in der Diebstahlssituation (BGHSt 52, 257, 268). Daher soll bei solchen gefährlichen Gegenständen für die Strafschärfung das bloße Beisichführen ausreichen, ohne dass es – anders als bei § 244 I Nr. 1b – auf eine bestimmte Verwendungsabsicht ankommt.

5   Das 6. StrRG 1998 hat die einschlägigen Tatmittel gegenüber früher, als nur Schusswaffen erfasst waren, erheblich ausgeweitet. Diese Erweiterung hat der Gesetzgeber mit drohenden Ungereimtheiten begründet: Es wäre kaum einzusehen,

„die Verwendung beispielsweise einer Handgranate, eines Tapetenmessers oder von Salzsäure beim Raub (ergänze: oder Diebstahl) einer niedrigeren Mindeststrafdrohung zuzuordnen, als die Verwendung einer Schußwaffe". Der Begriff des „gefährlichen Werkzeugs" sei § 224 I Nr. 2 entnommen, so dass zur Auslegung auf die hierzu entwickelten Grundsätze zurückgegriffen werden könne (BT-Drs. 13/9064, S. 18).

6   Aus der Gruppe der gefährlichen Werkzeuge (Oberbegriff) hebt das Gesetz in der Var. 1 der Nr. 1a die „Waffen" besonders hervor. Allerdings kennt das StGB keinen einheitlichen Waffenbegriff. Im gegebenen Zusammenhang können mit den Waffen nur solche gefährlichen Werkzeuge gemeint sein, die **ihrer Natur nach** zu den besonders gefährlichen Tatgegenständen zählen. Es handelt sich um sog. Waffen im technischen Sinn, die sich mittels objektiver Kriterien bestimmen lassen. Innerhalb dieser „Waffen" stellen die Schusswaffen das klassische Paradebeispiel dar, das deshalb zuerst erörtert wird (→ Rn. 8ff.). Davon sind die sonstigen Waffen im technischen Sinn zu unterscheiden (→ Rn. 16).

Größere Schwierigkeiten stellen sich bei den unter die Var. 2 der **7**
Nr. 1a fallenden „anderen" gefährlichen Werkzeugen. Dieser Bereich
lässt sich nicht so deutlich erfassen, sondern soll nach der amtlichen
Begründung (→ Rn. 5) mit Hilfe des § 224 I Nr. 2 zu definieren sein.
Im Rahmen des Körperverletzungstatbestandes wird der Werkzeugbegriff normalerweise auch mit Hilfe einer subjektiven Verwendungskomponente bestimmt (vgl. *Rengier*, BT II, § 14 Rn. 27 ff.).
Eine solche taucht aber innerhalb des § 244 I ausdrücklich nur in
der Nr. 1b und nicht in der Nr. 1a auf. Vor diesem Hintergrund gehört die Interpretation der Werkzeugvariante des § 244 I Nr. 1a zu
den umstrittensten Fragen des Besonderen Teils (→ Rn. 19 ff.).

2. Begriff der Schusswaffe

a) Grundlagen. „Waffen" im Sinne des § 244 I Nr. 1a Var. 1 kön- **8**
nen nur solche Gegenstände sein, die objektiv gefährlich, also geeignet sind, nach ihrer Beschaffenheit und ihrem Zustand erhebliche
Verletzungen zuzufügen (BGHSt 45, 92, 93; *BGH* NJW 2002,
2889). Das typische Beispiel für eine solche Waffe im technischen
Sinn ist, wie schon erwähnt, die Schusswaffe. Als Schusswaffen werden solche Gegenstände angesehen, bei denen Geschosse durch einen
Lauf nach vorne getrieben werden. Als Geschosse gelten sowohl feste
Körper als auch gasförmige, flüssige oder feste Stoffe in Umhüllun-
gen. Typische Schusswaffen sind demzufolge Gewehre, Pistolen und
Revolver. Auch Luftgewehre und -pistolen gehören – trotz ihrer ge-
ringeren Gefährlichkeit – noch dazu (*BGH* MDR/D 1974, 547;
Lackner/Kühl, § 244 Rn. 3a; h. M.).

Nach dem 6. StrRG 1998 zweitrangig geworden ist die frühere **9**
Streitfrage, ob auch geladene **Gaspistolen** – bei denen nur Gas den
Lauf verlässt – zu den Schusswaffen gehören (zusammenfassend *Geppert*, Jura 1992, 499). Denn die Gaspistolen zählen nunmehr jedenfalls
zu den Waffen im technischen Sinn (→ Rn. 16) und fallen unabhängig
von ihrer Schusswaffeneigenschaft unter § 244 I Nr. 1a Var. 1. Folgerichtig hat inzwischen auch die Rechtsprechung die mit Gaspatronen
geladene „echte" – d. h. Gas nach vorne durch den Lauf verschießende
– Gaspistole den per se gefährlichen „Waffen" zugeordnet. Wenn allerdings die Pistole so konstruiert ist, dass das Gas nicht nach vorne
aus der Mündung austreten kann, entfällt die Waffeneigenschaft.

Zur Rechtsprechung siehe BGHSt 45, 92, 93 f.; *BGH* NStZ 1999, 135 f.;
NJW 2011, 1979, 1980. Vgl. ferner *Küper/Zopfs*, BT, Rn. 764; *Geppert*, Jura
1999, 600.

Von den Gaspistolen müssen die **Schreckschusswaffen** unterschieden werden (Rn 17 ff.), auch wenn die Einordnung oft nur davon abhängt, mit welcher
Munition die Waffe geladen wird (MüKo/*Heinrich*, § 1 WaffG Rn. 82).

10   **b) Kriterium der Einsatzbereitschaft.** Die erhöhte abstrakte Gefährlichkeit, an die der Qualifikationstatbestand anknüpft, setzt eine
funktionsfähige und einsatzbereite Schusswaffe voraus (BGHSt 45,
92, 93). Daher stellen defekte und ungeladene Waffen sowie Scheinwaffen und Spielzeugpistolen keine Schusswaffen dar. Anderseits
bestehen an der Einsatzbereitschaft einer geladenen, aber noch nicht
durchgeladenen oder entsicherten Schusswaffe keine Zweifel.

11   Fraglicher sind die Fälle, in denen der Schusswaffenkörper funk-
tionstüchtig und nicht mit scharfer Munition bestückt ist, doch jederzeit schussbereit gemacht werden kann, weil sich passende Munition
in griffbereiter Nähe befindet. Bis zum 6. StrRG 1998 hat die Rechtsprechung eine derartige Schussbereitschaft genügen lassen. Das
Schrifttum folgt noch heute weitgehend dieser Linie.

Vgl. *BGH* StV 1982, 574; 1987, 67; NStZ 1985, 547; W/H/S/*Hillenkamp*,
BT 2, Rn. 281; *Fischer*, § 244 Rn. 27.

12   In späteren Entscheidungen des *BGH* zu § 250 II Nr. 1 und zum
parallelen § 177 IV Nr. 1 deutet sich aber eine Abkehr von dem bisherigen Verständnis der Schussbereitschaft an. So verwendet kein objektiv gefährliches Tatmittel im Sinne des § 250 II Nr. 1, wer mit einer
ungeladenen Schusswaffe droht und sie mit zwei oder drei schnellen
Handgriffen in wenigen Sekunden laden kann, weil er z. B. das Magazin mit der Munition in seiner Jackentasche bei sich führt (BGHSt
45, 249, 251 f.; *BGH* NStZ-RR 2008, 342). *BGH* NStZ-RR 2006,
205 verneint § 177 IV Nr. 1 in einem Fall, in dem der Täter bei der
Vergewaltigung als Drohmittel eine ungeladene Pistole einsetzt, aus
der er zuvor das geladene Magazin herausgenommen und in einem
Spalt der – als Tatort mit benutzten – Eckcouch versteckt hat.

13   Ob diese Entscheidungen in dem Sinne auf § 244 I Nr. 1a Var. 1 –
und den gleichlautenden § 250 I Nr. 1a Var. 1 – zu übertragen sind,
dass auch für das bloße „Beisichführen einer Waffe" das getrennte
Beisichführen von ungeladener Waffe und griffbereiter Munition
nicht (mehr) ausreicht, ist nicht ganz klar. Für diesen Schritt spricht
die Äußerung in BGHSt 45, 249, 252, dass erst das Laden die Einsatzbereitschaft herstelle und die Pistole „zur objektiv gefährlichen
Waffe" mache. Deutlicher dahingehend äußert sich die Entscheidung
zu § 177, die nach der Verneinung des § 177 IV Nr. 1 Var. 1 nur den

mit den §§ 244 I Nr. 1b, 250 I Nr. 1b übereinstimmenden § 177 III
Nr. 2 für gegeben hält.

Einem solchen engen Verständnis der Einsatzbereitschaft kann **14**
man durchaus widersprechen. Im Lichte des praxisrelevanten § 250
spricht für die Restriktion, dass sie zu einer griffigen Einschränkung
des § 250 II Nr. 1 mit seiner höheren Mindeststrafe führt und der
Rückgriff auf § 250 I Nr. 1b möglich bleibt.

Der Restriktion zust. MüKo/*Schmitz*, § 244 Rn. 9; MüKo/*Sander*, § 250
Rn. 14, 63; a. A. *Geppert*, JK 12/06, StGB § 250 II Nr. 1/5; *Esser/Rochner*,
ZJS 2013, 92 mit Falllösung. – Ergänzend → § 8 Rn. 4 ff.

In der **Fallbearbeitung** muss der Studierende immer bedenken, dass trotz **15**
Verneinung der Schusswaffeneigenschaft unter Umständen die Bejahung einer
anderen Tatmodalität des § 244 I – nämlich die Nr. 1a Var. 2 oder Nr. 1b – in
Betracht kommt, so wenn die „Schusswaffe" als Schlaginstrument oder als
„Scheinwaffe" eingesetzt werden soll (erg. → Rn. 64 ff. und **Fall 2** → Rn. 76).

3. Begriff der Waffe im technischen Sinn

Es handelt sich um Waffen, die ihrer Art nach für Angriffs- oder **16**
Verteidigungszwecke bestimmt und geeignet sind, auf mechanischem
oder chemischem Wege erhebliche Verletzungen beizubringen
(BGHSt 52, 257, 261) bzw., so formuliert es das WaffG, „die An-
griffs- oder Abwehrfähigkeit von Menschen zu beseitigen oder he-
rabzusetzen" (§ 1 II Nr. 2a WaffG).

Beispiele: Zu den **mechanischen Waffen** gehören insbesondere die Hieb-
und Stoßwaffen, z. B. Dolche, Spring- und Fallmesser, Degen, Stahlruten,
Schlagringe, Gummiknüppel, Schlagstöcke der Polizei. – *Nicht:* Äxte, Beile,
Sensen, Schlachtmesser, übliche Taschen- und Fahrtenmesser.
Zu den **chemischen Waffen** zählen die Gaspistole (→ Rn. 9), Kampfstoffe
und zum Einsatz gegen Menschen hergestellte Reizstoffsprühgeräte (vgl.
MüKo/*Heinrich*, § 1 WaffG Rn. 105 f.). Das zur Abwehr von Tieren herge-
stellte handelsübliche Pfefferspray gehört nicht dazu (erg. → Rn. 27, 32 f.).

4. Schreckschusswaffen

Innerhalb des *BGH* war umstritten, inwieweit eine Schreckschuss- **17**
waffe als gefährliches Werkzeug eingestuft werden kann. BGHSt 48,
197 (Großer Senat) hat für die Praxis die Kontroversen beendet und
die geladene Schreckschusswaffe, bei der beim Abfeuern der Explo-
sionsdruck nach vorn aus dem Lauf austritt, den Waffen zugeordnet.
Die Entscheidung zieht zum einen eine Parallele zur Gefährlichkeit

der geladenen Gaspistole (vgl. → Rn. 9, 16) und stützt sich dann auf die Intention des Waffenrechts, auch solche Gegenstände einzubeziehen, „die zwar nicht ursprünglich für Angriffs- oder Verteidigungszwecke gegen Menschen bestimmt sind, aber wegen ihrer besonderen Beschaffenheit, Handhabung oder Wirkungsweise in großem Umfang tatsächlich für Angriffs- oder Verteidigungszwecke verwendet werden" und von daher eine mit echten Waffen vergleichbare Gefährlichkeit aufweisen (BT-Drs. 14/7758, S. 49). Dabei wird hervorgehoben, dass vor allem aufgesetzte Schüsse aus geladenen Schreckschusswaffen erhebliche, auch lebensgefährliche Verletzungen verursachen können (zust. *Eisele*, BT II, Rn. 179; *Geppert*, JK 10/03, StGB § 250 II Nr. 1/4).

18   Die Entscheidung ist auf verständliche Bedenken gestoßen, weil sie den strafrechtlichen Waffenbegriff aufweicht und waffenähnliche Werkzeuge einbezieht, deren bestimmungsgemäßer Zweck gerade nicht darin liegt, Verletzungen hervorzurufen, sondern zu erschrecken. Nach der Gegenmeinung kommt nur eine Einstufung als gefährliches oder sonstiges Werkzeug gemäß § 244 I Nr. 1a Var. 2 bzw. Nr. 1b in Betracht. Im Ergebnis wird man die Einordnung von Schreckschusswaffen bei den Waffen im technischen Sinn allenfalls als singuläre Ergänzung akzeptieren können.

Zur Kritik *Fischer*, NStZ 2003, 569 ff.; *Fischer*, § 244 Rn. 8 ff., § 250 Rn. 5 a ff.; *Erb*, JuS 2004, 653 ff.; W/H/S/*Hillenkamp*, BT 2, Rn. 276; *Küper/ Zopfs*, BT, Rn. 765.

5. Begriff des gefährlichen Werkzeugs

19   Wie schon angedeutet (→ Rn. 7) bereitet der Begriff des gefährlichen Werkzeugs erhebliche Interpretationsprobleme. Die unklare Rechtslage und die praktische Bedeutung der Problematik haben ungewöhnlich viele voneinander abweichende Stellungnahmen hervorgerufen. Zur Orientierung in dieser wichtigen Streitfrage empfiehlt es sich, mit drei unterschiedlichen Standpunkten vertraut zu sein, die sich als rein abstrakt-objektive Betrachtungsweise (→ Rn. 22 ff.), als situationsbezogene abstrakt-objektive Betrachtungsweise (→ Rn. 31 ff.) sowie als konkret-subjektive Betrachtungsweise (→ Rn. 38 ff.) charakterisieren lassen.

20   **a) Abstrakt-objektive Betrachtungsweisen.** Die Befürworter einer abstrakt-objektiven Betrachtungsweise definieren das gefährliche Werkzeug allein nach seiner objektiven Beschaffenheit anhand gene-

ralisierender Kriterien. Diese Ansicht stützt sich erstens auf den Gesetzeswortlaut. Wenn der Tatbestand des § 244 I Nr. 1a, so wird argumentiert, die „Waffe" offenbar als „anderes" Werkzeug, also als Unterfall des gefährlichen Werkzeuges einstufe und der Waffenbegriff
unbestritten rein objektiv zu bestimmen sei, dann könne für den
Oberbegriff nichts anderes gelten. Zweitens verweist man auf die Gesetzessystematik: Da (nur) die Nr. 1b die Feststellung eines Verwendungswillens verlangt, liegt der Umkehrschluss nahe, dass der
Gesetzgeber im Rahmen der Nr. 1a auf eine solche subjektive Komponente verzichtet hat. Dies bestätigend hat der Gesetzgeber im
Zusammenhang mit dem durch das 44. StRÄndG von 2011 normierten § 244 III (→ Rn. 29) unter Bezugnahme auf BGHSt 52, 257
(→ Rn. 22) betont, die Werkzeugeigenschaft müsse allein nach objektiven Kriterien bestimmt werden (BT-Drs. 17/4143, S. 7; erg.
→ Rn. 29). In die gleiche Richtung weist die 2017 erfolgte Streichung
des Verwendungswillens in § 113 II 2 Nr. 1, die dieses Regelbeispiel
an § 244 I Nr. 1a angleicht (vgl. *Rengier*, BT II, § 53 Rn. 36). Insoweit
können sich die abstrakt-objektiven Betrachtungsweisen drittens
auch auf den Willen des Gesetzgebers berufen.

Wie dann der objektive Werkzeugbegriff zu konkretisieren ist, **21**
wird nicht einheitlich beantwortet. Allgemein betrachtet stellt sich
die Aufgabe, eine gewisse Gleichwertigkeit mit dem Waffenbegriff
herzustellen. Dabei lässt sich mit den Kriterien der „**Waffenersatzfunktion**" (*Streng*, GA 2001, 359) oder des **waffenähnlichen Charakters** des Werkzeugs das Ziel verdeutlichen. Zwei wichtige Meinungsgruppen haben sich herausgebildet:

aa) Rein abstrakt-objektive Betrachtungsweise. Zu den Befür- **22**
wortern einer rein abstrakt-objektiven Betrachtungsweise gehört
inzwischen nach manchen Schwankungen hauptsächlich die **Rechtsprechung**. BGHSt 52, 257 hat das gesamte Spektrum der vertretenen Ansichten ausgebreitet. Unter Berufung auf die beachtliche Anzahl der unterbreiteten Lösungsansätze betont der *BGH*, dass die
Fassung der Werkzeugvariante missglückt und „mit den Mitteln her-
kömmlicher Auslegungstechnik eine umfassende, sachgerechte Lösung für alle denkbaren Einzelfälle nicht zu erreichen" sei (BGHSt
52, 257, 266). Das Gericht erteilt allen subjektivierenden Ansätzen
eine klare Absage und plädiert dafür, das Tatbestandsmerkmal „anderes gefährliches Werkzeug" – anknüpfend an den Gedanken der erhöhten abstrakten Gefährlichkeit (→ Rn. 4) – allein anhand objektiver

Kriterien zu bestimmen. Von daher ist als gefährliches Werkzeug ein Gegenstand anzusehen, der im Fall seines Einsatzes gegen Personen aufgrund seiner objektiven Beschaffenheit die Eignung besitzt, erhebliche Verletzungen herbeizuführen (BGHSt 52, 257, 268; *BGH* NStZ 2012, 571). – Dazu die folgenden grundlegenden Beispiele:

23   **(1) Taschenmesser:** T verließ einen Lebensmittelmarkt mit drei unbezahlten Whiskyflaschen. Dabei führte er an seinem Gürtel ein klappbares Taschenmesser mit einer längeren Klinge bei sich. Mit dem Messer schnitt er im Geschäft die Sicherungsetiketten ab. T wollte das Messer keinesfalls gegen Menschen einsetzen (BGHSt 52, 257).

Nach der Ansicht des *BGH* erfüllt T § 244 I Nr. 1a Var. 2 Die genaue Länge der Klinge wird nicht mitgeteilt. Es ist nur von einer „längeren" bzw. „relativ langen" Klinge und einem „größeren" Taschenmesser die Rede. Das *OLG Köln* hat bei einer 6 cm langen Klinge die gefährliche Werkzeugeigenschaft bejaht (NStZ 2012, 327). Der *BGH* behauptet, auch von Taschenmessern gehe eine abstrakte Gefahr aus, die derjenigen von solchen Messern zumindest nahe komme, die als Waffen im technischen Sinne (→ Rn. 16) unter § 244 Abs. 1 Nr. 1a Var. 1 fallen (BGHSt 52, 257, 270).

24   **(2) Schraubendreher:** T hebelte mit zwei mitgebrachten Schraubendrehern ein Fenster auf, gelangte so in einen Geschäftsraum und entwendete eine Lampe. In einem anderen Fall erbeutete er 7.000 €, nachdem er zwei Glastüren zu einem Lagerraum eingeschlagen hatte, wobei er die Schraubendreher gebrauchsbereit bei sich führte (*BGH* NStZ 2012, 571 mit Bspr. *Kudlich*, JA 2012, 792 ff.; Falllösung bei *Tetzlaff*, JuS 2013, 156 f.).

Mit Blick auf die Werkzeugvariante prüfte der *BGH*, ob es sich bei dem einzelnen Schraubendreher um einen Gegenstand handelt, „der nach seiner objektiven Beschaffenheit geeignet ist, einem Opfer erhebliche Körperverletzungen zuzufügen ..., etwa bei einer Eignung als Stichwerkzeug"; er vermisste hier allerdings hinsichtlich § 244 I Nr. 1a Var. 2 Feststellungen zur objektiven Gefährlichkeit der Schraubendreher. Andere Entscheidungen billigen ohne weiteres die Einstufung eines Schraubendrehers, dessen spitzes Ende abgebrochen war, sowie eines Zimmermannshammers als gefährliche Werkzeuge (*BGH* NStZ 2011, 158, 159; NStZ-RR 2021, 107, 108). Jedenfalls bleibt festzuhalten, dass die Werkzeugvariante unabhängig von der Tatsituation und einer subjektiven Gebrauchsbereitschaft eingreift.

25   **(3) Weitere Beispiele:** Als abstrakt-objektiv gefährliche Mittel hat die Rechtsprechung ferner Pfeffersprays angesehen (*BGH* NStZ-RR 2007, 375; NStZ

2018, 711; Falllösung bei *Morgenstern*, ZJS 2019, 311 ff.), außerdem Teppich-messer (*BGH* NStZ 2012, 389). Auch sonstige Hämmer, Salzsäure, Chloro-form, Knüppel, Beile, Steine und abgebrochene Flaschen könnte man dazu zählen (vgl. SK/*Sinn*, § 250 Rn. 18). – *Nicht aber*: Ein zum Würgen verwend-bares längeres Band (*BGH* NStZ 2011, 211, 212); Kabel, Schnüre, Mullbin-den, Schuhe, Klebstoffe, Schlüssel (vgl. *Schroth*, a. a. O.; SK/*Sinn*, § 250 Rn. 17, 26); andere Alltagsgegenstände wie Ledergürtel, lange Strümpfe, Schals, spitze Bleistifte, Kugelschreiber.

Ausgehend von der Definition, die an die objektive Beschaffenheit des Ge-genstandes anknüpft, im Falle des Einsatzes gegen Personen erhebliche Verlet-zungen hervorzurufen (→ Rn. 22, 24), wird man sich möglicherweise fragen, weshalb nach den vorstehenden Beispielen im Lichte der Rechtsprechung ein zum Würgen geeignetes längeres Band sowie etwa Mullbinden, Schuhe und andere Alltagsgegenstände wie Ledergürtel, Bleistifte und eine leere Bierfla-sche keine gefährlichen Werkzeuge darstellen sollen. In der Tat: Aus der Defi-nition ergibt sich dies nicht von selbst. Die nicht näher begründete Ablehnung der Werkzeugqualität dürfte damit zusammenhängen, dass man – als Bestand-teil der objektiven Beschaffenheit – die gegenständliche Waffenähnlichkeit (vgl. → Rn. 21) mit den in → Rn. 16 aufgeführten Waffen im technischen Sinne verneint. **26**

Kritik: Auf dem Boden des rein objektiven Ansatzes besteht die Gefahr, den Kreis der erfassten Werkzeuge zu weit und zu unbe-stimmt zu ziehen. So sieht eine Falllösung mit Blick auf die Recht-sprechung ein ausführlich diskutiertes Problem darin, ob eine schlicht bei sich geführte Stabtaschenlampe ein gefährliches Werkzeug dar-stellt (zu Recht abl. *Schmidhäuser*, JA 2019, 917). Der *BGH* räumt selbst ein, mit seiner Entscheidung „in Anbetracht der zahlreichen in Betracht kommenden Gegenstände" das Tor „zu einer schwer kal-kulierbaren Einzelfallkasuistik" zu öffnen (BGHSt 52, 257, 269). Zu-dem birgt die von der Rechtsprechung favorisierte objektive Begriffs-bestimmung die Gefahr in sich, dass jeder, der einen (Bagatell-) Diebstahl begeht, § 244 erfüllt, wenn er routinemäßig ein Taschen-messer dabei hat (abl. auch *Kindhäuser/Wallau*, StV 2001, 18 f.; *Erb*, JR 2001, 206 f.). In derselben Gefahr schweben alle Personen, die zu ihrem Schutz ein handelsübliches Pfefferspray (vgl. → Rn. 16, 25) bei sich zu führen pflegen. Weiter erfasst die Qualifikation jeden, der z. B. als Handwerker mit einem bestimmten Werkzeug in der Ar-beitskleidung einen Ladendiebstahl begeht oder als normaler Bürger stiehlt, nachdem er zuvor anderswo vielleicht ein Tapetenmesser ge-kauft und in seine Hosentasche gesteckt hat. Schließlich wird der normale Einbruchdiebstahl (§ 242 i. V. m. § 243 I 2 Nr. 1) wegen des regelmäßig zum Aufbrechen mitgeführten Werkzeugs (Brechstange, **27**

Stemmeisen, Schraubendreher usw.) mehr oder weniger automatisch zum „Diebstahl mit Waffen" hochgestuft.

28 Die von der für den Regelfall angedrohten 6-monatigen Mindestfreiheitsstrafe ausgehende Gefahr ungerechter Strafen hat die Rechtsprechung durchaus erkannt und versucht, dem auf der Vorsatzebene entgegenzuwirken: Nach einigen Urteilen soll der **Vorsatz bezüglich des Beisichführens eines gefährlichen Werkzeugs** das Bewusstsein voraussetzen, den Gegenstand gebrauchsbereit bei sich zu haben.

BGH NStZ-RR 2003, 12; 2005, 340 (mit Bspr. *Kudlich*, JA 2006, 249 ff.); 5 StR 5/19 Rn. 11; *KG* StV 2016, 651 f.; *OLG Naumburg* StV 2016, 652; konstruktiv dazu und zum Pfefferspray *Jesse*, NStZ 2009, 364 ff.

28a Zwar ist die restriktive Tendenz, jedoch nicht die in systematischer Hinsicht fragwürdige Verlagerung in den Vorsatzbereich zu begrüßen. Denn davon ausgehend, dass nach der allgemeinen Vorsatzlehre ein ständiges Begleitwissen genügt (*Rengier*, AT, § 14 Rn. 51 f.), diskutiert die Rechtsprechung erstens eine solche Verlagerung auch nicht bei den zum Waffentragen verpflichteten Tätern (vgl. → Rn. 54 ff.). Zweitens macht die Lösung auf der Vorsatzebene den Schritt zu § 244 I Nr. 1a Var. 2 unter Umständen davon abhängig, ob der Täter unmittelbar vor dem Ladendiebstahl das Messer zum Schneiden von Obst benutzt und deshalb das Bewusstsein des Beisichführens hat (so *KG* StV 2008, 473).

29 Wegen der sehr unbefriedigenden Rechtslage hat auch der *BGH* den Ruf nach einer Reform erhoben (BGHSt 52, 257, 269). Der Gesetzgeber hat immerhin reagiert und der Kritik an den subjektivierenden Ansätzen zugestimmt; doch ist ihm angesichts der „Vielzahl von Lösungsansätzen" lediglich eingefallen, im 44. StrÄndG von 2011 in § 244 III einen minder schweren Fall zu normieren, um sicherzustellen, dass in jedem Einzelfall eine angemessene Strafe verhängt werden könne (BT-Drs. 17/4143, S. 7 f.; erg. → Rn. 20).

30 Auf § 244 III verweist auch *BGH* NStZ-RR 2021, 107 (erg. → Rn. 24). – Zur umfangreichen Kritik an BGHSt 52, 257 siehe *Rengier*, Schöch-FS, 2010, 549 ff.; *Kasiske*, HRRS 2008, 378 ff.; *Deiters*, ZJS 2008, 424 ff.; *Jahn*, JuS 2008, 835 f.; *Krüger*, JA 2009, 190 ff.; *Foth*, NStZ 2009, 93 f.; *Peglau*, JR 2009, 162 ff.; *Lanzrath/Fieberg*, Jura 2009, 350 f.; W/H/S/*Hillenkamp*, BT 2, Rn. 289 f.

31 **bb) Situationsbezogene abstrakt-objektive Betrachtungsweise.** Um den zahlreichen Schwachstellen der rein abstrakt-objektiven Betrachtungsweise zu begegnen, geht die situationsbezogene abstrakt-objektive Betrachtungsweise einen anderen Weg. Diese Ansicht, die

im Ansatz als h. M. im Schrifttum gelten kann, bezieht in das objektivierende Urteil die konkreten Tatumstände ein. Sie sieht, ohne in der Formulierung einheitlich zu sein, solche Werkzeuge als gefährlich an, die sich – insoweit im Ausgangspunkt ganz auf der Linie der Rechtsprechung – aufgrund ihrer objektiven Beschaffenheit zur Zufügung erheblicher Verletzungen eignen *und* (das ist die einschränkende situationsbezogene Komponente)
– deren Beisichführen beim Diebstahl nach dem „situativen Kontext" aus Sicht eines objektiven Betrachters nicht mit einer im Vordergrund stehenden neutralen Gebrauchsfunktion erklärt werden kann, sondern den Anschein begründet, zu einem im Sinne des § 224 gefährlichen Einsatz gegen Menschen bestimmt zu sein; oder, nach einer anderen Formulierung,
– deren Beisichführen in der konkreten Situation aus der Sicht eines objektiven Beobachters keine andere Funktion erfüllen kann, als zu Verletzungszwecken eingesetzt zu werden.

Stellvertretend Sch/Sch/*Bosch*, § 244 Rn. 5a; MüKo/*Schmitz*, § 244 Rn. 17 ff.; K/*Böse*, BT II, § 4 Rn. 5 ff.; LK/*Vogel*, 12. Aufl. § 244 Rn. 17.

Unbegründet bzw. widerlegt soll dieser Anschein – oder auch diese **32** Gefährlichkeitsvermutung – dann sein, wenn nach den konkreten Umständen das Beisichführen des Gegenstandes als „normal", „bestimmungsgemäß", „alltäglich" oder „sozialtypisch" erscheint und insoweit die „Waffenersatzfunktion" nicht zugeschrieben werden kann.

Beispiele: *Nicht erfasst* sind danach zur Zeit der Tat getragene Kleidungsstü- **33** cke (Krawatte, Gürtel, Schuhe) sowie Kugelschreiber und Feuerzeuge, ferner zusammenklappbare Taschenmesser (erg. → Rn. 23, 27, 42), die als praktische Hilfsmittel für den Alltag bei sich geführt werden. Übliches Pfefferspray, das heutzutage viele Personen routinemäßig zu bestimmten Verteidigungszwecken mitführen, müsste wohl in entsprechender Weise behandelt werden (erg. → Rn. 16, 25, 27). Ebenso wenig führt der Handwerker ein gefährliches Werkzeug bei sich, der während der Arbeitszeit einen Ladendiebstahl begeht und dabei „griffbereit" ein Arbeitsgerät (z. B. einen Hammer) in seiner Hosentasche hat. – *Erfasst* wird demgegenüber der Hammer in der Tasche eines Bürgers, der stiehlt, ohne mit dem Werkzeug einen sinnvollen alltäglichen Zweck zu verfolgen. Desgleichen fällt etwa der nächtliche Diebstahl mit einem Baseballschläger oder Holzknüppel unter das gefährliche Werkzeug.

Näher dazu *Fischer*, § 244 Rn. 22 ff.; MüKo/*Schmitz*, § 244 Rn. 17 ff.; Sch/ **34** Sch/*Bosch*, § 244 Rn. 5 ff.; *Kindhäuser/Wallau*, StV 2001, 18 f.; K/*Böse*, BT II, § 4 Rn. 5 ff.; K/H/H/*Hellmann*, BT 2, Rn. 186 ff.; *Eisele*, BT II, Rn. 198 ff.,

203; *Jäger,* BT, Rn. 377 ff.; *Arzt,* BGH-FG IV, 2000, 770 ff.; *Bussmann,* StV 1999, 620 f.; *Schlothauer/Sättele,* StV 1998, 505 ff.; *Streng,* GA 2001, 359 ff.; *Hardtung,* StV 2004, 399 ff.; *Jooß,* Jura 2008, 777 ff.; *Lanzrath/Fieberg,* Jura 2009, 350 f.

35   **Kritik:** Die situationsbezogene abstrakt-objektive Begriffsbestimmung hat gegenüber der rein abstrakt-objektiven Betrachtungsweise den erkennbaren Vorzug, mit Hilfe eines grundsätzlich plausiblen Kriteriums eine restriktive Interpretation zu ermöglichen, die sich mit dem geringeren abstrakten Gefahrenpotential legitimieren lässt. Doch bleiben trotz der Restriktion unübersehbare Definitions- und Abgrenzungsschwierigkeiten. Dafür steht beispielhaft etwa die Unterscheidung zwischen einem kleineren und größeren Schraubenzieher, Hammer oder Messer. Ferner könnte jemand möglicherweise § 244 I Nr. 1a Var. 2 dadurch verwirklichen, dass er ein Tapetenmesser, einen Hammer oder einen größeren Schraubenzieher schlicht stiehlt (vgl. → Rn. 51 f.).

36   Wenn außerdem der nächtliche Diebstahl mit einem Holzknüppel die Qualifikation erfüllen soll, müsste eigentlich auch der Einbrecher, der sich in der Nacht mit einem Hammer oder einer Eisenstange Zugang verschafft, unter § 244 I Nr. 1a Var. 2 fallen. Solche fragwürdigen Konsequenzen vor Augen diskutiert man wieder Einschränkungen: So stuft man – im Ergebnis billigenswert – etwa das Beisichführen von Einbruchswerkzeug beim Diebstahl, da bloß dem Gewahrsamsbruch dienend, als „(delikts-)typisch" und von daher als für Leib oder Leben anderer ungefährlich ein.

Siehe *OLG Stuttgart* NJW 2009, 2756 ff.; *Jäger,* JuS 2000, 655; K/*Böse,* BT II, § 4 Rn. 10; *Eisele,* BT II, Rn. 200; *Kindhäuser/Wallau,* StV 2001, 353; *Fischer,* § 244 Rn. 24; LK/*Vogel,* 12. Aufl. § 244 Rn. 17; Falllösungen bei *Seier,* JA 1999, 667 ff. und *Weißer,* JuS 2005, 620 ff. (Einbruch mit einem Stemmeisen); *Ceffinato/Kalb,* JuS 2015, 809 f. (mitgeführtes Taschenmesser).

37   Im Ergebnis muss die situationsbezogene Interpretation in wenig überzeugender Weise Mutmaßungen z. B. darüber anstellen, zu welcher Uhrzeit oder Gelegenheit ein bei sich geführter Baseballschläger als „ungefährlich" oder ab welcher Größe welches Messer als „gefährlich" gilt. Von daher gelangt man zu Tatbeständen, „hinter denen letztlich nur die diffuse Spekulation über den mutmaßlichen Einsatzwillen steht" (*Küper,* JZ 1999, 193). Es bleibt die Erkenntnis, dass es der den situativen Kontext einbeziehenden abstrakt-objektiven Betrachtungsweise auch mit Hilfe einschränkender Kriterien wie „nor-

mal", „neutral" oder „typisch" nicht gelingen wird, den Kreis der erfassten gefährlichen Werkzeuge hinreichend klar zu bestimmen (vgl. auch *Erb*, JR 2001, 207).

b) Konkret-subjektive Betrachtungsweise. Vor dem Hintergrund 38 der geschilderten Kritik verdient eine konkret-subjektive Betrachtungsweise den Vorzug, die sich in Anlehnung an den ursprünglichen gesetzgeberischen Willen (vgl. → Rn. 5, 20) ausschließlich an § 224 I Nr. 2 orientiert und dessen Leitgedanken auf die – der Verwendung vorgelagerte – Stufe des bloßen Beisichführens überträgt. Definiert man also die Gruppe der „anderen" gefährlichen Werkzeuge mit Hilfe des § 224 I Nr. 2 und hält sich vor Augen, dass dessen Interpretation auch von einer Verwendungskomponente abhängt (vgl. *Rengier*, BT II, § 14 Rn. 27 ff.), so folgt daraus für die Modalität des § 244 I Nr. 1a Var. 2: Gefährliche Werkzeuge als solche gibt es nicht. Vielmehr muss der Täter dem Mittel die Qualität als gefährliches Werkzeug durch einen individuellen Widmungsakt erst verleihen, bevor davon gesprochen werden kann, dass er den Gegenstand als „gefährliches Werkzeug bei sich führt". Trifft der Täter eine solche Zweckbestimmung, so kommen grundsätzlich all die Mittel in Betracht, die auch im Rahmen des § 224 I Nr. 2 anerkannt sind (*Rengier*, BT II, § 14 Rn. 27 ff.). Die Verwendungsabsicht, die § 244 I Nr. 1b ausdrücklich verlangt (→ Rn. 75), setzt demnach § 244 I Nr. 1a Var. 2 unter einem anderen Vorzeichen ebenfalls voraus.

Im Wesentlichen übereinstimmend *Rönnau*, JuS 2012, 117 ff.; *Küper/Zopfs*, 39 BT, Rn. 789 ff.; *Küper*, JZ 1999, 187 ff.; *W/H/S/Hillenkamp*, BT 2, Rn. 284 ff.; *Klesczewski*, BT, § 8 Rn. 146; *Graul*, Jura 2000, 205 f.; *Hilgendorf*, ZStW 2000, 832; *Zopfs*, Jura 2007, 518 ff.; *Schramm*, JuS 2008, 777 f.; *Krüger*, JA 2009, 193 f.; *Bachmann/Goeck*, Jura 2010, 924 ff.; Falllösungen bei *Weißer*, JuS 2005, 621; *Safferling*, Jura 2008, 384 f.; *Brand/Freitag*, JuS 2017, 236 f.; *Erb*, Fischer-FS, 2018, 301 ff.

Somit ergibt sich folgende **Definition:** Der Täter führt ein gefährli- 40 ches Werkzeug bei sich, wenn er den mitgeführten Gegenstand bei der Tat – im „Bedarfsfall", „erforderlichenfalls" usw. (vgl. → Rn. 75) – so verwenden will, dass dieser im Falle des Einsatzes nach seiner objektiven Beschaffenheit und der Art seiner Benutzung im konkreten Fall erhebliche Verletzungen hervorrufen kann. Von diesem Standpunkt aus führt derjenige Täter kein gefährliches Werkzeug bei sich, dessen Verwendungsabsicht sich (noch) darauf beschränkt, den Einsatz eines bestimmten Mittels bloß anzudrohen, das – wie z. B. ein

Küchenmesser – im Falle der Realisierung der Drohung erhebliche Körperverletzungen hervorrufen kann. Demgegenüber wollen andere Stimmen im Lager der konkret-subjektiven Betrachtungsweise die Absicht zu einer solchen Drohung wegen ihrer latenten Gefährlichkeit und ferner deshalb genügen lassen, weil der Unrechtsgehalt der Raubnähe des § 244 I Nr. 1b entspreche (*Küper*, JZ 1999, 189 ff.; *Küper/Zopfs*, BT, Rn. 793; W/H/S/*Hillenkamp*, BT 2, Rn. 285; erg. → § 8 Rn. 21).

41   Die konkret-subjektive Betrachtungsweise wird nicht nur dem Bestimmtheitsgebot des Art. 103 II GG besser gerecht: Sie kann sich auf die anerkannten Kriterien des § 224 I Nr. 2 stützen, während die von der h. M. im Schrifttum favorisierte „situationsbezogene" abstrakt-objektive Betrachtungsweise mit dem situativen Kontext einem schwer greifbaren Kriterium zentrale Bedeutung beimisst. Für die subjektive Sicht spricht ferner, dass sie auf die Auslegung des § 224 I Nr. 2 zurückgreift und mittels der Verwendungskomponente das Unwertgefälle zwischen den beiden Varianten des § 244 I Nr. 1a vermeidet, das entsteht, sofern man Schusswaffen einerseits und größere Schraubenzieher oder gar Taschenmesser andererseits nur in ihrer objektiven Gefährlichkeit vergleicht. Schließlich entgeht die subjektivierende Lehre den Wertungswidersprüchen, in die sich der *BGH* auf der Ebene des § 250 verstrickt hat, wo er im Rahmen des § 250 II Nr. 1 Var. 2 bei der tatsächlichen Verwendung eines Werkzeugs die Parallele zu § 224 I Nr. 2 zieht, bezüglich § 250 I Nr. 1a Var. 2 aber den Werkzeugbegriff objektiv bestimmt (→ § 8 Rn. 19 ff.).

42   Die **Kritik** an restriktiven subjektiven Ansätzen stützt sich vor allem auf die oben in → Rn. 20 aus dem Wortlaut, der Gesetzessystematik und dem aktualisierten gesetzgeberischen Willen abgeleiteten Argumente. Auch sind mit Blick auf den erforderlichen Widmungsakt gewisse Beweisschwierigkeiten nicht zu übersehen. Gegen jenes Wortlautargument lässt sich einwenden, dass der Begriff der „Gefährlichkeit" des Werkzeugs einer subjektivierenden Interpretation zugänglich ist; was für Menschen „gefährlich" und nicht nur harmlos ist, lässt sich namentlich bei Alltagsgegenständen – Bierflasche, Brieföffner, Schraubenzieher, Taschenmesser – ohne eine subjektive Bestimmung kaum ermitteln. In systematischer Hinsicht ergibt sich aus der in § 244 I Nr. 1b normierten Verwendungsabsicht auch kein Verbot, das Merkmal „gefährlich" subjektivierend auszulegen.

Vgl. *OLG Stuttgart* NJW 2009, 2756, 2758; *Küper*, JZ 1999, 192 ff.; *Kasiske*, HRRS 2008, 380 f.; *Foth*, NStZ 2009, 94; *Rönnau*, JuS 2012, 119 ff..

6. Merkmal des Beisichführens

a) Definition und räumliche Komponente. Der Täter führt die **43** Waffe oder das gefährliche Werkzeug bei sich, wenn ihm das Mittel während des Tathergangs zur Verfügung steht, d. h. so in seiner räumlichen Nähe ist, dass er es jederzeit, also ohne nennenswerten Zeitaufwand und ohne besondere Schwierigkeiten benutzen kann. Er muss es also nicht unbedingt in der Hand halten oder wenigstens am Körper tragen, doch ist eine räumlich enge Zuordnung im Sinne einer – dem Täter bewussten – Gebrauchs- oder Griffbereitschaft erforderlich. Jedenfalls kann man nur bewegliche, ergreifbare Gegenstände „bei sich führen".

Vgl. BGHSt 31, 105, 106; 43, 8, 10; 52, 89, 92 ff.; *BGH* StV 2002, 120, 121; NStZ-RR 2014, 110 f.; NStZ 2018, 711; *BayObLG* NJW 1999, 2535, 2536; *Fischer*, § 244 Rn. 27.

Beispiele: Eine räumliche Distanz von wenigen Metern kann genügen, aber **44** nicht eine Entfernung von 200 m zwischen Tatort und (zurückgelassener) Waffe (BGHSt 31, 105, 106, 108). Das Bereitlegen oder Verstecken einer Waffe am Tatort in Griffweite reicht aus (erg. → Rn. 46). Nach *BayObLG* NJW 1999, 2535 soll eine auf dem Rücken in einem verschlossenen Rucksack getragene Waffe wegen des Zeitaufwandes, um an sie zu gelangen, nicht griffbereit bei sich geführt werden (a. A. W/H/S/*Hillenkamp*, BT 2, Rn. 277).
Bei Schusswaffen ist zu beachten, dass sie funktionsfähig und einsatzbereit sein müssen (→ Rn. 10 ff.).

b) Zeitliche Komponente. Größere Schwierigkeiten als die räum- **45** liche bereitet die zeitliche Komponente. Die Waffe oder das Werkzeug muss „bei" dem Diebstahl, also bei der (Diebstahls-)Tat oder – mit anderen Worten – während des Tathergangs bei sich geführt werden. Insoweit verdienen drei Punkte besondere Aufmerksamkeit:
(1) *Erstens* ist es keineswegs notwendig (dazu BGHSt 31, 105, 106; **46** *BGH* NStZ 1985, 547; 1999, 618, 619), dass der Täter die Waffe usw. während des gesamten tatbestandsmäßigen Geschehens bei sich führt, es reicht aus, wenn sie ihm zu irgendeinem Zeitpunkt während des Tathergangs zur Verfügung steht. Insbesondere braucht sich der Täter nicht mit der Waffe zum Tatort zu begeben; den Tatbestand erfüllt ebenfalls, wer am Tatort eine (auch zufällig vorgefundene) Waffe an sich nimmt und sie ab dann (ggf. vorübergehend) bei sich „führt".

Für das (bei sich) „Führen" genügt aber nicht die bloße Wahrnehmung oder die Möglichkeit, eine am Tatort zufällig herumliegende
Waffe zu ergreifen, vielmehr muss der Täter zu ihr aktiv eine räumliche Zuordnung herstellen. Andernfalls wäre praktisch jeder Diebstahl aus einer Wohnung, da sich in der Küche typischerweise Messer
befinden, gemäß § 244 I Nr. 1a qualifiziert.

> Vgl. *BGH* NStZ-RR 2014, 110 f.; StV 2019, 105 f. (mit Bspr. *Eisele*, JuS
> 2017, 369 ff.); SK/*Hoyer*, § 244 Rn. 22; Sch/Sch/*Bosch*, § 244 Rn. 7; NK/*Kind-
> häuser*, § 244 Rn. 18; MüKo/*Schmitz*, § 244 Rn. 27; *Zopfs*, Jura 2013, 1076 mit
> Falllösung.

47   (2) *Zweitens* müssen die **qualifikationstauglichen Tatphasen** vom
Vorbereitungsstadium über den Versuch und die Vollendung bis zur
Beendigung bestimmt werden. Insoweit ist zunächst zum Tatbeginn
hin festzuhalten, dass zum Tathergang das Stadium (erst) **ab dem
Diebstahlsversuch** gehört. Das bloße Beisichführen im Vorberei-
tungsstadium, also vor dem Überschreiten der Schwelle des § 22, ge-
nügt nicht (klarstellend BGHSt 31, 105, 106 f.; erg. *Rengier*, AT, § 14
Rn. 64 f. zum Koinzidenzprinzip).

48   Ein – ebenso für die §§ 250, 251 relevanter – wichtiger Streitpunkt
betrifft die Frage, ob die Qualifikationsgründe des § 244 I Nr. 1 zum
Tatende hin auch noch erfüllt werden können, wenn der Täter z. B.
die Waffe oder das Werkzeug erst im **Beendigungsstadium** bei sich
führt, also zwischen der Vollendung und Beendigung des Diebstahls
(zu den Kriterien → § 2 Rn. 195 ff.). Die Rechtsprechung und ein Teil
der Literatur nehmen dies mit der Begründung an, dass zum einen
der Vollendungszeitpunkt oft ungenau und mehr oder weniger zufällig sei, zum anderen Täter, die erst in der Beendigungsphase – also
typischerweise während der Flucht – Waffen usw. bei sich führten,
genauso gefährlich seien.

> Vgl. BGHSt 20, 194, 197; *BGH* StV 1988, 429; NStZ-RR 2013, 244 f.; 4 StR
> 14/20 Rn. 6 ff.; *Haft*, JuS 1988, 367 f.; *Kiworr*, JuS 2018, 424 ff. (zu § 250). – Zu
> restriktiven Tendenzen der neueren Rechtsprechung im Rahmen des § 250
> siehe → § 8 Rn. 30 ff.; zu § 251 → § 9 Rn. 18 ff.

49   Überzeugender ist die in der Literatur inzwischen h. M. Sie kriti-
siert zum einen die unter dem Aspekt des Art. 103 II GG bedenkliche
Ausweitung der Tatbestandsphase über die eigentliche Wegnahme
hinaus in den recht unbestimmten Zeitraum bis zur Beendigung.
Denn wenn qualifizierende Tatbestände wie § 244 I Nr. 1, § 250 I
Nr. 1 und § 250 II Nr. 1, 3 auf den „Diebstahl", den „Raub" oder

die „Tat" Bezug nehmen, so ist damit das mit der Vollendung abgeschlossene grunddeliktische Geschehen gemeint. Zum anderen
spricht für die Literaturmeinung aus systematischer Sicht die Vorschrift des § 252, die unterlaufen wird, wenn man Strafschärfungen
nach vollendeter Wegnahme unabhängig von den besonderen Voraussetzungen des § 252 (i. V. m. § 250) für möglich hält.

Kühl, Roxin-FS, 2001, 683 ff.; W/H/S/*Hillenkamp*, BT 2, Rn. 278; *Eisele*,
BT II, Rn. 184; *Geppert*, Jura 1992, 497; *Rengier*, JuS 1993, 462; *Mitsch*, JA
1997, 657 f.; *ders.*, JA 2017, 412; *Lanzrath/Fieberg*, Jura 2009, 351; *Kudlich*,
NStZ 2011, 519; *Rönnau/Wegner*, JuS 2019, 972.

Im **Fall 1** hat D § 242 (i. V. m. § 243 I 2 Nr. 1) erfüllt. Was § 244 I Nr. 1a   50
Var. 1 betrifft, so liegt in der Fahrt zum Tatort noch kein Beisichführen „bei"
der Tat, weil der Versuch des § 242 frühestens kurz vor dem Betreten des
Grundstücks beginnt. Angesichts der räumlichen Distanz von 100 m kann
man auch von der räumlichen Distanz von 100 m kann
man auch annehmen, dass dem D am Tatort – in der Phase vom Versuch
bis zur Vollendung – die Schusswaffe zur Verfügung steht. So kommt, da
§ 242 spätestens mit dem Verlassen des Grundstücks vollendet ist, als qualifi-
kationsgeeignete Phase nur das Beendigungsstadium in Betracht (Flucht im
Pkw). Nach der hier vertretenen Ansicht greift insoweit § 244 I Nr. 1a Var. 1
nicht ein; es bleibt bei § 242 i. V. m. § 243 I 2 Nr. 1 (zum Verhältnis mit §§ 123,
303 I siehe → § 3 Rn. 60 ff.).
Nach der das Beendigungsstadium einbeziehenden Lehre müsste § 244 I
Nr. 1a Var. 1 bejaht werden, weil die Beendigung erst nach dem Davonfahren
eintritt; von diesem Standpunkt aus wird § 242 (i. V. m. § 243 I 2 Nr. 1) im
Wege der Spezialität verdrängt und die §§ 123, 303 I treten zu § 244 I Nr. 1a
in Idealkonkurrenz hinzu (→ § 3 Rn. 71).

(3) *Drittens:* Stiehlt der Täter eine einsatzbereite Schusswaffe – oder   51
eine von § 244 I Nr. 1a Var. 1 ebenfalls erfasste andere Waffe im technischen Sinn –, so erfüllt diese Tat unabhängig vom Streit um die Einbeziehung der Beendigungsphase den § 244 I Nr. 1a Var. 1 (h. M.).
Denn in einem solchen Fall entsteht schon mit dem Akt des Ergrei-
fens – also vor dem Vollendungszeitpunkt – die für die besondere Gefährlichkeit charakteristische konkretisierte Verfügungsmöglichkeit,
die das Beisichführen voraussetzt. Gegen die h. M. wird insbesondere
eingewandt, dass sie § 243 I 2 Nr. 7 praktisch überflüssig macht.

Zur h. M. *BGH* StV 1988, 429 i. V. m. *Salger*, StV 1989, 66; *Geppert*, Jura
1992, 498; W/H/S/*Hillenkamp*, BT 2, Rn. 277. – Zur Gegenmeinung K/*Hilgendorf*, LPK-StGB, § 244 Rn. 17; *Lanzrath/Fieberg*, Jura 2009, 351 f.; *Schol-
derer*, StV 1989, 153.

Im Prinzip ist es richtig, diese Ansicht auf das Stehlen von gefähr-   52
lichen Werkzeugen im Sinne des § 244 I Nr. 1a Var. 2 zu übertragen.

Es stellt sich bloß die Frage, ob es sich bei dem Diebstahlsobjekt überhaupt um ein gefährliches Werkzeug handelt. Dies wird, wenn man z. B. an den Diebstahl eines großen Messers denkt, jedenfalls dann zweifelhaft und eher zu verneinen sein, wenn man die Werkzeugeigenschaft von dem „situativen Kontext" (→ Rn. 31 ff.) oder einem Widmungsakt abhängig macht (→ Rn. 38 ff.). Folgt man allerdings wie der *BGH* der rein abstrakt-objektiven Betrachtungsweise (→ Rn. 22 ff.), ist es konsequent, einen als Tatbeute ergriffenen Block mit Küchenmessern einzubeziehen (*BGH* NStZ 2015, 85 mit Anm. *Floeth* und Bspr. *Kudlich*, JA 2014, 228 f.; *Satzger*, JK 9/14, StGB § 250 I Nr. 1a/15).

53   **c) Andere Beteiligte.** Das Beisichführen von Waffen usw. durch „andere Beteiligte" (Mittäter, Anstifter, Gehilfen) genügt, sofern sich der Vorsatz des Täters darauf erstreckt. Der Beteiligte muss freilich gerade in seiner Person alle erläuterten Voraussetzungen des Beisichführens erfüllen, also mit der Waffe unmittelbar bei der Tatdurchführung mitwirken. Daher genügt z. B. das Tragen einer Schusswaffe durch einen tatortfernen Beteiligten nicht (dazu Sch/Sch/*Bosch*, § 244 Rn. 8; *Haft*, JuS 1988, 369 f.; *Mitsch*, BT 2, 121 f.).

7. Zum Waffentragen verpflichtete Täter

54   Zu dieser umstrittenen Problematik zunächst einige

> **Beispiele:** Ein Polizeibeamter, der vorschriftsgemäß eine einsatzfähige Dienstpistole und/oder seinen Schlagstock mit sich führt, begeht einen Ladendiebstahl oder eignet sich während der Spurensicherung nach einem Einbruch/Raub oder im Zusammenhang mit der Sicherung einer Unfallstelle Sachen von Geschädigten an. – Soldaten stehlen während des nächtlichen Wachdienstes, die geladenen Gewehre ordnungsgemäß am Mann, Waren aus der Kantine. – Ein bewaffneter Nachtwächter nutzt die einsamen Nachtstunden und entwendet anlässlich einer Kontrolle ihm gefallende Objekte.

55   Wenn die Täter hier § 244 I Nr. 1a Var. 1 erfüllen, haben sie eine hohe Mindeststrafe zu erwarten, und es entfallen bestimmte, im Rahmen der §§ 242, 243 denkbare Vergünstigungen (vgl. §§ 248a, 243 II). Es geht um die umstrittene Frage, inwieweit als Täter eines Diebstahls mit Waffen auch solche Personen in Betracht kommen, die aus beruflichen oder sonstigen Gründen zum Waffentragen verpflichtet sind (insbesondere Polizisten, Soldaten, Wachleute).

56   Im Schrifttum findet man diverse Einschränkungsversuche, die größtenteils auf eine teleologische Reduktion des abstrakten Gefähr-

dungsdelikts hinauslaufen (zu dieser Methode erg. *Rengier*, BT II, § 40 Rn. 47 ff.). Die Kritik stellt u. a. darauf ab, dass bei dieser Tätergruppe der vom Gesetzgeber vermutete Gefährlichkeitszusammenhang zwischen dem Beisichführen einer Waffe und der Tat nicht ohne weiteres gegeben sei. Es müsse eine besondere Beziehung zur Tat bestehen. Auch stellt man das Bewusstsein in Frage, gerade im Augenblick der Tat eine Waffe gebrauchsbereit bei sich zu führen (vgl. *OLG Hamm* NStZ 2007, 473, 474; *Kotz*, JuS 1982, 99 f.; *Haft*, JuS 1988, 368 f.; vgl. auch → Rn. 28). Schließlich wird gesagt, dass nach dem 6. StrRG 1998 eine restriktive Interpretation erst recht geboten sei, weil der neue § 244 I Nr. 1a Var. 1 die Beschränkung auf Schusswaffen beseitigt und die Ausdehnung auf alle Waffen im technischen Sinn den Kreis der potentiell Betroffenen erheblich erweitert habe (*Seier*, JA 1999, 672).

Demgegenüber bejahen die Rechtsprechung und wohl h. M. zu **57** Recht die Anwendbarkeit des § 244 I Nr. 1a Var. 1, und zwar mit folgenden Argumenten: Die Gefährlichkeit bleibe gleich, ob der Täter nun zum Waffentragen verpflichtet sei oder nicht; auch den Polizisten usw. könnten plötzlich auftretende Probleme wie jeden anderen Täter zum Einsatz der (Schuss-)Waffe verleiten; nicht zuletzt seien bei einer Entdeckung berufliche oder sonstige Nachteile zu befürchten.

Dazu BGHSt 30, 44; *OLG Köln* NJW 1978, 652; *OLG Hamm* NStZ 2007, 473, 474; *OLG Naumburg* BeckRS 2011, 21702; W/H/S/*Hillenkamp*, BT 2, Rn. 279 f.; *Mitsch*, BT 2, 122 ff.; *Geppert*, Jura 1992, 498.

III. Diebstahl mit sonstigen Werkzeugen und Mitteln (§ 244 I Nr. 1b)

1. Taugliche Tatmittel

a) Grundlagen. Die Vorschrift erweitert den Bereich der taug- **58** lichen Mittel wesentlich, gleicht dies aber durch verschärfte Anforderungen an die subjektive Seite (Notwendigkeit der Verwendungsabsicht) in gewisser Weise wieder aus. Aus den Begriffen Werkzeug/Mittel folgt zunächst, dass es sich um Gegenstände handeln muss und demzufolge wie bei § 224 I Nr. 2 Körperteile ausscheiden (vgl. *Rengier*, BT II, § 14 Rn. 36). Nicht tatbestandsmäßig sind daher Faust- und Karateschläge sowie der ausgestreckte und unter der Jacke versteckte Zeigefinger als Schusswaffenimitation.

59   Da alle Waffen und gefährlichen Werkzeuge bereits unter die Nr. 1a fallen, verbleiben für § 244 I Nr. 1b insbesondere solche Werkzeuge/Mittel, die nicht unter die Nr. 1a Var. 2 fallen. Da freilich der Begriff des gefährlichen Werkzeugs sehr umstritten ist (→ Rn. 19 ff.), ergeben sich je nach Standpunkt unterschiedliche Konsequenzen für die Reichweite der Nr. 1b.

60   Lehnt man sich, wie hier vertreten, beim gefährlichen Werkzeug an den Begriff des § 224 I Nr. 2 an, erfasst § 244 I Nr. 1b z. B. Gegenstände, die bei ihrem (geplanten) Einsatz nur einfache Körperverletzungen herbeiführen können (Beispiel in → § 8 Rn. 28; vgl. ferner *BGH* NStZ-RR 2005, 373: Reizgas).

61   Weiter fallen unter die Vorschrift Werkzeuge/Mittel wie Handschellen, Schnüre, Klebebänder, Kabel und Tücher sowie andere Werkzeuge und chemisch wirkende Mittel, die nicht im Sinne der Nr. 1a Var. 2 „gefährlich" sind und eingesetzt werden (sollen), um Widerstand „durch Gewalt" zu überwinden, und sei es auch nur als Fesselungs- und Knebelwerkzeuge.

Vgl. BGHSt 48, 365, 371; *BGH* StV 1996, 315; NStZ-RR 2005, 373; 2007, 375; 2016, 339 f; SK/*Sinn*, § 250 Rn. 26.

62   Schließlich sind noch solche Werkzeuge/Mittel einschlägig, die, ohne die gefährliche Werkzeugeigenschaft zu besitzen, verwendet werden (sollen), um Widerstand „durch Drohung mit Gewalt" zu überwinden. Ein derartiger Fall liegt etwa vor, wenn der Täter ein Fesselungs- oder Knebelwerkzeug lediglich als eventuelles Drohmittel bei sich führt, ohne seinen tatsächlichen Einsatz zu erwägen. Ferner ist hier die wichtige Fallgruppe der sog. Scheinwaffen einzuordnen.

63   **b) Verhältnis zur Nr. 1a.** Zwischen Nr. 1a und Nr. 1b besteht kein Exklusivitätsverhältnis. Vielmehr kommt der Nr. 1b (auch) eine Auffangfunktion zu (BGHSt 44, 103, 104; *BGH* NJW 1998, 3130; StV 1998, 659, 660). Soweit in den Fällen der Nr. 1a eine Verwendungsabsicht entsprechend → Rn. 75 vorliegt, ist die Nr. 1b tatbestandlich ebenfalls erfüllt, hat jedoch in der Regel keine eigenständige Bedeutung und braucht dann auch nicht geprüft zu werden. Auswirkungen ergeben sich hauptsächlich in Irrtumsfällen, die im Zusammenhang mit § 250 angesprochen werden.

Siehe die Fälle in → § 8 Rn. 10 und 27; *Mitsch*, BT 2, 124 ff.; *Küper/Zopfs*, BT, Rn. 810 f.

c) **Erfassung der Scheinwaffen.** Die Einbeziehung insbesondere 64
der Scheinwaffen bedarf der Begründung. Es handelt sich um solche
Mittel, die objektiv überhaupt nicht geeignet sind, das Angedrohte –
Tod, Körperverletzung – zuzufügen (ungeladene Waffen aller Art,
Spielzeugpistolen, Bombenattrappen).

In der **Fallbearbeitung** sollte besonders beachtet werden, dass als „Scheinwaffen" nicht nur Spielzeugpistolen und andere Imitationen in Betracht kommen, sondern auch ganz normale – eigentlich „echte" – Schusswaffen, denen
z. B. mangels Munition die Qualität als *einsatzbereite* Schusswaffe im Sinne
des § 244 I Nr. 1a fehlt (dazu **Fall 2a** → Rn. 76).

Für die Einbeziehung von Scheinwaffen spricht schon der Wort- 65
laut, wonach das Gesetz den Willen zur „Gewalt" und den Willen
zur „Drohung" mit Gewalt ausdrücklich gleichstellt. Vor dem Hintergrund, dass es für den Drohungsbegriff genügt, wenn der Anschein der Ernstlichkeit erweckt werden soll (→ § 7 Rn. 18; *Rengier*,
BT II, § 23 Rn. 39), eignet sich eine Scheinwaffe genauso wie eine
echte Schusswaffe dazu, durch „Drohung mit Gewalt" Widerstand
zu beseitigen. Weiter offenbart der Nötigungswille (d. h. in der Regel
die Bereitschaft, zum Räuber zu werden) eine erhöhte verbrecherische Energie, die typischerweise im Grundtatbestand des § 242 nicht
enthalten ist. Ferner kann man anführen, das Opfer solle schon vor
der Bedrohung mit Gewalt geschützt werden.

Die Erfassung der Scheinwaffen war bis zum 6. StrRG 1998 sehr umstritten. 66
Für die Einbeziehung der Scheinwaffen hatte sich seit jeher insbesondere die
Rechtsprechung ausgesprochen (BGHSt 24, 339 ff.). Dagegen gab es berechtigte Einwände, die sich u. a. auf die bedenklichen Konsequenzen für den
gleichlautenden § 250 I Nr. 1 a. F. mit seiner fünfjährigen Mindeststrafe stütz-
ten (*Geppert*, Jura 1992, 500; *Rengier*, BT I, 1. Aufl. § 3 Rn. 23).

Solchen Einwänden ist, wie Rechtsprechung und h. M. zu Recht 67
annehmen, nach dem 6. StrRG 1998 der Boden entzogen, und zwar
aus drei Gründen: Erstens sollen nach dem Willen des Reformgesetz-
gebers die Scheinwaffen ausdrücklich erfasst sein (BT-Drs. 13/9064,
S. 18). Zweitens wäre in systematischer Hinsicht, wenn man eine objektive Verletzungseignung verlangen würde, § 244 I Nr. 1b neben
der Nr. 1a (gefährliches Werkzeug!) weitgehend überflüssig. Drittens
ist die Mindeststrafe des § 250 I nunmehr auf drei Jahre gesenkt.

Zur h. M. BGHSt 45, 249, 250 f.; *BGH* StV 1999, 92; NStZ 2004, 263; 2007,
332, 333 (jeweils zu § 250 I Nr. 1b); W/H/S/*Hillenkamp*, BT 2, Rn. 296 ff.;

Küper/Zopfs, BT, Rn. 808 f. – A. A. NK/*Kindhäuser*, § 244 Rn. 26 ff., § 250 Rn. 4 f.; *Lesch*, JA 1999, 36 ff. – Falllösung bei *Zieschang*, JuS 1999, 50.

68   **d) Einschränkende Tendenzen bei Scheinwerkzeugen.** Allerdings bemüht sich die Rechtsprechung seit BGHSt 38, 116, einer uferlosen Ausdehnung des Tatbestandes entgegenzuwirken und der Einbeziehung von Scheinwerkzeugen gewisse Grenzen zu setzen. Der Reformgesetzgeber ist davon ausgegangen, dass diese Einschränkungen – die häufiger im Rahmen des § 250 I Nr. 1b auftauchen – auch nach dem 6. StrRG 1998 Beachtung finden.

BT-Drs. 13/9064, S. 18; so auch die h. M.; siehe nur *BGH* NStZ 2007, 332 ff.; 2009, 95; *Eisele*, BT II, Rn. 208 f.; als inkonsequent abl. *Fischer*, § 250 Rn. 11 ff.; erg. *Küper/Zopfs*, BT, Rn. 812.

69   Danach genügt es nicht, dass der Täter bei der Tat überhaupt irgendeinen beliebigen Gegenstand im Zusammenhang mit der **Drohung** einsetzt oder einsetzen will. Ein Gegenstand, der aus der Sicht eines objektiven Betrachters nach seinem äußeren Erscheinungsbild als offensichtlich ungefährlich und deshalb nicht geeignet erscheint, mit ihm – etwa durch Schlagen oder Stechen – auf den Körper eines anderen in erheblicher Weise einzuwirken, scheidet als Drohungsmittel aus. Dabei kommt es auf die Sicht eines objektiven Betrachters und nicht diejenige des Opfers an. In solchen Fällen beruht der gefährliche Täuschungseffekt nicht so sehr auf dem verwendeten Mittel als solchem, sondern auf ergänzenden verbalen oder konkludenten Vorspiegelungen.

70   Anders betrachtet: Eine Drohung, die mit einem untergeordneten „gegenständlichen" Täuschungselement verknüpft wird oder werden soll, bleibt eine Drohung im Sinne der §§ 249, 252 oder 255. Nur wenn der bedrohliche Täuschungseffekt hauptsächlich gerade von dem wahrgenommenen Gegenstand ausgeht bzw. ausgehen soll, erlangt das Werkzeug oder Mittel eine selbstständige Funktion, welche die Anwendung des § 244 I Nr. 1b trägt.

71   **Beispiele:** *Erfasst* sind vom Dieb als (potentielles) Drohmittel mit der erforderlichen Verwendungsabsicht bei sich geführte ungeladene Schusswaffen, täuschend echte Spielzeugpistolen und gut nachgemachte Bombenattrappen. Ein bedrohlicher Täuschungseffekt geht auch von einem 6 cm langen spitzen Schlüssel aus, mit dem das Opfer so bedroht wird, dass es den Gegenstand für ein Messer hält; denn als Werkzeug verwendet wohnt einem solchen Schlüssel ein nicht unerhebliches objektives Gefährdungspotential inne (*BGH* NStZ

2017, 581 mit Anm. *Kudlich* und Bspr. *Jahn*, JuS 2018, 85 ff.). – Zu *BGH NJW* 1990, 2570 siehe → § 8 Rn. 9.

Ausgeschieden hat die Rechtsprechung bisher ein Plastikrohr, mit dem der Täter seine Jacke ausbeult und unter der Bemerkung: „... bin bewaffnet" droht (BGHSt 38, 116). Ebenso wenig liegt bei einer entsprechenden Verwendung einer grellbunten Spielzeugpistole die Nr. 1b vor (*BGH* NStZ 2011, 703 mit Bspr. *Jahn*, JuS 2012, 84 f.). Nicht erfasst ist auch ein dünnes Metallrohr, das in das Genick des Opfers gepresst wird, um den Eindruck der Bedrohung mit einer Schusswaffe zu erzeugen (*BGH* NStZ 2007, 332, 333 f. gegen BGHSt 38, 116, 118). Gleiches gilt für einen in den Rücken gedrückten Lippenpflegestift (*BGH* NJW 1996, 2663 – „Labello-Fall"). Genauso wenig genügt die dem Opfer einer (versuchten) Erpressung übersandte Schrotpatrone oder ein Holzstück, das der Täter in seiner Hand umschlossen hält, um damit den Eindruck zu erwecken, er führe eine Schusswaffe bei sich (*BGH* NStZ 1998, 38). Auch eine mit Wasser gefüllte Plastikflasche stellt kein taugliches Mittel dar, wenn der Täter die Drohung auf die Behauptung stützt, die Flasche enthalte Salzsäure. – Zusammenfassend *Pfuhl*, ZJS 2011, 415 ff.

Beachte: Die vorstehenden Fälle werden meistens im Rahmen des § 250 I Nr. 1b relevant (→ § 8 Rn. 8). Auf die Ebene des § 244 I Nr. 1b verlagert muss man sich etwa im „Labello-Fall" einen Dieb vorstellen, der den Lippenstift mitführt, um ihn im – später nicht eintretenden – „Bedarfsfall" wie geschildert zu verwenden.

Für Gegenstände, die im Zusammenhang mit einer **Gewaltanwendung** eingesetzt werden (sollen), müssen die Restriktionen sinngemäß ebenfalls gelten. Dies bedeutet: Das verwendete Mittel muss so eingesetzt sein, dass von ihm selbst körperlich wirkender Zwang ausgeht. Daher fallen etwa Fesselungs- und Knebelwerkzeuge unter die Vorschrift (vgl. → Rn. 61), aber nicht der Schlüssel, mit dem das Opfer eingesperrt wird (zu § 249 vgl. → § 7 Rn. 9; zu § 240 *Rengier*, BT II, § 23 Rn. 6, 26). 72

Abgrenzungsschwierigkeiten waren und sind weiterhin vorprogrammiert (vgl. etwa *Fischer*, § 250 Rn. 10 ff.; *Mitsch*, NStZ 1992, 434 ff.; *Saal*, JA 1997, 862 ff.). Sie lassen sich indes kaum vermeiden, nachdem der Gesetzgeber die Linie der Rechtsprechung mit der Einbeziehung der Scheinwaffen und mit den im Anschluss an BGHSt 38, 116 folgenden Einschränkungen gebilligt hat. 73

2. Merkmal des Beisichführens

Die Ausführungen zu § 244 I Nr. 1a gelten entsprechend (→ Rn. 43 ff.). Insbesondere muss der Gegenstand nicht bereits zum Zweck der Tat mitgeführt worden sein. Es genügt, wenn der Täter das Tatmittel am Tatort vorfindet (und die Verwendungsabsicht fasst), 74

wenn er also z. B. am Tatort herumliegende Fesseln und Scheinwaffen
in der Absicht einsteckt, diese zu gebrauchen.

3. Verwendungsabsicht

75   Zum Ausgleich für die Weite der möglichen Tatmittel verlangt der
Tatbestand einschränkend die Absicht, mit dem Gegenstand den Widerstand eines anderen durch Gewalt oder durch Drohung mit Gewalt verhindern oder überwinden zu wollen (erg. → § 7 Rn. 8 ff., 18;
Rengier, BT II, § 23 Rn. 2 ff., 39 ff.).

Mehr als eine bloße Verwendungs*absicht* wird nicht vorausgesetzt;
natürlich handelt mit dieser Absicht erst recht, wer das Tatmittel zu
dem betreffenden Zweck tatsächlich einsetzt. Die Verwendungsabsicht kann erst später während des Tathergangs gefasst werden; man
denke etwa an eine getragene Krawatte, die spontan zum Fesseln eingesetzt wird. Mit Verwendungsabsicht handelt auch, wer das mitgeführte Mittel nur im „Bedarfsfall", „erforderlichenfalls", „gegebenenfalls" oder für den „Notfall" einsetzen will, sofern der Einsatz von
objektiven, dem Einfluss des Täters entzogenen Bedingungen abhängt (vgl. *BGH* StV 1996, 315; *OLG Hamm* StV 1997, 242, 243;
zum Parallelfall bei der Aneignungsabsicht → § 2 Rn. 179 ff.).

76   Im **Fall 2** ist in allen Varianten § 242 (i. V. m. § 243 I 2 Nr. 1) erfüllt. Für alle
Varianten gilt weiter, dass der Hammer auf dem Boden der hier vertretenen
konkret-subjektiven Werkzeugbestimmung (→ Rn. 32 ff.) und auch nach der
situationsbezogenen objektiven Sichtweise (→ Rn. 30) als qualifizierendes Tatmittel ausscheidet, weil er nur zum Einbruch, aber nicht (auch nicht später) als
Mittel gemäß § 244 I Nr. 1a (gefährliches Werkzeug) oder Nr. 1b eingesetzt
werden sollte, um den Widerstand eines anderen zu überwinden. Dem Merkmal des Beisichführens steht nicht entgegen, dass D die potentiellen Tatgegen-
stände (ungeladene Schusswaffe bzw. Schnur) erst am Tatort gefunden hat.
Ebenso wenig schadet schließlich die erst später (während der Tatdurchführung) gefasste Verwendungsabsicht für den Bedarfsfall. Im Übrigen ergeben
sich folgende Besonderheiten:

(1) Im **Fall 2a** darf zunächst die ungeladene (also nicht einsatzfähige)
Schusswaffe auf keinen Fall unter § 244 I Nr. 1a (Waffe) subsumiert werden.
Indes liegt § 244 I Nr. 1b vor.

(2) Im **Fall 2b** entfällt wieder § 244 I Nr. 1a (Waffe). Die ins Auge gefasste
Verwendung als Schlaginstrument kann unter Umständen § 244 I Nr. 1a (gefährliches Werkzeug) erfüllen, wird aber sicher von § 244 I Nr. 1b erfasst,
weil hier der geplante Gewalteinsatz nicht die Schwelle des § 224 I Nr. 2 erreichen muss.

(3) Im **Fall 2c** kommt § 244 I Nr. 1a Var. 2 nicht in Betracht. Doch ist das in
Gebrauchsabsicht bei sich geführte Mittel, die Schnur, gerade als Gegenstand

geeignet, Widerstand „durch Gewalt" (Fesseln) zu überwinden. Dies genügt für § 244 I Nr. 1 b.

(4) **Konkurrenzfragen:** Die Diebstahlsqualifikation des § 244 I Nr. 1 verdrängt im Wege der Spezialität § 242 i. V. m. § 243. Dies gilt aber nicht für die §§ 123, 303 I, die mit § 244 I Nr. 1 in Tateinheit stehen (→ § 3 Rn. 71).

(5) Zu den – in allen Varianten mangels unmittelbaren Ansetzens nicht gegebenen – §§ 249, 22 siehe → § 7 Rn. 40 ff.

IV. Teilrücktritt im Rahmen des § 244 I Nr. 1

Beispiele: D begeht einen vollendeten Diebstahl, hat aber noch vor der **77** Wegnahme a) die Munition seiner Schusswaffe aus dem Fenster ins dichte Gebüsch geworfen, b) die Gebrauchsabsicht bezüglich eines mitgeführten Knüppels bzw. c) einer mitgeführten Scheinwaffe aufgegeben.

Nach den allgemeinen Grundsätzen, wonach für das Beisichführen **78** (erforderlichenfalls in Verwendungsabsicht) irgendein Zeitpunkt des Tathergangs ab Versuchsbeginn genügt (→ Rn. 45 ff., 74), ist das Handlungsunrecht des § 244 I Nr. 1a bzw. 1b unabhängig von dem „Rücktrittsverhalten" des D bereits verwirklicht gewesen. Insbesondere die Rechtsprechung erkennt daher in solchen Fällen – in der Konstruktion konsequent – einen sog. „Teilrücktritt" von der Qualifikation nicht an; vielmehr müsse der Täter (freiwillig) die Tat im Ganzen aufgeben (*BGH* NStZ 1984, 216; ebenso *Mitsch*, JA 2014, 272 f.; *Blaue*, ZJS 2015, 584 f.).

Dieser Ansicht widerspricht die h. M. im Schrifttum zu Recht. **79** Zwar passen angesichts der vollendeten Qualifikation die Rücktrittsvorschriften nicht, aber es entspricht dem Gedanken der tätigen Reue, den vor Vollendung des Grunddelikts erfolgenden (freiwilligen) Abbruch von qualifizierenden, abstrakt gefährlichen Verhaltensweisen solange als relevanten Teilrücktritt anzuerkennen, wie es bei abstrakten Gefahren geblieben ist.

Zur h. M. vgl. *Streng*, JZ 1984, 652 ff.; SSW/*Kudlich/Schuhr*, § 24 Rn. 75 ff.; *Lackner/Kühl*, § 24 Rn. 13; *Kühl*, AT, § 16 Rn. 48; *Fischer*, § 24 Rn. 27, § 244 Rn. 29; *Roxin*, AT II, § 30 Rn. 295 ff. Zum Gedanken der tätigen Reue vgl. die §§ 306e, 314a, 330b; ferner → § 20 Rn. 20 und *Rengier*, BT II, § 40 Rn. 99 ff., § 42 Rn. 20.

Danach hat D in der Variante a) das Beisichführen einer (Schuss-)Waffe auf- **80** gegeben (Teilrücktritt von § 244 I Nr. 1a Var. 1), in der Variante b) mit der Aufgabe der Gebrauchsabsicht – auf dem Boden der hier vertretenen Ansicht (→ Rn. 32 ff.) – dem Knüppel die Eigenschaft als gefährliches Werkzeug genommen (Teilrücktritt von § 244 I Nr. 1a Var. 2) und in der Variante c) die notwendige Verwendungsabsicht fallen gelassen (Teilrücktritt von § 244 I Nr. 1b). D erfüllt folglich nur § 242, ggf. i. V. m. § 243, aber nicht eine Variante des § 244 I Nr. 1 (a. A. insbesondere die Rechtsprechung).

81　In der **Fallbearbeitung** empfiehlt es sich, die Problematik im Rahmen des § 244 zu behandeln. Nachdem man zuerst festgestellt hat, dass ein Qualifikationstatbestand grundsätzlich erfüllt ist, wirft man die Streitfrage auf. Wird dann der Teilrücktritt anerkannt, so entfällt § 244 und der Täter kann nur nach § 242 (ggf. i. V. m. § 243) bestraft werden. – In entsprechender Weise ist der Teilrücktritt im Rahmen des § 250 zu behandeln (→ § 8 Rn. 38; → § 11 Rn. 73).

V. Wohnungseinbruchdiebstahl (§ 244 I Nr. 3, IV)

1. Grundlagen und Aufbaufragen

82　Die besonderen Belastungen der Opfer bei Wohnungseinbrüchen haben den Gesetzgeber des 6. StrRG 1998 veranlasst, die zuvor in § 243 I 2 Nr. 1 enthaltene Regelung als schärfer bestrafte Qualifikation in § 244 I einzustellen. Wohnungseinbrüche dringen tief in die Intimsphäre ein und können ernste psychische Störungen wie Angstzustände hervorrufen. Schlimmer als der materielle Verlust kann die Beeinträchtigung des Sicherheitsgefühls sein. Seit 2017 qualifiziert § 244 IV den Einbruch in dauerhaft genutzte Privatwohnungen. Mit dem verschärften Strafrahmen (Verbrechen ohne Milderungsmöglichkeit gemäß § 244 III; vgl. demgegenüber § 249) will der Gesetzgeber dem besonderen Unrechtsgehalt Rechnung tragen (BT-Drs. 18/12359, S. 1, 7).

82a　In der **Fallbearbeitung** liegt es nahe, nach der Prüfung des § 242 (ggf. i. V. m. § 243) und eventuell einschlägiger Qualifikationen des § 244 I Nr. 1 (vgl. → Rn. 2 f.) sich wegen der Anknüpfung an § 243 zunächst § 244 I Nr. 3 zuzuwenden. Kommt insoweit bezüglich § 243 allein das – vom Wortlaut her nach wie vor erfüllte, aber hinter § 244 I Nr. 3 natürlich zurücktretende (*Fahl*, NJW 2001, 1699) – Regelbeispiel des § 243 I 2 Nr. 1 (umschlossener Raum) in Betracht, kann man § 243 bis auf eine kurze Bemerkung zur Konkurrenzfrage ignorieren und sollte sich auf den Qualifikationstatbestand, auch in Versuchsfällen (→ Rn. 88 f.), konzentrieren. Nach § 244 I Nr. 3 ist ggf. § 244 IV zu erörtern. – Zur Verdeutlichung das folgende

---

Aufbauschema (§ 244 I Nr. 3, IV)

I. § 242
   1. Prüfung des § 242
   2. Strafzumessung: Regelbeispiele des § 243 I 2 Nr. 2–7 und
      entsprechender Vorsatz
II. § 244 I Nr. 1
III. § 244 I Nr. 3
IV. § 244 IV

---

2. Die geschützten Wohnungen

a) Begriff der Wohnung. Insoweit kann im Ausgangspunkt auf die **83**
Erläuterungen zu § 123 verwiesen werden (*Rengier,* BT II, § 30
Rn. 2). Danach umfasst der Begriff grundsätzlich alle Räumlichkeiten,
die Menschen zumindest vorübergehend als Unterkunft dienen. Allerdings hat sich die Einsicht durchgesetzt, dass mit Blick auf den anderen Schutzzweck und die hohe Mindeststrafe des § 244 I Nr. 3 zu
weite Umschreibungen nicht unkritisch übernommen werden dürfen.
Nebenräume wie Flure, Toiletten, Keller und Speicher werden bei
§ 244 I Nr. 3 nur dann mitgeschützt, wenn sie mit dem eigentlichen
Wohnbereich unmittelbar verbunden und daher so integriert sind,
dass insgesamt eine in sich geschlossene **Wohneinheit** vorliegt. Im
Komplex dieser Wohneinheit kommt es auf die Art der Nutzung
des Raumes nicht an (*BGH* StraFo 2012, 324f.; StV 2016, 639;
NStZ-RR 2018, 14, 15; NStZ 2022, 42).

Beispiele: (1) Innerhalb eines **Einfamilienhauses** gehören auch Kellerräume **83a**
und geschäftlich genutzte Räume wie das Arbeitszimmer oder Büro etwa eines Rechtsanwalts oder Pfarrers zur Wohnung (*BGH* StraFo 2012, 324f.; StV
2016, 639; a. A. *Ladiges,* StraFo 2012, 326f.).
(2) *Nicht* zur Wohnung gehören außerhalb der Wohneinheit liegende, d. h.
von ihr völlig abgetrennte Geschäftsräume. Typisch dafür sind **gemischt genutzte Gebäude** (z. B. Lokal im Erdgeschoss, Wohnbereich im Oberge-
schoss).
(3) In entsprechender Weise nicht erfasst sind: Freistehende Gartenhäuser
(*AG Saalfeld* NStZ-RR 2004, 141); freistehende Garagen; „offene Zubehörflä-
chen" wie Terrassen und Gärten; Flure, Kellerräume und Aufzüge in Miets-
häusern/Wohnblocks (vgl. *OLG Schleswig* NStZ 2000, 479).
(4) Keine Wohnung sind ferner der Flur und der offene Empfangsbereich
des Foyers eines Senioren- und Pflegeheims, es sei denn, dass diese Räumlich-

keiten den Charakter von Nebenräumen der bewohnten Zimmer haben (*BGH* StraFo 2012, 324, 325).

(5) Auch kurzfristig genutzte **Hotelzimmer** stellen keine Wohnungen im Sinne des § 244 I Nr. 3 dar; denn ein Tatopfer, das die Unterkunft bald aufgibt, ist nicht den typischen, sich wiederholenden psychischen Belastungen ausgesetzt (MüKo/*Schmitz*, § 244 Rn. 62; W/H/S/*Hillenkamp*, BT 2, Rn. 301; *Eisele*, BT II, Rn. 235; a. A. *BGH* StV 2001, 624; NStZ-RR 2018, 14, 15; Sch/ Sch/*Bosch*, § 244 Rn. 30).

(6) Demgegenüber sind **Wohnmobile** und **Wohnwagen** jedenfalls dann als Wohnungen einzustufen, wenn sie zumindest vorübergehend, etwa auf einer Urlaubsreise, zur Unterkunft dienen (BGHSt 61, 285 ff.; *Hecker*, JuS 2017, 470 ff.; *Bachmann*, JR 2017, 445 f.; *Buchholz*, Jura 2019, 211 ff. mit Falllösung; kritisch *Mitsch*, NJW 2017, 1188 f.; a. A. W/H/S/*Hillenkamp*, BT 2, Rn. 301). Ob die Wohnungseigenschaft nur solange besteht, wie Wohnmobil oder Wohnwagen auch tatsächlich als Unterkunft genutzt werden, lässt der *BGH* offen, ist aber zu bejahen (a. A. *Bosch*, Jura, JK, 2017, 604: genereller Widmungszweck genügt).

(7) Der Wohnungsbegriff umfasst ferner **Wochenendhäuser** (*BGH* NStZ-RR 2018, 14, 15; a. A. W/H/S/*Hillenkamp*, BT 2, Rn. 301).

83b   **b) Ende der Wohnungseigenschaft.** Fraglich ist, ob – vergleichbar mit dem Gedanken der Entwidmung bei § 306a I Nr. 1 (*Rengier*, BT II, § 40 Rn. 33) – auch im Rahmen des § 244 I Nr. 3 die Wohnungseigenschaft endet, wenn der einzige Bewohner stirbt.

Beispiel: Der Täter bricht, eventuell nach dem Studium von Traueranzeigen, in Wohnhäuser ein, deren einzige Bewohner zuvor verstorben sind (*BGH* NJW 2020, 1750; 2020, 2816).

83c   Der *BGH* spricht sich zutreffend mit Blick auf den abweichenden Wortlaut des § 306a I Nr. 1 und die unterschiedlichen Schutzzwecke der Vorschriften dafür aus, Immobilien, die nach dem Tod des letzten Bewohners nicht mehr bewohnt sind, als Wohnungen im Sinne des § 244 I Nr. 3 einzustufen, jedenfalls solange sie nicht als Wohnstätten dieses Bewohners entwidmet sind. Diese Auslegung ist nicht nur mit dem Wortlaut vereinbar, sondern lässt sich auch in systematischer Hinsicht auf § 244 IV stützen, mit dessen qualifizierendem Tatbestandsmerkmal der dauerhaften Nutzung die tatsächliche Nutzung als Wohnung schärfer bestraft werden soll. Kritiker widersprechen dem *BGH* vor allem mit Blick auf die Motive des Gesetzgebers (siehe → Rn. 82). Insofern ist einzuräumen, dass die einschlägigen Schutzzwecke bei Einbrüchen in nicht mehr bewohnte Wohnungen zwar geringer, aber doch in der Phase bis zur Entwidmung als Wohnstätte intensiv genug betroffen sind, um die Anwendbarkeit des § 244 I

Nr. 3 zu legitimieren. Denn das Eindringen in den Wohnbereich des Verstorbenen kann auch die Privatsphäre und/oder das Sicherheitsgefühl anderer Personen wie der Erben oder späterer Bewohner berühren. Im Übrigen ermöglicht in minder schweren Fällen (§ 244 III) dessen mit § 243 I 2 Nr. 1 übereinstimmende Mindeststrafe eine sachgerechte Ahndung.

So auch *Jäger*, JA 2020, 630 f.; *Mitsch*, ZJS 2020, 638; *Rehmet/Ströle*, ZJS 2021, 362 f. mit Falllösung. – A. A. *Krack*, JR 2021, 38 ff.; *Epik*, NStZ 2020, 485 f.; *Bosch*, Jura (JK) 2020, 1391; *Bock/Manheim*, HRRS 2020, 341 ff.

Demnach endet die Wohnungseigenschaft erst recht nicht allein deshalb, **83d** weil der einzige Bewohner in ein Pflegeheim umzieht (*BGH* NJW 2020, 2816).

c) Begriff der dauerhaft genutzten Privatwohnung. Im Aus- **84** gangspunkt hat der Begriff der Privatwohnung zunächst dieselben Voraussetzungen wie der Wohnungsbegriff des § 244 I Nr. 3, nimmt also insbesondere auch den Gedanken der Wohneinheit auf. Die amtliche Begründung nennt beispielhaft private Wohnungen, Einfamilienhäuser und Zweitwohnungen von Berufspendlern. Private Wohnungen können natürlich neben den üblichen Ein-. Zwei-, Dreizimmerwohnungen (usw.) auch Zimmer in Studenten- und Seniorenheimen wie in Wohngemeinschaften sein. „Dauerhaft genutzt" sind allerdings nur tatsächlich genutzte Wohnungen, so dass § 244 IV nach dem Tod des einzigen Bewohners – im Gegensatz zu § 244 I Nr. 3 (→ Rn. 83b/c) – nicht eingreifen kann. Bezüglich des Merkmals „dauerhaft" sind Abgrenzungsschwierigkeiten etwa bei Nutzungsunterbrechungen programmiert (*Bosch*, Jura 2018, 55). Ferner stellt sich z. B. die Frage, ob dauerhaft genutzt auch solche Räumlichkeiten sind, die als einzige Wohnung von einem Berufspendler, Studenten oder Wohnungssuchenden für eine relativ kurze Zeit von vielleicht zwei bis drei Monaten bezogen werden (vgl. MüKo/*Schmitz*, § 244 Rn. 71 ff.). – Eine Falllösung bei *Hirsch/Dölling*, JuS 2019, 999.

d) Streitpunkte bei gemischt genutzten Gebäuden. Umstritten **85** sind zwei Konstellationen, die gemischt genutzte Gebäude betreffen. Im ersten Fall ist der Tatbestand mit Blick auf seinen Schutzzweck (→ Rn. 82) richtigerweise unabhängig davon zu bejahen, ob der Täter nach dem Einbrechen (usw.) in eine Wohneinheit das Diebstahlsobjekt aus der Wohnung selbst oder einem angrenzenden abgetrennten Geschäftsraum wegnimmt.

BGH NJW 2001, 3203; *Eisele*, BT II, Rn. 237; h. M.; a. A. W/H/S/*Hillenkamp*, BT 2, Rn. 302; *Krack*, Rengier-FS, 2018, 253 ff.

85a   Anders liegt die umgekehrte zweite Konstellation, in welcher der Dieb in einen Geschäftsraum einbricht, um von dort aus ohne Überwindung weiterer Hindernisse in den abgetrennten Wohnbereich zu gelangen; hier muss der Tatbestand angesichts des Wortlauts, der ein Einbrechen „in" die Wohnung verlangt, verneint werden.

BGH NStZ 2008, 514; 6 StR 46/21 (mit kritischer Bspr. *Jäger*, JA 2021, 873 ff.); *Lotz/Reschke*, Jura 2012, 483 f. mit Falllösung; a. A. *Ladiges*, JR 2008, 493 ff.

3. Sonstiges

86   Zu den übrigen Tatbestandsmerkmalen des § 244 I Nr. 3 siehe oben → § 3 Rn. 13 ff. Eine Geringwertigkeitsklausel entsprechend § 243 II kennt § 244 nicht. Sinngemäß übertragbar sind weiter die Ausführungen in → § 3 Rn. 19, 43 ff. zu Fragen des Vorsatzes und der Vorsatzänderung.

87   **Konkurrenzfragen:** Zum Konkurrenzverhältnis mit § 123 (Konsumtion) und § 303 I (Tateinheit) siehe schon → § 3 Rn. 60 ff. (Falllösungen bei *Hirsch/Dölling*, JuS 2019, 1000; *Schmidhäuser*, JA 2019, 919 f.). – Ein bloßer Versuch des § 244 I Nr. 3 steht mit einem vollendeten Einbruchdiebstahl (§ 242 i. V. m. § 243 I 2 Nr. 1) aus Gründen der Klarstellung in Tateinheit nach § 52 (*BGH* NStZ 2019, 674). – Zwischen einem Wohnungseinbruch- und Bandendiebstahl besteht Tateinheit (*BGH* StV 2020, 661, 662). – Zum Konkurrenzverhältnis mit § 249 siehe → § 7 Rn. 5 f.

88   Der **Versuch** ist strafbar (§ 244 II). Wie bei allen Qualifikationen ist zu beachten, dass die Versuchsstrafbarkeit ein unmittelbares Ansetzen auch zum Grunddelikt, also zur Wegnahme voraussetzt. Insoweit wird im Zusammenhang mit der Verwirklichung von qualifizierenden (§ 244) oder qualifikationsähnlichen (§ 243) Merkmalen das Versuchsstadium des § 242 erreicht, wenn der Täter einen Schutzmechanismus angreift und dabei davon ausgeht, für den Fall von dessen Überwindung einen ungehinderten Zugriff auf die erwartete Beute zu haben; beim Einbruchdiebstahl reicht von daher der Beginn des Einbrechens, Einsteigens oder Eindringens im Normalfall aus, um darin auch schon ein unmittelbares Ansetzen zur Wegnahme zu sehen.

BGHSt 65, 15ff.; *BGH* NStZ 2020, 353ff.; 2020, 729f.; NStZ-RR 2020, 246; vertiefend *Rengier*, AT, § 34 Rn. 59ff.; erg. → § 3 Rn. 57.

Im Übrigen stellen sich, da es sich um eine echte Qualifikation **88a**
handelt, beim versuchten Wohnungseinbruchdiebstahl nicht die besonderen Probleme rund um den Versuch des Regelbeispiels.

Beispiele: Ersetzt man in den oben → § 3 Rn. 51ff. erörterten drei Konstellationen das Tatobjekt „Galerie des X" durch die „Wohnung des X", so sind in allen Fallgruppen die §§ 244 I Nr. 3, 22 unproblematisch zu bejahen; in der dritten tritt noch in Tateinheit § 242 hinzu. – Vgl. auch *Mitsch*, BT 2, 136f.

VI. Bandendiebstahl (§§ 244 I Nr. 2, 244a)

1. Aufbaufragen

Der Aufbau ergibt sich von selbst, wenn man auf die sehr häufig **88b**
mit verwirklichte Qualifikation des § 244 I Nr. 2, nämlich § 244a I schaut und sich vergegenwärtigt, dass sich dessen weitere Voraussetzungen aus der Bejahung eines vorher gemäß dem Schema geprüften Punktes (parallel zu → Rn. 82a) ergibt:

Aufbauschema (§§ 244 I Nr. 2, 244a I)
I. § 242
1. Prüfung des § 242
2. Strafzumessung: Regelbeispiele des § 243 I 2 und entsprechender Vorsatz
II. § 244 I Nr. 1
III. § 244 I Nr. 3, IV
IV. § 244 I Nr. 2
V. § 244a I
1. Erfüllung des § 244 I Nr. 2 und
2. Erfüllung einer Vorschrift der Schemapunkte I.2, II oder III

2. Begriff der Bande

Unter einer „Bande, die sich zur fortgesetzten Begehung von … **89**
verbunden hat", versteht man – bei § 244 I Nr. 2 wie anderen Tatbeständen (§§ 250 I Nr. 2, 260a I, 261 I 2 Nr. 4) – den Zusammenschluss von mindestens drei Personen, die sich mit dem Willen verbunden

haben, künftig für eine gewisse Dauer mehrere selbstständige, im Einzelnen noch ungewisse Straftaten des im Gesetz genannten Deliktstyps (hier §§ 242, 249) zu begehen. Eine Vereinbarung, die sich nur auf bereits bestimmte Taten bezieht, reicht also nicht aus; vielmehr muss sie – zumindest auch – eine Vielzahl künftiger ungewisser Taten zum Gegenstand haben.

BGHSt 46, 321; *BGH* NStZ 2015, 647f. – Daher handelt es sich nicht um einen Bandendiebstahl, wenn drei Personen vereinbaren, in mehreren Etappen eine große Menge wertvoller Antiquitäten aus einer Villa zu entwenden und dies tun (*BGH* NStZ-RR 2019, 310, 311).

90   Die erhöhte Gefährlichkeit der Bande ergibt sich aus dem auf eine gewisse Dauer angelegten Zusammenschluss mehrerer Personen zu zukünftiger gemeinsamer Deliktsbegehung und der engen Bindung, die die Mitglieder für die Zukunft eingehen und die ständigen Anreiz zu weiteren Diebstählen gibt. In dieser **Bandenabrede** liegt ein bestimmtes Gefährdungspotential, das mit dem Kriterium der **Organisationsgefahr** erfasst wird. Stichworte wie Serienstraftaten, Ausbildung bestimmter Organisationsstrukturen, Arbeitsteilung und Spezialisierung, Zusammengehörigkeitsgefühl und Gruppendynamik gehören hierher. Das zweite Gefährdungspotential, das zusammen mit der Organisationsgefahr die besondere Strafwürdigkeit des Bandendiebstahls prägt, ist in der gesteigerten **Ausführungsgefahr** zu sehen (→ Rn. 99f.).

91   Ob eine Bande mindestens zwei oder drei Mitglieder umfassen muss, war lange sehr umstritten. Nachdem sich BGHSt 46, 321 entgegen der früheren Rechtsprechung der auch hier schon immer vertretenen Literaturmeinung, die **mindestens drei Mitglieder** voraussetzt, angeschlossen hat, hat sich diese Ansicht als h.M. etabliert. Für die Mindestzahl „drei" spricht: Erstens verbindet man mit dem Wort „Bande" eher eine größere Personengruppe, zweitens sind die stabilisierenden gruppendynamischen Kräfte z.B. deshalb stärker, weil sich ein abwanderungswilliges Mitglied mit mindestens zwei anderen Mitgliedern auseinandersetzen muss, und drittens entfällt bei den häufigen Zwei-Personen-Zusammenschlüssen die mitunter schwierige Abgrenzung zur bloßen Mittäterschaft.

Zur h.M. BGHSt 46, 321 – Großer Senat; zust. *Erb,* NStZ 2001, 561; *Ellbogen,* wistra 2002, 9f.; *Lackner/Kühl,* § 244 Rn. 6; *Joerden,* JuS 2002, 329ff.; *Sowada,* Schlüchter-GS, 2002, 388f. – A.A. W/H/S/*Hillenkamp,* BT 2, Rn. 310ff.; Sch/Sch/*Bosch,* § 244 Rn. 24; erg. *Zopfs,* Jura 2007, 511f.

Umstritten ist, ob es für die Annahme einer „Dreierbande" genügt, **92** dass einer Person nach der Bandenabrede nur Aufgaben zufallen, die sich – wie das Besorgen von Unterkünften – als Gehilfentätigkeit darstellen und von daher keine „mittäterschaftliche" Einbindung beinhalten.

Zu Recht bejahend BGHSt 47, 214; *BGH* StraFo 2006, 340, 341 mit Anm. *Kudlich*, JA 2006, 746; *Erb*, JR 2002, 338 ff.; *Weißer*, JuS 2005, 622 f. mit Falllösung. – A. A. MüKo/*Schmitz*, § 244 Rn. 45; kritisch *Gaede*, StV 2003, 78 ff.

Daran anknüpfend können nach *BGH* NStZ 2008, 570, 571 auch ein Haupttäter und zwei Gehilfen eine Bande bilden.

Im Übrigen ist es für die Annahme einer Bandenabrede nicht er- **93** forderlich, dass sich sämtliche Mitglieder einer bandenmäßig organisierten Gruppe persönlich verabredet haben und sich untereinander kennen. Es genügt, dass jeder den Willen hat, sich zur künftigen Begehung von Straftaten mit (mindestens) zwei anderen zu verbinden (BGHSt 50, 160).

Beachte in der **Fallbearbeitung:** Allein die Bandenabrede und -mitglied- **93a** schaft genügt nicht, um die Strafbarkeit eines Bandenmitglieds wegen einer Bandentat zu begründen. Grundlage dieser Mitgliedschaft ist ja lediglich die Verabredung, „im Einzelnen noch ungewisse Straftaten" zu begehen (→ Rn. 89). Das reicht als solches auf keinen Fall für eine Verbrechensverabredung (§ 30 II Var. 3) oder gar Mittäterschaft gemäß § 25 II aus (vgl. *Rengier*, AT, § 44 Rn. 11 ff., 40 ff.; § 47 Rn. 24 f.). Allerdings kann im Einzelfall Bestandteil der Bandenabrede eine allgemeine Unterstützungszusage sein, die eine Strafbarkeit wegen (psychischer) Beihilfe begründet (*BGH* StV 2011, 410, 411; erg. *Rengier*, AT, § 45 Rn. 86 ff.). Festzuhalten und unbedingt zu beachten ist, dass für jede von einem Bandenmitglied begangene Tat nach den allgemeinen für die Abgrenzung von Täterschaft und Teilnahme geltenden Kriterien (*Rengier*, AT, § 41) festgestellt werden muss, ob sich ein anderes Mitglied hieran als Täter oder Teilnehmer oder gar nicht beteiligt hat (*BGH* NJW 2020, 559, 560; StV 2011, 410, 411; 2012, 669; wistra 2013, 97; Beispiel in → Rn. 98).

3. Tatausführung „als Mitglied einer Bande" und „unter Mitwirkung eines anderen Bandenmitglieds"

a) **Mitwirkungserfordernis.** Der andere Punkt, in dem sich die **94** Rechtsprechung zum Bandendiebstahl mit BGHSt 46, 321 neu orientiert hat, betrifft das zentrale Mitwirkungserfordernis. Diesem Tatbestandselement fällt die Funktion zu, den zweiten Gefährdungsaspekt, die gesteigerte Ausführungsgefahr, zu erfassen. Nach der Auslegung durch den Großen Senat setzt der Tatbestand des Bandendiebstahls nicht (mehr) voraus, dass „wenigstens zwei Bandenmitglieder örtlich und zeitlich den Diebstahl zusammen begehen. Es reicht aus, wenn ein Bandenmitglied als Täter und ein anderes Bandenmitglied beim Diebstahl in irgendeiner Weise zusammenwirken." Mit den Aussagen dieses Leitsatzes ist einerseits eine alte Streitfrage geklärt worden (→ Rn. 96 f.), andererseits eine neue entstanden (→ Rn. 98 ff.). Insgesamt stellt sich die Rechtslage nunmehr wie folgt dar:

95   (1) Wenn am Tatort mindestens zwei Bandenmitglieder anwesend sind und tatsächlich „mitwirken", begehen sie den Diebstahl örtlich und zeitlich zusammen und erfüllen unstreitig das Mitwirkungskriterium. Dabei braucht ein mittäterschaftliches Zusammenwirken nicht unbedingt vorzuliegen.

Beispiel: A und B führen als Mitglieder einer größeren Bande gemeinsam einen Einbruch durch, bei dem B nur eine untergeordnete Gehilfenrolle spielt. – Hier macht sich A nach § 244 I Nr. 2 strafbar, während B – ob akzessorisch oder über § 28 II (→ Rn. 106 f.) – lediglich die §§ 244 I Nr. 2, 27 erfüllt.

96   (2) Unter der Voraussetzung, dass zwei Bandenmitglieder örtlich und zeitlich zusammenwirken, ist ein drittes Bandenmitglied, das nach allgemeinen Kriterien als Mittäter eingestuft werden muss, unabhängig davon Mittäter des Bandendiebstahls, ob es ebenfalls „vor Ort" agiert. Diese alte Streitfrage ist geklärt, nachdem der *BGH* seine frühere Rechtsprechung, wonach die Strafbarkeit wegen mittäterschaftlichen Bandendiebstahls stets auch eine unmittelbare Beteiligung am Tatort voraussetzen sollte, zu Recht aufgegeben hat (BGHSt 46, 120; 46, 321, 332). Denn es gibt keinen einleuchtenden Grund, insbesondere den Bandenchef, der im Hintergrund wirkt, von vornherein für einen untauglichen (Mit-)Täter zu halten.

97   **Beispiel:** Bandenchef C hat einen raffinierten Bankeinbruch ausgeheckt. Während die Bandenmitglieder A und B am Tatort den Tresor entsprechend dem Plan des C knacken, hält sich C in seiner Wohnung auf. Die Beute soll fair geteilt werden.
Hier haben A und B die §§ 244 I Nr. 2, 25 II unproblematisch erfüllt (§ 242 – i. V. m. der Strafzumessungsregel des § 243 – wird im Wege der Spezialität verdrängt). Bei dem tatortfernen Mitglied C hängt die Bejahung der §§ 244 I Nr. 2, 25 II allein davon ab, ob die Kriterien des § 25 II vorliegen. Dies ist nach der subjektiven Teilnahmelehre der Rechtsprechung und der „gemäßigten" Tatherrschaftslehre der Fall (vgl. *Rengier*, AT, § 41 Rn. 7 ff., 18 ff.). Demzufolge verwirklicht C jetzt auch nach der Rechtsprechung die §§ 244 I Nr. 2, 25 II (nach der früheren Rechtsprechung hätte C nur die §§ 242, 243, 25 II in Tateinheit mit den §§ 244 I Nr. 2, 26 oder 27 erfüllt). Zu § 244a siehe → Rn. 108.

(3) Bei dem neuen Streitpunkt geht es um den vom Großen Senat 98
befürworteten Verzicht auf das Erfordernis eines örtlichen und zeitlichen Zusammenwirkens von (mindestens) zwei Bandenmitgliedern
am Tatort. Der *BGH* spricht sich für eine weite Auslegung des Mit-
wirkungserfordernisses aus und lässt es genügen, wenn ein Bandenmitglied mit einem anderen Bandenmitglied in irgendeiner Weise,
auch bloß als Gehilfe oder Anstifter, zusammenwirkt (BGHSt 46,
321, 332ff., 338; *BGH* 3 StR 119/12 bei *Hecker*, JuS 2013, 177, 179).
Dazu ein

Beispiel: A, B und C bilden eine Bande, die Autos stiehlt und verschiebt.
Während B und C Urlaub machen, entwendet A ein Fahrzeug, auf das ihn B
aufmerksam gemacht hat. – Nach der neuen Rechtsprechung erfüllt A § 244 I
Nr. 2, da er unter Mitwirkung des B stiehlt, der den Tipp gegeben und sich
insoweit zumindest als Gehilfe – ohne und mit Anwendung des § 28 II
(→ Rn. 106f.) – beteiligt hat (§§ 244 I Nr. 2, 27). C ist straflos, weil er an der
konkreten Tat in keiner Weise, auch nicht in Form psychischer Beihilfe (vgl.
→ Rn. 93a), mitgewirkt hat.

Die (Streit-)Frage ist, ob die weite Auslegung des Mitwirkungs- 99
merkmals noch in ausreichender Weise dem Gesichtspunkt der gesteigerten Ausführungsgefahr Rechnung trägt. Der Große Senat bejaht dies mit der Begründung, dass zumindest zwei Tatbeiträge in
die Tatausführung einfließen, sich in ihrer Wirkung gegenseitig verstärken und von daher Eigentum und Gewahrsam erhöht gefährdet
würden. Entscheidende Bedeutung kommt dann dem folgenden Argument zu: Die Arbeitsweise und Arbeitsteilung innerhalb „moder-
ner" organisierter und spezialisierter Diebesbanden können so gestaltet sein, dass dank sorgfältiger Planung am Ort der Wegnahme
regelmäßig nur ein Bandenmitglied auftaucht und dann im Extremfall
kein Mitglied jemals § 244 I Nr. 2 erfüllen würde. Der – mit dem
Wortlaut des § 244 I Nr. 2 vereinbare – Verzicht auf das „Zwei-Perso-
nen-Erfordernis" am Tatort vermeidet solche schwer nachvollziehbaren Ergebnisse und verdient daher Zustimmung.

Kritiker werfen dem *BGH* vor, dem Mitwirkungserfordernis mehr 100
oder weniger jede eigenständige Bedeutung zu nehmen und den Unterschied zu den Tatbeständen ohne dieses Kriterium (§§ 260 I Nr. 2,
260a I) in ungerechtfertigter Weise einzuebnen. Sie fordern für die
Ausführungsgefahr eine besondere „Aktionsgefahr", die sich in der
Anwesenheit von mindestens zwei Mitgliedern ausdrückt. Im Beispielsfall erfüllt A nach dieser Ansicht nur § 242, B die §§ 242, 27.

101   Dem *BGH* zustimmend auch: *Ellbogen,* wistra 2002, 11 f.; *Joerden,* JuS 2002, 331 f.; *Hohmann,* NStZ 2000, 258 f.; *Sya,* NJW 2001, 344; *Altenhain,* Jura 2001, 841 f.; *K/Böse,* BT II, § 4 Rn. 35 f.; *Eisele,* BT II, Rn. 228; Falllösungen bei *Bülte/Härtl,* JA 2016, 345, 348; *Großmann/Wehrstein,* JA 2021, 118 ff.. – Zur Gegenmeinung siehe *Erb,* NStZ 2001, 564 f.; W/H/S/*Hillenkamp,* BT 2, Rn. 313; *Engländer,* JR 2001, 78 f.; MüKo/*Schmitz,* § 244 Rn. 51 ff.; *Lackner/Kühl,* § 244 Rn. 8; *Zopfs,* Jura 2007, 515 f.

102   (4) Keinen Bandendiebstahl begeht nach allem, wer als Mitglied einer Bande einen Diebstahl allein ohne Mitwirkung eines anderen Bandenmitglieds verübt oder bei der Tat ausschließlich mit bandenfremden Personen zusammenwirkt (BGHSt 46, 321, 335 f.).

103   **b) Handeln „als Mitglied".** Die Strafbarkeit wegen Bandendiebstahls setzt ferner ein Handeln „als Mitglied" der Bande voraus. Dies wiederum bedeutet nach der inzwischen gefestigten Rechtsprechung, dass der Diebstahl einen **Bandenbezug** aufweisen und in diesem Sinne Ausfluss der Bandenabrede sein muss. Daher begeht derjenige keinen Bandendiebstahl, der bei der Tatbegehung allein bandenfremde Zwecke verfolgt und außerhalb der Bandenabrede agiert. Dies ist der Fall, wenn das Bandenmitglied die Einzeltat ausschließlich im eigenen Interesse ausführt oder nicht im Rahmen der Bandenabrede liegende Tatobjekte stiehlt.

BGH NStZ 2006, 342, 343; NStZ-RR 2010, 170; 2013, 208, 209 f.; StV 2011, 410, 411; NStZ 2005, 567, 568 zu § 260; *Lackner/Kühl,* § 244 Rn. 6; *Altenhain,* Jura 2001, 840 f.; *Eisele,* BT II, Rn. 231.

104   **Beispiele:** (1) Entwendet ein Mitglied einer Autoschieberbande einen Pkw entgegen der Bandenabrede nicht zum Weiterverkauf, sondern für seinen eigenen Gebrauch, so stellt sich die Tat nicht als Ausfluss der Bandenabrede dar (*BGH* StraFo 2006, 340).

(2) M, Mitglied einer Bande, welche die Entwendung hochwertiger Pkw verabredet hat, will bei einem mit weiteren Mitgliedern durchgeführten Wohnungseinbruch von Anfang an nicht nur nach dem Kfz-Schlüssel, sondern auch nach anderen hochwertigen Gegenständen suchen. Der Kfz-Schlüssel wird nicht gefunden, doch nimmt M ein anderes wertvolles Objekt mit. – Hier bleibt bei M der – gemäß § 244a I qualifizierte – Bandendiebstahl im Versuchsstadium stecken. Mit den §§ 244a I, 22 in Tateinheit steht § 244 I Nr. 3 (*BGH* NStZ-RR 2010, 170).

105   (3) A und B, Mitglieder einer Autoschieberbande, haben den Auftrag, Luxusautos eines bestimmten Typs mit einem bestimmten Motor zu stehlen. Ein zu diesem Zweck aufgebrochenes Fahrzeug lassen sie am Tatort stehen, als sie die falsche Motorisierung erkennen. A entwendet aber spontan Sachen aus dem Auto (u. a. Fernglas, Handy), um sie für sich zu behalten (*BGH* NStZ

2000, 30). –. **Bezüglich des Autos** haben A und B die §§ 242, 22 (i. V. m. § 243 I 2 Nr. 1) erfüllt. Diese werden von den §§ 244 I Nr. 2, 22, 25 II verdrängt, die wiederum durch die §§ 244a I, 22, 25 II qualifiziert sind. Dabei ist im Rahmen des subjektiven Versuchstatbestandes zu beachten, dass die objektive Bedingung („richtiger" Motor) weder den Wegnahmevorsatz noch den Enteignungsvorsatz noch die Aneignungsabsicht ausschließt (erg. → § 2 Rn. 179 ff.). – **Bezüglich der Sachen** fehlt wohl schon eine Mitwirkung des B, jedenfalls handelt A nur in seinem individuellen Interesse und außerhalb der Bandenabrede. Daher verwirklicht A insoweit bloß § 242 und nicht § 244 I Nr. 2. An diesem negativen Befund würde sich selbst dann nichts ändern, wenn A und B die Sachen als Mittäter an sich brächten; denn auch bei B fehlte das Handeln innerhalb der getroffenen Bandenabrede. Desgleichen ist § 243 I 2 Nr. 1 zu verneinen, weil der Einbruch nicht zur Ausführung *dieser* (Diebstahls-)"Tat", sondern einer *anderen* erfolgte. Die Abweichung vom ursprünglichen Diebstahlsvorsatz muss als wesentlich angesehen werden (dazu → § 3 Rn. 19).

c) Taugliche Täter. Täter eines Bandendiebstahls können **nur Bandenmitglieder** sein. Für außenstehende Beteiligte kommt daher allein eine Teilnahme nach §§ 26 oder 27 in Betracht. Umstritten ist die **Anwendbarkeit des § 28 II.** Nach der vorzugswürdigen Rechtsprechung und h. M. stellt die Bandenmitgliedschaft ein strafschärfendes besonderes persönliches (*täter*bezogenes) Merkmal im Sinne des § 28 II dar, während eine verbreitete Gegenmeinung darin ein *tat*bezogenes Merkmal sieht.   106

Zur h. M. BGHSt 46, 120, 128; *BGH* NStZ 2007, 526; LK/*Schünemann/ Greco*, 13. Aufl. § 28 Rn. 72; W/H/S/*Hillenkamp*, BT 2, Rn. 307; *Lackner/ Kühl*, § 244 Rn. 7; LK/*Vogel*, 12. Aufl. § 244 Rn. 71; *Herzberg*, ZStW 1976, 102; *Lotz/Reschke*, Jura 2012, 487. – Zur Gegenmeinung *Bosch*, Jura 2021, 887 f.; K/*Böse*, BT II, § 4 Rn. 40; *Valerius*, Jura 2013, 19.

Die Gegenmeinung betont die objektive Gefährlichkeit der Bandenverbindung und verweist auf die den Schutzzweck der Vorschrift charakterisierenden Schlagworte von der Organisations-, Ausführungs- und Aktionsgefahr (vgl. → Rn. 90, 99 f.), welche die tatbezogenen Aspekte unterstreichen. Demgegenüber hebt man im Lager der Rechtsprechung die von Bandentaten unabhängige Stellung als individuelles „Mitglied" und die damit verbundene persönliche Bereitschaft hervor, sich in einer gefährlichen Verbindung im Rahmen der Bandenabrede in besonderer Weise zu verpflichten. Den Ausschlag für die h. M. gibt, dass ihre Ergebnisse sachgerechter sind. Denn nach h. M. kann ein Nichtbandenmitglied – sei es mangels Täterqualität oder wegen § 28 II – konsequent nicht als Beteiligter gemäß den §§ 244 I Nr. 2, 25 II, 26 oder 27 bestraft werden. Nach der Gegen-   107 meinung scheiden zwar bei einem mittäterschaftlich agierenden Nichtbandenmitglied mangels Täterqualität die §§ 244 I Nr. 2, 25 II auch stets aus. Es verbleibt aber die Möglichkeit, den Außenstehenden, der keine Täterqualität hat, als etwaigen Anstifter doch genauso streng wie einen Täter gemäß den §§ 244 I Nr. 2, 26 zu bestrafen. Dieses Ergebnis befriedigt nicht, weil in den meisten anderen Fällen mit fehlender Täterqualität dem Anstifter, der kein (Mit-)Täter sein kann, entweder § 28 I (z. B. §§ 203, 266) oder § 28 II (z. B. §§ 246 II, 340) zugute kommt. – Abschließend ein

Beispiel: A und B, Mitglieder einer X-Diebesbande, sowie F, selbst kein Bandenmitglied, führen mittäterschaftlich einen Bankeinbruch durch. – Nach beiden Ansichten erfüllt F die §§ 242 (i. V. m. 243), 25 II und kann nicht gemäß den §§ 244 I Nr. 2, 25 II bestraft werden. Was die je nach dem Charakter seines mittäterschaftlichen Tatbeitrags weiter zu prüfenden §§ 244 I Nr. 2, 26 oder 27 betrifft, so bestraft die Gegenmeinung F akzessorisch, also unter Umständen auch als Anstifter zum Bandendiebstahl. Demgegenüber entfallen nach der überzeugenderen h. M. über § 28 II die §§ 244 I Nr. 2, 26 oder 27.

Beachte: Die Strafbarkeit wegen Bandendiebstahls richtet sich stets nach der Mitgliedschaft in der durch eine bestimmte Bandenabrede verbundenen und stehlenden Bande. Daher würde sich an der Strafbarkeit des F nichts ändern, wenn er Mitglied einer Y-Diebesbande wäre.

4. Schwerer Bandendiebstahl (§ 244a)

108 § 244a I qualifiziert § 244 I Nr. 2 zu einem Verbrechen, falls der Täter bei dem Bandendiebstahl eines der – hier zu echten, abschließenden Tatbestandsmerkmalen umfunktionierten – Regelbeispiele des § 243 I 2 oder einen Qualifikationstatbestand des § 244 I Nr. 1 oder 3 verwirklicht. Dies wird der Normalfall sein. Auch im Bankeinbruch-Fall (→ Rn. 97) muss § 244a I – jedenfalls wegen § 243 I 2 Nr. 2 (Tresor) – angenommen werden und im Ergebnis als lex specialis an die Stelle des § 244 I Nr. 2 (soweit vorstehend bejaht) treten.

Zwischen § 244a I und § 123 sowie Sachbeschädigungen, die im Rahmen von qualifizierenden Regelbeispielen des § 243 I verwirklicht werden, besteht Tateinheit (näher schon → § 3 Rn. 60 ff.).

109 Im Falle eines Bandenraubes soll nach der allgemeinen Ansicht § 250 I Nr. 2 auch den § 244a I im Wege der Gesetzeskonkurrenz verdrängen (MüKo/*Schmitz*, § 244a Rn. 14). So selbstverständlich ist das nicht, da § 244a Tatbestandsmerkmale wie § 244 I Nr. 3 enthält, denen man durchaus eigenständigen Charakter zusprechen kann (erg. → § 7 Rn. 5 f.).

Empfehlungen zur vertiefenden Lektüre:
Rechtsprechung: BGHSt 30, 44 und *OLG Naumburg* BeckRS 2011, 21702 (berufsmäßige Waffenträger); BGHSt 31, 105 (Anforderungen an das Beisichführen einer Schusswaffe); BGHSt 46, 321 und *BGH* NStZ 2015, 647 (Bandendiebstahl); BGHSt 52, 257 (Auslegung des § 244 I Nr. 1a – Taschenmesser als gefährliches Werkzeug); BGHSt 61, 285 (Wohnmobile und Wohnwagen als Wohnungen); *BGH* NStZ 2007, 332 (in Nacken gedrückter ungefährlicher Metallgegenstand kein qualifizierendes Drohungsmittel); *BGH* NStZ-RR 2018, 14 (Begriff der Wohnung); *BGH* NJW 2020, 1750 und *BGH* NJW 2020, 2816 (Ende der Wohnungseigenschaft nach Tod des einzigen Bewohners).

Literatur: *Erb*, Schwerer Raub nach § 250 II Nr. 1 StGB durch Drohen mit einer geladenen Schreckschusspistole, JuS 2004, 653 ff.; *Fischer*, Waffen, gefährliche und sonstige Werkzeuge nach dem Beschluss des Großen Senats, NStZ 2003, 569 ff.; *Geppert*, Zum „Waffen"-Begriff, zum Begriff des „gefährlichen Werkzeugs", zur „Scheinwaffe" und zu anderen Problemen im Rahmen der neuen §§ 250 und 244 StGB, Jura 1999, 599 ff.; *Jäger* (wie zu → § 2), JuS 2000, 653 ff.; *Jooß*, Beisichführen eines Taschenmessers als Diebstahl mit Waffen?, Jura 2008, 777 ff.; *Kasiske*, Das Taschenmesser als „anderes gefährliches Werkzeug" im Sinne des § 244 Abs. 1 Nr. 1 lit. a 2. Alt. StGB, HRRS 2008, 378 ff.; *Kotz*, Gelegenheit macht Diebe – *OLG Köln* NJW 1978, 652 und NZWehrR 1978, 36 sowie BGHSt 30, 44, JuS 1982, 97 ff.; *Krüger*, Neues vom „gefährlichen" Werkzeug in § 244 StGB, JA 2009, 190 ff.; *Mitsch*, Die Beendigung als ungeschriebenes Merkmal der Straftat, JA 2017, 407 ff.; *Rönnau*, Grundwissen – Strafrecht: Das „mitgeführte" gefährliche Werkzeug, JuS 2012, 117 ff.; *Lanzrath/Fieberg*, Waffen und (gefährliche) Werkzeuge im Strafrecht, Jura 2009, 348 ff.; *Wengenroth*, (Virtuelle) Bande, JA 2015, 185 ff.; *Zopfs*, Examinatorium zu Qualifikationstatbeständen des Diebstahls (§§ 244, 244a StGB), Jura 2007, 510 ff.

§ 5. Unterschlagung (§ 246)

Fall 1: L hat einen „Schönke-Schröder", den ihm V geliehen hat, an X weiterverliehen. Als X, der L für den Eigentümer hält, erfährt, dass L sein Jurastudium aufgegeben hat, macht X dem L ein Kaufangebot, auf das L eingeht. → Rn. 37

Fall 2: Romeo findet auf einer Sitzbank eine schöne Einkaufstasche voller Köstlichkeiten, die E dort, ohne sich an den Ort zu erinnern, vergessen hat. *Drei Varianten:* a) Romeo öffnet eine Tüte mit Pralinen und isst einige davon. b) Romeo macht sich mit der Tasche auf den Weg und denkt: „Ein feines Geschenk für Julia". c) Während Romeo die Tasche ergreift, ruft er laut voller Freude: „Ein feines Geschenk für Julia!" → Rn. 27, 35

Fall 3: S hat sich ein Buch vom Eigentümer E geliehen und es leihweise K übergeben. *Zwei Varianten:* a) Bei der Übergabe rechnet S damit, dass die die

Eigentumsverhältnisse kennende K es später für sich behalten könnte, wie es dann auch geschieht. b) Bei einem Telefongespräch sagt S dem K wahrheitswidrig, E wolle das Buch nicht mehr zurück haben; er (S) wolle es auch nicht, so dass K es behalten dürfe. K glaubt an ein Geschenk und nimmt es an. Mit diesem Verlauf hat S gerechnet. c) *3. Variante:* S hat das Buch des E niemandem übergeben und lässt es irgendwo liegen (um E zu ärgern), wobei er damit rechnet, dass es jemand findet und für sich behält (wie es auch geschieht). → Rn. 42, 47, 48

I. Grundlagen und Aufbaufragen

1   § 246 ist durch das 6. StrRG 1998 zu einem allgemeinen (subsidiären) Zueignungsdelikt umgestaltet worden. Der Tatbestand schützt das Eigentum. Vergleicht man § 246 und § 242, so wird der Diebstahlstatbestand durch die Gewahrsam brechende Wegnahme charakterisiert, die subjektiv in Zueignungsabsicht erfolgt. Dagegen ist bei § 246 die Zueignung ein *objektives* Tatbestandsmerkmal und bedarf daher der faktischen Manifestation.

2   In den typischen Unterschlagungskonstellationen eignet sich ein Alleingewahrsamsinhaber den Gegenstand zu. Die Gewahrsamsbegründung erfolgt also *vor* der Zueignung.

Beispiele: Verkauf einer entliehenen Sache; unbefugter Verkauf einer unter Eigentumsvorbehalt erworbenen Sache (erg. → § 18 Rn. 25); Zueignungen durch Alleingewahrsamsinhaber wie z. B. Kassierer (vgl. → § 2 Rn. 37), durch Arbeitnehmer, die als Fernfahrer unterwegs sind (vgl. → § 2 Rn. 38), oder durch Betriebsinhaber, Behördenleiter usw. (vgl. → § 2 Rn. 43); generell: Zueignung nach einem ohne Zueignungsabsicht erfolgten Gewahrsamswechsel (vgl. → § 2 Rn. 60, 86, 172, 196). – Zu Zueignungen *ohne vorherige* Gewahrsamsbegründung, d. h. insbesondere zur Zueignung von gewahrsamslosen Sachen, siehe → Rn. 34 ff.

3   Die Unterschlagung ist gegenüber anderen strafbaren Taten kraft Gesetzes **subsidiär** (§ 246 I). Sie hat die Funktion eines Auffangtatbestandes, „der alle Formen rechtswidriger Zueignung fremder beweglicher Sachen umfasst, die nicht einen mit schwererer Strafe bedrohten eigenständigen Straftatbestand (…) verwirklichen" (BT-Drs. 13/8587, S. 43 f.; näher → Rn. 58, 64 ff.).

4   In der **Fallbearbeitung** müssen daher Vermögensdelikte wie die §§ 242, 249, 253, 259, 263, 266 zuerst geprüft werden (erg. → Rn. 51 ff.). Ist neben einem solchen vorrangigen Delikt – wie typischerweise beim Diebstahl – zugleich der subsidiäre § 246 I erfüllt, wird man in der Regel allenfalls noch ei-

nen kurzen Hinweis der Art erwarten: „Der gleichzeitig verwirklichte § 246 I tritt kraft gesetzlicher Subsidiarität zurück." Beachte ergänzend, dass durch das erste Vermögensdelikt die Fremdheit entfallen kann (→ Rn. 11 ff.) und in den Fällen des § 246 II vielfach die *gleiche* Strafe angedroht wird (→ Rn. 68).

Gewisse Schwierigkeiten bereitet der richtige **Aufbau.** Die Probleme rühren daher, dass der objektive Tatbestand die Feststellung einer Zueignung voraussetzt, die nach der zutreffenden h. M. in der objektiven Manifestation des subjektiven Zueignungswillens liegt. Demzufolge kann die Manifestation sinnvollerweise erst geprüft werden, wenn zuvor der subjektive Zueignungswille festgestellt worden ist (vgl. BGHSt 14, 38, 41). Also empfiehlt es sich, bei dem Zueignungsmerkmal die subjektive (→ Rn. 16 ff.) vor der objektiven Seite (→ Rn. 19 ff.) zu erörtern und auf die übliche strenge Trennung zwischen objektivem und subjektivem Tatbestand aus sachlich gebotenen Gründen zu verzichten. – Daraus ergibt sich das folgende

---

Aufbauschema (§ 246) 6

  I. Tatbestandsmäßigkeit
    1. Objektive Merkmale „fremde bewegliche Sache"
    2. Merkmal „sich oder einem Dritten zueignet"
      a) Subjektives Element (Zueignungswille): Wille zur
        aa) dauernden Enteignung (dolus eventualis genügt) und
        bb) wenigstens vorübergehenden Aneignung (dolus eventualis genügt; str.)
      b) Objektives Element (Zueignungsakt): Manifestation des Zueignungswillens
    3. Objektives Merkmal Rechtswidrigkeit der Zueignung
    4. Eventuell: Anvertrautsein gemäß Abs. 2 (Qualifikation)
    5. Vorsatz bezüglich 1, 3 und eventuell 4
  II. Rechtswidrigkeit
 III. Schuld

Die Aufbauschwierigkeiten bezüglich des Zueignungselements werden eher 7 selten artikuliert. Meistens wird allerdings die hier vorgeschlagene Reihenfolge: Zueignungswille vor Manifestation zumindest stillschweigend zugrunde gelegt (vgl. die Falllösungen von *Küper,* Jura 1996, 206 f.; *Haustein*, JA 2015, 353 f.; *Bernsmann*, ZJS 2016, 82 ff.; *Blaue*, JA 2018, 113 ff.). Wem es vorzugswürdiger erscheint, der kann auch – gedanklich oder mit entsprechenden

Überschriften – die Schemapunkte I.1–4 dem objektiven Tatbestand und den Punkt I.5 dem subjektiven Tatbestand zuordnen (so *Beulke* III, Rn. 128; W/H/S/*Hillenkamp*, BT 2, Rn. 346; *Hecker*, JuS 2010, 741). Im Aufbau ändert sich dadurch nichts. Man darf sich dann nur nicht daran stören, dass im objektiven Tatbestand beim Zueignungsmerkmal eine starke subjektive Komponente zu prüfen ist.

8   Will man demgegenüber zwischen objektivem und subjektivem Tatbestand streng trennen, muss die Prüfung des Zueignungswillens (Punkt I.2.a) herausgenommen werden und im Anschluss an den Vorsatz (Punkt I.5) in einem gemeinsamen subjektiven Tatbestand erfolgen. Bei der objektiven Zueignungsseite ist dann zu prüfen, ob ein nach außen erkennbares Verhalten des Täters (aus der Sicht eines Beobachters, der die Sachlage überblickt) so verstanden werden kann, dass der Täter die Sache behalten will (in diesem Sinne K/*Böse*, BT II, § 6 Rn. 50 ff.; *Eisele*, BT II, Rn. 256).

9   Die Drittzueignung ist sinngemäß zu behandeln. Bei ihr stellt sich ggf. noch die Frage, ob der Drittzueignungsakt dem Täter als täterschaftliches Handeln zugerechnet werden kann (→ Rn. 46 ff.).

II. Merkmal „fremde bewegliche Sache"

10   Diese objektiven Tatbestandsmerkmale haben denselben Inhalt wie bei § 242 (→ § 2 Rn. 6 ff.). Besondere Erwähnung verdient allerdings, dass nach dem Sachbegriff das Objekt individuell bestimmt sein muss; an nicht ausgesonderten Teilen einer Sachgesamtheit kann keine vollendete Unterschlagung begangen werden.

Beispiel: G ist Alleingeschäftsführer einer Baustofffirma. Um sein Gehalt aufzubessern, bietet er X aus den Lagerbeständen 100 Steine unter der Hand zum Kauf an. X lehnt ab. – Selbst ein Versuch (§ 246 III) scheidet aus, weil dieser nach § 22 erst mit dem Ansetzen zur Aussonderung beginnt.

11   Ferner: Wird das Tatobjekt dem Täter beim Gewahrsamswechsel übereignet, so kann er sich keine „fremde" Sache zueignen.

12   **Beispiele:** (1) Irrtümliche (Zuviel-)Auszahlung von Geld an Bankkunden (zu § 263 siehe → § 13 Rn. 21 f.); jede deliktische Erlangung im Wege der §§ 253, 263, 263a, sofern damit eine zivilrechtlich wirksame Übereignung einhergeht (erg. → § 14 Rn. 52a).

13   (2) Beim „Schwarztanken" an einer Selbstbedienungssäule (erg. → § 2 Rn. 72 f.; → § 13 Rn. 5, 44, 324; ausführlich *Lange/Trost,* JuS 2003, 961 ff.) kommt ein Eigentumserwerb kraft Gesetzes durch Vermischung gemäß den §§ 947, 948 BGB nicht in Betracht, weil danach der bisherige Eigentümer zumindest Miteigentümer bleibt (vgl. → § 2 Rn. 9). Was eine Übereignung nach den §§ 929 ff. BGB betrifft, nimmt die h. M. zu Recht an, dass der Eigentumsübergang erst mit der Bezahlung an der Kasse zustande kommt. Soweit nicht

ein Eigentumsvorbehalt gemäß § 449 BGB vereinbart worden ist (dafür *Faust,* JuS 2011, 931), lässt sich dieses Ergebnis am besten damit begründen, dass ähnlich wie beim Kauf in Selbstbedienungsläden die dingliche Einigung gemäß § 929 Satz 2 BGB an der Kasse erfolgt. Daher kann ein zunächst zahlungswilliger Kunde, der erst nach dem Tankvorgang beschließt, ohne Bezahlung davonzufahren, immerhin nach § 246 I bestraft werden (ebenso *OLG Koblenz* NStZ-RR 1998, 364; NK/*Kindhäuser,* § 242 Rn. 17; *Streng,* JuS 2002, 455; Sch/Sch/*Bosch,* § 246 Rn. 7; *Eisele,* BT II, Rn. 250f.; a. A. *Baier,* JA 1999, 366f.).

Demgegenüber begeht ein von vornherein zahlungsunwilliger Kunde in der Regel einen (versuchten) Betrug (vgl. → § 13 Rn. 44, 324). Bezüglich dessen Verhältnisses zu § 246 I ist zu beachten, dass sich der Zueignungswille erst mit dem Davonfahren manifestiert. Da andererseits bereits die vorherige Besitzerlangung durch den (versuchten) Betrug unterschlagungsrelevant ist, sieht *BGH* NJW 2012, 1092, 1093 einen Gleichzeitigkeitsfall im Sinne der Subsidiaritätsklausel (Rn. 58, 65) und lässt daher § 246 I zurücktreten (zust. *Satzger,* JK 6/13, StGB § 263/101). Bei einem bloß versuchten Betrug ist aber die Annahme von Tateinheit überzeugender (entsprechend → § 2 Rn. 25 zu Fall 1a).

Falllösungen zum „Schwarztanken" bei *Hoffmann-Holland/Singelnstein/ Simonis,* JA 2009, 516ff.; *Radtke/Meyer,* JA 2009, 702ff.; *Böhringer/Wagner,* ZJS 2014, 557ff.; *Beulke/Zimmermann* II, Rn. 129ff.

(3) Einer inkassobevollmächtigten Person (Kellner, Versicherungsvertreter) **14** wird das Geld *nicht* übereignet (*OLG Düsseldorf* NJW 1992, 60; NStZ-RR 1999, 41; *Mitsch,* BT 2, 156f.).

(4) Auch in den Fällen der Lieferung nicht bestellter Waren (§ 241a I BGB) **15** findet keine Übereignung statt. Da aber der Verbraucher aus zivilrechtlicher Sicht mit der unbestellten Sache nach Belieben verfahren darf, ohne Ansprüchen des Unternehmers ausgesetzt zu sein (h. M.), wäre es widersprüchlich, Zueignungs- und Vernichtungshandlungen des Verbrauchers nach den §§ 246, 303 StGB zu bestrafen. Insoweit verdient der Vorschlag Beachtung, § 241a I BGB als Rechtfertigungsgrund anzuerkennen (*Matzky,* NStZ 2002, 458ff.; *Satzger,* Jura 2006, 433f.; *Reichling,* JuS 2009, 111ff.; ferner *Haft/Eisele,* Meurer-GS, 2002, 252ff., die bezüglich § 246 bereits die Rechtswidrigkeit der Zueignung verneinen; Falllösung bei *Kreß/Baenisch,* JA 2006, 711f.).

III. Merkmal „sich oder einem Dritten zueignet"

1. Subjektives Element (Zueignungswille)

a) Parallele zu § 242. Der Zueignungsbegriff des § 246 stimmt in **16** seinem – sinnvollerweise zuerst zu prüfenden (→ Rn. 5) – subjektiven Element mit dem Begriff der Zueignungsabsicht im Sinne des § 242 weitgehend überein. Das heißt: All die Probleme um die auf Dauer gerichtete Enteignung und zumindest vorübergehende Aneignung können auf der Ebene des § 246 genauso vorkommen. So macht sich parallel zum Telefonkarten-Fall von → § 2 Rn. 104 wegen (veruntreuender) Unterschlagung strafbar, wer eine ihm überlassene fremde Kopierkarte unberechtigt zu eigenen Zwecken einsetzt (Falllösung bei *Vogt/Brand*, Jura 2008, 308). – Ein weiteres

17   **Beispiel** (Verschleierung von Kassenfehlbeständen): Der alleinverantwortliche Kassierer K entdeckt in seiner Kasse Fehlbestände, die er nach und nach mit eigenen Mitteln ausgleichen will. Um zuvor die Fehlbestände aus Angst vor beruflichen Nachteilen zu verschleiern, gibt K eingezahltes Geld zwar in die Kasse, verbucht es aber vorschriftswidrig nicht.

Fraglich ist die Enteignungskomponente. Überwiegend zieht man eine Parallele zu den Rückverkaufsfällen (→ § 2 Rn. 132) und bejaht die Enteignung mit der Begründung, K habe, um sein Verschleierungsziel erreichen zu können, die fremden Gelder dem Eigentümer erst entziehen müssen, um sie diesem dann sogleich wieder – aber nicht mehr als normale Einzahlung, sondern als angeblich ihm (K) gehörend – „neu" zurück zu übertragen (BGHSt 24, 115, 119 ff.; *Tenckhoff*, JuS 1984, 778). Andere verneinen das Enteignungselement und ziehen die Parallele zu dem Dienstmützenfall (→ § 2 Rn. 117): Das Geld sei seinen Weg in die Kasse gegangen, und der Täter habe mit den Manipulationen nur über seine Ersatzpflicht getäuscht (K/H/H/*Hellmann*, BT 2, Rn. 270 ff.; *Otto*, Jura 1996, 383, 385 f.). Gegen die Parallele zum Dienstmützenfall spricht aber, dass dort nicht das Eigentum des Berechtigten geleugnet wird. Richtigerweise ist daher § 246 I, II zu bejahen (zu § 266 vgl. → § 18 Rn. 28 f.).

18   **b) Ausnahme Aneignungsvorsatz.** Einen selten relevanten Unterschied zwischen den Zueignungsbegriffen der §§ 242, 246 gibt es im *subjektiven* Bereich: Da bei § 246 die Zueignung ein objektives Tatbestandsmerkmal ist, kann der Zueignungswille nur als Zueignungsvorsatz zu verstehen sein. Bezüglich der Enteignungskomponente reicht allerdings auch bei § 242 dolus eventualis aus (→ § 2 Rn. 89). Insoweit beschränkt sich die Besonderheit auf die Aneignungskomponente, für die im Rahmen des § 246 abweichend von § 242 jeder Aneignungsvorsatz genügt.

Beispiel: A verschenkt eine Kiste mit Büchern an X. Darunter sind einige, von denen A nicht genau weiß, ob sie ausgeliehen sind oder ihm gehören. Er hält beides für möglich, hat aber zur weiteren Klärung keine Lust. So erlangt X gutgläubig ein Buch des E. Hier handelt A auch bezüglich der Aneignungskomponente nur mit dolus eventualis, und zwar sowohl unter dem Aspekt der

Selbst- wie der (subsidiären) Drittzueignung (vgl. → § 2 Rn. 152, 155 und unten → Rn. 39 ff.). Für § 246 I reicht dies aus.

Wie hier *Fischer,* § 246 Rn. 20; SK/*Hoyer,* § 246 Rn. 38; *Tenckhoff,* JuS 1980, 727; W/H/S/*Hillenkamp,* BT 2, Rn. 325. – A. A. *Küper/Zopfs,* BT, Rn. 845 f.; *Dencker,* Rudolphi-FS, 2004, 436 ff.

2. Objektives Element (Zueignungsakt)

Der wesentliche, leicht übersehene Unterschied zwischen den **19** Zueignungsmerkmalen von § 242 und § 246 liegt darin, dass bei § 246 die Zueignung auch objektives Tatbestandsmerkmal ist und daher der bloße Zueignungswille nicht genügt, sondern ein darüber hinausgehender objektiver Zueignungsakt vorliegen muss. Dessen genaue Bestimmung ist allerdings umstritten und bereitet Schwierigkeiten:

a) Zueignungstheorien. Sog. Zueignungstheorien, die je nach gesetztem **20** Schwerpunkt auch als **Enteignungs- bzw. Aneignungstheorien** firmieren, bemühen sich, alle oder bestimmte Elemente des Zueignungswillens konsequent zu objektivieren. Soweit man den Eintritt eines dauernden Enteignungserfolges verlangt, liegt ein derartiger Erfolg in Konstellationen des Eigentumsübergangs (§§ 929 ff., 946 ff. BGB), des Verbrauchs, der Vernichtung, des Wegwerfens und der Entwertung vor. In anderen Konstellationen wird allerdings auf dem Boden dieses Standpunktes die Vollendung, da sie von der erfolgten dauerhaften Verdrängung des Eigentümers abhängt, in die ferne Zukunft verlagert und von daher der Unterschlagungstatbestand weitgehend entwertet; man denke insbesondere an die Zueignung entliehener und anderer fremder Sachen, die Alleingewahrsamsinhabern anvertraut sind.

Um solche Folgen zu vermeiden, lässt man teilweise das Vorliegen der konkreten Gefahr einer Enteignung ausreichen. Allerdings ist nicht zu übersehen, **21** dass insoweit die Ausformung des konkreten Gefahrbegriffs und seine praktische Anwendung weitere Meinungsverschiedenheiten hervorrufen.

Andere Minderheitsmeinungen versuchen, den objektiven Zueignungsakt **22** (auch) mit Hilfe der Aneignungskomponente zu bestimmen und verlangen die Herbeiführung eines tatsächlichen Aneignungserfolges. Darüber, wie dieser zu bestimmen ist, gehen die Meinungen aber wieder auseinander.

b) Manifestationstheorie. Die h. M. geht daher zu Recht einen anderen Weg. Sie vertritt die sog. (enge) **Manifestationstheorie.** **23**

An dieser Lehre kann und sollte sich ebenso der Studierende orientieren. Angesichts der jenseits der Manifestationstheorie bestehenden unübersehbaren Meinungsvielfalt kann man eine Diskussion von abweichenden Ansichten jedenfalls in Klausuren vernünftigerweise nicht erwarten.

Auf dem Boden der herrschenden Manifestationslehre ist darauf **24** abzustellen, ob ein nach außen erkennbares Verhalten des Täters verlässlich zum Ausdruck bringt, dass der Täter die Sache behalten will. Zu beurteilen ist dies aus der Sicht eines objektiven Beobachters, der, abgesehen vom Zueignungswillen des Täters, alle tatsächlichen Umstände des Falles wie z. B. die Eigentums-, Gewahrsams- und vertraglichen Verhältnisse kennt. Als taugliche Manifestationsakte scheiden demnach Handlungen aus, die mehrdeutig sind oder neutralen Charakter haben, etwa weil sie auch bei fehlendem Zueignungswillen zu erwarten sind.

Beispiele für typische Fälle der Manifestation: Verzehr, Verbrauch oder Verarbeitung der Sache; rechtsgeschäftliche Verfügungen wie Verkauf und Sicherungsübereignung; auch schon das bloße Verkaufsangebot; Ableugnen des Besitzes bei einem berechtigten Herausgabeverlangen des Eigentümers (*BGH* wistra 2006, 227, 228); „Bestehlen" eines Toten; Signierung eines Buches.

25   Die Kritiker werfen der h. M. vor, die Anforderungen an die objektive Zueignungsseite in einer Weise zu reduzieren, die dem Charakter des § 246 als Erfolgsdelikt nicht entspreche. Der Bereich vollendeter Unterschlagungen werde, wie der Fall des Verkaufsangebots deutlich zeige, so ausgedehnt, dass für die Versuchsstrafbarkeit kaum noch etwas übrig bleibe.

26   Zur h. M. und Diskussion vgl. BGHSt 34, 309, 312; *BayObLG* NJW 1992, 1777, 1778; *Küper/Zopfs,* BT, Rn. 844 ff.; W/H/S/*Hillenkamp*, BT 2, Rn. 322 ff.; *Eisele,* BT II, Rn. 252 ff.; *Otto,* Jura 1989, 204; Sch/Sch/*Bosch,* § 246 Rn. 10 f. – Zum Meinungsstand ferner MüKo/*Hohmann*, § 246 Rn. 18 ff.; LK/*Vogel*, 12. Aufl. § 246 Rn. 20 ff., 28 ff.; *Hillenkamp/Cornelius,* BT, 24. Problem; *Joecks/Jäger,* § 246 Rn. 13 ff.; SK/*Hoyer*, § 246 Rn. 9 ff.; *Duttge/Sotelsek,* Jura 2002, 526 ff.; K/H/H/*Hellmann*, BT 2, Rn. 239 ff. – Falllösungen bei *Küper,* Jura 1996, 206 f.; *Beulke* III, Rn. 166 ff.

27   Im speziellen Fall der **Fundunterschlagung** (erg. → Rn. 35) manifestiert sich der gefasste Zueignungswille selten bereits im Zusammenhang mit der Gewahrsamsbegründung; denn typischerweise verhält sich ein solcher unehrlicher Finder – anders als der laut rufende Romeo im **Fall 2c** – erst einmal äußerlich unauffällig und neutral wie ein ehrlicher Finder, der oft in gleicher Weise den Gegenstand aufhebt, einsteckt und vielleicht vorübergehend mit nach Hause nimmt. Solange besondere äußerlich sichtbare Zueignungsakte fehlen, erfüllt der mit Zueignungswillen handelnde Finder den Tatbestand nicht **(Fall 2b).** Auch ein Versuch kann nach § 22 erst mit dem Ansetzen zur Manifestation beginnen.

Das bloße **Unterlassen** der geschuldeten Rückgabe einer Sache 28
(z. B. nach Ablauf eines Leih- oder Mietvertrages) kann nicht als Manifestation des Zueignungswillens angesehen werden, weil es auf einer das fremde Eigentum nicht in Frage stellenden Nachlässigkeit
oder Pflichtvergessenheit beruhen kann. Entsprechendes gilt für die
schlichte Nicht*anzeige* eines Fundes entgegen § 965 I, II 1 BGB.
Eher wird in der Nicht*ablieferung* entgegen § 978 BGB eine Manifestation sichtbar werden. Insgesamt kann man sich als Lösungshilfe die
Frage stellen, ob das Unterlassen die Qualität eines „beredten
Schweigens" erlangt und insoweit die Zueignung mit den Komponenten der Ent- und Aneignung zum Ausdruck bringt.

Hierzu BGHSt 34, 309, 312; *OLG Koblenz* StV 1984, 287, 288; *BayObLG*
NJW 1992, 1777, 1778; *OLG Hamm* wistra 1999, 112; *OLG Hamburg* StV
2001, 577; *LG Potsdam* NStZ-RR 2008, 143 f.; *OLG Brandenburg* NStZ
2010, 220 mit Bspr. *Hecker*, JuS 2010, 740. Vertiefend *Ranft*, JA 1984, 287;
Lagodny, Jura 1992, 664 f.

c) Keine Zueignung ohne Herrschaftsbeziehung zum Zueig- 29
nungsobjekt. Manche Kritik an der h. M. könnte damit zusammenhängen, dass man die auch im Lichte der Manifestationslehre
bestehende tatbestandsbegrenzende Funktion der Aneignungskomponente nicht ausreichend erfasst: Der Täter muss sich selbst oder
den begünstigten Dritten in eine Position bringen, die nach außen
hin sichtbar macht (Manifestation), dass die Sache oder der in ihr verkörperte Wert zumindest vorübergehend in das eigene Vermögen einverleibt bzw. dem des Dritten zugeordnet ist.

Ein solches, die Kriterien der Selbst- bzw. Dritt-Aneignung erfül- 30
lendes (vgl. → § 2 Rn. 137 ff., 147 ff.), Einverleiben in das Vermögen
setzt, soweit noch nicht vorhanden, die – vorsätzliche (→ Rn. 18) –
Herstellung einer sachenrechtsähnlichen Herrschaftsbeziehung
zwischen dem Täter bzw. begünstigten Dritten und der fremden Sache, d. h. typischerweise Eigentum, Eigenbesitz, mittelbaren Besitz
oder Gewahrsam, voraus. Beziehungen lediglich schuldrechtlicher
Art ohne Herrschaftsbeziehung genügen nicht. Dies folgt aus der be-
grenzenden Funktion der richtig verstandenen Aneignungskomponente und lässt sich mit dem geschützten Rechtsgut (Eigentum) und
dem Zweck begründen, konturenlose Ausweitungen zu vermeiden.

Beispiele: (1) A sieht unterwegs das unabgeschlossene Fahrrad des E, das 31
diesem entwendet worden ist. A „verkauft" sein Wissen an den bösgläubigen
X. – Für eine Selbstzueignung durch A bzw. X genügt die bloße Zugriffsmög-

lichkeit oder das bloße Auftreten als Verkäufer bzw. Käufer, ohne die Sache in (mittelbarem) Besitz oder Gewahrsam zu haben, nicht. Denn der „Kaufvertrag" allein wirkt nicht in einer Weise auf das Eigentum ein, die den status quo zu Lasten des Eigentümers verändert. Daher kann A durch den bloßen Abschluss des Vertrages auch keine Drittzueignung begehen.

Holt sich X das Fahrrad, erfüllt er § 246 I in der Form der Selbstzueignung. A ist auch jetzt nicht Täter einer Drittzueignung, weil die Tatherrschaft über die Verschaffung der Herrschaftsposition bei X liegt (vertiefend → Rn. 46 ff.). A erfüllt die §§ 246 I, 26.

32   (2) Dementsprechend genügt es für § 246 I nicht, wenn zwei Täter (nur) vereinbaren, dass der eine für den anderen zu einem bestimmten „Kaufpreis" einen genau bezeichneten Gegenstand eines Dritten stiehlt. Ebenso wenig erfüllt § 246 I, wer seiner Freundin z. B. ein fremdes Fahrrad „schenkt", das sich an einem dritten Ort befindet.

33   Im Ergebnis lebt also das frühere Besitz- und Gewahrsamserfordernis (→ Rn. 34) über das Kriterium der Herrschaftsbeziehung in gewisser Weise im Zueignungsbegriff fort. Daher müssen sich Zueignungswille und Zueignungsakt (Manifestation) auch auf diese Herrschaftsbeziehung erstrecken.

Auf dieser Linie auch die h. M.: Vgl. *Rengier,* Lenckner-FS, 1998, 809 ff.; *Küper/Zopfs,* BT, Rn. 844, 857 ff.; Sch/Sch/*Bosch,* § 246 Rn. 10; *Otto,* Jura 1998, 551 f.; *Eisele,* BT II, Rn. 258; *Jäger,* JuS 2000, 1169; *Cantzler,* JA 2001, 569; *Schenkewitz,* NStZ 2003, 17 ff.; *Kudlich/Koch,* JA 2017, 188.

3. Zueignungen ohne vorherige Gewahrsamsbegründung

34   Nach dem bis zum 6. StrRG 1998 geltenden § 246 I a. F. musste sich der Täter eine Sache zueignen, „die er in Besitz oder Gewahrsam hat". Mit der ersatzlosen Streichung dieser Worte sind manche Streitpunkte entfallen, die vier Fallkonstellationen betrafen. Da diese Konstellationen für Unterschlagungsfälle nach wie vor relevant sind, ist ihre kurze Erörterung hilfreich, um sich ein Bild von der Reichweite des Tatbestandes zu machen:

35   a) **Fundunterschlagung.** Die Fälle des Zusammenfallens von Gewahrsamsbegründung und manifester Zueignung **(Fälle 2a und c)** erfüllen problemlos § 246 I. Einen zeitlichen Abstand zwischen Gewahrsamsbegründung und Zueignung verlangt das Gesetz eindeutig nicht.

36   b) **Leichenfledderei.** Hier geht es um das „Bestehlen" eines Toten, ohne dass bereits eine andere Person Gewahrsam an dessen Sachen erlangt hat (vgl. schon → § 2 Rn. 25 f. zu den Fällen 1b und c). Diese Fallgruppe weist Parallelen zur sofort manifesten Fundunterschlagung auf. In der Plünderung liegt in der Regel die Manifestation des Zueignungswillens.

c) Mittelbarer Besitz. Ein Beispiel findet sich im **Fall 1,** in dem zu- 37 nächst eine Bestrafung des L aus § 263 I verneint werden muss: Ein Betrug zum Nachteil des X scheitert am gutgläubigen Erwerb gemäß §§ 929 Satz 2, 932 I 2 BGB (vertiefend → § 13 Rn. 245 ff.), ein Betrug zum Nachteil des V am erforderlichen Näheverhältnis zwischen dem getäuschten X und dem Geschädigten V (vertiefend → § 13 Rn. 135 f.). Was die (veruntreuende) Unterschlagung betrifft, bereitet die Bejahung einer strafbaren Selbst- wie (subsidiären) Drittzueignung (vgl. → § 2 Rn. 152, 155) keine Schwierigkeiten.

d) Mittäterschaft ohne (Mit-)Gewahrsam. Dazu folgendes 38

Beispiel: K hat bei V Papierrollen gekauft, die F (Fahrer einer Transportfirma und Alleingewahrsamsinhaber) an K ausliefern soll. Einen Teil der Rollen behält F zurück und verkauft sie. Den Erlös teilt er vereinbarungsgemäß mit A, der als Angestellter des K den Empfang aller Rollen bestätigt hat (BGHSt 2, 317).

F erfüllt eindeutig § 246 II. Bei A stellt sich, nachdem die Gewahrsamsklausel keine Rolle mehr spielt, allein die Frage, ob er Mittäter oder bloß Gehilfe der – für ihn nur einfachen (§ 28 II; Rn. 59) – Unterschlagung ist. Insoweit gelten die allgemeinen Abgrenzungskriterien; dabei sollte gesehen werden, dass die Einbeziehung der Drittzueignung den Mittäterschaftsbereich grundsätzlich erweitert (dazu schon → § 2 Rn. 203 f.; kritisch *Duttge/Fahnenschmidt*, ZStW 1998, 904 ff.).

4. Drittzueignungen

a) Grundlagen. Im Einzelnen bestehen manche Unklarheiten. 39 Fraglich ist etwa, inwieweit Drittzueignungen eine Mitwirkung des Dritten voraussetzen:

Auf jeden Fall muss in den Fällen des gesetzlichen Eigentumsüber- 40 gangs (§§ 946 ff. BGB) die Dritt-Aneignung bejaht werden. Hier wird die Sache kraft Gesetzes in das Vermögen des Dritten einverleibt. Es spielt keine Rolle, ob der begünstigte Dritte mitwirkt oder von dem Erwerb Kenntnis hat.

Beispiele: Der Knecht, der auf dem Hof des A zum Bau einer Scheune Holz verwendet, das B bei A eingelagert hat, eignet dem A im Wege des § 946 BGB das fremde Holz zu. Soweit man das (anonyme) Einwerfen fremder Gelder in Opferstöcke und Sparschweine Dritter als (subsidiäre) Drittzueignungskonstellationen einstuft (→ § 2 Rn. 153 ff.) und auf die Ebene des § 246 verlagert, lässt sich die Drittzueignung mit dem Vermischungsakt (§ 948 BGB) begründen.

41   Im Übrigen fragt es sich, welche Anforderungen an die Manifestation des Drittzueignungswillens zu stellen sind. Im Rahmen des § 242 ist für die Drittzueignungsabsicht der Wille erforderlich, dem Dritten eine sachenrechtsähnliche Herrschaftsbeziehung zu verschaffen, die ihm eine Aneignung ermöglicht (→ § 2 Rn. 148 f.). Für § 246 bedeutet dies: Auf dem Boden der herrschenden (engen) Manifestationstheorie setzt die Manifestation des Drittzueignungswillens als Zueignungsakt voraus, dass die Herstellung der Herrschaftsbeziehung zugunsten des Dritten sichtbar wird (vgl. → Rn. 23 ff.).

42   **Beispiele:** (1) Im **Fall 3a** erfolgt die Manifestation des Drittzueignungswillens – zum ausreichenden dolus eventualis für den (Dritt-)Aneignungsvorsatz siehe → Rn. 18 – mit der Übergabe des Buches an K (= Begründung dessen Sachherrschaft). Damit ist bereits zu diesem Zeitpunkt § 246 I erfüllt und nicht erst, wenn K das Buch seinem Vermögen zuordnet (a. A. M/*Momsen,* BT 1, § 34 Rn. 34; *Kudlich,* JuS 2001, 771). Richtigerweise kommt es für die Strafbarkeit des S auf das spätere Verhalten des K überhaupt nicht an. K erfüllt durch die spätere Zuordnung § 246 I in der Form der Selbstzueignung.

43   (2) Teilweise werden als weitere Beispiele die – auf der Ebene des § 242 schon angesprochenen (→ § 2 Rn. 153 f.) – Fälle diskutiert, dass jemand ein verwahrtes (oder geliehenes oder gefundenes) Buch mit Drittzueignungswillen heimlich vor die Haustür einer bestimmten Person P legt, in ihren Briefkasten wirft oder in ihr Bücherregal stellt (vgl. W/H/S/*Hillenkamp,* BT 2, Rn. 326; Sch/Sch/*Bosch,* § 246 Rn. 21, 26). Nach der hier vertretenen Ansicht handelt es sich um Selbstzueignungs- und subsidiäre – insoweit nicht näher erörterungsbedürftige – Drittzueignungskonstellationen (→ § 2 Rn. 153 ff.). Betrachtet man aber die Fälle ausschließlich unter dem Aspekt der Drittzueignung, so ist festzuhalten: Der Täter führt die Herrschaftsbeziehung des Dritten (P) in manifester Weise schon dadurch herbei, dass er heimlich das Buch vor die Haustür legt, in den Briefkasten wirft oder in das Regal stellt und insoweit sichtbar einem Bereich zuordnet, auf den sich die Sachherrschaft des Dritten erstreckt. Für die Vollendung ist nicht erforderlich, dass der Dritte (P) das Buch in das eigene Vermögen überführt.

44   (3) Wenn im Beispiel (2) der Täter das geliehene Buch mit Drittzueignungswillen der P anonym per Post zuschickt, kann die Einordnung als Selbst- und/oder Drittzueignungsfall Bedeutung erlangen (vgl. → § 2 Rn. 152 ff.). Nimmt man wie hier (auch) einen Selbstzueignungswillen an, so ist § 246 I, II mit

dem Einwurf in den Postbriefkasten vollendet, während sich der Wille zur Drittzueignung erst mit dem Wurf in den Briefkasten der P manifestiert.

Im Ergebnis verlangt damit eine täterschaftliche Drittzueignung 45 nicht unbedingt eine Mitwirkung oder ein Einverständnis des begünstigten Dritten. Auch die heimliche Zuwendung kann bereits den Tatbestand des § 246 I erfüllen.

W/H/S/*Hillenkamp*, BT 2, Rn. 326; *Küper/Zopfs*, BT, Rn. 854 f.; Sch/Sch/ *Bosch*, § 246 Rn. 21, 26; *Duttge/Sotelsek*, Jura 2002, 532; K/H/H/*Hellmann*, BT 2, Rn. 259; *Eisele*, BT II, Rn. 259 f. – A. A. noch *Rengier*, Lenckner-FS, 1998, 805; *Mitsch*, ZStW 1999, 86.

b) Täterschaftliche Drittzueignung und Teilnahme an der 46 Selbstzueignung des Dritten. Die Abgrenzung richtet sich nach allgemeinen Teilnahmeregeln (*Jäger*, JuS 2000, 1169 f.; *Schenkewitz*, NStZ 2003, 19; M/*Momsen*, BT 1, § 34 Rn. 34). Danach ist Täter, wer die (Mit-)Tatherrschaft über den Manifestationsakt hat, mit dem die Drittzueignung vollendet wird (→ Rn. 41 ff.).

Im **Fall 3b** verwirklicht S § 246 I, II in der Form der Drittzueignung da- 47 durch, dass der begünstigte K die Einverleibung in sein Vermögen gutgläubig vollzieht und S insoweit die Tatherrschaft kraft Irrtumsherrschaft hat (ebenso K/H/H/*Hellmann*, BT 2, Rn. 256 ff.; vgl. ferner *Schenkewitz*, NStZ 2003, 19 f.).

Fall 3c wird auch unter dem Stichwort der „Quasi-Dereliktion" diskutiert. 48 Hier führt S den notwendigen Wechsel der Herrschaftsbeziehung in keiner möglichen Konstellation mit Tatherrschaft herbei. Insoweit kommen allein die §§ 246 I, II, 27, 28 II unter der Voraussetzung in Frage, dass der Finder § 246 I erfüllt. Nimmt man an, dass niemand sich das Buch zueignet, so scheiden bei S auch die §§ 246 I, III, 22 aus, weil er über den Sachherrschaftswechsel nicht die Tatherrschaft haben wollte (insoweit entgegen der Falllösung von *Noak/Sengbusch*, Jura 2005, 497).

Die Lösungen zeigen zugleich, dass auch in diesen Fällen, in denen 49 der Täter im Rahmen einer Drittzueignung bezüglich der Aneignungskomponente nur mit dolus eventualis handelt (→ Rn. 18), eine problematische Ausdehnung des Drittzueignungsbereichs und insoweit eine Annäherung des § 246 an ein allgemeines Sachentziehungsdelikt (vgl. *Duttge/Fahnenschmidt*, ZStW 1998, 903 f.) vermieden werden kann.

5. Rechtswidrigkeit der Zueignung

Die Ausführungen zu § 242 gelten entsprechend (→ § 2 Rn. 187 ff.). 50

IV. Wiederholte Zueignungen

51 Der seit BGHSt 14, 38 intensiv geführte Streit hat die Wiederholbarkeit der Zueignung zum Gegenstand. Nach der zutreffenden sog.
Tatbestandslösung kann ein Täter, der sich eine fremde Sache durch
eine – z. B. als Diebstahl, Unterschlagung, Raub, Erpressung, Betrug
oder Untreue – bereits *strafbare* Handlung schon zugeeignet hat, sich
die Sache später *tatbestandlich* nicht noch einmal zueignen. Dem widerspricht die sog. **Konkurrenzlösung,** die mehrfache (letztlich beliebig viele) Manifestationen des Zueignungswillens für möglich hält,
diese aber im Wege der mitbestraften Nachtat ausscheidet.

52 Für die Tatbestandslösung: BGHSt 14, 38, 43 ff.; *BGH* NStZ-RR 2017, 211,
212; K/H/H/*Hellmann*, BT 2, Rn. 265; M/*Momsen*, BT 1, § 34 Rn. 22; *Weigend*, Jura 1980, 656 f.; *Lackner/Kühl*, § 246 Rn. 7; *Poller/Härtl*, JuS 2004,
1076 f. mit Falllösung. – Für die Konkurrenzlösung: W/H/S/*Hillenkamp*,
BT 2, Rn. 341 ff.; *Eisele*, BT II, Rn. 262 ff.; *Tenckhoff*, JuS 1984, 778 f.; *Mitsch*,
JuS 1998, 312; *Duttge/Sotelsek*, Jura 2002, 532 f.; Sch/Sch/*Bosch*, § 246 Rn. 19.
– Zu einem Betrug *ohne* Zueignung mit späterer Unterschlagung siehe BGHSt
16, 280.

53 Für die Konkurrenzlösung soll vor allem sprechen, dass sie eine
Bestrafung von Teilnehmern ermöglicht, die sich erst an der Verwertungstat beteiligen (Teilnahmeargument). Dieses Argument überzeugt
nicht unbedingt, weil man insoweit in den §§ 257, 259 eine abschließende Regelung für Verwertungshandlungen sehen kann. Überzeugender ist der gegen die Tatbestandslösung gerichtete Einwand, sie
sei inkonsequent, wenn sie auch denjenigen Täter gemäß § 246 I be-
strafe, der sich nach einem im Rauschzustand begangenen Diebstahl
(§ 323a i. V. m. § 242) die weggenommene Sache im nüchternen Zustand zueigne (dazu erg. *Rengier*, BT II, § 41 Rn. 28 zu Fall 1).

54 Für die Tatbestandslösung spricht aber: Wer einen Gegenstand
durch eine strafbare Handlung in sein Vermögen einverleibt, also
sich zugeeignet hat, kann nach dem Zueignungsbegriff denselben Gegenstand schwerlich erneut (sogar beliebig oft) in strafbarer Weise
enteignen und sich aneignen (wollen). Schließlich hebt die Konkurrenzlösung die für die Vortaten bestehenden Verjährungsfristen
faktisch auf, da sie in späteren Verwertungstaten eine strafbare Unterschlagung sieht. Insgesamt kann daher § 246 im System der Vermögensdelikte nicht die Funktion haben, subsidiär auch noch alle späteren Manifestationen zu erfassen.

Fraglich ist, ob die Grundsätze der Tatbestands- und Konkurrenz- 55
lösung auch für den Fall einer erstmaligen Drittzueignung nach einer
vorangegangenen Selbstzueignung gelten.

Beispiel: In dem in → Rn. 40 geschilderten Beispielsfall baut der Knecht in
A's Scheune Holz ein, das er ursprünglich für sich selbst gestohlen hat.

Für einen eigenständigen Unrechtsgehalt der Drittzueignung 56
könnte sprechen, dass sich Selbst- und Drittzueignung auf der Aneignungsebene unterscheiden (→ § 2 Rn. 91). Dagegen spricht aber, dass
beide Zueignungsformen eine Enteignung voraussetzen. Von daher
ist auf dem Boden der Tatbestandslösung eine bei der Selbstzueignung bereits erfolgte Enteignung (hier durch den Diebstahl) im Rahmen einer nachfolgenden Drittzueignung (hier durch den Einbau)
nicht wiederholbar. Also erfüllt der Knecht nicht § 246 I zugunsten
des A.

Auch im Lager der Konkurrenzlösung überträgt man die Grundsätze dieser 57
Lehre auf die Konstellation der nachfolgenden Drittzueignung und lässt den
durch den Einbau verwirklichten § 246 I im Wege der mitbestraften Nachtat
zurücktreten (W/H/S/*Hillenkamp*, BT 2, Rn. 344; *Duttge/Sotelsek,* Jura
2002, 531).

Besonders zu beachten ist, dass der Streit um die Wiederholbarkeit 58
der Zueignung nach h. M. *außerhalb* des Bereichs der Subsidiaritätsklausel liegt, weil sich diese nur auf *gleichzeitig,* tateinheitlich verwirklichte andere Vermögensdelikte und nicht auf etwaige spätere
(wiederholte) Zueignungsakte bezieht (vgl. → Rn. 65). Im Übrigen
kommt es in der Fallbearbeitung recht selten vor, dass der Streit Auswirkungen auf die Strafbarkeit insbesondere eines Teilnehmers an der
Verwertungstat hat. Daher darf und muss man sich in der Regel kurz
fassen. – Zur Diskussion ein

Beispiel: Die T hat Pralinen gestohlen, um sie zu verschenken. Als sie dies 59
dem A erzählt, fordert er sie auf, vorher eine zu probieren, was sie auch tut. –
T hat auf jeden Fall § 242 erfüllt. Die Verwertungshandlung (Verzehr) erfüllt
nach der Tatbestandslösung schon nicht den Tatbestand des § 246 I, während
nach der Konkurrenzlösung eine Unterschlagung bejaht werden muss, die
aber als mitbestrafte Nachtat zurücktritt. Bezüglich der Anstiftung von A
fehlt nach der Tatbestandslösung die Haupttat, nach der Konkurrenzlösung
liegen dagegen die §§ 246 I, 26 vor.

V. Veruntreuende Unterschlagung (§ 246 II)

60 Es handelt sich um eine Qualifikation (zum Aufbau → Rn. 6). Der Begriff des Anvertrautseins wird recht weit ausgelegt. Anvertraut sind solche Sachen, bei denen dem Täter die Sachherrschaft mit der Verpflichtung eingeräumt worden ist, die Sache zurückzugeben oder nur zu bestimmten Zwecken im Sinne des Anvertrauenden zu verwenden (BGHSt 16, 280, 282; *BGH* wistra 2013, 387, 389; *Küper/Zopfs,* BT, Rn. 43 ff.). Dies bedeutet, dass etwa geliehene, gemietete, geleaste, verwahrte oder unter Eigentumsvorbehalt gekaufte Sachen dem Täter anvertraut sind.

61 Nach h. M. liegt ein Anvertrauen auch vor, wenn die Sache zu verbotenen oder sittenwidrigen Zwecken übergeben wird.

> **Beispiel:** Unterschlagung von Geld, das der Auftraggeber zum Ankauf einer gestohlenen Sache übergeben hat (*BGH* NJW 1954, 889; *Otto,* BT, § 42 Rn. 28; LK/*Vogel,* 12. Aufl. § 246 Rn. 64; a. A. Sch/Sch/*Bosch,* § 246 Rn. 30).

62 Allerdings scheidet ein Anvertrauen aus, wenn der Anvertrauende gegen die Interessen des Eigentümers handelt.

> **Beispiel:** Der Dieb gibt die gestohlene Sache einem anderen in Verwahrung, der sie unterschlägt (*RGSt* 40, 222; *Mitsch,* BT 2, 186 f.; h. M.; a. A. *Otto,* BT, § 42 Rn. 29).

63 Das Anvertrautsein stellt ein besonderes persönliches Merkmal im Sinne des § 28 II dar (vgl. → § 4 Rn. 106 f.).

VI. Subsidiaritätsklausel

64 Die gesetzliche Subsidiarität erfasst auch die veruntreuende Unterschlagung: Wenn § 246 II von den „Fällen des Absatzes 1" spricht, so ist das in dem Sinn zu lesen, dass alle Merkmale des Abs. 1, also gleichfalls dessen Subsidiaritätsklausel, Bestandteil des § 246 II werden (*BGH* NJW 2012, 3046).

65 Mit der in der Klausel genannten „Tat" ist die materiell-rechtliche Tat(einheit) im Sinne der Konkurrenzlehre gemeint. Folglich erstreckt sich die Klausel nur auf andere, *gleichzeitig* verwirklichte Straftaten und nicht auf die in → Rn. 47 ff. erörterten sog. wiederholten Zueignungen (h. M.; *Küper/Zopfs,* BT, Rn. 852, 860 f.; a. A. W/H/S/*Hillenkamp,* BT 2, Rn. 341).

Umstritten ist, ob sich die Subsidiarität auf *alle* schwereren tatein- 66
heitlich verwirklichten Straftaten bezieht, wie es namentlich die
Rechtsprechung unter Berufung auf den Wortlaut annimmt. Nach
der überzeugenderen Gegenmeinung muss die Subsidiarität auf strafbare Taten mit gleicher oder ähnlicher Angriffsrichtung beschränkt
werden. Allein diese Auslegung entspricht der Auffangfunktion des
§ 246 (→ Rn. 3) und dem Gedanken der Klarstellungsfunktion der
Idealkonkurrenz. Eine solche Interpretation ist zudem keineswegs
mit dem Wortlaut unvereinbar, weil man unter der „Tat" auch (nur)
die konkrete „Zueignungs-Tat" des § 246 I verstehen kann.

Zutreffend *Küpper*, JZ 2002, 1115 f.; *Freund/Putz*, NStZ 2003, 242 ff.;
Cantzler/Zauner, Jura 2003, 484 f.; *Fischer*, § 246 Rn. 23 ff.; *Eisele*, BT II,
Rn. 276. – A. A. BGHSt 47, 243; *BGH* NStZ-RR 2018, 118, 119; *Otto*, NStZ
2003, 88; *Heghmanns*, JuS 2003, 954 ff.; *Lackner/Kühl*, § 246 Rn. 14.

Wenn also eine einfache Unterschlagung (§ 246 I) mit Tatbeständen zusam- 67
menfällt, die eine schwerere Strafe androhen und Eigentums- oder Vermögensinteressen (mit) schützen (§§ 242, 249, 252, 253, 257, 259, 261, 263, 263a,
266), tritt sie zurück, während beim Zusammenfallen etwa mit den §§ 211,
212, 258, 267 richtigerweise Idealkonkurrenz besteht.

Die Subsidiaritätsklausel gilt nicht, soweit die mit § 246 zusam- 68
menfallenden Tatbestände keine schwerere, sondern die gleiche oder
eine mildere Strafe androhen. In einem solchen Fall muss das Konkurrenzverhältnis nach den allgemeinen Lehren bestimmt werden.

Beispiele: Insbesondere bei einer veruntreuenden Unterschlagung (§ 246 II)
ist darauf zu achten, dass z. B. die §§ 242 I, 259 I, 266 I die gleiche Strafdrohung vorsehen. Im Lichte der allgemeinen Lehren tritt § 246 II hinter § 266 I
im Wege der Konsumtion zurück (h. M.; näher → § 18 Rn. 72 f.).

Für die Frage, ob eine schwerere Strafdrohung vorliegt, kommt es 69
auf den im Einzelfall anwendbaren Strafrahmen an. Dabei sind nicht
nur Qualifikationen und Regelbeispiele wie die §§ 243, 244, 263 III,
266 II, sondern ebenso gesetzliche Milderungen zu berücksichtigen
(§§ 27 II 2, 28 I i. V. m. § 49 I). Die Regeln zur gesetzlichen Subsidiarität gelten auch für Konstellationen, in denen eine täterschaftliche
Unterschlagung und eine strafbare Teilnahme an einem anderen Delikt zusammenfallen. Genauso sind sie in reinen Teilnahmefällen anzuwenden.

Beispiele: Hinter eine gewerbsmäßig begangene Untreue (§ 266 II i. V. m.
§ 263 III 2 Nr. 1) tritt § 246 II kraft gesetzlicher Subsidiarität zurück (*BGH*
NJW 2012, 3046). Zu einem Fall mit Tateinheit zwischen § 246 I und §§ 266

I Var. 2, 27, 28 I siehe → § 22 Rn. 20. Bei einem Gehilfen sind die §§ 246 I, 27 gegenüber den §§ 242 I, 27 subsidiär.

Ergänzende Beispiele und Erläuterungen zur Subsidiaritätsklausel in → Rn. 3, 54 sowie in → § 2 Rn. 25; → § 15 Rn. 19; → § 22 Rn. 17, 20.

Empfehlungen zur vertiefenden Lektüre:
Rechtsprechung: BGHSt 14, 38 (Wiederholbarkeit der Zueignung); BGHSt 16, 280 (Betrug ohne Zueignung und spätere veruntreuende Unterschlagung); BGHSt 34, 309, 311 ff. (Nichtherausgabe und Weiterbenutzen von Sicherungsgut); *OLG Koblenz* StV 1984, 287 (Manifestation der Zueignung durch Unterlassen); *OLG Düsseldorf* StV 1990, 164 (Benutzung eines gemieteten Kfz nach Ablauf des Vertrages); *OLG Koblenz* NStZ-RR 1998, 364 (Davonfahren ohne Benzin zu bezahlen).
Literatur: *Jäger,* Unterschlagung nach dem 6. Strafrechtsreformgesetz – Ein Leitfaden für Studium und Praxis, JuS 2000, 1167 ff.; *Kudlich/Koch,* Die Unterschlagung (§ 246 StGB) in der Fallbearbeitung, JA 2017, 184 ff.; *Lange/Trost,* Strafbarkeit des „Schwarztankens" an der SB-Tankstelle, JuS 2003, 961 ff.; *Otto,* Unterschlagung: Manifestation des Zueignungswillens oder der Zueignung?, Jura 1996, 383 ff.; *Reichling,* § 241a StGB und die Strafbarkeit aus Eigentumsdelikten, JuS 2009, 111 ff.

§ 6. Sonstige Vorschriften (§§ 247–248c)

I. Haus- und Familiendiebstahl (§ 247)

1   Das Antragserfordernis des § 247 gilt für *alle* Taten nach den §§ 242 bis 246. Die entsprechende Anwendung ist in den §§ 248c III, 259 II, 263 IV, 263a II, 265a III, 266 II vorgesehen. Die Vorschrift schützt den internen Frieden im familiären und häuslichen Bereich und soll dem Verletzten und der Gemeinschaft die Möglichkeit offen halten, die Angelegenheit unter sich zu bereinigen. Zum Begriff Angehöriger siehe § 11 I Nr. 1, zum Vormund §§ 1773 ff. BGB und zum Betreuer §§ 1896 ff. BGB.

2   Eine **häusliche Gemeinschaft** setzt den freien und ernstlichen Willen der Mitglieder zum Zusammenleben auf eine gewisse Dauer voraus (BGHSt 29, 54; *OLG Hamm* NStZ-RR 2004, 111, 112). Antragsrecht und Antragserfordernis bleiben trotz Beendigung der häuslichen Gemeinschaft bestehen (*OLG Celle* JR 1986, 385).

Beispiele: Familien- und Hofgemeinschaften; Wohn- und Lebensgemeinschaften; Internat, Kloster und Altersheim. Der *freie* Zusammenschluss fehlt in Gefängnissen, Flüchtlingslagern und grundsätzlich auch in Kasernen (zu diskutablen Ausnahmen *Kinzig*, Rengier-FS, 2018, 241 ff.). Der *ernstliche* Wille fehlt demjenigen, der das Zusammenleben von vornherein zu Straftaten gegen Gemeinschaftsmitglieder ausnutzen will (BGHSt 29, 54, 57).

Antragsberechtigt ist der Verletzte (§ 77 I). Daher steht bei einem **3** **Diebstahl** das Antragsrecht auch dem Gewahrsamsinhaber zu, sofern man mit der h. M. durch § 242 den Gewahrsam als mit geschützt ansieht (vgl. → § 2 Rn. 1; MüKo/*Hohmann*, § 247 Rn. 11). Da § 247 – anders als etwa § 230 I 2 – im Sinne des § 77 II 1 keine besondere Bestimmung enthält, geht das Antragsrecht mit dem Tode des Verletzten nicht auf Angehörige über (*BGH* NStZ-RR 2017, 211 mit Bspr. *Jahn*, JuS 2017, 472 ff.).

Irrtümer im Bereich des § 247 sind unbeachtlich. Denn es handelt **4** sich um eine Prozessvoraussetzung, die allein nach der objektiven Sachlage festzustellen ist und nicht vom Vorsatz umfasst zu sein braucht.

II. Diebstahl und Unterschlagung geringwertiger Sachen (§ 248a)

Anders als § 247 erfasst § 248a nicht die §§ 243–244a und betrifft **5** nur Bagatelldelikte in den Fällen allein des einfachen Diebstahls (§ 242) und der (auch veruntreuenden) Unterschlagung (§ 246). Die entsprechende Anwendung ist in den §§ 248c, 259 II, 263 IV, 263a II, 265a III, 266 II, 266b II vorgesehen. Die Geringwertigkeit ist rein objektiv nach dem Verkehrswert zu bestimmen (entsprechend → § 3 Rn. 40 f.).

Zur Antragsberechtigung bei einem Diebstahl und zum Irrtum gelten → Rn. 3 und 4 entsprechend. **6**

III. Unbefugter Gebrauch eines Fahrzeugs (§ 248b)

1. Tatbestand

a) Grundlagen. § 248b füllt bezüglich bestimmter reiner Gebrauchsanmaßungen die Lücke, die vor allem § 242 hinterlässt, wenn **7** das Enteignungselement fehlt (→ § 2 Rn. 101 f.).

Als Tatobjekte kommen Kraftfahrzeuge (dazu die Legaldefinition **8** in Abs. 4) und, wie zu beachten ist, Fahrräder in Betracht.

Zu den Kfz zählen Autos, Motorräder, Motorroller und Mofas, auch Flugzeuge und Schiffe mit Motorantrieb, ferner etwa E-Scooter, da Elektromotoren als Antriebsquelle mit erfasst sind (vgl. Sch/Sch/*Bosch*, § 248b Rn. 2; SSW/ *Kudlich*, § 248b Rn. 2 f.).

9   „Berechtigter" ist nach h. M. jeder, dem das Recht zusteht, über die Nutzung des Fahrzeugs als Fortbewegungsmittel zu bestimmen.

Vgl. BGHSt 11, 47, 51; *BGH* VRS 39, 199; W/H/S/*Hillenkamp*, BT 2, Rn. 454; zum Teil einschränkend Sch/Sch/*Bosch*, § 248b Rn. 1, 7.

10   Die Ingebrauchnahme muss ferner „gegen den Willen" des Berechtigten erfolgen (Tatbestandsmerkmal!); dies ist auch bei einem aus den Umständen abgeleiteten entgegenstehenden Willen der Fall (*Lackner/Kühl*, § 248b Rn. 4). Positiv betrachtet entfällt demnach das Tatbestandsmerkmal bei einem Einverständnis.

11   Bei einem bloß mutmaßlichen Einverständnis sprechen angesichts der faktischen Natur des tatbestandsausschließenden Einverständnisses – wie bei § 123 (*Rengier*, BT II, § 30 Rn. 9a) – die besseren Gründe für eine Rechtfertigung nach den Grundsätzen der mutmaßlichen Einwilligung.

12   *Eisele*, BT II, Rn. 285; *Rengier*, AT, § 23 Rn. 48; *Kudlich*, JA 2014, 873, 874 f.; *Mitsch*, NZV 2015, 425 f.; a. A. wohl BGHSt 59, 260, 262. – Im Wege der mutmaßlichen Einwilligung (dazu *Rengier*, AT, § 23 Rn. 47 ff.) kann z. B. die Fahrt zum Berechtigten gerechtfertigt sein, die der Wiedereinräumung des Besitzes dient (vgl. *BGH* NJW 2014, 2887, 2888; *OLG Düsseldorf* NStZ 1985, 413). Im Übrigen hat als Rechtfertigungsgrund insbesondere § 904 BGB im Zusammenhang mit Rettungsfahrten Bedeutung (dazu *Rengier*, AT, § 19 Rn. 10, 46 zu Fall 2; § 20 Rn. 4 ff.).

13   **b) Insbesondere „in Gebrauch nimmt".** Ein Ingebrauchnehmen liegt vor, wenn das Fahrzeug als Fortbewegungsmittel – seinem bestimmungsgemäßen Zweck entsprechend – in Bewegung gesetzt wird; dies kann auch ohne Ingangsetzen des Motors im Leerlauf geschehen. Die Nutzung als Schlafgelegenheit oder das Mitfahren als blinder Passagier genügt demnach nicht (hierzu BGHSt 11, 44; 11, 47, 49 f.; 59, 260, 261 f.).

14   Eine eigenhändige Begehung setzt das Merkmal nicht voraus; Mittäterschaft und mittelbare Täterschaft sind also denkbar.

15   Umstritten ist, ob der Tatbestand nur die unbefugt *begonnene* Ingebrauchnahme erfasst oder auch anwendbar ist, wenn nach einer befugten oder gutgläubigen Ingebrauchnahme anschließend ein erkannt unbefugter (Weiter-)Gebrauch erfolgt.

Beispiele: Fortsetzung des Gebrauchs nach Ablauf des Mietvertrages (BGHSt 59, 260, 261 f.; *OLG Schleswig* NStZ 1990, 340); Täter kehrt nach Dienstfahrt weisungswidrig nicht sofort zurück, sondern sucht noch mehrere Gaststätten auf (*OLG Zweibrücken* VRS 34, 444); Täter erkennt mangelnde Berechtigung erst nach Fahrtbeginn (BGHSt 11, 47); Fahren mit einem vom Entleiher oder Mieter vertragswidrig überlassenen Fahrzeug (*OLG Neustadt* MDR 1961, 708, 709); generell: „Schwarzfahrten" jeder Art z. B. durch angestellte Fahrer oder Monteure einer Reparaturwerkstatt auf Probefahrten.

Die Stimmen, die in diesen Beispielen eine Strafbarkeit ablehnen, **16** stützen sich auf den Wortsinn (in Gebrauch „nehmen"), bemängeln die Pönalisierung bloßer Vertragsverletzungen und rügen die Bestrafung von Bagatellen (z. B. Fahren eines Umwegs, um Freundin zu besuchen). Diese Ansicht verdient keinen Beifall: Ihr Wortlautargument ist schwach, da auch in Fällen fortgesetzter Benutzung das Fahrzeug (später) gegen den Willen des Berechtigten in Gebrauch „genommen" wird; vor allem bei einer unbefugten Weiterfahrt im Anschluss an eine Fahrtunterbrechung ist das offensichtlich. Zudem überzeugt das Ergebnis nicht, im Anschluss an eine einmal befugt begonnene Ingebrauchnahme den Schutz des § 248b völlig zu versagen, um erst bei Fahrten mit wesentlichen Wertminderungen § 242 bejahen zu können (dazu → § 2 Rn. 109). Dazwischen kann ein unter Umständen wochenlanger Gebrauch liegen (insbesondere nach Ablauf eines Leih- oder Mietvertrages), desgleichen können „Umwege" eine beträchtliche Länge erreichen. Die Ausscheidung von Bagatellfällen erfolgt über das Antragserfordernis (§ 248b III) und § 153 StPO.

Übereinstimmend BGHSt 11, 47; 59, 260, 261 f.; *OLG Schleswig* NStZ **17** 1990, 340; NK/*Kindhäuser*, § 248b Rn. 6 f.; *Bock*, JA 2016, 343 f. – Zur Gegenmeinung *AG München* NStZ 1986, 458; MüKo/*Hohmann*, § 248b Rn. 19 ff.; K/H/H/*Hellmann*, BT 2, Rn. 221 f.; *Otto*, BT, § 48 Rn. 4 ff.

2. Konkurrenzen

Wie bei den vergleichbaren Subsidiaritätsklauseln der §§ 246 I, **18** 265a I (→ § 5 Rn. 66 f.; → § 16 Rn. 1) ist umstritten, ob sich die in § 248b I ausdrücklich bestimmte **Subsidiarität** des Tatbestandes – mit der vorzugswürdigen Ansicht – nur auf Delikte mit gleicher oder ähnlicher Angriffsrichtung, d. h. vor allem auf die §§ 242, 246, aber nicht etwa auf die §§ 223, 315c bezieht (Sch/Sch/*Bosch*, § 248b Rn. 13 f.; a. A. *Bock*, JA 2016, 344).

Als Dauerdelikt kann § 248b Straftaten, die untereinander an sich **19** im Verhältnis der Tatmehrheit stehen, nach dem Prinzip der Verklam-

merung zu einer Tateinheit verbinden (dazu *Rengier*, AT, § 56
Rn. 62 ff., 67 zu Fall 3).

20   Zur Abgrenzung gegenüber § 242, wenn die Ingebrauchnahme im
Wege der Wegnahme erfolgt, siehe → § 2 Rn. 109, 125. Mit entsprechenden Überlegungen gelangt man zu § 246, falls ein ohne vorherige
Wegnahme unbefugt gebrauchtes Fahrzeug eine wesentliche Wertminderung erleidet oder während des Gebrauchs der „Rückführungswille" fallen gelassen wird (wobei sich der so umschriebene
Zueignungswille noch nach außen manifestieren muss).

21   Der mit dem Gebrauch des Fahrzeugs notwendig einhergehende
Verbrauch von Kraft- und Schmierstoffen ist im Unrecht des
§ 248b enthalten, darf also nicht selbstständig nach den §§ 242, 246,
249 bestraft werden (BGHSt 14, 386, 388; *BGH* GA 1960, 182).

IV. Entziehung elektrischer Energie (§ 248c)

22   Das diebstahlsähnliche Delikt schließt eine Lücke, die von dem Begriff der Sache in § 242 herrührt (→ § 2 Rn. 6). „Fremd" im Sinne des
Abs. 1 ist die Energie für jeden, der keine Entnahmebefugnis hat. Ob
die Stromentnahme mittels eines Leiters „ordnungsmäßig" geschieht,
bestimmt sich nach dem Willen des Verfügungsberechtigten. Werden
in diesem Sinne ordnungsgemäße Leiter nur unbefugt genutzt, so ist
die Entnahme nicht tatbestandsmäßig.

23   **Beispiele:** (1) Nicht tatbestandsmäßig ist die vertragswidrige oder aus anderen Gründen unbefugte Nutzung von angeschlossenen Lichtquellen oder installierten Elektrogeräten (Heizofen, Waschmaschine, Herd). Man denke an
die Einschaltung der Beleuchtung durch einen Einbrecher, die unerlaubte Inbetriebnahme einer Flutlichtanlage, die vertragswidrige Nutzung eines fremden Herdes, die Inbetriebnahme einer Stromquelle durch Einwurf von Falschgeld (*BayObLG* MDR 1961, 619; zu § 265a unten → § 16 Rn. 3) und das
schlicht unbefugte Telefonieren (*Mahnkopf*, JuS 1982, 886).

24   (2) Demgegenüber tatbestandsmäßig ist die unbefugte Benutzung von –
zum Entzug elektrischer Energie an sich bestimmter – Steckdosen, sofern der
Täter nicht vorhandene Elektrogeräte (Heizofen, Wasserkocher, Kühlschrank,
Kochplatte) gegen den Willen etwa des Vermieters, Arbeitgebers oder Hote-
liers anschließt (h. M.; MüKo/*Hohmann*, § 248c Rn. 15; Sch/Sch/*Bosch*,
§ 248c Rn. 10; a. A. *Brodowski*, ZJS 2010, 146 f. und LK/*Vogel*, 12. Aufl.
§ 248c Rn. 11, die darin bloßes Zivilrecht sehen).

(3) Unproblematische Fälle des § 248c stellen die Umgehung des Stromzäh-
lers durch eine besondere Leitung und das Anzapfen fremder Leitungsnetze
dar.

Fehlt die Zueignungsabsicht, d. h. bei § 248c I die Absicht, die **25**
Energie für eigene Zwecke (oder für einen Dritten) zu verwenden,
so kommt möglicherweise eine Tat nach § 248c IV in Betracht.

Empfehlungen zur vertiefenden Lektüre:
Rechtsprechung: BGHSt 59, 260 (Fragen des § 248b).
Literatur: *Bock,* Unbefugter Gebrauch eines Fahrzeugs, § 248b StGB, JA
2016, 342 ff.; *Bock,* Entziehung elektrischer Energie, § 248c StGB, JA 2016,
502 ff.

2. Kapitel. Raub, räuberischer Diebstahl, Erpressung und räuberischer Angriff auf Kraftfahrer

§ 7. Raub (§ 249)

Fall 1: Um die linke Schulter der M baumelt eine Handtasche. M hat ihre linke Hand um den Lederriemen gelegt. Auf die schlendernde M fährt Mopedfahrer F von hinten langsam zu. Er packt den Riemen, gibt gleichzeitig Gas und gelangt so, bevor die überraschte M zu einer Gegenreaktion fähig ist, in den Besitz der Handtasche, deren Inhalt (Geld) er behalten will. → Rn. 12 f.

Fall 2: F will seine Mutter M ausrauben und von vornherein Widerstand gewaltsam verhindern. Daher versetzt er ihr mit einem stumpfen Gegenstand einen wuchtigen Schlag gegen den Kopf. Erwartungswidrig ist M dadurch lediglich benommen und realisiert nicht, was geschehen ist. F verständigt nun zunächst den Rettungsdienst und veranlasst die Einlieferung von M ins Krankenhaus im Bewusstsein, danach die Tat verwirklichen zu können. Nach M's stationärer Aufnahme begibt er sich zurück in ihre Wohnung und entwendet unter anderem Bargeld (BGHSt 61, 197). → Rn. 30

Fall 3: Um das Hotel ohne Bezahlung verlassen zu können, fesseln A und B den Portier und sperren ihn in ein Zimmer ein. Als sie danach an der – nunmehr unbesetzten – Rezeption vorbeikommen, beschließen sie, die Hotelkasse zu plündern, und entwenden daraus 500 € (nach BGHSt 32, 88). → Rn. 33

I. Grundlagen und Aufbaufragen

1   § 249 ist ein selbstständiges Delikt, das sich im Normalfall aus Nötigung (§ 240) und Diebstahl (§ 242) zusammensetzt. Geschützt werden also die Freiheit der Willensbetätigung und wie bei § 242 Eigentum und Gewahrsam (→ § 2 Rn. 1). Im Diebstahlsteil stimmen § 249 und § 242 vollständig überein; deshalb können alle Probleme des objektiven und subjektiven Tatbestandes von § 242 (→ § 2) auf der Ebene des § 249 wiederkehren.

2   Fast von selbst versteht es sich allerdings, dass bei einer in einem fremden Machtbereich mit den Mitteln des § 249 (oder § 255) abgenötigten Erlangung eines Gegenstandes neuer Gewahrsam unabhängig davon begründet wird, ob

der Täter den Gegenstand in seinen Tabubereich gebracht hat; denn wegen des Nötigungsdrucks ist in solchen Fällen die Herrschaftsmacht des alten Gewahrsamsinhabers bereits mit der Ergreifung aufgehoben (*Hütwohl*, ZJS 2009, 131 ff.; vgl. → § 2 Rn. 44 ff.). Ferner muss gesehen werden, dass sich bei der Prüfung des „Bruchs" fremden Gewahrsams die Frage eines etwaigen tatbestandsausschließenden (hier: abgenötigten) Einverständnisses im Lichte der Abgrenzung zu § 255 (→ § 11 Rn. 13 ff., 33 ff.) anders darstellen kann als im Verhältnis zwischen § 242 und § 263 (→ § 2 Rn. 64 ff.; → § 13 Rn. 81 ff.).

Im Nötigungsteil qualifiziert § 249 gegenüber § 240 die Anforderungen an die Nötigungsmittel insoweit, als nur die Gewalt „gegen eine Person" und nur Drohungen „mit gegenwärtiger Gefahr für Leib oder Leben" ausreichen. Weiter werden Diebstahl und Nötigung durch den Raubtatbestand in der Weise miteinander verknüpft, dass der Täter die qualifizierten Nötigungsmittel dazu einsetzen muss, die Wegnahme (in Zueignungsabsicht) zu ermöglichen. Der Nötigungserfolg liegt demnach regelmäßig in der Duldung der Wegnahme (zur Ausnahme → Rn. 23; erg. *Rengier*, BT II, § 23 Rn. 1, 54 ff., § 24 Rn. 32). 3

In der **Fallbearbeitung** empfiehlt es sich unbedingt, mit der Prüfung des § 249 – und nicht der §§ 242 ff., 240 – zu beginnen, falls der Raubtatbestand nahe liegt. Ist § 249 (ggf. i. V. m. §§ 250, 251) gegeben, so erübrigen sich in der Regel Ausführungen zu den §§ 242 ff., 240 (aber nicht zu den §§ 123, 303; → § 3 Rn. 60 ff., 71). Erst wenn § 249 verneint werden muss oder nur ein versuchter Raub in Betracht kommt, können die §§ 242 ff., 240 eigenständige Bedeutung erlangen. 4

Eine Ausnahme ergibt sich für den „Wohnungsraub", da § 250 die Qualifikationsgründe des § 244 I Nr. 3, IV nicht enthält. Insoweit muss man nach § 249 (ggf. i. V. m. §§ 250, 251) auch den Wohnungseinbruchdiebstahl erörtern. Ist § 244 I Nr. 3 oder IV zu bejahen, so spricht dessen besonderer Unrechtsgehalt (→ § 4 Rn. 82) und die Klarstellungsfunktion der Idealkonkurrenz für die Annahme von Tateinheit mit den Raubdelikten. 5

Zutreffend W/H/S/*Hillenkamp*, BT 2, Rn. 409; Sch/Sch/*Bosch*, § 244 Rn. 39; vgl. das Beispiel unten in → Rn. 23. – Demgegenüber soll nach *BGH* NStZ-RR 2005, 202, 203 der gesamte § 244, also auch dessen Abs. 1 Nr. 3, hinter § 249 im Wege der Gesetzeskonkurrenz zurücktreten (zust. etwa *Lackner/Kühl*, § 244 Rn. 13; *Eisele*, BT II, Rn. 321, 343). Diese Entscheidung überzeugt außerdem insoweit nicht, als sie lediglich einen Versuch des § 244 I Nr. 3 bejaht, wenn der nur mit Diebstahlsvorsatz in die Wohnung eindringende Täter die Wegnahme mit Gewalt vollendet, weil er überraschend auf Widerstand stößt. 6

7   Was den **Aufbau** im Einzelnen betrifft, so kommt es darauf an, in das Schema zum Diebstahl (→ § 2 Rn. 3) die Nötigungselemente sinnvoll zu integrieren. Im objektiven Tatbestand bietet es sich an, mit dem Diebstahlsteil zu beginnen. – Daraus ergibt sich das folgende

---

Aufbauschema (§ 249)

I. Tatbestandsmäßigkeit
  1. Objektiver Tatbestand
    a) Wegnahme einer fremden beweglichen Sache
    b) Nötigungsmittel Gewalt gegen eine Person oder Drohungen mit gegenwärtiger Gefahr für Leib oder Leben
    c) Zusammenhang zwischen qualifiziertem Nötigungsmittel und Wegnahme
      aa) Finalzusammenhang (subjektive Komponente)
      bb) Zeitlicher und örtlicher Zusammenhang (objektive Komponente)
  2. Subjektiver Tatbestand
    a) Vorsatz
    b) Zueignungsabsicht
  3. Objektive Rechtswidrigkeit der erstrebten Zueignung und entsprechender Vorsatz
II. Rechtswidrigkeit
III. Schuld

Anschließend sind ggf. die Qualifikationen des § 250 (erg. → § 8 Rn. 2) und des § 251 (erg. → § 9 Rn. 4 f.) zu prüfen.

II. Gewalt gegen eine Person

1. Gewaltbegriff

8   Fraglich ist, inwieweit der Zusatz „gegen eine Person" dem Gewaltbegriff des § 249 einen anderen Inhalt als in § 240 gibt. Gewalt im Sinne des § 240 ist jede körperliche Tätigkeit, durch die körperlich wirkender Zwang ausgeübt wird, um geleisteten oder erwarteten Widerstand zu überwinden (*Rengier*, BT II, § 23 Rn. 2 ff., 23). Die Ergänzung „gegen eine Person" präzisiert zumindest das Element der „körperlichen Zwangswirkung", führt aber auch zu gewissen Einschränkungen. Jedenfalls bedeutet Gewalt „gegen eine Person", dass

die Gewaltanwendung – unmittelbar oder auch nur mittelbar – auf den Körper des Opfers bezogen sein muss. Von daher scheiden rein psychische Einwirkungen und bloße Gewalt gegen Sachen aus.

2. Vertiefung

a) Typische Beispiele für Gewalt. Auch für den Gewaltbegriff des 9 § 249 genügen die folgenden Fälle: Die Zufügung körperlicher Qualen sowie das Fesseln und Festhalten; das Beibringen von Rausch- und Betäubungsmitteln wie das Narkotisieren und Hypnotisieren; das Sprühen eines Deo-Sprays ins Gesicht (*BGH* NStZ 2003, 89); ferner wird das *Ein*sperren in einen Raum weithin als Fall von (mittelbarer) Personengewalt anerkannt (BGHSt 20, 194, 195); es hat einen anderen Charakter als das bloße *Aus*sperren, das die Bewegungsfreiheit als solche unberührt lässt. Eine dem Einsperren gleichwertige Personengewalt übt aus, wer mit dem Pkw einen Radfahrer im fließenden Straßenverkehr so einzwängt, dass dieser sich gegen eine Wegnahme aus dem Gepäckkorb nur unter Gefahren wehren kann (*LG München I* NStZ 1993, 188; zum Pkw als gefährliches Werkzeug vgl. → § 8 Rn. 3, 20).

b) Beispiele fehlender Gewalt. Gewalt gegen eine Person entfällt, 10 wenn der Täter, um in Ruhe die Wohnung ausplündern zu können, die Rückkehr des Eigentümers dadurch verhindert, dass er dessen Transportmittel unbenutzbar macht, also z. B. die Autoreifen zersticht (richtigerweise auch keine Gewalt im Sinne des § 240; siehe *Rengier,* BT II, § 23 Rn. 30 f.). Das Gleiche gilt, wenn der Täter sich verbarrikadiert oder unüberwindbare Hindernisse errichtet, um eingriffsbereite Personen auszusperren und die Wegnahme vollenden zu können (zur abweichenden Rechtslage bei § 240 *Rengier,* BT II, § 23 Rn. 17 f.). Ebenso wenig reicht das Quälen von (Lieblings-) Tieren aus, um menschlichen Widerstand zu brechen (*Mitsch,* BT 2, 497 f.). – Ein ergänzendes Beispiel in → § 8 Rn. 9a.

c) Gewalt gegenüber Schlafenden, Bewusstlosen und Betrunke- 11 **nen.** Solche Gewalt genügt ebenfalls grundsätzlich für § 249. In derartigen Fällen – z. B. Wegschleppen eines Bewusstlosen in eine Seitenstraße zwecks Ausplünderung – darf freilich die subjektive Komponente des Gewaltbegriffs (Einwirkung „um … Widerstand zu überwinden") nicht außer Acht gelassen werden. Die bloße Absicht, das Opfer an dunkler Stelle unbeobachtet auszuplündern zu können, genügt hierfür nicht. Anders liegt es, wenn es dem Täter zumindest auch darauf ankommt, etwaige Hilferufe des Opfers aussichtslos zu machen oder erwartete Störungen durch Dritte zu verhindern (vgl. BGHSt 4, 210, 212; LK/*Vogel*, 12. Aufl. § 249 Rn. 10 f.).

12   **d) Handtaschen-Fälle.** Anschauliche Grenzfälle zwischen Diebstahl und Raub lassen sich mit Hilfe der Handtaschen-Fälle verdeutlichen. Zum Gewaltbegriff gehört der Wille, Widerstand zu überwinden. Gewalt entfällt daher, wenn der Täter erwarteten Widerstand gerade nicht brechen, sondern ihn vermeiden oder ihm zuvorkommen will. Anders formuliert: Prägen List, Schnelligkeit und Geschicklichkeit, also insbesondere Überraschungsmomente und nicht die Widerstand überwindende Kraftentfaltung das Tatbild, liegt nur ein Diebstahl vor (*BGH* NStZ 2020, 219, 220; StV 1990, 205, 206 und 262).

13   Im **Fall 1** muss man vor diesem Hintergrund § 249 (eher) verneinen und somit nur § 242 bejahen. Anders liegt es, wenn das (potentielle) Opfer bestimmte Sicherheitsvorkehrungen getroffen und z. B. die Tasche in Erwartung eines Angriffs besonders festgehalten hat, so dass der Täter das Tatobjekt regelrecht „mit Wucht" entreißen muss (vgl. *BGH* NJW 1955, 1404).

14   Im Übrigen ist in diesem Zusammenhang die Problematik rund um die **Wegnahme von Behältnissen** in Erinnerung zu rufen (näher → § 2 Rn. 171; ferner auch → § 11 Rn. 60): Der Täter hat es hier oft nicht auf die Handtasche und damit transportierte Utensilien, sondern typischerweise auf das darin vermutete Geld abgesehen. Insoweit wird bei der gewaltsamen Wegnahme von Behältnissen, die sich mangels Geld als „leer" entpuppen, meist nur ein versuchter Raub bezüglich des Geldes vorliegen und hinsichtlich des Behältnisses mitsamt sonstigem Inhalt die Zueignungsabsicht fehlen (wie in *BGH* NStZ 2000, 531; 2006, 686; NStZ-RR 2010, 75; 2013, 309).

15   Das Wegschieben einer die Gesäßtasche schützenden Hand stellt grundsätzlich Gewalt gegen eine Person dar; dies gilt aber nicht mehr, wenn das Opfer (nahezu) widerstandsunfähig ist (insoweit offenbar zu weit BGHSt 16, 341). Auch das bloße Abreißen einer Halskette mit einem Ruck kann nicht als ausreichende Raubgewalt angesehen werden.

So auch NK/*Kindhäuser,* § 249 Rn. 14; a. A. *OLG Hamm* MDR 1975, 772; Sch/Sch/*Bosch,* § 249 Rn. 4a.

Ebenso wenig genügt das Blockieren der Weiterfahrt eines Kfz durch andere Fahrzeuge an einer Ampel, um dessen Autotür aufreißen und eine Tasche entwenden zu können.

BGH NStZ 2020, 219 mit Anm. *El-Ghazi* und Bspr. *Kudlich*, JA 2020, 150 ff.; K/*Böse*, BT II, § 13 Rn. 4 f.

e) Bedrohen mit einer Schusswaffe. Nach der Verabschiedung des **16** vergeistigten Gewaltbegriffs ist die frühere Rechtsprechung (BGHSt 23, 126, 127), die das Bedrohen mit einer Schusswaffe teilweise als „Gewalt gegen eine Person" eingestuft hat, überholt (näher dazu *Rengier*, BT II, § 23 Rn. 7 ff., 14 ff., 28). Da in solchen Fällen die einschlägige Drohungsalternative in der Regel unproblematisch vorliegt, kann und sollte man sich in der **Fallbearbeitung** darauf beschränken und überflüssige Ausführungen zur Gewaltvariante vermeiden.

f) Gewalt gegen Dritte. Als Adressaten der Gewalt kommen auch **17** Dritte in Betracht, sofern diese (zumindest nach der Vorstellung des Täters) bereit sind, den Gewahrsam zu schützen. Gewalt gegen Personen ohne (vorgestellte) Verteidigungsbereitschaft genügt nicht: Wer den kleinen Sohn quält, um den Vater V zur Duldung der Wegnahme zu zwingen, löst bei V nur psychische Zwangswirkungen aus, die allein von der Drohungsvariante erfasst werden können (SK/*Sinn*, § 249 Rn. 15 f.; erg. BGHSt 42, 378; *Rengier*, BT II, § 23 Rn. 35).

III. Drohungen mit gegenwärtiger Gefahr für Leib oder Leben

Drohung ist das (auch konkludente) Inaussichtstellen eines Übels, **18** auf das der Drohende Einfluss hat oder zu haben vorgibt. Auf die Ernstlichkeit der Drohung aus der Sicht des Täters kommt es nicht an; entscheidend ist, dass das Opfer die Drohung ernst nehmen soll und nimmt (Opfersicht). Demnach erfasst der Drohungsbegriff auch vorgetäuschte Drohungen – oft mit Scheinwaffen (→ § 8 Rn. 5 ff.) –, sofern sie beim Raubopfer den Anschein der Ernstlichkeit erwecken sollen (Drohungshandlung) und tatsächlich ernst genommen werden (Drohungserfolg). Keine vollendete Drohung liegt also vor, wenn das Opfer die vorgetäuschte Drohung entgegen den Erwartungen des Täters durchschaut oder überhaupt nicht bemerkt.

BGH NStZ 2018, 278, 279; StV 2020, 671; NK/*Kindhäuser*, vor § 249 Rn. 24; *Rengier*, Maurer-FS, 2001, 1195 ff.; *Gössel*, JR 2005, 160; LK/*Vogel*, 12. Aufl. § 249 Rn. 19; h. M.; siehe erg. → Rn. 29 f. – A. A. W/H/S/*Hillenkamp*, BT 2, Rn. 368. – Allgemein zur Diskussion *Küper/Zopfs*, BT,

Rn. 165 ff. Ergänzend zum Drohungsbegriff, auch zur bloßen Warnung, siehe
→ § 11 Rn. 8 und *Rengier*, BT II, § 23 Rn. 39 ff.

19   Das in Aussicht gestellte Übel muss eine gegenwärtige Gefahr für
Leib oder Leben sein, wobei man aus der Nebeneinanderstellung von
„Leib" und „Leben" ableitet, dass eine in Aussicht gestellte unerhebliche Körperverletzung (z. B. eine Ohrfeige) nicht genügt (LK/*Vogel*,
12. Aufl. § 249 Rn. 15; NK/*Kindhäuser*, § 249 Rn. 6). Der Begriff der
gegenwärtigen Gefahr sollte vor allem von § 34 her bekannt sein
(*Rengier*, AT, § 19 Rn. 9 ff.). Innerhalb der §§ 249, 252, 255 erlangt er
am ehesten bei § 255 Bedeutung und wird daher dort erörtert (→ § 11
Rn. 11 f.).

20   Die Androhung der gegenwärtigen Gefahr muss sich nicht unbedingt gegen den Nötigungsadressaten selbst, sondern kann sich auch
gegen Dritte richten, bei denen es sich nicht um nahestehende Personen zu handeln braucht (h. M.). Ein typisches Beispiel stellt die
Bedrohung von Kunden dar, um in die Kasse greifen zu können. Entscheidend ist, ob der Nötigungsadressat das einem Anderen zuge-
dachte Übel gleichermaßen für sich selbst als Übel empfindet und dadurch im Sinne des Täterverlangens motiviert, d. h. zu einem
bestimmten Verhalten gezwungen wird.

Zur parallelen Frage bei § 240 siehe *Rengier*, BT II, § 23 Rn. 43. Für die Beschränkung auf nahestehende Personen *Mitsch*, BT 2, 507 f.; *ders.*, NStZ 1999,
617.

21   Ferner kommen Dritte als bedrohte Nötigungsadressaten unter der
Voraussetzung in Betracht, dass sie – zumindest nach der Vorstellung
des Täters – schutzbereit sind (vgl. schon → Rn. 17 zur Gewalt). Man
denke z. B. an Passanten oder Handwerker, die in Abwesenheit der
verletzten Eigentümer Zeugen eines Geschäfts- bzw. Wohnungsein-
bruchs und daher vom Täter bedroht werden.

IV. Zusammenhang zwischen qualifiziertem
Nötigungsmittel und Wegnahme

1. Finalzusammenhang

22   **a) Grundlagen.** Der Raubtatbestand verlangt, dass der Täter die
Gewalt oder Drohung zum Zwecke der Wegnahme – also vor und
zu deren *Voll*endung – anwendet. Mit anderen Worten: Die notwen-

dige **subjektiv-finale Verknüpfung** setzt voraus, dass – zumindest nach der Vorstellung des Täters – das Nötigungsmittel gerade als erforderliches Mittel zur Wegnahme des Gegenstandes eingesetzt wird. Ob dabei die Gewalt oder Drohung für die Wegnahme der entwendeten Sache wirklich objektiv kausal war, spielt nach der zutreffenden h. M. keine Rolle. Für die subjektive Interpretation, der auch der Wortlaut nicht entgegensteht, spricht die besondere Gefährlichkeit des qualifizierte Nötigungsmittel anwendenden Täters.

Zur h. M. siehe BGHSt 41, 123, 124; 61, 141, 144 f.; *BGH* NJW 2011, 1979; 2016, 2900 f.; W/H/S/*Hillenkamp*, BT 2, Rn. 364; *Biletzki*, JA 1997, 385 f.; Falllösung bei *Gierhake*, JA 2008, 431 f. – Zur Gegenmeinung *Seelmann*, JuS 1986, 203 f.; SK/*Sinn*, § 249 Rn. 29. – Dazu ein

Beispiel: T stiehlt aus dem Haus des E Objekte. Bevor T die Beute sucht **23** und findet, schließt er den tief schlafenden E sicherheitshalber in seinem Schlafzimmer ein oder betäubt ihn zusätzlich. E erklärt am anderen Tag, er habe nichts bemerkt; er schlafe immer sehr fest und gut.

Nach h. M. erfüllt T § 249, obwohl die objektive Kausalität zwischen der Gewaltanwendung (vgl. → Rn. 10) und dem Gewahrsamsbruch fehlt und insoweit keine vollendete Nötigung mit der Duldung der Wegnahme als Nötigungserfolg vorliegt (*Rengier*, Maurer-FS, 2001, 1196 f.); die für den Zusammenhang in objektiver Hinsicht ausreichende Schwächung der Verteidigungsbereitschaft ist gegeben (→ Rn. 29 f.). Folgt man der Gegenmeinung, so gelangt man nur zu einem versuchten Raub. Mit § 244 I Nr. 3 besteht nicht nur im Versuchs-, sondern nach der hier vertretenen Ansicht auch im Vollendungsfall Tateinheit (→ Rn. 4 ff.). Zu § 239 siehe *Rengier*, BT II, § 22 Rn. 5.

b) Fehlen des Finalzusammenhangs. Der finale Konnex *fehlt* ins- **24** besondere, wenn der Täter die Wirkungen eines *ohne* eigenen Wegnahmewillen eingesetzten Nötigungsmittels nur ausnutzt. Daher reicht die bloße Duldung der Wegnahme aus Angst vor weiteren Übergriffen oder allein das Ausnutzen andauernder Furcht nicht aus. Davon müssen solche Fälle abgegrenzt werden, in denen trotz bestimmter Motivwechsel der Einsatz eines Nötigungsmittels, eventuell als konkludente Drohung, fortdauert oder auch neu erfolgt und in den Dienst der Wegnahme gestellt wird.

BGHSt 41, 123, 124; 61, 141, 144 f.; *BGH* NStZ-RR 2017, 143 f.; NStZ 2006, 508; 2013, 648; 2015, 156 (mit Bspr. *Hecker*, JuS 2014, 656 f.); 2022, 42, 43.

25   **Beispiele:** (1) Nach einer gefährlichen Körperverletzung oder Vergewaltigung beschließt T, seinem erschöpften oder aus Angst sich nicht rührenden Opfer O noch Geld wegzunehmen oder andere Wertgegenstände zu entwenden. In diesem Fall kommt – in Tatmehrheit mit § 224 bzw. § 177 I, II 2 Nr. 1 – nur ein Diebstahl gemäß § 242 i. V. m. § 243 I 2 Nr. 6 in Betracht. Dabei spielt es keine Rolle, inwieweit T die Angst zielgerichtet ausnutzt und erkennt, dass O aus Furcht vor weiteren Überfällen keinen Widerstand leistet (vgl. *BGH* NStZ-RR 2013, 45; NStZ 2015, 156, 157).

(2) Abwandlung: T liegt nach der Vergewaltigung noch auf O, als er O's Handtasche bemerkt und spontan Geld daraus entnimmt. Hier dauert die Gewaltanwendung (das Liegen auf dem Opfer) noch fort und wird nachträglich als Mittel zur Wegnahme eingesetzt. Daher erfüllt T § 249 (in Tatmehrheit mit § 177 I, II 2 Nr. 1).

(3) Wie Beispiel (2) liegt der Fall BGHSt 20, 32, in dem der Täter ein Mädchen umarmt, um es zu küssen; obwohl es sich wehrt, umarmt er es weiter, fühlt dabei eine Uhr und streift diese nun unbemerkt mit Zueignungsabsicht vom Arm.

(4) Weitere Abwandlung von Beispiel (1): Als sich O beim Durchsuchen der Handtasche regt, stellt T im Falle von Widerstand (konkludent oder ausdrücklich) „Wiederholungen" in Aussicht. Hier fehlt es zwar bezüglich der ursprünglichen Gewalt an der finalen Zwecksetzung, indes dient die neue Drohung dazu, die Wegnahme zu ermöglichen (daher wieder § 249). Insoweit wirkt, vom Täter jetzt für Wegnahmezwecke nützlich gemacht, die zuvor verübte Gewalt als aktuelle Drohung erneuter Gewaltanwendung weiter (vgl. BGHSt 41, 123, 124; *BGH* NStZ 2015, 156, 157; StV 2022, 18, 20).

26   **c) Vorsatzwechsel.** In der Rechtsprechung wird der Finalzusammenhang teilweise ferner verneint, wenn der Täter ein Nötigungsmittel zwar *mit* Wegnahmewillen einsetzt, diesen Willen aber allein auf einen *bestimmten* Gegenstand bezieht und sich nach der für diesen Zweck angewandten Gewalt/Drohung eine (wesentlich) *andere* Sache zueignet. Auch hier nutzt der Täter bezüglich des neuen Objekts die Wirkung der Nötigung nur aus (vgl. *BGH* StV 1990, 205 und 408; NStZ-RR 1997, 298; 2019, 311, 312).

27   **Beispiele:** (1) T hat O gewaltsam eine Tasche entrissen, um sich das in ihr vermutete Geld zuzueignen. Er findet aber nichts und behält später die Tasche. – Hier bleiben die §§ 249, 22 versucht; wegen der Zueignung der Tasche tritt in Tatmehrheit § 246 I hinzu (*BGH* StV 1990, 408; erg. → Rn. 14).

(2) T hat O zusammengeschlagen, um ihm eine Schusswaffe abzunehmen. Bei der diesem Zweck dienenden anschließenden Wohnungsdurchsuchung entdeckt T nur Geld und steckt es ein, um es zu behalten (nach *BGH* NStZ-RR 1997, 298). – Die ausgeübte Gewalt hat sich nicht, auch nicht als aktuelle Drohung erneuter Gewaltanwendung, auf das Geld bezogen, so dass insoweit nur die §§ 242, 243 I 2 Nr. 6 bejaht werden können. Bezüglich der nicht ge-

fundenen Schusswaffe liegt nur ein ideal konkurrierender Versuch des § 249 vor, der ggf. nach § 250 qualifiziert ist (vgl. erg. → § 4 Rn. 51).

Es fällt auf, dass die Rechtsprechung hier Kriterien praktiziert, die **28** an anderer Stelle für vergleichbare Fragen des Vorsatzwechsels schon fruchtbar gemacht worden sind (→ § 3 Rn. 19, 43 ff.) und genauso den Raubvorsatz betreffen (→ Rn. 36).

2. Zeitlicher und örtlicher Zusammenhang

Neben dem subjektiv zu bestimmenden Finalzusammenhang setzt **29** der Zusammenhang zwischen Nötigungsmittel und Wegnahme in objektiver Hinsicht einen zeitlichen und örtlichen Zusammenhang voraus. Dem objektiven Erfordernis fällt die Funktion zu, die raubspezifische Einheit von qualifizierter Nötigung und Wegnahme herzustellen und dafür zu sorgen, dass die beiden Tatbestandselemente nicht isoliert nebeneinander stehen. Für diese raubspezifische Einheit ist, wie die jüngste Rechtsprechung hervorhebt, nicht erforderlich, dass die Orte der Nötigungs- und Wegnahmehandlung identisch sind oder eine gewisse Nähe aufweisen. Auch lassen sich Grenzen für ein zwischen Nötigung und Gewahrsamsbruch liegendes zeitliches Höchstmaß nicht bestimmen. Insoweit entscheiden die Umstände des Einzelfalls. Maßgeblich für den objektiven Zusammenhang ist vor allem, „ob es zu einer … nötigungsbedingten Schwächung des Gewahrsamsinhabers in seiner Verteidigungsfähigkeit oder -bereitschaft gekommen ist".

So überzeugend BGHSt 61, 197, 201 im Anschluss an BGHSt 61, 141, 147 f.; *BGH* NStZ 2020, 355, 356. – Zur Diskussion *Habetha*, NJW 2016, 2131; *Maier*, NStZ 2016, 474 ff.; *Eisele*, JuS 2016, 754 ff.; *Kudlich*, JA 2016, 632 ff.; *Heghmanns*, ZJS 2016, 519 ff.; *Berster*, JZ 2016, 1017 ff.; *Jäger*, BT, Rn. 410; *Magnus*, NStZ 2018, 67 ff.; *Moldenhauer*, JA 2017, 915 ff. mit Falllösung.

Beispiele: (1) Wenn T in der Wohnung des E mit Gewalt einen Tresor- **30** schlüssel (der nicht Gegenstand der Zueignungsabsicht ist) an sich bringt und damit anschließend planmäßig den in der Wohnung befindlichen Tresor öffnet und leert, so begeht er einen Raub, wenn sich E etwa unter dem Eindruck der Gewaltanwendung nicht weiter wehrt.

(2) Befindet sich der Tresor an einem anderen Ort (Bank, Geschäft, Wochenendhaus), zu dem T erst noch fahren muss, so erfüllt er im Falle der Tatdurchführung gemäß der obigen Rechtsprechung § 249, sofern die Gewaltanwendung die Fähigkeit oder Bereitschaft des E geschwächt hat, sich gegen den späteren Gewahrsamsbruch zur Wehr zu setzen. Weniger überzeugende Ge-

genstimmen sehen nur § 240 in Tatmehrheit mit § 242 (zu § 243 I 2 Nr. 2 → § 3 Rn. 26 f.) als verwirklicht an, weil sie die raubtypische Einheit enger verstehen und § 249 allein dann bejahen, wenn die Nötigung entsprechend § 22 unmittelbar in die Wegnahmehandlung einmünden soll (→ Rn. 41; SK/*Sinn*, § 249 Rn. 30; *Mitsch*, BT 2, 512 f.; ebenso noch 18. Aufl. § 7 Rn. 24 f.).

(3) Um im Beispiel (2) nach allen Ansichten zu einem Raub zu gelangen, müsste eine fortdauernde Gewaltanwendung vorliegen, wie namentlich dann, wenn Mittäter beim gefesselten Opfer bleiben und es bewachen (*BGH* NStZ 2006, 38; 2019, 344).

(4) Im **Fall 2** sieht der *BGH* mit überzeugender Begründung die Voraussetzungen für eine raubspezifische Einheit als erfüllt an: Die Nötigungsgewalt habe den stationären Aufenthalt der M erforderlich gemacht und damit ihre Verteidigungsfähigkeit beseitigt; der zeitliche Abstand von nicht mehr als zwei Stunden zwischen angewandtem Nötigungsmittel und Wegnahme stelle die Raubeinheit nicht in Frage (BGHSt 61, 197, 200 f.).

30a   **Aufbauhinweis:** Im Aufbauschema wird das Problem des Finalzusammenhangs dem objektiven Tatbestand zugeordnet, und zwar als erster Unterpunkt bei der Prüfung des Zusammenhangs zwischen Nötigungsmittel und Wegnahme (→ Rn. 7). Dafür spricht, dass die objektive Komponente dieses Zusammenhangs – ähnlich wie beim Zueignungswillen des § 246 I (→ § 5 Rn. 6 ff.) – die subjektive Komponente einschränkt. Außerdem berühren sich die Fragen nach dem objektiven bzw. subjektiven Kausalzusammenhang; dies lässt sich gut verdeutlichen, wenn man sich eine Erörterung des Problems der objektiven Kausalität vorstellt (→ Rn. 22 f.). Je nach Sachfrage gestattet der Aufbau auch eine gewisse Flexibilität. So dürften die Fragen der finalen Verknüpfung, bei denen sich Überschneidungen mit Problemen des Vorsatzwechsels zeigen (→ Rn. 26 ff., 36), besser im subjektiven Tatbestand aufgehoben sein.

3. Gewaltanwendung durch Unterlassen

31   Umstritten ist, ob der subjektiv-finale Konnex auch in Verbindung mit einer Gewaltanwendung durch Unterlassen gegeben sein kann. Dabei geht es um die Frage, ob Gewalt zur Wegnahme auch anwendet, wer das Tatopfer zunächst mit anderer Zielrichtung namentlich gefesselt oder eingesperrt hat und ihm erst danach unter Ausnutzung der bewirkten Wehrlosigkeit Sachen entwendet. Soweit man dieses Verhalten dem § 249 subsumiert, wird argumentiert, dass ein solcher Täter als Garant aus vorangegangenem Tun verpflichtet sei, die andauernde Wirkung seines Nötigungsmittels zu beseitigen. Habe er die Möglichkeit, die Zwangswirkung rückgängig zu machen, und tue er dies nicht, um eine Wegnahme zu ermöglichen, stelle existierende Gewalt (durch Unterlassen) in den Dienst der Wegnahme.

Durch das Aufrechterhalten des rechtswidrigen Zustands setze sich die Gewaltanwendung fort und werde erst mit dem Lösen der Fesselung oder dem Aufschließen beendet.

BGHSt 48, 365; *Gössel*, JR 2004, 254; *Sch/Sch/Bosch*, § 249 Rn. 6b; *Schünemann*, JA 1980, 353; *Mitsch*, BT 2, 502 ff.; *LK/Vogel*, 12. Aufl. § 249 Rn. 24 f., 49; *Streng*, GA 2010, 679 ff.

Diese Ansicht verdient keinen Beifall, da sie nicht zu der finalen **32** Struktur des Raubtatbestandes passt. Wer nur im Bewusstsein wegnimmt, eine Zwangslage beseitigen zu müssen, kann nicht mit dem aktive Gewalt einsetzenden Täter auf eine Stufe gestellt werden (vgl. auch § 13 I 2. Halbs.). Außerdem privilegiert die Unterlassungskonstruktion den brutaleren Täter, der sein Opfer bewusstlos geschlagen hat und insoweit die von ihm geschaffene Zwangssituation nicht aufheben kann.

Küper, JZ 1981, 571 f.; *Otto*, JZ 2004, 365; *Baier*, JA 2004, 433; *Eisele*, BT II, Rn. 325 ff.; *Jäger*, BT, Rn. 418; *SK/Sinn*, § 249 Rn. 32. – Falllösungen bei *Bartsch/Böhme/Brettel*, ZJS 2015, 420 f.; *Schumann*, JuS 2016, 142 f. – Zum Ganzen kritisch *Walter*, NStZ 2005, 240 ff.

Im **Fall 3** könnte bezüglich der 500 € § 249 unproblematisch bejaht werden, **33** falls die Täter den Entschluss zur Wegnahme spätestens während der Gewaltanwendung (Fesseln, Einsperren) gefasst hätten. So liegt der Fall aber nicht; vielmehr nutzen A und B nach ihrem nötigenden Einsatz die fortdauernde Nötigungswirkung nur aus. Von daher kommt nach der hier vertretenen Ansicht lediglich § 242 (i. V. m. § 243 I 2 Nr. 6) in Betracht, während die Gegenmeinung die §§ 249, 250 I Nr. 1b (Fesseln) anwenden würde. Daneben sind – in Tatmehrheit – § 239 I und § 240 I (Duldung der Flucht) zu bejahen, die ihrerseits in Tateinheit stehen (*Rengier*, BT II, § 22 Rn. 15). Zur Erpressungsproblematik des Falles (Verlassen ohne Bezahlung) vgl. → § 11 Rn. 19, 58. BGHSt 48, 365 knüpft die Unterlassungskonstruktion an einen engen zeitlichen und räumlichen Zusammenhang zwischen Fesselung und Entwendung und sieht von daher keinen Widerspruch zu der Entscheidung BGHSt 32, 88, die den Gedanken der Gewalt durch Unterlassen nicht aufgegriffen hat. Dies überzeugt nicht (vgl. *Fischer*, § 249 Rn. 12b; *Otto*, JZ 2004, 365; *Walter*, NStZ 2004, 623 f.).

4. Raub mit Tötungsvorsatz

Einen Raub begeht auch, wer den Gewahrsamsinhaber mit Gewalt **34** tötet, um danach ungehindert auf die Beute zugreifen zu können. In einem solchen Fall ist die Gewalt Bestandteil der Wegnahme. Denn der Täter bricht mit der Tötung den fremden Gewahrsam. Dass die Begründung neuen Gewahrsams, also die Vollendung der Wegnahme, später zu einem Zeitpunkt erfolgt, in dem der fremde Gewahrsam bereits erloschen ist, spielt keine Rolle. Mit dem Raub bzw. genauer mit dem Raub mit Todesfolge (→ § 9 Rn. 8, 31) in Tateinheit steht § 211. Raub (mit Todesfolge) entfällt nur, wenn der Wegnahmeentschluss erst nach der Tötung gefasst wird (*BGH* NStZ-RR 2003, 44; LK/*Vogel*, 12. Aufl. § 249 Rn. 27, 50). – Zum Ganzen *Biletzki*, JA 1997, 385 ff.

V. Subjektiver Tatbestand

35   Zum subjektiven Tatbestand gehören der Vorsatz (der sich wie immer auf alle objektiven Tatbestandsmerkmale erstrecken muss) und die Zueignungsabsicht (→ § 2 Rn. 86 ff.). Die in diesem Bereich vom Diebstahl her bekannten Probleme tauchen auch und gerade im Zusammenhang mit § 249 auf. Die folgenden Punkte seien, um den Blick zu schärfen, hervorgehoben:

36   (1) In den Fällen der **Vorsatzerweiterung** liegt nach BGHSt 22, 350 und der h. M. ein einheitlicher vollendeter Raub vor, sofern der Täter nach der Gewalt oder Drohung bei Aufrechterhaltung des generellen Wegnahmewillens mehr als ursprünglich geplant wegnimmt (erg. → § 2 Rn. 84).

Beispiel: Der Täter T schlägt sein Opfer nieder, um ihm mit Zueignungsabsicht 100 € abzunehmen. Als er den Betrag aus der Geldbörse herausnehmen will, entdeckt er weitere Geldscheine und entwendet 500 €. – Hier stößt man auf Überschneidungen mit Fragen der finalen Verknüpfung (→ Rn. 28 ff.). Im Ergebnis kommt es auch hier richtigerweise darauf an, ob die Erweiterung des Wegnahmewillens aus der Anfangsperspektive eine unwesentliche Abweichung im Kausalverlauf bedeutet. Nur dann ist es legitim, dem Täter die *gewaltsame* Wegnahme des *gesamten* Geldes gemäß § 249 anzulasten. Im Beispielsfall kann man diesen Weg mit guten Gründen gehen.

37   (2) Die Fälle des **Objektwechsels** unterliegen keiner anderen rechtlichen Beurteilung (siehe bereits → Rn. 26 ff. und → § 3 Rn. 19, 43 ff.).

Beispiel: Das niedergeschlagene Opfer hat erwartungswidrig kein Geld bei sich; der Täter T beschließt jetzt, ein Schmuckstück wegzunehmen. – Hält man die Abweichung, was wohl näher liegt, für unwesentlich, so erfüllt T § 249. Nimmt man eine (eher) außerhalb der Lebenserfahrung liegende Tatplanänderung an, so macht sich T nach den §§ 249, 22 in Tatmehrheit mit § 242 i. V. m. § 243 I 2 Nr. 6 strafbar. Zu einer getrennten Betrachtungsweise käme man auch dann, wenn T zwischenzeitlich den Wegnahmewillen endgültig aufgegeben hätte.

(3) Man denke ferner etwa an die Fälle der eigenmächtigen „In- 38
pfandnahme" (→ § 2 Rn. 183 ff.), die ohne Zueignungsabsicht erfolgt
und typischerweise mit Nötigungsmitteln durchgesetzt wird; nach einem solchen Gewahrsamswechsel können spätere Zueignungshand-
lungen nicht mehr die §§ 242, 249, sondern insbesondere § 246 I erfüllen (vgl. *BGH* 3 StR 422/16). Die Zueignungsabsicht eines Täters,
der seinem Opfer einen mit aller Kraft festgehaltenen Geldschein ent-
reißt, erstreckt sich nicht ohne weiteres auf einen bloß erlangten zer-
rissenen Teil (*BGH* NStZ 2014, 516). Zur Zueignungsabsicht in den
Behältnis-Fällen siehe schon → Rn. 14.

VI. Rechtswidrigkeit der erstrebten Zueignung

Desgleichen werden die schon beim Diebstahl erörterten Fragen 39
rund um die Rechtswidrigkeit der erstrebten Zueignung (→ § 2
Rn. 187 ff.) typischerweise bei der **gewaltsamen Eintreibung von
Geldschulden** aktuell (weitere Beispiele aus der Rechtsprechung:
BGH GA 1962, 144; NStZ 1982, 380; StV 1994, 128; 2016, 643).

VII. Versuch

Der subjektive Versuchstatbestand (Tatentschluss) muss sich, über 40
das zu § 242 Gesagte (→ § 2 Rn. 4 f.) hinausgehend, auf den Einsatz
qualifizierter Nötigungsmittel und ihren Zusammenhang mit der
Wegnahme erstrecken. Der Vorsatz zur Gewalt/Drohung liegt auch
dann vor, wenn der Täter seine Gewalt-/Drohungsbereitschaft von
Bedingungen abhängig macht, auf die er keinen Einfluss hat. Daher
kann den subjektiven Raubtatbestand erfüllen, wer bei einem Diebstahl eine Waffe, ein Werkzeug oder Mittel bei sich führt, mit dem
er „notfalls", „gegebenenfalls" usw. den Widerstand von potentiellen
Störenfrieden brechen will (erg. → § 2 Rn. 179 ff.; *Rengier*, AT, § 34
Rn. 9 ff., 39 ff.).

Weiter müssen im objektiven Versuchstatbestand die Vorausset- 41
zungen des § 22 erfüllt sein. § 22 verlangt, dass der Täter zur Verwirklichung des *Tatbestandes*, hier also des *Raub*tatbestandes, ansetzt. Im Unterschied zum Diebstahl kennzeichnet den Raub der
Einsatz qualifizierter Nötigungsmittel mit dem Ziel der Wegnahme.
Folglich kann für den versuchten Raub das Ansetzen allein zur Weg-

nahme oder zur Nötigung nicht genügen (erg. *Rengier*, AT, § 34 Rn. 59 ff.). Zwei Konstellationen lassen sich unterscheiden:

(1) Zum einen liegt ein Raubversuch bei einem unmittelbaren Ansetzen zur Gewalt/Drohung vor, deren Anwendung nach dem Täterplan unmittelbar in die Wegnahmehandlung einmünden soll (LK/*Vogel*, 12. Aufl. § 249 Rn. 58). In den zuvor erwähnten „Störenfried-Fällen" ist dies nicht der Fall.

(2) Soweit eine solche Unmittelbarkeitsbeziehung zur Wegnahme fehlt, aber mit der später erfolgenden Wegnahme ein zeitlicher und örtlicher Zusammenhang und von daher eine raubspezifische Einheit besteht, beginnt der Raubversuch – wie in den Beispielen (2) und (4) der → Rn. 30 – erst mit dem unmittelbaren Ansetzen zur Wegnahme.

42   Weitere Fragen der Abgrenzung zwischen strafloser Vorbereitungshandlung und § 22 gehören grundsätzlich in den Allgemeinen Teil. Auf klassische Konstellationen, die oft im Rahmen der §§ 249, 22 aktuell werden, soll aber zumindest kurz hingewiesen werden (vertiefend *Rengier*, AT, § 34 Rn. 30 ff.):

43   (1) BGHSt 26, 201: Klingeln an der Haustür in der Vorstellung, dass das Raubopfer gleich öffnet und sofort angegriffen werden soll (Versuch bejaht; so auch die h. M.).

(2) *OLG Hamm* NStZ-RR 1997, 133 (erg. *BGH* StV 1984, 420): Klingeln bei X an der Eingangstür zum Treppenhaus eines Mehrfamilienhauses, um auf den X in dessen in der ersten Etage liegenden Wohnung einen Überfall durchführen zu können (Versuch verneint).

(3) *BGH* NJW 1952, 514: Warten mit einer zum Einsatz bestimmten Pfeffertüte auf einen Geldboten, der mit einer Straßenbahn ankommen und dann sofort überfallen werden soll, aber nicht erscheint (*BGH* bejaht vor Inkrafttreten des § 22 einen Versuch; a. A. die heute h. M., weil das Opfer nach der Vorstellung des Täters allenfalls in der Straßenbahn saß, nach dem Tatplan noch identifiziert werden musste und damit noch nicht unmittelbar gefährdet war).

VIII. Mittäterschaft und Teilnahme

1. Sukzessive Mittäterschaft und Beihilfe

44   Probleme bereiten die Fälle der sog. **sukzessiven** Mittäterschaft und Beihilfe, die meist im Rahmen der §§ 242 ff., 249 ff. aktuell werden. Um folgende Fragenbereiche geht es: (1) Kann jemand, der sich allein zwischen **Vollendung** der Wegnahme und deren **Beendigung** (→ § 2 Rn. 195a) in das Tatgeschehen einschaltet, noch als Mittäter bzw. Gehilfe des (ggf. qualifizierten) Diebstahls/Raubs belangt werden? (2) Wenn man eine derartige Beteiligung nur im Beendigungsstadium ablehnt: Können zumindest bei einem *vor Vollendung* erfolgenden Eintritt dem hinzukommenden Beteiligten schon verwirklichte Erschwerungsgründe (z. B. Einbruch, Waffenanwendung, Gewalt, Drohungen) zugerechnet werden?

Insbesondere die **Rechtsprechung** bejaht – bei zunehmender Kritik – beide Fragen (zur Problematik siehe erg. → § 4 Rn. 48 f., → § 9 Rn. 14 ff.). BGHSt 2, 344, 346 hat den entscheidenden Gedanken formuliert: „Wenn jemand in Kenntnis und Billigung des bisher Geschehenen als Mittäter (ergänze: oder als Gehilfe) eintritt, so bezieht sich sein Einverständnis auf einen verbrecherischen Gesamtplan, und das Einverständnis hat die Kraft, dass ihm auch das einheitliche Verbrechen als solches strafrechtlich zugerechnet wird." Nur für das, was vollständig abgeschlossen vorliege (z. B. eine vorangegangene Körperverletzung), vermöge das Einverständnis trotz Kenntnis, Billigung oder Ausnutzung eine strafbare Verantwortlichkeit nicht zu begründen. Zu den Konsequenzen aus Sicht der Rechtsprechung die folgenden

Beispiele: (1) Aus den §§ 242, 25 II oder 27 kann bestraft werden, wer nach 46 vollendeter Wegnahme nur beim Abtransport der Beute als Mittäter bzw. Gehilfe mitwirkt; waren Regelbeispiele verwirklicht, so werden auch diese bei nachträglicher Kenntnis und Billigung zugerechnet.

(2) Aus den §§ 249, 250 I Nr. 1a Var. 2, 27 ist strafbar, wer nach Vollendung und vor Beendigung der Tat in Kenntnis angewandter Knüppelgewalt die Raubbeute verstecken hilft oder einem Verfolger den Weg versperrt (vgl. *BGH* NJW 1992, 2103, 2104 und dazu *Rengier*, JuS 1993, 463).

(3) M wird wegen mittäterschaftlichen Raubes gemäß den §§ 249, 250 I Nr. 1a Var. 2, II Nr. 1 Var. 2, 25 II, aber nicht wegen gefährlicher Körperverletzung (§§ 223, 224 I Nr. 1, 4, 25 II) bestraft, wenn er, nachdem T dem Opfer Pfefferspray mitten ins Gesicht gesprüht hat, in Kenntnis dieser Gewaltanwendung in das Tatgeschehen einsteigt und nun in verabredeter Partnerschaft mit T die Wegnahme vollendet (*BGH* NStZ 2016, 524 mit Bspr. *Kudlich*, JA 2016, 470 ff.).

Zur Rechtsprechung siehe ferner BGHSt 6, 248, 251; *BGH* StV 1981, 127; JZ 1981, 596; NStZ 1997, 272; 1999, 510 f.; 2013, 463, 464; BeckRS 2020, 25633; 2021, 5371.

Im **Schrifttum** lehnt man inzwischen mehrheitlich jedenfalls die 47 **sukzessive Mittäterschaft** in allen Varianten – Beispiele (1) und (3) in → Rn. 46 – ab, und zwar zu Recht: Mittäterschaftlich kann man gemäß § 25 II nur für die „Straftat" haften, deren Begehung gemeinsam beherrscht wird und sich auf ein bestimmtes – wie die Wegnahme bei den §§ 242, 249 – tatbestandsmäßiges Geschehen bezieht, das man vor der Tat gebilligt hat und deshalb als *eigene* Tat zugerechnet wird. Alles andere läuft auf die Bestrafung eines nachträglichen Vorsatzes hinaus.

Darunter leidet auch die Zurechnung von qualifizierenden Erschwernisgründen, die sich – wie namentlich § 250 II Nr. 1 Var. 2 im Beispiel (3) von → Rn. 46 – aus der Sicht des später Einsteigenden auf ein vollständig abgeschlossenes Ereignis beziehen (zu Recht kritisch *Kudlich*, JA 2016, 471 f.).

48   Ähnliche Einwände, die ebenfalls berechtigt sind, werden gegen die Möglichkeit **sukzessiver Beihilfe** im Beendigungsstadium – Beispiel (2) in → Rn. 46 – vorgebracht: So erscheint einmal unter dem Aspekt des Art. 103 II GG die Ausdehnung der Tatphase bedenklich, weil der Tatbestand mit der Wegnahme vollendet und deshalb vollständig verwirklicht ist, Beutesicherungen und Beendigungserfolge also außerhalb des durch § 242 bzw. § 249 i. V. m. § 27 I erfassten „Tat"-Bereichs liegen; zum anderen verwischt man die Grenzen insbesondere zum Anschlussdelikt der Begünstigung (erg. → § 20 Rn. 18).

49   Anzuerkennen ist lediglich die sukzessive Beihilfe insoweit, als sie *vor* der *Voll*endung geleistet wird. Denn im Rahmen des § 27 wird die fördernde Mitwirkung an *fremder* Tat bestraft, und dies schließt die Zurechnung schon verwirklichter erschwerender Tatteile nicht aus. So leistet z. B. eine Beihilfe zum Betrug (oder zur Erpressung), wer erst nach Abschluss der Täuschung (Drohung) in Kenntnis der Sachlage hinzutritt und die Erlangung des Vermögenswertes unterstützt (LK/*Schünemann/Greco*, 13. Aufl. § 27 Rn. 44). Im Beispiel (3) von → Rn. 46 liegen daher bei M anstelle der §§ 249, 250 I Nr. 1a Var. 2, II Nr. 1 Var. 2, 25 II richtigerweise die §§ 249, 250 I Nr. 1a Var. 2, II Nr. 1 Var. 2, 27 vor, und zwar in Tateinheit mit den §§ 242, 25 II, die eventuell gemäß § 244 I Nr. 1a Var. 2 qualifiziert sind, wenn T das Pfefferspray noch bei sich führt und man dieses als gefährliches Werkzeug einstuft (→ § 4 Rn. 19 ff.).

Im Ganzen übereinstimmend LK/*Schünemann/Greco,* 13. Aufl. § 25 Rn. 221 ff., § 27 Rn. 40 ff.; *Kühl*, AT, § 20 Rn. 126 ff., 233 ff.; *Küper,* JuS 1976, 862 ff.; *Kudlich*, JR 2007, 381; *Murmann*, ZJS 2008, 456 ff.; *Grabow/Pohl*, Jura 2009, 658 ff.; *Mitsch*, JA 2017, 412; erg. *Rengier*, AT, § 44 Rn. 35 ff., § 45 Rn. 124. Weitergehend lehnen auch die sukzessive Beihilfe vor Vollendung ab: *Jakobs*, AT, 22/40; *Rudolphi*, Jescheck-FS, 1985, 573 ff. – Falllösungen bei *Sengbusch*, Jura 2007, 629 f.; *Günther/Selzer*, ZJS 2016, 761 ff.

2. Sonstiges

Ebenfalls insbesondere im Zusammenhang mit den §§ 242 ff., 50
249 ff. werden Teilnahmekonstellationen der „Aufstiftung" oder
„Überstiftung" diskutiert (*Kühl*, AT, § 20 Rn. 181 ff.; *Geppert*, Jura
1997, 305). Hier wird jemand, der zur Begehung eines Grunddelikts
wie z. B. § 242 oder § 249 schon fest entschlossen ist, zur Begehung
einer Qualifikation (z. B. Mitnahme eines Knüppels) angestiftet. Im
Ergebnis verdient die Ansicht Beifall, die eine Anstiftung zum Tat-
ganzen, also zu den §§ 242, 244 bzw. 249, 250, annimmt und nicht
nur eine psychische Beihilfe bejaht.

So BGHSt 19, 339, 340 f.; *Rengier*, AT, § 45 Rn. 35 ff.; *Roxin*, AT II, § 26
Rn. 102 ff.; *Otto*, JuS 1982, 561. – A. A. Sch/Sch/*Heine/Weißer*, § 26 Rn. 8;
Kühl, AT, § 20 Rn. 181 ff.

Zu einem in teilweiser mittelbarer Täterschaft begangenen Raub – 51
eigenhändige Wegnahme nach Gewaltanwendung durch ohne Wegnahmevorsatz handelnde Werkzeuge – siehe *BGH* NStZ 2013, 103;
Rengier, AT, § 43 Rn. 13a,b; W/H/S/*Hillenkamp*, BT 2, Rn. 371. –
Zum Merkmal der Zueignungsabsicht bei Mittäterschaft siehe bereits
→ § 2 Rn. 198 ff.

IX. Konkurrenzen

Innerhalb eines einheitlichen Geschehens stehen gegen verschie- 52
dene Personen gerichtete (auch bloß versuchte) Raubtaten gemäß
§ 52 I Var. 2 in gleichartiger Tateinheit (*BGH* NStZ 2012, 389; *Rengier*, AT, § 56 Rn. 46 f.).
Mit § 223: Die Anwendung von Gewalt im Sinne des § 249 geht
nicht typischerweise mit einer Körperverletzung einher; daher besteht Tateinheit (*BGH* NStZ-RR 1999, 173). Mit § 239: Soweit die
Freiheitsentziehung als bloßes tatbestandsmäßiges Mittel zur Begehung des Raubes (z. B. durch Festhalten) keine Eigenbedeutung hat,
tritt sie im Wege der Konsumtion zurück (*BGH* StV 2015, 113; *Rengier*, BT II, § 22 Rn. 27). § 241 ist subsidiär (*Rengier*, BT II, § 27
Rn. 6).
Zum Verhältnis mit den §§ 242 ff. siehe → Rn. 4 ff. Zur Konkurrenz 53
mit den §§ 239 a/b unter dem Aspekt der Duldung der Wegnahme
Rengier, BT II, § 24 Rn. 12 f., 32. Zum Verhältnis mit § 255 siehe
→ § 11 Rn. 33 ff., 77.

Empfehlungen zur vertiefenden Lektüre:
Rechtsprechung: BGHSt 4, 210 (Gewalt gegenüber einem Bewusstlosen); BGHSt 48, 365 (Gewaltanwendung durch Unterlassen); BGHSt 61, 141 und BGHSt 61, 197 (Finalzusammenhang sowie zeitlicher und örtlicher Zusammenhang zwischen Nötigung und Wegnahme); *BGH* NStZ 1982, 380 (Rechtswidrigkeit der erstrebten Zueignung, Finalzusammenhang); *BGH* StV 1990, 262 (Gewalt gegen eine Person oder überraschende Wegnahme?); *BGH* NStZ-RR 2014, 110 (Fragen des Finalzusammenhangs und Beisichführens).
Literatur: *Biletzki*, Der Zusammenhang zwischen Nötigungshandlung und Wegnahme beim Raub, JA 1997, 385 ff.; *Geilen*, Raub und Erpressung (§§ 249–256 StGB), Jura 1979, 53 f., 109 f., 165 f., 221; *Kudlich/Aksoy*, Eins, zwei oder drei? – Zum Verhältnis von Raub, räuberischem Diebstahl und räuberischer Erpressung in der Fallbearbeitung, JA 2014, 81 ff.; *Mitsch*, Die Beendigung als ungeschriebenes Merkmal der Straftat, JA 2017, 407 ff.; *Schünemann*, Raub und Erpressung, JA 1980, 349 ff.

§ 8. Schwerer Raub (§ 250)

Fall 1: T führt im Rahmen eines Überfalls (§ 249) eine, wie er meint, ungeladene Schusswaffe bei sich, die er „für alle Fälle" eingesteckt hat, aber nicht braucht. In Wirklichkeit ist die Waffe geladen. → Rn. 10
Fall 2: T bedroht im Rahmen eines Überfalls (§ 249) sein Opfer mit einer ungeladenen Schusswaffe, die er irrtümlich für geladen hält. → Rn. 27
Fall 3: T, der bei O übernachten darf, bringt ihr heimlich ein Schlafmittel bei, um ungestört mit Wertsachen der O verschwinden zu können, was ihm auch gelingt. → Rn. 28

I. Grundlagen

1   Der Tatbestand enthält eine Qualifikation zu § 249, die kraft ausdrücklicher Verweisung („gleich einem Räuber") auch in den Fällen der §§ 252, 255 gilt. Dementsprechend ist die Bedeutung der Vorschrift groß.

2   Für die **Fallbearbeitung** kann die – im Rahmen der §§ 212, 211 und §§ 223, 224 sinnvolle (*Rengier*, BT II, § 4 Rn. 12, § 14 Rn. 1) – gemeinsame Prüfung von Grunddelikt (§§ 249, 252 oder 255) und Qualifikation (§ 250) in der Regel nicht empfohlen werden. Denn die damit einhergehende Trennung von objektiver und subjektiver Tatseite würde, von einfach gelagerten Fällen abgesehen, Zusammenhängendes zerreißen und bei den vielen Qualifikationsgründen leicht einen unübersichtlichen Fallaufbau zur Folge haben. So sind die unter Umständen zentralen Fragen der Zueignungsabsicht besser unmittelbar bei § 249 eingeordnet. Ferner wäre insbesondere bei dem Qualifikationsgrund des § 250 I Nr. 1b die „Verlagerung" der subjektiven Komponente nicht über-

zeugend. Außerdem sollte man nicht nur auf eine vollständige Erfassung aller potentiell einschlägigen Qualifikationsgründe, sondern ggf. auch auf eine straffe Darstellung achten.

II. § 250 I

1. Nr. 1a

Die Vorsatzqualifikation stimmt mit § 244 I Nr. 1a überein. Inso- 3 weit gelten die Ausführungen zu → § 4 Rn. 4–57 entsprechend (zum Beendigungsstadium erg. → Rn. 30 ff.). Die dort erörterten Fragen werden in der Praxis meistens im Zusammenhang mit § 250 aktuell. Dies gilt namentlich auch für die Streitfragen rund um das gefährliche Werkzeug. Nach der hier vertretenen konkret-subjektiven Betrachtungsweise (→ § 4 Rn. 38 ff.) bedeutet dies, dass als gefährliches Werkzeug gemäß § 250 I Nr. 1a Var. 2 jedes gegenständliche, bewegliche Mittel in Betracht kommt, das der Täter bei sich führt, um es in einer den § 224 I Nr. 2 erfüllenden Weise zu verwenden (vgl. dazu *Rengier*, BT II, § 14 Rn. 27 ff.). Man denke etwa an die – geplante oder tatsächliche – Verwendung von Knüppeln und Scheinwaffen als Schlaginstrumente oder des „beschuhten" Fußes für Tritte gegen den Kopf. Zur Erfassung der genannten Mittel auf dem Boden der abstrakt-objektiven Betrachtungsweisen vgl. → § 4 Rn. 20 ff.

2. Nr. 1b

Auch hier ist zuerst auf die Erörterungen zur parallelen Vorschrift 4 des § 244 I Nr. 1b zu verweisen (→ § 4 Rn. 58–75). So erfasst § 250 I Nr. 1b sowohl Gegenstände wie Handschellen, Schnüre, Klebebänder und Tücher als auch chemisch wirkende Mittel, die zur gewaltsamen Überwindung von Widerstand eingesetzt werden (sollen) und keine gefährlichen Werkzeuge darstellen.

Ferner fallen insbesondere die **Scheinwaffen** unter die Qualifika- 5 tion. Die vor dem 6. StrRG 1998 im Schrifttum h. M., die entgegen der Rechtsprechung Scheinwaffen und andere objektiv ungefährliche Gegenstände nicht dem § 250 I Nr. 2 a. F. subsumierte, ist überholt und mit der Entstehungsgeschichte und Gesetzessystematik nicht zu vereinbaren.

Dazu schon → § 4 Rn. 67; ferner W/H/S/*Hillenkamp*, BT 2, Rn. 389; Falllösung bei *Hörnle*, Jura 2001, 44, 46. Zu § 250 I Nr. 2 a. F. siehe *Rengier*, BT I, 1. Aufl. § 8 Rn. 4 ff.

6   Der Gesetzgeber (BT-Drs. 13/9064, S. 17 f.) hat seine diesbezüglichen Absichten ausdrücklich im Zusammenhang mit § 250 entwickelt und sich der Ansicht der Rechtsprechung angeschlossen, die schon im Rahmen des § 250 I Nr. 2 a. F. namentlich die Verwendung von Scheinwaffen genügen ließ (BGHSt 38, 116, 117). Die dafür sprechenden Argumente sind von § 244 I Nr. 1b her im Wesentlichen bekannt (→ § 4 Rn. 65): So werden die auf subjektive Voraussetzungen abstellende Tatbestandsbeschreibung, der gesteigerte verbrecherische Wille und die Situation des Opfers angeführt, das den Schein nicht durchschauen könne und daher verstärkt bedroht sei.

7   Die frühere Kritik im Schrifttum hat beim Gesetzgeber insoweit Gehör gefunden, als er die enorme Erhöhung der Mindeststrafe auf fünf Jahre in § 250 I a. F. um zwei Jahre auf drei Jahre milderte, wobei in minder schweren Fällen die Strafe weiterhin auf ein Jahr gesenkt werden kann (§ 250 III). – Zur Ergänzung die folgenden

8   **Beispiele:** (1) Was die tauglichen Tatmittel betrifft, so sei nochmals betont, dass die Ausführungen in → § 4 Rn. 58 ff. entsprechend gelten. Insbesondere sind auch die Restriktionen im Gefolge von BGHSt 38, 116 rund um den „Labello-Fall" zu beachten (→ § 4 Rn. 68 ff.), die in der Praxis typischerweise im Zusammenhang mit § 250 aktuell werden und z. B. den Fall betreffen, dass zu Raubzwecken ein dünnes Metallrohr in das Genick gepresst wird (*BGH* NStZ 2007, 332; NStZ-RR 2008, 311).

8a   Mit dieser und der weiteren in → § 4 Rn. 71 geschilderten Rechtsprechung nicht vereinbar bejaht der *BGH* indes § 250 I Nr. 1b in Fällen, in denen der Täter mit einer in einer Tasche oder einem Koffer angeblich versteckten Bombe droht; er begründet dies unter Hinweis auf das äußere Erscheinungsbild, nach dem die objektive Ungefährlichkeit des Mittels nicht offenkundig auf der Hand liege, da der Inhalt des Behältnisses nicht erkennbar sei (*BGH* NStZ 2011, 278; 2016, 215). Im Lichte dieser Judikatur fällt die „Labello-Rechtsprechung" in sich zusammen. Widersprüche lassen sich nur vermeiden, wenn man konsequent in allen Fällen, in denen der Täter sein Opfer mit der Lüge einschüchtert, ein verwendeter verborgener Gegenstand sei besonders gefährlich, § 250 I Nr. 1b stets bejaht oder stets verneint. Für die konsequente Verneinung spricht, dass dem bloß täuschungsbedingt gefährlichen Gegenstand keine autonome Funktion zukommt, die über die Reichweite der grunddeliktischen Drohung hinausgehend den Schritt zu § 250 Abs. 1 Nr. 1b trägt (→ § 4 Rn. 70; zur Kritik ferner *Jäger*, JA 2016, 71 ff.; *Satzger*, Jura, JK, 2016, 573; *Schumann*, JR 2016, 339 ff.; *Pfuhl*, ZJS 2011, 415 ff.; *Eisele*, BT II, Rn. 350; *Ladiges/Kneba*, JuS 2013, 624 f. mit Falllösung). §

9   (2) Fraglich ist die vor BGHSt 38, 116 ergangene Entscheidung *BGH* NJW 1990, 2570. Danach soll der Qualifikationstatbestand erfüllt sein, obwohl das Opfer die Drohung mit einer Scheinwaffe durchschaut hat. Richtigerweise muss – erstens – geprüft werden, ob die eingesetzte Scheinwaffe (hier Spielzeugpistole) nicht schon deshalb als Tatmittel ausscheidet, weil sie nach ihrem äußeren Erscheinungsbild ein offensichtlich ungefährlicher Gegenstand im Sinne von BGHSt 38, 116 ist. Zweitens: Selbst wenn danach die Scheinwaffe erfasst wird, reicht, sobald jede objektive Zwangswirkung entfällt, der verbleibende bloße Drohungswille für § 250 I Nr. 1b nicht aus (ebenso W/H/S/*Hillenkamp*, BT 2, Rn. 390; *Küper/Zopfs*, BT, Rn. 812), richtigerweise noch nicht einmal für § 249 (→ § 7 Rn. 18). Daher kann in einer solchen Konstellation nur wegen versuchten schweren Raubes verurteilt werden. Im konkreten Fall lag allein deshalb Tateinheit mit § 249 vor, weil die Wegnahme *mit Gewalt* gelungen war (*Geppert*, Jura 1992, 500).

(3) Im bemerkenswerten Fall *BGH* NStZ 2019, 523 schütteten mehrere **9a** Mittäter, um ihren erpresserischen Einschüchterungsversuchen Nachdruck zu verleihen (§§ 255, 22), Motoröl über die Windschutzscheibe des in seinem Pkw mit 50 km/h vorbeifahrenden Opfers. Dieses setzte trotz fehlender Sicht aus Angst seine Fahrt mit reduzierter Geschwindigkeit fort. Der *BGH* verneint § 250 I Nr. 1b, weil in der Aktion keine (beabsichtigte) Gewaltanwendung, also kein körperlich wirkender Zwang, sondern bloß psychisch vermittelter Zwang zu sehen sei (vgl. → § 4 Rn. 61 f., 72; → § 7 Rn. 8 ff.).

(4) Im **Fall 1** entfällt bei T bezüglich § 250 I Nr. 1a (Waffe) der Vorsatz (§ 16 **10** I 1). Die Waffe stellt aber ein Mittel dar, das T im Bedarfsfall als Scheinwaffe einsetzen will. Deshalb greift als Auffangtatbestand § 250 I Nr. 1b ein (erg. → § 4 Rn. 63). – Zu Fall 2 und Fall 3 → Rn. 27 und 28.

3. Nr. 1c

Der Täter muss eine andere Person vorsätzlich (§ 15) **11**
– „durch die Tat" (entsprechend → § 9 Rn. 6–22)
– in die konkrete Gefahr (näher *Rengier*, BT II, § 44 Rn. 6)
– einer schweren Gesundheitsschädigung (zum Begriff *Rengier*, BT II, § 10 Rn. 32 ff.)

bringen. Gefahrerfolge, deren Schwere mit der individuellen Verfassung des Opfers (z. B. Alter, Gebrechlichkeit, Krankheit) oder seinen individuellen Verhältnissen (z. B. Beruf) zusammenhängt, sind umfasst, doch bedarf insoweit ggf. die Vorsatzprüfung besonderer Aufmerksamkeit (*BGH* NJW 2002, 2043 f.; NStZ 2003, 662, 663; *Hellmann*, JuS 2003, 17 ff.). Hat sich die Gefahr in einem schweren Gesundheitsschaden realisiert, so ist darin der Gefahrerfolg als notwendige Vorstufe selbstverständlich mit enthalten. – Zum Inhalt des erforderlichen (Gefährdungs-)Vorsatzes näher *Rengier*, AT, § 14 Rn. 40 ff.

In der **Fallbearbeitung** ist die Bedeutung dieser Qualifikation gering, weil **12** der Begriff der schweren Gesundheitsschädigung nur einen recht engen –

nämlich auf Erfolge im Sinne des § 226 I und solche mit einem vergleichbaren Schweregrad beschränkten – Bereich erfasst sowie darüber hinaus der entsprechende (Gefährdungs-)Vorsatz festgestellt werden muss. Der Begriff darf nicht mit der körperlich schweren Misshandlung des § 250 II Nr. 3a verwechselt werden (vgl. → Rn. 25).

4. Nr. 2

13   Die Ausführungen zum übereinstimmenden § 244 I Nr. 2 gelten entsprechend (→ § 4 Rn. 89 ff.; vgl. BGHSt 46, 138 zur in → § 4 Rn. 96 f. erörterten Konstellation). Als Raub im Sinne der Vorschrift sind auch die „räuberischen" Taten der §§ 252, 255, 316a anzusehen. Freilich genügt es nach dem klaren Wortlaut des § 250 I Nr. 2 für die Strafbarkeit wegen Bandenraubs, dass Mitglieder einer bloßen Diebesbande den Raub oder – aufgrund der Verweisungen in den §§ 252, 255 – den räuberischen Diebstahl bzw. die räuberische Erpressung begehen.

BGH NStZ-RR 2015, 213; zust. *Kudlich*, JA 2015, 551 ff.; ebenso *Fischer*, § 250 Rn. 16; K/*Böse*, BT II, § 14 Rn. 10; abl. *Ladiges*, NStZ 2016, 646 ff.

III. § 250 II

1. Nr. 1

14   **a) Grundlagen.** § 250 II normiert weitere Vorsatzqualifikationen, von denen in der Nr. 1 die mit Abstand wichtigste und problematischste geregelt ist. Die zwei Varianten des § 250 II Nr. 1 knüpfen an die beiden Varianten des § 250 I Nr. 1a an und erhöhen die normale Mindeststrafe des § 250 I im Fall der tatsächlichen Verwendung der Waffe bzw. des gefährlichen Werkzeugs um zwei auf fünf Jahre. Die Nr. 1 des § 250 II hat große Bedeutung, weil es, überspitzt formuliert, fast normal ist, dass ein Räuber um des Erfolges willen ein beisichgeführtes gefährliches Tatmittel auch wirklich einsetzt. Es empfiehlt sich, zwischen den Varianten des § 250 II Nr. 1 zu differenzieren, da lediglich der Qualifikationscharakter des § 250 II Nr. 1 Var. 1 unbestritten ist.

15   **b) Verwenden einer Waffe (Nr. 1 Var. 1).** Zum Begriff der Waffe ist auf → § 4 Rn. 8–18 zu verweisen. Das **Verwenden** umfasst jeden dem Nötigungszweck dienenden tatsächlichen Gebrauch der Waffe oder eines gefährlichen Werkzeugs (Nr. 1 Var. 2) sowohl als Mittel

der Gewaltanwendung wie auch als bloßes Drohmittel. Der Einsatz muss im Sinne eines funktionalen Zusammenhangs Bestandteil der raubspezifischen Nötigung und des Raubunrechts sein.

Vgl. dazu BGHSt 45, 92, 94 ff.; 52, 376, 377 f.; *BGH* NJW 2004, 3437; *Mitsch*, BT 2, 530 f.

Beispiele: (1) Ausreichend ist das Halten eines geladenen Gasrevolvers an **16** den Körper (*BGH* JR 1999, 33). Ebenso genügt die sonstige Bedrohung etwa eines Bankangestellten mit einer derartigen Waffe, ohne dass es darauf ankommt, ob dieser durch schusssicheres Glas geschützt oder einer erhöhten objektiven Gefahr ausgesetzt wird; denn die Vorschrift will auch vor den abstrakten Gefahren schützen, die von der benutzten (Schuss-)Waffe etwa für plötzlich erscheinende Kunden ausgehen (BGHSt 45, 92, 95 f. mit Anm. *Geppert*, JK 99, StGB § 250 II/1; LK/*Vogel*, § 250 Rn. 33; W/H/S/*Hillenkamp*, BT 2, Rn. 397).

(2) Die Verwendung als Drohmittel setzt – in beiden Varianten der Nr. 2 – voraus, dass der Täter den Gegenstand als Raubmittel zweckgerichtet einsetzt und den Einsatz zumindest durch schlüssiges Verhalten androht; dafür reicht ein bloßes Beisichführen nicht aus, auch wenn das Tatopfer die Waffe sieht und durch ihre Wahrnehmung eingeschüchtert wird (vgl. *BGH* NStZ-RR 2004, 169). Insbesondere muss die Drohung von dem Bedrohten wahrgenommen werden und ihn somit in eine qualifizierte Zwangslage versetzen (*BGH* NStZ 2012, 389; 2017, 26; erg. → § 7 Rn. 18). Dabei kann die Wahrnehmung visuell, durch taktilen Kontakt oder auch akustisch durch ein vom Drohmittel ausgehendes Warngeräusch wie einen Warnschuss erfolgen. Nach *BGH* NStZ 2021, 229 soll zudem eine etwa im Dunkeln ausgesprochene rein verbale (wahre) akustische Warnung („Achtung, ich habe ein Messer in der Hand") genügen (zust. *Jäger*, BT, Rn. 430; a. A. *Rieck*, NStZ 2021, 231; *Hirsch/Dölling*, ZIS 2022, 68 ff.).

(3) Bei der Verwendung einer Waffe oder eines anderen gefährlichen Werkzeugs muss der Einsatz der Beuteerlangung oder Beutesicherung dienen, letzteres entweder bei einer Tat gemäß § 252 i. V. m. § 250 (vgl. → § 10 Rn. 21 ff.) oder auch im Zusammenhang mit § 249, wenn man im Beendigungsstadium des Raubes § 250 für anwendbar hält (BGHSt 52, 376; *BGH* NStZ-RR 2008, 342; erg. → Rn. 30 ff.).

c) Verwenden eines gefährlichen Werkzeugs (Nr. 1 Var. 2). Wort- **17** laut und Systematik des § 250 legen – parallel zum Verwenden einer Waffe – eine Auslegung nahe, die in § 250 II Nr. 1 Var. 2 im Verhältnis zu § 250 I Nr. 1a Var. 2 eine Qualifikation sieht. Von diesem Standpunkt aus stimmen die Werkzeugbegriffe in beiden Vorschriften überein; die Unrechtssteigerung liegt allein in dem Übergang vom Beisichführen zum Verwenden entsprechend → Rn. 15 f. (vgl. *BGH* NStZ 2008, 687). Leider ist die Rechtslage aber nicht so überschaubar, da insbesondere die Rechtsprechung im Rahmen des § 250 II Nr. 1 Var. 2 von einem anderen Werkzeugbegriff ausgeht, der nicht an die von ihr favorisierte objektive Interpretation des § 250 I Nr. 1a Var. 2 anknüpft.

18   In der **Fallbearbeitung** empfiehlt es sich, wie folgt vorzugehen: Nachdem man zumindest gedanklich festgestellt hat, dass die Waffenvariante nicht vorliegt, prüft man, ob der Täter gemäß § 250 I Nr. 1a Var. 2 ein gefährliches Werkzeug bei sich geführt hat. Insoweit ist zur Diskussion auf → § 4 Rn. 19–42 zu verweisen. Werden die gefährliche Werkzeugeigenschaft und das Beisichführen bejaht, so fährt man mit § 250 II Nr. 1 Var. 2 fort und gelangt zum Verwenden im Sinne der → Rn. 15. Natürlich muss die Werkzeugeigenschaft noch fortbestehen.

Wird im Rahmen des § 250 I Nr. 1a Var. 2 die Einordnung als gefährliches Werkzeug abgelehnt, so ist es im Ergebnis selbstverständlich vertretbar und nach der Gesetzessystematik zudem überzeugend, in § 250 II Nr. 1 Var. 2 einen nicht mehr erfüllbaren Qualifikationstatbestand zu sehen. Doch vertritt insoweit namentlich die Rechtsprechung eine andere Ansicht. Daher darf man den § 250 II Nr. 1 Var. 2 nicht vorschnell aus den Augen verlieren:

19   Denn die **Rechtsprechung**, die im Rahmen des § 250 I Nr. 1a Var. 2 wie in § 244 I Nr. 1a Var. 2 den Werkzeugbegriff objektiv, also losgelöst von § 224 I Nr. 2 versteht (→ § 4 Rn. 20 ff.), sieht darin kein Hindernis, beim Verwenden völlig anders zu verfahren. Zwei Fallgruppen lassen sich unterscheiden:

20   (1) Soweit der **Gegenstand als Gewaltmittel** gegen eine Person eingesetzt wird, bestimmt der *BGH*, ganz auf der Linie der hier vertretenen konkret-subjektiven Sichtweise (→ § 4 Rn. 38 ff.), den gefährlichen Werkzeugbegriff in Anlehnung an § 224 I Nr. 2 und bezieht etwa Schlagwerkzeuge, Pfeffersprays und (stramm angelegte) Fesseln ein. Beispielhaft: Es wird gefragt, ob die Fesseln oder das Pfefferspray nach der Art der konkreten Verwendung geeignet waren, erhebliche Verletzungen hervorzurufen. Man kann diese Rechtsprechung so deuten, dass in dem gewaltsamen „Verwenden" des Mittels ein Widmungsakt gesehen wird, der die gefährliche Werkzeugeigenschaft begründet.

BGH NStZ 2004, 263; NStZ-RR 2004, 169; 4 StR 499/11 Rn. 20; 4 StR 538/14 Rn. 9 ff. mit Bspr. *Kudlich*, JA 2015, 471 ff.; *Fischer*, § 250 Rn. 6 a.

21   (2) Wird der **Gegenstand als Drohmittel** gebraucht, so subsumiert die Rechtsprechung dem gefährlichen Werkzeug des § 250 II Nr. 1 Fälle, in denen der Täter einen Gegenstand, z. B. ein Messer, ein Stemmeisen, einen Baseballschläger, einen Schraubendreher, eine In-

jektionsnadel oder ein langes Band, nur als Mittel für eine ausdrück-
liche oder konkludente – auch bloß vorgetäuschte – Drohung einsetzt und die objektiv mögliche Realisierung des angedrohten Verhaltens zu erheblichen Körperverletzungen führen könnte. Diese
Auslegung ist im Lichte abstrakt-objektiver Begriffsbestimmungen
(→ § 4 Rn. 20 ff.) allein dann unproblematisch, wenn Gegenstände als
Drohmittel verwendet werden, welche die geforderte Waffenersatzfunktion aufweisen. Doch stellt die Rechtsprechung darauf nicht ab.

Beispiel: Um den haltenden Pkw-Fahrer F an der Gegenwehr zu hindern,
hat im Rahmen eines erfolgreichen Raubüberfalls ein Mittäter vom Hintersitz
aus, ohne das Angedrohte ernsthaft verwirklichen zu wollen, (1) die 7 cm
lange Klinge eines geöffneten Taschenmessers, (2) ein 60 cm langes stabiles
Kunststoffband in der Art eines Schnürsenkels an bzw. um den Hals des F gelegt.

Im Beispiel (1) sind auf dem Boden sowohl der rein abstrakt-objektiven als auch der situationsbezogenen abstrakt-objektiven Betrachtungsweise (→ § 4 Rn. 22 ff., 31 ff.) § 250 I Nr. 1a Var. 2 und
dann auch wegen des Verwendens (→ Rn. 15 ff.) § 250 II Nr. 1 Var. 2
zu bejahen; nach der konkret-subjektiven Betrachtungsweise entfallen beide Vorschriften, weil mit den Gegenständen nur gedroht, sie
aber nicht in erheblich verletzender Weise verwendet werden sollten
(→ § 4 Rn. 38 ff.). Im Beispiel (2) kommen alle Ansichten zur Verneinung des § 250 I Nr. 1a Var. 2 Doch soll nach der Rechtsprechung
§ 250 II Nr. 1 Var. 2 erfüllt sein (*BGH* NStZ 2011, 211). Die Rechtsprechung gründet damit die Strafbarkeit auf einer „merkwürdigen
Vermischung von abstrakter Gefahr und Scheinwaffenproblematik".

So *Fischer*, § 250 Rn. 7a. – Zur Rechtsprechung *BGH* NStZ-RR 2001, 41;
NJW 2002, 2889, 2891 f.; NStZ 2008, 687 f.; 2011, 158, 159; 2011, 211, 212;
2018, 278, 279 (mit Anm. *Eidam* und Bspr. *Eisele*, JuS 2018, 393 ff.); 2021,
229 f. – Im Wesentlichen zust. *Eisele*, BT II, Rn. 366 f.; LK/*Vogel*, 12. Aufl.
§ 250 Rn. 31 f., bei denen freilich unklar bleibt, inwieweit sie auch nicht ernst
gemeinte Drohungen mit Mitteln einbeziehen, die wie das Band im Beispiel
(2) keinen waffenähnlichen Charakter haben.

Die Interpretation des § 250 II Nr. 1 Var. 2 durch die Rechtspre- **22**
chung weicht deutlich von dem objektiv verstandenen Werkzeugbegriff des § 250 I Nr. 1a Var. 2 bzw. § 244 I Nr. 1a Var. 2 ab. So ergeben
sich innerhalb des § 250 schwer verständliche unterschiedliche Begriffsbestimmungen, die Wertungswidersprüche hervorrufen (*Fischer*,
§ 250 Rn. 6 ff.; *ders.*, NStZ 2003, 570).

22a   Unabhängig davon und vom Streit um die Bewegbarkeit des Werkzeugs in § 224 I Nr. 2 sollte klar sein, dass hier nur bewegliche Gegenstände in Betracht kommen, weil das unrechtssteigernde „Verwenden" das „Beisichführen" voraussetzt.

Vgl. schon → § 4 Rn. 43. – Die erfolgreiche Drohung, jemanden in einen größeren Industriemüll-Häcksler zu werfen, falls er nicht 400 € zahle, erfüllt daher nicht § 250 II Nr. 1 Var. 2 i. V. m. § 255 (*BGH* StV 2013, 444 mit zust. Bspr. *Hecker*, JuS 2013, 948 f.). – Zur Streitfrage des § 224 I Nr. 2 siehe *Rengier*, BT II, § 14 Rn. 37 ff.

23   **d) „Bei der Tat".** Dieses Merkmal ist entsprechend der – was das Beendigungsstadium betrifft: umstrittenen – zeitlichen Komponente des Beisichführens zu verstehen (→ § 4 Rn. 45 ff.; erg. → Rn. 30 ff.).

2. Nr. 2

24   Bei diesem Qualifikationsgrund des § 250 II, der wiederum § 250 I Nr. 2 qualifiziert, genügt das bloße Beisichführen (nur) von Waffen (→ § 4 Rn. 8–18, 43 ff.).

3. Nr. 3a

25   Eine körperlich schwere Misshandlung liegt vor, wenn der Eingriff in die körperliche Integrität schwer wiegt, also erhebliche Folgen für die Gesundheit hat oder mit erheblichen Schmerzen verbunden ist, wie es z. B. bei zahlreichen Schlägen und Tritten gegen den Kopf der Fall ist (*BGH* NStZ-RR 2007, 175; 2014, 73; 5 StR 241/18 Rn. 22).

4. Nr. 3b

26   Die Nr. 3b enthält – entsprechend § 250 I Nr. 1c (→ Rn. 11) – ein konkretes Gefährdungsdelikt mit dem Unterschied, dass es als Gefahrerfolg den Eintritt einer Todesgefahr und den entsprechenden Gefährdungsvorsatz verlangt.

5. Falllösungen

27   Im **Fall 2** erfassen die Varianten des § 250 I Nr. 1a die ungeladene Schusswaffe nicht. Da T die Waffe aber als Drohmittel einsetzt (der Einsatz*wille* würde schon genügen), ist die Nr. 1b vollendet (zur Auffangfunktion → § 4 Rn. 63). Weiter hat T die vermeintlich geladene Schusswaffe verwendet. Wäre es insoweit beim Versuch der Nr. 1a geblieben, hätte dieser neben der vollendeten Nr. 1b keine eigenständige Bedeutung. Die Verwendung führt jedoch zum Versuch der Qualifikation (§§ 250 II Nr. 1 Var. 1, 22), der mit § 250 I

Nr. 1b ideal konkurriert (a. A. *Küper/Zopfs*, BT, Rn. 811; MüKo/*Schmitz*, § 244 Rn. 82).

Im **Fall 3** muss zunächst § 249 bejaht werden (Beibringen des Schlafmittels **28** als Gewalt gegen eine Person; → § 7 Rn. 9). § 250 I Nr. 1a Var. 2 entfällt auf dem Boden der abstrakt-objektiven Betrachtungsweisen (→ § 4 Rn. 20 ff.). Nach der hier vertretenen subjektiv-konkreten Betrachtungsweise (→ Rn. 3; → § 4 Rn. 38 ff.) kommt es darauf an, ob die Verabreichung des Schlafmittels § 224 I Nr. 2 erfüllt. Dies wiederum hängt von der Stärke des Mittels und der Dosierung ab: (1) Soweit man annimmt, dass die „gefährliche" Werkzeugeigenschaft fehlt, entfällt zwar § 250 I Nr. 1a Var. 2, aber es liegt – auch nach den abstrakten Betrachtungsweisen – § 250 I Nr. 1b vor, weil das Schlafmittel ein Mittel ist, mit dem Widerstand „durch Gewalt" überwunden werden soll. Mit § 223 besteht Idealkonkurrenz (→ § 7 Rn. 52). – (2) Soweit man dagegen die Eignung zur Hervorrufung erheblicher Gesundheitsschäden bejaht, greift nach der hier vertretenen Ansicht neben dem § 250 I Nr. 1a Var. 2 auch der qualifizierende Verwendungstatbestand des § 250 II Nr. 1 Var. 2 ein, während die Rechtsprechung nur den Verwendungstatbestand bejahen würde (→ Rn. 20). In dieser Alternative tritt § 224 I Nr. 1, 2 in Tateinheit hinzu.

Parallel zu Fall 3 liegt *BGH* NStZ 2009, 505, wo der Täter seinem Opfer **29** sog. „K.O.-Tropfen" in den Kaffee schüttete, es dadurch für drei Stunden bewusstlos machte und so ausraubte. Nach der Ansicht des entscheidenden 4. Strafsenats soll ein narkotisierendes Mittel in der „verwendeten Dosierung" kein gefährliches Werkzeug im Sinne des § 250 II Nr. 1 darstellen. Das mag man so werten, ist aber angesichts der Dauer der Bewusstlosigkeit keineswegs selbstverständlich (erg. *BGH* NStZ-RR 2018, 141). Folgt man dem 4. Senat, so ist auch die Ablehnung des § 224 I Nr. 2 konsequent, die Bejahung des § 224 I Nr. 1 aber widersprüchlich, weil nach ganz h. M. die Erheblichkeitskomponente der Werkzeugvariante (Nr. 2) in die Nr. 1 hineininterpretiert werden muss (dazu *Rengier*, BT II, § 14 Rn. 15 ff.), eine Ansicht, die derselbe 4. Strafsenat in BGHSt 51, 18, 22 offenbar geteilt hat. – Zur Kritik auch *Bosch*, JA 2009, 738 f.; erg. die Falllösung bei *Giannini*, JuS 2019, 778 ff.

IV. Verwirklichung der Qualifikationsgründe im Beendigungsstadium

Wie im Rahmen des Diebstahls bereits ausgeführt, ist umstritten, **30** ob die Qualifikationsgründe des § 244 I Nr. 1 auch im Beendigungsstadium verwirklicht werden können (→ § 4 Rn. 48 ff., 74). Der Streit betrifft genauso § 250. Nach der vorzugswürdigen Ansicht ist die Einbeziehung des Beendigungsstadiums abzulehnen. Dass seitens der Gegenmeinung die speziellen Voraussetzungen des § 252 unterlaufen werden, tritt angesichts dessen Nähe zu § 249 hier besonders deutlich zutage.

31   Immerhin muss mit Blick auf die von der Rechtsprechung ange-
führte Gegenmeinung beachtet werden, dass der *BGH* in der neueren
Zeit in Entscheidungen zu § 250 II einen Standpunkt einnimmt, der
die Möglichkeit der Qualifikationsverwirklichung in der Beendigungsphase einschränkt und daher zu einer Annäherung der Positionen führt. Konsequent wäre die Aufgabe der BGH-Position.

Der *BGH* geht zwar im Ansatz nach wie vor davon aus, dass der
Qualifikationstatbestand des § 250 II auch noch in der Phase zwischen Vollendung und Beendigung verwirklicht werden kann. Im
gleichen Atemzug betont er aber, dass die Bejahung der Qualifikation
nur in Betracht kommt, wenn die Täterhandlung (auch) im Beendigungsstadium von einer (weiteren) Verwirklichung der Zueignungs-,
Beutesicherungs- oder Bereicherungsabsicht getragen wird. Zur Begründung verweist er auf den Schutzzweck der §§ 249, 255 und den
Strafrahmensprung. – Dazu die folgenden

32   **Beispiele:** (1) Ein Täter, der unmittelbar im Anschluss an einen vollendeten
Raub oder eine vollendete räuberische Erpressung sein Opfer schwer miss-
handelt oder in konkrete Lebensgefahr bringt, kann § 250 II Nr. 3a bzw. 3b
(i. V. m. § 249 bzw. § 255) nur erfüllen, falls er dabei die gemachte Beute verteidigen oder weitere Beute erlangen will. Deshalb genügen Misshandlungen
etwa aus Wut über eine zu geringe Beute genauso wenig wie Aktionen, die
allein die Flucht sichern sollen und dabei das Leben anderer gefährden
(BGHSt 53, 234 ff.; 55, 79 ff.; *BGH* StV 2012, 153; 2022, 18, 20; zur Diskussion *Mitsch*, JR 2009, 298 ff.; *Kraatz*, Jura 2009, 852 ff.; *Kühl*, JZ 2010, 1131 f;
Kudlich, NStZ 2011, 518 f.; *Bachmann/Goeck*, Jura 2012, 133 ff.).

33   (2) Entsprechendes gilt insbesondere für § 250 II Nr. 1, sofern der Täter in
der Beendigungsphase eine Waffe oder ein gefährliches Werkzeug verwendet
(BGHSt 52, 376; *BGH* StV 2014, 282, 283; NJW 2010, 1385 f. mit abl. Bspr.
Satzger, JK 10/10, StGB § 250 II Nr. 1/9; vgl. bereits → Rn. 16).

34   Obwohl die Beispiele § 250 II betreffen, ist im Lichte der Rechtsprechung anzunehmen, dass der einschränkende Gedanke gleichermaßen für die anderen Qualifikationsgründe, also insbesondere auch
für § 250 I Nr. 1a gelten soll. Auf diese Vorschrift übertragen heißt
das: Versieht sich der Täter erst im Beendigungsstadium mit einer
Waffe bzw. einem gefährlichen Werkzeug, so setzt die Anwendbarkeit des § 250 I Nr. 1a voraus, dass die Tatphase noch der weiteren
Verwirklichung der Zueignungs- oder Bereicherungsabsicht oder der
Beutesicherung dient.

Vgl. BGHSt 20, 194, 197; 31, 105 ff.; 52, 376, 377; Sch/Sch/*Bosch*, § 250
Rn. 12. – Keine Stellungnahme dazu (mangels Entscheidungserheblichkeit?)
in *BGH* NStZ-RR 2013, 244.

Beispiele: (1) Demnach scheidet die Bejahung des § 250 I Nr. 1a Var. 2 bei 35 einem Täter aus, der nach einem fehlgeschlagenen Raubversuch (§§ 249, 22) vom Opfer verfolgt wird und ein gefährliches Werkzeug ergreift, um ggf. seine Flucht zu sichern. Man könnte auch argumentieren, dass es ohne Beute überhaupt kein Beendigungsstadium gibt und sich von daher die Streitfrage nicht stellt (vgl. BGHSt 31, 105, 107).

(2) Ebenso müsste man auch im Lager der Rechtsprechung § 250 I Nr. 1a Var. 1 bei dem Raubtäter ablehnen, der, auf frischer Tat betroffen, verfolgt wird und den Besitz an der Beute aufgibt, bevor er sich mit einer Waffe versieht.

V. Konkurrenzen, Teilrücktritt

Verwirklicht der Täter durch eine Tat mehrere gleichwertige Va- 36 rianten des § 250 (z. B. Abs. 1 Nr. 1a und c bei einem vorbeigehenden, ohne Tötungsvorsatz erfolgenden Schuss), so ist der Täter nur wegen *eines* schweren Raubes und nicht wegen in Tateinheit begangener mehrerer Modalitäten des § 250 zu verurteilen (vgl. *BGH* NJW 1994, 2034). In entsprechender Weise wird auch in den Fällen des § 211 und § 224 nur wegen *eines* Mordes bzw. *einer* gefährlichen Körperverletzung verurteilt, wenn der Täter mehrere Mordmerkmale bzw. mehrere Varianten des § 224 erfüllt. Die etwaige strafschärfende Berücksichtigung im Rahmen der Strafzumessung steht auf einem anderen Blatt.

Soweit § 250 II mit seinen gleichsam besonders schweren Raubfäl- 37 len erfüllt ist, treten dahinter Qualifikationen des § 250 I im Wege der Spezialität oder Konsumtion zurück (*Fischer*, § 250 Rn. 30). Diese Sichtweise entspricht der Lehre, dass § 251 die Qualifikationen des § 250 verdrängt (h. M.; BGHSt 21, 183; *BGH* NStZ-RR 2018, 16; LK/*Vogel*, 12. Aufl. § 251 Rn. 21; a. A. Sch/Sch/*Bosch*, § 251 Rn. 10).

Zur Frage des **Teilrücktritts** gilt → § 4 Rn. 77 ff. entsprechend; 38 siehe ferner → § 11 Rn. 73.

Empfehlungen zur vertiefenden Lektüre:
Rechtsprechung: Siehe zunächst die Rechtsprechung zu → § 4. Ferner: BGHSt 38, 116 (Tatbestandsgrenzen bei Scheinwaffen); BGHSt 52, 376, BGHSt 53, 234 und BGHSt 55, 79 (Verwirklichung des § 250 im Beendigungsstadium); *BGH* NJW 1996, 2663 (Lippenpflegestift kein taugliches Tatmittel); *BGH* NJW 2002, 2043 (Gefahr einer schweren Gesundheitsschädigung); *BGH* NStZ 2011, 158, 211 (Beisichführen und Verwenden von gefährlichen Werkzeugen).

Literatur: Siehe zunächst zu → § 4. Ferner: *Bachmann/Goeck*, Zur Problematik der Verwirklichung qualifizierender Umstände nach Vollendung der §§ 249, 255 StGB (BGH), Jura 2012, 133 ff.; *Grabow/Pohl*, Die sukzessive Mittäterschaft und Beihilfe, Jura 2009, 656 ff.; *Hellmann*, Schwerer Raub wegen der Gefahr einer schweren Gesundheitsschädigung und Verhältnis von Raub und räuberischem Diebstahl – *BGH* NJW 2002, 2043, JuS 2003, 17 ff.; *Kraatz*, Zur sukzessiven Verwirklichung eines Qualifikationstatbestandes, Jura 2009, 852 ff.

§ 9. Raub mit Todesfolge (§ 251)

Fall 1: Die von R gegen sein erfolgreich beraubtes Opfer, die 84-jährige F, angewendete Gewalt hat bei ihr eine leichtfertig verursachte schwere Kopfverletzung zur Folge. Medizinisch indizierte und lege artis durchgeführte Behandlungen helfen nicht. Nach einer Operation erlangt sie das Bewusstsein nicht wieder und ihr Gesundheitszustand verschlechtert sich zunehmend. Schließlich brechen die Ärzte entsprechend ihrer wirksamen Patientenverfügung weitere Behandlungsversuche ab. 13 Tage später stirbt sie (*BGH* NJW 2020, 3669). → Rn. 9

Fall 2: T versetzt dem O, um ihn ausplündern zu können, einen Faustschlag ins Gesicht. O fällt zu Boden und dabei so unglücklich auf den Hinterkopf, dass er später an einer Gehirnblutung stirbt. Als O am Boden liegt, nimmt T die Geldbörse weg. → Rn. 28

Fall 3: H hilft notleidenden Menschen, indem er ihnen als „Wohltäter" durch Straftaten erbeutetes Geld selbstlos zukommen lässt. Sein Opfer O stirbt, weil er es mit den Händen kräftig würgen musste, um an das Geld zu gelangen. *Drei Varianten:* a) H hat keinen Tötungsvorsatz. b) H handelt mit Tötungs-Eventualvorsatz. c) In der Variante a) hat A den H angestiftet, wobei (nur) A einen tödlichen Ausgang bedenkt und hinnimmt. → Rn. 32 ff.

I. Grundlagen und Aufbaufragen

1   § 251 gehört zu den erfolgsqualifizierten Delikten. Diese Delikte setzen sich typischerweise aus einem vorsätzlichen Grunddelikt und einem qualifizierenden Fahrlässigkeitsteil zusammen (Vorsatz-Fahrlässigkeits-Kombination). Im Gegensatz etwa zu den §§ 221 III, 226 I, 227 I, 239 IV (jeweils i. V. m. § 18) erhöht § 251 allerdings die Anforderungen im Fahrlässigkeitsteil und verlangt wenigstens leichtfertiges (= grob fahrlässiges) Handeln. § 251 kombiniert also in erster Linie ein vorsätzliches Grunddelikt – neben § 249 auch § 252 und § 255! – mit einer qualifiziert fahrlässigen (= leichtfertigen) Tötung.

Vergleichbare Todeserfolgsqualifikationen mit Vorsatz-Leichtfertig-keits-Struktur finden sich insbesondere in den §§ 176b, 178, 239a III, 306c, 316a III. Innerhalb dieser Gruppe ist § 251 das bekannteste Delikt mit einer gewissen Leitbildfunktion; insoweit lassen sich namentlich das folgende Aufbauschema (→ Rn. 5) sowie die Ausführungen zum Begriff der Leichtfertigkeit (→ Rn. 27 ff.) und zu den Konkurrenzen (→ Rn. 31 ff.) auf die anderen Vorsatz-Leichtfertigkeits-Kombinationen übertragen.

Alle Kombinationsdelikte mit Fahrlässigkeitsteil werden gemäß **2** § 11 II als Vorsatztaten behandelt. Dies hat namentlich für die Strafbarkeit des Versuchs und der Beteiligung Bedeutung.

Wer mit dem erfolgsqualifizierten Delikt noch nicht vertraut ist, sollte er- **3** gänzend zumindest den Tatbestand des § 227 I mit der klassischen Vorsatz-Fahrlässigkeits-Struktur studieren (näher *Rengier*, BT II, § 16 Rn. 1 ff. und ferner § 22 Rn. 19 ff. zu § 239 III, IV). – Zu den § 251 entsprechenden Delikten mit Vorsatz-Leichtfertigkeits-Struktur siehe *Rengier*, BT II, § 24 Rn. 34 ff. (zu §§ 239a III, 239b II) und § 40 Rn. 65 ff., 92 f. (zu § 306c).

In der **Fallbearbeitung** wird es sich in der Regel empfehlen, zuerst **4** den Blick auf die vorsätzlichen Tötungsdelikte (§§ 212, 211) zu lenken und diese jedenfalls dann zuerst zu erörtern, wenn ein Tötungsvorsatz in Betracht kommt, aber verneint wird. Anschließend prüft man das Grunddelikt (§ 249, § 252 oder § 255), danach die Qualifikation des § 250 (erg. → § 8 Rn. 2) und schließlich § 251. Muss der Tötungsvorsatz bejaht werden, so darf – anders als bei § 227 (*Rengier*, BT II, § 16 Rn. 26) – die Prüfung des § 251 keinesfalls unterbleiben (näher → Rn. 31 ff.). Die §§ 212, 211 prüft man in dieser Konstellation geschickter erst nach dem Raubkomplex, um bei den Mordmerkmalen und insbesondere der Ermöglichungsabsicht (dazu *Rengier*, BT II, § 4 Rn. 110 ff.) Vorwegerörterungen zu vermeiden. Am Ende bleibt noch § 222 anzusprechen, der vor allem dann wichtig wird, falls § 251 am Leichtfertigkeitserfordernis scheitert. – Eine Orientierung über die Prüfungsreihenfolge und die Strukturen des § 251 ermöglicht das folgende

5 | **Aufbauschema (§ 251)**

I. § 212 (wenn Tötungsvorsatz verneint wird; bei fernliegendem Tötungsvorsatz weglassen)
II. § 249 (oder § 252 bzw. § 255)
III. § 250
IV. § 251
  1. Verweis auf das strafbare Grunddelikt (§ 249, § 252 oder § 255)
  2. Eintritt und Verursachung des Todeserfolges im Sinne der Bedingungstheorie
  3. Objektive Zurechnung
  4. Spezifischer Gefahrverwirklichungszusammenhang zwischen Grunddelikt und Todeserfolg
  5. Leichtfertigkeit bzw. Vorsatz hinsichtlich des Todeserfolges und Gefahrverwirklichungszusammenhangs
V. § 222

Ist der Tötungsvorsatz zu bejahen, so empfiehlt es sich, mit dem Punkt II zu beginnen und beim Punkt V den § 222 durch die §§ 212, 211 zu ersetzen.

II. Spezifischer Gefahrverwirklichungszusammenhang zwischen Grunddelikt und Todeserfolg

1. Grundlagen

6   Wie bei allen erfolgsqualifizierten Delikten muss zwischen dem Grunddelikt (§ 249 bzw. §§ 252, 255) und dem qualifizierenden Todeserfolg, abgesehen von der üblichen Kausalität und der objektiven Zurechnung, ein spezieller Gefahrverwirklichungszusammenhang bestehen. Dieser Zusammenhang ist Bestandteil des objektiven Tatbestandes; folglich muss sich auf ihn in subjektiver Hinsicht auch der Vorsatz bzw. die Leichtfertigkeit erstrecken (*Günther*, Hirsch-FS, 1999, 550 f.; NK/*Kindhäuser*, § 251 Rn. 7; erg. → Rn. 51).

7   In dem tödlichen Erfolg muss sich gerade die dem Grundtatbestand anhaftende eigentümliche ("tatbestandsspezifische") Gefahr niederschlagen. Nur dann ist der Tod "durch den Raub" bzw. "durch den räuberischen Diebstahl" oder "durch die räuberische Erpres-

sung" verursacht worden. Dabei versteht es sich von selbst, dass Handlungen als qualifikationsbegründend ausscheiden, die vor dem Eintritt in das Versuchsstadium des Grunddelikts liegen (*BGH* StV 2006, 418; erg. → § 4 Rn. 47). – Beachte im Übrigen: Die Zurechnung der Gefahrerfolge des § 250 I Nr. 1c, II Nr. 3b („durch die Tat") setzt den gleichen besonderen Gefahrverwirklichungszusammenhang voraus.

Beispiele: (1) Typisch für § 251 ist der Todeseintritt infolge der mit Raub- 8 vorsatz angewandten (tatspezifischen) Nötigungsmittel Gewalt/Drohung (z. B. durch Schläge, Knebelung, versehentlich oder vorsätzlich losgehenden Schuss). Dabei spielt es entsprechend → § 7 Rn. 34 keine Rolle, wenn das Opfer zum Zeitpunkt der Gewahrsamserlangung bereits tot ist (*BGH* NStZ 2010, 33).

(2) Im **Fall 1** hebt der *BGH* schon im Leitsatz hervor: Der Gefahrverwirk- 9 lichungszusammenhang „im Sinne des § 251" wird nicht dadurch unterbrochen, dass die behandelnden Ärzte entsprechend einer wirksamen Patientenverfügung von einer Weiterbehandlung des Raubopfers absehen. Dem ist im Ergebnis fraglos zuzustimmen. Denn der in einer solchen Verfügung festgelegte Wille muss als antizipierte Willensäußerung genauso befolgt werden, wie die bewusste Verweigerung weiterer Behandlungen seitens eines aktuell entscheidungsfähigen Patienten zu beachten ist (zur Patientenverfügung *Rengier*, BT II, § 7 Rn. 23 ff.). Etwas anderes gilt nur dann, wenn, was der *BGH* offen lässt, die Willensäußerung grob unvernünftig ist (im Sinne von grob fahrlässig gegen sich selbst) und von daher der weitere Geschehensverlauf in den Verantwortungsbereich des Opfers fällt (vgl. erg. *Rengier*, BT II, § 15 Rn. 17a). **Beachte:** Richtig betrachtet geht es überhaupt nicht speziell um Fragen des § 251, sondern um allgemeine Fragen der objektiven Zurechnung bei Kausalfaktoren, die den tödlichen Verlauf einer Primärverletzung beeinflussen (*Rengier*, AT, § 13 Rn. 84a ff., 95 f.). Wäre die gleiche schwere Kopfverletzung der F durch ein anderes Grunddelikt (z. B. §§ 177, 223 I, 239a I, 306a I, II) mit dem anschließenden gleichen tödlichen Verlauf verursacht worden, ergäbe sich mit Blick auf die Todeserfolgsqualifikationen der §§ 178, 227 I, 239a III, 306c nichts anderes. Die Verankerung der Zurechnungsfrage im allgemeinen Teil wird noch deutlicher, wenn man sich als Ausgangspunkt der schweren Körperverletzung eine fahrlässige oder vorsätzliche Tötungshandlung vorstellt und dann § 222 bzw. § 212 zur Debatte steht. – Näher *Rengier*, Dannecker-FS, 2022.

(3) Streit besteht, ob eine nur wegnahmebedingte Todesverursachung – man 10 denke etwa an die Entwendung eines lebensrettenden Medikaments mit Raubmitteln – für den Schritt zu § 251 genügt. Für die Verneinung der Frage spricht, dass ein solcher tödlicher Verlauf genauso beim Diebstahl denkbar ist (Sch/Sch/*Bosch*, § 251 Rn. 4; W/H/S/*Hillenkamp*, BT 2, Rn. 405; *Mitsch*, BT 2, 525 f.; A/W/*Heinrich*, § 17 Rn. 31; a. A. K/H/H/*Hellmann*, BT 2, Rn. 332; *Heghmanns*, BT, Rn. 1508; *Herzberg*, JZ 2007, 616 ff.).

11   (4) Ebenfalls kein raubspezifisches Risiko verwirklicht sich in den sog. Verfolgerfällen, bei denen das Opfer oder ein Dritter dem Täter nacheilt und dabei sich z. B. durch einen Sturz tödlich verletzt; denn das Verfolgungsrisiko ist allgemeiner Natur und unterscheidet sich nicht von dem der Verfolgung eines Diebes, Wilderers oder Mörders (SK/*Sinn*, § 251 Rn. 14; *Kühl*, BGH-FG IV, 2000, 261).

12   (5) § 251 bezieht nach ganz h. M. in seinen Schutzbereich jeden „anderen" ein, also auch z. B. einen unbeteiligten Passanten, der durch einen abirrenden Schuss getroffen wird (vgl. demgegenüber etwa § 239a III: Tod des „Opfers"). Ausgenommen sind nur Tatbeteiligte; dies lässt sich § 250 I Nr. 1c, II Nr. 3 entnehmen, weil der auf der Täterseite genannte „andere Beteiligte" nicht zugleich auf der Opferseite als „andere Person" vor Gefahren geschützt werden kann, für die er mitverantwortlich ist.

13   Zum Ganzen siehe auch *Mitsch*, BT 2, 523 ff., 535 ff.; *Hinderer/Kneba*, JuS 2010, 590 ff. Ergänzend, auch zum Opfer- und Drittverhalten als Kausalfaktoren, vgl. *Rengier*, BT II, § 16 Rn. 4 ff., 17 ff.; § 24 Rn. 27 f.

2. Anwendung tödlicher Nötigungsmittel in der Beendigungsphase

14   Im Hinblick auf die zeitliche Komponente wiederholt sich auf der Ebene des § 251 der schon von den §§ 244, 250 her bekannte Streit um die Einbeziehung des Beendigungsstadiums (→ § 2 Rn. 197) in die qualifikationstauglichen Tatphasen (→ § 4 Rn. 48 ff.; → § 8 Rn. 3, 30 ff.).

15   **Beispiele:** (1) Nach einem vollendeten Raub (§§ 249, 250 I Nr. 1a, 25 II) schießen die Täter auf der Flucht in einer belebten Einkaufspassage auf Verfolger; dabei wird eine Passantin durch einen abirrenden Schuss (leichtfertig) getötet (BGHSt 38, 295; näher zu dieser lehrreichen Entscheidung mit fallmäßiger Erörterung aller Fragen *Rengier*, JuS 1993, 460 ff.; *Hohmann*, JuS 1994, 860 ff.).

16   (2) Die A hat der Witwe W in ihrer Wohnung heimlich ein Mittel verabreicht, um sie zu betäuben und danach Schmuck zu entwenden. Nachdem A Schmuck in ihren „Tabubereich" gebracht (→ § 2 Rn. 47 ff.) und damit § 249 vollendet hat (näher, auch zu § 250, Fall 3 in → § 8 Rn. 28), schaut sie noch einmal nach der W. Diese erwacht dabei und hält erschrocken A fest. Die überraschte A wird von Panik erfasst, schlägt, um sich zu befreien, vergeblich mit einer Flasche auf den Kopf der W und erwürgt sie schließlich mit Tötungsvorsatz, um loszukommen (*BGH* NJW 1999, 1039).

17   Der *BGH* hat in beiden Fällen aus § 251 (i. V. m. § 249) verurteilt und dies insbesondere damit begründet, dass die Phase der Beutesicherung genauso gefährlich und tatspezifisch sei; wer sich den Fluchtweg freischieße, dürfe nicht besser gestellt sein als derjenige, der die Schusswaffe zur Wegnahme einsetze. Zu der für Raubtaten typischen Gefährlichkeit gehörten auch die Risiken, die sich bei einer Konfrontation mit dem Opfer ergäben, wenn es sich zum Zweck der Tatverhinderung oder der Ergreifung des Täters zur Wehr setze und daraufhin der Täter mit tödlicher Gewalt reagiere. Schließlich könne § 252, der eine besondere Besitzerhaltungsabsicht voraussetze (→ § 10 Rn. 21 ff.), nur einen Teil der in Betracht kommenden Fälle erfassen.

BGHSt 38, 295, 298 f.; *BGH* NJW 1999, 1039 f.; NStZ 2001, 371; zust. *Schroth,* NStZ 1999, 554.

Gegenüber dieser Rechtsprechung ergeben sich gewisse Restriktio- **18** nen, wenn man die neueren BGH-Entscheidungen zur Verwirklichung des § 250 im Beendigungsstadium (→ § 8 Rn. 30 ff.) konsequent auf § 251 überträgt (dafür *Kiworr,* JuS 2018, 427 f.). Dann kann in der Beendigungsphase (auch) § 251 nur eingreifen, wenn das todesverursachende Täterhandeln weiter im Dienst der Zueignung, Beutesicherung oder Bereicherung steht und nicht bloßer Fluchtsicherung dient. Doch hat der *BGH* diesen Schritt in widersprüchlicher Weise erst einmal nicht getan und daran festgehalten, dass todesverursachende Handlungen im Beendigungsstadium auch dann zu § 251 führen können, wenn sie allein die Flucht sichern sollen oder aus Wut über die unergiebige Beute erfolgen (*BGH* NJW 2016, 2516, 2518; NStZ 2017, 638 f.; NStZ-RR 2020, 372).

Beispiel: Im Fall *BGH* NStZ 2017, 638 (mit abl. Anm. *Kudlich* und abl. **19** Bspr. *Eisele,* JuS 2017, 1030 ff.) bedrohte T in einem Ladenlokal O mit einem Messer, um die Herausgabe von Geld zu erpressen. Als O laut zu schreien anfing, wollte T nur noch fliehen und stach deshalb mehrfach mit Tötungsvorsatz und tödlicher Folge auf O ein, um sie zum Schweigen zu bringen. – Der *BGH* hält die versuchte schwere räuberische Erpressung (§§ 255, 250 II Nr. 1 Var. 2, 22) für noch nicht beendet und mit Blick auf § 251 die Absicht bloßer Fluchtsicherung für ausreichend. So gelangt er zur Strafbarkeit gemäß §§ 255, 251, 22 in Tateinheit mit § 211 (Verdeckungsabsicht). Auf den Widerspruch zur neueren Rechtsprechung zu § 250 geht die Entscheidung nicht ein.

Eine Entscheidung des 2. Senats (*BGH* NStZ 2019, 730 mit Bspr. **20** *Jäger,* JA 2019, 950 ff.) lässt immerhin offen, ob an dieser Rechtsprechung festzuhalten ist, und hält § 251 jedenfalls für unanwendbar, wenn der Täter im Anschluss an einen Versuch des § 249 oder § 255 mit der tödlich verlaufenden Gewaltanwendung erst beginnt, nachdem aus seiner Sicht die erstrebte Beute nicht mehr erlangt werden kann, insoweit also ein fehlgeschlagener Versuch vorliegt.

21   **Weitere Beispiele:** Auch aus dem Blickwinkel der neueren Rechtsprechung zu § 250 würde sich im Beispiel von → Rn. 15 nichts ändern, weil die Täter ihre Beute verteidigen wollten.

Dagegen müsste im Beispiel von → Rn. 16 bei konsequenter Übertragung der erwähnten Rechtsprechung zu § 250 der Schritt zu § 251 (i. V. m. § 249) unter der Voraussetzung abgelehnt werden (vgl. → Rn. 23 ff.), dass A allein ihre Befreiung und Flucht sichern wollte.

22   Nach der hier vertretenen Ansicht stellt das Beendigungsstadium uneingeschränkt keine qualifikationstaugliche Tatphase dar: Erstens ist das Tatgeschehen des § 249 mit der Wegnahme abgeschlossen, so dass die nach Vollendung angewandte beutesichernde Gewalt bereits außerhalb des Straftatbestandes liegt. Also reicht für die Todesverursachung „durch den Raub" eine nur zur Beute*sicherung* eingesetzte Gewalt/Drohung nicht aus. Zweitens beseitigt man die klare Grenzziehung zwischen § 249 und § 252 und umgeht die besonderen Voraussetzungen des § 252, wenn sich im Beendigungsstadium § 249 und § 252 überlappen.

Rengier, JuS 1993, 462; *Hohmann,* JuS 1994, 863; *Zöller,* JuS 1997, L 90 f.; *Fischer,* § 251 Rn. 4 f.; *Kühl,* AT, § 17a Rn. 20 f.; *Jäger,* BT, Rn. 437 ff.; *ders.,* JA 2021, 258 ff.; *Kudlich,* JR 2021, 268 ff.

23   Nach allem sind die angesprochenen Beispielsfälle richtigerweise wie folgt zu entscheiden: Im Fall *BGH* NStZ 2017, 638 (→ Rn. 19) ist die Bejahung des § 251 abzulehnen. Unstreitig zu bejahen wäre § 251, wenn T die Messerstiche zum Zwecke der Geldherausgabe eingesetzt hätte.

24   Im Beispiel der → Rn. 15 sind die §§ 252 i. V. m. 251, 25 II zu bejahen (zur Prüfung der Mittäterschaft erg. → Rn. 49 f.). Hinter § 251 treten die Modalitäten des § 250 I Nr. 1a, II Nr. 3b im Wege der Konsumtion zurück (→ § 8 Rn. 37). Zu den Konkurrenzproblemen mit dem (qualifizierten) Raub → § 10 Rn. 41.

25   Das Beispiel der → Rn. 16 ist im Prinzip in entsprechender Weise zu lösen. Man gelangt wieder zu § 252. Allerdings kann nach dem Sachverhalt (in dubio pro reo) nicht festgestellt werden, dass A mit der eingesetzten Gewalt zumindest auch die Beute und nicht allein ihre Befreiung und Flucht sichern wollte. Damit entfällt § 252 (→ § 10 Rn. 24 f.; *Hefendehl,* StV 2000, 108). – Nur wenn die Besitzerhaltungsabsicht zu bejahen wäre, käme man über § 252 (sowie den zurücktretenden § 250 II Nr. 3b) zu § 251, der auch die vorsätzliche Tötung erfasst (zur dann gegebenen Konkurrenz mit den §§ 212, 211 siehe → Rn. 31 ff.).

26   Denkt man in den Beispielen den Todeserfolg hinweg und unterstellt in allen Fällen einen vorsätzlich herbeigeführten konkreten Gefahrerfolg nach § 250 I Nr. 1c oder II Nr. 3b, so lässt sich die Parallelität der Problematik auf den Ebenen der §§ 250, 251 studieren (vgl. schon → Rn. 7).

III. Leichtfertigkeit

Mit dem Erfordernis leichtfertigen Handelns umschreibt der Ge- 27
setzgeber einen hohen Grad von Fahrlässigkeit, d. h. ein Verhalten,
das in grobem Maße fahrlässig ist. Leichtfertigkeit bedeutet also
grobe Fahrlässigkeit. Für eine saubere Subsumtion muss man nur
von den normalen objektiven Fahrlässigkeitselementen der Pflichtwidrigkeit und Voraussehbarkeit ausgehen und dann prüfen, ob die
Pflichtwidrigkeit und Voraussehbarkeit in gesteigerter (qualifizierter)
Form vorliegen. Der Täter muss demnach besonders sorgfaltswidrig
handeln (qualifizierte Pflichtwidrigkeit), also aus besonderer Gleichgültigkeit oder grober Unachtsamkeit (Leichtsinn) außer Acht lassen,
dass bei seinem Handeln der Todeseintritt besonders nahe liegt, mit
anderen Worten: hochgradig wahrscheinlich ist oder sich aufdrängt
(qualifizierte Voraussehbarkeit). – Vgl. BGHSt 33, 66, 67; *BGH*
NStZ-RR 2010, 178, 179; NStZ 2015, 696, 697.

Im **Fall 2** hat T den § 249 erfüllt. § 250 II Nr. 3b liegt zwar objektiv vor (der 28
Tod beinhaltet die Vorstufe Todesgefahr), doch es fehlt der entsprechende Gefährdungsvorsatz; denn T will nicht eine Lage schaffen, in der das Überleben
des O dem Zufall überlassen bleibt. § 251 ist insoweit unproblematisch, als die
Raubgewalt den Tod des O verursacht hat. Freilich verlangt der Tatbestand
zumindest leichtfertiges Handeln. Bei einem einzigen „normalen" Faustschlag
ins Gesicht kann man im Hinblick auf das Leben des O schwerlich von einem
leichtsinnigen Verhalten sprechen, bei dem ein tödlicher Ausgang besonders
nahe liegt. § 251 muss daher verneint werden. T hat den Tod nur einfach fahrlässig herbeigeführt. Dies führt über § 223 zu § 227 (i. V. m. § 18). Ergebnis:
§§ 249, 227; 52.

In gewisser Weise mit Fall 2 vergleichbar ist der Fall *OLG Nürnberg* NStZ 29
1986, 556 (tödlicher Herzinfarkt eines äußerlich nicht erkennbar am Herzen
erkrankten 56-jährigen Juweliers nach Bedrohung mit ungeladener Schusswaffe bei Raubüberfall): Zu bejahen ist neben § 249 auch § 250 I Nr. 1b
(Scheinwaffe). § 250 II Nr. 3b liegt zwar objektiv, aber nicht subjektiv vor. Bezüglich § 251 fehlt leichtfertiges Handeln. Hinsichtlich § 222 bejaht das *OLG*
die Voraussehbarkeit des Todes mit der Begründung, die Häufigkeit von
Herzerkrankungen und die Möglichkeit, dass herzkranke Personen bei größerer Aufregung einen tödlichen Herzanfall erleiden, sei allgemein bekannt (nur
in StV 1987, 154, 155 abgedruckt). Für § 239b I im Zwei-Personen-Verhältnis
reicht das Täterverhalten nicht aus (näher *Rengier*, BT II, § 24 Rn. 16 ff., 31 f.).
§ 241 tritt hinter § 249 zurück.

Im Fall *BGH* NStZ 2015, 696 sprechen alle Umstände für die Bejahung 30
leichtfertigen Handelns. Hier lösten die Täter durch einen Raubüberfall auf

82 Jahre alte Eheleute bei der Ehefrau einen Asthmaanfall aus, auf den der Ehemann die Täter aufmerksam machte; die Frau starb, weil ihr die permanent mit einer Schusswaffe drohenden Täter zu spät erlaubten, das Inhalationsgerät zu benutzen.

IV. Konkurrenzen mit den Tötungsdelikten

31   Mit der Einfügung des Wortes „wenigstens" vor dem Wort „leichtfertig" durch das 6. StrRG 1998 hat sich, was das Verhältnis zu den §§ 212, 211 betrifft, die Konkurrenzlösung (seit BGHSt 39, 100 h. M.) auch gesetzlich durchgesetzt. Nach h. M. konkurrieren insoweit die §§ 212, 211 und § 251 ideal, um auszudrücken, dass der vorsätzlich herbeigeführte Tod eine tatbestandsspezifische Folge des Raubes ist (BGHSt 39, 100, 108 f.; *BGH* NStZ-RR 2003, 44).

32   **Beispiele:** Im **Fall 3a** erfüllt H § 249, wohl auch § 250 II Nr. 3a und ferner § 251 (leichtfertige Tötung). Hinter § 251 treten § 222 und die §§ 249, 250 zurück. Zudem ist § 227 erfüllt, der die §§ 223, 224 I Nr. 5 verdrängt. § 227 wiederum wird von § 251 konsumiert (BGHSt 46, 24, 26 ff.; *Fischer*, § 251 Rn. 12; LK/*Vogel*, 12. Aufl. § 251 Rn. 21). Ergebnis: H wird nach § 251 bestraft.

33   Im **Fall 3b** muss man nach der Bejahung des § 212 bezüglich § 211 mangels Eigennutzes die Habgier verneinen (*Rengier*, BT II, § 4 Rn. 24), und die Ermöglichungsabsicht könnte man immerhin im Rahmen einer korrigierenden Gesamtwürdigung ausscheiden (vgl. *Rengier*, BT II, § 4 Rn. 72 ff., 138 f.). Unabhängig davon ist auf dem Boden der gesetzlichen Konkurrenzlösung § 251 unproblematisch zu bejahen. Ergebnis: H erfüllt die §§ 212, (211), 251, 52. **Hinweis:** Die Prüfung der §§ 223 ff. erübrigt sich, wenn eine vorsätzliche Tötung vorliegt (dazu *Rengier*, BT II, § 14 Rn. 5 ff.; § 16 Rn. 26).

34   Im **Fall 3c** kann man die Bedeutung der Konkurrenzlösung für Teilnahmefälle verdeutlichen (zur Prüfung der Beteiligung näher → Rn. 23 ff.). Der Schritt von den §§ 249, (250 II Nr. 3a), 26 zu den §§ 251, 26 kann immer dann getan werden, wenn der Teilnehmer (A) bezüglich des Todeserfolges „wenigstens" leichtfertig, d. h. auch vorsätzlich handelt. Für den Schritt von den §§ 223, (224 I Nr. 5), 26 zu den §§ 227, 26 gilt die allgemeine Vorschrift des § 18, die ebenfalls den Vorsatz einbezieht. Ergebnis für A: §§ 251, 26 (die §§ 227, 26 treten zurück).

V. Versuch und Rücktritt

1. Versuch

35   Der Versuch des § 251 ist erstens in der Form möglich, dass die Wegnahme nicht gelingt, aber die angewandte tatspezifische Gewalt/Drohung das Opfer tötet. Hier wird der versuchte Raub sowohl

durch einen leichtfertig (vgl. § 11 II) als auch vorsätzlich herbeigeführten Tötungserfolg qualifiziert (**erfolgsqualifizierter Versuch** im eigentlichen Sinn).

Beispiel: T schlägt den O ohne Tötungsvorsatz brutal zusammen, um O auszurauben. T findet nichts (daher nur §§ 249, 250 II Nr. 3a, 22). O stirbt (jetzt §§ 251, 22). Nur bei gelungener Wegnahme käme man zu einem vollendeten § 251.

Zweitens kommt nach der gesetzlichen Konkurrenzlösung ("wenigstens" leichtfertig) ein Versuch in Betracht, wenn kein Tötungserfolg eintritt und der Täter mit Tötungsvorsatz handelt (**versuchte Erfolgsqualifizierung**).   **36**

Beispiel: T schlägt den O mit Tötungsvorsatz brutal zusammen, um O auszurauben. O überlebt. – Die §§ 251, 22 sind erfüllt (wobei im ebenso einschlägigen Fall missglückter Wegnahme die §§ 249, 250 II Nr. 3a, 22 verdrängt werden, im Fall gelungener Wegnahme Tateinheit mit §§ 249, 250 II Nr. 3a besteht). Mit den §§ 211, 22 muss entsprechend → Rn. 31 ff. Idealkonkurrenz angenommen werden.

Zu den Versuchskonstellationen des § 251 siehe *BGH* NJW 2001, 2187; NStZ 2003, 34; NStZ-RR 2021, 376 f. – Zu beiden Versuchstypen *Kühl*, AT, § 17a Rn. 32 ff.; *Steinberg*, JuS 2017, 973 f., 1064 f.; *Kuhli*, JuS 2020, 289 ff. – Zu **Parallelfällen** bei den §§ 221, 226, 227, 239, 306b I, 306c siehe *Rengier*, BT II, § 15 Rn. 30 ff. m. w. N.   **37**

Die oben abgelehnte Einbeziehung der **Beendigungsphase** (→ Rn. 14 ff.) hat die Rechtsprechung auf die Konstellation des erfolgsqualifizierten Versuchs übertragen. Dazu das folgende   **38**

Beispiel: Kurz vor der Fluchtphase nach einem missglückten Raubüberfall sticht A mit einem in Verwendungsabsicht bei sich geführten Messer auf das Opfer in tödlicher Weise mit Tötungsvorsatz ein. A geht nicht mehr davon aus, die erhoffte Beute noch zu erlangen.

Nach *BGH* NJW 1998, 3361 soll A neben § 212 (§ 211) in Tateinheit die §§ 251, 22 erfüllen (erfolgsqualifizierter Versuch in der Form versuchter Raub i. V. m. vorsätzlicher Tötung). Die vom *BGH* hier vorgenommene Einbeziehung der Flucht ohne Beute in den "Raub" des § 251 zeigt die Umgehung des § 252 besonders deutlich und führt der Sache nach zur Aufgabe des raubspezifischen Gefahrverwirklichungszusammenhangs (*Kühl*, BGH-FG IV, 2000, 264 f.).

Immerhin rückt zumindest davon *BGH* NStZ 2019, 730 ab (→ Rn. 20); denn wie in dieser Entscheidung erfolgte auch im Fall von 1998 die tödliche Attacke erst nach einem fehlgeschlagenen Ver-   **39** such. Im Übrigen ist die frühere Entscheidung gleichermaßen unvereinbar mit der neueren Rechtsprechung des *BGH* zur Verwirklichung des § 250 im Beendigungsstadium (vgl. → Rn. 18 ff.; → § 8 Rn. 30 ff.).

2. Rücktritt

40 **a) Rücktritt vom erfolgsqualifizierten Versuch.** Umstritten ist, ob ein strafbefreiender Rücktritt vom erfolgsqualifizierten Versuch des § 251 auch dann noch in Betracht kommt, nachdem der Täter die qualifizierende Todesfolge leichtfertig herbeigeführt hat.

Beispiel: Bei einem Raubüberfall löst sich aus der Waffe des Täters T ungewollt ein Schuss und tötet (leichtfertig) das Opfer. Ohne etwas weggenommen zu haben, gibt T (freiwillig) das Vorhaben auf.

Im Ausgangspunkt steht fest, dass T neben den §§ 249, 250 I Nr. 1a Var. 1, 22 auch die §§ 251, 22 erfüllt. Der Streit dreht sich um die Rücktrittsmöglichkeit.

41 Eine wachsende Literaturmeinung sieht mit dem tatbestandsspezifischen Eintritt der schweren Folge (→ Rn. 6 ff.) den § 251 als „materiell vollendet" an, verneint von daher die Möglichkeit eines Rücktritts und bestraft den T aus den §§ 251, 22. Es widerspreche dem Gerechtigkeitsempfinden, einem Täter, der sein tödliches Handeln erkannt habe, durch den bloßen (freiwilligen) Verzicht auf die Wegnahme die Wohltat eines Rücktritts von § 251 zu gewähren und ihn lediglich gemäß § 222, eventuell noch nach § 227, zu bestrafen. Der Ausschluss des Rücktritts sei auch mit dem Wortlaut des § 24 zu vereinbaren, weil bei einem erfolgsqualifizierten Delikt unter „der Tat" das versuchte Grunddelikt einschließlich des qualifizierenden Erfolges verstanden werden könne. Diese Tat lasse sich nach dem Erfolgseintritt nicht mehr aufgeben.

Ulsenheimer, Bockelmann-FS, 1979, 405 ff., 413 ff.; *Roxin*, AT II, § 30 Rn. 285 ff.; *Streng*, Küper-FS, 2007, 629 ff.; *Wolters*, GA 2007, 65 ff.; *ders.*, Rissing-van Saan-FS, 2011, 767 ff.; *Jäger*, AT, Rn. 463 f.

42 Dem widerspricht die h. M. zu Recht, die einen Rücktritt für möglich hält. Sie beruft sich auf den Wortlaut des § 24, wonach ein Täter von einem nur versuchten Grunddelikt zurücktreten kann. Tut er dies, so entfällt der Anknüpfungspunkt für die Erfolgsqualifikation. Die Lösung der Gegenmeinung widerspricht der allgemeinen Akzessorietät jeder Qualifikation vom Grunddelikt. Innerhalb der Kombi-

nation von „versuchtem Grunddelikt" und „vollendetem Qualifikationstatbestand" gelten auch sonst die Versuchs- einschließlich der
Rücktrittsregeln, so wenn bei einem freiwillig aufgegebenen versuchten Raub mit Waffen etwa § 250 I Nr. 1a oder eine Modalität des
§ 250 II Nr. 3 „vollendet" ist und keineswegs ein strafbefreiender
Rücktritt von den §§ 249, 250 I Nr. 1a, II Nr. 3, 22 ausscheidet (*Küper*, JZ 1997, 232 f.).

Im Beispielsfall tritt T von den §§ 249, 250 I Nr. 1a Var. 1, 22 zurück, da die   **43**
Voraussetzungen des § 24 I 1 Var. 1 vorliegen. Ohne ein strafbares (versuchtes)
Grunddelikt gibt es für die Erfolgsqualifikation keinen Anknüpfungspunkt. T
erfüllt nur § 222.
   Zur h. M. BGHSt 42, 158; *Geppert*, JK 97, StGB § 251/5; *Sowada*, Jura
1995, 653; *Küper*, JZ 1997, 229 ff.; LK/*Murmann*, 13. Aufl. § 24 Rn. 540;
Kühl, AT, § 17a Rn. 56 ff.; *Herzberg*, JZ 2007, 619 ff.

Wandelt man den Beispielsfall dahingehend ab, dass T zur Tat-   **44**
durchführung den Schuss mit Tötungsvorsatz abgibt, so ändert sich
bezüglich der §§ 249, 250, 22 und 251, 22 an den Rücktrittsmöglichkeiten nichts (vgl. *BGH* NStZ 2003, 34; LK/*Murmann*, 13. Aufl. § 24
Rn. 541). T verwirklicht freilich § 211 (Habgier, Ermöglichungsabsicht).

In der **Fallbearbeitung** besteht die Gefahr, zu der besonderen Rücktritts-   **45**
problematik gar nicht vorzustoßen, wenn man den Rücktritt zu schnell bei
den §§ 249, 250, 22 prüft und bejaht. Von daher empfiehlt es sich, den Rück-
trittskomplex erst im Anschluss an die §§ 251, 22 aufzugreifen (Falllösungen
bei *Lettl*, JuS 1998, L 84; *Kudlich*, JuS 1999, 355; *Jäger*, AT, Rn. 463 f.; *Lotz/
Reschke*, Jura 2012, 481 ff.; *Schröder*, ZJS 2018, 162 ff.).

b) Rücktritt von der versuchten Erfolgsqualifizierung. In dieser   **46**
Konstellation kommt ein Rücktritt nicht nur in Frage, wenn der Täter zugleich vom versuchten Grunddelikt zurücktritt. Vielmehr muss
auch in Fällen, in denen das Grunddelikt bereits vollendet bzw. sein
Versuch fehlgeschlagen ist, die Möglichkeit eines **(Teil-)Rücktritts**
anerkannt werden (vgl. *Kühl*, AT, § 17a Rn. 54 f.; LK/*Murmann*,
13. Aufl. § 24 Rn. 538).

Beispiele: (1) Im Rahmen eines mit Tötungsvorsatz begangenen gewalttäti-   **47**
gen Raubüberfalls veranlasst der Täter T die Lebensrettung seines Opfers,
nachdem er die Beute an sich genommen bzw. erkannt hat, dass es nichts zu
holen gibt. – Hier tritt T gemäß § 24 I 1 Var. 2 nicht nur von den §§ 212, 211,
22, sondern auch von der versuchten Erfolgsqualifizierung (§§ 249, 251, 22)
zurück. Strafbar bleiben der vollendete bzw. versuchte (schwere) Raub und
die §§ 223, 224.

48   (2) BGHSt 64, 80 (leicht abgewandelt): T stellte in F an einem Samstag zwischen 16 und 19 Uhr vier vergiftete Originalgläser mit Babynahrung zu den entsprechenden Produkten in Verkaufsregalen verschiedener Märkte, die bis 20, 21 bzw. 22 Uhr geöffnet hatten, und nahm dabei den Tod von Kleinkindern in Kauf. Kurz danach verschickte er anonym eine E-Mail mit Wiederholungsdrohungen und erpresserischen Forderungen in Millionenhöhe an die betroffenen Märkte, die zum Teil mehrere Filialen hatten, sowie an das Bundeskriminalamt. Er nannte sehr genau das betroffene Produkt, aber nicht die direkt betroffenen Filialen. Drei Gläser konnten am nicht verkaufsoffenen Sonntag, ein Glas im Laufe des Montags sichergestellt werden. Zu Zahlungen und weiteren Aktionen kam es nicht, weil T zuvor festgenommen wurde. – T hat die §§ 212, 211, 22 sowie die §§ 255, 250 II Nr. 1 Var. 2, 251, 22 erfüllt. Die Möglichkeit, wie im ersten Beispiel von dem versuchten Mord und der versuchten Erfolgsqualifizierung zurückzutreten, erkennt auch der *BGH* an. Von daher gelangt man im Rahmen des § 24 I 1 Var. 2 zu dem umstrittenen Problem des „halbherzigen" Rücktritts (*Rengier*, AT, § 37 Rn. 131 ff.). Der *BGH* bestätigt seine Rechtsprechung im Sinne der vorzugswürdigen sog. Chanceneröffnungstheorie und sieht demnach nur die §§ 255, 250 II Nr. 1 Var. 2, 22 als erfüllt an. – Besprechungen bei *Eisele*, JuS 2020, 275 ff.; *Kudlich*, JA 2020, 64 ff.; *Heghmanns*, ZJS 2020, 164 ff.; *Jäger*, NStZ 2020, 224 f.; Falllösung bei *Moldenhauer/Willumat*, JA 2021, 563 ff.

VI. Mittäterschaft und Teilnahme

49   Die Prüfung etwaiger Beteiligungen erfolgt bei jedem erfolgsqualifizierten Delikt, also auch bei § 251, nach folgenden Grundsätzen, für die sich in § 11 II und § 18 („den Täter *oder* den Teilnehmer") Anhaltspunkte ergeben: (1) Die Beteiligungs*form* (§ 25 II, § 26 oder § 27) bestimmt sich allein nach der Mitwirkung am Grunddelikt. (2) Anschließend ist die Haftung für die qualifizierende *Folge* für jeden Beteiligten *getrennt* nach *seiner* Fahrlässigkeit/Leichtfertigkeit bzw. nach seinem Vorsatz (vgl. „wenigstens" Fahrlässigkeit/Leichtfertigkeit) zu prüfen, unabhängig davon, ob ein anderer Beteiligter insoweit vorsätzlich, leichtfertig, fahrlässig oder schuldlos gehandelt hat.

50   **Beispiele:** In BGHSt 38, 295 (→ Rn. 15 ff.) muss gefragt werden, ob jeder Mittäter (§§ 249, 25 II bzw. §§ 252, 25 II) bezüglich des Todeserfolges leichtfertig oder vorsätzlich gehandelt hat (dann §§ 251, 25 II). Gäbe es einen Gehilfen (§§ 249, 27 bzw. §§ 252, 27), der den tödlichen Verlauf leichtfertig nicht bedacht hat, käme man zu den §§ 251, 27. – Siehe ferner **Fall 3c** → Rn. 34.

51   Zu beachten ist weiter, dass die den qualifizierenden Erfolg herbeiführenden tatbestandsspezifischen Nötigungshandlungen auch Bestandteil des Grunddelikts sind und deshalb der Vorsatz des Täters/ Beteiligten nach allgemeinen Regeln sich stets auf die gerade für den tödlichen Verlauf ursächlichen Gewalt- bzw. Drohungsakte erstrecken muss.

Beispiel (*BGH* NStZ-RR 2020, 143 mit Bspr. *Eisele*, JuS 2020, 570 ff.; *Putzke*, ZJS 2020, 644 ff.): Erst als T den J mit einem Schuss bewusst tötet, gelingt der mit seinem Tatgenossen M geplante und durchgeführte Raub. T erfüllt die §§ 212, 211 (Habgier, Ermöglichungsabsicht), 249, 250 II Nr. 1 Var. 1, Nr. 3b, 251. Mit M ist die Benutzung der geladenen Schusswaffe bloß als Drohmittel abgesprochen. Da sich daher dessen Vorsatz weder auf die Tötung noch – wie für die §§ 251, 25 II erforderlich – auf die Abgabe des Schusses erstreckt, verwirklicht M allein die §§ 249, 250 II Nr. 1 Var. 1, 25 II.

Dazu ferner *BGH* NJW 2016, 2516, 2517; NStZ 2008, 280; 2010, 33; 2021, 605, 606; NStZ-RR 2000, 366; Sch/Sch/*Sternberg-Lieben*/*Schuster*, § 18 Rn. 6; *Sowada*, Jura 1995, 647 ff. – Zum Ganzen erg. *Rengier*, BT II, § 16 Rn. 32 ff. zu § 227; *Kudlich*, JA 2000, 511 ff. und JA 2009, 250 f.

BGH NStZ 2008, 280 überträgt die verfehlte Rechtsprechung zur **52** sukzessiven Mittäterschaft beim Raub – Beispiel (3) von → § 7 Rn. 46 – auf die §§ 251, 25 II. Danach soll Mittäter eines Raubes mit Todesfolge sein, wer nachträglich die zum Tode führenden Exzesshandlungen des anderen Mittäters billigt und danach den von Anfang an geplanten Raub gemeinsam vollendet.

Zu Recht abl. *Walter*, NStZ 2008, 548 ff., 553 f.; *Murmann*, ZJS 2008, 461 ff.; *Grabow*/*Pohl*, Jura 2009, 660 f.; *Becker*, ZJS 2010, 409 ff. mit Falllösung.

Empfehlungen zur vertiefenden Lektüre:
Rechtsprechung: BGHSt 38, 295 (Anwendung tödlicher Gewalt in der Beendigungsphase); BGHSt 46, 24 (Konkurrenzen zwischen § 227 und § 251 bzw. §§ 251, 22); *BGH* NJW 1998, 3361 (Gefahrverwirklichungszusammenhang, Versuch und Beteiligung); *BGH* NJW 2020, 3669 (Zurechnungsfragen bei Tod des Raubopfers nach Behandlungsabbruch gemäß Patiententestament).
Literatur: *Hinderer*/*Kneba*, Der tatbestandstypische Zurechnungszusammenhang beim Raub mit Todesfolge, JuS 2010, 590 ff.; *Kudlich*, Die Teilnahme am erfolgsqualifizierten Delikt, JA 2000, 511 ff.; *Kudlich*, Das erfolgsqualifizierte Delikt in der Fallbearbeitung, JA 2009, 246 ff.; *Kuhli*, Der Versuch beim erfolgsqualifizierten Delikt, JuS 2020, 289 ff.; *Rengier*, Tödliche Gewalt im Beendigungsstadium des Raubes – BGHSt 38, 295, JuS 1993, 460 ff.; *Sowada*, Die erfolgsqualifizierten Delikte im Spannungsfeld zwischen Allgemeinem und Besonderem Teil des Strafrechts, Jura 1995, 644 ff.

§ 10. Räuberischer Diebstahl (§ 252)

Fall 1: A ist mit einem gefundenen Schlüssel in die Wohnung der C einge-
drungen und hat in diebischer Absicht u. a. Schmuck in seine mitgebrachte
Aktentasche gepackt. Als er hört, wie C die Wohnung betritt, versteckt er
sich hinter einer Zimmertür, nimmt einen – als angebliche Pannenhilfe mitgeführten – Holzknüppel aus der Aktentasche und versetzt damit der ahnungs-
losen C, als diese das Zimmer betritt, von hinten mehrere Schläge auf den
Kopf. Dann flieht er mit der Beute (BGHSt 26, 95). → Rn. 15, 19

Fall 2: A nutzt die ihm gestattete Übernachtung auf einem Bauernhof dazu,
am Abend aus dem Schlafzimmer der abwesenden Bäuerin B Geld zu entwenden und in seine Gesäßtasche zu stecken. Am anderen Morgen bemerkt B die
Tat, hat sofort A in Verdacht und fordert die Herausgabe des Geldes. A, der
gerade mit dem Packen seines Rucksacks beschäftigt ist, ergreift den Rucksack
am Riemen und schlägt ihn B ins Gesicht, um mit dem Geld fliehen zu können. A kann aber von herbeieilenden Helfern überwältigt werden (nach *BGH*
NJW 1987, 2687). → Rn. 45

I. Grundlagen und Aufbaufragen

1   § 252 normiert ein raubähnliches Sonderdelikt, das wie § 249 das
Eigentum und die Freiheit der Willensbetätigung schützt (*BGH*
NJW 2002, 2043, 2044). Wer mittels Gewalt oder Drohungen „auf
frischer Tat" noch ungesicherten Gewahrsam sichern will, ist genauso
gefährlich und strafwürdig wie der Räuber, der Gewalt/Drohungen
zur Erlangung des Gewahrsams einsetzt (zum Unrechtsgehalt zusammenfassend *Zöller*, JuS 1997, L 89f.). Deshalb behandelt § 252
den Täter des räuberischen Diebstahls „gleich einem Räuber" des
§ 249.

2   **Merke:** Dies beinhaltet zugleich einen Verweis auf die Qualifikationen der
§§ 250 und 251, die i. V. m. § 252 als „Schwerer räuberischer Diebstahl" bzw.
„Räuberischer Diebstahl mit Todesfolge" zu lesen sind. Demzufolge gelten
auch die Ausführungen in → § 8 bzw. → § 9 entsprechend.

3   Für die **Fallbearbeitung** ist es wichtig, das zeitliche Stadium vor
Augen zu haben, in dem § 252 eingreifen kann, nämlich nur im Stadium zwischen Vollendung und Beendigung des Diebstahls. Diese
zeitlich und auf den Diebstahl beschränkte Reichweite spielt auch
aus systematischer Sicht eine wichtige Rolle, um namentlich im Zusammenhang mit der Beendigungslehre (→ § 4 Rn. 48 ff.) und der Si-

cherungserpressung (→ § 11 Rn. 55 ff.) bestimmte Ergebnisse abzusichern. Beim deliktischen Aufbau darf im subjektiven Tatbestand das besondere subjektive Tatbestandsmerkmal der Besitzerhaltungsabsicht nicht übersehen werden:

Aufbauschema (§ 252) 4

I. Tatbestandsmäßigkeit
   1. Objektiver Tatbestand
      a) Vortat: Vollendeter, noch nicht beendeter Diebstahl (auch im Raub enthalten)
      b) Auf frischer Tat
      c) Merkmal „betroffen"
      d) Nötigungsmittel Gewalt gegen eine Person oder Drohungen mit gegenwärtiger Gefahr für Leib oder Leben
   2. Subjektiver Tatbestand
      a) Vorsatz
      b) Besitzerhaltungsabsicht
II. Rechtswidrigkeit
III. Schuld

Anschließend sind ggf. die Qualifikationen (§§ 250, 251) zu erörtern.

II. Objektiver Tatbestand

Der objektive Tatbestand verlangt, dass der Täter „bei einem Dieb- 5 stahl" „auf frischer Tat" „betroffen" wird und die gleichen qualifizierten Nötigungsmittel wie der Räuber anwendet.

1. Bei einem Diebstahl

§ 252 setzt als Vortat einen Diebstahl nach § 242 voraus, und zwar 6 einen *vollendeten* Diebstahl; ob die Taten unter die §§ 247, 248a fallen, spielt nach ganz h. M. keine Rolle.

Beachte: Ein Diebstahl ist auch in einem vollendeten Raub enthalten (BGHSt 21, 377, 379 f.; *BGH* NJW 2002, 2043, 2044). Zu daraus entstehenden Konkurrenzproblemen unten → Rn. 40 ff.

Der Zeitpunkt der *Voll*endung markiert also die Grenze zwischen 7 § 249 und § 252. Gewalt und Drohungen *vor* Vollendung der Wegnahme führen zu § 249, und nur Gewalt und Drohungen *nach* erfolgtem Gewahrsamswechsel können die Anwendung des § 252 rechtfertigen (BGHSt 28, 224, 225 f.; Falllösung bei *Grünewald/Dobbe*, JuS 2020, 1182 ff.).

8   Denkbar ist, dass der Täter den Gewahrsamswechsel durch einen (untauglichen) Diebstahlsversuch herbeiführt. Dann kann er auch nur die §§ 252, 22 erfüllen, wenn er nach der Wegnahme die Beute mit Raubmitteln zur Besitzerhaltung verteidigt (*Mitsch*, BT 2, 554 f.; *Küper*, Jura 2001, 23).

9   In zeitlicher Hinsicht kann man nach ganz h. M. nur solange „bei" dem Diebstahl betroffen sein, wie die Tat noch nicht beendet ist (→ § 2 Rn. 195a). Die Beendigung des Diebstahls stellt den letzten möglichen Zeitpunkt für die Verwirklichung des § 252 dar.

BGHSt 28, 224, 229; *BGH* NJW 1987, 2687; NStZ 2015, 219, 220; *OLG Köln* NStZ 2005, 448 f.; Sch/Sch/*Bosch*, § 252 Rn. 3; a. A. *Lackner/Kühl*, § 252 Rn. 4.

2. Auf frischer Tat

10   Mit der Beendigung entfällt nach ganz h. M. auch die „Frische" der Tat. Fraglich ist aber, ob sich das Erfordernis der „frischen Tat" mit dem Stadium zwischen Vollendung und Beendigung deckt. Die Rechtsprechung und h. M. schränken ein und verlangen einen engen örtlichen und zeitlichen Zusammenhang mit der Tat, was voraussetzt, dass der Täter noch in unmittelbarer Nähe des Tatorts und alsbald nach der Tat betroffen wird. Die Restriktion soll gewährleisten, dass die Nähe des räuberischen Diebstahls zur tatbestandlichen Situation des Raubes erhalten bleibt.

Hierzu BGHSt 28, 224, 229 f.; *BGH* NJW 1987, 2687, 2688; NJW 2015, 3178 f.; Sch/Sch/*Bosch*, § 252 Rn. 4.

11   Überzeugender und praktikabler ist die weite Interpretation, welche die gesamte Beendigungsphase einbezieht. Ein solches Verständnis der Tatfrische deckt sich mit dem Gedanken, dass die Tat so lange frisch ist, wie das Verhalten des Täters noch als (andauernder) gegenwärtiger Angriff im Sinne des § 32 II angesehen werden kann. Auch auf dem Boden dieser Auslegung bleibt die Nähe zum Raub jedenfalls dann erhalten, wenn man der jüngsten Rechtsprechung zum zeitlichen und örtlichen Zusammenhang bei § 249 zustimmt, die Zeit und Ort nicht anhand von Unmittelbarkeitskriterien und/oder Zahlengrößen bestimmt (→ § 7 Rn. 29 f.).

Zum Gedanken des § 32 siehe NK/*Kindhäuser*, § 252 Rn. 14; SK/*Sinn*, § 252 Rn. 8. Zum noch fortdauernden Angriff *Rengier*, AT, § 18 Rn. 23 ff.

Beispiele: (1) Im Fall *BGH* NJW 2015, 3178 entwendeten Diebe 70.000 € **12** aus einem aufgebrochenen Geldautomaten einer Sparkasse. Dabei wurden sie von Polizeibeamten unerkannt observiert und anschließend verfolgt. Nach 35 km Fahrt mit dem Fluchtauto gerieten sie in eine Polizeisperre, erkannten den Zusammenhang mit ihrem Diebstahl und setzten mit Gewalt die weitere Flucht durch. – Nach der hier vertretenen Ansicht ist die Tat typischerweise „frisch", bis der Dieb den Gewahrsam an der Beute gefestigt und gesichert und damit die Diebstahlstat beendet hat. Dies war am Ort der Polizeisperre angesichts der permanenten Observation noch nicht der Fall. Im Ergebnis bejaht auch der *BGH* § 252, obwohl er bezogen auf den Zeitpunkt der Gewaltanwendung die Tat nicht mehr für frisch hält. Er argumentiert, die Diebe seien schon in der Sparkasse auf frischer Tat betroffen worden, und bei einer sich anschließenden Nacheile komme es auf einen engen räumlichen und zeitlichen Zusammenhang mit der Vortat nicht an. Diese Begründung überzeugt nicht: Das Merkmal „betroffen" setzt zwar nicht unbedingt ein Bemerktwerden des Täters (→ Rn. 15 ff.), aber nach dem Grundgedanken des § 252 zumindest voraus, dass der Dieb subjektiv von einer drohenden Wahrnehmung ausgeht; denn nur dann gerät er in die Drucksituation, die Beute verteidigen zu müssen (*Becker*, NStZ 2015, 701; *Brüning*, ZJS 2016, 388 f.; *Brand/Freitag*, JuS 2017, 237 f. mit Falllösung).

(2) BGHSt 28, 224, 228 ff. verneint die Tatfrische mangels engen örtlichen **13** und zeitlichen Zusammenhangs in einem Fall, in dem der Fahrer im Laufe der Autofahrt den Mitfahrer bestahl und nach weiteren 50 km Fahrt gewalttätig die Beute sicherte. Richtigerweise ist die Tatfrische zu bejahen (A/W/*Heinrich*, § 17 Rn. 20a; a. A. NK/*Kindhäuser*, § 252 Rn. 16).

(3) Nach *BGH* StV 2013, 445 nicht mehr frisch sind auch Diebstahlstaten in **14** einem Nachtzug, deren Beute zwischenzeitlich in einem nicht jedermann zugänglichen Gepäckabteil versteckt worden war. Dem wäre zuzustimmen, wenn man von einem beendeten Diebstahl ausgehen könnte. Näher liegt es indes, die Tat im Stadium zwischen Vollendung und Beendigung anzusiedeln und von daher § 252 zu bejahen (dem *BGH* trotzdem zust. *Kudlich*, JA 2013, 310 ff.; W/H/S/*Hillenkamp*, BT 2, Rn. 419).

(4) Zur Tatfrische ferner **Fall 2** → Rn. 45.

3. Merkmal „betroffen"

Im **Fall 1** geht es insbesondere um die umstrittene Frage, ob nicht **15** nur ein solcher Dieb auf frischer Tat „betroffen" wird, der (alsbald und in Tatortnähe) von einer anderen Person wahrgenommen oder bemerkt wird, sondern auch derjenige, der durch schnelles Zuschlagen oder einen anderen Überraschungsangriff dem Bemerktwerden zuvorkommt. Die Rechtsprechung und h. M. bejahen Letzteres zu

Recht. Die Gegenmeinung, die verlangt, dass der Täter vom Opfer zumindest als Person wahrgenommen wird, sieht schon in der Existenz des Wortes „betroffen" einen Beleg für ihre Ansicht. Insbesondere soll die Interpretation der h. M. mit dem möglichen Wortsinn und insoweit mit Art. 103 II GG nicht vereinbar sein (vgl. *Rengier*, AT, § 3 Rn. 31 ff.; § 4 Rn. 5 ff.). Die Gegenmeinung deutet das Wort „betroffen" als „Betroffenwerden" bzw. das zugrunde liegende Verb „betreffen" im Sinne von „antreffen, ertappen, bemerken".

16   Indes kann man das „betroffen" bzw. „betreffen" auch aus der Sicht des Täters bestimmen und von daher als bloßes „zusammengetroffen" bzw. „zusammentreffen, begegnen" interpretieren. Stimmt man dem zu, so verdient die Ansicht der Rechtsprechung den Vorzug, weil sie dem Zweck des § 252 entspricht, die Verteidigung des ungesicherten Gewahrsams mit Raubmitteln zu bekämpfen.

17   Zur h. M. BGHSt 26, 95; *OLG Köln* NStZ 2005, 448, 449; *Schünemann*, JA 1980, 398; *Lackner/Kühl*, § 252 Rn. 4; SK/*Sinn*, § 252 Rn. 10 f.; *Eisele*, BT II, Rn. 409; *Bosch*, Jura 2018, 360 f.; Falllösungen bei *Zöller*, Jura 2007, 309 f.; *Dittrich/Pintaske*, ZJS 2011, 159 f.; *Schmidhäuser*, JA 2019, 918 f. – Zur Gegenmeinung siehe LK/*Vogel*, 12. Aufl. § 252 Rn. 25 ff.; *Schwarzer*, ZJS 2008, 265 ff.; MüKo/*Sander*, § 252 Rn. 9 ff.; W/H/S/*Hillenkamp*, BT 2, Rn. 420; Falllösung bei *Mitsch*, JA 1997, 659 f. – Eine noch engere Gegenmeinung fordert darüber hinausgehend eine subjektive Verdachtsbildung auf der Opferseite (*Haas*, Maiwald-FS, 2003, 167 f.; *Joecks/Jäger*, § 252 Rn. 5 ff.).

18   Demnach führt jedes Zusammentreffen, jede Begegnung des Täters mit einer anderen Person unabhängig davon zu einem Betroffensein, ob der Täter nun wirklich als Dieb wahrgenommen wird, sich nur wahrgenommen glaubt oder davon ausgeht, sogleich wahrgenommen zu werden. Ebenso wenig spielt es eine Rolle, ob das Opfer „hinzukommt", mit dem Täter schon während der Vortat zusammen oder sogar Zeuge der Tat war.

Vgl. *BGH* NJW 1958, 1547; LK/*Vogel*, 12. Aufl. § 252 Rn. 21 ff.; *Geilen*, Jura 1980, 43; zum Teil abweichend BGHSt 28, 224, 227 f.; *Seelmann*, JuS 1986, 206; kritisch *Lackner/Kühl*, § 252 Rn. 4.

19   Klausurmäßig beginnt man im **Fall 1** am besten mit § 249, fixiert genau den Vollendungszeitpunkt der Wegnahme (Packen in Aktentasche; dazu → § 2 Rn. 47, 57) und stellt dann die fehlende Finalität der Gewalt fest. Zu bejahen ist nur ein vollendeter Diebstahl, der vor der Gewaltanwendung liegt und nach § 244 I Nr. 3 qualifiziert ist (zum Merkmal falscher Schlüssel → § 3 Rn. 16). Damit gelangt man zu § 252 und dem Hauptproblem des „Betreffens". Folgt man hier der h. M. und bejaht § 252, so muss § 250 I Nr. 1a Var. 2, II Nr. 1 Var. 2 gesehen und richtigerweise bejaht werden (entsprechend dem Beispiel 2 in → § 11 Rn. 70). Für § 250 II Nr. 3a und b gibt es zu wenige Anhaltspunkte. Im Ergebnis steht § 250 II Nr. 1 mit § 244 I Nr. 3 in Idealkonkurrenz (→ § 7 Rn. 5 f.). Dasselbe gilt für die auch noch verwirklichten §§ 224 I Nr. 2, 123 (zu § 123 erg. *Rengier,* BT II, § 30 Rn. 29).

Verneint man § 252 vertretbar, so stellt sich die – im Falle der Bejahung der §§ 252, 250 I Nr. 1a Var. 2, II Nr. 1 unwichtige – Streitfrage, ob Qualifikationen wie § 244 I Nr. 1a Var. 2 noch im Beendigungsstadium verwirklicht werden können (→ § 4 Rn. 47 ff.). Sicher liegt § 244 I Nr. 3 vor. Im Übrigen erlangt § 240 – Anwendung von vis absoluta zur Duldung der Flucht (vgl. *Rengier,* BT II, § 23 Rn. 54a) – selbstständige Bedeutung und steht mit § 244 I in Tateinheit.

Was § 255 betrifft, so scheitert er nach der Verfügungslehre schon an der fehlenden Vermögensverfügung und nach der Rechtsprechung am bloßen Sicherungscharakter der Nötigung (vgl. → § 11 Rn. 13 ff., 53 ff.).

4. Nötigungsteil

In den Nötigungsmitteln stimmen § 252 und § 249 überein. Ein ertappter Dieb, der sich aus dem Haltegriff eines Ladendetektivs durch eine ruckartige Armbewegung losreißt, wendet Gewalt an (a. A. *OLG Koblenz* StV 2008, 474, 475, das nicht überzeugend eine Parallele zu den Handtaschen-Fällen von → § 7 Rn. 12 zieht). Als **Adressaten** der Gewalt/Drohungen kommen – entsprechend → § 7 Rn. 17, 21 – alle Personen in Betracht, die – zumindest nach der Vorstellung des Täters – bereit sind, ihm die Beute wieder zu entziehen. Dementsprechend gehören auch Ahnungslose und Unbeteiligte zu den Personen, die den Täter „betreffen" können. **20**

III. Subjektiver Tatbestand

Neben dem üblichen Vorsatz (§ 15), der sich auf alle objektiven Tatbestandsmerkmale erstrecken muss, verlangt der subjektive Tatbestand die Absicht („um … zu"), sich im Besitz des gestohlenen Gutes zu erhalten. Für die Absicht ist zielgerichtetes Wollen (dolus directus 1. Grades) erforderlich. Im Einzelnen verdient Folgendes hervorgehoben zu werden: **21**

(1) Das Absichtsmerkmal setzt (noch) vorhandenen unmittelbaren Besitz – der im Sinne von Gewahrsam zu verstehen ist – voraus (zu Mittätern → Rn. 29). Wer z. B. den Besitz, also den Gewahrsam, an der Beute aufgegeben hat und nur noch die Flucht sichern will, kann nicht aus § 252 bestraft werden. **22**

23   Die Besitzerhaltungsabsicht fehlt ferner bei einem beobachteten Ladendieb, der die Beute schon verzehrt hat, bevor er in den Geschäftsräumen gestellt wird und sich mit Gewalt verteidigt. Denn ein solcher Dieb hat im Regelfall keinen Gewahrsamsverlust mehr zu befürchten. Im Übrigen ist in diesem Fall wegen der Beendigung des Diebstahls auch die Frische der Tat fraglich (zutreffend *Marlie*, ZIS 2006, 42 ff. gegen *LG Freiburg* ZIS 2006, 40 ff.).

24   (2) Die Absicht der Besitzerhaltung braucht nicht der einzige Beweggrund zu sein. Es genügt, wenn es dem Täter zumindest auch darauf ankommt, die Nötigung als ein Mittel einzusetzen, das eine Entziehung der Beute verhindern soll. Genauer noch ist mit der Absicht des § 252 das gleiche Bestreben gemeint, das bereits die Zueignungsabsicht kennzeichnet. Daher muss der zielgerichtete Wille darauf gerichtet sein, die Gewalt/Drohungen (zumindest auch) als ein Mittel einzusetzen, das Bestandteil einer geplanten Zueignung ist (*BGH* StV 1987, 534 f.; *OLG Zweibrücken* StV 1994, 545 f.; Sch/Sch/*Bosch*, § 252 Rn. 7; *Dehne-Niemann*, Jura 2008, 745 f.; h. M.).

25   Diese Interpretation der Absicht als eine Form der verlängerten oder modifizierten Zueignungsabsicht dient dem Zweck, die erforderliche Nähe des Tatbestandes zu § 249 herzustellen (vgl. ferner → Rn. 1, 33).

Beispiele: Gibt der Täter die Zueignungsabsicht auf (Beute soll auf der Flucht weggeworfen werden) oder denkt er *ausschließlich* daran, seine Flucht zu sichern oder die Feststellung seiner Person zu verhindern, muss das Absichtsmerkmal verneint werden.

Zum Ganzen ferner *BGH* NStZ 2000, 530; 2015, 157; NStZ-RR 2005, 340, 341; *OLG Köln* NStZ 2005, 448; *OLG Hamm* StV 2005, 336; *OLG Brandenburg* NStZ-RR 2008, 201.

26   (3) Insbesondere die Rechtsprechung legt das Absichtserfordernis insoweit einschränkend aus, als es dem Täter darauf ankommen muss, eine Gewahrsamsentziehung zu verhindern, die – sei es in Wirklichkeit, sei es nach seiner Annahme – „gegenwärtig" ist oder „unmittelbar" bevorsteht. Die Absicht muss danach auf die Vereitelung einer (zumindest subjektiv) „auf der Stelle" bevorstehenden Besitzentziehung gerichtet sein. Demzufolge soll ein Dieb ohne Besitzerhaltungsabsicht handeln, der mit qualifizierten Nötigungsmitteln verhindern will, dass sein Opfer Hilfe herbeiholt oder ihn identifiziert mit dem Ziel, zwar nicht „auf der Stelle", aber doch zumindest später wieder in den Besitz des Diebesguts zu gelangen.

Siehe BGHSt 9, 162; 28, 224, 230 f.; *BGH* StV 1987, 196; zust. etwa W/H/ **27**
S/*Hillenkamp*, BT 2, Rn. 423; LK/*Vogel*, 12. Aufl. § 252 Rn. 65. – Zu Recht
gegen diese unter dem Aspekt der Raubähnlichkeit nicht gebotene Restriktion: *Küper*, JZ 2001, 737 f.; *Eisele*, BT II, Rn. 413; SK/*Sinn*, § 252 Rn. 20;
Lackner/Kühl, § 252 Rn. 5; *Dehne-Niemann*, Jura 2008, 746.

IV. Täterschaft und Teilnahme

1. Mittäterschaft und ihre Grenzen

a) Grundlagen. Als Normalfall ist an die Konstellation zu denken, **28**
dass zwei Diebe A und G nach einer erfolgreichen gemeinsamen Tat
(§§ 242, 25 II) auf frischer Tat ertappt werden und nun einvernehmlich gegen einen Verfolger Gewalt anwenden, um mit der Beute fliehen zu können. Wendet nur A oder G Gewalt an, so wird diese dem
anderen zugerechnet, sofern die Kriterien des § 25 II erfüllt sind.

Zur Besitzerhaltungsabsicht: Sie kann nicht gemäß § 25 II gegen- **29**
seitig zugerechnet werden, sondern muss als subjektives Tatbestandsmerkmal bei jedem Mittäter selbst vorliegen (→ § 2 Rn. 198). Mit
Blick darauf, dass diese Absicht als Gewahrsamserhaltungsabsicht zu
verstehen ist (→ Rn. 22), setzt der Schritt zur mittäterschaftlichen Begehung des 252 nicht unbedingt eigenhändigen Besitz (Gewahrsam)
voraus, sondern es genügt der Wille, nach dem mittäterschaftlich begangenen Diebstahl den gemeinsamen – nach § 25 II zugerechneten –
Mitbesitz (Mitgewahrsam) zu erhalten (BGHSt 6, 248, 250 f.; *BGH*
NStZ 2015, 276; A/W/*Heinrich*, BT, § 17 Rn. 26).

b) Die nicht erfasste Drittbesitzerhaltungsabsicht. Da sich der **30**
Wortlaut des § 252 nicht auf die Drittbesitzerhaltungsabsicht erstreckt, scheidet § 252 aus, wenn der Täter der Vortat, namentlich in
Fällen mit Drittzueignungsabsicht (→ § 2 Rn. 147 ff.), zum Zeitpunkt
der Verteidigungshandlung den Besitz (Gewahrsam) bereits völlig auf
einen Dritten übertragen hat.

Beispiel: A stiehlt in einem Geschäft für seine draußen wartende gutgläubige Freundin F ein Schmuckstück, das er ihr gleich überreicht. Vom Ladendetektiv D noch auf frischer Tat erwischt, wehrt A den D, ohne ihn zu verletzen, spontan mit Gewalt ab, um F den Besitz des Schmuckstücks zu erhalten.
– Ein räuberischer Diebstahl läge nur dann vor, wenn der Gesetzgeber wie bei
§ 242 den subjektiven Tatbestand des § 252 um die Alternative „oder einen
Dritten" erweitert hätte. So erfüllt A lediglich die §§ 242, 240, 52.

31   Davon muss die Konstellation unterschieden werden, dass der Vortäter, der bei seinem Diebstahl ausschließlich mit Drittzueignungsabsicht gehandelt hat, den Besitz der Sache gewaltsam verteidigt, um sie
erst später dem Dritten zu überlassen. Hier ändert die Drittzueignungsabsicht nichts daran, dass der Vortäter zunächst seinen Besitz
sichern will und daher § 252 erfüllt.

Weigend, GA 2007, 284 f.; W/H/S/Hillenkamp, BT 2, Rn. 427; a. A. Krä-
mer, Jura 2005, 837.

32   c) Der Diebstahlsgehilfe als (Mit-)Täter. Streitig ist, ob ein bloßer
Teilnehmer an der Vortat, insbesondere ein Diebstahlsgehilfe, wenn
er unmittelbaren Besitz am gestohlenen Gut erlangt hat und zur Ge-
wahrsamssicherung Raubmittel anwendet, Täter oder Mittäter des
§ 252 sein kann. Die Rechtsprechung hat dies, vom Wortlaut her
durchaus gedeckt, bisher bejaht (BGHSt 6, 248; BGH MDR/D
1967, 726).

33   Demgegenüber nimmt die im Schrifttum h. M. zu Recht an, dass
Täter oder Mittäter des § 252 nur sein kann, wer schon (Mit-)Täter
des § 242 gewesen ist. Dahinter steckt wieder die Idee, zwischen
§ 252 („gleich einem Räuber") und § 249 das notwendige Gleichge-
wicht herzustellen, d. h. für beide Tatbestände Täterschaft bezüglich
Nötigung und Diebstahl vorauszusetzen. Der schon erwähnte Gedanke von der verlängerten Zueignungsabsicht, den zunehmend
auch die Rechtsprechung aufgreift (→ Rn. 24 f.), weist in die gleiche
Richtung.

Zur h. M. im Schrifttum Sch/Sch/Bosch, § 252 Rn. 10; LK/Vogel, 12. Aufl.
§ 252 Rn. 68; W/H/S/Hillenkamp, BT 2, Rn. 426; Weigend, GA 2007, 277 f.

2. Teilweise Mittäterschaft

34   Täter des § 252 kann nur sein, wer an der Vortat beteiligt war und
seinen Besitz verteidigen will. Umstritten ist, ob ein Dieb (oder Räuber) § 252 erfüllt, der seine Beute nicht selbst mit qualifizierten Nötigungsmitteln verteidigt, sondern mit Hilfe eines bisher unbeteiligten
Dritten, der bezüglich der Nötigung mittäterschaftlich agiert.

35   Beispiel (BGH StV 1991, 349): In einem Lokal bringt F als Alleintäterin die
Geldtasche der Bedienung mit Selbst-Zueignungsabsicht in ihren Gewahrsam
(§ 242). Anschließend bedroht A, der Freund der F, aufgrund einer gemeinsamen Absprache mit einer ungeladenen Schusswaffe die Geschädigte und anwesende Gäste, um F ihren Besitz zu erhalten.

F wird zwar bei einem Diebstahl auf frischer Tat betroffen, droht **36** aber nicht selbst, um im Besitz der Beute zu bleiben. Doch können ihr die als Nötigung strafbaren Verteidigungshandlungen des A als eigene zugerechnet werden, da sie insoweit Mittäterin ist und § 25 II die gegenseitige Zurechnung von mittäterschaftlich verwirklichten objektiven Tatbestandsmerkmalen erlaubt. Folgt man dem, so sind die Drohungen des A auch solche der F, die von ihr zur Beuteverteidigung in die Tatausführung integriert werden. Daher setzt sie mit Besitzerhaltungsabsicht qualifizierte Nötigungsmittel ein und erfüllt von daher (teils mit-)täterschaftlich alle Bausteine des § 252 i. V. m. § 250 I Nr. 1b.

So auch *BGH* StV 1991, 349 (im Ergebnis); *Rengier*, AT, § 44 Rn. 8a/b, 29aff.; *ders.*, Puppe-FS, 2011, 849ff.; NK/*Kindhäuser*, § 252 Rn. 25; K/*Hilgendorf*, LPK-StGB, § 252 Rn. 17.

Nach einer Gegenmeinung soll der Weg über § 25 II an der fehlen- **37** den Besitzerhaltungsabsicht des A scheitern. Indes geht es bei § 25 II um die Zurechnung von objektiven Tatbestandsmerkmalen. An einem anderen Beispiel verdeutlicht: Wenn A und B in klassischer mittäterschaftlicher Arbeitsteilung – A hält fest, B nimmt weg – einen Raub begehen und dabei nur B mit Zueignungsabsicht handelt, erfüllt B § 249, da ihm die Gewaltanwendung durch A gemäß § 25 II zugerechnet wird.

W/H/S/*Hillenkamp*, BT 2, Rn. 427; *Dehne-Niemann*, JuS 2008, 591; *ders.*, Jura 2008, 748; LK/*Vogel*, 12. Aufl. § 252 Rn. 71; *Eisele*, BT II, Rn. 420f. – Der Konstruktion einer mittelbaren Täterschaft mit Hilfe der umstrittenen Figur des absichtslosen dolosen Werkzeugs (→ § 2 Rn. 173ff.) bedarf es insoweit nicht (vgl. erg. *Hillenkamp*, JuS 2003, 160f.).

Was die Strafbarkeit des A betrifft, so kommt er nicht als (Mit-)Täter des **38** § 252, sondern nur des § 240 in Betracht. Ansonsten haftet er bloß als Gehilfe (§§ 252, 250 I Nr. 1b, 27); dabei handelt es sich genau genommen entsprechend → § 7 Rn. 49 um eine Konstellation sukzessiver Beihilfe, weil A erst nach dem zum deliktischen Unrecht gehörenden Diebstahl in das Geschehen eingreift (vgl. LK/*Vogel*, 12. Aufl. § 252 Rn. 72). Ferner muss mit Blick auf § 242 als Vortat § 257 bejaht werden (→ § 20 Rn. 18). Schließlich ist bei A unter dem Aspekt der abgenötigten Preisgabe des Herausgabeanspruchs noch eine schwere räuberische Erpressung zu erwägen (§§ 255, 250 I Nr. 1b). Im Ergebnis wird dies im Allgemeinen abgelehnt, sei es dass man entweder einen neuen Vermögensschaden verneint (*Hillenkamp*, JuS 2003, 161) oder den Gedanken der Sicherungserpressung als mitbestrafter Nachtat bemüht oder schließlich betont, man dürfe nicht die Begrenzungen des § 252 sowie die entsprechenden Teilnahmeregelungen unterlaufen (so *BGH* StV 1991, 349, 350; siehe im Übrigen → § 11 Rn. 53 ff.).

39 *Variante:* Würde im Beispielsfall (→ Rn. 35) A die F zu der Bedrohung anstiften, läge bezüglich der §§ 252, 26 entsprechend → § 7 Rn. 50 ein Fall der Aufstiftung vor, den § 26 richtigerweise auch erfasst (LK/*Vogel*, 12. Aufl. § 252 Rn. 72; a. A. *Natus*, Jura 2014, 772 ff.).

V. Konkurrenzen

40 Zum Verhältnis zwischen §§ 242 ff. und §§ 252 i. V. m. 250 ist schon Stellung genommen worden (→ Rn. 19).

41 Besondere Schwierigkeiten ergeben sich bei einem Raub als Vortat. Grundsätzlich tritt § 252 hinter § 249 zurück (Gedanke der mitbestraften Nachtat). Ist aber nur § 252 (stärker) qualifiziert (gemäß § 250 oder § 251), so verdrängt der qualifizierte räuberische Diebstahl den Raub. Sind § 249 und § 252 gleich qualifiziert (z. B. gemäß § 251), so geht wieder der Raub (mit Todesfolge) dem räuberischen Diebstahl (mit Todesfolge) vor.

> **Beispiel:** In BGHSt 38, 295 (näher schon → § 9 Rn. 15 ff.) kommt man auf dem Boden der Beendigungslehre zu gleichen Qualifikationen, so dass die Verurteilung aus § 249 i. V. m. § 251 erfolgt. Lehnt man richtigerweise die Beendigungslehre ab (→ § 4 Rn. 47 ff.; → § 9 Rn. 14 ff.), so ist nur § 252 durch § 251 und damit stärker als der Raub mit Schusswaffen (§§ 249, 250 I Nr. 1a) qualifiziert; daher tritt der schwere Bankraub zurück (*Rengier*, JuS 1993, 463).

42 Zu den Konkurrenzfragen erg. *BGH* NJW 2002, 2043, 2044; NStZ 2018, 103; LK/*Vogel*, 12. Aufl. § 252 Rn. 79 f.; Sch/Sch/*Bosch*, § 250 Rn. 36, § 252 Rn. 13.

43 Manche wollen in allen Konkurrenzfällen von § 249 und § 252 in Tateinheit eine Nötigung hinzutreten lassen, um die zweimalige Anwendung von Gewalt/Drohungen auszudrücken.

> Sch/Sch/*Bosch*, § 250 Rn. 36, § 252 Rn. 13; *Geppert*, Jura 1990, 559; in der Tendenz auch *BGH* NJW 2002, 2043, 2044.

44 Zum Verhältnis von § 252 und §§ 253, 255 siehe → § 11 Rn. 56.

VI. Falllösung

45 Im **Fall 2** hat A § 242 mit dem Einstecken des Geldes in die Gesäßtasche vollendet. Daher führt das Schlagen mit dem Rucksack auf keinen Fall zu

§ 249, möglicherweise aber zu § 252. Zunächst wird man § 252 vertretbar mit der Begründung ausscheiden können, der Diebstahl sei angesichts der dazwischenliegenden Nacht bereits beendet gewesen. Dagegen spricht allerdings, dass sich A noch im unmittelbaren räumlichen Herrschaftsbereich der B aufhielt. Hält man deshalb den Diebstahl für noch nicht beendet, hat man es nach der hier vertretenen Ansicht mit einer noch frischen Tat zu tun und folglich § 252 zu bejahen. Verlangt man demgegenüber für die Tatfrische einen engen zeitlichen Zusammenhang mit dem Diebstahl, ist § 252 abzulehnen.

Wer § 252 verneint, muss § 244 I Nr. 1b (Rucksack) sehen und entsprechend der eigenen Stellungnahme zur Beendigungslehre bejahen oder ablehnen (→ § 2 Rn. 197; → § 4 Rn. 48ff., 74). Erfüllt sind jedenfalls § 223 (eventuell auch § 224 I Nr. 2) und § 240. Da diese Taten im Beendigungsstadium verwirklicht werden, besteht mit § 242 unabhängig von der Bejahung des § 244 I Nr. 1b Tateinheit. Zur Erpressungsproblematik des Falles und zur Verneinung des § 255 siehe → § 11 Rn. 56.

Wer eine noch frische Tat bejaht, gelangt über § 252 zu § 250 I Nr. 1b.

Empfehlungen zur vertiefenden Lektüre:
Rechtsprechung: BGHSt 26, 95 (Betroffensein ohne Bemerktwerden); BGHSt 28, 224 (Voraussetzungen des § 252); *BGH* StV 1987, 196 (Fragen der Beendigung und Absicht); *BGH* NJW 1987, 2687 (Fragen der Beendigung und frischen Tat); *BGH* NJW 2015, 3178 (Tatfrische und Betroffensein nach 35 km Flucht); *OLG Köln* NStZ 2005, 448 (diverse Fragen).
Literatur: *Dehne-Niemann*, Wissenswertes zum räuberischen Diebstahl (§ 252 StGB), Jura 2008, 742ff.; *Geilen* (wie zu → § 7), Jura 1979, 614, 669f.; 1980, 43ff.; *Geppert*, Zu einigen immer wiederkehrenden Streitfragen im Rahmen des räuberischen Diebstahls (§ 252 StGB), Jura 1990, 554ff.; *Kudlich/Aksoy* (wie zu → § 7), JA 2014, 81ff.; *Schünemann* (wie zu → § 7), JA 1980, 397ff.; *Zöller*, Der räuberische Diebstahl (§ 252 StGB) beim Raub als Vortat, JuS 1997, L 89ff.

§ 11. Erpressung (§§ 253, 255)

Fall 1: Auf seiner Flucht schlägt T auf die F ein, die mit ihrem Fahrzeug an einer roten Ampel wartet, zerrt sie gewaltsam aus dem Fahrzeug und braust davon, um gegenüber seinen Verfolgern einen größeren Vorsprung zu gewinnen. In Sicherheit benachrichtigt er, wie von Anfang an beabsichtigt, die Polizei, um die Rückführung von F's Fahrzeug zu ermöglichen (vgl. BGHSt 14, 386). → Rn. 18, 26, 33, 48

Fall 2: Die reichlich Schmuck tragende, mit ihrem Namen korrekt registrierte S beschließt spontan, das Hotel ohne Bezahlung zu verlassen, sieht sich daran aber durch den Hotelportier gehindert. Daher lockt sie ihn unter einem Vorwand in ihr Zimmer, sperrt ihn dort ein und verschwindet (vgl. BGHSt 32, 88). → Rn. 19, 23, 26, 48, 58

Fall 3: Als nach einer Taxifahrt Fahrer F den Motor ausstellt und den Fahrpreis von 40 € verlangt, beschließt der Fahrgast G, zum „Nulltarif" gefahren zu sein. G kann dem wachsamen, auf dem Fahrersitz verweilenden, F entwischen, a) nachdem er ihn mit einer Schusswaffe bedroht und so seinen Abzug erzwungen hat, b) nachdem er ihn zusammengeschlagen hat. → Rn. 20, 22, 23, 58

Fall 4: D hat E ein Kunstwerk im Wert von 100.000 € gestohlen. Später meldet sich D bei E und bietet, wie von Anfang an vorgehabt, die Rückgabe des Werkes nur gegen ein Lösegeld von 10.000 € an. Erwartungsgemäß zahlt E und erhält das Kunstwerk zurück (nach BGHSt 26, 346). → Rn. 10, 50

I. Grundlagen und Aufbaufragen

1   Geschützte Rechtsgüter der Erpressung sind die persönliche Freiheit und das Vermögen. § 253 regelt die einfache Erpressung (Grunddelikt). Bei § 253 entsprechen die Nötigungsmittel denen des § 240. § 255 qualifiziert § 253 für den Fall, dass die Nötigungsmittel des § 249 angewendet werden. § 255 wiederum verweist („gleich einem Räuber") nicht nur auf den Strafrahmen des § 249, sondern insbesondere auf die Qualifikationen der §§ 250 und 251, die hier als „Schwere räuberische Erpressung" bzw. „Räuberische Erpressung mit Todesfolge" zu lesen und entsprechend den Ausführungen in → § 8 (erg. → Rn. 68 ff.) bzw. → § 9 auszufüllen sind. Zur Veranschaulichung genügt es an dieser Stelle, auf die Beispiele in → § 8 Rn. 8 und unten in → Rn. 42 zu verweisen.

2   Für das Verständnis und den deliktischen Aufbau hilft es sehr, sich die parallelen Strukturen von Erpressung und Betrug deutlich zu machen. Deshalb und auch wegen des gemeinsamen Rechtsgutes (Vermögen) wird meistens – insbesondere in der Vorlesung – § 263 vor den §§ 253, 255 behandelt. Für den Anfänger ist dies auch der richtige Weg; er sollte unbedingt erst § 263 studieren (→ § 13), bevor er sich mit den §§ 253, 255 beschäftigt. In einem Lehrbuch hat ein solcher Aufbau den Nachteil, den systematischen Zusammenhang mit den §§ 249 ff. zu zerstören (vgl. ferner § 316a). Daher folgt dieses Buch dem gesetzlichen Vorbild und erörtert die Erpressung im Abschnitt „Raub und Erpressung".

3   Dem Fortgeschrittenen verdeutlicht diese Einordnung, dass auch derjenige, der mit der im Schrifttum verbreiteten (vorzugswürdigen) Verfügungslehre (oder auch Verfügungstheorie) in der Erpressung – parallel zum Betrug – ein Selbstschädigungsdelikt sieht und daher

als Nötigungserfolg eine Vermögensverfügung verlangt, gerade in der Fallbearbeitung nicht den Blick für die starke Gegenmeinung verlieren darf: Diese verzichtet auf das Verfügungserfordernis, dehnt dadurch den Anwendungsbereich der §§ 253, 255 erheblich aus und bezieht u. a. bestimmte Wegnahmekonstellationen ein, bei denen sich das Rechtsgefühl gegen ein „erpresserisches" Vorgehen eher sträubt (näher → Rn. 13 ff.).

In der vergleichenden Gegenüberstellung der folgenden **Aufbau-** **4** **vorschläge** werden die parallelen Strukturen sichtbar:

Betrug (§ 263)	Erpressung (§§ 253, 255)

I. Tatbestandsmäßigkeit
1. Objektiver Tatbestand
  a) Täuschung
	I. Tatbestandsmäßigkeit
	1. Objektiver Tatbestand
	  a) Nötigungsmittel
	    aa) Gewalt (gegen eine Person) oder
	    bb) Drohung mit einem empfindlichen Übel (bzw. Drohungen mit gegenwärtiger Gefahr für Leib oder Leben)

b) Täuschungserfolg: Irrtum	b) Nötigungserfolg: (irgendeine) Handlung, Duldung oder Unterlassung
c) (Irrtumsbedingte) Vermögensverfügung	c) (Nötigungsbedingte) Vermögensverfügung *(streitig)*

d) Vermögensschaden
2. Subjektiver Tatbestand
  a) Vorsatz
  b) Eigennützige oder fremdnützige Absicht stoffgleicher Bereicherung
3. Objektive Rechtswidrigkeit der erstrebten Bereicherung und entsprechender Vorsatz
II. Rechtswidrigkeit
III. Schuld
	d) Vermögensschaden
	2. Subjektiver Tatbestand
	  a) Vorsatz
	  b) Eigennützige oder fremdnützige Absicht stoffgleicher Bereicherung
	3. Objektive Rechtswidrigkeit der erstrebten Bereicherung und entsprechender Vorsatz
	II. Rechtswidrigkeit
	III. Schuld

Im Anschluss daran können noch einschlägige strafschärfende Regelbeispiele (§ 263 III bzw. § 253 IV) und Qualifikationen (§ 263 V bzw. §§ 250, 251 i. V. m. 255) zu prüfen sein.

Für das Studium sind anlässlich des Strukturvergleichs die folgen- 5
den Punkte besonders hervorzuheben:
(1) Zwischen den objektiven Tatbestandsmerkmalen der §§ 253,
255 muss ein (vom Vorsatz umfasster) durchlaufender Ursachen-
und Zurechnungszusammenhang bestehen. Insbesondere setzt dies
wie beim Raub entsprechend → § 7 Rn. 22 ff. eine finale Verknüpfung
zwischen dem Nötigungsmittel und der Vermögensverfügung bzw.
dem Vermögensschaden voraus (*BGH* NStZ 2017, 92; StV 2021,
493, 494).

Im Unterschied zu § 249 (→ § 7 Rn. 22 f.) nehmen allerdings Recht- 5a
sprechung und h. M. bei der Erpressung mit Blick auf den Wortlaut
des § 253 I („... nötigt und *dadurch* ...") zutreffend an, dass die Gewalt oder Drohung für die abgenötigte Schädigung objektiv kausal
sein muss. Zahlt also etwa das bedrohte Opfer nicht zumindest auch
unter dem Druck des Nötigungsmittels, sondern weil ihm dies die
Polizei aus ermittlungstaktischen Gründen geraten hat, scheidet die
Annahme einer vollendeten Erpressung aus.

BGH NJW 1997, 265, 266 f.; NStZ 2010, 215; LK/*Vogel*, 12. Aufl. § 253
Rn. 26; Sch/Sch/*Bosch*, § 253 Rn. 7; *Mitsch*, BT 2, 594 f.; erg. → Rn. 53. – Im
Lichte des die Verfügungslehre ablehnenden Lagers der Rechtsprechung
(→ Rn. 14, 21 ff.) erscheint das Kausalitätserfordernis freilich problematisch,
weil damit § 255 als allgemeinerer Tatbestand strengere Strafbarkeitsvorausset-
zungen als § 249 enthält (vgl. SSW/*Kudlich*, § 253 Rn. 18; NK/*Kindhäuser*,
§ 253 Rn. 32).

(2) Die zentrale Streitfrage, ob § 253 wie § 263 eine Vermögensver- 6
fügung voraussetzt, ist im Erpressungsschema unter I.1.c festgehalten.

(3) Die ab dem Vermögensschaden identischen Tatbestandsele- 7
mente werden üblicherweise im Zusammenhang mit § 263 grundlegend erörtert (→ § 13 Rn. 138 ff.). Dort werden sie auch in der Regel
zuerst studiert und häufiger praktisch relevant. Auf jeden Fall sollte
man beim entsprechenden Studium des § 263 möglichst früh zugleich
an die §§ 253, 255 denken, um für entsprechende Probleme auf der
Erpressungsebene sensibilisiert zu sein.

II. Nötigungsmittel

Für die **Nötigungsmittel des § 253** – Gewalt oder Drohung mit 8
einem empfindlichen Übel – ist auf die Ausführungen zu § 240 zu

verweisen (*Rengier,* BT II, § 23 Rn. 2 ff., 39 ff.). Zwei ergänzende Beispiele:

(1) Spiegelt etwa der Täter T seinem Opfer mit Erfolg vor, es werde von Zuhältern bedroht und könne die Gefahr durch Zahlungen an ihn als Mittelsmann abwenden, so liegt lediglich eine Warnung und keine Drohung vor, weil T nicht vorgibt, Einfluss auf die Übelszufügung durch die Zuhälter zu haben; T erfüllt allein § 263.

BGH NStZ 1996, 435; NStZ-RR 2007, 16. – Zu einem Fall der §§ 253, 25 I Var. 2 mit einem lediglich warnenden Werkzeug *Rengier,* AT, § 43 Rn. 11 zu Fall 1.

(2) Die gegenüber einem Staatsanwalt ausgesprochene Drohung, Beweismittel nur im Falle der Zahlung eines „Kaufpreises" herauszugeben, stellt kein „empfindliches" Übel in Aussicht, weil vom Staatsanwalt erwartet werden kann, dem Ansinnen in besonnener Selbstbehauptung standzuhalten (*OLG Hamm* NStZ-RR 2013, 312).

Zu den qualifizierten **Nötigungsmitteln des § 255** siehe → § 7 Rn. 8 ff., 18 ff.

9   Die Fälle der (aktiven) **Drohung mit einem Unterlassen** – die im Rahmen der Nötigung ausführlicher erörtert werden (*Rengier,* BT II, § 23 Rn. 46 ff.) – sind auch auf der Erpressungsebene relativ schwierig zu erfassen.

10   **Beispiele:** (1) Im **Fall 4** liegt eine (unbestritten tatbestandsmäßige) Drohung mit einem *rechtswidrigen* Unterlassen vor, weil D nach den §§ 985, 861 BGB zur Rückgabe rechtlich verpflichtet ist (zur weiteren Lösung → Rn. 50).

(2) Geschäftsführer G verspricht, den Strafantrag gegen T wegen Ladendiebstahls (§§ 242, 248a) wieder zurückzunehmen (§ 77d I), falls T 1.000 € an ihn zahle; T zahlt. – In versteckter Form ist hier die Drohung mit einem *rechtmäßigen* Unterlassen zu erkennen, nämlich damit, in den Verfahrensablauf nicht einzugreifen. Das Druckmittel ist die (tatsächliche oder vorgetäuschte) Möglichkeit, das Verfahren in erlaubter Weise zu stoppen (vgl. auch BGHSt 44, 68, 74 ff.; zur Verwerflichkeit → Rn. 66 f.). § 253 ist zu bejahen.

(3) Polizist P verspricht, gegen Zahlung von 1.000 € die Strafakte des T (der zahlt) wieder aus der an die Staatsanwaltschaft gerichteten Post zu holen. Oder: Der Zeuge Z stellt eine Falschaussage vor Gericht zugunsten der angeklagten A in Aussicht, falls diese ihm 1.000 € zahle; A zahlt. – Diese Fälle sind im Ausgangspunkt mit der Konstellation (2) vergleichbar. Der wesentliche Unterschied liegt darin, dass sich der Täter eines rechtswidrigen Druckmittels (nämlich: Nichtgewährung verbotener Vorteile) bedient. Einem solchen Druck, der allein von der Furcht ausgeht, etwas Unrechtes nicht zu erhalten, muss die Rechtsordnung die Anerkennung versagen und das Opfer daher in

besonnener Selbstbehauptung standhalten. Denn das Recht widerspräche sich selbst, wenn es insbesondere die Drohung mit der Nichtbegehung einer Straftat bestrafte, wenn es also, mit anderen Worten, in der angedrohten Nichterlangung von illegalen Vorteilen eine rechtlich geschützte Verletzung der Handlungsfreiheit sähe. Somit sind verbotene Vorteile keine nötigungsrelevanten Übel (*Mitsch*, BT 2, 591 f.; K/*Böse*, BT II, § 17 Rn. 13; *Weißer*, JA 2010, 434 mit Falllösung; in der Tendenz auch BGHSt 44, 251, 253).

(4) Verlangt ein mit der zuständigen Staatsanwältin verheirateter Richter von einem Beschuldigten die Zahlung eines Geldbetrags mit der Ankündigung, im Falle der Zahlung werde er eine Verfahrenseinstellung bewirken, anderenfalls nicht, so liegt darin die Drohung mit dem Unterlassen einer rechtswidrigen Einflussnahme auf den Verlauf des Strafverfahrens. Ordnet man von daher den Fall der Konstellation (3) zu, ist eine (versuchte) Erpressung zu verneinen (ebenso *Kudlich*, JA 2008, 902 f.; *Eisele*, BT II, Rn. 757; a. A. *OLG Oldenburg* NJW 2008, 3012; *Sinn*, ZJS 2010, 447 ff.; *Jäger*, Krey-FS, 2010, 199 ff.).

(5) T erklärt dem arbeitslosen A, seine Einstellung nur zu befürworten, falls er von A ein Schmiergeld in Höhe von 1.000 € erhalte; A zahlt. – Hier droht T nicht mit der Zufügung eines Nachteils, der den status quo verschlechtert. Vielmehr bietet er T an, sich eine Verbesserung der gegenwärtigen Situation zu „erkaufen". Dies genügt für eine tatbestandsmäßige Drohung nicht (LK/*Vogel*, 12. Aufl. § 253 Rn. 11; vgl. auch BGHSt 44, 68, 74 ff.; 44, 251, 255).

Beim **Begriff der „gegenwärtigen Gefahr"** (neben § 255 siehe **11** §§ 249, 252) drängt sich die Parallele zu § 34 auf (→ § 7 Rn. 19). Eine Gefahr ist „gegenwärtig", wenn bei natürlicher Weiterentwicklung der Dinge der Eintritt eines Schadens sicher oder doch höchstwahrscheinlich ist, falls nicht alsbald Abwehrmaßnahmen ergriffen werden. Oder anders ausgedrückt: Der ungewöhnliche Zustand kann nach menschlicher Erfahrung und natürlicher Weiterentwicklung der gegebenen Sachlage jederzeit – d. h. alsbald oder auch erst später zu einem ungewissen Zeitpunkt – in einen Schaden umschlagen. Eingeschlossen sind insbesondere die sog. Dauergefahren, die sich über einen längeren Zeitraum erstrecken. Der wirksame Schutz von Erpressungsopfern erfordert es, den Begriff der Gegenwärtigkeit angedrohter Gefahren nicht zu eng zu verstehen.

Hierzu *BGH* NJW 1989, 176 und 1289; 1997, 265, 266; NStZ-RR 1999, 266, 267; NStZ 2015, 36 f. mit Bspr. *Hecker*, JuS 2015, 467 ff.; vgl. ferner *Otto*, Jura 1999, 553.

Beispiele: Auch soweit die „bedrohte" und allein anwesende Kassiererin **12** durch Sicherheitsglas vollständig geschützt ist, kommen Drohungen mit gegenwärtigen Gefahren für Leib oder Leben in Betracht, und zwar hinsichtlich potentieller Bankkunden, die jederzeit die überfallene Filiale betreten können (*BGH* NJW 1989, 176). Gegenwärtig sind ferner Ankündigungen, nach Ablauf einer kurzen Zahlungsfrist z. B. Lebensmittel, die das Opfer vertreibt, zu vergiften (*BGH* NStZ 1994, 187; NStZ-RR 1999, 266 mit Anm. *Zaczyk,* JR 1999, 343 ff.). Drohungen der Art: „Wenn Du nicht zahlst, knallen wir Dich ab!" stellen auch dann eine gegenwärtige (Dauer-)Gefahr dar, falls der Zeitpunkt des möglichen Schadenseintritts länger ungewiss ist (*BGH* NJW 1997, 265, 266 mit Anm. *Joerden,* JR 1999, 120 ff.). – Zu Dritten als Adressaten der Drohung → § 7 Rn. 21.

III. Streitpunkt Vermögensverfügung

1. Grundlagen

13   Sehr umstritten ist, ob der Erpressungstatbestand – parallel zum Betrug – eine Vermögensverfügung voraussetzt (zusammenfassend *Geppert/Kubitza,* Jura 1985, 276 ff.). Die im Schrifttum verbreitete **Verfügungslehre** (oder Verfügungstheorie) bejaht dies zu Recht. Eine Vermögensverfügung liegt in jedem willentlichen, d. h. in einem vom Willen gesteuerten Verhalten, durch das der Genötigte bewusst sein Vermögen unmittelbar vermindert (bzw. bei der sog. „Dreiecks-erpressung" das Vermögen eines in seinem „Lager" stehenden Dritten; → Rn. 30 ff.). Nach dieser Struktur ist auch die Erpressung ein Selbstschädigungsdelikt. Wichtigste Konsequenz: Als Gewaltmittel kommt nur die „vis compulsiva" in Betracht, also eine Gewaltanwendung, die noch Raum für eine Willensbetätigung lässt. Soweit der Täter „vis absoluta" anwendet, also Gewalt, die jede Willensbildung und damit eine Vermögensverfügung unmöglich macht, scheiden die §§ 253, 255 aus.

Rengier, JuS 1981, 654 ff.; *Hohmann,* JuS 1994, 864 f.; W/H/S/*Schuhr,* BT 2, Rn. 749 ff.; M/*Momsen,* BT 1, § 42 Rn. 6, 44 ff.; Sch/Sch/*Bosch,* § 253 Rn. 8 f.; MüKo/*Sander,* § 253 Rn. 13 ff.; *Schladitz,* JA 2022, 89 ff.; Falllösungen bei *Noak/Sengbusch,* Jura 2005, 495 f.; *Jänicke,* JuS 2016, 1099 ff.

14   Nach der **Lehre der** von der **Rechtsprechung** angeführten starken und wachsenden Gegenmeinung setzt der objektive Tatbestand des § 253 keine Vermögensverfügung voraus, kann also auch bei absoluter Gewalt erfüllt sein. Von daher erfassen die §§ 253, 255 grundsätzlich alle in Bereicherungsabsicht mit (qualifizierten) Nötigungsmitteln herbeigeführten Vermögensschädigungen und ist § 255 gegenüber § 249 der allgemeinere Tatbestand.

BGHSt 14, 386; 25, 224; *BGH* NStZ 2002, 31, 32; NJW 2018, 245; *Geilen*, Jura 1980, 50 ff.; *Schünemann*, JA 1980, 486 ff.; *Hecker*, JA 1998, 301 ff.; *Rönnau*, JuS 2012, 888 ff.; K/*Böse*, BT II, § 17 Rn. 20 ff.; *Mitsch*, BT 2, 595 ff.; *Erb*, Herzberg-FS, 2008, 711 ff.; *Falllösungen bei Böse/Keiser*, JuS 2005, 443 f.; *Kretschmer*, Jura 2006, 220 f.; *Böhm/Hautkappe*, ZJS 2019, 511 ff.

Neuerdings gewinnt eine **differenzierende Lehre** an Boden, die 14a nur bei der Sacherpressung, aber nicht bei der Forderungserpressung eine Vermögensverfügung verlangt. Diese Ansicht macht geltend, dass – parallel zur Abgrenzung zwischen Sachbetrug und Diebstahl (→ § 13 Rn. 81 ff.) – das Verfügungsmerkmal nur dort seinen sinnvollen Platz habe, wo es um die Abgrenzung zwischen Sacherpressung und Raub gehe. Da es weder beim Forderungsbetrug (→ § 13 Rn. 72) noch bei der Forderungserpressung solche Abgrenzungsfragen gebe, sei es sachgerecht, die durch vis absoluta erzwungene Preisgabe einer Forderung durch die §§ 253, 255 zu erfassen.

Eisele, BT II, Rn. 772; *Brand*, JuS 2009, 899 ff.; dazu bereits *Rengier*, JuS 1981, 661, wo die Differenzierung in die Diskussion eingeführt, aber als dogmatisch inkonsequent abgelehnt wird (abl. auch *Schladitz*, JA 2022, 93).

In der **Fallbearbeitung** fallen immer wieder die folgenden Punkte 15 auf:

(1) Die Streitfrage wird oft unnötig aufgegriffen. Insbesondere wenn § 249 zu bejahen ist, erübrigen sich (bezüglich desselben Tatobjekts) Ausführungen zu § 255 (i. V. m. § 253), und zwar sowohl nach der Verfügungslehre der Literatur, weil sich Wegnahme und Vermögensverfügung gegenseitig ausschließen, als auch nach der Rechtsprechung, weil trotz an sich erfülltem § 255 das äußere Bild des Nehmens zu § 249 führt (→ Rn. 40) bzw. § 249 den subsidiären § 255 verdrängt. Wenn freilich trotz eines Nehmens die Strafbarkeit gemäß § 249 aus anderen Gründen etwa mangels Zueignungsabsicht entfällt, muss man unbedingt an § 255 denken, weil vom Standpunkt der Rechtsprechung aus § 255 auch erzwungene Wegnahmen erfasst.

(2) Desgleichen spielt der Streit keine Rolle, sobald eine Vermö- 16 gensverfügung vorliegt; dann bejaht selbstverständlich auch die Rechtsprechung den Erpressungstatbestand, weshalb in einem solchen Fall die Einbeziehung der Vermögensverfügung in die Tatbestandsprüfung keines Kommentars bedarf.

(3) Auf der anderen Seite wird die Streitfrage leicht übersehen, 17 wenn der Täter mit Nötigungsmitteln das Vermögen eines anderen schädigt, das Nötigungsopfer aber nicht verfügt und die Tat auch nicht unter § 249 fällt. Offenbar scheint vom klassischen Erpres-

sungsbild her der gedankliche Schritt zu den §§ 253, 255 fern(er) zu liegen.

2. Falllösungen

18   Im **Fall 1** muss zunächst § 249 im objektiven Tatbestand bejaht und im subjektiven Tatbestand mangels Enteignungswillens (→ § 2 Rn. 125) abgelehnt werden. Im Übrigen sind nach allen Auffassungen die §§ 248b, 223, 240 (Duldung der Wegnahme) zu bejahen. Nach dieser Erörterung darf man – im Anschluss an § 249 – die Prüfung der §§ 253, 255 nicht vergessen. Insoweit hat T die F mit Gewalt gegen eine Person zu einer Duldung, nämlich der Wegnahme, genötigt, aber F hat nicht über ihr Vermögen verfügt; denn Wegnahme und Verfügung schließen sich gegenseitig aus. Daher kommt nach der Verfügungs- wie der differenzierenden Lehre eine räuberische Erpressung nicht in Betracht. Anders insbesondere die Rechtsprechung: Durch den mit absoluter Gewalt erzwungenen Besitzwechsel fügt T der F einen Vermögensschaden zu (Nutzungsausfall mit wirtschaftlichem Wert; → Rn. 48). Da T auch mit Vorsatz und der Absicht stoffgleicher Bereicherung handelt, erfüllt er § 255 (zur Kritik → Rn. 26). Bejaht man von daher § 255, so muss T darüber hinaus in Tateinheit nach § 316a I bestraft werden (→ § 12 Rn. 10, 13, 21), während die §§ 248b, 240 zurücktreten.

19   Im **Fall 2** hat S § 239 und § 240 (Duldung der ungehinderten Flucht) – in Tateinheit (*Rengier,* BT II, § 22 Rn. 15) – erfüllt. Weiter verwirklicht sie § 289, sofern man mit der h. M. den Wegnahmebegriff des § 289 abweichend von § 242 bestimmt (→ § 28 Rn. 10 ff.); denn der Hotelinhaber hat nach § 704 BGB ein gesetzliches Pfandrecht an dem der Pfändung unterworfenen Schmuck (vgl. §§ 704 Satz 2, 562 I 2 BGB i. V. m. § 811 I Nr. 1 und 11 ZPO). Was die §§ 253, 255 anbelangt, so scheidet der Tatbestand nach der Verfügungslehre aus, da S vis absoluta angewendet und damit jede Vermögensverfügung unmöglich gemacht hat. Anders wiederum die Lehre der Rechtsprechung: Sie fragt nur danach, ob der Täter (gerade) durch die Nötigungshandlung einem anderen einen Vermögensschaden zugefügt hat; dieser entfällt zwar hinsichtlich der Rechnungsforderung, weil S namentlich bekannt ist (→ Rn. 58), aber nicht in Bezug auf die Beeinträchtigung des Pfandrechts (näher BGHSt 32, 88, 89 ff.; *Joerden,* JuS 1985, 21 f., 24; → Rn. 48). Die differenzierende Lehre unterscheidet sich auch hier nicht von der Verfügungslehre, da es um das Pfandrecht an Sachen geht.

Im **Fall 3a** kommt man auf dem Boden aller Ansichten zu den 20 §§ 255, 250 I Nr. 1a, weil der bedrohte F (noch) willentlich auf Maßnahmen zur Sicherung seiner Forderung verzichtet (Namensfeststellung) und dadurch eine nötigungsbedingte Schadensvertiefung eintritt (→ Rn. 58). Im **Fall 3b** liegen dagegen wegen der angewandten vis absoluta nach der Verfügungslehre allein § 223 und § 240 vor, während die Rechtsprechung und die differenzierende Lehre auch jetzt § 255, ggf. i. V. m. § 250, bejahen (zu § 316a, der dann nicht übersehen werden darf, aber zu verneinen ist, siehe → § 12 Rn. 10, 14, 22). Siehe ferner den Bankautomaten-Fall in → § 14 Rn. 36a.

3. Argumente

a) Lehre der Rechtsprechung. Im Lager der **das Verfügungs-** 21 **merkmal ablehnenden** Rechtsprechung stützt man sich insbesondere auf die folgenden Argumente (Nachweise in → Rn. 14):

(1) Erstens weist diese Lehre auf den Gesetzeswortlaut hin, aus dem sich das Verfügungserfordernis nicht ergibt. Dem wird von der Verfügungslehre entgegengehalten, dass in § 263 die Verfügung auch nur ein ungeschriebenes Tatbestandsmerkmal ist.

(2) Zweitens leuchtet es den Anhängern der Rechtsprechung nicht 22 ein, weshalb der Gesetzgeber in den §§ 253, 255 einen anderen Gewaltbegriff als in den §§ 240, 249 verwendet haben soll. Man hält es nicht für sachgerecht, ausgerechnet die typischerweise besonders massive Gewalt, nämlich die vis absoluta, aus dem Kreis der tauglichen Erpressungsmittel auszusondern.

In der Tat stößt man insbesondere im Bereich der Forderungserpressung schnell auf Konstellationen wie im **Fall 3,** bei denen die unterschiedlichen Konsequenzen nicht einleuchten. Um dies zu verdeutlichen, muss man sich **Fall 3** nur so vorstellen, dass G den F in der Variante a) lediglich mit einer Scheinwaffe bedroht (= § 255 nach allen Ansichten) und in der Variante b) brutal zusammenschlägt oder sogar auf ihn schießt (= § 255 nur nach der Rechtsprechung und differenzierenden Lehre).

Auch als Befürworter der Verfügungslehre ist zuzugeben, dass das 23 „vis-absoluta-Argument" Gewicht hat. Doch kann man es etwas entkräften, weil die vis absoluta nicht unbedingt ein besonders brutales oder das gefährlichere Nötigungsmittel darstellen muss.

So ist das Einsperren (vgl. → § 7 Rn. 10) im **Fall 2** verhältnismäßig harmlos, und im **Fall 3** mag man das Bedrohen mit einer geladenen Schusswaffe für gefährlicher als das absolut wirkende Zusammenschlagen halten.

24   (3) Schließlich wird es auch aus kriminalpolitischen Gründen für sinnvoll erachtet, lückenlos alle mit qualifizierten Nötigungsmitteln herbeigeführten Vermögensschädigungen gleich schwer bestrafen zu können.

25   **b) Verfügungslehre der Literatur.** Nach der insgesamt überzeugenderen Verfügungslehre sprechen **für das Verfügungsmerkmal** vor allem folgende Gründe (Nachweise in → Rn. 13):

(1) Wenn man mit der Rechtsprechung in § 255 die allgemeinere Vorschrift sieht, ist § 249 praktisch überflüssig, da Fälle wie der Raub einer wertlosen Sache (vgl. → § 2 Rn. 6, 97 f.) unbedeutend sind. Das kann der Gesetzgeber, der § 249 an die Spitze des 20. Abschnitts gestellt hat, kaum gewollt haben. Zudem ist es ungewöhnlich, dass der subsidiäre Auffangtatbestand (§ 255) auf das vorrangige Gesetz (§ 249) zurückverweisen soll.

Die Gegenmeinung erwidert darauf, dass unabhängig von einer solchen dogmatischen Betrachtungsweise der Raubtatbestand seine das Rechtsbewusstsein der Bevölkerung prägende Bedeutung behalte und deshalb als Leitbild zu Recht am Anfang stehe.

26   (2) Das gegen die Lehre der Rechtsprechung gerichtete Hauptargument liegt in dem Vorwurf, insbesondere die Privilegierung der bloßen Gebrauchsanmaßung (§ 248b) zu unterlaufen. Denn obwohl das Gesetz die durch § 248b geschützte Rechtsposition ersichtlich geringer als dauerhafte Eingriffe in das Eigentum bewertet, wird die mit Raubmitteln erfolgende Verletzung dieser schwächeren Position über § 255 mit einem Verstoß gegen § 249 gleichgestellt. Im praktischen Ergebnis eliminiert das Lager der Rechtsprechung auf diese Weise das Merkmal der Zueignungsabsicht unter der Voraussetzung, dass die Wegnahme einen Vermögensschaden zur Folge hat.

So bestraft (u. a.) der BGH im **Fall 1** den T „gleich einem Räuber" (§ 255), obwohl er – da ohne Zueignungsabsicht – mit dem Räuber im Sinne des § 249 wertungsmäßig nicht verglichen werden kann. Faktisch wird auf diese Weise das Merkmal der Zueignungsabsicht aus dem Tatbestand gestrichen. Vergleichbare Verzerrungen ergeben sich im Bereich des § 289 (vgl. **Fall 2**).

27   Die Anhänger der Rechtsprechung verteidigen solche Ergebnisse mit dem Argument, dass die Privilegierung nur die schlichte und nicht die abgenötigte Gebrauchsanmaßung betreffe. Wer sich mit Gewalt eine wirtschaftlich wertvolle Sache vorübergehend verschaffe, stehe einem Räuber so nahe, dass er auch wie ein Räuber gemäß

§ 255 bestraft werden dürfe. Indes überspielt man auf diesem Wege das Element der Eigentumsverletzung, welches das hohe Strafmaß des § 249 mit legitimiert (*Brand*, JuS 2009, 901).

(3) Mit dem vorstehenden Hauptargument strukturverwandt ist **28** der Einwand, dass aus dem Blickwinkel der Rechtsprechung der Täter konsequenterweise aus § 253 bestraft werden muss, wenn er einen anderen nur mit einer „einfachen" Drohung im Sinne des § 240 I zur Duldung einer vermögensschädigenden Wegnahme zwingt. Im Vergleich mit einer Bestrafung gemäß den §§ 240, 242, 52 oder §§ 240, 248b, 52 führt dies zu einer Strafschärfung (beachte dabei § 253 IV), die das Gesetz für den Fall der Nötigung zu einem Diebstahl erst beim Einsatz qualifizierter Nötigungsmittel vorsieht (§ 249). Insoweit läuft die Anwendung des § 253 auf die Konstruktion eines „kleinen Raubes" hinaus und setzt zudem die §§ 247, 248a außer Kraft.

Hierzu aus der Sicht der Verfügungslehre: MüKo/*Sander*, § 253 Rn. 19; W/ H/S/*Schuhr*, BT 2, Rn. 753; *Lackner/Kühl*, § 253 Rn. 3. Aus der Sicht der Rechtsprechung: *Erb*, Herzberg-FS, 2008, 714 ff.; NK/*Kindhäuser*, vor § 249 Rn. 37 ff., der einschränkend insbesondere die §§ 247, 248a weiter anwenden will; gegen den Schritt zum „kleinen Raub" LK/*Vogel*, 12. Aufl. § 249 Rn. 61.

(4) Insgesamt erweist sich, dass die Verfügungslehre der Gesetzes- **29** systematik besser entspricht und eine Mutation der §§ 253, 255 zu umfassenden Vermögensentziehungsdelikten verhindert. Wie beim Betrug gewährleistet das Verfügungsmerkmal die Einstufung der (räuberischen) Erpressung als Selbstschädigungsdelikt. Dies ist sachgerecht, weil die Erpressung nur als Selbstschädigungsdelikt einen eigenständigen Charakter hat und klar von den fremdschädigenden Wegnahmedelikten (§§ 242, 249) abgegrenzt werden kann. Dass sich das genötigte Opfer dem Druck beugt und dadurch sich selbst schädigend die Freiheit von Zwang „erkauft", ist für den Erpressungstatbestand typisch. Das Bild vom Freikaufcharakter stimmt auch mit der üblichen Vorstellung überein, die man in der Bevölkerung von einem erpresserischen Verhalten hat.

4. Dreieckserpressung

Nimmt man mit der zutreffenden Verfügungslehre an, dass die Er- **30** pressung wie der Betrug ein Selbstschädigungsdelikt ist und deshalb ihr Tatbestand eine Vermögensverfügung voraussetzt, die das gleichzeitige Vorliegen einer Wegnahme ausschließt, so können die Grundsätze zum „Dreiecksbetrug" (→ § 13 Rn. 101 ff.) im Prinzip auf die „Dreieckserpressung" übertragen werden.

Vertiefend *Rengier*, JZ 1985, 565 ff.; Falllösung bei *Ingelfinger*, JuS 1998, 536 ff. – Andere Lösungsansätze bei *Mitsch*, BT 2, 603 ff.; K/*Böse*, BT II, § 17 Rn. 42 ff.; *Ebel*, Jura 2007, 897 ff. – Versuchsprobleme aufgreifend *Knauer*, JuS 2014, 690 ff.

31   Typische Dreieckskonstellationen sind (räuberische) Erpressungen im Bank- und Geschäftsbereich: Der Täter zwingt mit (qualifizierten) Nötigungsmitteln Bank- oder Ladenangestellte, zu seinen Gunsten über das Vermögen Dritter (Bank/Geschäft) zu verfügen. Wegen des bestehenden Näheverhältnisses werden auf dem Boden der „Lagertheorie" dem geschädigten Dritten die Verfügungen seiner genötigten Angestellten als eigene zugerechnet. Ein weiteres

32   **Beispiel** (BGHSt 41, 123; dazu *Otto*, JZ 1995, 1020 ff.; *Jung*, JuS 1996, 79 f.; *Krack*, JuS 1996, 493 ff.): R hat O aus Verärgerung in dessen Wohnung niedergestochen. Anschließend fordert R, wobei er konkludent auf seine Gewaltanwendung gegenüber O Bezug nimmt, die anwesende Lebensgefährtin des O, die K, auf, dem wehrlos am Boden liegenden O die Uhr vom Handgelenk zu nehmen und an ihn zu übergeben. K kommt der Aufforderung nach.

In dieser grundlegenden Entscheidung verlangt auch der (das Verfügungserfordernis nicht anerkennende) *BGH* für eine Dreieckserpressung das Vorliegen eines Näheverhältnisses. Er begründet dies mit dem Unrechtsgehalt der Dreieckserpressung, den er darin sieht, dass der Täter die von einem Dritten im Interesse des Vermögensinhabers wahrgenommene Schutzfunktion mit Nötigungsmitteln aufhebt. Das Nötigungsopfer muss also, so der *BGH*, spätestens im Zeitpunkt der Tatbegehung auf der Seite des Vermögensinhabers stehen und zum Schutz der Vermögensinteressen des Geschädigten bereit sein. Im konkreten Fall bejaht der *BGH* ein solches Näheverhältnis und daher § 255. Im Lichte der Verfügungslehre und Lagertheorie fällt die Argumentation kaum anders aus. Bei der Dreieckserpressung nähert sich der *BGH* also der Verfügungslehre an.

Wäre K nur eine beliebige Besucherin gewesen, könnte lediglich eine Nötigung (§ 240) in Tateinheit mit einem Diebstahl in mittelbarer Täterschaft (§§ 242, 25 I Var. 2 i. V. m. § 243 I 2 Nr. 6) bejaht werden. Denn § 249 (auch i. V. m. § 25 I Var. 2) setzt voraus, dass der Täter den Widerstand der genötigten Person ausschaltet, um ein der Wegnahme entgegenstehendes Hindernis zu beseitigen (→ § 7 Rn. 22; *Mitsch*, NStZ 1995, 499; SK/*Sinn*, § 253 Rn. 18; a. A. *Krack*, NStZ 1999, 135. – Falllösung bei *Swoboda*, Jura 2007, 226).

Wie BGHSt 41, 123 liegt der Fall *BGH* NStZ-RR 1997, 321, in dem der Täter den 11-jährigen Sohn mit der Drohung, sonst steche er seinen Papi ab, zwingt, Geld des Vaters herauszugeben.

Noch ein lehrreiches **Beispiel:** K ist Mitarbeiterin eines vom Geschäftsfüh- **32a** rer G geführten Pizzaservices und G gegenüber allein für die Verwaltung der Kasse verantwortlich. Entgegen der Anweisung des G schließt K gegen 23.25 Uhr die Zugangstür nicht ab, als sie zusammen mit dem Mitarbeiter C die Tageseinnahmen zählt. Daher können A und B, wie mit K zuvor verabredet, maskiert das Lokal betreten, um an die Tageseinnahmen zu gelangen. Zu diesem Zeitpunkt hält sich K in einem anderen Raum auf. C, der weiter das Geld zählt, wird von A gewaltsam zu Boden gestoßen und fixiert, während B die Tageseinnahmen ergreift und anschließend mit A das Lokal verlässt (*OLG Celle* NStZ 2012, 447 mit Bspr. *Krell*, ZJS 2011, 572 ff; Falllösung bei *Valerius/Zehetgruber*, JA 2014, 431 ff.). – **Strafbarkeit von A und B:** (1) Die §§ 249, 25 II entfallen mangels Wegnahme, weil K als allein verantwortliche Kassiererin Alleingewahrsam hat (→ § 2 Rn. 37) und mit dem Gewahrsamswechsel einverstanden gewesen ist; der das Geld zählende C hat allenfalls untergeordneten (Mit-)Gewahrsam am Geld (vgl. → § 2 Rn. 33 ff.). – (2) Die §§ 253, 255, 25 II scheiden auf dem Boden der Verfügungslehre des Schrifttums aus, da K den Gewahrsam nicht nötigungsbedingt überträgt. Von daher sind nur die §§ 246 I, 25 II und §§ 240, 25 II erfüllt. Im Lichte der Rechtsprechung sind die §§ 253, 255, 25 II aber zu bejahen: A und B zwingen C mit Gewalt zur Duldung der Mitnahme und Zueignung des Geldes; dadurch schädigen sie das Unternehmen, zu dem der genötigte C als Mitarbeiter in einem Näheverhältnis steht. Ob es hier allerdings, wie das *OLG Celle* meint, vom Standpunkt der Rechtsprechung aus überhaupt eines solchen Näheverhältnisses bedarf, ist zweifelhaft, weil C nur zur Passivität genötigt wird (verneinend *Krell*, ZJS 2011, 574; NK/*Kindhäuser*, § 253 Rn. 22). – (3) Weiter zu beachten: § 239a I Var. 1 im Zwei-Personen-Verhältnis, sofern § 255 bejaht wird (vgl. *Rengier*, BT II, § 24 Rn. 13, 16 ff.); § 239 I; § 123 I Var. 1 wegen des maskierten Betretens; eventuell §§ 223 I, 224 I Nr. 4. – **Strafbarkeit der K:** Das Gewicht ihrer Tatbeiträge und die Nähe zum Tatgeschehen machen sie grundsätzlich zur Mittäterin. Bei den §§ 246 I, 25 II führt das über § 28 II zu den §§ 246 I, II, 25 II. Zu denken ist noch an § 266 I Var. 2, der, falls man den Tatbestand – vertretbar – für gegeben hält, die §§ 246 I, II, 25 II konsumiert (vgl. → § 18 Rn. 28 f., 72 f.). Kraft gesetzlicher Subsidiarität treten die §§ 246 I, II, 25 II zurück, sofern man mit der Rechtsprechung die §§ 253, 255, 25 II bejaht.

IV. Abgrenzung zwischen Raub (§ 249) und Sacherpressung (§ 255)

Im **Aufbau** sollte – so auch im **Fall 1** (→ Rn. 18) – mit dem Weg- **33** nahmedelikt (§ 249) begonnen werden. Liegt dieses vor, erübrigen sich – soweit es speziell um die weggenommene Sache geht – nach allen Ansichten Ausführungen zu § 255. Denn nach der Rechtsprechung hat § 255 insoweit nur die Funktion eines subsidiären Auffangtatbestands, und nach der Verfügungslehre des Schrifttums schließen sich Wegnahme und Verfügung gegenseitig aus (zur Fallbearbeitung erg. → Rn. 15 ff.).

34   Auf dem Boden der vorzugswürdigen Verfügungslehre erfolgt die Abgrenzung entsprechend den für die Abgrenzung von Diebstahl und Sachbetrug geltenden Kriterien (→ § 13 Rn. 74, 81 ff.). Demzufolge grenzt man auch zwischen Raub und Sacherpressung nach der **inneren Willensrichtung** des Opfers ab, wobei freilich im Lager der Verfügungslehre über die Kriterien gestritten wird. Mindestvoraussetzung ist auf jeden Fall ein willensgesteuertes (= willentliches) Verhalten, das bewusst eine Vermögensminderung herbeiführt. Ferner kann die Freiwilligkeit des Handelns kein taugliches Abgrenzungskriterium sein; denn andernfalls käme man angesichts der qualifizierten Nötigungsmittel nahezu immer zu § 249 (vgl. auch → § 13 Rn. 85 f.). Im Übrigen lassen sich folgende Positionen unterscheiden:

35   (1) Nach einer Meinung soll eine Wegnahme stets vorliegen, wenn es „in der Zwangslage für den Genötigten gleichgültig ist, wie er sich verhält, die Sache also unabhängig von seiner Mitwirkung dem Zugriff des Täters preisgegeben ist" (*Lackner/Kühl*, § 255 Rn. 2), oder wenn das Opfer keine „reelle Wahlmöglichkeit oder Verhaltensalternative" besitzt (*Eisele*, BT II, Rn. 764). Dagegen soll für eine Verfügung sprechen, dass der Genötigte seine Mitwirkung als notwendig ansieht (W/H/S/*Schuhr*, BT 2, Rn. 755, 772). Eine solche Interpretation des Verfügungserfordernisses verlagert das Gewicht zu § 249 hin. Gegen diese Ansicht spricht, dass sie zum einen immer noch mehr oder weniger auf den „freien" Willen abstellt und zum anderen dem Freikaufcharakter der Erpressung nicht entspricht.

36   (2) Eine andere Ansicht ergänzt den Gedanken der notwendigen Mitwirkung um eine objektive Komponente dahingehend, dass auch ein vom genötigten Opfer für unentbehrlich gehaltenes Verhalten, das lediglich eine Gewahrsamslockerung bewirkt und dem Täter die Möglichkeit zur erzwungenen Wegnahme eröffnet, bereits als eine – die Wegnahme ausschließende – Vemögensverfügung im Sinne der §§ 253, 255 angesehen wird (*Tenckhoff,* JR 1974, 491 ff.; *Lackner/ Kühl,* § 253 Rn. 3; erg. *Küper/Zopfs,* BT, Rn. 704). Beispiele bilden die Preisgabe des Verstecks, des Safeschlüssels und der Zahlenkombination des Tresors. Insoweit soll nur im Erpressungsbereich das Kriterium der „unmittelbar" vermögensmindernden Wirkung der Verfü-

gung entfallen (zu § 263 siehe → § 13 Rn. 74 ff.). Gegen diese Lehre spricht, dass sie den Begriff der Vermögensverfügung bei der Sacherpressung anders als beim Sachbetrug definiert und damit auch (zum Teil) die Parallelität zum Wegnahmebegriff des § 242 aufgibt (*Rengier*, JuS 1981, 660; *Biletzki*, Jura 1995, 637).

(3) Richtigerweise kommt es im Sinne der Mindestvoraussetzung 37 (→ Rn. 34) allein darauf an, ob das Opfer willentlich, d. h. mit seinem faktischen (wenn auch erzwungenen) Einverständnis den Gewahrsam überträgt (Vermögensverfügung) oder den Gewahrsam unwillentlich (also ohne faktisches Einverständnis) verliert. In einer abgenötigten bloßen Gewahrsamslockerung (Preisgabe des Verstecks usw.) liegt nicht zugleich ein (erzwungenes) Einverständnis in die Wegnahme (W/H/S/*Schuhr*, BT 2, Rn. 773; a. A. *Küper/Zopfs*, BT, Rn. 704). Eine willentliche Steuerung der Vermögensverschiebung ist anzunehmen, wenn das Erpressungsopfer tatsächlich bestehende Handlungsalternativen, also die Wahlmöglichkeit hat, sich entweder dem Druck zu beugen oder die Mitwirkung zu verweigern. Dabei spielt es keine Rolle, ob die Entscheidung für eine bestimmte Alternative gefährliche Auswirkungen haben kann und gerne, frei oder unfrei getroffen wird. Ferner lässt sich aus dem äußeren Erscheinungsbild (Geben oder Nehmen) ein Indiz für das willentliche Geben (= § 255) bzw. unwillentliche Nehmenlassen (= § 249) ableiten. Von daher stimmt die hier vertretene Ansicht im Ergebnis mit der Rechtsprechung (→ Rn. 39) oft überein.

Rengier, JuS 1981, 655 ff.; zust. Sch/Sch/*Bosch*, § 253 Rn. 8, 31; *Biletzki*, Jura 1995, 636 f.; *Heghmanns*, BT, Rn. 1458, 1460; abl. *Schladitz*, JA 2022, 91.

(4) Bezugnehmend auf die Beispiele in → Rn. 36 könnte allerdings 38 auf dem Boden der Verfügungslehre erwogen werden, in der erzwungenen Preisgabe des Verstecks usw., also im Abnötigen einer Gewahrsamslockerung eine Vermögensverfügung zu sehen, die unmittelbar eine schädigende konkrete Vermögensgefährdung herbeiführt.

Beispiele: Die Täter zwingen Opfer mit qualifizierten Nötigungsmitteln wie 39 Schlägen oder Todesdrohungen, ihnen die Zahlenkombinationen für Tresore, die Lage eines Geldverstecks oder sonstige Zugangsmöglichkeiten zu Wertgegenständen zu verraten (*BGH* NStZ 2006, 38; NStZ-RR 2022, 14, 15; 5 StR 229/18 Rn. 6).

In allen Fällen betont der *BGH*, dass die erzwungene Preisgabe der Zahlen bzw. des Verstecks für sich genommen noch keinen Vermögensnachteil bewirkt, weil sie die spätere Wegnahme ermöglichen soll. Dies verdient Zustimmung und entspricht der Behandlung von Parallelfällen bei Diebstahl und Sachbetrug (→ § 13 Rn. 82, 91 f.). Hinzu kommt, dass sich der in einer bloßen Gewahrsamslockerung liegende (Vermögens-)Nachteil nicht – wie vom *BVerfG* seit 2010 gefordert – zahlenmäßig nachvollziehbar beziffern lässt (dazu → § 13 Rn. 124, 128, 131, 212 ff.). In Betracht kommt die Begehung eines (schweren) Raubes, wenn die Täter die Beute an sich bringen (→ § 7 Rn. 29 f.).

40   (5) Die Rechtsprechung kann, da sie das Verfügungserfordernis bestreitet, nicht nach der Willensrichtung des Opfers abgrenzen. Für den *BGH* ist daher *ausschließlich* das **äußere Erscheinungsbild** maßgebend; das erkennbare Bild des Nehmens führt demzufolge zu § 249, das Bild des Übergebens zu § 255 (BGHSt 7, 252, 255; 41, 123, 126; NStZ 1999, 350; NStZ-RR 2011, 80; erg. → § 13 Rn. 87 f.).

> **Beachte:** Im Lichte der Rechtsprechung betrifft die Abgrenzungsfrage ein Konkurrenzproblem und nur Fälle, in denen die Tatbestandsmerkmale beider Vorschriften unabhängig von der Frage Wegnahme oder Verfügung an sich zu bejahen sind. Auf keinen Fall darf man den Fehler machen und daraus ableiten, nach Ansicht der Rechtsprechung fordere der Erpressungs*tatbestand* das äußere Erscheinungsbild des Gebens (vgl. *Rönnau*, JuS 2012, 889; → Rn. 14 ff.).

41   Die Bedeutung des Abgrenzungsstreits sollte man auch in der Fallbearbeitung nicht überbewerten, weil § 249 wie § 255 die gleichen Strafen vorsehen und beide Tatbestände ggf. zu den §§ 250, 251 führen. – Zur Diskussion ein abschließendes

42   **Beispiel:** A überfällt O, richtet eine geladene Schusswaffe auf ihn und droht: „Kohle raus oder es knallt!". Daraufhin zückt O seine Geldbörse und übergibt A den Inhalt. – *Variante:* O wehrt sich und kann A in die Flucht schlagen.
Nach den in → Rn. 35 genannten Stimmen müsste man aus der Sicht des Opfers wohl von einem zwecklosen Widerstand ohne reelle Verhaltensalternative ausgehen und § 249 (i. V. m. § 250 I Nr. 1a, II Nr. 1) sowie in der Variante dann konsequent versuchten (schweren) Raub bejahen. Auf dem Boden der hier vertretenen Auffassung kommt man hingegen im Grundfall zu § 255 (i. V. m. § 250 I Nr. 1a, II Nr. 1), weil O sich gleichsam freikauft, indem er sich dem Druck beugt und willentlich den Gewahrsam überträgt. Die Variante zeigt, dass für den Genötigten Widerstand gewiss riskant und gefährlich sein kann, aber eben nicht von vornherein „gleichgültig" oder „praktisch zwecklos" ist. Die Rechtsprechung käme aufgrund des äußeren Erscheinungsbildes ebenfalls zu den §§ 255, 250 I Nr. 1a, II Nr. 1, (22).
Falllösungen bei *Käßner/Seibert*, JuS 2006, 812; *Helmrich*, JA 2006, 352 f.; *Kretschmer*, Jura 2006, 220 f.

V. Forderungserpressung

Auf dem Boden der Verfügungslehre stehen Raub und Sacherpres- **43** sung genauso wie Diebstahl und Sachbetrug in einem Exklusivitäts- verhältnis. Diese Exklusivität wiederum hängt mit dem Erfordernis zusammen, dass die Vermögensverfügung eine „unmittelbare" Ver- mögensminderung herbeiführen muss (→ Rn. 13; → § 13 Rn. 70, 81 f., 91 ff.). Im Lichte der Verfügungslehre ist diskussionwürdig, ob das mit Blick auf die Abgrenzung zwichen Diebstahl und Sachbetrug kre- ierte Unmittelbarkeitserfordernis (→ § 13 Rn. 74) auch im Rahmen der Forderungserpressung gilt. Dazu folgendes

Beispiel: T, der die Girocard/Maestro-Karte des O bereits besitzt, nötigt O **44** mit den Mitteln der §§ 253 oder 255 erfolgreich, ihm die Geheimzahl zu offen- baren, um an einem Bankautomaten Geld abheben zu können.

Hier bejaht namentlich die Rechtsprechung schon mit der Preis- gabe der Geheimzahl einen tatbestandsmäßigen (Vermögens-)Gefähr- dungsschaden, soweit dadurch die jederzeitige Zugriffsmöglichkeit auf den Auszahlungsanspruch des Berechtigten eröffnet und mit wirtschaftlichen Nachteilen ernstlich zu rechnen ist (*BGH* NStZ-RR 2004, 333, 334; NStZ 2011, 212, 213; 6 StR 85/20). Dies überzeugt erstens nicht, weil im Widerspruch dazu beim Abnötigen einer Ge- wahrsamslockerung ein solcher Gefährdungsschaden verneint wird (→ Rn. 38 f.; *Eisele*, BT II, Rn. 780 f.). Zweitens vermisst man eine (kaum mögliche) Antwort auf die Frage, nach welchen Maßstäben in dieser Konstellation die seit 2010 gebotene – auch von *BGH* 6 StR 85/20 ignorierte – Bezifferbarkeit des Schadens erfolgen soll (vgl. → § 13 Rn. 212 ff., 231 ff.).

Gelingt es T plangemäß, Geld abzuheben, stellt sich die Frage, ob **45** er dadurch die §§ 253, 255 erfüllt. Für die Ansichten, die auf das Ver- fügungsmerkmal (→ Rn. 21 ff.) oder das Unmittelbarkeitskriterium (→ Rn. 36) verzichten, ist dies zu bejahen. Hingegen muss man die §§ 253, 255 verneinen, soweit man auf dem Boden der Verfügungs- lehre entsprechend dem üblichen Verständnis auch in Forderungs- fällen eine unmittelbar vermögensmindernde Verfügung verlangt (*Eisele*, BT II, Rn. 781); dann verwirklicht die Geldabhebung allein § 263a I Var. 3 (vgl. → § 14 Rn. 28, 32 ff.).

Abweichend von diesem herrschenden Verständnis der Verfü- **46** gungslehre ist an anderer Stelle die Ansicht begründet worden, dass es beim Forderungsbetrug überzeugender ist, nicht das auf die Abgrenzung zwischen Diebstahl und Sachbetrug abzielende Unmittelbarkeitskriterium zu übernehmen, sondern durch Kriterien der objektiven Zurechnung zu ersetzen (*Rengier*, Sieber-FS, 2021, 306 ff.; → § 13 Rn. 75 f., 121 ff., 126 f., 129, 132). Konsequent auf die Forderungserpressung übertragen folgt daraus auch im Lichte der Verfügungslehre die Erfüllung der §§ 253, 255: Die Geldabhebung durch T stellt sich dann nämlich nicht als ein die Zurechnung unterbrechender Schritt, sondern als ein Verhalten dar, das an die Ausgangsgefahr (Erpressen der Geheimzahl) anknüpft und das erpresserische Werk in zurechenbarer Weise vollendet.

Zur Betrugsvariante des Beispiels siehe → § 13 Rn. 232 ff.

VI. Vermögensschaden

47   Der in § 253 I genannte „Nachteil", der „dem Vermögen" des Genötigten zugefügt werden muss, stimmt mit dem Begriff des Vermögensschadens beim Betrug überein (BGHSt 34, 394, 395); daher sind hier die vertiefenden Ausführungen in → § 13 Rn. 138 ff. entsprechend heranzuziehen. So führt ein Täter keinen Vermögensschaden herbei, der das Tatopfer durch Drohung oder Gewalt veranlasst, auf die Geltendmachung einer nichtigen Kaufpreisforderung zu verzichten (*BGH* NStZ 2008, 627; entsprechend → § 13 Rn. 155 ff.). In gleicher Weise erpressungsrelevant sind etwa die Fragen rund um den Schutz des rechtswidrig erlangten Besitzes (→ § 13 Rn. 159 ff.).

48   **Weitere Beispiele:** (1) Im **Fall 1** (Lösung in → Rn. 18) liegt, lässt man das Verfügungsproblem beiseite, der Vermögensschaden im Besitzverlust, der wirtschaftlichen Wert hat (→ § 13 Rn. 274 f.).

(2) Im **Fall 2** (Lösung in → Rn. 19) begründet die Vereitelung des Selbsthilferechts bezüglich des Schmucks (§§ 704 Satz 2 i. V. m. 562b I BGB) den wirtschaftlichen Schaden.

49   (3) Umstritten ist, inwieweit **abgenötigte sexuelle Dienstleistungen**, die **Prostituierte** im Rahmen ihrer Arbeitszeit und üblicherweise nur entgeltlich erbringen, parallel zum Erschleichen ihrer Arbeitskraft (→ § 13 Rn. 143 f.) einen von den §§ 253, 255 erfassten Vermögensschaden herbeiführen.

Beispiele: (1) Im Fall *BGH* NStZ 2011, 278 wollte A die Prostituierte P durch Bedrohung zwingen, ihn mit der Hand sexuell zu befriedigen. P ließ

A in ihr Wohnmobil ein. Nun zog A einen ungeladenen Revolver, hielt ihn P an den Kopf und bedeutete ihr, sein Geschlechtsteil zu stimulieren. P kam aus Angst dem Ansinnen nach. – Der *BGH* sieht hier mit Blick auf die §§ 253, 255, 250 I Nr. 1b richtig, dass A und P keinen Dienstvertrag geschlossen haben und P daher keinen Anspruch aus § 1 Prostitutionsgesetz erlangt hat, dessen Verzicht A abgenötigt haben könnte. Leider erörtert der *BGH* nicht, ob in der Erbringung der Arbeitsleistung durch P ein Schaden liegt.

(2) In *BGH* NStZ 2013, 710 hatte der Täter vor, die Prostituierte, nachdem sie den Preis genannt und ihn in ihr Zimmer gelassen hatte, mit Gewalt (Drosselung, Fesselung) zu überwältigen, um sie zur Duldung des ausgehandelten Geschlechtsverkehrs zu zwingen. Die Tat blieb nach ersten Gewaltakten im Versuchsstadium stecken.

Die zweite Entscheidung liefert die bisher vermisste Begründung. Der *BGH* betont, dass im Lichte der Menschenwürde (Art. 1 I GG) und des Prostitutionsgesetzes allenfalls freiwillig erbrachten, aber nicht erzwungenen sexuellen Handlungen einer Prostituierten ein Vermögenswert im Sinne des § 253 I zukomme. Diese pauschale Aussonderung erpresster sexueller Dienstleistungen verdient keinen Beifall. Da nach dem Prostitutionsgesetz der Einsatz der Arbeitskraft einer Prostituierten nicht mehr als sittenwidrig eingestuft werden kann, überzeugt es nicht, den Vermögenswert der Leistung mit dem Freiwilligkeitskriterium zu verknüpfen. Dies geschieht in anderen Fällen erzwungener beruflicher Dienstleistungen etwa durch einen Mechaniker oder Anwalt auch nicht. Geht man davon aus, dass die „Erbringung" von Dienstleistungen einen zweck- und willensgerichteten Einsatz erfordert (vgl. *Zimmermann*, NStZ 2012, 212), ist in vis compulsiva-Konstellationen wie in *BGH* NStZ 2011, 278 ein Vermögensschaden anzunehmen. In *BGH* NStZ 2013, 710 will der Täter dagegen sein Opfer mit absoluter Gewalt sich unterwerfen und missbrauchen; darin kann, insoweit verdient diese Entscheidung Zustimmung, keine vermögenswerte Dienstleistung gesehen werden.

So auch *Eisele*, BT II, Rn. 776. – Zu *BGH* NStZ 2011, 278 wie hier *Hecker*, JuS 2011, 945; *Eckstein*, JZ 2012, 103 f.; a. A. *Zimmermann*, NStZ 2012, 212 f. – *BGH* NStZ 2013, 710 stimmen zu: *Satzger*, JK 8/14, StGB § 253/16; *Jäger*, JA 2014, 231 f.; *Brand/Burkart*, JuS 2019, 141 f. mit Falllösung; abl. *Barton*, StV 2014, 418 ff.; W/H/S/*Schuhr*, BT 2, Rn. 757; *Schwaab*, ZJS 2014, 705 ff.

49a

(4) Im **Fall 4** (Lösegeld-Fall) muss zunächst § 242 mangels Enteignungswillens verneint werden, weil D mit der Rückführung sicher rechnet. Es liegt kein „Neuerwerb" im Sinne von → § 2 Rn. 132 vor; denn der Täter verschleiert hier die Eigentumsverhältnisse nicht. Ebenso wenig kann man mit Hilfe der Sachwerttheorie (→ § 2

50

Rn. 103 ff.) eine Enteignung begründen; die Möglichkeit, mit Hilfe des Kunstwerks ein Lösegeld zu erlangen, ist kein spezifischer Wert, der dem Kunstwerk selbst entzogen werden kann. Was § 253 anbelangt (zur Drohung → Rn. 10), so gibt es Stimmen, die auf dem Boden eines rein wirtschaftlichen Vermögensbegriffs den Schaden mit der Begründung ablehnen, dass der faktisch kaum realisierbare Rückgabeanspruch des E wirtschaftlich wertlos sei und daher die sofortige Wiedererlangung des wertvollen Kunstwerks die Zahlung des Lösegelds kompensiere (so *OLG Hamburg* MDR 1974, 330; *Trunk*, JuS 1985, 944 ff.). Wer sich dieser Argumentation anschließt, kann nur eine Strafbarkeit gemäß § 240 I, II bejahen. Richtigerweise darf aber, da der Täter nach den §§ 861, 985 BGB zur unentgeltlichen Herausgabe verpflichtet ist, seine Gegenleistung, die Rückgabe des Kunstwerks, nicht als Ausgleichsfaktor in die Schadensberechnung einfließen. Folglich muss ein Vermögensschaden und damit § 253 bejaht werden (BGHSt 26, 346; *Stoffers,* Jura 1995, 118 f.; h. M.). Mittelbar drückt die *BGH*-Entscheidung die zunehmende und richtige Hinwendung auch der Rechtsprechung zum juristisch-ökonomischen Vermögensbegriff aus (→ § 13 Rn. 150 ff.; → § 18 Rn. 54).

Ähnliche Konstellationen wie im Fall 4 in den Falllösungen bei *Graul*, JuS 1999, 562 ff.; *Mitsch*, JA 1999, 388 ff.; *Stiel*, JuS 2015, 909 ff., 912 f.

51   (5) In der erzwungenen **Unterzeichnung eines Schuldscheins** über eine nicht bestehende Verbindlichkeit kann eine schädigende konkrete Vermögensgefährdung bzw. ein Gefährdungsschaden liegen, wenn nach den Umständen des Falles die Gefahr des Vermögensverlustes so naheliegend ist, dass bereits im Bestehen dieser Gefährdung eine Minderung des Vermögens liegt. Daher muss – vergleichbar mit einem Eingehungsbetrug – schon mit der Ausstellung des Schuldscheins eine vollendete Erpressung bejaht werden, falls konkret mit der tatsächlichen Inanspruchnahme durch den Begünstigten zu rechnen ist und sichere Beweismittel zur Widerlegung des Urkundeninhalts (vgl. §§ 416, 440 ZPO) fehlen.

Vgl. BGHSt 34, 394 ff.; *BGH* NStZ-RR 1998, 233; 2018, 316, 317; vertiefend → § 13 Rn. 209 ff.

52   (6) Bei einer im Rahmen einer Erpressung von der Polizei **überwachten Geldübergabe,** die dem Täter keine Chance zur Flucht lässt, tritt ein Vermögensnachteil auch nicht in Gestalt einer konkreten Vermögensgefährdung ein. Daher kommt nur eine versuchte Erpressung in Betracht (*BGH* StV 1998, 80 und 661).

VII. Sicherungserpressung und Vermögensschaden bei Nötigungen mit Sicherungscharakter

1. Grundlagen

Die Rechtsprechung hat immer wieder Anlass zu betonen, dass der 53 Vermögensschaden gerade als Folge der Nötigung eingetreten sein muss (siehe § 253 I: „… nötigt und *dadurch* … Nachteil zufügt"). Der erforderliche Kausalzusammenhang (→ Rn. 5) fehlt, wenn der Vermögensschaden zum Zeitpunkt der Nötigung infolge anderer Gründe schon eingetreten war. Bei dieser Prüfung können sich Überschneidungen mit dem Gedanken der Sicherungserpressung als mitbestrafter Nachtat ergeben: Danach hat eine Anschlusserpressung, die lediglich der Sicherung des Vorteils nach einem Aneignungs- oder Bereicherungsdelikt dient, keine selbstständige Bedeutung und wird lediglich als Nötigung bestraft. Der Meinungsstand und der vorhandene Argumentationsspielraum lassen oft verschiedene vertretbare Lösungen zu.

Hierzu *Lackner/Kühl*, § 253 Rn. 13; LK/*Vogel*, 12. Aufl. § 253 Rn. 25; SK/ *Sinn*, § 252 Rn. 23 f., § 253 Rn. 21; W/H/S/*Hillenkamp*, BT 2, Rn. 431; *Grabow*, NStZ 2014, 121 ff. – Ergänzend → § 13 Rn. 341 ff. zum Sicherungsbetrug.

Als **Leitlinie** kann dienen, dass die (räuberische) Erpressung dort 54 eigenständigen Charakter hat, wo die Nötigung bei der gebotenen wirtschaftlichen Betrachtungsweise eine wirtschaftlich messbare Schadens*vertiefung* herbeiführt, wo demzufolge ein neuer/weiterer Vermögensschaden eintritt. Ist dies nicht der Fall, so wird man den gerade nötigungsbedingten Schaden ablehnen oder in den Sicherungsfällen die Erpressung zumindest als mitbestrafte Nachtat einstufen.

2. Konstellationen mit Sicherungscharakter

In den typischen Konstellationen rund um die „Sicherungserpres- 55 sung" hat der Täter die Sache insbesondere durch Diebstahl oder Betrug bereits in strafbarer Weise erlangt, bevor er mit Nötigungsmitteln die Beute verteidigt. Wirtschaftlich betrachtet ist die Sache mit der Vortat wegen des Gewahrsamswechsels und der Zueignungs- bzw. Bereicherungsabsicht des Täters verloren, so dass auf die Beute bezogene, nötigende Vereitelungen von Selbsthilferechten und Wiedererlangungschancen nicht den Unwert einer Erpressung, wohl aber einer Nötigung (§ 240) aufweisen.

56 Was **§ 242 als Vortat** betrifft, so ergibt sich zudem aus § 252, dass ein Dieb, der die Realisierung des Herausgabeanspruchs mit qualifizierten Nötigungsmitteln vereitelt, gleich einem Räuber nur bestraft werden darf, wenn er auf frischer Tat betroffen wird. Würde man derartige Vereitelungshandlungen auch im Stadium nach Beendigung des Diebstahls mit Hilfe des § 255 raubgleich erfassen, so unterliefe man die durch § 252 gesetzten Grenzen.

Hierzu *BGH* StV 1986, 530; *Seier*, JuS 1979, 338; *Rengier*, JuS 1981, 658 f.; *Mitsch*, JA 1997, 664 f. – Ergänzend das Beispiel in → § 10 Rn. 35, 38 und Fall 2 von → § 10 Rn. 41.

56a Zu **§ 263 als Vortat:** Im Fall *BGH* NStZ 2012, 95 erhielten zwei Täter täuschungsbedingt eine gekaufte Sache, verstauten sie in ihrem Kofferraum und wollten abredewidrig davonfahren, ohne zur Bezahlung zurückzukehren. Als das Opfer O dies merkte und sich in den Weg stellte, wurde es mit Schlägen gezwungen, den Weg freizugeben. Der *BGH* betont, dass der Vermögensschaden des O nicht erst auf der körperlichen Einwirkung beruht habe, sondern schon zuvor eingetreten sei. Deshalb liege eine Sicherungserpressung vor, nämlich ein Betrug mit – nach Entdeckung begangener – Nötigung zum Zwecke der Sicherung des betrügerisch erlangten Vermögensvorteils. Das Ergebnis lässt sich zusätzlich mit dem Gedanken absichern, dass auch in der Betrugskonstellation die Wertung des § 252 umgangen würde, wenn man mit § 263 als Vortat über den Umweg des § 255 zu einer raubähnlichen Bestrafung gelangte (*Jäger*, JA 2011, 952).

Auch *BGH* NJW 1984, 501 verneint in einem Fall, in dem der Tankwart betrügerisches Tanken ohne Zahlungswillen erkennt und vom abfahrenden Täter mit Vollgas aus dem Weg gedrängt wird, bezüglich § 255 einen (nötigungsbedingten) Vermögensschaden, der über den Betrugsschaden hinausgeht (zust. *Kienapfel*, JR 1984, 388 f.; a. A. *Herzberg*, JR 1985, 209 f.). Die Gegenansicht ließe sich parallel zu den Fällen in → Rn. 58 mit dem Gedanken der Schadensvertiefung unter der Voraussetzung begründen, dass der Schuldner namentlich nicht bekannt ist und deswegen eine erfolgreiche Flucht die Chancen auf die Realisierung der Ersatzforderung deutlich sinken lässt (auf dieser Linie *BGH* NStZ 2002, 33).

Zu Recht nimmt *BGH* StV 2021, 477, 478 eine bloße Sicherungserpressung an, wenn der namentlich bekannte Schuldner eines durch Betrug erlangten Darlehens den Gläubiger, der die fällige Rückzahlung durchsetzen will, mit Gewalt abwehrt.

3. Konstellationen ohne Sicherungscharakter

Die folgenden Fälle haben dagegen keinen eigentlichen Sicherungs- **57** charakter, weil selbst dann, wenn man Täuschungsabsichten von Anfang an unterstellt, die Vortat als Eingehungsbetrug (→ § 13 Rn. 209 ff.) den erzwungenen Verzicht auf die (später fällige) Forderung nur vorbereitet und es nichts Erlangtes zu verteidigen gibt. Hier kann – muss aber keineswegs – das spätere Verhalten einen selbstständigen Vermögensschaden herbeiführen (eventuell mit einem Eingehungsbetrug als mitbestrafter Vortat).

So erfolgt im **Fall 2** (siehe schon → Rn. 19) die Bereicherung der S bereits **58** durch die Zimmerbenutzung. Wenn man diesen Fall dahingehend abwandelt, dass S nichts Pfändbares bei sich führt und mit Personengewalt ihren Abzug aus dem Hotel erzwingt, um der fälligen Zahlung zu entgehen, entfällt § 255. Denn der Abzug schmälert die Rechnungsforderung in ihrem Wert deshalb nicht, weil S namentlich bekannt ist und das Selbsthilferecht keine weiteren Befugnisse einräumt (vgl. §§ 229, 230 BGB; *Rengier*, AT, § 21 Rn. 9 f., 16 ff.; *Kühl*, AT, § 7 Rn. 62, § 9 Rn. 3 ff.). Anders liegen Konstellationen, in denen ein zahlungsunwilliger unbekannter Fahrgast mit qualifizierten Nötigungsmitteln seine Flucht erzwingt und so verhindert, dass der Fahrpreisanspruch durchgesetzt werden kann (vgl. *BGH* StV 2013, 445). In den typischen Taxifällen (**Fall 3**) wird die Fahrpreisforderung nach der abgenötigten Flucht zumindest wertloser, weil der Schuldner durch die Nötigung auch seine – vom Selbsthilferecht gedeckte – namentliche Feststellung vereitelt und dadurch den Gläubiger schädigt (BGHSt 25, 224). Folgerichtig ist bei einem namentlich bekannten, nötigenden Fahrgast § 255 zu verneinen (*BGH* StV 1984, 377). Ebenso erleidet keinen weiteren Vermögensschaden, wer zum Verzicht auf die Geltendmachung einer nicht werthaltigen, d. h. einer wertlosen, weil gänzlich uneinbringlichen Forderung gezwungen wird (*BGH* NStZ 2007, 95, 96; NStZ-RR 2021, 281, 282; a. A. *Grabow*, NStZ 2010, 371 ff.).

BGH MDR/H 1988, 452 verneint einen nötigungsbedingten Schaden in einem Fall, in dem sich ein Diskothekenbesucher D durch Verzehr bereichert hat, danach aber die Forderung nicht bezahlen will und mit Nötigungsmitteln seinen ungehinderten Abzug erzwingt. Die Entscheidung stimmt auf jeden Fall dann, wenn – parallel zu BGHSt 32, 88 oder *BGH* StV 1984, 377 – die Personalien des D bekannt waren oder bei ihm aus wirtschaftlicher Sicht nichts zu holen war. Die Entscheidung stimmt ferner, wenn D bezüglich des Verzehrs § 263 erfüllt hat, weil es mit Blick auf die in → Rn. 56a erörterten Konstellationen keinen Unterschied ausmacht, ob die betrügerisch erlangte Sache noch vorhanden ist oder nicht.

VIII. Subjektiver Tatbestand

59   Neben dem Vorsatz (§ 15) erfordert der subjektive Tatbestand die Absicht, sich oder einen Dritten – zu Unrecht (→ Rn. 61 ff.) – zu bereichern. Diese Absicht deckt sich inhaltlich voll mit der Absicht des § 263 (BGHSt 48, 322, 325; *BGH* wistra 1999, 378; → § 13 Rn. 301 ff.). Hier nur folgende

60   **Beispiele:** (1) Hat es der Täter beim erpresserischen **Erlangen von Behältnissen** auf den Inhalt abgesehen und erweist sich das Behältnis wider Erwarten als leer, so liegt – entsprechend → § 2 Rn. 171; → § 7 Rn. 14 – in der Regel nur eine versuchte Erpressung vor (*BGH* GA 1983, 411; 1989, 171). Denn um den eingetretenen Schaden (Verlust des Behältnisses) will sich hier der Täter typischerweise nicht (stoffgleich) bereichern.

(2) Die abgenötigte **„Inpfandnahme"** eines Pkw (zum Besitzverlust als Vermögensschaden → § 13 Rn. 274 f.), um ausschließlich vorübergehend ein Druckmittel zur Durchsetzung einer Geldforderung in der Hand zu haben, erfolgt nicht in Bereicherungsabsicht, weil es dem Täter auf die wirtschaftlich wertvolle Benutzungsmöglichkeit nicht ankommt (*BGH* NStZ 1988, 216; NStZ-RR 1998, 235, 236; erg. NStZ 2017, 642 f.). Insoweit kommt nur § 240 in Betracht. Zur Zueignungsabsicht bezüglich der §§ 242, 249 siehe → § 2 Rn. 183 ff.

(3) Ebenfalls keinen mit dem Besitzwechsel verbundenen wirtschaftlichen Wert erstrebt ein Täter, der mit den Mitteln der §§ 253, 255 die Übergabe von Sachen erpresst, die er vernichten oder nicht in wirtschaftlich messbarer Weise gebrauchen will (*BGH* NStZ 2011, 699, 701; 2020, 542, 543; NStZ-RR 2015, 371 f.; erg. → § 2 Rn. 138 f.).

(4) Keine Bereicherungsabsicht hat auch, wer die Herausgabe eines Mobiltelefons allein mit dem Ziel erzwingt, das Opfer hilflos(er) zu machen oder ihm einen Denkzettel zu verpassen (*BGH* NStZ 2020, 542, 543).

IX. Rechtswidrigkeit der erstrebten Bereicherung

61   Es wird leicht übersehen, dass – wie bei § 242 (→ § 2 Rn. 190), § 249 (→ § 7 Rn. 39) und vor allem dem parallel strukturierten § 263 (→ § 13 Rn. 336) – auch bei den §§ 253, 255 die Rechtswidrigkeit der erstrebten Bereicherung („zu Unrecht") ein objektives Tatbestandsmerkmal darstellt, das nicht mit der allgemeinen Rechtswidrigkeit der Tat verwechselt werden darf (zum Aufbau → Rn. 4). Wer also gegenüber seinem Schuldner die Erfüllung eines nach der objektiven Rechtslage fälligen und einredefreien Anspruchs mit (qualifizierten) Nötigungsmitteln und möglicherweise sogar brutalen Methoden durchsetzt, begeht keine (räuberische) Erpressung, sondern nur eine Nötigung, die natürlich mit der Verwirklichung weiterer Delikte (z. B. §§ 223, 224) verbunden sein kann. Geht es um Geld, so muss beachtet werden, dass wie bei § 263 (→ § 13 Rn. 336) der Gattungsschuldcharakter keine Rolle spielt, da die Konkretisierung in den Händen des Erpressten liegt. All dies gilt gleichermaßen für einen Dieb, der sich auf § 861 I BGB berufen kann, wenn er selbst Opfer eines Diebstahls wird und die Rückgabe der entwendeten Beute mit Drohungen oder Gewalt erzwingt (*BGH* NStZ-RR 2008, 76). In den Fällen der fremdnützigen Bereicherung kommt es darauf an, ob dem Dritten der Anspruch zusteht.

In subjektiver Hinsicht muss sich der (zumindest Eventual-)Vorsatz auf die Rechtswidrigkeit erstrecken. Wer irrtümlich von einem existenten Anspruch ausgeht, unterliegt auch bei rechtlich falscher Beurteilung des Sachverhalts einem vorsatzausschließenden Tatbestandsirrtum (§ 16 I 1), der ebenfalls nur zur Bestrafung aus § 240 führt (BGHSt 48, 322, 328f.; *BGH* NStZ 2002, 481, 482; 2017, 465, 466f.; NStZ-RR 1998, 235, 236; 1999, 6). **62**

Beispiele: Ein Betäubungsmittelhändler H, der, wie von Anfang an geplant, einem Kunden K nach Zahlung des Kaufpreises Schokolade statt Haschisch liefert, erfüllt nach h. M. § 263 (→ § 13 Rn. 165 ff.). Daraus ergibt sich ein aus den §§ 823 II BGB i. V. m. 263 StGB sowie 826 BGB folgender Schadensersatzanspruch des K, auf den nach h. M. die Ausnahmevorschrift des § 817 S. 2 BGB keine Anwendung findet. Setzt K seinen Zahlungsanspruch gegen H mit (qualifizierten) Nötigungsmitteln durch, so erfüllt er mangels Rechtswidrigkeit der erstrebten Bereicherung nicht die §§ 253 I, (255), sondern nur § 240 I. **63**

Anders liegt es in dem umgekehrten Fall. Hier verschafft sich H den vereinbarten Kaufpreis mit Nötigungsmitteln, nachdem ihn K über seine Zahlungsfähigkeit getäuscht und dadurch die Lieferung von Betäubungsmitteln erschlichen hat, ohne sie zu bezahlen. Einen Kaufpreisanspruch (§ 433 II BGB) hat H wegen der Nichtigkeit des Kaufvertrags nicht erworben (§ 134 BGB). Nach Verbrauch des Rauschgifts denkbare Bereicherungsansprüche scheiden ebenfalls aus (§§ 812 I 1 Var. 1, 818 II, 817 S. 2 BGB). Ob K § 263 erfüllt, ist umstritten (vgl. → § 13 Rn. 159 ff.). BGHSt 48, 322, 326 ff. lässt dies und die Frage eines Schadensersatzanspruchs nach § 823 II BGB i. V. m. § 263 offen. Jedenfalls soll dem Schadensersatzanspruch und sonstigen Zahlungsansprüchen der Einwand unzulässiger Rechtsausübung entgegenstehen (§ 242 BGB): Da unter dem Aspekt der Naturalrestitution (§ 249 I BGB) ein auf Rückgabe des Rauschgifts gerichtetes Verlangen auf die Herstellung eines strafrechtlich verbotenen Erfolges abziele (§ 29 I 1 Nr. 3 BtMG), sei es rechtsmissbräuchlich; für Geldersatzansprüche (§ 251 I BGB) könne dann nichts anderes gelten. Von daher erstrebt H einen objektiv rechtswidrigen Vermögensvorteil, so **64** dass seine Strafbarkeit gemäß § 253 I bzw. § 255 allenfalls noch wegen eines (fernliegenden) Tatbestandsirrtums über das Rechtswidrigkeitsmerkmal entfallen kann.

Zu beiden Konstellationen, auch zu den zivilrechtlichen Problemen und den Irrtumsfragen, siehe insbesondere BGHSt 48, 322 mit Anm. *Kühl*, NStZ 2004, 387; ferner *BGH* NJW 2002, 2117; NStZ 2008, 626; *Fischer*, § 253 Rn. 14 ff., § 263 Rn. 105, 108 f.; W/H/S/*Schuhr*, BT 2, Rn. 760; erg. → § 13 Rn. 165 ff. Falllösung zur zweiten Konstellation bei *Käßner/Seibert*, JuS 2006, 812 f.

64a   Geht der Täter irrtümlich von einem nicht existenten Anspruch aus und setzt er den vermeintlich rechtswidrigen Anspruch mit Erpressungsmitteln durch, so gelangt man in den Grenzbereich zwischen untauglichem Versuch und Wahndelikt. Die h. M. bejaht hier im Sinne eines „umgekehrten" Tatbestandsirrtums zutreffend das Vorliegen eines untauglichen Versuchs der §§ 253, (255), 22 (*BGH* NStZ 2008, 214; NJW 2021, 1966, 1967; entsprechend → § 13 Rn. 340).

65   Vom juristisch-ökonomischen Vermögensbegriff her (→ § 13 Rn. 150 ff.) ist es genauer, in den genannten Konstellationen rechtmäßiger Bereicherung schon den Vermögensschaden bzw. in Irrtumsfällen den Schädigungsvorsatz zu verneinen, weil nach rechtlichen Maßstäben der Vermögensbestandteil dem Opfer – objektiv bzw. aus der Sicht des Täters – nicht zusteht (*Schünemann*, JA 1980, 489; *Geilen*, Jura 1980, 49; *Küper/Zopfs*, BT, Rn. 664; vgl. ferner SK/*Sinn*, § 253 Rn. 21; erg. → § 13 Rn. 338 f.).

X. Verwerflichkeitsklausel (§ 253 II)

66   Die Verwerflichkeitsklausel der einfachen Erpressung (§ 253 II) entspricht § 240 II (siehe *Rengier*, BT II, § 23 Rn. 57 ff.). Angesichts des rechtswidrigen Zwecks, den die Bereicherungsabsicht tatbestandlich voraussetzt, wird die Verwerflichkeit einer Erpressung nur selten zu verneinen sein. Daher genügt in der Fallbearbeitung normalerweise ein kurzer Satz.

Bei Drohungen mit einem erlaubten Übel – auch soweit es um angedrohte Unterlassungen geht (→ Rn. 9 f.) – kann ein bestehender innerer Zusammenhang mit der erstrebten Bereicherung die Verwerflichkeit entfallen lassen.

67   **Beispiele** für *fehlende* Verwerflichkeit: Der Verletzte droht mit Strafanzeige oder ihrer Nichtrücknahme, falls nicht eine angemessene „Geldbuße" an eine

Wohlfahrtseinrichtung gezahlt werde; Drohung mit Kündigung, um mehr Arbeitslohn zu erhalten; Drohung mit Abbruch der Geschäftsbeziehung, um Preisnachlässe zu erhalten (hierzu LK/*Vogel*, 12. Aufl. § 253 Rn. 39; *Schünemann*, JA 1980, 489). – **Beispiele** für *gegebene* Verwerflichkeit: Drohung mit der Weitergabe geschäftsschädigender Kontobelege an Behörden, wenn die betroffene Bank nicht Zug um Zug gegen Rückgabe der Belege einen hohen Geldbetrag zahle (*BGH* NStZ-RR 2011, 143, 144 mit Bspr. *Satzger*, JK 2/10, StGB § 253/14). Ein Kaufhausdetektiv stellt in Aussicht, einen ertappten Ladendieb nicht anzuzeigen, falls dieser ihm einen bestimmten Geldbetrag zahle (*OLG Karlsruhe* NJW 2004, 3724).

XI. Schwere räuberische Erpressung

Wie schon in → Rn. 1 erwähnt, ist der Fall des § 255 i. V. m. § 250 **68** entsprechend den Ausführungen in → § 8 auszufüllen. Doch verdienen bei der Erpressung insbesondere die Fragen des Beisichführens ergänzende Bemerkungen. Diese Fragen hängen mit der möglichen Dauer der Tatbestandsverwirklichung und einer etwaigen räumlichen Trennung der Beteiligten während der Tatausführung zusammen.

Beisichführen bedeutet: Dem Täter muss – vom Vorsatz umfasst – **69** die Waffe/das Werkzeug (räumlich) griffbereit und (zeitlich) zumindest vorübergehend während der Tatausführung, d. h. im Stadium zwischen Versuchsbeginn und Vollendung (nach umstrittener Ansicht auch Beendigung), zur Verfügung stehen (→ § 4 Rn. 43 ff.).

Beispiele: (1) Auf dem Boden der hier vertretenen konkret-subjektiven Betrachtungsweise (→ § 4 Rn. 32 ff.) ist § 250 I Nr. 1a Var. 2, II Nr. 1 Var. 2 erfüllt, **70** wenn der Täter vergiftete Lebensmittel in Verkaufsregale stellt, um Erpressungsforderungen Nachdruck zu verleihen. Die Rechtsprechung würde jedenfalls § 250 II Nr. 1 Var. 2 bejahen (vgl. → § 8 Rn. 19 ff.). Zumindest liegt § 250 I Nr. 1b vor.

(2) Ferner verwirklicht § 250 I Nr. 1a Var. 2, II Nr. 1 Var. 2, wer bei einer räuberischen Erpressung spontan ein herumliegendes Messer ergreift und verwendet (*BGH* NStZ 1999, 618, 619), auf dem Boden abstrakt-objektiver Betrachtungsweisen allerdings nur, soweit dem Messer Waffenersatzfunktion zukommt (vgl. → § 4 Rn. 20 ff.).

(3) Schließlich greift § 250 I Nr. 1a Var. 1 bei einem Täter ein, der während eines Telefonats mit dem Erpressungsopfer und/oder beim Warten auf den Geldüberbringer eine geladene Schusswaffe mitführt (vgl. *BGH* NStZ 1984, 216; a. A. bezüglich des Telefonats allerdings *Zaczyk*, NStZ 1984, 217 und *Eisele*, BT II, Rn. 807 mit der Begründung, dass dabei die Gefahr für das Opfer – aber für Dritte? – nicht real werden könne).

71   Demgegenüber reicht die allgemeine Möglichkeit, über bestimmte, z. B. in der eigenen Wohnung befindliche, Waffen und gefährliche Werkzeuge verfügen zu können, nicht aus, um die Griff- und Verfügungsbereitschaft eines Täters des § 255 zu begründen.

72   Ebenso entfällt § 250, sofern der Täter zwar in einem weiteren Zusammenhang mit der Erpressungstat, aber nicht gerade im Stadium der Tatausführung, sondern lediglich vor Versuchsbeginn die Waffe usw. bei sich führt (*BGH* NStZ 2018, 148).

Beispiel: Um anschließend Angehörige zu erpressen, bedroht T den O mit einer geladenen Schusswaffe und sperrt ihn in einen Käfig in einer einsam gelegenen Hütte ein. Die Schusswaffe lässt er, für O unerreichbar, neben dem Käfig liegen. T stellt O reichlich Nahrung zur Verfügung und verlässt ihn dann. Nach drei Tagen ruft er von seiner Stadtwohnung aus die Angehörigen an und verrät ihnen das Versteck, nachdem sie 100.000 € Lösegeld bezahlt haben. T selbst kehrt nicht mehr zur Hütte zurück.

Es ginge zu weit, bereits in dem Einsperren in den Käfig den Beginn des Erpressungsversuchs zu erblicken; zum Versuchstatbestand gehört auch das unmittelbare Ansetzen zum Angriff auf das Vermögen (vgl. *BGH* NJW 1992, 2581, 2582; *Küper,* JZ 1992, 347). Beim späteren Telefonat indes steht dem T die Schusswaffe räumlich nicht mehr zur Verfügung. Folglich entfällt insoweit § 250 I Nr. 1a Var. 1 Zu bejahen wäre die Qualifikation nur, falls T nach dem Anruf und vor der Zahlung noch einmal O aufsuchen würde. Zu den §§ 239a, 239b, deren Prüfung nicht vergessen werden darf, siehe *Rengier,* BT II, § 24 (im Wesentlichen entsprechend dem dortigen Fall 1a).

73   Die Ausführungen zum (umstrittenen) Teilrücktritt von der Qualifikation (→ § 4 Rn. 77 ff.; → § 8 Rn. 38) gelten ebenfalls im Rahmen des § 255 i. V. m. § 250. Ein ergänzendes

Beispiel (*BGH* NStZ 1984, 216): Der Täter gibt lediglich das qualifizierende Beisichführen einer Schusswaffe im Verlaufe einer (noch) versuchten räuberischen Erpressung auf. – Der *BGH* erkennt den Teilrücktritt auch dann nicht an, wenn das Grunddelikt im Versuchsstadium steckenbleibt und bestraft gemäß den §§ 255, 250 I Nr. 1a Var. 1, (22). Nach der zutreffenden Gegenmeinung wird nur eine (versuchte) *einfache* räuberische Erpressung begangen (*Roxin,* AT II, § 30 Rn. 295 ff.).

XII. Konkurrenzen

1. Konkurrenz mit § 263

Da für den Drohungsbegriff die vorgetäuschte Ernstlichkeit genügt 74
(→ § 7 Rn. 18; *Rengier*, BT II, § 23 Rn. 39), stellt sich verhältnismäßig
oft die Frage nach dem Konkurrenzverhältnis mit § 263. Es muss wie
folgt unterschieden werden (hierzu auch W/H/S/*Schuhr*, BT 2,
Rn. 764 f.; K/H/H/*Hellmann*, BT 2, Rn. 510 ff.; K/*Böse*, BT II, § 17
Rn. 66):

Dient die Täuschung nur dazu, die Drohung zu ermöglichen, so 75
hat die Täuschung keinen selbstständigen Unrechtsgehalt; richtigerweise ist zwar § 263 tatbestandlich erfüllt, tritt aber im Wege der Gesetzeskonkurrenz zurück.

Beispiele: (1) Der Abgeordnete A zahlt dem Fotografen F ein Schweigegeld
von 10.000 €, nachdem F andernfalls mit der Veröffentlichung von bloßstel-
lenden – in Wirklichkeit nicht gemachten – Aufnahmen gedroht hat. – (2) E
hat das Kind K entführt, um von den Eltern ein Lösegeld zu erpressen. Bevor
E in Aktion tritt, gibt sich T den Eltern gegenüber als Entführer aus und kassiert ein Lösegeld.

Enthält dagegen die Täuschung einen selbstständigen Unwert, ist 76
sie also nicht nur Bestandteil der Drohung, besteht Idealkonkurrenz.

Beispiele: (1) F hat tatsächlich bloßstellende Aufnahmen gemacht. Wieder
verlangt und erhält er von A ein Schweigegeld von 10.000 €, hat aber von Anfang an vor, auf jeden Fall die Bilder zu veröffentlichen. – (2) Der wirkliche
Entführer E erhält von den Eltern ein Lösegeld, nachdem er, ohne dies wirklich vorzuhaben, versprochen hat, das Kind freizulassen.

2. Weitere Konkurrenzfragen

Wechselt der Täter bezüglich desselben Gegenstandes von einer 77
versuchten räuberischen Erpressung zum Raub oder umgekehrt
vom versuchten Raub zur räuberischen Erpressung, so wird der Versuch (z. B. §§ 255, 22) durch das vollendete Delikt (z. B. § 249) mit
abgegolten (*BGH* StV 1982, 114; 4 StR 554/03). Erlangt der Täter
aber verschiedene Gegenstände sowohl durch Raub als auch durch
räuberische Erpressung, so muss – bei einem einheitlichen Geschehen
– Tateinheit angenommen werden (*BGH* NStZ 1993, 77 f.; 2011, 519,
520; NStZ-RR 2011, 80).

XIII. Sonstiges

78   Auch bei der Erpressung kann es – wie beim Diebstahl und Raub – ein Stadium zwischen Vollendung und Beendigung geben (vgl. BGHSt 22, 227; *BGH* NStZ-RR 2002, 334), in dem sich die schon andernorts erörterten Fragen stellen, ob die Qualifikationen der §§ 250, 251 noch im Beendigungsstadium verwirklicht werden können, bzw. inwieweit sukzessive Mittäterschaft und Beihilfe anzuerkennen sind (→ § 2 Rn. 197). Mittäterschaftliches Handeln setzt bei jedem Mittäter die Feststellung einer (Dritt-) Bereicherungsabsicht voraus (entsprechend → § 2 Rn. 198 ff.).

79   Erpressungen gehen oft mit Geiselnahmen einher, insbesondere seitdem die §§ 239a, 239b nach ihrem Wortlaut auch Zwei-Personen-Verhältnisse erfassen (zu den damit verbundenen Problemen *Rengier,* BT II, § 24 Rn. 16 ff., 31 f.).

Empfehlungen zur vertiefenden Lektüre:
Rechtsprechung: BGHSt 7, 252 (Abgrenzung von § 249 und § 255); BGHSt 14, 386 (Gebrauchsanmaßung mit vis absoluta); BGHSt 25, 224 (Vereitelung der Durchsetzung einer Forderung mit vis absoluta); BGHSt 26, 346 (Vermögensschaden bei Rückgabe der Beute gegen Lösegeld); BGHSt 32, 88 (erzwungenes Verlassen des Hotels ohne Bezahlung); BGHSt 34, 394 (Vermögensschaden durch erzwungene Hingabe eines Schuldscheins); BGHSt 41, 123 (Dreieckserpressung); *BGH* NJW 1984, 501 (Sicherung eines durch Betrug erlangten Vermögensvorteils mit Nötigungsmitteln); *BGH* NStZ 2010, 215 (Handeln unter dem Druck des Nötigungsmittels); *OLG Celle* NStZ 2012, 447 (gewaltsame Erlangung von Tageseinnahmen mit Einverständnis der Kassenverwalterin).
Literatur: *Brand,* Die Abgrenzung von Raub und räuberischer Erpressung am Beispiel der Forderungserpressung, JuS 2009, 899 ff.; *Geilen* (wie zu → § 7), Jura 1980, 46 ff.; *Geppert/Kubitza,* Zur Abgrenzung von Raub (§ 249 StGB) und räuberischer Erpressung (§§ 253 und 255 StGB), Jura 1985, 276 ff.; *Hecker,* Die Strafbarkeit des Ablistens oder Abnötigens der persönlichen Geheimnummer, JA 1998, 300 ff.; *Joerden,* „Mieterrücken" im Hotel – BGHSt 32, 88, JuS 1985, 20 ff.; *Kudlich/Aksoy* (wie zu → § 7), JA 2014, 81 ff.; *Rengier,* Die „harmonische" Abgrenzung des Raubes von der räuberischen Erpressung entsprechend dem Verhältnis von Diebstahl und Betrug, JuS 1981, 654 ff.; *Schünemann* (wie zu → § 7), JA 1980, 486 ff.; *Schladitz,* Die verschiedenen Problemdimensionen der „Abgrenzung von Raub und (räuberischer) Erpressung", JA 2022, 89 ff.; *Trunk,* Der Vermögensschaden nach § 253 StGB beim Rückverkauf des gestohlenen Gutes an den Eigentümer – BGHSt 26, 346, JuS 1985, 944 ff.

§ 12. Räuberischer Angriff auf Kraftfahrer (§ 316a)

Fall 1: T versucht, von M eine, wie er weiß, nicht bestehende „Forderung" in Höhe von 250 € „einzutreiben". Da M nicht zahlt, schleppt T ihn mit Hilfe des X in einen Pkw, um M in eine fremde Umgebung zu fahren und aus Angst um sein körperliches Wohl spätestens dort zur Zahlung zu bewegen. Während X das Fahrzeug steuert, schlägt T mit Billigung des X dem M mit der Faust ins Gesicht, um seine Forderung weiter zu verstärken. Als X den Pkw in einer unbewohnten Gegend anhält und zusammen mit T den M aus dem Auto zieht, kann dieser fliehen. Strafbarkeit des T? → Rn. 40

Fall 2: In einer Gaststätte bemerkt K, dass S über einen größeren Geldbetrag verfügt. K und R beschließen, den angetrunkenen S unter dem Vorwand, ihn nach Hause fahren zu wollen, an einen entlegenen Ort zu verbringen, um ihm dort das Bargeld unter Anwendung von Gewalt wegzunehmen und die Beute zu teilen. Im Fahrzeug betätigt K im Benehmen mit R die Kindersicherung, um S am Aussteigen zu hindern. S bemerkt dies aber nicht und glaubt, nach Hause gefahren zu werden. In Wirklichkeit lenkt R den Pkw an eine einsame Stelle. Dort angekommen lässt K den S aussteigen, der nunmehr von K und R zusammengeschlagen wird. Sie nehmen S etwa 300 € ab. → Rn. 41

Fall 3: A veranlasst den Motorrollerfahrer X zum Anhalten, indem er einen Verkehrsunfall vorspiegelt. Dabei hat er die Absicht, den X anschließend mit einer Schusswaffe zu bedrohen und zur Herausgabe des Bargeldes zu zwingen. Als A den X bedroht, kommen ihm Bedenken, und er gibt sein Vorhaben auf. → Rn. 42

I. Grundlagen

An § 316a, der wegen seines Standorts gerne übersehen wird, muss 1 man immer denken, wenn im Zusammenhang mit dem Führen eines Kraftfahrzeugs die §§ 249, 252, 255 zur Debatte stehen. Der Tatbestand will Führer und Mitfahrer von Kfz davor schützen, gerade wegen ihrer Teilnahme am Straßenverkehr und einer damit verbundenen erhöhten Schutzlosigkeit leichter Opfer von räuberischen Angriffen zu werden (BGHSt 49, 8, 14). Die Vorschrift regelt nicht allein einen tatbestandlich vorgezogenen – Eigentum und Vermögen schützenden – Fall des Raubes usw.; vielmehr sprechen sowohl die systematische Stellung als auch die hohe Strafdrohung dafür, dass § 316a ebenso den Schutz der Sicherheit und Funktionsfähigkeit des Straßenverkehrs bezweckt.

Zutreffend BGHSt 49, 8, 11; Sch/Sch/*Hecker*, § 316a Rn. 1; *Lackner/Kühl*, § 316a Rn. 1; h. M.; a. A. *Jesse*, JZ 2008, 1085 ff.; SK/*Wolters*, § 316a Rn. 2

2   **Beachte:** Der *BGH* hat Ende 2003 eine schon wegen der hohen Mindeststrafe gebotene neue restriktive Interpretation des § 316a eingeleitet, die einige Streitpunkte beseitigt hat und dem Tatbestand Konturen verleiht (BGHSt 49, 8; 50, 169; 52, 44; *BGH* NJW 2015, 2131; NStZ 2016, 607; 2018, 469). Die Neuorientierung der Rechtsprechung hat zu Recht viel Zustimmung erfahren und liegt auch den folgenden Ausführungen zugrunde. Viele ältere Entscheidungen und Stellungnahmen sind damit überholt.

II. Tatbestand

1. Aufbaufragen

3   Der objektive Tatbestand setzt nach § 316a I voraus, dass der Täter (erstens) einen bestimmten Angriff verübt, den er (zweitens) gegen den Führer eines Kfz oder einen Mitfahrer richtet und (drittens) unter Ausnutzung der besonderen Verhältnisse des Straßenverkehrs begeht. Der subjektive Tatbestand verlangt den üblichen Vorsatz und darüber hinaus die Absicht, eine Tat gemäß § 249, § 252 oder § 255 zu begehen.

4   In der **Fallbearbeitung** sind die Bezugstaten – §§ 249, (22), 252, (22), 255, (22) – grundsätzlich vor § 316a zu prüfen, um unerwünschte Inzidentprüfungen zu vermeiden und die Absichtsprüfung zu entlasten. Es ergibt sich folgendes

---

Aufbauschema (§ 316a)

I. Tatbestandsmäßigkeit
   1. Objektiver Tatbestand
      a) Verüben eines Angriffs auf Leib, Leben oder Entschlussfreiheit
      b) des Führers eines Kfz oder eines Mitfahrers
      c) unter Ausnutzung der besonderen Verhältnisse des Straßenverkehrs
   2. Subjektiver Tatbestand
      a) Vorsatz
      b) Absicht, eine – mit allen Merkmalen vom Vorsatz erfasste – Tat gemäß § 249, § 252 oder § 255 zu begehen
II. Rechtswidrigkeit
III. Schuld

Im Falle eines tödlichen Verlaufs ist die Erfolgsqualifikation des § 316a III zu beachten.

---

2. Verüben eines Angriffs auf Leib, Leben oder Entschlussfreiheit

a) Angriff. Unter einem Angriff versteht man jede feindselige 5
Handlung, die sich gegen eines der genannten Rechtsgüter richtet.
Ein Verletzungserfolg muss nicht eintreten.

b) Angriff auf Leib oder Leben. Der Angriff auf „Leib oder Le- 6
ben" setzt eine unmittelbar auf den Körper zielende Einwirkung voraus, bei der die Gefahr einer nicht nur unerheblichen Körperverletzung oder einer Tötung besteht.

Typische Fälle stellen tätliche Angriffe jeder Art dar, die auf Personen in ei- 7
nem **fahrenden** Kfz stattfinden, ob nun etwa ein Fahrgast einen Taxifahrer
oder ein Fahrer oder anderer Insasse einen Mitfahrer überfällt. Dabei kann
die auf die Begehung des § 249 usw. gerichtete Absicht (→ Rn. 37) auch erst
während der Fahrt gefasst werden, muss freilich spätestens mit der Verübung
des Angriffs vorliegen.

c) Angriff auf die Entschlussfreiheit. Der *BGH* spricht sich zu 8
Recht dafür aus, für einen Angriff auf die Entschlussfreiheit List
und bloße Täuschungen nicht genügen zu lassen, wenn sich deren
Wirkungen darin erschöpfen, die deliktische Absicht des Täters zu
verschleiern. In solchen Fällen empfindet nämlich der Adressat seine
Willensbildung bzw. Willensbetätigung noch als frei. In die Entschlussfreiheit greift der Täter erst ein, wenn er nötigungsgleiche,
d. h. zumindest faktisch nötigende Mittel einsetzt *und* das Opfer den
objektiven Nötigungscharakter der Handlung wahrnimmt; die feind-
liche Willensrichtung des Täters muss das Opfer nicht erkennen
(BGHSt 49, 8, 12f.; *BGH* NJW 2015, 1231, 2132; Sch/Sch/*Hecker*,
§ 316a Rn. 5).

Beachte: Das erforderliche Nötigungselement darf nicht dahingehend missverstanden werden, als ob eine Nötigung im Sinne des § 240 vorliegen müsste
(vgl. unten → Rn. 11).

Tatbestandsmäßig sind insoweit insbesondere die klassischen Fälle 9
der **Autofalle**, in denen der Täter einen Autofahrer durch Barrikaden
zum Anhalten oder Ausweichen veranlasst, um ihn anschließend auszurauben. Denn in dem erzeugten Anhalte- bzw. Ausweichzwang
liegt ein Angriff auf die Entschlussfreiheit des – fahrenden – Führers
(→ Rn. 17ff.), ein Angriff, der auch die leichtere Angreifbarkeit des
Opfers im fließenden Straßenverkehr ausnutzt (näher → Rn. 26ff.).

Demgegenüber hat ein schlicht täuschendes Verhalten des zu einem 10
Überfall entschlossenen Täters wie das Gerieren als Anhalter oder

das Vortäuschen einer – keine Hilfeleistungspflicht nach § 323c I aus-lösenden – Autopanne aus der Sicht des Opfers keinen Nötigungs-charakter und berührt dessen Entschlussfreiheit im Sinne des § 316a I nicht (*BGH* NJW 2015, 2131, 2132). Zu beachten bleibt na-türlich, dass ein so täuschender Täter im weiteren Verlauf des Ge-schehens einen anderen Angriff verüben kann, der den Voraussetzun-gen des Tatbestandes genügt.

11   Von einem schlicht täuschenden Verhalten sind solche Täuschungs-manöver zu unterscheiden, die dem Autofahrer das Bestehen insbe-sondere einer rechtlichen – typischerweise aus der StVO oder aus § 323c I folgenden – Pflicht vortäuschen und den Namen **psychische Autofalle** verdienen (vgl. *Wolters,* GA 2002, 316). Man denke an das Aufstellen falscher Halteschilder, das Vortäuschen eines Unglücks-falls im Sinne des § 323c I und an vorgetäuschte Polizeikontrollen. Die Anwendung derartiger Mittel hat Nötigungscharakter; denn sie schließt eine freie Willensbildung aus und greift somit in die Ent-schlussfreiheit eines Kraftfahrers ein, der, weil er sich dazu gezwun-gen sieht, aufgrund einer solchen Täuschung anhält.

Im Fall *BGH* NJW 2015, 2131 haben Täter kurz vor einem Rastplatz von der mittleren Fahrspur der Autobahn aus durch Hupen und Handzeichen ei-nem Lkw-Fahrer F zu verstehen gegeben, er solle rechts herausfahren. Wie beabsichtigt geht F von einer Polizeistreife in Zivil aus, fährt heraus, hält an und stellt den Motor ab. Jetzt bedrohen die Täter F mit einer ungeladenen Pis-tole, fesseln ihn und fahren den Lkw an einen Ort, wo sie wie von Anfang an geplant Ladegut im Wert von 450.000 € in ein anderes Fahrzeug umladen. – Mit Blick auf § 316a I ergibt die Prüfung des Angriffs auf dem Rastplatz, dass F zu diesem Zeitpunkt nicht mehr Führer des Lkw ist (→ Rn. 17 ff.). Auf der Autobahn aber haben die Täter durch das Vorspiegeln einer verpflich-tenden polizeilichen Weisung mit nötigungsgleicher Wirkung – unter Ausnut-zung der besonderen Verhältnisse des Straßenverkehrs (→ Rn. 26 ff.) – auf die Entschlussfreiheit des F eingewirkt, der dem vermeintlichen Anhaltebefehl pflichtgemäß Folge leistet. Da sie dabei in der Absicht zur Begehung der §§ 249, 250 I Nr. 1b gehandelt haben, erfüllen sie § 316a I.

BGH NJW 2015, 2131, 2132; zust. *Jäger,* JA 2015, 236; *Krüger,* NZV 2015, 454; *Theile,* ZJS 2016, 109 ff.; *Sowada,* StV 2016, 292 ff.; ferner Sch/Sch/*He-cker,* § 316a Rn. 5; Falllösungen bei *Ibold,* JA 2016, 505 ff.; *Mitsch,* JuS 2020, 152 f.; abl. *Schiemann,* JR 2015, 595 ff., die wie *Duttge/Nolden,* JuS 2005, 197 f. den Einsatz von Nötigungsmitteln im Sinne des § 240 verlangt.

12   Für Täuschungsmanöver gegenüber Taxifahrern gelten grundsätz-lich keine Besonderheiten. Die bestehende gesetzliche Beförderungs-pflicht (§ 22 PBefG) übt keinen nötigungsähnlichen Druck auf die Entschlussfreiheit des Taxifahrers aus, der sich in erster Linie von

wirtschaftlichen Interessen leiten lässt (vgl. dazu BGHSt 49, 8, 13 f.; *D./I. Sternberg-Lieben*, JZ 2004, 636; a. A. *Baur*, NZV 2018, 105 f.).

d) Täter. Als Täter kommen sowohl außenstehende Personen als **13** auch Fahrer und Mitfahrer in Betracht. Ferner kann der Angriff auf das geschützte Gut mittelbar durch eine unmittelbar gegen das Fahrzeug gerichtete Aktion erfolgen.

e) Verüben des Angriffs. Der Angriff auf Leib, Leben oder Ent- **14** schlussfreiheit muss **verübt**, d. h. tatsächlich ausgeführt worden sein. Dabei setzt der Tatbestand nicht unbedingt den Eintritt eines Verletzungserfolges voraus (→ Rn. 5). Auf der anderen Seite darf man nicht bereits in der Angriffstätigkeit ein Verüben sehen und damit die versuchte Tat mit der Vollendung gleichsetzen. Dies würde den Intentionen des Gesetzgebers widersprechen, der mit dem 6. StrRG 1998 die Ausgestaltung des § 316a als Unternehmensdelikt im Sinne des § 11 I Nr. 6 beseitigt hat. Richtig ist es, für das vollendete Verüben zumindest eine Einwirkung auf Leib, Leben oder Entschlussfreiheit des Opfers zu verlangen.

Beispiele für verübte Angriffe: Der abgegebene Schuss verfehlt den Mitfah- **15** rer knapp. Der Täter bedroht einen Kfz-Führer mit einer – auch ungeladenen – Schusswaffe. Der Täter veranlasst einen Autofahrer zum Anhalten oder Ausweichen, indem er Barrikaden errichtet. – Zum Versuch → Rn. 42 ff., zu nicht tatbestandsmäßigen Täuschungsmanövern → Rn. 10, 12, 24.
Zum Ganzen LK/*Sowada*, 13. Aufl. § 316a Rn. 14 ff.; Sch/Sch/*Hecker*, § 316a Rn. 3; W/H/S/*Hillenkamp*, BT 2, Rn. 437, 445; *Mitsch,* BT 2, 644 f.; *Geppert*, JK 01, StGB § 316 a/5.

3. Angriff auf den Führer eines Kraftfahrzeugs oder einen Mitfahrer

Der objektive Tatbestand verlangt weiter eine zeitliche Verknüp- **16** fung dergestalt, dass das Tatopfer bei Verüben des Angriffs „Führer" eines Kfz oder „Mitfahrer" ist. Der Angriff muss während des „Führens" oder „Mitfahrens" erfolgen. Bei dem zuvor wenig beachteten Begriff des „Führers" setzt der *BGH* seine restriktive Interpretation an:

Führer eines Kfz ist man, wenn man das Fahrzeug „führt", und **17** das heißt in erster Linie: Man fährt es, nachdem man es in Bewegung gesetzt hat (vgl. *Rengier*, BT II, § 43 Rn. 3). Doch wäre es zu eng, den tatbestandlichen Schutz auf die Phase des Fahrens zu beschränken. Vielmehr müssen aufgrund der gesetzgeberischen Intention

(→ Rn. 1) auch gewisse vor und nach dem Bewegungsvorgang liegende Standphasen einbezogen werden. Daher ist Führer im Sinne
des § 316a, „wer das Kraftfahrzeug in Bewegung zu setzen beginnt,
es in Bewegung hält oder allgemein mit dem Betrieb des Fahrzeugs
und/oder mit der Bewältigung von Verkehrsvorgängen beschäftigt
ist" (BGHSt 49, 8; 50, 169, 171; vgl. auch schon *Wolters*, GA 2002,
308 ff.).

18   Dieser Leitsatz lässt sich wie folgt präzisieren (BGHSt 50, 169,
171):
      (1) In einem **fahrenden** Kraftfahrzeug ist Führer stets derjenige,
der es in Bewegung hält.

19   (2) In einem **haltenden** Kraftfahrzeug kommt es darauf an, ob der
Fahrer (noch) mit dem Betrieb des Fahrzeugs und/oder mit der Bewältigung von Verkehrsvorgängen beschäftigt ist. In der Regel beginnt diese Beanspruchung mit dem Anlassen des Motors und hört
auf, wenn das Fahrzeug steht und der Motor abgestellt ist. Doch ist
noch etwas genauer zu differenzieren:

20   Bei einem **verkehrsbedingten Halt,** etwa an einer Rotlicht zeigen-
den Ampel, an einer geschlossenen Bahnschranke oder in einem Stau,
spielt es für die Führereigenschaft keine Rolle, ob der Fahrer den
Motor weiterlaufen lässt oder vorübergehend ausschaltet oder das
Aus- und Anschalten automatisch geschieht. Denn bei solchen verkehrsbedingten Fahrtunterbrechungen richtet sich die Aufmerksamkeit des Fahrers nach wie vor auf das Verkehrsgeschehen, weil die
Fahrt jederzeit weitergehen kann.

21   Bei einem **nicht verkehrsbedingten Halt** (etwa in einer Parkbucht
oder einer Einfahrt) bleibt der Fahrer solange Führer, wie er sich in
dem Fahrzeug aufhält und der Motor noch läuft. Insoweit zeigt der
laufende Motor an, dass noch ein betrieblicher Vorgang stattfindet.
Anders liegt es, wenn im Stand der Motor lediglich zu Heizungs-
oder Kühlzwecken läuft. Jedenfalls ist ein Taxifahrer, der im Fahrzeug sitzend bei laufendem Motor abrechnet, noch Führer, aber nicht
mehr derjenige, der dies bei abgestelltem Motor tut (vgl. *BGH* 4 StR
592/16 mit Bspr. *Eisele*, JuS 2017, 793 ff.).

22   Aus dem Vorstehenden ergibt sich: Fahrer, die sich **außerhalb** des
Kraftfahrzeugs aufhalten, sei es, dass sie dieses noch nicht bestiegen,
sei es, dass sie es (vorübergehend) verlassen haben, sind keine Führer
im Sinne des § 316a (BGHSt 49, 8, 14). Sie befinden sich gewissermaßen in der Rolle eines „Fußgängers" und insoweit eben nicht bzw.
noch nicht oder nicht mehr in der speziellen Rolle des Kfz-Führers.

Der Begriff des **Mitfahrers** ist insofern an den Begriff des Kfz- 23 Führers gekoppelt, als man Mitfahrer nur sein kann, soweit das Fahrzeug einen Führer hat. Ist dies der Fall, so hat man den Mitfahrerstatus nicht nur als Insasse oder Sozius, sondern auch dann inne, wenn man auf einer Ladefläche mitfährt oder sich außen am Fahrzeug festklammert (Sch/Sch/*Hecker*, § 316a Rn. 10). Kein Mitfahrer ist mehr, wer sich zu Fuß außerhalb des Fahrzeugs bewegt.

Zusammenfassend fallen demnach Führer (und auch Mitfahrer) nur 24 in den Schutzbereich, soweit sie fahren oder bei einem Halt noch mit der Beherrschung des Fahrzeugs und/oder mit der Bewältigung von Verkehrsvorgängen beschäftigt sind. Daraus und aus dem Erfordernis, dass ein Angriff auf die Entschlussfreiheit das Erkennen des Nötigungscharakters voraussetzt (→ Rn. 8 ff.), folgt: Der Tatbestand erfasst all diejenigen – früher umstrittenen und meist im Rahmen des Ausnutzungsmerkmals diskutierten – Konstellationen nicht mehr, in denen der Täter durch Täuschung oder List sein gutgläubiges Opfer an einen bestimmten (einsamen) Ort lockt, wo es nach Abschluss der Fahrt überfallen werden soll. Dabei spielt es keine Rolle, ob zuvor Täter und Opfer im gleichen Fahrzeug gefahren sind oder der Täter etwa einen Taxifahrer oder einen Lieferwagen unter einem Vorwand zum Überfallort gelotst hat. Mit der Ankunft und der Beendigung verkehrsbedingter Vorgänge hört die Führer- bzw. Mitfahrereigenschaft auf.

Soweit es hier dem Täter auf die „Vereinzelung" des Opfers an ei- 25 nem einsamen Ort, auf die Abgelegenheit des Überfallorts oder auf die Beengtheit des Fahrzeugs ankommt, ist diese Isolierung auch nicht Ausdruck einer dem fließenden Straßenverkehr eigentümlichen Gefahrenlage und liegt deshalb ebenfalls im Lichte des Ausnutzungsmerkmals (→ Rn. 26 ff.) außerhalb des Schutzbereichs der Norm. Denn der Angegriffene befindet sich insoweit in keiner anderen Lage als das Opfer eines Raubes, bei dem der Täter günstige Tatumstände ausnutzt (BGHSt 49, 8, 16; *BGH* NStZ-RR 2004, 171, 172; Sch/Sch/*Hecker*, § 316a Rn. 8, 14).

4. Ausnutzung der besonderen Verhältnisse des Straßenverkehrs

Der Täter muss schließlich die besonderen Verhältnisse des Stra- 26 ßenverkehrs ausnutzen, d. h. er muss sich eine Gefahrenlage zunutze machen, die dem fließenden Straßenverkehr eigentümlich ist. Diese Gefahrenlage findet ihren typischen Ausdruck in der Beanspruchung des Fahrers durch das Steuern des Fahrzeugs, d. h. in einer Situation, in der die Konzentration auf die Verkehrslage und Fahrzeugbedienung den Fahrer ablenkt, so dass bei Angriffen eine Gegenwehr erschwert ist und er leichter Opfer eines räuberischen Angriffs werden kann. Typische Gefahren liegen ferner darin, dass sich das Opfer im **fahrenden** Kfz Angriffen kaum entziehen kann, ohne sich selbst oder andere Verkehrsteilnehmer zu gefährden. Deshalb ist bei Überfällen in der Fahrphase die Ausnutzung der besonderen Verhältnisse des Straßenverkehrs in der Regel unproblematisch. – Zu Angriffen auf Insassen eines **haltenden** Kfz → Rn. 19 ff., 32 ff.

27   Mit anderen Worten muss der Führer im Zeitpunkt des Angriffs noch in einer Weise mit der Beherrschung seines Kraftfahrzeugs und/oder mit der Bewältigung von Verkehrsvorgängen beschäftigt sein, dass er gerade deshalb leichter zum Angriffsobjekt eines Überfalls werden kann. Insoweit muss also die Eigenschaft des Tatopfers als Kraftfahrzeugführer für den verübten Angriff mindestens mitursächlich sein. In subjektiver Hinsicht verlangt das Ausnutzen, dass der Täter sich in tatsächlicher Hinsicht der die Abwehrmöglichkeiten des Tatopfers einschränkenden besonderen Verhältnisse des Straßenverkehrs bewusst ist.

Vgl. hierzu BGHSt 49, 8, 16; 50, 169, 172 ff.; 52, 44, 46 f.; *BGH* NStZ 2004, 269; 2016, 607, 608 f.; NStZ-RR 2004, 171, 172; 2006, 185 f.

28   Die Frage stellt sich, welche Bedeutung dem Ausnutzungsmerkmal angesichts der restriktiven Interpretation der Begriffe Kfz-Führer und Mitfahrer (→ Rn. 16 ff.) noch zukommt. Insoweit lässt sich insbesondere im Lichte der Entscheidung BGHSt 50, 169 und der als Leitlinie dienenden Frage, ob dem Führer die Gegenwehr gerade deshalb erschwert ist, weil seine Aufmerksamkeit in erster Linie dem Führen gilt, unter Bezugnahme auf die in → Rn. 18 ff. zur Führereigenschaft behandelten Konstellationen Folgendes festhalten:

29   (1) Bei Angriffen auf den Führer im **fahrenden** Kraftfahrzeug liegt nach Maßgabe der Leitlinie die Bejahung des Ausnutzungsmerkmals in der Regel auf der Hand.

30   (2) Ein Angriff auf das Tatopfer **vor Fahrtbeginn** ist zwar nicht tatbestandsmäßig, doch genügt es, wenn der Angriff aufrechterhalten wird und insoweit während des Führens **fortdauert**. Indes bedarf in derartigen Konstellationen das Ausnutzungsmerkmal besonderer Aufmerksamkeit. Wenn der Täter sein Opfer bereits vor der Fahrt unter seine uneingeschränkte Kontrolle gebracht hat und die dadurch geschaffene Nötigungslage während der nachfolgenden Fahrt ledig-

lich unverändert aufrechterhält, kann sich die Nötigungslage bereits vor dem Fahrtantritt so verfestigt haben, dass die fahrtbedingten eingeschränkten Abwehrmöglichkeiten des Tatopfers für die fortdauernde Angriffshandlung des Täters ohne Bedeutung sind (BGHSt 52, 44, 47).

Beispiele: Ein derartiger Fall liegt vor, wenn der Täter sein Tatopfer in der   31
Wohnung überfällt, es fesselt und in diesem Zustand zu einem Geldautomaten fährt, um es unter Vorhalt einer Waffe zum Abheben von Geld zu zwingen. Nach BGHSt 52, 44, 47 soll in dieser Konstellation das Ausnutzungsmerkmal auch dann zu verneinen sein, wenn das Opfer nach dem Überfall in der Wohnung fortgesetzt mit Waffengewalt bedroht und gezwungen wird, selbst zum Geldautomaten zu fahren (kritisch *Sowada*, HRRS 2008, 139 ff.; *Fischer*, § 316a Rn. 11a; abl. *Eisele*, BT II, Rn. 440; Sch/Sch/*Hecker*, § 316a Rn. 3). – Ergänzend die Falllösung bei *Lang/Sieber*, JA 2014, 913 ff. – Zu **Fall 1** → Rn. 40.

(3) Bezüglich Angriffen anlässlich eines **verkehrsbedingten Halts**   32
nennt der *BGH* als klare Ausnutzungskonstellation den Fall, dass der Führer vor einer roten Ampel mit laufendem Motor hält (BGHSt 50, 169, 171).

Auf andere Tatsituationen des verkehrsbedingten Halts geht die Entscheidung nicht ein. Doch wird man im Lichte der Leitlinie sagen können, dass bei einem Überfall etwa während eines Stopps an einer geschlossenen Bahnschranke das Ausnutzungsmerkmal eher zu verneinen sein wird, vor allem dann, wenn der Führer den Motor abgestellt hat und z. B. Zeitung liest oder in eine Straßenkarte schaut.

(4) Im Sachverhalt von BGHSt 50, 169 (ebenso *BGH* NStZ-RR   33
2006, 185) geht es um Fälle eines **nicht verkehrsbedingten Halts:**
Ein Kfz-Führer hält an und bleibt mit laufendem Motor, angezogener Handbremse und ohne eingelegten Gang stehen, um zu telefonieren, etwas aus dem Handschuhfach zu holen, einen Blick in die Straßenkarte zu werfen oder als Taxifahrer den Fahrpreis zu kassieren. Hier richtet sich die Aufmerksamkeit des Führers nicht in erster Linie auf das Führen des Fahrzeugs, sondern auf andere Tätigkeiten. Für die Ausnutzung spezifischer Bedingungen des fließenden Straßenverkehrs genügt es nicht, dass der Fahrzeugmotor noch läuft und der Fahrer allein deshalb mit dem Betrieb des Fahrzeugs beschäftigt ist. Findet in einer solchen Situation ein räuberischer Angriff statt, so nutzt der Täter nicht eine straßenverkehrsspezifische Einschränkung der Abwehrmöglichkeiten aus. Beachte: Ist der Motor abgestellt, so fehlt es schon an der Führereigenschaft (→ Rn. 21).

34   BGHSt 50, 169 nennt auch Gegenbeispiele: Ein Ausnutzen kann bei einem
Überfall auf einen Taxifahrer gegeben sein, der den Motor laufen lässt und mit
dem Fuß auf der Bremse bleibt, um wegen des Automatikgetriebes das Weiter-
rollen zu verhindern (*BGH* NStZ 2018, 469, 470). Nicht anders liegt es bei einem Führer, der – im Rückspiegel die Verkehrslage beobachtend – mit laufendem Motor anhält, um einen Anhalter aussteigen zu lassen (*BGH* 4 StR 537/
04). – Dazu auch MüKo/*Sander*, § 316a Rn. 11; nicht so eng zum verkehrsbedingten und nicht verkehrsbedingten Halt D./I. *Sternberg-Lieben*, JZ 2004,
636; W/H/S/*Hillenkamp*, BT 2, Rn. 442 f.

35   Welche Auswirkungen die neue Rechtsprechung für die Interpretation des Ausnutzungsmerkmals bei Angriffen auf einen **Mitfahrer**
hat, ist unklar. Als unproblematisch ansehen kann man nur Überfälle
im fahrenden Kraftfahrzeug, weil hier auch für den Mitfahrer die Er-
schwerung der Gegenwehr gerade auf der Teilnahme am fließenden
Straßenverkehr beruht (vgl. *BGH* NStZ-RR 2004, 171).

36   Bei Überfällen in Haltephasen muss zunächst gefragt werden, ob
die – von der Führereigenschaft abhängige – Mitfahrereigenschaft
noch besteht (vgl. → Rn. 23). Abgesehen davon ist im haltenden Kfz
der Mitfahrer – im Gegensatz zum Fahrer – typischerweise nicht mit
dem Betrieb des Kfz und/oder der Bewältigung von Verkehrsvorgängen beschäftigt. So betrachtet könnte man das Ausnutzungsmerkmal
in der Regel verneinen. Doch ginge dies zu weit. Man wird bezüglich
des Mitfahrers eine Ausnutzung der besonderen Verhältnisse des
Straßenverkehrs grundsätzlich dann bejahen können, wenn er verkehrsbedingt nicht fliehen kann, ohne sich oder andere spezifischen
Gefahren des fließenden Straßenverkehrs auszusetzen (vgl. *BGH*
NStZ 2013, 43; → Rn. 26). Freilich bleibt dabei zu beachten, dass der
Täter ein entsprechendes Ausnutzungsbewusstsein haben muss
(→ Rn. 27) und die bloße Ausnutzung der Beengtheit des haltenden
Fahrzeugs nicht ausreicht (zust. *Eisele*, BT II, Rn. 436, 443; vgl. fer-
ner LK/*Sowada*, 13. Aufl. § 316a Rn. 33; erg. → Rn. 25).

Zum Ausnutzungsmerkmal bei einem Raubüberfall auf einen E-Scooter-
Fahrer (→ § 6 Rn. 8) siehe erg. die Falllösung bei *Peters*, ZJS 2021, 208 ff.

5. Subjektiver Tatbestand

37   Neben dem Vorsatz (bezüglich der objektiven Tatbestandsmerkmale) muss der Täter zum Zeitpunkt des verübten Angriffs die Absicht haben (dolus directus 1. Grades), einen Raub, einen räuberischen Diebstahl oder eine räuberische Erpressung zu begehen.

Dabei spielt es für die Tatvollendung keine Rolle, wenn das Raubdelikt usw. erst später – auch außerhalb des Fahrzeugs – begangen werden soll. Die Absicht erfordert den festen Tatentschluss zu einer in ihren wesentlichen Zügen bestimmten und vom Vorsatz erfassten Tat, welche alle Merkmale des § 249 usw. erfüllt (*BGH* NStZ 1997, 236, 237; 2004, 626 f.; Sch/Sch/*Hecker*, § 316a Rn. 16).

6. Zur Diskussion der Rechtsprechung in der Literatur

In der Literatur haben die restriktiven Tendenzen der auch hier be- **38** fürworteten neueren Rechtsprechung weitgehend Zustimmung erfahren. Eine eher zweitrangige Meinungsverschiedenheit kreist um die Frage, ob die Restriktionen, die der *BGH* schon aus dem Begriff des „Führers" ableitet, nicht besser bei dem Ausnutzungsmerkmal und dessen Kriterium einer dem *fließenden* Straßenverkehr eigentümlichen Gefahrenlage aufgehoben sind (*Sowada*, Otto-FS, 2007, 799 ff.; W/H/S/*Hillenkamp*, BT 2, Rn. 439). Andere Stimmen halten die Anknüpfung an den „Motor an/Motor aus"-Gedanken (*Duttge/Nolden*, JuS 2005, 195) für problematisch und wollen bei einem verkehrsbedingten und nicht verkehrsbedingten Halt die Grenzen nicht so eng ziehen (W/H/S/*Hillenkamp*, BT 2, Rn. 442 f.; *D./I. Sternberg-Lieben*, JZ 2004, 636).

Insgesamt sind die Abgrenzungsprobleme erheblich, zumal sich in- **39** folge der fortschreitenden Automatisierung z. B. selbsttätig anspringende und ausgehende Motoren verbreiten und damit möglicherweise technische Zufälligkeiten für die Anwendbarkeit des § 316a Bedeutung erlangen. Vor diesem Hintergrund wird im Lichte des Bestimmtheitsgrundsatzes (Art. 103 II GG) gefordert, § 316a strikt auf sich bewegende Kraftfahrzeuge zu beschränken.

Jesse, JR 2008, 448 ff.; JZ 2008, 1083 ff.; *Duttge/Nolden*, JuS 2005, 193 ff.; abl. Sch/Sch/*Hecker*, § 316a Rn. 8; erg. LK/*Sowada*, 13. Aufl. § 316a Rn. 36 ff.

III. Falllösungen

Im **Fall 1** (dazu BGHSt 52, 44; *BGH* NStZ 2004, 626) ist bei T bezüglich **40** der §§ 255, 22 das unmittelbare Ansetzen fraglich, kann aber vertretbar bejaht werden, wenn man argumentiert, T habe bei seinem Faustschlag die sich unmittelbar anschließende Zahlung für möglich gehalten. Hinsichtlich des § 316a I liegt zum Zeitpunkt des Verschleppens zwar ein Angriff auf die Entschlussfreiheit vor, doch richtet sich dieser noch nicht gegen einen „Mitfahrer". Das ändert sich mit der fortdauernden Nötigung zum Mitfahren und dem Faustschlag. Diese Angriffe auf M geschehen auch unter Ausnutzung der besonderen Verhältnisse des Straßenverkehrs, weil er keine Möglichkeit hat, sich ihnen zu entziehen, ohne sich selbst oder andere Verkehrsteilnehmer zu gefährden, und die Täter im Fahrzeug die vor Fahrtbeginn geschaffene Nötigungslage weiter verfestigen (vgl. → Rn. 30). Der subjektive Tatbestand des § 316a I ist ebenfalls erfüllt. Weiter verwirklicht T § 239a I Var. 1 im Zwei-Personen-Verhältnis, da er die durch den Entführungsakt geschaffene Zwangslage (im Auto) zu einer Erpressung während der Entführungslage ausnutzen wollte (vgl. *Rengier*, BT II, § 24 Rn. 14 ff.). Schließlich liegen noch die §§ 223, 224 I Nr. 4 vor. § 316a I konsumiert die §§ 255, 22 (→ Rn. 46), § 239a I Var. 1 die §§ 239, 240. Im Ergebnis konkurrieren die §§ 316a I, 239a I Var. 1, 224 I Nr. 4 ideal.

41   Im **Fall 2** (dazu *BGH* NStZ-RR 2004, 171) erfüllen K und R die §§ 249, 25 II. Was den § 316a I betrifft, so könnte in der Täuschung über den Fahrweg oder in der Aktivierung der Kindersicherung ein Angriff auf die Entschlussfreiheit liegen. Doch berührt die bloße Täuschung die Freiheit der Willensbildung nicht; im Übrigen erkennt S nicht den Nötigungscharakter der Handlung. Als K und R später den S körperlich angreifen, ist dieser nicht mehr Mitfahrer. Also muss § 316a I verneint werden. Neben den §§ 249, 25 II könnten K und R noch (in Tatmehrheit) die §§ 239 I, 25 II verwirklichen. Dies hängt davon ab, ob man das tatbestandsausschließende Einverständnis in die Fahrt wegen der Betätigung der Kindersicherung nicht mehr für wirksam hält; dafür spricht, dass das Fahrzeug der Lebenserfahrung nach unterwegs halten muss und S dann von seiner potentiellen persönlichen Bewegungsfreiheit keinen Gebrauch machen kann (vgl. *Rengier*, BT II, § 22 Rn. 2, 4).

IV. Vollendung und Versuch

42   Mit dem – unter Ausnutzung der besonderen Verhältnisse des Straßenverkehrs – durchgeführten Angriff auf einen Führer oder Mitfahrer in der Absicht, einen Raub (usw.) zu begehen, ist der Tatbestand **vollendet.**

Im **Fall 3** erlangt A bezüglich der §§ 255, 250 I Nr. 1a Var. 1, 22 Straffreiheit gemäß § 24 I 1 Var. 1 Hinsichtlich des § 316a I fallen auch Motorrollerfahrer – nach BGHSt 39, 249 sogar Mofafahrer – in den Schutzbereich (vgl. § 248b IV). Da X in der irrigen Vorstellung anhält, dazu gemäß § 323c I rechtlich verpflichtet zu sein, begeht A einen Angriff auf die Entschlussfreiheit des M, so dass der Tatbestand mit dem Anhalten vollendet ist. Dieses Ergebnis ist nicht unbillig; denn A hat das geschützte Rechtsgut, das den Straßenverkehr einschließt (→ Rn. 1), verletzt. Eine angemessene Bestrafung ermöglicht § 316a II.
Zur Diskussion um eine – nach der Neufassung durch das 6. StrRG 1998 nicht mehr vorgesehene und daher abzulehnende – tätige Reue siehe LK/*Sowada*, 13. Aufl. § 316a Rn. 50 ff.; Sch/Sch/*Hecker*, § 316a Rn. 18; W/H/S/*Hillenkamp*, BT 2, Rn. 446; *Rengier*, AT, § 39.

Die Strafbarkeit wegen **Versuchs** (§§ 316a I, 22) setzt im subjekti- 43
ven Tatbestand erstens den Vorsatz voraus, einen tatbestandsmäßigen
Angriff auf einen Führer oder Mitfahrer zu verüben, bei dem die besonderen Verhältnisse des Straßenverkehrs ausgenutzt werden, und
zweitens die Absicht zur Begehung eines Raubes (usw.). Im objektiven Tatbestand müssen die Voraussetzungen des § 22 geprüft werden.

Fraglich ist, wann das gemäß § 22 strafbare Versuchsstadium be- 44
ginnt. Tathandlung ist das Verüben des Angriffs. Dazu setzt der Täter
erst an, wenn nach dem Täterplan der Angriff mit der erforderlichen
Einwirkung auf Leib, Leben oder Entschlussfreiheit unmittelbar bevorsteht. Die Versuchsphase ist wegen der Deliktsnatur kurz. Als
Beispiel lässt sich das Aufreißen der Autotür eines verkehrsbedingt
vor einer roten Ampel haltenden Kfz nennen, um anschließend einen
Raubüberfall durchzuführen.

Demgegenüber kann bei Fahrtbeginn von einem unmittelbaren 45
Ansetzen zu einem Angriff noch nicht die Rede sein, falls der Angriff
im fahrenden Fahrzeug etwa erst nach einer längeren Fahrtdauer
stattfinden soll (LK/*Sowada*, 13. Aufl. § 316a Rn. 49; Sch/Sch/*Hecker*, § 316a Rn. 17). Soll der Angriff sogar erst unmittelbar nach Abschluss der Fahrt im haltenden Fahrzeug erfolgen, so entfällt schon
der Vorsatz, einen Führer bzw. Mitfahrer anzugreifen.

V. Sonstiges

Konkurrenzen: Zwischen § 316a I und einem *vollendeten* § 249, 46
252 oder 255 besteht Tateinheit. Ein bloß (nicht nach § 250 qualifizierter) *versuchter* § 249, 252 oder 255 tritt dagegen als typische Begleittat im Wege der Gesetzeskonkurrenz (Konsumtion) zurück
(dazu BGHSt 25, 373; *BGH* MDR/H 1977, 807, 808).

Erfolgsqualifikation: § 316a III enthält ein todeserfolgsqualifizier-
tes Delikt mit Vorsatz-Leichtfertigkeits-Struktur nach dem Vorbild
des § 251 (vgl. daher → § 9; ausführlich *Mitsch*, BT 2, 662 ff.).

Empfehlungen zur vertiefenden Lektüre:
Rechtsprechung: BGHSt 49, 8 (Grundsatzentscheidung); BGHSt 50, 169
und *BGH* NStZ 2018, 469 (Begriff des Führers und Bedeutung des Ausnutzungsmerkmals); BGHSt 52, 44 (Reichweite des Tatbestandes bei vor Fahrtbeginn begonnenen Angriffen); *BGH* NStZ-RR 2004, 171 (diverse Fragen);
BGH NJW 2015, 2131 (vorgetäuschte Polizeikontrolle).

3. Kapitel. Betrug und betrugsähnliche Straftaten

§ 13. Betrug (§ 263)

Fall 1: A vertreibt nach einer teuren Werbekampagne ebenso wirkungslose wie harmlose Verjüngungs- und Abmagerungsmittel sowie „Haarverdicker". Er verkauft die Produkte per Nachnahme für Preise um 30 € „ohne jedes Risiko" mit „Rückgaberecht innerhalb von 14 Tagen mit voller Geldzurückgarantie". Angeboten wird u. a. ein „Hollywood-Lifting-Bad", das den Körper in zwölf Bädern wieder schlank, straff und jung formen soll, ferner ein Mittel, das schon nach der ersten Anwendung um mindestens fünf Jahre jünger machen, und einen Haarverdicker, der das Haar binnen zehn Minuten verdoppeln soll. Alle Käufer, die reklamieren, erhalten den vollen Kaufpreis zurück. Geschätzter Bruttogewinn: ca. 750.000 € (BGHSt 34, 199 mit Bspr. *Müller-Christmann*, JuS 1988, 108 ff.). → Rn. 230

Fall 2: Der Wettanbieter W garantiert jedem Wetter, der in dem Fußballpokalspiel Hamburg gegen Paderborn auf einen Sieg des krassen Außenseiters Paderborn setzt, im Gewinnfall eine feste Gewinnquote von 100 % auf den Einsatz. Wetter S tritt an den Schiedsrichter H des Spiels heran und verspricht ihm 10.000 €, wenn er für einen Sieg von Paderborn sorgt. Im Spiel spricht H Paderborn zu Unrecht zwei Elfmeter zu, die beide verwandelt werden und zu einem Sieg der Paderborner führen. Vor dem Spiel hat S hohe Summen auf einen Sieg von Paderborn gesetzt (vgl. BGHSt 51, 165, 167; *Radtke*, Jura 2007, 446 f.). → Rn. 12, 46, 278 ff.

Fall 3: T hat erfahren, dass die Firma X bei E ein teures Farbfernsehgerät zur Reparatur abholen soll. Um das Gerät zu erlangen, gibt sich T als Bote der Firma X aus. T trifft nur a) die Haushälterin H, b) den Gärtner G an. H bzw. G wissen zwar nichts von dem Auftrag, gehen aber davon aus, dass die Sache ihre Richtigkeit hat und helfen T, das Gerät zu dessen Auto zu bringen. → Rn. 109, 110

Fall 4: V verkauft ein ausgeliehenes Buch (des E) zum Marktpreis an den gutgläubigen K. → Rn. 136, 253, 314

Fall 5: V hat gegen K eine Kaufpreisforderung über 100 €, die er an G abtritt, ohne dass K davon erfährt. Nun mahnt V den K, endlich zu zahlen, worauf K an V die 100 € überweist. → Rn. 137, 315

Fall 6: A hat 300 Flaschen Wein (= 50 Kisten) bei der Firma X bestellt. Der Auslieferungsfahrer F lässt sich von A auf den Lieferschein den Empfang der 50 Kisten quittieren, hat in Wirklichkeit aber nur 49 Kisten übergeben, um eine für sich zu behalten. F gibt den unterschriebenen Lieferschein im Büro ab, woraufhin üblicherweise die Rechnung herausgeht. Bevor dies geschieht,

bemerkt A das Fehlen der Kiste und erhält sie anstandslos nachgeliefert.
→ Rn. 242, 316

I. Grundlagen und Aufbaufragen

Der Betrug ist das bedeutendste Vermögensdelikt. Geschützt wird 1
nicht das Eigentum (dazu → § 2 Rn. 1), sondern das Vermögen als
Ganzes in seinem wirtschaftlichen Wert (dazu schon → § 1 Rn. 2).
Der Gesetzeswortlaut des § 263 wird allgemein für unvollständig
und wenig geglückt gehalten. Durchgesetzt hat sich die Prüfung des
objektiven Tatbestandes anhand der vier Merkmale Täuschung, Irrtum, Vermögensverfügung und Vermögensschaden. Zwischen diesen
Merkmalen muss ein durchlaufender ursächlicher Zusammenhang
bestehen. Der subjektive Tatbestand setzt sich aus dem Vorsatz und
(wichtig) der Absicht stoffgleicher Bereicherung als überschießender
Innentendenz zusammen. Erst im Anschluss daran kann die Rechtswidrigkeit der erstrebten Bereicherung (objektives Tatbestandsmerkmal!) mit dem entsprechenden Vorsatz festgestellt werden. Damit ergibt sich folgendes

Aufbauschema (§ 263)   2

I. Tatbestandsmäßigkeit
   1. Objektiver Tatbestand
      a) Täuschung —
      b) Täuschungserfolg: Irrtum
      c) (Irrtumsbedingte) Vermögensverfügung
      d) Vermögensschaden
   2. Subjektiver Tatbestand
      a) Vorsatz
      b) Eigennützige oder fremdnützige Absicht stoffgleicher
         Bereicherung
   3. Objektive Rechtswidrigkeit der erstrebten Bereicherung
      und entsprechender Vorsatz
II. Rechtswidrigkeit
III. Schuld
IV. Strafzumessung: Besonders schwere Fälle (§ 263 III)
V. Qualifikation (§ 263 V)

> Beim Betrug kommen oft verschiedene Geschädigte in Betracht. In solchen Fällen muss man in der Fallbearbeitung die Prüfungen trennen und klar erkennen lassen, zu wessen Nachteil Betrug geprüft wird. Zu beachten ist weiter die in § 263 IV vorgesehene entsprechende Anwendung der §§ 243 II, 247, 248a.

3   Zwischen den objektiven Tatbestandsmerkmalen muss, wie schon erwähnt, ein Ursachenzusammenhang bestehen. Die Täuschung muss also für den Irrtum, der Irrtum für die Vermögensverfügung und die Verfügung für den Schaden kausal sein. Über diesen Kausalzusammenhang im Sinne der Äquivalenztheorie hinausgehend gewinnen Überlegungen an Bedeutung, in diesem Rahmen auch die Lehre der objektiven Zurechnung fruchtbar zu machen (*Rengier,* Roxin-FS, 2001, 819 ff.; *ders.,* Sieber-FS, 2021, 306 ff.; *Eisele,* ZStW 2004, 15 ff.; MüKo/*Hefendehl,* § 263 Rn. 38 f., 86, 1034). Der Studierende braucht mit Einzelheiten nicht vertraut zu sein. Doch gibt es Konstellationen, in denen ihm der Gedanke an die objektive Zurechnung eine gute Argumentationshilfe liefern kann (vgl. → Rn. 54, 60 f., 76, 114, 126 f., 129, 132, 234).

II. Täuschung

1. Tatsachen

4   Gegenstand der Täuschung – im Gesetz als Vorspiegelung falscher bzw. Entstellung oder Unterdrückung wahrer Tatsachen umschrieben – können nur *Tatsachen* (des Außen- *oder* Innenlebens) sein. Tatsachen sind dem Beweise zugängliche Ereignisse oder Zustände der Gegenwart oder Vergangenheit. Als Tatsachen speziell des Innenlebens kommen insbesondere Überzeugungen, Kenntnisse und Absichten in Betracht. Nicht zu den Tatsachenbehauptungen im Sinne des § 263 gehören reine Werturteile, bloße Meinungsäußerungen, Rechtsansichten und künftige Geschehnisse. Oft verbirgt sich freilich – parallel zum Abgrenzungsproblem bei den Beleidigungsdelikten (*Rengier,* BT II, § 29 Rn. 3 ff.) – hinter Äußerungen, die scheinbar keine Tatsachenbehauptung enthalten, ein greifbarer, dem Beweis zugänglicher Tatsachenkern (vgl. BGHSt 60, 1, 6 f.):

5   **Beispiele:** (1) Wer eine entgeltliche (Vor-)Leistung (Warenkauf, Tanken, Bewirtung) in Anspruch nimmt, erklärt konkludent, zahlungsfähig und zahlungswillig zu sein (vgl. *BGH* NStZ 2009, 694; *OLG Köln* NJW 2002, 1059).

(2) Wer einen Kredit beantragt, behauptet schlüssig, nach seiner gegenwärtigen Überzeugung (innere Tatsache) in der Lage zu sein, bei Fälligkeit die Raten zurückzuzahlen.

(3) Wer das Eintreten einer baldigen Sonnenfinsternis vorspiegelt, um Spezialgläser zu verkaufen, täuscht über gegenwärtige Tatsachen, weil die künftige Sonnenfinsternis bereits jetzt eine bestimmte Konstellation der Gestirne voraussetzt. **6**

(4) In den unter → Rn. 5256 genannten Beispielen stellen die versprochene Teufelsaustreibung und das prophezeite Unglück künftige Geschehnisse dar; doch täuschen die Täter über eine innere Tatsache, nämlich ihre Bereitschaft, das Geld zu begraben bzw. zu opfern.

(5) Keine Tatsachenerklärung stellen bloße Rechtsausführungen dar, die einen bestimmten Sachverhalt nur in rechtlicher Hinsicht bewerten, z. B. das Bestehen eines Zahlungsanspruchs behaupten (*OLG Frankfurt* NJW 1996, 2172; *OLG Karlsruhe* JZ 2004, 101; *Fischer*, § 263 Rn. 11; LK/*Tiedemann*, 12. Aufl. § 263 Rn. 18 f.; a. A. *Puppe*, JZ 2004, 102 ff.). Anders liegt es, sofern zugleich ein Bezug zu einer unzutreffenden Tatsachenbasis hergestellt wird (*OLG Köln* NStZ 2014, 327, 329). Um einen solchen Fall handelt es sich etwa, wenn falsche Rechtsausführungen Überparteilichkeit beanspruchen (z. B. in Sachverständigengutachten), weil sie dann die konkludente Tatsachenerklärung enthalten, dass sie objektiv und nach bestem Wissen erfolgt sind. **7**

(6) Wer in eine Produktreihe investiert, die nach den Angaben der Vermarkter „eine Marktlücke" füllt, „sich von selbst verkauft", und „auf die die Bundesbürger förmlich warten", wird, wenn er Geld verliert, Opfer bloßer Meinungsäußerungen werbenden, reklamehaften Charakters, die sich in Prognosen erschöpfen (*BGH* wistra 1992, 255, 256); untermauern freilich die Vertreiber ihre Botschaft etwa mit vorgespiegelten Marketing-Untersuchungen, so liegen zu § 263 führende Tatsachenbehauptungen vor. – Zur Vertiefung **Fall 1** (→ Rn. 230) und *Müller/Christmann*, JuS 1988, 109 f.

(7) Prognosen enthalten trotz ihres Zukunftsbezugs und wertenden Charakters etwa dann Tatsachenbehauptungen, wenn der Täter über von ihm zugrunde gelegte gegenwärtige Prognosegrundlagen täuscht oder – dann handelt es sich um eine innere Tatsache – seine eigene Überzeugung vom Eintritt der Prognose vorspiegelt (BGHSt 60, 1, 6 f.).

2. Täuschungshandlung

Die Täuschung kann sowohl durch – ausdrückliches oder (wichtig) konkludentes – aktives Tun als auch durch Unterlassen (Garantenstellung!) erfolgen. Eine genaue Abgrenzung zwischen den Formen des ausdrücklichen und konkludenten (schlüssigen) Tuns ist oft nicht möglich, aber auch nicht erforderlich, weil beide Formen gleichwertiges aktives Tun beinhalten. **8**

9   **a) Täuschung durch aktives Tun.** Täuschen heißt, bewusst irre-
führend auf das Vorstellungsbild eines anderen einzuwirken. Ohne
Täuschungsbewusstsein liegt richtigerweise schon objektiv keine
Täuschung vor (Tatbestandsmerkmal mit subjektiver Komponente).
Für diese Interpretation sprechen die subjektiv geprägten Begriffe
„Vorspiegelung" und „Entstellung", die in der Täuschung aufgehen.

  So auch die h. M. (u. a. BGHSt 47, 1, 3, 5; 60, 1, 6; *Eisele,* BT II, Rn. 521;
  Schneider, StV 2004, 538 f.). Demgegenüber versteht eine vordringende Literaturansicht das Merkmal rein objektiv und sieht als Täuschung jedes Verhalten
  an, das objektiv auf die Vorstellung eines anderen so einwirkt, dass ein Irrtum
  entsteht oder unterhalten wird (*Fischer,* § 263 Rn. 14; W/H/S/*Schuhr,* BT 2,
  Rn. 516; NK/*Kindhäuser,* § 263 Rn. 58; *Mitsch,* BT 2, 263 f.; K/H/H/*Hell-*
  mann, BT 2, Rn. 556; *Pawlik,* StV 2003, 297 ff.).

10   Das Täuschungsmerkmal setzt die kommunikative Einwirkung auf
einen anderen Menschen voraus. Insoweit genügt die bloße Veränderung von Tatsachen wie das Einschleichen als Schwarzfahrer oder die
schlichte Manipulation an Objekten nicht, auch wenn dadurch –
nochmals: ohne kommunikatives Verhalten – die Vorstellung eines
anderen unrichtig wird.

  So die h. M.; LK/*Tiedemann,* 12. Aufl. § 263 Rn. 4, 22 f.; *Fischer,* § 263
  Rn. 15; *Küper/Zopfs,* BT, Rn. 494; zum schlichten Nichtwissen (ignorantia
  facti) erg. → Rn. 49.

11   Ob ein Verhalten den Erklärungswert einer Täuschung hat, muss
durch Auslegung ermittelt werden. Dabei kommt es darauf an, wie
die allgemeine Verkehrsauffassung das Verhalten unter den konkreten
Verhältnissen objektiv versteht. Wer eine Leistung einfordert, erklärt
schlüssig, einen entsprechenden Anspruch gegen den Schuldner zu
haben. Wer eine vertragliche Verpflichtung eingeht, tut stillschweigend kund, zur Erfüllung des Vertrages bereit und in der Lage zu
sein. Beim Abschluss von Rechtsgeschäften werden wechselseitig die
Umstände konkludent mit erklärt, die den jeweiligen Geschäftstyp
kennzeichnen. In diesem Rahmen ist dem Angebot auf Abschluss eines Vertrages auch die konkludente Erklärung zu entnehmen, dass
der Vertragsgegenstand nicht vorsätzlich zum eigenen Vorteil manipuliert worden ist.

  Zutreffend BGHSt 51, 165, 171; 54, 69, 121 f.; *OLG München* NJW 2009,
  1288 mit Anm. *Kudlich,* JA 2009, 467; W/H/S/*Schuhr,* BT 2, Rn. 524; Sch/
  Sch/*Perron,* § 263 Rn. 16e; LK/*Tiedemann,* 12. Aufl. § 263 Rn. 31 ff.; NK/
  Kindhäuser, § 263 Rn. 132 ff.; h. M.

Beispiele: Wer eine Wette abschließt, obwohl er etwa durch Bestechung des **12** Schiedsrichters (wie S im **Fall 2**), von Spielern oder von Rennreitern die Chancen zu seinen Gunsten erhöht hat, erklärt stillschweigend, die Geschäftsgrundlage der Wette nicht durch rechtswidrige Manipulationen verändert zu haben (BGHSt 29, 165, 167 f.; 51, 165, 167 f.; 58, 102, 106 ff.; *Hartmann/Niehaus*, JA 2006, 433 f.). In gleicher Weise spiegelt konkludent seine Bereitschaft zum Eingehen des Wettrisikos vor, wer, obwohl er das Rennergebnis schon kennt, noch eine (sog. Spät-) Wette abschließt (h. M.; *Lackner/Kühl*, § 263 Rn. 9; a. A. BGHSt 16, 120). – Zum Irrtum und Schaden siehe erg. → Rn. 43, 125, 218 ff.

b) Konkludente Täuschung trotz wahrer Angaben. Zuneh- **13** mende Bedeutung gewinnen zum Teil umstrittene Konstellationen, in denen sich trotz wahrer Angaben die Frage einer Täuschung durch konkludentes Tun stellt:

(1) So täuscht über eine Auftragserteilung und Zahlungspflicht, wer Angebotsschreiben, obwohl diese isoliert betrachtet nur wahre Tatsachenangaben enthalten, in Form von **„rechnungsähnlichen"** **Vertragsofferten** so geschickt gestaltet, dass sie auf den Adressaten wie eine Rechnung wirken und Hinweise auf den Angebotscharakter völlig in den Hintergrund treten. Dies gilt mit der h. M. jedenfalls bei **geschäftlich unerfahrenen** Adressaten.

BGHSt 47, 1; *Krack*, JZ 2002, 613 ff.; *Kindhäuser/Nikolaus*, JuS 2006, 195 f.; *Fischer*, § 263 Rn. 27 a ff. – A. A. *Pawlik*, StV 2003, 297 ff.

Umstrittener ist, ob in gleicher Weise auch **geschäftlich erfahrene** **14** Adressaten getäuscht und betrogen werden können. Auch dies muss bejaht werden, weil in der Alltagsroutine und angesichts oft praktizierter Arbeitsteilung die Gefahr erfolgreicher Täuschungsmanöver bei Geschäftspersonal kaum geringer ist. Gegenstimmen weisen auf unterschiedliche Prüfungspflichten und Verantwortungsbereiche hin.

Wie hier *BGH* NStZ-RR 2004, 110, 111; wistra 2014, 439, 440 f.; *OLG Frankfurt* NJW 2003, 3215, 3216; *Geisler*, NStZ 2002, 89. – A. A. W/H/S/ *Schuhr*, BT 2, Rn. 523; *Krack*, JZ 2002, 614; *Schneider*, StV 2004, 537 ff.

(2) Die vorstehenden Grundsätze zu den rechnungsähnlichen Ver- **15** tragsofferten gelten sinngemäß für **Kostenfallen im Internet**, namentlich für sog. „Abo-Fallen", bei denen Webseiten entgegen preis- und wettbewerbsrechtlichen Vorschriften und ohne korrekte Umsetzung der verbraucherschützenden „Buttonlösung" (vgl. § 312j II, III BGB) so gestaltet werden, dass Nutzer leicht von einem unentgeltlichen Angebot ausgehen, weil Hinweise auf die Kostenpflichtigkeit

der Dienstleistung bloß an einer mehr oder weniger versteckten Stelle erfolgen. Wird auf diese Weise ein Abonnement vereinbart, folgt der Vermögensschaden in der Regel daraus, dass die angebotene Leistungspalette ihr Geld nicht wert ist, etwa weil man vieles davon anderswo unentgeltlich erhalten kann. Beachte: Da ein Vertrag nicht zustande kommt (§ 312j IV BGB) und daher ein Eingehungsbetrug (→ Rn. 209 ff.) ausscheidet, bleibt die Tat im Versuchsstadium, solange der Verbraucher nicht zahlt.

Hierzu *BGH* NJW 2014, 2595 ff. mit Bspr. *Hecker*, JuS 2014, 1043 ff.; *Hecker/Müller*, ZWH 2014, 329 ff.; *Heintschel-Heinegg*, JA 2014, 790 ff.; *Rönnau/Wegner*, JZ 2014, 1064 ff.; *OLG Frankfurt* NJW 2011, 398 ff. – Zum Irrtum siehe erg. → Rn. 54 ff.

16   (3) In die gleiche Kategorie fallen sog. **Ping-Anrufe**. Diese sind dadurch gekennzeichnet, dass der Täter bei Handynutzern anruft, den Anruf nach einmaligem Klingeln abbricht, eine kostenpflichtige Mehrwertdienstenummer hinterlässt und danach auf den – objektiv sinnlosen, bloß ungewöhnliche Kosten in Höhe von z. B. 0,98 € verursachenden – Rückruf neugieriger Handynutzer spekuliert, die wissen möchten, wer und was sich hinter dem verpassten „Anruf in Abwesenheit" verbirgt. Jedenfalls bei der Verwendung einer weniger geläufigen Mehrwertdienstenummer wie 0137, noch dazu getarnt durch die vorangestellte Länderkennung „+49137", ist erstens von einer konkludenten Täuschung über ein ernsthaftes Kommunikationsverlangen und zweitens darüber auszugehen, dass wegen des Verbots, Mehrwertdienstenummern als Rufnummer zu hinterlassen (§ 66k TKG), die Möglichkeit eines Rückrufs zum mit dem jeweiligen Netzbetreiber vereinbarten Tarif vorgespiegelt wird.

BGHSt 59, 195 ff. mit Bspr. *Jäger*, JA 2014, 630 ff.; *Zöller*, ZJS 2014, 577 ff.; *Bosch*, JK 11/14, StGB § 263/106; *Bülte/Härtl*, JA 2016, 353 ff. mit Falllösung. – Zur Diskussion weiter *Jahn*, JuS 2010, 1119 ff.; *Brand/Reschke*, NStZ 2011, 379 ff.; *Eiden*, Jura 2011, 863 ff.; *Kölbel*, JuS 2013, 195 ff.

17   c) **Täuschung und Preisangaben.** Dazu das folgende

Beispiel: A betreibt einen Versandbuchhandel und verkauft Schulleitern u. a. das Buch „Der große Heilpflanzen-Atlas" zum Preis von 68 €. Der Preis entspricht demjenigen der früheren, inzwischen vergriffenen Originalausgabe. Die von A verkaufte gleichwertige Sonderausgabe wird Endabnehmern üblicherweise für 29,80 € angeboten. A ist bewusst, dass die Schulleiter von einem gebundenen Preis ausgehen (*BGH* NJW 1990, 2005).

Grundsätzlich gilt: Wer eine Ware zu einem bestimmten Preis an- 18
bietet, erklärt damit im Allgemeinen nicht schlüssig, der Preis sei angemessen oder üblich. In einer Marktwirtschaft darf jeder Teilnehmer
am Geschäftsverkehr seine bessere Information oder überlegene
Sachkenntnis zu seinem Vorteil ausnutzen. Der Preis richtet sich
nach Angebot und Nachfrage. Der Verkäufer nennt einen Preis, und
der Käufer hat die Möglichkeit, abzuwägen, zu prüfen, zu verhan-
deln, zuzusagen oder abzulehnen. Wer lediglich einen überhöhten
Verkaufspreis fordert oder einen zu niedrigen Ankaufspreis bietet,
täuscht nicht. Anders liegt es, wenn der Preis mit besonderen wahr-
heitswidrigen Behauptungen legitimiert wird.

Vgl. hierzu *BGH* NStZ 2010, 88, 89; 2015, 461, 462; NStZ-RR 2020, 213,
214; wistra 2011, 335, 336f. (mit Bspr. *Heintschel-Heinegg*, JA 2011, 710f.);
OLG Stuttgart NStZ 2003, 554.

In dem Beispielsfall könnte das Verhalten des A nach der Verkehrs- 19
anschauung ausnahmsweise so zu verstehen sein, dass der Atlas zu
einem gebundenen Festpreis angeboten werde. Weil aber Bücher –
man denke an unterschiedliche Ausstattungen und Buchgemeinschaf-
ten – durchaus zu unterschiedlichen Preisen im Handel sind und
Buchpreise sich durch Aufhebung der Preisbindung ändern können,
gibt es keine allgemeine Verkehrsauffassung, ein Buch sei nur zu einem festen, einheitlichen Marktpreis zu erhalten (*BGH* NJW 1990,
2005, 2006). A täuscht also nicht konkludent durch aktives Tun,
auch wenn er weiß, dass die Schulleiter von einem gebundenen Preis
ausgehen, da sein Verhalten einen entsprechenden objektiven Erklärungswert nicht hat (zur – ebenfalls nicht gegebenen – Täuschung
durch Unterlassen → Rn. 31f.).

Anderes gilt bei Leistungen, für die durchgehend feste Preise, Ta- 20
rife oder Gebühren bestehen oder bei denen die übliche Vergütung
als vereinbart anzusehen ist (§§ 612 II, 632 II, 653 II BGB).

Beispiele: (1) Man denke an Bahn- und Taxifahrten. Auch für Dienstleistungen von Behörden sind in der Regel die Gebühren und Entgelte festgelegt
(vgl. *BGH* NJW 2009, 2900, 2901). Entsprechendes gilt etwa für die in einer
besonderen Gebührenordnung geregelten Arzthonorare.
(2) Im Fall *BGH* NStZ-RR 2020, 213 berechnete der Schlüsselnotdienst erst
nach Leistungserbringung Entgelte, die vielfach doppelt so hoch lagen wie die
übliche Vergütung gemäß § 632 II BGB. Zu Recht bejaht der *BGH* eine Täuschung über die Üblichkeit der Vergütung, wobei er als Leitlinie wegen gewisser Preisschwankungen erst eine deutliche Erhöhung für betrugsrelevant hält.
Zum Irrtum → Rn. 45f..

21   **d) Bloßes Ausnutzen eines Irrtums ohne täuschendes Zutun.** Keine (schlüssige) Täuschungshandlung liegt vor, wenn der Täter ohne täuschendes Zutun einen Irrtum nur ausnutzt, den Irrtum also weder täuschungsbedingt hervorruft noch unterhält/verstärkt. Das Täuschungsmerkmal verlangt mehr, nämlich ein auf Verdeckung der Wahrheit gerichtetes Handeln. Daran fehlt es bei der bloßen Ausnutzung einer vorgefundenen Fehlvorstellung. So beinhaltet allein die Entgegennahme einer Leistung nicht die schlüssige Erklärung, diese Leistung sei vom anderen geschuldet.

22   Typische **Beispiele** sind alle Varianten der Entgegennahme von zu viel (Wechsel-)Geld: Der Kassierer verzählt sich; der Kassierer gibt irrtümlich auf einen Hundert- statt Fünfzigeuroschein heraus (vgl. *BGH* JZ 1989, 550); die Bankkassiererin zahlt auf einen über 1.300 € lautenden Barscheck infolge eines Lesefehlers 13.000 € aus (vgl. *OLG Köln* NJW 1980, 2366); die Bankangestellte kommt mit einem Haufen ausländischer, zum Umtausch übergebener Banknoten nicht zurecht, weshalb dem Kunden, wie dieser erkennt, ein zu hoher Umtauschbetrag ausgehändigt wird (*OLG Köln* NJW 1987, 2527). – Zum Betrug durch Unterlassen, der in allen Varianten abgelehnt werden muss, → Rn. 31 f.

23   In der Bankpraxis stellt sich die Frage des § 263 ferner vor allem bei Fehlüberweisungen sowie Fehlbuchungen (zusammenfassend *Valerius*, JA 2007, 781 f.). Bei der **Fehlüberweisung** erfolgt eine Gutschrift infolge der irrtümlichen Überweisung eines Geldbetrages durch einen Dritten entsprechend seinem Überweisungsauftrag gemäß § 675t BGB. Daher wird der begünstigte Empfänger eindeutig Inhaber der Forderung und hat gegen die Bank einen vertraglichen Rechtsanspruch auf Auszahlung.

24   **Beispiel:** Am 7.7. erteilt A der K-Bank den Auftrag, von seinem Konto mit einem Guthaben von 550.000 € alles Geld auf sein neues Konto bei der D-Bank zu überweisen. Den noch nicht genau feststehenden Geldbetrag soll die K-Bank später in den erteilten Überweisungsauftrag einsetzen. Am 10.7. hebt A bei der K-Bank korrekt 500.000 € in bar ab. Diese Abhebung wird versehentlich nicht vermerkt, so dass die K-Bank am 11.7. auf das Konto des A bei der D-Bank irrtümlich 550.000 € anstatt 50.000 € überweist. Obwohl A erkennt, dass ihm nur 50.000 € zustehen, hebt er alles Geld ab und verbraucht es (vgl. BGHSt 39, 392).

25   Hier scheidet ein Betrug zum Nachteil der D-Bank aus. Es liegt eine Fehlüberweisung vor, welche die Wirksamkeit der Gutschrift im Verhältnis zwischen A und der D-Bank nicht berührt. Infolgedessen hat A gegen die D-Bank einen Auszahlungsanspruch und kann nichts Unwahres erklären, wenn er das Geld als Berechtigter in Empfang nimmt (zum – ebenso entfallenden – Betrug durch Unterlassen gegenüber der K-Bank → Rn. 31 f.).

Die **Fehlbuchung** ist dadurch gekennzeichnet, dass dem Konto 26 durch ein bankinternes Versehen wie einen Tippfehler ein Betrag gutgeschrieben wird. Rechtsprechung und h. M. haben lange angenommen, dass ein Täter, der solches Geld in Kenntnis des Fehlers in Anspruch nehme, einen Betrug begehe. Demgegenüber verneint BGHSt 46, 196 zu Recht bereits eine Täuschungshandlung und behandelt Fehlüberweisung und Fehlbuchung grundsätzlich gleich: Auch im Rahmen einer Falschbuchung lässt die materiell unrichtige Gutschrift aus dem darin liegenden abstrakten Schuldversprechen nach § 780 BGB einen Anspruch entstehen. Folglich hat der Kontoinhaber eine Verfügungsbefugnis über das Geld, die erst mit der Ausübung des der Bank zustehenden Stornorechts erlischt. Vor diesem Hintergrund erklärt ein Kontoinhaber, der fehlgebuchtes Geld abhebt, nur, dass er die Befugnis zur Abhebung hat (was der Wahrheit entspricht), aber nicht, dass bezüglich dieses Geldes eine ausreichende Kontodeckung vorhanden ist oder Rückforderungsansprüche nicht bestehen.

Wem bezüglich der Täuschung (vertretbare) Zweifel verbleiben, 27 der muss jedenfalls das Hervorrufen eines Irrtums ablehnen (siehe etwa *Krack*, JR 2002, 25 f.). Denn der auszahlende Bankangestellte prüft in der Regel am Bankcomputer nur, ob eine ausreichende Kontodeckung angezeigt wird, macht sich aber keine Gedanken über die materielle Berechtigung des Kontoinhabers (erg. → Rn. 51; zum Betrug durch Unterlassen → Rn. 31 f.).

Dem *BGH* zumindest im Ergebnis zustimmend auch *Hefendehl*, NStZ 2001, 281 ff.; MüKo/*Hefendehl*, § 263 Rn. 204; SK/*Hoyer*, § 263 Rn. 35; Sch/Sch/*Perron*, § 263 Rn. 16c, 37; *Ranft*, JuS 2001, 854 ff.; *Krack*, JR 2002, 25 ff.; *Pawlik*, Lampe-FS, 2003, 689 ff.; *Eisele*, BT II, Rn. 535.

In die Fallgruppe der bloßen Irrtumsausnutzung gehören schließ- 28 lich auch die Fälle, in denen eine ohne Täuschung erlangte, vertraglich vereinbarte Leistung weiterhin in Anspruch genommen wird, obwohl der Täter nach Vertragsschluss zahlungsunwillig oder zahlungsunfähig geworden ist. Denn die bloße Entgegennahme der geschuldeten Leistung enthält keine schlüssige Vorspiegelung einer fortbestehenden Zahlungswilligkeit oder -fähigkeit. Typisch sind ohne (nachweisbare) Täuschung abgeschlossene Beherbergungsverträge, bei denen der Täter alle vereinbarten Leistungen weiter beansprucht, obwohl er nachträglich seinen Zahlungspflichten nicht mehr nachkommen will oder kann. Nur wer jetzt *zusätzliche* Leistungen wie z. B. Speisen und Getränke in Anspruch nimmt, erfüllt § 263 (hierzu *BGH* GA 1974, 284; wistra 1987, 293). Zum Betrug durch Unterlassen, der nicht vorliegt, → Rn. 31 f.

29   **e) Täuschung durch Unterlassen.** Nach der zutreffenden h. M. (z. B. *Mitsch,* BT 2, 265 ff.) kann § 263 auch durch Unterlassen verwirklicht werden. Die strafbewehrte Aufklärungspflicht (= Täuschung durch Unterlassen) setzt eine – unter Umständen schwer ableitbare – Garantenstellung voraus (§ 13). Bevor die Unterlassungsebene betreten wird, sollte genau geprüft werden, ob nicht doch eine aktive konkludente Täuschungshandlung vorliegt.

30   Die **Garantenstellung** kann sich zum einen **aus den herkömmlichen Entstehungsgründen** ergeben. So ist als Ingerenzgarant aufklärungspflichtig, wer durch fahrlässig gemachte Falschangaben etwa in Rechnungen und Anträgen die Gefahr irrtumsbedingter Vermögensverfügungen geschaffen hat und danach die Fehler erkennt (BGHSt 62, 72, 80 ff.). Größere Bedeutung haben die aus Gesetz abgeleiteten Aufklärungspflichten; dazu die folgenden

Beispiele: Maßgebend für Sozialleistungen aller Art (z. B. Sozialhilfe, Ausbildungsförderung, Arbeitslosengeld, Kindergeld) ist § 60 I 1 Nr. 2 SGB I, wonach der Antragsteller oder Leistungsempfänger Änderungen in den für die Leistungsgewährung erheblichen Verhältnissen unverzüglich mitzuteilen hat. Ferner gehören versicherungsrechtliche Anzeigepflichten hierher (§§ 19 I, 23 II, III VVG). Weitere oft erwähnte Fälle: § 666 BGB, § 138 I ZPO. – Zu diesen Garantenstellungen siehe *OLG München* NStZ 2009, 156 mit Bspr. *Hecker,* JuS 2010, 266; *OLG Köln* NStZ-RR 2010, 79, 80; *OLG Düsseldorf* NStZ 2012, 703, 704; LK/*Tiedemann,* 12. Aufl. § 263 Rn. 57 ff.; Sch/Sch/*Perron,* § 263 Rn. 21; a. A. bezüglich § 60 I 1 Nr. 2 SGB I *Bringewat,* NStZ 2011, 133 ff.; erg. *Rengier,* AT, § 50.

31   Darüber hinausgehend erkennt die h. M. zu Recht an, dass sich eine **Garantenstellung aus besonderen Vertrauensverhältnissen** ergeben kann. Diese Garantenstellung hat in einer gewissen Weise betrugsspezifischen Charakter, weist aber auch starke Berührungspunkte mit der allgemeinen Beschützergarantenstellung aus vertraglicher Übernahme auf (vgl. MüKo/*Hefendehl,* § 263 Rn. 249 ff.). Besondere Vertrauensverhältnisse mit strafrechtlich relevanten Aufklärungspflichten, die entsprechend dem Schutzzweck des § 263 dem Vermögensschutz dienen müssen, können aus Vertrag und aus

Treu und Glauben (§ 242 BGB) abzuleiten sein. Wichtig ist und leicht übersehen wird: Vertragliche oder gar vorvertragliche Beziehungen allein genügen nicht. Vielmehr muss eine besonders begründete Einstandspflicht gerade für das Vermögen des anderen bestehen, eine Einstandspflicht, die den Unterlassenden deshalb zur Aufklärung verpflichtet, weil nach den Gepflogenheiten des Geschäftsverkehrs die Verantwortlichkeit für das Unwissenheitsrisiko nicht alleine bei dem anderen Vertrags-/Geschäftspartner liegen soll. In derartigen Situationen ist der Partner darauf angewiesen, dass ihm auch ungefragt alle entscheidungserheblichen Umstände offenbart werden.

Mit solchen Überlegungen hat BGHSt 39, 392, 397 ff. in klärender und **32** mustergültiger Weise im Beispiel der → Rn. 24 einen Betrug durch Unterlassen zum Nachteil der K-Bank, also eine Pflicht des A abgelehnt, die K-Bank über die Fehlüberweisung aufzuklären. BGHSt 46, 196, 202 f. bestätigt diese Rechtsprechung im Falle der Abhebung von falsch gebuchten Geldern (→ Rn. 26). Bei einem Arbeitnehmer entsteht allein aus einem langjährigen Arbeitsverhältnis kein besonderes Vertrauensverhältnis, das ihn verpflichtet, den Arbeitgeber bei ungerechtfertigten Lohnzahlungen aufzuklären (*OLG Celle* NStZ-RR 2010, 207). Aus allem folgt auch, dass in den anderen in → Rn. 22, 28 erwähnten Fällen – und selbstverständlich ebenso in dem Versandbuchhändler-Fall → Rn. 17 ff. – eine Täuschung durch Unterlassen und damit ein strafbarer Betrug ausscheidet. – Ergänzend *BGH* NJW 2000, 3013, 3014; 2014, 3669, 3670 mit Bspr. *Hecker*, JuS 2014, 1133 ff.; *OLG Stuttgart* NStZ 2003, 554 f.; *OLG Saarbrücken* NJW 2007, 2868, 2869 f.; *OLG Bamberg* NStZ-RR 2012, 248 ff.

Man darf also nicht vorschnell die „betrugsspezifische" Garanten- **33** stellung bejahen. Derartige Garantenstellungen, die infolge *besonderer* Vertrauensverhältnisse strafbewehrte Aufklärungspflichten zur Folge haben, ergeben sich insbesondere aus Verträgen mit Informations- und Beratungscharakter, bei denen sich in Vermögensangelegenheiten der eine Vertragspartner in besonderer Weise dem Sachverstand des anderen anvertraut. Man denke an Beratungsverträge mit Anlage- und Vermögensberatern sowie mit Steuerberatern und Rechtsanwälten (Sch/Sch/*Perron*, § 263 Rn. 19, 22; MüKo/*Hefendehl*, § 263 Rn. 261, 288 f.; *Kindhäuser/Nikolaus*, JuS 2006, 196). – Weitere

Beispiele (für Konstellationen mit betrugsspezifischer Garantenstellung): (1) **34** Der Vermieter teilt dem gekündigten Mieter nicht mit, dass die Gründe für die Eigenbedarfskündigung (§ 573 II Nr. 2 BGB) nachträglich weggefallen sind (*BayObLG* NJW 1987, 1654; vertiefend *Rengier*, JuS 1989, 805 ff. mit dem Versuch, die Garantenstellung des Vermieters auch aus anderen Entstehungsgründen abzuleiten; *Gössel,* BT 2, § 21 Rn. 49; abl. MüKo/*Hefendehl,* § 263 Rn. 297 f.).

35 (2) Ein Gebrauchtwagenverkäufer V verschweigt einen schweren Unfall- schaden. Da der Rechtsverkehr dem Käufer K ein solches Risiko nicht aufbür- det, erfüllt V im Verkaufsfalle die §§ 263, 13 (*BayObLG* NJW 1994, 1078; an- ders *Ranft,* JA 1984, 727 f.; *Jäger,* BT, Rn. 472, die im Verkaufsangebot bereits eine aktive schlüssige Täuschung über die Unfallfreiheit sehen).

(3) Der Fall, dass ein Hausverkäufer H massiven Schimmelbefall ver- schweigt – zivilrechtlich eine arglistige Täuschung im Sinne des § 123 I BGB –, weist einige Parallelen auf. Doch ist die strafrechtliche Garantenstel- lung des H fraglich, weil man mit Blick auf § 311b I 1 BGB argumentieren kann, dass den Käufer einer Immobilie mehr Eigenverantwortlichkeit trifft (so *OLG Bamberg* NStZ-RR 2012, 248, 250; a. A. *Beckemper,* ZJS 2012, 698 ff.; 2020, 140 ff. mit Falllösung).

36 (4) Auch im Rahmen von beamtenrechtlichen Treueverhältnissen sowie von Versicherungsverhältnissen können besondere Vertrauensverhältnisse entste- hen. Freilich begründet die Beamtenstellung als solche noch keine vermögens- relevante Aufklärungspflicht (*BGH* StV 2021, 716, 719). Immerhin spielt hier bei der Begründung der Garantenstellung das gesetzliche Umfeld (Beamter) bzw. das vertragliche Umfeld (Versicherungsnehmer, vgl. → Rn. 30) eine er- gänzende Rolle. Demzufolge verwirklicht ein Beamter die §§ 263, 13, der sich nicht rührt, wenn der Rechtsgrund für erhaltene Beihilfezahlungen nach- träglich wegfällt, oder wenn an ihn Dienstbezüge nach Beendigung des Beam- tenverhältnisses irrtümlich fortgezahlt werden (*OLG Köln* JMBlNW 1983, 184). Gleiches gilt für einen Versicherungsnehmer V, der die Auffindung von Gegenständen nicht meldet, für die er wegen des Verlustes Versicherungsleis- tungen erhalten hat (RGSt 70, 225; h. M.; a. A. MüKo/*Hefendehl,* § 263 Rn. 299 ff.). – Vgl. noch *OLG Köln* NJW 1984, 1979, 1980.

37 (5) Ferner können intensive langjährige Geschäftsbeziehungen besondere Vertrauensverhältnisse begründen und innerhalb solcher Beziehungen etwa ei- nen in wirtschaftliche Schwierigkeiten geratenen Unternehmer verpflichten, Lieferanten vor weiteren Leistungen zu warnen, wobei dann die Zumutbar- keit der Pflichterfüllung zu beachten bleibt (vgl. *BGH* StV 1988, 386; LK/*Tie- demann,* 12. Aufl. § 263 Rn. 63; MüKo/*Hefendehl,* § 263 Rn. 264, 313 f.; Fall- lösung bei *Braum,* JuS 2004, 225 ff.; zur Zumutbarkeit *Rengier,* AT, § 49 Rn. 47 ff.).

(6) Der Leiter einer Innenrevision und Compliance-Beauftragte können als Garanten verpflichtet sein, betrügerische Aktivitäten von Betriebsangehörigen zu unterbinden. Soweit sie wie in der Regel nicht mit eigenen Weisungs- und besonderen Leitungsbefugnissen ausgestattet sind, beschränkt sich ihre Ga- rantenpflicht darauf, die verantwortlichen Organe aufzuklären (vgl. BGHSt 54, 44 ff.; *Luther/Zivanic,* JuS 2017, 943 ff. mit Falllösung; *Lindemann/Som- mer,* JuS 2017, 1061 f.; *Kühl,* AT, § 18 Rn. 118d ff.; erg. *Rengier,* AT, § 50 Rn. 68 ff.).

In der **Fallbearbeitung** prüft man – entsprechend der üblichen 38
Aufbauregel: Tun vor Unterlassen – die §§ 263, 13 erst, nachdem
man eine Täuschung namentlich durch konkludentes aktives Tun
abgelehnt hat. Die Garantenstellung erörtert man am besten beim
Täuschungsmerkmal. Ist die Garantenstellung und damit eine betrugsrelevante Aufklärungspflicht zu bejahen, so folgt die weitere
Tatbestandsprüfung im Prinzip dem üblichen Schema, nämlich:

Im Beispiel von → Rn. 35 glaubt K infolge der unterbliebenen Auf- 39
klärung an die Unfallfreiheit (Irrtum), kauft das Auto (Verfügung)
und erleidet dadurch einen wirtschaftlichen Schaden.

Im letzten der Beispiele von → Rn. 36 „unterhält" das pflichtwid- 40
rige Schweigen des V die Fehlvorstellung der Versicherung, gegen V
keinen Anspruch zu haben (Irrtum), weshalb die Forderung nicht
geltend gemacht wird (Verfügung) und der bestehende Anspruch
nicht realisiert werden kann (Schaden).

III. Irrtum

1. Grundlagen

a) **Hervorrufen einer Fehlvorstellung.** Infolge der Täuschung 41
muss kausal ein Irrtum entweder „erregt", d. h. eine Fehlvorstellung
hervorgerufen, oder „unterhalten" werden. Die zweite Variante erfüllt vor allem, wer eine vorhandene Fehlvorstellung verstärkt oder
als Garant trotz Aufklärungspflicht nicht beseitigt (Beispiel in
→ Rn. 40).

Im typischen Irrtumsfall muss sich der Getäuschte Gedanken ma- 42
chen und dem Täter glauben. Jeder Irrtum setzt einen Widerspruch
zwischen der Vorstellung des Getäuschten und der Wirklichkeit voraus (positive Fehlvorstellung). Im Einzelnen lassen sich folgende
Leitlinien festhalten:

b) **Irrtum eines Menschen.** Irren kann nur ein Mensch. In dadurch 43
entstehende Lücken stoßen Vorschriften wie § 263a (→ § 14) und
§ 265a (→ § 16).

Ist „niemand da", der getäuscht werden kann, entfällt § 263 eben- 44
falls. Eine solche Situation kommt etwa beim Selbstbedienungs-Tan-
ken ohne Zahlen in Betracht, wenn der Tankwart oder Kassierer den
täuschenden Kunden vor der Verfügung nicht – auch nicht etwa per
Videoüberwachung – im Blickfeld gehabt und wahrgenommen hat.

In diesen Fällen liegt aber in der Regel ein versuchter Betrug vor, weil
der Kunde mit seiner Wahrnehmung durch den Tankwart oder Kassierer rechnet.

BGH NJW 2012, 1092, 1093 (mit Bspr. *Heintschel-Heinegg*, JA 2009,
903 ff.; 2012, 305 ff.; *Hecker*, JuS 2012, 1138 ff.); *BGH* NJW 2016, 1109 mit
Bspr. *Hecker*, JuS 2016, 566 ff.; *OLG Köln* NJW 2002, 1059 f.; MüKo/*Hefendehl*, § 263 Rn. 345; a. A. *Ernst*, Jura 2013, 455 f. – Zu den Tank-Fällen erg.
→ Rn. 5, 324; → § 2 Rn. 73; → § 5 Rn. 13.

45   **c) Sachgedankliches Mitbewusstsein.** Für die positive Fehlvorstellung, d. h. für die unrichtigen Gedanken, die der Täter beim Getäuschten hervorrufen muss, reicht ein unreflektiertes Mitbewusstsein, ein ständiges Begleitwissen aus, das bestimmte Umstände und
Erwartungen als selbstverständlich voraussetzt. Typische Bereiche
dafür sind gleichförmige, massenhafte oder routinemäßige Geschäfte.

46   **Beispiele:** Ein Wirt/Kellner glaubt an die Zahlungsfähigkeit des Gastes, der
Bestellungen aufgibt. Wer zur Begleichung einer Schuld Falschgeld erhält, irrt
über die Echtheit des Geldes, auch wenn ihm ein solcher Gedanke nicht aktuell durch den Kopf geht und/oder er sich an den Vorgang nicht erinnern
kann (*BGH* NStZ 2014, 215, 216). Wer ein Vertragsangebot annimmt, geht
davon aus, dass der Anbieter den Vertragsgegenstand nicht zu seinen Gunsten
manipuliert hat (BGHSt 51, 165, 173 f.; 58, 102, 108 f.; **Fall 2**). Wer eine zu einem festen oder üblichen Preis (→ Rn. 20) angebotene Leistung beansprucht,
hat die Vorstellung, dass dieser die Bemessungsgrundlage bildet (*BGH* NJW
2009, 2900, 2901). – Zum Irrtum und sachgedanklichen Mitbewusstsein in
Massenbetrugsfällen *BGH* NStZ 2015, 90, 99 f.; 2015, 341 f. (mit Bspr. *Kubi-
ciel*, HRRS 2015, 382 ff.); 2019, 43 f. (mit Anm. *Frank*); *Braun*, ZWH 2020,
318 ff.
    Zum ständigen Begleitwissen auf der Vorsatzebene vgl. erg. oben → § 4
Rn. 42, 56 und *Rengier*, AT, § 14 Rn. 51 f.

47   Freilich muss der Rechtsverkehr überhaupt dazu Anlass geben,
sich Vorstellungen über bestimmte faktische Gegebenheiten zu machen. Einen solchen Anlass haben z. B. Kontrollpersonen, die, bevor
sie verfügen dürfen, verpflichtet sind, die Tatsachen zu überprüfen,
die Gegenstand der Täuschung sind.

48   Umstritten ist, ob sich Bankbedienstete gewisse Gedanken über die
Berechtigung des Sparbuchinhabers machen. Begründet wird dies
teilweise mit der eingeschränkten Legitimationswirkung des § 808
BGB, die nach h. M. bei Vorsatz und grober Fahrlässigkeit entfällt.
Ob das Argument trägt, ist zweifelhaft, weil es nur im Ausnahmefall
zu einer Haftung kommt. Doch hat das Haftungsrisiko zumindest

dazu beigetragen, dass jedenfalls in der Realität das Gedankenmachen dem Normalfall entspricht.

Auf dieser Linie auch Sch/Sch/*Perron*, § 263 Rn. 48; W/H/S/*Schuhr*, BT 2, Rn. 538; *Valerius*, JA 2007, 779. – A.A. SK/*Hoyer*, § 263 Rn. 77; MüKo/ *Hefendehl*, § 263 Rn. 355 f.; LK/*Tiedemann*, 12. Aufl. § 263 Rn. 44, 88, 125. – Zum Verhältnis mit § 242 siehe → Rn. 341. – Zur zivilrechtlichen Seite näher MüKoBGB/*Habersack*, § 808 Rn. 11 ff., 22 ff.

d) Garantiezusagen. Auf der anderen Seite unterliegt *keinem* Ir- **49** tum ein Geschäftspartner, für den die Berechtigung und Bonität des Täters deshalb überhaupt keine Rolle spielen, weil die Zahlungsrisiken durch besondere **Garantien** abgedeckt sind. Daher erfasst § 263 zahlungsunfähige Täter nicht, die mit einer Universalkreditkarte im „Drei-" oder „Vier-Partner-System" bezahlen (vgl. BGHSt 33, 244, 249 f.; erg. → § 19 Rn. 9 ff.). Entsprechendes gilt für den Missbrauch der Girocard/Maestro-Karte im sog. electronic-cash-Zahlungsverfahren.

Eisele/Fad, Jura 2002, 308, 312; *Rengier*, Gössel-FS, 2002, 473; erg. → § 14 Rn. 45; → § 19 Rn. 22 ff. und *Rengier*, BT II, § 39 Rn. 28.

e) Fehlende Prüfungspflichten. Nicht anders liegt es bei fehlenden **50** Prüfungspflichten. Ein Kassierer oder Buchhalter, der Gelder nach Prüfungsvermerken oder Zahlungsanweisungen zuständiger Dritter gleichsam „blind" auszahlen bzw. überweisen darf, irrt in der Regel nicht. Ein Bankangestellter hat am Bankcomputer bei Auszahlungen und Überweisungen normalerweise nur die Identität des Kunden und die formelle Deckung des Kontos innerhalb des Kreditlimits zu prüfen, da der Kontoinhaber mit der Gutschrift einen Auszahlungsanspruch erwirbt; daher macht sich der Angestellte keine Gedanken darüber, ob die Gelder dem Kontoinhaber auch materiell zustehen.

Zu Letzterem *OLG Düsseldorf* wistra 2008, 34, 35; erg. → Rn. 23 ff.; → § 14 Rn. 37 ff. – Zum Übrigen *BGH* StV 2005, 23; 2006, 583; NStZ 1997, 281 mit Anm. *Otto*, JK 98, StGB § 263/49. – Vgl. ferner *BGH* NStZ 2000, 375 f.; *OLG Frankfurt* NStZ-RR 1998, 333.

Umstritten ist, ob ein Antragsteller, der im **Mahnverfahren** be- **51** wusst wahrheitswidrig entgegen § 138 I ZPO einen Anspruch geltend macht, bei dem – nach § 20 Nr. 1 RPflG zuständigen – Rechtspfleger einen Irrtum hervorruft. Insbesondere die Rechtsprechung bejaht dies. Sie knüpft daran an, dass der Rechtspfleger einen Mahnantrag zurückweisen muss, falls er Kenntnis von der Unwahrheit des Tatsachenvortrags erlangt hat. Erlasse er vor diesem Hintergrund den beantragten Bescheid, so geschehe dies „in der Vorstellung, dass die nach dem Verfahrensrecht ungeprüft zu übernehmenden tatsächlichen Behauptungen des Antragstellers gemäß der sich aus § 138 I ZPO ergebenden Verpflichtung der Wahrheit entsprechen". Dem ist mit der h. M. im Schrifttum zu widersprechen. Da § 692 I Nr. 2 ZPO eine Schlüssigkeitsprüfung und Überprüfung der behaupteten Tatsachen nicht vorsieht, gibt es für den Rechtspfleger keinen Anlass und keine Pflicht, sich derartige Vorstellungen zu machen.

Zur Rechtsprechung siehe BGHSt 59, 68, 74 (Zitat); *BGH* NStZ 2012, 322, 323; *OLG Celle* NStZ-RR 2012, 111, 112 f.; ferner NK/*Kindhäuser*, § 263 Rn. 192. – Wie hier *Bosch*, JK 7/12, StGB § 263/96; *ders.*, JK 6/14, StGB § 263a/18; *Krell/Mattern*, StraFo 2012, 77 f.; LK/*Tiedemann*, 12. Aufl. § 263 Rn. 90; *Trüg*, NStZ 2014, 158. – Zu § 263a siehe → § 14 Rn. 13.

52   **Beachte:** Wenn der Antragsgegner gegen den Mahnbescheid Widerspruch einlegt (§§ 694 ff. ZPO), scheidet im Ergebnis auch auf dem Boden der Rechtsprechung ein vollendeter Betrug aus, da erst der Vollstreckungsbescheid einen schädigenden (→ Rn. 241) vollstreckbaren Titel schafft (§ 700 I ZPO). Ob dann zumindest ein versuchter Betrug vorliegt, ist zweifelhaft, da der Täter nach Ablauf der Widerspruchsfrist noch einen besonderen Antrag stellen muss, um den Vollstreckungsbescheid zu erlangen (§ 699 I 1 und 2 ZPO), und man darin einen wesentlichen Zwischenakt sehen kann, der gegen die Bejahung des § 22 spricht (so MüKo/*Hefendehl*, § 263 Rn. 1183; *Krell/Mattern*, StraFo 2012, 78; *Bosch*, JK 7/12, StGB § 263/96; a. A. BGHSt 24, 257, 261; *OLG Celle* NStZ-RR 2012, 111, 113 f.; LK/*Tiedemann*, 12. Aufl. § 263 Rn. 279). – Geht der Antragsteller irrtümlich von einer Prüfungspflicht aus, so ist auch auf dem Boden der h. M. im Schrifttum an die Prüfung der §§ 263, 22, und zwar in der Form des untauglichen Versuchs, zu denken.

53   **f) Schlichtes Nichtwissen.** Da Täuschung und Irrtum einen Kommunikationsvorgang voraussetzen (→ Rn. 9 f.), genügt das schlichte Nichtwissen, die Unkenntnis der Wahrheit (ignorantia facti) für eine positive Fehlvorstellung nicht (h. M.). Gleiches gilt für die unreflektierte (d. h. nicht aus vorgetäuschten Tatsachen abgeleitete) Vorstellung, „alles ist in Ordnung". Klassische Beispiele für die Frage, ob die Vorstellung „alles ist in Ordnung" einen Irrtum begründet, bilden die **Schwarzfahrer-Fälle:** Keinem täuschungsbedingten Irrtum unterliegt ein Busfahrer, der ohne individuelle Kontrolle zu Unrecht glaubt, jeder Fahrgast habe einen gültigen Fahrschein. Gleiches gilt für den Schaffner, der an Schwarzfahrern vorbei in der Vorstellung durch den Zug geht, alle Passagiere hätten einen Fahrschein. Fragt der Schaffner aber: „Noch jemand zugestiegen?", und der Schwarz-

fahrer meldet sich nicht, entsteht beim Schaffner ein durch das konkludente „Nein" des Schwarzfahrers hervorgerufener betrugsrelevanter Irrtum.

Näher dazu MüKo/*Hefendehl,* § 263 Rn. 347 ff.; *Preuß,* ZJS 2013, 257 ff. Klausurfall bei *Rengier,* Jura 1982, 486, 488 f.: Rückgabe eines fremden Fahrzeugs nach Motorenaustausch. Zum umstrittenen § 265a siehe → § 16 Rn. 6.

2. Zweifel und Leichtgläubigkeit des Getäuschten

Nach der zutreffenden h. M. schließen Zweifel des Getäuschten an **54** der Wahrheit der vorgespiegelten Tatsache einen Irrtum nicht aus; für den Irrtum genügt es, wenn der Getäuschte die Wahrheit der Aussage für möglich hält und sich dadurch zur Verfügung mit motivieren lässt. Dies ist zumindest solange der Fall, wie das Tatopfer die Möglichkeit der Unwahrheit für geringer als die Wahrheit hält.

Vgl. *BGH* NJW 2003, 1198 f.; NStZ 2018, 540, 542; *OLG Karlsruhe* wistra 2004, 276 mit Anm. *Krack,* JR 2003, 384; *Achenbach,* Jura 1984, 603; W/H/S/ *Schuhr,* BT 2, Rn. 540; *Küper/Zopfs,* BT, Rn. 381, 383 f.; jeweils m. w. N. auch zu restriktiven Ansätzen, die auf die Opfermitverantwortung abstellen; erg. *Rengier,* Roxin-FS, 2001, 821 ff. unter dem Aspekt der objektiven Zurechnung.

Nach der Rechtsprechung und bisherigen h. M. ist es verfehlt, we- **55** gen der Leichtgläubigkeit des Opfers und der Erkennbarkeit der Täuschung einen Irrtum abzulehnen (BGHSt 34, 199, 201 f.; *BGH* NJW 2014, 2595, 2596; wistra 1992, 95, 97). Vielmehr kommt danach gerade auch dem Strafrecht die Aufgabe zu, unerfahrene, unvernünftige, abergläubische, dumme und andere (besonders) leicht verführbare Personen vor „an sich" leicht durchschaubaren Täuschungsmanövern und plumpen Tricks zu schützen (zur Diskussion *Loos/ Krack,* JuS 1995, 207 f.).

Beispiele: Die Täterin verspricht eine Teufelsaustreibung nach Übergabe **56** von Geld, das, wie sie erklärt, unter bestimmten Umständen um Mitternacht mit dem Teufel „begraben" werden müsse, das in Wirklichkeit aber ihr zufließen soll (*LG Mannheim* NJW 1993, 1488). Wahrsager prophezeihen, um sich zu bereichern, bestimmten Opfern ein Unglück, das mit ihrer (der Wahrsager) „Hilfe" durch Opferung hoher Geldbeträge an einem heiligen Ort wie Lourdes abgewendet werden könne (*BGH* wistra 1987, 255). Internetnutzer werden Opfer relativ leicht erkennbarer Abofallen (→ Rn. 15). Zur Täuschung in diesen Fällen siehe schon → Rn. 6. Zum besonders anschaulichen **Fall 1** → Rn. 230.

57   Fraglich ist, inwieweit typischerweise im Bereich der Produktwerbung (z. B. Abofallen; Fall 1) das EU-Recht Einfluss auf die Auslegung des Täuschungs- und Irrtumsmerkmals hat. Die Diskussion hängt mit dem europäischen Verbraucherleitbild zusammen, das die einschlägige Richtlinie 2005/29/EG über unlautere Geschäftspraktiken (UGP-RL) aufgenommen hat und eine richtlinienkonforme einschränkende Auslegung des § 263 zur Folge haben könnte. Dieses Leitbild richtet sich an einem informierten, aufmerksamen und verständigen Durchschnittsverbraucher aus. Soweit allerdings die geschäftliche Handlung bestimmte Gruppen anspricht, ist einschränkend auf ein durchschnittliches Mitglied dieser Gruppe abzustellen; insoweit können auch etwa aufgrund von Leichtgläubigkeit besonders schutzbedürftige Verbraucher erfasst sein (vgl. die Umsetzung der UGP-RL in § 3 IV UWG; *Rengier*, Fezer-FS, 2016, 370 ff.).

58   Der *BGH* vertritt die Ansicht, die UGP-RL habe überhaupt keinen Einfluss auf die Auslegung des § 263. Im Schrifttum widerspricht man dem überwiegend. Doch herrscht Unklarheit, welches Ausmaß die etwaigen Korrekturen am betrugsstrafrechtlichen Schutzniveau haben, weil die UGP-RL ihrerseits die an den Grad der Aufmerksamkeit zu stellenden Anforderungen von verschiedenen Faktoren abhängig macht und zumindest teilweise den unaufmerksamen oder leichtgläubigen Verbraucher unmittelbar oder mittelbar in ihren Schutzbereich einbezieht. Was die Abofallen (→ Rn. 15) betrifft, besteht im Ergebnis weitgehend Einigkeit darüber, dass die Konstellation gleichermaßen im Lichte der UGP-RL unter § 263 fällt, weil insoweit auch der durchschnittliche Internetnutzer den täuschenden Manipulationen erliegen kann. Im **Fall 1** (→ Rn. 230) muss aber insbesondere nach *Hecker* die richtlinienkonforme Auslegung zur Ablehnung des § 263 führen.

59   Hierzu *BGH* NJW 2014, 2595 ff. – Zur Diskussion im Schrifttum *Rengier*, Fezer-FS, 2016, 365 ff.; *Hecker*, JuS 2014, 1043 ff.; *Hecker/Müller*, ZWH 2014, 329 ff.; *Rönnau/Wegner*, JZ 2014, 1064 ff.; *Cornelius*, NStZ 2015, 310 ff.; SSW/*Satzger*, § 263 Rn. 14, 118 ff.; M/R/*Saliger*, § 263 Rn. 6, 109; W/H/S/Schuhr, BT 2, Rn. 512, 523; *Brand/Blatter*, JuS 2016, 985 f.; Falllösung bei *Schröder*, Jura 2017, 210 ff. – Zur richtlinienkonformen Auslegung *Rengier*, AT, § 5 Rn. 26; *Hecker*, JuS 2014, 385 ff.

3. Wissenszurechnung

Zunehmend geraten teilweise ungeklärte Fragen der Wissenszurech- 60
nung ins Blickfeld, die sich stellen, wenn der Geschädigte – typischerweise eine übergeordnete Person (Geschäftsherr, Vorgesetzter) – eine
Hilfsperson (Sachbearbeiter, Vertreter, Rechtsanwalt, Repräsentant)
hinzuzieht und eine Person die Täuschung durchschaut, die andere
nicht. Fest steht, dass sich die zivilrechtlichen Grundsätze zur Wissenszurechnung (§ 166 BGB) nicht einfach auf das Strafrecht übertragen lassen. Insbesondere zwei Konstellationen sind zu unterscheiden:

In der ersten geht es im Ausgangspunkt um die klassische Konstel- 61
lation des Dreiecksbetruges (→ Rn. 93 ff.) mit dem Unterschied, dass
nur die verfügende Hilfsperson irrt, aber nicht der Geschädigte. Handelt es sich bei dem Geschädigten um eine natürliche Person, ist die
Rechtslage verhältnismäßig einfach: Wer den Irrtum seines Vorder-
manns gleichsam ignoriert und die eigene Schädigung hinnimmt,
schädigt sich in eigenverantwortlicher Weise selbst und unterbricht
dadurch im Sinne der Lehre von der objektiven Zurechnung (vgl.
→ Rn. 3) den Zurechnungszusammenhang zwischen der Täuschung
der verfügenden Hilfsperson und dem Schaden (*Eisele*, ZStW 2004,
22 ff., 33; *ders.*, BT II, Rn. 551 f.; Sch/Sch/*Perron*, § 263 Rn. 41a).

Handelt es sich bei dem Geschädigten um eine juristische Person, 62
so ist die Frage, unter welchen Voraussetzungen das Wissen überge-
ordneter Personen von erfolgreichen Täuschungen gegenüber Hilfs-
personen eine eigenverantwortliche Selbstschädigung begründet, erheblich schwieriger zu beantworten. Abgestellt werden muss auf die
Kenntnis des für die Willensbildung zuständigen Organs, in dessen
Kompetenzbereich sich die Schädigung bewegt. Ein derartiges Organ
kann bei einer Gemeinde der Gemeinderat sein (vgl. *BGH* JZ 2008,
522 mit Anm. *Eisele*). Solche Organe sind ferner z. B. bei einer
GmbH (vgl. §§ 45 ff. GmbHG) die Gesellschaftergesamtheit und bei
einer AG (vgl. §§ 76 ff. AktG) grundsätzlich der Vorstand (*Brand/
Vogt*, wistra 2007, 408 ff.). Ein ergänzendes

Beispiel: T stellt, um bestimmte Unkosten auszugleichen, der Stadt X unbe- 63
rechtigt überhöhte Müllmengen in Rechnung, nachdem ihm der für die Müllentsorgung zuständige Beigeordnete B diesen „unbürokratischen" Weg vorgeschlagen hat. Die schädigenden Verfügungen erfolgen durch nichtsahnende
städtische Angestellte (*BGH* NStZ 2006, 623).

Der *BGH* begründet die Verneinung des § 263 mit dem Fehlen eines betrugsrelevanten Irrtums, da die Kenntnis der übergeordneten

Person B und nicht diejenige der gutgläubigen Sachbearbeiter entscheidend sei. Indes überzeugt der Gedanke, beim Irrtum anzusetzen und eine Wissenszurechnung von „oben" nach „unten" vorzunehmen, nicht. An der Hervorrufung eines Irrtums bei den Angestellten gibt es keine Zweifel. Die entscheidende Frage lautet, ob wegen der Zustimmung des B eine eigenverantwortliche Selbstschädigung der Stadt vorliegt. Dies kommt nur unter der Voraussetzung in Betracht, dass B nach dem städtischen Kompetenzgefüge im Bereich der Müllentsorgung die alleinige Kompetenz gehabt und es sich um ein Geschäft der laufenden Verwaltung gehandelt hat. Nach dem Sachverhalt ist das möglich, aber nicht eindeutig. Doch kann die Frage im konkreten Fall offen bleiben: Weil B mit dem täuschenden T kollusiv in sittenwidriger Weise (§ 138 I BGB) zum Nachteil der Stadt zusammengewirkt hat, lässt sich entsprechend den zivilrechtlichen Grundsätzen zum Missbrauch der Vertretungsmacht das Verhalten des B nicht mehr als eigenes Handeln der juristischen Person begreifen, sondern hat Fremdschädigungscharakter.

Demnach erfüllt T entgegen der Ansicht des *BGH* den Tatbestand des § 263, zu dem B angestiftet hat (§§ 263, 26). Ferner kann sich B nach § 266 I Var. 2 und T gemäß den §§ 266 I Var. 2, 27, 28 I strafbar gemacht haben.

64   Zum Ganzen insbesondere *Brand/Vogt*, wistra 2007, 412 f., 415; ferner *Eisele*, ZStW 2004, 22, 29 f.; MüKoBGB/*Schubert*, § 164 Rn. 227 f.; *Medicus/Petersen*, Allgemeiner Teil des BGB, 11. Aufl. 2016, Rn. 965 ff.; *Weißer*, GA 2011, 339 ff.; erg. *Rengier*, BT II, § 33 Rn. 20 ff.

65   In der umgekehrt liegenden zweiten Konstellation erkennt die Hilfsperson die Täuschung, aber nicht der Geschädigte. Soweit hier die Hilfsperson selbst verfügt, ist § 263 unproblematisch zu verneinen; eventuell liegen die §§ 263, 22 vor. Problematischer ist der Fall, dass der Geschädigte selbst verfügt. Dazu das folgende

66   **Beispiel:** Der Versicherungsnehmer E täuscht dem Versicherungsagenten A einen versicherten Schaden vor. A leitet die Schadensmeldung unverändert an die Versicherung V weiter, obwohl er die Täuschung erkennt. V zahlt (*BayObLG* NStZ 2002, 91).

Grundsätzlich liegt in solchen Fällen der Gedanke nahe, den „Wissensvertreter" und den Geschädigten – ähnlich der Zurechnungseinheit beim Dreiecksbetrug (→ Rn. 101 ff.) – zu einer „Irrtumseinheit" zu verbinden, da sich der Geschädigte eines Gehilfen zur Regelung eigener Angelegenheiten bedient. Argumentiert man so im Sinne einer Wissenszurechnung, kommt bei E nur ein versuchter Betrug in Betracht (vgl. LK/*Tiedemann*, 12. Aufl. § 263 Rn. 82). Vorliegend gibt aber die Hilfsperson ihr Wissen pflichtwidrig bewusst nicht an den Geschädigten weiter. Bildlich gesprochen verlässt A damit vorsätzlich die „Irrtumseinheit" und tritt auf die Seite des Täters. Insoweit entzieht A der Zurechnungsgrundlage den Boden. Aus der Perspektive der objektiven Zurechnung: Der täuschende E ruft bei V kausal einen Irrtum hervor, dessen Zurechnung nicht dadurch unterbrochen wird, dass der dazwischengeschaltete A es vorsätzlich unterlässt, den Irrtum zu verhindern.

Folglich begeht E einen vollendeten Betrug, an dem sich A, auch durch Unterlassen, beteiligen kann. Ferner ist bei A an § 266 I Var. 2 zu denken.

Zu dieser Konstellation *BayObLG* NStZ 2002, 91; *Otto*, JK 8/02, StGB, **67** § 263/68; *ders.*, Jura 2002, 611; *Eisele*, ZStW 2004, 27 ff.; *ders.*, BT II, Rn. 553; W/H/S/*Schuhr*, BT 2, Rn. 555 f.; *Weißer*, GA 2011, 334 ff.; *Rönnau/ Becker*, JuS 2014, 507.

IV. Vermögensverfügung

1. Grundlagen

a) **Inhalt.** Anders als bei § 253 (→ § 11 Rn. 13 ff.) ist bei § 263 die **68** Vermögensverfügung als ungeschriebenes objektives Tatbestandsmerkmal anerkannt. Sie stellt das Bindeglied zwischen Irrtum und Vermögensschaden dar und bringt zum Ausdruck, dass der Betrug seinem Charakter nach ein Selbstschädigungsdelikt ist.

Für den erforderlichen Kausalzusammenhang zwischen Irrtum **69** und Verfügung (→ Rn. 3) genügt es, dass der Irrtum für die Verfügung mitbestimmend ist. Die Kausalität entfällt, wenn der Getäuschte die Verfügung auch ohne den Irrtum vorgenommen hätte.

Definition: Vermögensverfügung ist jedes (rechtliche oder tatsäch- **70** liche) Handeln, Dulden oder Unterlassen, das unmittelbar zu einer Vermögensminderung im wirtschaftlichen Sinne führt.

Beispiele (zum Verfügungsverhalten): (1) **Handeln:** Rechtsgeschäftliche Willenserklärungen wie Vertragsabschluss, Eigentumsübertragung und Kündigung; Übertragung von Besitz und Alleingewahrsam; Erbringen von Arbeitsleistungen; Unterschriften aller Art, auch als vermeintliches „Autogramm", unter einen Vertragstext; staatliche Hoheitsakte wie Prozessurteil und Festnahme.

(2) **Dulden:** Erschlichene Zustimmung zur Mitnahme einer Sache.

(3) **Unterlassen:** Nichtgeltendmachung von Forderungen; erschlichene Hinauszögerung der Geltendmachung eines Anspruchs; Verjährenlassen einer Forderung; Absehen von Zwangsvollstreckungsmaßnahmen.

71 **b) Zur Frage des Verfügungsbewusstseins.** Nach der zutreffenden h. M. (Sch/Sch/*Perron*, § 263 Rn. 60) ist ein Verfügungsbewusstsein (= Wissen um den vermögensrelevanten Charakter der Verfügung) zwar nicht generell, aber bei dem häufigen **Sachbetrug** erforderlich. Denn bei diesem geht es um die Abgrenzung zum Diebstahl, und dafür ist das (Verfügungs-) Bewusstsein, Gewahrsam zu übertragen, das maßgebliche Abgrenzungskriterium (→ Rn. 81).

72 Würde man aber generell ein Verfügungsbewusstsein voraussetzen, so entstünden im Bereich des **Forderungsbetrugs** kaum hinnehmbare Strafbarkeitslücken. Gemeint sind Konstellationen, in denen der Getäuschte gar nicht bemerkt, dass die täuschende Person eine Forderung erschleicht oder durch ihr Verhalten verhindert, dass er einen ihm zustehenden Anspruch geltend macht oder durchsetzt. Einschlägige Beispiele kommen vor allem in Fällen der Unterschriftserschleichung vor, ferner bei bestimmten Täuschungen durch Unterlassen, also beim Betrug durch Unterlassen (→ Rn. 29 ff.), sowie im Bereich der Verfügungen durch Unterlassen (→ Rn. 70).

73 Mit der Frage des Verfügungsbewusstseins darf nicht das Problem verwechselt werden, inwieweit § 263 auch bewusste Selbst*schädigungen* erfasst (→ Rn. 170 ff.).

74 **c) Zur „Unmittelbarkeit" der Vermögensminderung beim Sachbetrug.** Inhalt und Reichweite des Unmittelbarkeitserfordernisses sind keineswegs geklärt. Sein Ursprung geht auf das angenommene Bedürfnis zurück, den Sachbetrug als Selbstschädigungsdelikt klar vom Diebstahl als Fremdschädigungsdelikt abzugrenzen. Mit Blick darauf hat der *BGH* früh eine täuschungsbedingte Selbstschädigung des Opfers verneint, „wenn die Täuschung dem Täter nur die Herbeiführung des Schadens durch eine eigene, den Gewahrsam des Inhabers ohne dessen Kenntnis eigenmächtig aufhebende Handlung ermöglichen sollte" (*BGH* MDR 1968, 772). Demnach ist eine „unmittelbare" Vermögensminderung auszuschließen, soweit die Täuschung dem Täter lediglich die tatsächliche Möglichkeit verschafft, durch weitere selbstständige, insbesondere deliktische Zwischenschritte den (Diebstahls-)Schaden, d. h. die Wegnahme herbeizuführen (vgl. BGHSt 50, 174, 178). Der Unmittelbarkeitsgedanke steht also im Dienst der exklusiven Abgrenzung zwischen Diebstahl und

Sachbetrug mit dem Ziel, den Selbstschädigungscharakter des § 263 hervorzuheben. Diese **Exklusivitätslösung** wird heute von der ganz h. M. vertreten (näher → Rn. 81 ff., 101 ff.).

d) Zur „Unmittelbarkeit" der Vermögensminderung beim For- 75 **derungsbetrug.** Das für die Abgrenzung zwischen Diebstahl und Sachbetrug kreierte Unmittelbarkeitskriterium hat die h. M. auf die Konstellationen des Forderungsbetrugs übertragen. Die Installierung geht auf Fälle der Unterschriftserschleichung zurück. Typische

Beispiele: (1) Wer die Unterschrift unter ein nicht ausgefülltes Bestellformular erschleicht und dieses anschließend plangemäß in schädigender Weise ergänzt, verwirklicht mangels unmittelbarer Schädigung nicht § 263, sondern nur § 267 I Var. 1 (erg. *Rengier*, BT II, § 33 Rn. 34).
(2) Wer einem vorgefassten Plan entsprechend als Verkäufer z. B. eine Bestellung über die Lieferung von 1.000 Dübeln nachträglich zu seinen Gunsten in eine Bestellung über 5.000 Dübel abändert, ist nur nach § 267 I Var. 2 (erg. *Rengier*, BT II, § 33 Rn. 37 ff.), aber nicht gemäß § 263 strafbar (*OLG Hamm* wistra 1982, 152, 153).

Einerseits scheint die parallele Übertragung auf den ersten Blick 76 konsequent zu sein, andererseits existiert beim Forderungsbetrug ein mit dem Verhältnis von § 242 und § 263 vergleichbares Abgrenzungsproblem nicht. Auf die Unterschrifts- und weitere Konstellationen wird noch näher einzugehen sein (→ Rn. 121 ff.). Dabei werden an anderer Stelle entwickelte Gedanken aufgegriffen, die dafür plädieren, jedenfalls beim Forderungsbetrug den – ohnehin uneinheitlich gehandhabten – Unmittelbarkeitsgedanken durch Kriterien der objektiven Zurechnung zu ersetzen (*Rengier*, Sieber-FS, 2021, 306 ff.).

e) Kette von Verfügungen. Das übliche Erfordernis der Unmittel- 77 barkeit schließt keineswegs aus, dass die Verfügung – man denke an arbeitsteilige Organisationsformen – auf der Seite des Opfers stufenweise in mehreren Akten erfolgt. Unmittelbar (selbst-)schädigend ist auch eine irrtumsbedingt entstandene Kette von Verfügungen, von denen erst die letzte die Vermögensminderung herbeiführt (BGH BB 1991, 713, 714; *Lackner/Kühl*, § 263 Rn. 25).

Beispiel: Ein Sachbearbeiter verfügt, wenn er täuschungsbedingt einen Kreditantrag befürwortet, dem deshalb auch der Abteilungsleiter zustimmt, bevor der letztzuständige Kreditausschuss das schädigende Darlehen bewilligt.

f) Zur Vermögensminderung als Verfügungserfolg. Das Verfü- 78 gungsverhalten muss zu einer Minderung des Vermögens geführt ha-

ben. Diese Minderung darf nicht automatisch mit dem Vermögensschaden gleichgesetzt werden. Grenzt man sauber ab, so gehört zum
Merkmal der Vermögensverfügung die Feststellung eines vermögensrelevanten Abflusses als Verfügungserfolg. Diesbezüglich muss zwischen Verfügungsverhalten und Verfügungserfolg ein Zurechnungszusammenhang bestehen (für den nach h. M. die Unmittelbarkeit ein
zentrales Kriterium ist). Beim Vermögensschaden geht es vor allem
um die etwaige Saldierung des Verlustes durch Zuwächse. Demnach
hat die Frage, was zum geschützten Vermögen gehört, im Rahmen
des § 263 schon bei der Vermögensverfügung ihren Platz. Dies betrifft
dann natürlich ebenso das theoretische Fundament, die Vermögensbegriffe. Von daher scheint es nahe zu liegen, die Vermögensbegriffe und
die geschützten Vermögenspositionen bereits im Zusammenhang mit
der Vermögensverfügung zu erörtern (vgl. *Hansen,* Jura 1990, 511 f.).

79   Indes gehen die meisten Kommentare und Lehrbücher – auch dieses – einen anderen Weg und ordnen alles beim Vermögensschaden
ein (→ Rn. 138 ff.). Dafür spricht: Erstens betreffen die Vermögensbegriffe genauso die Schadensfeststellung. Zweitens greifen Fragen der
*Vermögens*minderung und des *Vermögens*schadens ineinander über.
Drittens vor allem ist es aus der Sicht des § 266 wie auch der §§ 253,
255 (jedenfalls soweit man auf das Verfügungserfordernis verzichtet)
sinnvoll, den Komplex zusammenzuhalten, weil von den §§ 266, 253,
255 aus, was den Vermögensschaden anbelangt, auf § 263 verwiesen
wird (vgl. → § 11 Rn. 47 ff.; → § 18 Rn. 49 ff.).

80   In der **Fallbearbeitung** kommt es in erster Linie darauf an, die Fragen der
Vermögensminderung und der etwaigen Kompensation des Verlustes klar zu
trennen. Dabei ist es, soweit es darum geht, ob überhaupt das *Vermögen* betroffen ist, bezüglich § 263 aufbaumäßig präziser, diesen Aspekt schon bei der
Vermögensverfügung zu thematisieren. Man denke etwa an das Ablisten wirtschaftlich wertloser Sachen (vgl. → Rn. 142 f.; erg. *Perron/Bott/Gutfleisch*, Jura
2006, 708). Wenn aber wie in den Fallgruppen der → Rn. 159 ff. und 165 ff.
wirtschaftliche Werte bewegt werden, erscheint es überzeugender, die Problematik erst im Rahmen des Vermögensschadens zu diskutieren (vgl. auch W/
H/S/*Schuhr*, BT 2, Rn. 545).

2. Abgrenzung von Diebstahl und Sachbetrug im Zwei-Personen-Verhältnis

81   a) **Grundlagen.** Auf dem Boden der ganz h. M. stehen Diebstahl
und Sachbetrug in einem Exklusivitätsverhältnis (→ Rn. 74). Bezüglich ein und derselben Sache kann es entweder nur Diebstahl oder Be-

trug geben. Die Abgrenzung erfolgt nach der inneren Willensrichtung des Opfers. Die willentliche Gewahrsamsübertragung – und zwar von Alleingewahrsam (→ Rn. 82) – ist eine Vermögensverfügung, die einen „Bruch" fremden Gewahrsams ausschließt, während der gegen den Willen erfolgende Gewahrsamswechsel eine Wegnahme darstellt (vgl. schon → § 2 Rn. 64 ff.). Den Betrug kennzeichnet die täuschungsbedingte willentliche Selbstschädigung durch Gewahrsamsübertragung, den Diebstahl die dem Willen des Berechtigten widersprechende Fremdschädigung durch Gewahrsamsbruch.

Beispiele: Das Erschleichen von Gewahrsamslockerungen (Wohnungszu- **82** tritt, Weglocken, Preisgabe von Schlüsseln zu versteckten oder gesicherten Sachen, Tresoröffnung, Überlassen zur Anprobe), um eine Sache mit Zueignungsabsicht an sich zu bringen, führt nicht zu § 263, auch nicht unter dem Aspekt der konkreten Vermögensgefährdung (→ Rn. 209 ff.), sondern im Falle der Ansichnahme zu § 242 (zu solchen „Trickdiebstählen" erg. → Rn. 91 f.; → § 2 Rn. 60 ff.). Selbst die täuschungsbedingte Einräumung von Mitgewahrsam bewirkt lediglich eine Gewahrsamslockerung und noch keine „unmittelbare" Vermögensminderung; diese wird erst durch den (anschließenden) Bruch von Mitgewahrsam herbeigeführt, der unter § 242 fällt (*BGH* GA 1987, 307 f.). – Zum Versuchsbeginn des § 242 beim Erschleichen eines Wohnungszutritts *Rengier*, AT, § 34 Rn. 36a.

Vielfach wird weiter davon gesprochen, dass § 263 einen zwar **83** durch Irrtum erzeugten, im Übrigen aber innerlich „freien" Willensentschluss, also eine „freiwillige" Vermögensverfügung voraussetze (vgl. BGHSt 18, 221, 223; *OLG Düsseldorf* NJW 1988, 922, 923; M/ R/*Saliger*, § 263 Rn. 127; *Küper/Zopfs*, BT, Rn. 671).

Kriminalbeamter-Fall: A und B erscheinen bei dem Dieb D und erklären – **84** sich als Kriminalbeamte ausgebend – den gestohlenen Schmuck für beschlagnahmt. D, der sich mit der Staatsgewalt nicht anlegen will, holt den Schmuck und händigt ihn den „Beamten" aus.

In solchen Fällen der **Pseudo-Beschlagnahme** lehnt man im Allgemeinen mit Hilfe des Freiwilligkeitskriteriums § 263 ab und bejaht § 242 mit der Begründung, dass aufgrund des staatlichen Zwangs das Einverständnis nicht innerlich frei erteilt und daher unwirksam sei (BGHSt 18, 221, 223; *BGH* NJW 1952, 796; *Geppert*, JuS 1977, 70). Richtigerweise ist das spezielle Freiwilligkeitskriterium überflüssig und darf keineswegs verallgemeinert werden (vgl. auch schon → § 11 Rn. 34); dies zeigt das nächste

Beispiel: F will von ihrem getrennt lebenden Mann M Geld. Sie täuscht ihm **85** daher vor, X habe ihr gegenüber mit der Entführung (oder Tötung) der gemeinsamen Tochter T gedroht, falls man X nicht 50.000 € auf ein bestimmtes Konto überweise (auf das F Zugriff hat). M überweist in großer Sorge das Geld.

§ 255 scheitert am Drohungsmerkmal (→ § 11 Rn. 8; *Rengier,* BT II, § 23 Rn. 39, 42). Die täuschungsbedingte Überweisung des Geldes durch M erfolgt sicher willentlich, aber höchst unfreiwillig. Dennoch hat BGHSt 7, 197 in einem vergleichbaren „Erpressungs"- Fall zu Recht § 263 bejaht. In ähnlicher Weise bejaht *OLG Köln* NJW 1987, 2095 bei einer vorgetäuschten Entführung, um von Angehörigen Geld zu bekommen, ohne jeden Kommentar die Vermögensverfügung.

86   Der Verfügungsbegriff des § 263 setzt also keine Freiheit von Zwang voraus (a. A. *Otto,* BT, § 53 Rn. 19 f.). Dies einzuräumen, die Zahlung aber trotzdem noch als „frei"-willige Selbstschädigung zu begreifen (so W/H/S/*Schuhr,* BT 2, Rn. 674; SSW/*Satzger,* § 263 Rn. 186 f.), überzeugt angesichts der oft einer Notstandslage im Sinne des § 35 entsprechenden Drucksituation nicht.

87   Zurück zum **Kriminalbeamten-Fall:** Zur Bejahung des § 242 kann man auch unabhängig vom Freiwilligkeitskriterium kommen. Denn wer sich der (vermeintlichen) Staatsgewalt beugt und unter Umständen bei der Durchführung der vorgetäuschten Beschlagnahmeanordnung hilft, überträgt den Gewahrsam nicht aufgrund eines eigenen Willensentschlusses, sondern aufgrund eines fremden, vorgegebenen Hoheitsaktes, der für eine eigene Willensbetätigung keinen Raum lässt und lassen soll. Daher fehlt hier bereits die Willensbildung, die zu einem – bezüglich § 242 – tatbestandsausschließenden Einverständnis führen könnte.

So bereits *Rengier,* JuS 1981, 654 f. und dann auch *BGH* NJW 2011, 1979; zust. *Hecker,* JuS 2011, 850. – Vgl. ferner *BGH* NJW 1952, 796; W/H/S/ *Schuhr,* BT 2, Rn. 667 ff.; *Eisele,* BT II, Rn. 56; Falllösungen bei *Jäger,* JA 2007, 605 f.; *Theile/Gatter,* Jura 2014, 104 ff.

88   In *BGH* NJW 2011, 1979 geht es um eine – möglicherweise mit qualifizierten Nötigungsmitteln durchgesetzte – Pseudo-Beschlagnahme durch „**falsche Feldjäger" der Bundeswehr.** Wenn der *BGH* hier auch im Falle einer mittels vorgehaltener Gaspistole erzwungenen Übergabe des „beschlagnahmten" Guts § 249 anwenden will, so ist dies mit der sonst nach dem äußeren Erscheinungsbild vorgenommenen Abgrenzung zwischen § 249 und § 255 (→ § 11 Rn. 39) kaum in Einklang zu bringen (*Jäger,* JA 2011, 633).

89   Man wird einen gewissen Begründungsaufwand bemerkt haben. Zu beachten ist: Die Fälle der Pseudo-Beschlagnahme stellen absolute

Ausnahmekonstellationen dar, deren Lösung (§ 242) in erster Linie mit den gesetzlichen Machtbefugnissen der Staatsgewalt zu erklären ist und möglicherweise auch damit zusammenhängen könnte, dass man dem Geschädigten Ersatzansprüche aus etwaigen Versicherungen, die allein Diebstahlsrisiken abdecken, erhalten will (vgl. BGHZ 5, 365; *Geppert*, JuS 1977, 70 mit Fn. 15). Auf keinen Fall sollte von einer solchen Ausnahmekonstellation her das Freiwilligkeitskriterium verallgemeinert werden.

Im Übrigen wäre im **Kriminalbeamten-Fall** die Bejahung des § 263 keines- **90** wegs unvertretbar, vielmehr wohl konsequenter; vereinzelt wird sie in der Literatur auch vertreten (NK/*Kindhäuser*, § 242 Rn. 54; *Tetzlaff*, JuS 2013, 153 f. mit Falllösung; erg. *Brand/Zivanic*, JuS 2016, 334).

b) Vertiefung und Einzelfälle. Eine Wegnahme bleibt möglich, so- **91** lange nur eine Gewahrsamslockerung vorliegt (→ Rn. 82; → § 2 Rn. 60 ff.). Dagegen entfällt eine Wegnahme mangels „Bruchs" fremden Gewahrsams, sobald der Gewahrsamswechsel mit dem Willen des Berechtigten stattfindet (tatbestandsausschließendes Einverständnis, dazu → § 2 Rn. 64). Eine Wegnahme kann keine Vermögensverfügung sein, schließt also den Schritt zu § 263 aus. Dies hat unter Umständen strafbarkeitsentscheidende Bedeutung. Denn die Wegnahme einer – nicht von § 248b erfassten – Sache ohne Zueignungsabsicht bleibt in der Regel straflos, während die täuschungsbedingte Verfügung über eine solche Sache einen Besitzbetrug begründen kann (→ Rn. 274 f.). Andererseits eröffnet nur § 242 den Schritt zu § 252. Von daher – und auch vor dem versicherungsrechtlichen Hintergrund – darf man in der Abgrenzungsfrage nicht nur ein dogmatisches Problem sehen (vertiefend *Hillenkamp*, JuS 1997, 218 ff.). Zur Diskussion einige

Beispiele: (1) Wer in einem Geschäft ein Kleidungsstück anprobiert und da- **92** nach, wie von Anfang an geplant, mit diesem das Weite sucht, nimmt weg und verwirklicht bei Zueignungsabsicht auch dann § 242, wenn ihm Ladenpersonal das Stück zur Anprobe übergeben hat; denn insoweit findet keine Gewahrsamsübertragung statt. Parallel liegt der Ringfinger-Fall (→ § 2 Rn. 60). Ein weiteres (Grenz-)Beispiel, in dem der Täter zur Vorbereitung eines (Trick-)Diebstahls nur eine **Gewahrsamslockerung** erschleicht, enthält *BGH* VRS 48, 175: In diesem Fall übergibt E seinen Pkw während des Einkaufs im Kaufhaus X dem A, der E mit Zueignungsabsicht vorgespiegelt hat, das Fahrzeug könne im Rahmen einer Sonderaktion zwischenzeitlich an der Tankstelle des Kaufhauses X kostenlos gewaschen werden; der *BGH* (Zivilsenat) bejaht mit dem Verlassen des Kaufhausgeländes zutreffend § 242, so dass die Teilkaskoversicherung für den Verlust haften muss.

93 In der **Fallbearbeitung** empfiehlt es sich, bei der gedanklichen Vorprüfung von § 242 auszugehen. In der schriftlichen Darstellung kann es dann ratsam sein, mit dem Delikt zu beginnen, das man verneinen will. So wird man in den Gewahrsamslockerungs-Fällen vor der Prüfung des § 242 zunächst § 263 ansprechen und bei der Vermögensverfügung darauf hinweisen, dass dafür eine Gewahrsamsübertragung vorliegen müsste. In der erschlichenen Gewahrsamslockerung kann auch nicht die Herbeiführung einer konkreten Vermögensgefährdung gesehen werden (vgl. bereits → Rn. 82). – Zur Fallbearbeitung beim Dreiecksbetrug → Rn. 119f.

94 (2) Wer in **Selbstbedienungsläden** im Kassenbereich Waren zum Teil vorbeischmuggelt, begeht Diebstahl, wenn der Kassierer die Ware gar nicht in sein Blickfeld bekommt und daher kein Verfügungsbewusstsein haben kann. Die gegenteilige Entscheidung des *OLG Düsseldorf* (NJW 1993, 1407), die § 263 mit der verfehlten Begründung bejaht, die Kassiererin verfüge generell über den gesamten Inhalt des Einkaufwagens, ist vereinzelt geblieben und auf allgemeine Ablehnung gestoßen. Daher erfüllt § 242, wer mit Zueignungsabsicht Sachen wie CDs, Videokassetten oder Socken an sich bringt, indem er sie im Einkaufswagen unter einem Kleidungsstück, einem Werbeprospekt oder hinter einer Kiste verbirgt und so an der Kasse die Bezahlung umgeht. Ein Betrug scheidet aus, weil der Kassierer seinen Verfügungswillen grundsätzlich erst dadurch konkretisiert, dass er die Preise der vorgelegten Waren in die Kasse eintippt bzw. einscannt und sie dem Kunden berechnet.

95 Dazu BGHSt 41, 198ff., 203 mit Anm. *Zopfs*, NStZ 1996, 190; *OLG Köln* NJW 1984, 810; *Roßmüller/Rohrer*, Jura 1994, 469ff.; *Brocker*, JuS 1994, 919ff. Falllösung hierzu und auch zu Fragen der Wechselgeldfalle bei *Fahl*, JA 1996, 40ff.

96 (3) Demgegenüber umstritten ist die Konstellation, dass der Täter an der Kasse eine verpackte Ware bezahlt, nachdem er vorher in der Verpackung zusätzliche Ware wie Zubehör versteckt hat. Bevor man zu dieser Streitfrage gelangt, muss man zunächst erkennen, dass im bloßen Verstecken der Ware in der Verpackung noch keine Wegnahme liegt (→ § 2 Rn. 54). An der Kasse ist richtigerweise § 263 zu bejahen, da es dort zu einem willentlichen Gewahrsamswechsel kommt. Denn der Kassierer verfügt (täuschungsbedingt) in der Weise über das ihm vorgelegte Paket, wie es in sein Blickfeld gelangt, und das heißt: Die Verfügung erfasst notwendigerweise das Paket als Ganzes mit dem vollständigen Inhalt. Ein „Bruch" fremden Gewahrsams bezüglich der „unbekannten" Stücke scheidet aus, weil eine „Aufspaltung" des Verfügungsbewusstseins nicht möglich ist.

Die häufiger vertretene Gegenmeinung, die § 242 bejaht, wendet **97** ein, dass der Kassierer, da insoweit kein Kaufvertrag abgeschlossen werde, auch nicht erkläre, das in der Packung Verborgene dem Kunden übertragen zu wollen. Der Verfügungswille beziehe sich nur auf die vorgezeigten und registrierten, aber nicht auf die versteckten Waren.

Wie hier für die Bejahung des § 263 auch *OLG Düsseldorf* NJW 1988, 922; **98** *Fahl*, JuS 2004, 889; *ders.*, NStZ 2014, 247; *Heinrich*, Beulke-FS, 2015, 396 f.; *Hecker*, JuS 2019, 821. – Dagegen für § 242 *Vitt*, NStZ 1994, 134; W/H/S/ *Schuhr*, BT 2, Rn. 675; MüKo/*Hefendehl*, § 263 Rn. 20 f.; SK/*Hoyer*, § 263 Rn. 169; *Eisele*, BT II, Rn. 55, 564; SSW/*Satzger*, § 263 Rn. 179.

Vom hier vertretenen Standpunkt aus versteht es sich von selbst, **99** dass auch beim Totalaustausch der Ware (z. B. Zigaretten gegen Windeln; billige gegen teure CD) § 263 bejaht werden muss (richtig *OLG Hamm* OLGSt § 263 StGB S. 165; jetzt zust. W/H/S/*Schuhr*, BT 2, Rn. 675; SSW/*Satzger*, § 263 Rn. 183). Folgt man dem, so kann für einen Teilaustausch und auch nur für eine Teilergänzung konsequenterweise nichts anderes gelten.

Konsequent für § 242 auch beim Totalaustausch MüKo/*Hefendehl*, § 263 **100** Rn. 422 f.; *Eisele*, BT II, Rn. 55, 564. – Zu einem etwaigen Sicherungsbetrug an der Kasse nach vorausgegangenem Diebstahl → Rn. 343. – Wie hier die Falllösung bei *Dürr*, Jura 2014, 356 ff. – Falllösungen zu allen in → Rn. 94 ff. behandelten Konstellationen bei *Fahl*, JuS 2004, 885 ff.

3. Abgrenzung von Diebstahl in mittelbarer Täterschaft und Sachbetrug im Drei-Personen-Verhältnis (Dreiecksbetrug)

a) Grundlagen. Aus der anerkannten Tatsache, dass bei § 263 nur **101** Getäuschter und Verfügender, nicht aber Verfügender und Geschädigter identisch sein müssen, folgt die Möglichkeit des sog. Dreiecksbetruges. Da in solchen Fällen der Verfügende als Mittelsperson für die Schädigung eines Dritten benutzt wird, kann jedoch auch eine Wegnahme in mittelbarer Täterschaft (mit der Mittelsperson als Werkzeug) in Frage kommen. Eine Wegnahme führt bei Zueignungsabsicht zu § 242, bleibt aber bei reiner Gebrauchsabsicht (abgesehen von § 248b) straflos. Dabei gilt nach der zutreffenden h. M. die Exklusivität von Wegnahme und Vermögensverfügung bezüglich ein und derselben Sache auch im Dreipersonenverhältnis.

102 Die für die Abgrenzung entscheidende Fragestellung lautet im Ausgangspunkt: Besteht ein besonderes Näheverhältnis, d. h. bilden Verfügender und Geschädigter eine (fiktive) Zurechnungseinheit (Betrug), oder greift der getäuschte Verfügende ohne Näheverhältnis gleichsam von außen her wie ein beliebiger Dritter in das Vermögen des Geschädigten ein (Wegnahme in mittelbarer Täterschaft)? – Zum Einstieg ein einfaches und unstreitiges

103 **Beispiel:** Soweit man in den Selbstbedienungs-Fällen zu einem Betrug an der Kasse gelangt (→ Rn. 94 ff.), liegt typischerweise ein Dreiecksbetrug vor, weil die Kassiererin (K) über das Vermögen des Ladeninhabers (L) verfügt, der nur ausnahmsweise persönlich an der Kasse sitzt.

Rein konstruktiv könnte man freilich die §§ 242, 25 I Var. 2 mit der Begründung bejahen, K werde als gutgläubig handelndes Werkzeug benutzt, das den Gewahrsam des L breche, weil sich sein Einverständnis nicht auf solche täuschungsbedingten Verfügungen erstrecke. Indes wird L die Verfügung der K als eigene Verfügung zugerechnet. Daher schließt das Einverständnis der K das Einverständnis des L ein mit der Folge, dass L gegenüber kein Gewahrsams*bruch* erfolgt. Es wird nur verfügt, weshalb allein § 263 vorliegt.

104 Eine Minderheitsmeinung bejaht hier Idealkonkurrenz zwischen § 263 und §§ 242, 25 I Var. 2 (Sch/Sch/*Perron*, § 263 Rn. 67; *Ebel*, Jura 2007, 897 ff.). Dies überzeugt nicht, weil die (fiktive) Zurechnung, die auf der Seite des § 263 K und L zu einer Verfügungseinheit verbindet, auf der Ebene des § 242 nicht einfach aufgelöst werden kann (*Rengier*, JZ 1985, 567).

105 **Beachte:** Ein denkbarer Betrug zum Nachteil der verfügenden Mittelsperson scheitert im Normalfall daran, dass sie nicht geschädigt wird, weil die Hüter-/Besitzerposition gar kein Vermögensbestandteil ist bzw. keinen wirtschaftlichen Wert hat (vgl. erg. → Rn. 274 f.). Sofern man im Einzelfall einen Schaden mit drohenden Ersatzansprüchen begründen kann, muss auf jeden Fall die Absicht „stoffgleicher" Bereicherung verneint werden (→ Rn. 310 ff.).

106 **b) Qualität des Näheverhältnisses.** Über die Qualität der erforderlichen Nähebeziehung besteht Streit. Ungeachtet mancher Einzelheiten lassen sich zwei Meinungsgruppen unterscheiden:

107 (1) **Theorie von der rechtlichen Befugnis** oder auch „**Ermächtigungstheorie**" (SK/*Hoyer*, § 263 Rn. 144 ff.; *Mitsch*, BT 2, 297 ff.; *Roxin/Schünemann*, JuS 1969, 374 f.): Der verfügende Dritte muss zi-

vilrechtlich zu der Verfügung (Besitzübertragung) ausdrücklich, stillschweigend oder zumindest dem Anschein nach rechtlich ermächtigt
gewesen sein (wie z. B. Laden- und Geschäftspersonal, vgl. § 56
HGB).

(2) **Theorie von der faktischen Befugnis**, bekannter als „Lager- 108
theorie" (h. M.; vgl. BGHSt 18, 221; *BGH* wistra 2017, 484, 485;
OLG Düsseldorf NJW 1994, 3366, 3367; *Lenckner*, JZ 1966, 320 f.;
W/H/S/*Schuhr*, BT 2, Rn. 682): Nach dieser weitergehenden – die
Fälle der rechtlichen Befugnis selbstverständlich einschließenden –
Lehre kann es genügen, wenn der Verfügende (rechtlich oder) auch
bloß tatsächlich in der Lage gewesen ist, über das fremde Vermögen
zu verfügen, sofern er schon *vor* der Tat dem „Lager" des Geschädigten zugerechnet werden musste (faktisches Näheverhältnis). Solche
Näheverhältnisse werden nicht nur bei rechtlichen Befugnissen, ei-
gentümerähnlichen Stellungen, Besitzmittlungsverhältnissen und
Mitgewahrsam, sondern auch bei bloß untergeordnetem Mitgewahrsam, Dienstbotenstellungen und ähnlichen Gewahrsamshüterfunktionen bejaht. Verfehlt wäre es, wie es gelegentlich geschieht, aus
BGHSt 18, 221 die allgemeine Folgerung abzuleiten, die Rechtsprechung verlange bezüglich des Verfügenden zumindest Mitgewahrsam. Es müssen nur gewisse Schutzfunktionen bezüglich der heraus-
gegebenen Sache bestehen; insbesondere genügen rein faktische
Zugriffsmöglichkeiten nicht, um die Verfügungseinheit zu begründen.

Im **Fall 3a** ist H die Obhut über die Haushaltsgegenstände anvertraut. 109
Nach der „Lagertheorie" verfügt sie somit *von innen her* über das Vermögen
des E, so dass sich T wegen eines Betruges zum Nachteil des E strafbar macht.
Die Theorie von der rechtlichen Befugnis käme lediglich dann zu § 263, wenn
H eine Übergabebefugnis eingeräumt worden wäre (Vertretung) oder sie zu-
mindest schon öfters ähnliche Handlungen vorgenommen hätte (Situation der
Anscheinsvollmacht). Da dafür keine Anhaltspunkte vorliegen, würde diese
Lehre die §§ 242, 25 I Var. 2 bejahen.

Im **Fall 3b** kommen dagegen alle Ansichten zu den §§ 242, 25 I Var. 2; denn 110
G hat jedenfalls im inneren Haushaltsbereich keinerlei Hüterfunktionen, weshalb er insoweit nicht im Lager des E steht und *von außen her* in dessen Vermögen eingreift, und zwar gesteuert als (wegen eines Tatbestandsirrtums) vorsatzlos handelndes Werkzeug, das keinen Willen zum Gewahrsamsbruch hat.

Im Fall *BGH* wistra 2017, 484 veranlasste T mit Zueignungsabsicht im Rah- 111
men einer Liebesbeziehung die L, ihm aus Tresoren u. a. im Eigentum von anderen Familienangehörigen stehende Goldbarren zu überlassen, indem er vor-
spiegelte, die Barren nur kurzfristig als Pfandobjekte zu benötigen und ihr

schnell wieder zurückzugeben. – Ob L in einem ausreichenden Näheverhältnis zu den Goldbarren stand, also etwa Mitgewahrsamsinhaberin war oder Gewahrsamshüterfunktionen innehatte, war nicht geklärt. Liegt ein solches Verhältnis vor, gelangt man zu einem Dreiecksbetrug. Besteht es nicht, bricht L ohne Enteignungsvorsatz fremden Gewahrsam und agiert insoweit als ohne Zueignungsabsicht handelndes doloses Werkzeug, so dass T dann die §§ 242, 25 I Var. 2 erfüllt (dazu → § 2 Rn. 173 ff., 178).

112   Zustimmung verdient die von der h. M. vertretene „Lagertheorie" oder Theorie von der faktischen Befugnis. Diese Theorie passt erstens besser zur überwiegend ebenfalls faktisch orientierten Auslegung der Merkmale Vermögensverfügung und Vermögensschaden (LK/*Tiedemann*, 12. Aufl. § 263 Rn. 116) und kann zweitens grundsätzlich auf die Erpressungsebene übertragen werden (*Rengier*, JZ 1985, 566 f.; vgl. schon → § 11 Rn. 30 ff.).

113   Fraglich ist, ob auf dem Boden der „Lagertheorie" die Zurechnung voraussetzt, dass der (getäuschte) Verfügende die ihm gesetzten Grenzen nicht bewusst überschreitet (so W/H/S/*Schuhr*, BT 2, Rn. 684; LK/*Tiedemann*, 12. Aufl. § 263 Rn. 116) bzw. subjektiv in dem Bewusstsein handelt, zur Vermögensverfügung berechtigt zu sein (so *Küper/Zopfs*, BT, Rn. 676, 684).

114   Dahinter steckt zumindest eine zutreffende Tendenz. Geht es hier um die Frage, inwieweit das Handeln des Dritten dem Geschädigten als selbstschädigende Verfügung „zugerechnet" wird, dann liegt es nahe, für die Antworten Kriterien der objektiven Zurechnung fruchtbar zu machen (*Rengier*, Roxin-FS, 2001, 824 ff.). Insoweit lässt sich als Leitlinie formulieren: Dem Verantwortungsbereich des Geschädigten werden solche „stellvertretenden" Verfügungen Dritter zugeordnet, die nach den konkreten Umständen und der Lebenserfahrung einkalkuliert werden müssen, wenn man Dritte in Nähepositionen zum eigenen Vermögen einrücken lässt.

115   **Beispiel:** In einer Variante von Fall 3a gibt H das Gerät entgegen bestimmten generellen Anordnungen heraus, um dem vermeintlichen Boten T das lästige Wiederkommen zu ersparen. – Hier liegt angesichts der Kompetenzüberschreitung ein eigenverantwortliches Handeln der H vor, das aus der Sicht des E den „Verfügungszusammenhang" unterbricht. Folglich greift H von außen her in das Vermögen des E ein, so dass T die §§ 242, 25 I Var. 2 erfüllt.

116   Zum vertiefenden Studium des Dreiecksbetrugs abschließend die folgenden

117   **Beispiele:** (1) T veranlasst, indem er eine entsprechende Erlaubnis des U vorspiegelt, die Wirtin W zur Herausgabe einer Kamera des U, der bei W

zur Untermiete wohnt; die Kamera will T auf seiner dreiwöchigen Urlaubsreise gebrauchen und dann zurückgeben. – Nach der „Ermächtigungstheorie" liegt eindeutig keine dem U zurechenbare Vermögensverfügung, sondern eine Wegnahme in mittelbarer Täterschaft vor; diese Wegnahme des T bleibt freilich mangels Zueignungsabsicht straflos. Auf dem Boden der „Lagertheorie" handelt es sich um einen Grenzfall, bei dem es auf die konkreten Umstände ankommt und man ein ausreichendes Obhutsverhältnis z. B. vertretbar bejahen könnte, wenn W das Zimmer des U regelmäßig betreten darf, um etwa aufzuräumen, zu putzen, Post hineinzulegen usw. (vgl. *Lenckner*, JZ 1966, 321). Dann hinge die Bejahung des § 263 nur noch davon ab, dass dem vorübergehenden Besitzverlust, wofür vieles spricht, wirtschaftlicher Wert zugesprochen würde (→ Rn. 274 f.). Die vorgeschlagene Anwendung objektiver Zurechnungskriterien führt aber (eher) zu der Erkenntnis, dass jedenfalls die erstmalige Herausgabe eines dem Untermieter gehörenden Gegenstandes durch die Wirtin kein Faktor ist, der in den Gefahren-/Verantwortungsbereich des Untermieters fällt. Von dieser Warte aus erfüllt T – nicht anders als auf dem Boden der „Ermächtigungstheorie" – zwar den objektiven Tatbestand der §§ 242, 25 I Var. 2, handelt aber ohne Enteignungsvorsatz.

(2) Die Sekretärin S des C übergibt einem vermeintlichen Boten, der Zueignungsabsicht hat, die im Chefzimmer „vergessene" Aktentasche des C. – Nach der „Ermächtigungstheorie" liegen die §§ 242, 25 I Var. 2 vor, nach der „Lagertheorie" muss man das Einverständnis der S dem C zurechnen, folglich eine Wegnahme ablehnen und § 263 bejahen. **118**

(3) Falllösung bei *Meurer/Dietmeier*, JuS 1999, L 13 ff.

c) Fallbearbeitung und Aufbaufragen. Die Frage stellt sich, wie **119** man bei der Abgrenzung zwischen Dreiecksbetrug und Diebstahl in mittelbarer Täterschaft aufbaumäßig am geschicktesten vorgeht. Besser als der für das Zwei-Personen-Verhältnis zutreffende Rat, (eher) mit dem im Ergebnis verneinten Delikt zu beginnen (→ Rn. 93), dürfte es sein, beim Dreiecksbetrug § 263 grundsätzlich zuerst zu erörtern (zust. *Eisele*, BT II, Rn. 569; *Rönnau*, JuS 2011, 984). Dafür spricht nicht zuletzt, dass die Theorien zum Näheverhältnis Verfügungstheorien sind, die thematisch zum Betrug gehören. Daher bewegt man sich auf einem vertrauteren Gelände, wenn man die Theorien im Rahmen des Betrugstatbestandes behandelt. Anschließend sollte man die §§ 242, 25 I Var. 2 auch dann (kurz) ansprechen, wenn § 263 bejaht wurde. In diesem Fall kann man bei der Erörterung der Wegnahme zuerst feststellen, dass und weshalb im Dreiecksverhältnis die Konstruktion einer Wegnahme in mittelbarer Täterschaft trotz gegebener Verfügung denkbar ist und von einer Minderheitsmeinung auch vertreten wird. Anschließend wendet man sich der h. M. zu, nach der die Verfügung auch im Drei-Personen-Verhältnis als tatbestandsausschließendes Einverständnis wirkt, das eine Wegnahme ausschließt.

120 Würde man demgegenüber mit dem Wegnahmedelikt beginnen, so müsste man bei der Wegnahme in mittelbarer Täterschaft auf die Verfügungstheorien eingehen, weil davon die Frage des tatbestandsausschließenden Einverständnisses abhängt. Auch dieser Weg ist gangbar, dürfte aber in der Darstellung schwieriger sein. Zudem lässt sich die Idealkonkurrenz annehmende Minderheitsmeinung besser integrieren, falls zuvor § 263 bejaht wurde.

4. Forderungsbetrug im Zwei-Personen-Verhältnis

121 Im Folgenden werden mehrere Fallgruppen aufgegriffen, die das von der h. M. auch beim Forderungsbetrug befürwortete Erfordernis der „unmittelbaren" Vermögensminderung näher beleuchten.

122 **a) Unterschriftserschleichungen.** Gut geeignet, um die Probleme dieser schon angesprochenen Konstellation (→ Rn. 75 f.) zu verdeutlichen, ist folgendes

> **Beispiel:** Am Ende des Strafverfahrens gegen A steht fest, dass er in betrügerischer Absicht die Unterschrift des O unter eine formularmäßige Bestellung erschlichen hat. Nicht geklärt werden kann, ob A im Formular die betrügerischen Angaben (1) schon vor oder (2) erst nach der Unterschrift eingefügt hat (*OLG Düsseldorf* NJW 1974, 1833).

123 Auf dem Boden der Alternative (1) erfüllt A § 263 unproblematisch, weil O täuschungsbedingt ein fertig ausgefülltes Bestellformular unterschrieben hat (zum Eingehungsbetrug erg. → Rn. 209 ff.).

124 Auf dem Boden der Alternative (2) entfällt nach h. M. § 263 mangels „unmittelbarer" Vermögensminderung, da O täuschungsbedingt nur eine Blankounterschrift geleistet und A anschließend in einem deliktischen Zwischenschritt plangemäß das Bestellformular in schädigender Weise ausgefüllt hat. Eine Gegenmeinung will in der Blankounterschrift, soweit sie der Täter alsbald ausnutzt, einen für § 263 ausreichenden Gefährdungsschaden sehen; dies scheitert freilich an dessen Bezifferbarkeit (erg. → Rn. 214, 217). Also verwirklicht A nach h. M. allein § 267 I Var. 1.

> Vgl. bereits → Rn. 75 f. – Zur h. M. *OLG Hamm* wistra 1982, 152, 153; *OLG Celle* NJW 1975, 2218, 2219; SSW/*Satzger*, § 263 Rn. 190; *Eisele*, BT II, Rn. 559; zur Gegenmeinung Sch/Sch/*Perron*, § 263 Rn. 61; *Fischer*, § 263 Rn. 77.

125 Im Beispielsfall kann A allerdings weder nach § 263 noch gemäß § 267 I Var. 1 bestraft werden, weil keine dieser Alternativen sicher vorliegt. Anderer-

seits steht fest, dass A sich strafbar gemacht hat. Dies führt zum Problem der (ungleichartigen) Wahlfeststellung, die freilich zwischen § 263 und § 267 mangels Vergleichbarkeit des Unrechts unzulässig ist (*OLG Düsseldorf* NJW 1974, 1833, 1834; erg. *Rengier*, AT, § 57 Rn. 21 ff., 30). Folglich bleibt A im Lichte der h. M. straflos.

Es stellt sich die Frage, ob sich, um dieses unbefriedigende Ergeb- **126** nis zu ändern, auch in der Alternative (2) die Annahme eines Betrugs begründen lässt. Immerhin liegen die beiden Alternativen recht nahe beieinander und es ist nicht erkennbar, dass bei O der bezüglich § 263 geforderte Selbstschädigungscharakter verloren geht, nur weil A die betrügerischen Angaben erst nach der Unterschrift einfügt. Insoweit führt das Unmittelbarkeitserfordernis in die Irre. An dessen Grundgedanken, nämlich dass es um ein Zurechnungsproblem zwischen Verfügungsverhalten und schädigendem Vermögensabfluss geht (→ Rn. 78), kann freilich angeknüpft werden. Man gelangt aber zu überzeugenderen Ergebnissen, wenn die Ausformung des Zurechnungszusammenhangs nicht mittels eines speziellen Unmittelbarkeitskriteriums, sondern mit allgemeinen Kriterien der objektiven Zurechnungslehre erfolgt.

Rengier, Sieber-FS, 2021, 306 ff.; so schon *Stuckenberg*, ZStW 2007, 899 ff. mit Blick auf das Phishing (→ Rn. 235 f.); dem zust. *Krell*, NZWiSt 2013, 377 mit Fn. 92; vgl. ferner *Bülte*, NZWiSt 2013, 347 f. – Zur Lehre von der objektiven Zurechnung *Rengier*, AT, § 13 Rn. 38 ff.

Folgt man dem Schritt zur objektiven Zurechnung, ergibt sich im **127** Beispielsfall für die Alternative (2): In der täuschungsbedingt erschlichenen Unterschrift des O liegt die Verfügungshandlung, die A als Ausgangsgefahr geschaffen hat und plangemäß ausnutzt, um durch nachträgliche Ergänzungen die schädigende Minderung herbeizuführen. Mit anderen Worten: Die nachträglichen Ergänzungen des A sind das objektiv zurechenbare Bindeglied zwischen der Verfügungshandlung und dem Schaden. So betrachtet muss auch in der Alternative (2) § 263 bejaht werden, und zwar in Tateinheit mit § 267 I Var. 1. Endergebnis: Da A jetzt in beiden Sachverhaltsalternativen § 263 erfüllt, kann er in einem solchen Fall der gleichartigen Wahlfeststellung wegen Betrugs bestraft werden (erg. *Rengier*, AT, § 57 Rn. 17 ff.).

Die Alternative (2) entspricht dem Beispiel (1) von → Rn. 75. Im Lichte der objektiven Zurechnungslösung ist auch im Beispiel (2) von Rn. 75 entgegen der h. M. § 263 zu bejahen, und zwar in Tateinheit mit § 267 I Var. 2.

128   **b) Erschleichen einer doppelten Zahlung per Überweisungsträger.** Dazu das folgende

Beispiel: T hat sich auf Kaffeefahrten von kaufenden Teilnehmern für den Kaufpreis nicht nur eine Einzugsermächtigung, sondern zusätzlich noch als angeblich „technisch notwendig" einen Überweisungsträger unterschreiben und übergeben lassen, um ihn erheblich später einzureichen und so den Kaufpreis ein zweites Mal gutgeschrieben zu erhalten. Nach ein bis zwei Jahren tat er dies in mehreren Fällen mit Erfolg (*BGH* NStZ 2014, 578).

Das *LG* hat bereits in der Übergabe der Überweisungsträger einen vollendeten Betrug erblickt. Demgegenüber führt der *BGH* überzeugend aus, ein Vermögensgefährdungsschaden könne bezogen auf den Zeitpunkt der Aushändigung nicht beziffert werden, da T bis zur Einreichung noch über ein Jahr habe warten wollen und die Bankanweisungen erst mit dem Zugang bei den angewiesenen Geldinstituten wirksam würden (§ 130 I 1 BGB) sowie bis dahin frei widerruflich seien (§ 130 I 2 BGB). Dann sieht sich der BGH veranlasst, auf Gedanken der gestreckten oder mehraktigen Verfügungen zurückzugreifen (vgl. → Rn. 77) und umständlich zu begründen, warum der Schaden trotz des zeitlichen Abstands, trotz der Widerrufsmöglichkeit und trotz weiterer notwendiger Täterakte immer noch „unmittelbar" herbeigeführt worden ist.

129   Ersetzt man dagegen, wie hier zur Diskussion gestellt (→ Rn. 76, 126 f.), die Unmittelbarkeit durch objektive Zurechnungskriterien, ist die Begründung leicht: T hat sich Überweisungsträger erschlichen, diese länger aufgehoben und daran anknüpfend ein bis zwei Jahre später sein betrügerisches Werk vollendet (erg. *Rengier*, Sieber-FS, 2021, 312 f.).

130   **c) Rezepterschleichungs-Fall.** Die Komplikationen mit dem Unmittelbarkeitselement veranschaulicht weiter ein drittes

Beispiel: T erschleicht in 11 Fällen bei verschiedenen Vertragsärzten Rezepte über ein schmerzstillendes Medikament, reicht sie aber nicht bei Apotheken ein. Hätte er dies getan, wäre die Apotheke grundsätzlich verpflichtet gewesen, das Rezept einzulösen, und die Apotheke hätte im Gegenzug einen Vergütungsanspruch gegen die Krankenkasse erlangt (*OLG Stuttgart* NStZ-RR 2013, 174).

131   Das *OLG* nimmt an, T habe § 263 erfüllt, weil das Einlösen des Rezepts zu erwarten gewesen und darin ein unwesentlicher Zwischenschritt zu sehen sei, so dass ein Gefährdungsschaden vorliege. Das – in diesem Fall nicht plausibel lösbare – Bezifferbarkeitspro-

blem wird überhaupt nicht erwähnt. Sieht man außerdem näherliegend im Einlösen einen wesentlichen Zwischenschritt, muss man im Sinne des Unmittelbarkeitsgedankens der bloßen Rezeptausstellung so oder so die betrügerische Relevanz absprechen. Nunmehr folgt das nächste Problem. Löst der Täter das Rezept ein, scheitert der Betrug im Normalfall daran, dass den Apotheker keine Prüfungspflicht trifft und er deshalb keinem Irrtum unterliegt (BGHSt 49, 17, 20 f.; *Bülte*, NZWiSt 2013, 347).

Die Fragen klären sich fast von selbst, wenn man das Unmittelbarkeitserfordernis durch die Gedanken der objektiven Zurechnung ersetzt (entsprechend → Rn. 76, 126 f.) und auf den Zeitpunkt schaut, zu dem frühestens ein sicher messbarer Schaden eintritt: Ein Vermögensschaden entsteht erst, wenn der Täter das erste Rezept einlöst. Dieser Teilakt knüpft an das täuschungsbedingte Verfügungsverhalten des Arztes an. Die Ausgangsgefahr (missbräuchliche Verwendung des Rezepts) hat der Täter geschaffen und dann durch das Einlösen in zurechenbarer und schädigender Weise realisiert (erg. *Rengier*, Sieber-FS, 2021, 308 f.). **132**

Zu weiteren, den Unmittelbarkeitsaspekt betreffenden Konstellationen siehe → 231 ff.

5. Forderungsbetrug im Drei-Personen-Verhältnis

Das Erfordernis des besonderen Näheverhältnisses muss grundsätzlich auch in solchen Dreieckskonstellationen Beachtung finden, bei denen – wie in den Fällen des Forderungsbetrugs – nicht die Abgrenzung zum Diebstahl zur Debatte steht. **133**

Beispiele: (1) Einen Forderungsbetrug in der Form des **Prozessbetruges** (dazu auch → Rn. 51, 241) begeht, wer, um dem Kläger zu helfen, falsch aussagt und dadurch ein richterliches Urteil (Verfügung) herbeiführt, das den Beklagten (Geschädigter) zu Unrecht zu einer Zahlung verurteilt (vertiefend *Kraatz*, Jura 2007, 531 ff.; Falllösungen bei *Sengbusch*, Jura 2007, 626 ff.; *Müller/Schmoll*, JA 2015, 514 ff.). – Ausführlich zu Problemen des Prozessbetrugs *Krell*, JR 2012, 102 ff.
(2) Ebenso begeht einen Dreiecksbetrug ein Rechtsanwalt (Verfügender), der täuschungsbedingt die Forderung eines Mandanten (Geschädigter) verjähren lässt.
(3) Eine ergänzende Falllösung bei *Jansen*, ZJS 2019, 135 ff. **134**

Fraglich ist, inwieweit in **Rechtsscheinsfällen**, in denen kraft Gesetzes, insbesondere gemäß den §§ 932 ff., 407 BGB, Rechte anderer **135** zum Erlöschen gebracht werden, eine ausreichende Nähebeziehung besteht.

136   **Beispiele:** (1) Im einschlägigen **Fall 4** entfällt zunächst ein Betrug des V zum Nachteil des Getäuschten K, weil K gutgläubig Eigentum nach den §§ 929, 932 BGB erwirbt (erg. → Rn. 245 ff.). Ein Betrug zum Nachteil des E (Schaden: Eigentumsverlust) würde voraussetzen, dass K, der durch seinen gutgläubigen Erwerb den Rechtsverlust bei E herbeigeführt hat, mit dem Geschädigten E eine Zurechnungseinheit bildet. K und E haben aber vor der Verfügung in keiner Beziehung gestanden. Daher scheidet § 263 schon objektiv aus (zur weiter fehlenden Absicht → Rn. 314). V erfüllt nur § 246 II.

(2) Ein Arbeitnehmer, der unter Vortäuschung eigener Inkassoberechtigung Forderungen gegen Kunden einzieht, begeht einen Betrug zum Nachteil des Arbeitgebers, wenn dieser die Zahlungen gemäß § 56 HGB gegen sich gelten lassen muss (*BGH* wistra 1992, 299).

137   Umstritten ist, ob die Möglichkeit, eine Forderung gemäß § 407 BGB zum Erlöschen zu bringen, eine ausreichende Näheposition beinhaltet. Darum geht es im **Fall 5**, in dem zunächst eine Strafbarkeit des V wegen Betrugs zum Nachteil des K ausscheidet, weil G die Leistung des K an V gegen sich gelten lassen muss (§ 407 I BGB) und K daher nicht geschädigt wird. V könnte aber § 263 zum Nachteil des G durch Täuschung des K erfüllt haben. G erleidet einen Vermögensschaden, weil seine Forderung nicht mehr durchsetzbar ist (§ 407 I BGB). Verfügender (K) und Geschädigter (G) müssen nicht identisch sein, aber zueinander in einem besonderen Näheverhältnis stehen. Die überwiegende Meinung bejaht in den Fällen des § 407 BGB zu Recht ein solches Näheverhältnis. Dieses Näheverhältnis lässt sich damit begründen, dass die Abtretung zwischen V und G bereits vor der Verfügung des K ein Schuldverhältnis zwischen G und K entstehen lässt. Zur Bereicherungsabsicht in diesem Fall → Rn. 315.

Wie hier *OLG Celle* NJW 1994, 142, 143; *Rengier,* JZ 1985, 568; *Fock/Gerhold*, JA 2010, 512 f. – A. A. *Krack/Radtke,* JuS 1995, 19; *Radtke/Meyer,* Jura 2007, 715 ff. mit Falllösung. – Ergänzende Fälle in → § 2 Rn. 118 f., 124.

V. Vermögensschaden

1. Grundlagen

138   Neben § 263 setzen auch § 253 (→ § 11 Rn. 47 ff.) sowie § 266 (→ § 18 Rn. 49 ff.) – von einem „Nachteil" sprechend – den Eintritt eines Vermögensschadens voraus. Man muss also immer im Blickfeld

haben, dass sich die im Folgenden erörterten Schadensprobleme prinzipiell genauso bei den §§ 253, 266 stellen können.

Die Bestimmung dessen, was zum geschützten Vermögen gehört, **139** und die Feststellung des Vermögensschadens bereiten erhebliche Schwierigkeiten. Die Probleme hängen mit unterschiedlichen Vermögensbegriffen zusammen. In Klausuren ist vor allem die Kenntnis der Positionen des **wirtschaftlichen Vermögensbegriffs** sowie des **juristisch-ökonomischen Vermögensbegriffs** für das Verständnis des Tatbestandes und die Erörterung bestimmter Zweifelsfragen unentbehrlich.

Beide Standpunkte gehen übereinstimmend von einer wirtschaftli- **140** chen Betrachtungsweise aus. Die Uneinigkeit betrifft die Frage, ob man bei der rein wirtschaftlichen Sicht bleiben kann, oder ob der Vermögensbegriff einer gewissen „juristischen" Begrenzung bedarf. Von dieser Idee lässt sich der juristisch-ökonomische Vermögensbegriff der h. M. leiten, der den Gedanken der Einheit der Rechtsordnung aufnimmt und zum strafrechtlich geschützten Vermögen nur das zählt, was auch sonst unter dem Schutz der (Zivil-)Rechtsordnung steht.

Daneben hat der sog. **personale Vermögensbegriff** einige Anhänger gefun- **141** den, dessen Lösungen vielfach mit denen nach dem juristisch-ökonomischen Vermögensbegriff übereinstimmen (vgl. *Otto,* Jura 1993, 424 ff.; *Geerds,* Jura 1994, 309 ff.; erg. → Rn. 190, 208). Überholt ist der **rein juristische Vermögensbegriff** (zu diesem *Kindhäuser/Nikolaus,* JuS 2006, 197). – Überblick zu den Vermögensbegriffen bei *Beulke* II, Rn. 179.

2. Wirtschaftlicher und juristisch-ökonomischer Vermögensbegriff

a) **Geschützte Vermögensbestandteile.** Nach dem wirtschaftli- **142** chen Vermögensbegriff, der – nochmals: – auch dem juristisch-ökonomischen Vermögensbegriff zugrunde liegt, gehören zum Vermögen alle wirtschaftlich wertvollen (geldwerten) Güter einer Person.

Beispiele: (1) Erfasst sind Geld, Forderungen, Eigentum und an- **143** dere Rechte wie z. B. Selbsthilfe- und Pfandrechte gemäß §§ 562, 562b, 704 BGB (vgl. BGHSt 32, 88, 91; vgl. auch → § 11 Rn. 48); der Besitz, wenn er wirtschaftlichen Wert hat (vertiefend → Rn. 274 f.); die Arbeitskraft als Arbeitsleistung, die üblicherweise nur gegen Entgelt erbracht wird (*BGH* NJW 2001, 981).

Zu den geschützten Arbeitsleistungen gehört seit dem Prostitu- **144** tionsgesetz vom 20.12.2001 auch die Arbeitskraft der Prostituierten.

Durch dieses Gesetz hat der Gesetzgeber den sexuellen Dienstvertrag vom Makel der Sittenwidrigkeit befreit und zivilrechtliche Ansprüche der Prostituierten auf ein vorher vereinbartes Entgelt anerkannt. Seitdem ist ihre Arbeitsleistung nicht mehr als sittenwidrig einzustufen (zu dieser Fallgruppe → Rn. 152 ff.). Für Telefonsexdienstleistungen leitet *BGH*(Z) NJW 2008, 140 (mit zust. Anm. *Stadler*, JA 2008, 384) aus dem Prostitutionsgesetz den allgemeinen Gedanken ab, dass Entgeltforderungen für die Erbringung, Vermittlung und Vermarktung derartiger Leistungen nicht mehr der Einwand der Sittenwidrigkeit (§ 138 I BGB) entgegengehalten werden kann. § 263 I erfüllt demnach, wer sich ohne Zahlungswillen entgeltpflichtige sexuelle Dienstleistungen erschleicht.

So jetzt auch BGHSt 61, 149, 153; zust. *v. Galen*, NJW 2016, 2438; *Krehl*, NStZ 2016, 347; *Dannecker*, NStZ 2016, 323 f.; SSW/*Satzger*, § 263 Rn. 169; erg. → § 263 Rn. 218. – Zur erzwungenen sexuellen Dienstleistung → § 11 Rn. 49 f.

145 (2) Erfasst sind ferner **Erwerbs- und Gewinnaussichten** – Anwartschaftsrechte wie tatsächliche Anwartschaften (Exspektanzen) –, die so konkretisiert sind, dass sie eine reale Vermögensposition darstellen, weil sie mit einiger Wahrscheinlichkeit einen Vermögenszuwachs erwarten lassen und ihnen von daher die Verkehrsauffassung bereits jetzt wirtschaftlichen Wert beimisst. Man denke an die Stammkundschaft, an die Schädigung eines Mitbewerbers, der nach den Vergabebedingungen als Mindestbietender eine sichere Anwartschaft auf den Zuschlag hat, oder an die Schädigung durch Verschlechterung einer konkret gegebenen Vollstreckungsaussicht.

Hierzu BGHSt 17, 147, 148; 20, 143, 145; 34, 379, 390 f.; *BGH* NStZ 1997, 542; 2012, 272, 273; NJW 2004, 2603, 2604; *OLG Düsseldorf* NJW 1994, 3366, 3367; LK/*Tiedemann*, 12. Aufl. § 263 Rn. 134 ff.

146 Zu den realen Vermögenspositionen zählt man auch, unabhängig von den statistischen Aussichten, Gewinnchancen, die man durch die Teilnahme an Lotterien (z. B. durch den Kauf von Losen), an Sportwetten oder anderen Gewinnspielen erwirbt (BGHSt 8, 290, 291; 29, 165, 168; *BGH* NJW 2011, 1825; LK/*Tiedemann*, 12. Aufl. § 263 Rn. 135; erg. → Rn. 276 ff.).

147 Die Erbaussichten gesetzlicher oder testamentarisch eingesetzter Erben stellen zu Lebzeiten des Erblassers in aller Regel *keine* geschützte Position dar (*OLG Stuttgart* NJW 1999, 1564; *Putzke*, Jura 2017, 344 ff. mit Falllösung). – Zu nicht erfassten Aussichten auf eine Vermögensvermehrung vgl. ferner → Rn. 179 ff., 192 ff.

(3) *Nicht* erfasst sind – entgegen dem ersten Anschein – „Ansprü- **148** che" auf Verhängung oder Vollstreckung strafrechtlicher Sanktionen wie **Geldstrafen, Geldbußen** und **Verwarnungsgelder.** Die insoweit zutreffende h. M. lässt sich hauptsächlich auf zwei Argumente stüt- zen: Erstens haben diese Sanktionen eigenen (präventiven/repressi- ven) Rechtscharakter und zählen daher nicht zu den Vermögensposi- tionen mit wirtschaftlichem Wert. Zweitens ist § 258 als abschließende Spezialregelung zum Schutze des staatlichen Straf- und Ahndungsan- spruchs zu verstehen; namentlich das Selbstbegünstigungsprivileg (§ 258 V) droht unterlaufen zu werden, wenn man die täuschungsbe- dingte Vereitelung von Geldsanktionen in den Schutzbereich des § 263 einbeziehen würde.

Ganz h. M.: BGHSt 38, 345, 351 f.; *BGH* wistra 2007, 258; *OLG Karlsruhe* NStZ 1990, 282; *OLG Köln* NJW 2002, 527, 528; *Hecker,* JuS 2002, 227; LK/ *Tiedemann,* 12. Aufl. § 263 Rn. 145; *Graul,* JR 1991, 435 f.; *Koch/Dorn,* JA 2012, 678; Falllösungen bei *Preuß,* JA 2013, 436 f.; Jura 2019, 669 f.; *Böhm/ Hautkappe,* ZJS 2019, 517 f. – A. A. *Fahl,* NStZ 2017, 65 ff. mit Blick auf die verbotene (§ 13 II 1 StVO) Verwendung von sich automatisch verstellenden Parkscheiben. – Ergänzend → § 27 Rn. 7; *Rengier,* BT II, § 36 Rn. 14, 19.

(4) Generell fallen alle Güter ohne fassbaren wirtschaftlichen Wert **149** heraus (immaterielle Werte, wertlose Ansprüche). Hier wird der Un- terschied zu den Eigentumsdelikten sichtbar (vgl. → § 2 Rn. 1). Das Ablisten einer wirtschaftlich wertlosen Sache kann also nicht unter § 263, wohl aber unter § 246 I fallen.

b) Problematische Fallgruppen. Nach dem (rein) wirtschaftlichen **150** Vermögensbegriff – der zunehmend weniger Anhänger hat und auch von der Rechtsprechung, die sich teilweise auf ihn beruft, nicht kon- sequent vertreten wird (vgl. → Rn. 152 ff., 157; → § 11 Rn. 50) – spielt es keine Rolle, ob dem Inhaber die Vermögensposition rechtlich zu- steht oder nicht. An diesem Punkt schränkt der überzeugendere ju- ristisch-ökonomische Vermögensbegriff den Schutzbereich mit der zutreffenden Begründung ein, dass das Strafrecht nicht schützen kann, was das Recht sonst nicht anerkennt. Folglich werden durch § 263 nur solche Positionen erfasst, die unter dem Schutz der Rechts- ordnung stehen und nicht rechtlich missbilligt werden.

Vgl. Sch/Sch/*Perron,* § 263 Rn. 82 ff.; M/R/*Saliger,* § 263 Rn. 163 f.; SSW/ *Satzger,* § 263 Rn. 152; W/H/S/*Schuhr,* BT 2, Rn. 562 ff.; *Eisele,* BT II, Rn. 606 ff.

151   Es sind **vier Fallgruppen**, bei denen die unterschiedlichen Vermögensbegriffe Bedeutung erlangen und daher diskutiert werden müssen.

Vertiefend *Kühl*, JuS 1989, 505 ff.; *Otto*, Jura 1993, 424 ff.; *Waszczynski*, JA 2010, 251 ff.

152   (1) **Erste Fallgruppe:** Erschleichen von Arbeitsleistungen zu gemäß §§ 134, 138 BGB verbotenen oder sittenwidrigen, insbesondere strafbaren Zwecken nach vorgetäuschter Zahlungsbereitschaft.

153   **Beispiele:** T veranlasst, indem er jeweils einen bestimmten Lohn verspricht, a) den A, die Gaststätte des W zu demolieren; b) den B, Gelder, die T durch eine rechtswidrige Tat gemäß § 261 I 1 erlangt hat, zu waschen; c) den C, O zu töten; d) den M bzw. G, als Mittäter bzw. Gehilfe an einer Straftat des T mitzuwirken (*BGH* NStZ 2001, 534). In allen Fällen erfüllt T, wie von Anfang an geplant, trotz auftragsgemäßer Arbeit sein Versprechen nicht.

154   Auf dem Boden der juristisch-ökonomischen Vermögenslehre schützt § 263 den Arbeitseinsatz von A, B, C, M und G nicht, weil er außerhalb der Rechtsordnung erfolgt (§§ 134, 138 I BGB) und daher ihre Lohnforderungen nichtig sind (h. M.; *Hecker*, JuS 2001, 230 f.). Auch der *BGH* erkennt derartige Ansprüche zu Recht nicht als Vermögensposition an (*BGH* NStZ 2001, 534; NStZ-RR 2009, 106, 107; jeweils zu § 253), ein Zeichen dafür, dass sich die Rechtsprechung in diesem Fall erneut vom rein wirtschaftlichen Vermögensbegriff löst (vgl. schon → § 11 Rn. 50). Demgegenüber könnte man aus dem Blickwinkel der wirtschaftlichen Lehre durchaus Betrug bejahen, es sei denn, man stellte darauf ab, dass die fraglichen Arbeitsleistungen üblicherweise nicht kommerzialisiert und daher kein messbarer Vermögenswert des wirtschaftlichen Verkehrs seien (vgl. K/H/H/ *Hellmann*, BT 2, Rn. 681).

155   (2) **Zweite Fallgruppe:** Täuschungsbedingter Verzicht auf nichtige Ansprüche aus verbotenen oder sittenwidrigen Rechtsgeschäften (§§ 134, 138 BGB).

156   **Beispiele:** In den Beispielsfällen von → Rn. 153 beschließt T erst hinterher, A, B, C, M oder G mit Falschgeld zu entlohnen. Oder: Ein Komplize K täuscht den Mitkomplizen M über die Höhe des Beuteerlöses (z. B. 1.000 € statt 2.000 €), weshalb M entgegen der Vereinbarung, den Erlös zu teilen, von K nur 500 € und nicht 1.000 € erhält (sog. Komplizenbetrug; Falllösungen bei *Neumann*, JuS 1993, 748 f.; *Corell*, Jura 2010, 634).

157   Auf der Basis des vorzugswürdigen juristisch-ökonomischen Vermögensbegriffes stellen die nach den §§ 134, 138 I BGB nichtigen

Forderungen von A, B, C, M und G bzw. des Komplizen K von vornherein keine unter dem Schutz der Rechtsordnung stehenden wirtschaftlichen Vermögenswerte dar (h. M.). In Übereinstimmung damit sieht auch die heutige Rechtsprechung in solchen nichtigen Forderungen keinen schadensrelevanten Wert (*BGH* NStZ 2001, 534; 2008, 627; vgl. ferner *BGH* JR 1988, 125).

Demgegenüber misst die wirtschaftliche Betrachtungsweise nichtigen For- **158** derungen dann Vermögenswert bei, wenn sie nach den konkreten Umständen aufgrund geschäftlicher, familiärer, freundschaftlicher oder sonstiger Beziehungen faktisch realisierbar erscheinen (vgl. BGHSt 2, 364, 366 f.; K/H/H/ *Hellmann*, BT 2, Rn. 671, 677). Gegen diese Ansicht spricht, dass sie erstens auf eine sehr fragwürdige Berücksichtigung von bestimmten faktischen Gegebenheiten hinausläuft, welche die Erfüllungsbereitschaft fördern (z. B. Gewaltmilieu), und sie zweitens zu einer widersprüchlichen Besserstellung besonders skrupelloser „Schuldner" führen kann, die hart und kompromisslos alles daransetzen, um die Begleichung ihrer „Schuld" zu vereiteln (vgl. *OLG Hamburg* NJW 1965, 1525, 1526).

(3) **Dritte Fallgruppe:** Schutz des rechtswidrig erlangten Besitzes **159** (Betrug gegenüber dem Dieb oder Hehler?).

Beispiel: Dieb D oder Hehler H verkauft und übergibt dem (bös- oder gut- **160** gläubigen) K ein gestohlenes Objekt (HiFi-Anlage, Pkw), das K, wie von Anfang an gewollt, mit einem ungedeckten Scheck, mit Falschgeld oder gar nicht (wie in *BGH* NStZ 2008, 627) bezahlt.

Nach dem wirtschaftlichen Vermögensbegriff hat der faktische Be- **161** sitz des D bzw. H wirtschaftlichen Wert; K betrügt D bzw. H um den Kaufpreis. Für die Bejahung des § 263 spricht, dass zum einen eine (gewaltsame) Wegnahme nach § 242 (§ 249) strafbar wäre und zum anderen D bzw. H ebenfalls vor etwaigen erpresserischen Angriffen (§ 253) Schutz verdienen. Ferner wird angeführt, dass es im Interesse des Rechtsfriedens liege, der Entstehung von strafrechtsfreien Räumen unter Ganoven entgegenzuwirken. Freilich: Ganz „strafrechtsfrei" ist der Raum, wenn man einen Schaden ablehnt, angesichts des § 246 bzw. der §§ 263, 22 (bei einem bezüglich der Vortat gutgläubigen K) nicht.

Im Lager des juristisch-ökonomischen Vermögensbegriffs ist die **162** Frage umstritten. Richtigerweise ermöglicht ebenfalls diese Lehre die im Ergebnis vorzugswürdige Einbeziehung des unrechtmäßigen Besitzes in den Schutzbereich des § 263. Auch wenn das Recht die Art und Weise der Besitzerlangung missbilligt, so zeigen die §§ 858 ff.

BGB doch, dass selbst der unrechtmäßige Besitz unter einem gewissen Schutz der Rechtsordnung steht.

So auch *BGH* NStZ 2008, 627; LK/*Tiedemann*, 12. Aufl. § 263 Rn. 140 f.; W/H/S/*Schuhr*, BT 2, Rn. 563 f.; *Kretschmer*, Jura 2006, 223 f. mit Falllösung bezüglich § 253. – A. A. für den deliktisch erlangten Besitz Sch/Sch/*Perron*, § 263 Rn. 95; *Mitsch*, BT 2, 313 f.; *Eisele*, BT II, Rn. 608; *Waszczynski*, JA 2010, 252 f.; *Ladiges*, JuS 2014, 1097 f. mit Falllösung. – Zusammenfassend *Küper/Zopfs*, BT, Rn. 632 f.

163 Zu einer bemerkenswerten Diskussion pro und contra führte der Anfragebeschluss des 2. Senats vom 1.6.2016 (*BGH* NStZ 2016, 596 mit Anm. *Krell*; *Jäger*, BT, Rn. 542; W/H/S/*Hillenkamp*, BT 2, Rn. 78, 292, 564; *Ladiges*, wistra 2016, 479 ff.; *Bechtel*, JR 2017, 197 ff.; *Eisele/Bechtel*, JuS 2018, 99 ff.): Entgegen der bisherigen Rechtsprechung aller Strafsenate wollte der 2. Senat den unerlaubten und strafbaren Besitz von Betäubungsmitteln nicht mehr zum strafrechtlich geschützten Vermögen zählen. Demnach sollte § 263 nicht verwirklichen, wer Heroin kauft und erhält, ohne es bezahlen zu wollen. Ebenso wenig sollte gemäß § 255 strafbar sein, wer etwa mit körperlicher Gewalt die Herausgabe von Heroin erzwingt, um es zu konsumieren. Nachdem alle anderen Senate widersprochen hatten, änderte der 2. Senat seine Meinung und erklärte mit Urteil vom 16.8.2017, er sehe von einer Vorlage an den Großen Senat ab und halte ebenfalls an seiner bisherigen Rechtsprechung fest (*BGH* StV 2018, 27 ff.). Dies verdient Zustimmung. Der 2. Senat weist auf den wirtschaftlichen Vermögensbegriff und darauf hin, dass die Rechtsordnung im Bereich der Vermögensdelikte kein schlechthin schutzunwürdiges Vermögen kenne, da andernfalls nicht hinnehmbare Wertungswidersprüche entstünden, die sich aus der Anwendbarkeit der Eigentumsdelikte (§§ 242, 249) ergäben (→ § 2 Rn. 14).

164 Daran anknüpfend bezieht *BGH* NStZ-RR 2018, 221, 223 unbeeinflusst von § 89c auch das Vermögen einer Terrororganisation in den Schutzbereich des § 263 ein (abl. *Jahn*, JuS 2018, 719 ff.).

165 (4) **Vierte Fallgruppe:** Täuschungsbedingte Vorauszahlungen zu verbotenen oder sittenwidrigen Zwecken, ohne die Gegenleistung zu erhalten.

166 **Beispiele:** Vorleistungen an gedungene Killer, die den Willen zur Gegenleistung nur vorspiegeln (*KG* NJW 2001, 86 mit abl. Bspr. *Hecker*, JuS 2001, 228 ff.). Vorleistungen an andere Personen, die vortäuschen, zur Begehung

oder Unterstützung einer anderen Straftat bereit zu sein, z. B. zur Lieferung
von Rauschgift (*BGH* NStZ 2002, 33; NJW 2002, 2117).

Fest steht, dass in derartigen Fällen der Getäuschte jedenfalls den **167**
rechtmäßigen Besitz an seinem (redlich erworbenen) Geld verliert.
Fraglich ist aber, ob das Vermögen auch dann noch strafrechtlichen
Schutz verdient, wenn es zu einem von der Rechtsordnung missbilligten Geschäft eingesetzt wird. Nach der rein wirtschaftlichen Lehre
besteht zu solchen Einschränkungen von vornherein kein Anlass.

Innerhalb der juristisch-ökonomischen Lehre besteht wiederum **168**
Streit. Ein Teil will die Wertungen der §§ 134, 138, 817 S. 2 BGB einfließen lassen und von daher den strafrechtlichen Schutz versagen.
Doch verdient dies keine Zustimmung. Eigentum und Besitz sind
von der Rechtsordnung – und insoweit auch auf dem Boden der juristisch-ökonomischen Lehre – geschützte Vermögensbestandteile.
Der Einsatz zu verbotenen/sittenwidrigen Zwecken entzieht Eigentum und Besitz nicht diesen Schutz. Die zur Schädigung entschlossene Person, die z. B. die Begehung einer Straftat verspricht, darf keinen strafrechtlichen Freibrief erhalten, sich durch Täuschungen
beliebig bereichern zu können, sofern der Getäuschte ebenfalls missbilligte Zwecke verfolgt. Dabei sollte man nicht nur an die extremen
„Killerlohnfälle" denken, sondern sehen, dass es bei den missbilligten
Zielsetzungen auch um Sachbeschädigung, Geldwäsche, Bestechung,
Drogenhandel, Steuerhinterziehung, verbotene Wettbewerbsabspra-
chen usw. gehen kann.

Wie hier die h. M.; BGHSt 48, 322, 329 f.; *BGH* NStZ 2002, 33; NJW 2002, **169**
2117; *KG* NJW 2001, 86; *Otto*, Jura 1993, 425 f.; *Neumann*, JuS 1993, 749; W/
H/S/*Schuhr*, BT 2, Rn. 594 ff.; *Hillenkamp*, JuS 2014, 929 f. mit Falllösung. –
A. A. *LG Regensburg* NStZ-RR 2005, 312; *Hecker*, JuS 2001, 228 ff.; *Mitsch*,
JuS 2003, 125 f.; *Kindhäuser/Wallau*, NStZ 2003, 153 f.; SK/*Hoyer*, § 263
Rn. 130 ff.; *Bergmann/Freund*, JR 1988, 191 f.; *Waszczynski*, JA 2010, 253 f. –
Zum Teil wird § 263 auch wegen der bewussten Selbstschädigung verneint
(→ Rn. 170 ff.). – Ergänzend → § 11 Rn. 64.

3. Zur Lehre von der unbewussten Selbstschädigung

Ein Teil der Lehre nimmt an, dass § 263 eine unbewusste Selbst- **170**
schädigung voraussetze, also bei bewussten Selbstschädigungen wie
z. B. bei rechtsgrundlosen Zahlungen ausscheide. Nach dieser Meinung muss dem Getäuschten der vermögensschädigende Charakter
seines Verhaltens verborgen bleiben. Begründet wird dies mit dem

Charakter des Betrugs, der als Selbstschädigungsdelikt seinem Wesen nach nur eine unbewusste Selbstschädigung erfassen könne.

Sch/Sch/*Perron*, § 263 Rn. 41, 150; M/*Momsen*, BT 1, § 41 Rn. 122 f.; *Rudolphi*, NStZ 1995 289 f.; *Heinze*, Jura 2021, 1262 ff. mit Falllösung.

171   **Beispiel:** Der Führerschein des F ist wegen des Verdachts einer Trunkenheitsfahrt beschlagnahmt worden. Der Verdacht bestätigt sich jedoch nicht. Dennoch spiegelt der Staatsanwalt S dem F vor, er habe durch eine ungesetzliche Verfahrensweise erreicht, dass F den beschlagnahmten Führerschein wiederbekommen könne; allerdings koste das 300 €. F zahlt den Betrag an S und holt sich anschließend in der irrigen Vorstellung, dies verdanke er dem Einfluss des S, den Führerschein bei der Polizeidirektion ab (BGHSt 29, 300 mit Bspr. *Dölling*, JuS 1981, 570 ff.; zur Bestechungsseite des Falles *Rengier*, BT II, § 60 Rn. 37 f.).

172   Nach der Lehre von der unbewussten Selbstschädigung muss man sowohl in diesem Fall als auch in den Fällen der in → Rn. 165 ff. erörterten Konstellation eine betrugsrelevante Schädigung ablehnen. Dieses Ergebnis verdient indes aus den in → Rn. 168 erörterten Gründen keine Zustimmung. Richtigerweise muss § 263 auch bei bewussten Selbstschädigungen eingreifen (*BGH* NJW 1992, 2167; 1995, 539; *Dölling*, JuS 1981, 570 f.). Daher hat BGHSt 29, 300, 301 f. im Beispielsfall S zu Recht nach § 263 bestraft. Der Hauptanwendungsbereich der Lehre von der unbewussten Selbstschädigung liegt freilich im Bereich des Spenden-, Bettel- und Schenkungsbetruges.

4. Insbesondere: Spenden-, Bettel- und Schenkungsbetrug

173   **Beispiele:** (1) **Bußgeld-Fall:** Um ihre finanziellen Schwierigkeiten zu mindern, täuscht A dem O vor, aufgrund eines Bußgeldbescheides 15.000 € zahlen zu müssen. Um A „vor weiteren Verfolgungen" zu schützen, übergibt O ihr 15.000 € (*BGH* NJW 1992, 2167).

(2) **Bettler-Fall:** In der Altstadt sitzt ein Bettler B mit dem Schild: „Habe Hunger!" S spendet Geld, um B eine Mahlzeit zu ermöglichen. In Wirklichkeit will B das Geld vertrinken.

Wer auch bewusste Selbstschädigungen für § 263 genügen lässt, kann sich im Prinzip auf die Begründung beschränken, dass in derartigen Fällen bewusst unentgeltlicher Leistungen das Opfer täuschungsbedingt rechtlich geschützte Vermögenswerte verliert, dadurch ärmer wird und also einen Vermögensschaden erleidet.

174   Dagegen stellt nach der Lehre von der unbewussten Selbstschädigung die zwar täuschungsbedingte, doch bewusste Geldhingabe als solche keinen Vermögensschaden dar. Indes gelangt diese Lehre auf

Umwegen weitgehend zu gleichen Ergebnissen: Denn man bedient sich der sog. **Zweckverfehlungslehre,** wonach von einer „unbewussten" Schädigung auszugehen ist, wenn infolge der Täuschung der mit der Aufwendung verfolgte Zweck seinem sozialen Sinn nach verfehlt wird (Sch/Sch/*Perron,* § 263 Rn. 102; K/H/H/*Hellmann,* BT 2, Rn. 717).

Gegen die Zweckverfehlungslehre scheinen die Schwierigkeiten zu **175** sprechen, geschützte und ungeschützte Zwecke voneinander abzugrenzen (vgl. *Dölling,* JuS 1981, 570 f.; *Hilgendorf,* JuS 1994, 468). Andererseits ist einzuräumen, dass auch die vorzugswürdige Gegenansicht, die bewusste Selbstschädigungen einbezieht, die Verfügungszwecke in gewisser Weise berücksichtigen muss. Dazu folgendes

Beispiel: (3) **Sammler-Fall:** Sammler S veranlasst X zu einer hohen Spende **176** für einen wohltätigen Zweck, indem er vorspiegelt, auch die Nachbarn des X hätten hohe Beträge gespendet. Das gespendete Geld kommt dem Sammelzweck zugute.

Das *BayObLG* (NJW 1952, 798) hat in einem solchen Fall Betrug bejaht, ist mit seiner Ansicht aber selbst im Lager derjenigen, die an sich eine bewusste Selbstschädigung genügen lassen, auf Widerspruch gestoßen, weil der hervorgerufene Irrtum den Zweck der sozialen Leistung überhaupt nicht berühre und daher als unbeachtlicher Motivirrtum zu qualifizieren sei (vgl. W/H/S/*Schuhr,* BT 2, Rn. 553 f., 588). Der *BGH* hat diese Kritik – unter Beibehaltung des Ausgangspunktes, dass eine bewusste Selbstschädigung ausreicht – aufgegriffen und betont, dass in den Fällen des Spenden-, Bettel- oder Schenkungsbetruges die (bewusste) Vermögensschädigung „nach den Vorstellungen des Gebenden durch Erreichen eines bestimmten nicht vermögensrechtlichen Zweckes ausgeglichen werden" solle (*BGH* NJW 1995, 539).

Anders betrachtet: Die erstrebte Gegenleistung, die bei Austausch- **177** geschäften nach grundsätzlich wirtschaftlichen Aspekten in die Saldierung einfließt, kann bei unentgeltlichen Vermögenshingaben nur in dem verfolgten nicht wirtschaftlichen, insbesondere sozialen Zweck gesehen werden. Wird dieser Zweck erreicht, so „stimmen" Leistung und Gegenleistung und ein Vermögensschaden entfällt. Motivirrtümer, die nicht den verfolgten Zweck betreffen, beeinträchtigen bloß die Dispositionsfreiheit, deren Verletzung allein nicht ausreicht.

Auf dem Boden dieser Rechtsprechung, die Zustimmung verdient und zu **178** einer Angleichung der Standpunkte führt, ist die Verurteilung durch das

BayObLG im **Sammler-Fall** überholt. Im **Bußgeld-Fall** hat der *BGH* § 263 zu Recht bejaht, was wohl auch die Zweckverfehlungslehre tun würde. Desgleichen kommen in dem **Bettler-Fall** beide Auffassungen zur Strafbarkeit nach § 263 (Falllösung bei *Brüning*, ZJS 2010, 101 f.). Ebenso ist eine Täterin wegen Betrugs zu bestrafen, die vorgegeben hat, Spenden für eine Bahnhofsmission und Suppenküche zu sammeln, tatsächlich aber die Spenden für sich behalten hat (*OLG München* wistra 2014, 33 mit Bspr. *Hecker*, JuS 2014, 561 ff.). Nicht anders liegt es bei dem Pächter einer Kundentoilette, der im Eingangsbereich einen Teller aufstellt, ohne darauf hinzuweisen, dass das Trinkgeld ihm und nicht dem Putzpersonal zufließt (dazu *Kudlich*, JA 2015, 632).

Zur vergleichbaren Schadensbegründung bei der zweckwidrigen Verwendung von Subventionsgeldern vgl. → Rn. 270; *BGH* NStZ 2006, 624 f.; *Idler*, JuS 2007, 904 ff.

5. Schadensberechnung, Kompensation, Saldierungsprinzip

179   **a) Grundlagen.** Ob das Opfer einen Vermögensschaden erleidet, ergibt sich nicht allein aus dem verlorenen (wirtschaftlichen) Wert. Da zum Vermögen die Summe der geldwerten Güter einer Person zählt, ist Voraussetzung für eine *Vermögens*schädigung eine Minderung des Vermögens in seinem (Gesamt-)Wert. Der wirtschaftliche Vermögensbegriff – erneut: auf dem auch der juristisch-ökonomische Vermögensbegriff aufbaut – erfordert im Ausgangspunkt eine Betrachtungsweise, die den Wert des Vermögens zum Zeitpunkt der Verfügung mit dessen Wert nach der Verfügung vergleicht. Im Rahmen dieser Frage der **Schadenskompensation** ist zu prüfen, inwieweit den Vermögensabflüssen beim getäuschten Verfügenden durch dieselbe Vermögensverfügung vermittelte Vermögenszuflüsse gegenüberstehen

180   Oft wird auch formuliert, dass der Wert des Vermögens unmittelbar vor und unmittelbar nach der Vermögensverfügung zu vergleichen ist (BGHSt 53, 199, 201 f.; *BGH* NStZ-RR 2021, 310, 311). Damit ist das Gleiche, nämlich der Zeitpunkt der Verfügung sowie ihre gleichzeitige Bedeutung für den Zuwachs gemeint. Mit dem Problem der „Unmittelbarkeit" der Vermögensminderung hat dies nichts zu tun (vgl. → Rn. 74 ff., 121 ff., 231 ff.).

181   Nach dem Prinzip der **Gesamtsaldierung** tritt ein Vermögensschaden ein, wenn der Gesamtsaldo eine Einbuße an Vermögenswerten aufweist. Im Rahmen der Gesamtbetrachtung muss insbesondere berücksichtigt werden, ob dem betroffenen Vermögen Gegenleistungen zufließen, welche die Hingabe des Vermögenswertes objektiv-wirtschaftlich vollwertig kompensieren. Dabei setzt eine solche Kompensation voraus, dass auch der Vermögenszuwachs durch die schädigende Verfügung selbst vermittelt wird. Insoweit muss man vor allem beachten, dass – grundsätzlich – alle *gesetzlichen* Rechte und Ansprüche (namentlich Anfechtungsrechte sowie Gewährleistungs-, Schadensersatz- und Bereicherungsansprüche), die dem Betrugsopfer gerade als Folge der Täuschung erwachsen, genauso wie Wiedergutmachungsleistungen des Täters unberücksichtigt bleiben, weil insoweit allenfalls durch *spätere* selbstständige Handlungen – im Wege bloß nachträglicher Schadensbeseitigung – ein Ausgleich herbeigeführt wird.

Vgl. dazu BGHSt 57, 95, 113 f.; *BGH* NJW 2011, 2675 f.; NStZ 1999, 353, 354; 2020, 157 f.; LK/*Tiedemann*, 12. Aufl. § 263 Rn. 161 f., 166; *Müller-Christmann*, JuS 1988, 113; *Satzger*, Jura 2009, 521.

In der besonderen Konstellation des noch zu erörternden sog. „unechten" **182** Erfüllungsbetruges (→ Rn. 192 ff.) wollen allerdings manche Stimmen Mängelrechte berücksichtigen. Beim Eingehungsbetrug ist zu bedenken, dass bekannte und unproblematisch zu realisierende Gegenrechte bereits die Annahme eines Schadens in der Form der konkreten Vermögensgefährdung ausschließen können (vgl. → Rn. 226 ff.; *Küper/Zopfs*, BT, Rn. 644, 654 f.).

Immer muss eine **Minderung des vorhandenen Vermögenssaldos** **183** eintreten. Das bloße Ausbleiben einer erwarteten Vermögens*vermehrung* genügt im Prinzip nicht. So erleidet ein Verkäufer, der aufgrund einer Täuschung einen Sonderrabatt einräumt, grundsätzlich keinen Schaden in Höhe des erschlichenen Rabatts, soweit sich nur sein Gewinn vermindert (*BGH* NJW 2004, 2603, 2604 mit Anm. *Kudlich*, JuS 2005, 81 ff.; *OLG Stuttgart* NStZ-RR 2007, 347 f.). – Ein weiteres

Beispiel: T überredet O zur Teilnahme an einem 5.000 € kostenden Kurs, **184** indem er höhere Verdienstchancen vorspiegelt. Der Kurs ist den geforderten Preis wert. – Die in Aussicht gestellten Verdienstmöglichkeiten schützt § 263 nicht. Daher muss, wenn nicht im Einzelfall nach der Lehre vom individuellen Schadenseinschlag ein Schaden begründet werden kann (→ Rn. 201 ff.), § 263 abgelehnt werden (vgl. *BGH* GA 1978, 332, 333).

Eine andere Beurteilung ergibt sich dann, sofern Verdienst- und **185** Gewinnaussichten bereits zu den geschützten realen Vermögenspositionen zählen (→ Rn. 145).

b) Saldierungsprinzip bei gegenseitigen Verträgen. Das Sal- **186** dierungsprinzip erlangt in erster Linie bei gegenseitigen Verträgen große Bedeutung. Dabei sind die beiderseitigen Vertragsverpflichtungen zu vergleichen. Der Getäuschte ist grundsätzlich – außer in den

noch zu erörternden Fällen des individuellen Schadenseinschlags
(→ Rn. 201 ff.) – nur dann geschädigt, wenn sein Anspruch auf die
Leistung des Täuschenden wertmäßig hinter der eigenen Leistungsverpflichtung zurückbleibt. Entsprechen sich die beiden Werte, ist
das Vermögen nur in seinen Bestandteilen verändert, wertmäßig aber
ausgeglichen (BGHSt 16, 220, 221; 60, 1, 9 ff.). Beispielhaft vertieft:

187   **Erstens:** Wer ein Objekt nur deshalb erwirbt, weil es ihm der
Wahrheit zuwider als besonders preisgünstig angepriesen wird („Sonderangebot"), erleidet keinen Schaden, wenn der Preis für das Objekt
dem objektiven Verkehrswert entspricht. Das zentrale Argument für
die Lösung solcher und der folgenden Fälle lässt sich immer wieder
aus dem Schutzzweck der Vorschrift ableiten: § 263 schützt grundsätzlich nur das Vermögen, nicht aber die Dispositionsfreiheit.

188   **Zweitens:** Nach zutreffender h. M. erleidet ferner keinen Vermögensschaden, wer eine wirtschaftlich ausgeglichene Vertragsverpflich-
tung in dem täuschungsbedingten Irrtum eingeht, der Gewinn oder
die Provision bzw. ein Teil davon fließe einem sozialen Zweck zu.

189   **Beispiele:** (1) Klassisch sind Verpflichtungen zum Bezug von Zeitungen/
Zeitschriften, bei denen die werbenden Täter Behinderungen, Arbeitslosigkeit
oder Strafentlassung vorspiegeln oder wahrheitswidrig erklären, die Provision
komme kranken Kindern, Flüchtlingen oder einem anderen sozialen Zweck
zugute (dazu *OLG Köln* NJW 1979, 1419; *Küpper/Bode*, JuS 1992, 642 ff.).
    (2) In entsprechender Weise erfüllt § 263 auch nicht, wer beim Verkauf von
Produkten, die ihr Geld wert sind, vorspiegelt, ein Teil des Erlöses komme
z. B. der Dritten Welt, dem Schutz des Urwalds oder der Welthungerhilfe zugute (*Eisele*, BT II, Rn. 630 f.; *Satzger*, Jura 2009, 524). Nur wenn das Produkt
sein Geld nicht wert ist, greifen wegen des teilweisen Spendencharakters die
Grundsätze zum Spenden- und Schenkungsbetrug ein (→ Rn. 173 ff.).

190   Eine Minderheitsmeinung wendet allerdings auf dem Boden der personalen
Vermögenslehre (→ Rn. 141, 208) die Zweckverfehlungslehre (→ Rn. 174)
auch auf wirtschaftlich ausgeglichene Austauschgeschäfte an und bejaht generell § 263 (*Ranft*, Jura 1992, 74 f.; *Geerds,* Jura 1994, 319 f.). Demgegenüber
erkennen hier die Rechtsprechung und h. M. einen solchen „individuellen
Schadenseinschlag" zu Recht nur in beschränktem Umfang an (näher
→ Rn. 201 ff.).

191   **Drittens:** Keine anderen Grundsätze gelten, wenn dem getäuschten Verfügenden verborgen bleibt, dass er überhaupt eine vertragliche
Verpflichtung eingeht. „Beliebt" ist das Erschleichen von Unterschriften, die z. B. den Empfang von Werbegeschenken oder Vertre-
terbesuchen bescheinigen sollen, sich aber als Kaufverträge oder Bei-

trittserklärungen zu Buchclubs entpuppen. Vorbehaltlich der auch
hier immer wieder einschlägigen Lehre vom individuellen Schadenseinschlag (→ Rn. 201 ff.) entfällt ein Vermögensschaden, sofern Leistung und Gegenleistung objektiv in einem ausgewogenen wirtschaftlichen Verhältnis stehen (BGHSt 22, 88; *OLG Köln* MDR 1974, 157).

c) Insbesondere: Vorspiegeln werterhöhender Eigenschaften; Er- 192
füllungsbetrug. Häufig spiegelt der Verkäufer bestimmte werterhö-
hende Eigenschaften der Kaufsache vor, die Vertragsbestandteil werden und den getäuschten Käufer zum (vermeintlich günstigen) Kauf
veranlassen. In Wirklichkeit wird „nur" zum korrekten Marktpreis
gekauft, Leistung und Gegenleistung entsprechen sich also wertmäßig. Solche Konstellationen spielen insbesondere im Gebrauchtwa-
genhandel im Zusammenhang mit Täuschungen über die Unfallfreiheit, die Schwere eines Unfallschadens oder den Tachometerstand
eine Rolle (siehe *OLG Karlsruhe* NJW 1980, 1762; *OLG Düsseldorf*
NJW 1991, 1841; JZ 1996, 913; *OLG Hamm* NStZ 1992, 593). Tradi-
tion hat vor allem der

Hosen-Fall: K kauft von V eine Hose für 50 €, wobei V mehrfach die Qua- 193
lität „reine Schurwolle" zusichert (die für K kaufentscheidend ist). Solche Hosen sind normalerweise teurer. In Wirklichkeit enthält die Hose, wie V weiß,
zu 50% Kunststoffgewebe, ist aber „ihr Geld wert" (nach BGHSt 16, 220).
Ergänzend ein **Kfz-Fall:** V verkauft K für 5.000 € einen Pkw, dessen Kilo-
meterzähler 50.000 km anzeigt. V bestätigt K gegenüber diese Angabe, obwohl er weiß, dass der Pkw in Wirklichkeit 100.000 km gelaufen ist. Der
Kaufpreis entspricht freilich dem Marktpreis.

Die Bejahung eines Vermögensschadens versteht sich von selbst, 194
wenn die Sache objektiv „ihr Geld *nicht* wert" ist. Kauft indes der
Getäuschte zu einem marktüblichen Preis, so wird von der Rechtsprechung und der wohl h. M. auch in dieser Fallgruppe zu Recht
der Eintritt eines wirtschaftlichen Schadens mit der Begründung
abgelehnt, § 263 schütze nur das Vermögen, aber nicht die Dispositionsfreiheit. Gegen diese Ansicht wird von zahlreichen Stimmen
eingewandt, zwischen der tatsächlichen Leistung (Hose mit Kunststoffgewebe oder Auto mit 100.000 km Fahrleistung) und der geschuldeten Leistung (Hose mit „reiner Schurwolle" oder Auto mit
50.000 km) liege ein wirtschaftliches Minus, das den Schaden be-
gründe. So zahle der Käufer mehr, als er aufgrund seines zivilrechtlichen Minderungsrechts (§§ 441, 437 Nr. 2, 434 I 1 BGB) zahlen
müsse.

195   Freilich führt die Minderung nur zu einer nachträglichen Preiskorrektur. Richtigerweise kann man den Anspruch auf die geschuldete Leistung, der erst durch den Vertragsschluss entsteht, noch nicht als Bestandteil des Vermögens ansehen, das durch eben diesen Vertragsschluss (im Wege des Eingehungsbetruges, → Rn. 209 ff.) geschädigt werden soll; wirtschaftlich betrachtet bleibt lediglich eine erhoffte Vermögens*vermehrung* aus, die deshalb nicht in den Schutzbereich des Tatbestandes fällt, weil § 263 eine *Minderung* des vorhandenen Vermögens voraussetzt (→ Rn. 179 ff.). Zivilrechtliche Ansprüche bleiben natürlich unberührt.

Wie hier BGHSt 16, 220, 223 f.; MüKo/*Hefendehl,* § 263 Rn. 827 f.; *Heghmanns*, BT, Rn. 1262; *Satzger*, Jura 2009, 527 f.; AnwK/*Gaede*, § 263 Rn. 110; M/R/*Saliger*, § 263 Rn. 245. – Zur Gegenmeinung M/*Momsen*, BT 1, § 41 Rn. 118; *Geerds*, Jura 1994, 316; *Schneider*, JZ 1996, 917 f.; *Seyfert*, JuS 1997, 31 f.; *Eisele*, BT II, Rn. 590 f.

196   Die in → Rn. 192 ff. behandelte umstrittene Konstellation wird auch unter dem Stichwort des **„unechten" Erfüllungsbetruges** diskutiert (*Küper/Zopfs,* BT, Rn. 661 ff.; *Lackner/Kühl,* § 263 Rn. 53). Dieser ist dadurch gekennzeichnet, dass die Täuschung bereits im Rahmen des Verpflichtungsgeschäfts erfolgt und in der Erfüllungsphase nur fortwirkt. Verpflichtungs- und Erfüllungsgeschäft bilden hier aus strafrechtlicher Sicht eine Einheit mit der Folge, dass über den Schaden ein Wertvergleich zwischen den Leistungen entscheidet (vgl. *BayObLG* NJW 1999, 663 f. mit Bspr. *Rengier*, JuS 2000, 644 ff.; erg. → Rn. 243 f.).

197   Im **Hosen-** und **Kfz-Fall** führt dies mit der wohl h. M. zur Ablehnung eines Vermögensschadens. – Auf die Erörterung der Gegenmeinung darf aber, anders als es die Rechtsprechung in der Regel tut, in der **Fallbearbeitung** nicht verzichtet werden. Nach der Gegenmeinung gibt es keinen Unterschied zum (anschließend erörterten) „echten" Erfüllungsbetrug: Auch wenn das Verpflichtungsgeschäft ausgewogen sei und daher kein Eingehungsschaden vorliege (zum Eingehungsbetrug noch → Rn. 209 ff.), so erhalte der Getäuschte doch gleichermaßen in der Konstellation des „unechten" Erfüllungsbetruges einen höherwertigen Vertragsanspruch, um den er bei der Erfüllung (Abwicklung) des Verpflichtungsgeschäfts gebracht werde. Zudem wird gesagt, dass derjenige, der schon beim Verpflichtungsgeschäft täusche, sogar die größere kriminelle Energie habe (dazu etwa *Otto*, JZ 1993, 657; *Schneider*, JZ 1996, 918 f.). – Falllösungen bei *Konhäuser/Lindemann*, JuS 2011, 804 ff.; *Puschke*, ZJS 2013, 285 f.

Beim „echten" **Erfüllungsbetrug** täuscht der Täter erst nach dem 198
Vertragsabschluss. Über die Behandlung dieser Betrugsart besteht im
Prinzip Einigkeit.

Abwandlung (des Hosen-Falles): V verkauft K tatsächlich erst eine Quali-
tätshose sehr günstig für 50 €, tauscht diese dann freilich aufgrund eines nachträglichen Entschlusses in eine Hose mit Kunststoffanteil um, die nur noch
„ihr Geld wert" ist, und übergibt die zweite Hose als Erfüllung.

Anders als im Ausgangsfall muss in der Abwandlung § 263 bejaht 199
werden. Die richtige Lösung ergibt sich von alleine, wenn man erkennt, dass die maßgebende Täuschungshandlung bei der Vertrags*abwicklung* stattfindet. Zu diesem für § 263 entscheidenden Zeitpunkt
ist der höherwertige Erfüllungsanspruch bereits Vermögensbestandteil geworden.

Beim „echten" Erfüllungsbetrug verliert demnach der Getäuschte 200
einen Wert, der durch das Verpflichtungsgeschäft seinem Vermögen
zugewachsen war. Nach allem ist – allgemein gesprochen – bei dieser
Betrugsart im Rahmen der Schadensfeststellung darauf abzustellen,
ob die schuldrechtlichen Verpflichtungen mit den nach der Täuschung ausgetauschten Leistungen gleichwertig sind. In der Abwandlung des Hosen-Falles ergibt sich der Schaden daraus, dass das Opfer
weniger erhält, als ihm nach dem Verpflichtungsgeschäft zusteht.
Ebenso entsteht ein Schaden, wenn das Opfer infolge einer nachträglichen Täuschung mehr leistet (bezahlt), als schuldrechtlich vereinbart
war.

Zum „echten" Erfüllungsbetrug siehe BGHSt 32, 211, 213 f.; *BGH* NStZ
2016, 539 mit Anm. *Becker*; *Küper/Zopfs*, BT, Rn. 657 ff.; *Lackner/Kühl*,
§ 263 Rn. 53; Sch/Sch/*Perron*, § 263 Rn. 137; SK/*Hoyer*, § 263 Rn. 240 ff.; A/
W/*Heinrich*, BT, § 20 Rn. 94.

6. Lehre vom individuellen (oder persönlichen) Schadenseinschlag

a) Grundlagen. In der Fallbearbeitung muss die Frage des Vermö- 201
gensschadens stets zunächst anhand des zuvor dargestellten
(→ Rn. 179 ff.) objektiven Wertvergleichs erörtert werden. Sind danach Leistung und Gegenleistung einander gleichwertig, so führt der
erste gedankliche Schritt zur Ablehnung eines Schadens, weil die
Summe der geldwerten Güter unverändert, die Vermögensbilanz
also ausgeglichen bleibt. Der Betrug ist eben kein Vergehen gegen
die Wahrheit im Geschäftsverkehr (*BGH* NStZ-RR 2001, 41), kein
Delikt zum Schutz der bloßen Dispositionsfreiheit; mit anderen Wor-

ten: § 263 schützt nicht die Freiheit als solche, über die Zusammensetzung des Vermögens zu befinden.

202 Trotz dieses Ausgangspunktes stimmt die heute ganz h. M. seit der wegweisenden Entscheidung BGHSt 16, 321 zu Recht darin überein, dass in bestimmten Ausnahmefällen bei der Frage des Vermögensschadens auch persönliche Bedürfnisse, Verhältnisse und Zwecke zu berücksichtigen sind und insoweit eben doch in gewisser Weise die Dispositionsfreiheit geschützt wird. Im Anschluss an die Leitsätze von BGHSt 16, 321 bejaht die Lehre vom individuellen Schadenseinschlag trotz wirtschaftlicher Ausgeglichenheit – in **drei Fallgruppen** – einen Schaden, wenn der Erwerber

(1) „die angebotene Leistung nicht oder nicht in vollem Umfange zu dem vertraglich vorausgesetzten Zweck oder in anderer zumutbaren Weise verwenden kann", oder

(2) „durch die eingegangene Verpflichtung zu vermögensschädigenden Maßnahmen genötigt wird", oder

(3) „infolge der Verpflichtung nicht mehr über die Mittel verfügen kann, die zur ordnungsmäßigen Erfüllung seiner Verbindlichkeiten oder sonst für eine seinen persönlichen Verhältnissen angemessene Wirtschafts- oder Lebensführung unerlässlich sind".

203 **b) Erste Fallgruppe.** Sie ist die mit Abstand wichtigste, in der es kurz ausgedrückt darum geht, ob die Leistung für den Erwerber **subjektiv wirtschaftlich wertlos** ist (vgl. *BVerfG* NJW 2013, 365, 367). Die Fallgruppe erlangt auch in vielen Konstellationen der → Rn. 188 ff. Bedeutung. Für das Urteil über die Verwendbarkeit der Leistung ist nicht die persönliche Einschätzung, sondern die Auffassung eines sachlichen Beurteilers maßgebend (BGHSt 23, 300, 301). Konkret: In den Zeitschriften- und Buchclub-Fällen (→ Rn. 189, 191) lässt sich auch mit Hilfe der Lehre vom individuellen Schadenseinschlag insbesondere dann *kein* Vermögensschaden begründen, wenn der Getäuschte die Zeitschrift auch sonst gelegentlich liest und/oder sie seinen Interessen entspricht, oder wenn er im Buchclub ein Angebot vorfindet, das er nach seinem Lebenszuschnitt sinnvoll nutzen kann.

204 Dagegen liegt ein Vermögensschaden insbesondere vor
– beim Verkauf eines Lexikons an völlig Ungebildete (*OLG Köln* NJW 1976, 1222) oder einer Fachzeitschrift an Laien (→ Rn. 221 f.);

– bei der erschlichenen Bestellung von Büchern als (in Wirklichkeit
untaugliche) Lehrmittel für die Grundschule (*OLG Stuttgart* NJW
1980, 1177);
– bei der durch Unterschriftserschleichung zustande gekommenen
Mitgliedschaft in einem Buchclub, wenn das Opfer weder liest
noch Musik hört, sondern nur fernsieht;
– beim täuschungsbedingten Erwerb einer Waschmaschine, wenn
man schon eine neuwertige hat (vgl. BGHSt 22, 88).

In den Gebrauchtwagen-Fällen (→ Rn. 192 f.) greift der Aspekt des **205**
individuellen Schadenseinschlags z. B. dann durch, wenn der Wagen
entgegen der vertraglichen Grundlage nicht fahrbereit oder für einen
längeren Nutzungszeitraum und längere Reisen untauglich ist (vgl.
BayObLG NJW 1987, 2452; *OLG Düsseldorf* NJW 1991, 1841,
1842). Im Hosen-Fall (→ Rn. 193) läge ein Schaden vor, wenn K als
Allergiker Hosen mit Kunststoffanteil nicht vertragen würde. Einen
„individuellen" Vermögensschaden erleidet ferner, wer sich mittels
Täuschung eine Melkmaschine aufschwatzen lässt, die nur für zwei
bis drei Kühe, nicht aber, wie behauptet und benötigt, für zehn
Kühe ausreicht (BGHSt 16, 316, 323, 326). Nicht geschädigt wird allerdings, wer für seinen Betrieb zum Marktpreis täuschungsbedingt
2.000 anstatt, wie gewollt, 500 Dübel erwirbt und jährlich weitaus
mehr Dübel dieser Sorte verarbeitet (vgl. *OLG Hamm* wistra 1982,
152). Ebenso wenig wird geschädigt, wer das für ihn unbrauchbare
Objekt problemlos wieder veräußern kann (*BGH* NStZ-RR 2001,
41).

Mit Blick auf BVerfGE 126, 170 (→ Rn. 212 ff.) hat der *BGH* die Lehre vom **206**
individuellen Schadenseinschlag zu Recht nicht in Frage gestellt, sondern lediglich betont, dass ein vom Geschädigten mit zumutbarem Einsatz realisier-
barer Gegenwert bei der strafzumessungsrelevanten Bestimmung der Scha-
denshöhe zu berücksichtigen ist (*BGH* wistra 2011, 335, 338 f.; NStZ 2014,
517, 519). Im Zusammenhang mit der Untreue hat inzwischen auch das
BVerfG die Lehre vom individuellen Schadenseinschlag gebilligt (*BVerfG*
NJW 2013, 365, 357).

c) **Zweite und dritte Fallgruppe.** Ihre praktische Bedeutung ist ge- **207**
ring geblieben. Als Beispiele für die **zweite** Fallgruppe nennt BGHSt
16, 321, 328 die Aufnahme eines hoch zu verzinsenden Darlehens sowie unvorteilhafte Veräußerungen anderer Objekte, um den Erwerb
zu finanzieren. Mit der **dritten** Fallgruppe (Liquiditätsverlust) sollen
aus der eingegangenen Verpflichtung folgende Einschränkungen der

Lebensführung erfasst werden, die nur noch Mittel zur Befriedigung von Minimalbedürfnissen übrig lassen (BGHSt 16, 321, 328 f.). Unter die dritte Gruppe fällt ferner, wer, obwohl er ohne Einkommen und Vermögen ist, mit einer erheblichen Forderung belastet wird (*BayObLG* NJW 1973, 633).

Zur Absicht stoffgleicher Bereicherung in den Fällen des individuellen Schadenseinschlags → Rn. 317.

208   **d) Personale Vermögenslehre.** Die Anhänger des personalen Vermögensbegriffs begrüßen die Lehre vom individuellen Schadenseinschlag nur als ersten Schritt. Für sie ist die mangelnde Verwendbarkeit der angebotenen Leistung zu dem vertraglich vorausgesetzten Zweck geradezu das Grundprinzip der Schadensermittlung, bei dem andere (zumutbare) Verwendungsmöglichkeiten überhaupt keine Rolle spielen. Nach dieser Auffassung muss in allen in → Rn. 188 ff. diskutierten Fällen § 263 bejaht werden (*Geerds,* Jura 1994, 314 ff.). Im Ergebnis lässt die personale Vermögenslehre von dem Charakter des § 263 als spezielles Vermögensdelikt kaum noch etwas übrig. Auch deshalb hat sie sich bisher nicht durchgesetzt.

7. Eingehungsbetrug und Gefährdungsschaden

209   **a) Grundlagen.** Nach der zutreffenden h. M. kann bereits im Abschluss eines Vertrages – also unabhängig von dessen Abwicklung – ein vollendeter Betrug liegen (sog. **Eingehungsbetrug**). Dabei sind die beiderseitigen Vertragsverpflichtungen zu vergleichen. Ein Vermögensschaden tritt ein, wenn sich zum maßgeblichen Zeitpunkt des Vertragsschlusses beim Wertvergleich der gegenseitigen Ansprüche auf der Seite des Betrugsopfers ein wirtschaftliches Minus ergibt (BGHSt 51, 165, 174; *BGH* NJW 2011, 2675 f.; 2013, 1460).

210   Die Lehre vom Eingehungsbetrug stützt sich insbesondere auf die von der h. M. anerkannte allgemeine These, dass bei wirtschaftlicher Betrachtungsweise schon die **konkrete Vermögensgefährdung** einen Vermögensschaden begründen kann. Insoweit muss die Gefahr des Vermögensverlustes nach den Umständen des Einzelfalles so nahe liegend und groß sein, dass nach wirtschaftlicher Betrachtungsweise in dieser Gefährdung bereits eine Verschlechterung der gegenwärtigen Vermögenslage liegt. Speziell beim Eingehungsbetrug wird das Vermögen konkret gefährdet, wenn infolge des Vertragsabschlusses mit wirtschaftlichen Nachteilen ernstlich zu rechnen ist (vgl. BGHSt 51, 165, 177).

211   Man sollte sehen, dass in der richtig verstandenen konkreten Vermögensgefährdung schon ein Vermögensschaden liegt, der sich von

der tatsächlichen Vermögenseinbuße nur in quantitativer Hinsicht unterscheidet. Die lange verbreitete, mit Blick auf Art. 103 II GG problematische Redeweise von der „schadensgleichen" konkreten Vermögensgefährdung verdunkelt das. Inzwischen räumt dies auch die Rechtsprechung ein: Danach bedeutet die Annahme einer konkreten Vermögensgefährdung, dass nach wirtschaftlicher Betrachtungsweise bereits eine Verschlechterung der gegenwärtigen Vermögenslage vorliegt, die schon jetzt eine Minderung des Gesamtvermögens zur Folge hat (BGHSt 53, 199, 202). Terminologisch ist dies dadurch zu verdeutlichen, dass man von einer **schädigenden konkreten Vermögensgefährdung** oder besser noch von einem **(Vermögens-)Gefährdungsschaden** spricht.

Vgl. *BGH* NStZ 2017, 30; MüKo/*Hefendehl*, § 263 Rn. 902; LK/*Tiedemann*, 12. Aufl. § 263 Rn. 168; *Becker/Rönnau*, JuS 2017, 500.

Das *BVerfG* hat 2010/2011 erst zu § 266 (BVerfGE 126, 170, **212** 221 ff.) und dann zu § 263 (BVerfGE 130, 1, 42 ff.) – deren Schadensbegriffe sich grundsätzlich entsprechen (vgl. → § 18 Rn. 49 ff.) – in zwei grundlegenden Entscheidungen gegen die dogmatischen Figuren des Gefährdungsschadens und des Eingehungsbetruges keine prinzipiellen verfassungsrechtlichen Einwände erhoben. Mit diesen Figuren würden nicht erst drohende, sondern eingetretene Vermögensminderungen bezeichnet. Die bloß quantitative Unterscheidung zwischen Schaden und Gefährdungsschaden trage der Tatsache Rechnung, „dass sich in einem marktorientierten Wirtschaftssystem die Preise über den Mechanismus von Angebot und Nachfrage bilden und dass sich daher auch die Zukunftserwartungen der Marktteilnehmer auf den erzielbaren Preis und damit den Wert von Gegenständen auswirken" (BVerfGE 126, 170, 223). Das habe insbesondere in den Bewertungsvorschriften des Bilanzrechts seinen Niederschlag gefunden, nach denen Gegenstände des Umlaufvermögens am Abschlussstichtag mit ihrem etwaigen Börsen- oder Marktpreis, ansonsten mit ihrem tatsächlichen Wert anzusetzen seien (vgl. § 253 HGB). Die wirtschaftliche Praxis bestätige damit, dass in der konkreten Gefahr eines künftigen Verlustes bereits ein gegenwärtiger Nachteil liege.

Beispielhaft führt das *BVerfG* den Abschluss eines Kreditvertrages an, bei **213** dem aufgrund fehlender Bonität des Schuldners und fehlender Sicherheiten mit einem Forderungsausfall zu rechnen ist. Hier wird bereits mit der verbindlichen Kreditzusage das Vermögen der Bank wegen der Minderwertigkeit des Gegenleistungsanspruchs negativ verändert (BVerfGE 126, 170, 225; daran anknüpfend *BGH* NJW 2012, 2370, 2371).

214   Das *BVerfG* hebt freilich hervor, dass entgegen teilweisen Tendenzen in der Rechtsprechung wegen der tatbestandsbegrenzenden
Funktion der Schadensmerkmale auf eine Quantifizierung des Gefährdungsschadens, also auf dessen **zahlenmäßige Bezifferung**
grundsätzlich nicht verzichtet werden dürfe. Die Bewertung und
Wertberichtigung von Forderungen anhand von bilanzrechtlichen
Maßstäben gehörten zum kaufmännischen Alltag. Auch Gefährdungsschäden müssten in wirtschaftlich nachvollziehbarer Weise festgestellt werden. Von einfach gelagerten und eindeutigen Fällen – etwa
bei einem ohne weiteres greifbaren Mindestschaden – abgesehen, erfordere dies eine ggf. mit sachverständiger Hilfe genau zu beziffernde
Ermittlung und Benennung des („Gefährdungs-")Schadens. Gesichert sein muss die Feststellung, dass eine zukünftige Verlustgefahr
eine schon gegenwärtig schädigende konkrete wirtschaftliche Aus-
wirkung hat und deshalb Vollendungsunrecht darstellt. Dabei darf
der Schaden in Konstellationen, in denen seine Ermittlung Schwierigkeiten bereitet, unter Beachtung des Zweifelssatzes geschätzt werden,
sofern feststeht, dass man sich in einem Bereich bewegt, in dem von
einem zahlenmäßig fassbaren Schaden die Rede sein kann. Ferner
können normative Gesichtspunkte bei der Feststellung des Schadens
durchaus eine Rolle spielen, dürfen aber wirtschaftliche Überlegungen nicht verdrängen.

215   BVerfGE 126, 170, 211 f., 226 ff. (zur Schätzung unter Bezugnahme auf
BGH NJW 2008, 2451, 2452; NStZ 2009, 330, 331; 2010, 329, 330); BVerfGE
130, 1, 47 f. – Zum „bilanzrechtsakzessorischen" Aspekt vgl. *BGH* 3 StR 251/
18 Rn. 10; *Rönnau*, StV 2011, 758 ff.; *Kulhanek*, NZWiSt 2013, 246 ff.; MüKo/
Hefendehl, § 263 Rn. 43 ff.; kritisch *Becker*, JR 2012, 82 ff.; *Becker/Rönnau*,
JuS 2017, 501. Hinter dem bilanziellen Ansatz stehen Fragezeichen, nicht nur
weil es verschiedene Bewertungsmaßstäbe gibt, sondern insbesondere auch,
weil das Bilanzrecht vom Vorsorgeprinzip beherrscht wird und es fraglich
ist, inwieweit bilanzrechtlich gebotene Rückstellungen und Abschreibungen
mit einem (Gefährdungs-)Schaden gleichgesetzt werden können.

216   Der *BGH* hat diese Rechtsprechung des *BVerfG* schnell aufgegriffen und in inzwischen zahlreichen Entscheidungen ihre Relevanz für
§ 263 hervorgehoben.

          BGHSt 58, 102, 110 f.; 58, 205, 209 ff.; *BGH* NJW 2012, 2370, 2371; NStZ
2014, 578; 2015, 514, 515; 2017, 30; 2020, 291, 294; NStZ-RR 2021, 310, 311.

217   Zur **Fallbearbeitung:** In welchem Umfang die im Rahmen des § 263 unter
dem Aspekt der konkreten Vermögensgefährdung erörterten Konstellationen
unter „verfassungsrechtlichen Legitimationsdruck" (*Saliger*, ZIS 2011, 917)

geraten, ist nicht geklärt. Im Prinzip kann sich der Studierende nach wie vor an diesen Konstellationen orientieren, doch zeichnen sich ein erhöhter Begründungsaufwand und eventuell andere Ergebnisse ab. Insoweit empfiehlt es sich, Ausführungen zum Schaden in Gefährdungsfällen dadurch abzurunden, dass man auf die – vom *BGH* rezipierte – Rechtsprechung des *BVerfG* hinweist und Überlegungen dazu anstellt, ob sich der etwaige (Gefährdungs-)Schaden in wirtschaftlich nachvollziehbarer Weise zahlenmäßig beziffern lässt (vgl. → Rn. 124, 128, 131, 231 ff., 248 ff., 280, 282 ff., 290 ff.).

Anschauungsmaterial liefert der Fall *BGH* NZWiSt 2020, 322 (mit Anm. **218** *Bode/Koch* und Bspr. *Jäger*, JA 2020, 787 ff.): Der zahlungswillige, aber erst in einigen Tagen zahlungsfähige Freier spiegelt der Prostituierten P Barzahlung vor und erschleicht so den Geschlechtsverkehr (erg. → Rn. 144). Der *BGH* bejaht einen Eingehungsbetrug und sieht den Negativsaldo in dem – infolge des Ausfallrisikos (Zahlungsfähigkeit erst in einigen Tagen, fortbestehende Zahlungsbereitschaft) – geminderten Wert des Zahlungsanspruchs der P. Zur konkreten Bezifferung äußert sich der *BGH* nicht.

b) Zum Eingehungsbetrug. Die Lehre vom Eingehungsbetrug hat **219** im Lichte der Rechtsprechung des *BVerfG* zur zahlenmäßigen Bezifferbarkeit von Gefährdungsschäden Bestand. Stehen eingegangenen Verpflichtungen keine werthaltigen Forderungen gegenüber, ist das Vermögen in einer Weise belastet, die aus bilanzieller Sicht einen wirtschaftlichen Verlust bedeutet. Das *BVerfG* selbst hat ein einschlägiges Beispiel genannt (→ Rn. 213). Man kann sich den „Eingehungsschaden" auch mit Hilfe der Überlegung verdeutlichen, welches wirtschaftliches Minus sich im Falle einer – unterstellt: realisierbaren – kaufweisen Abtretung der Forderung ergäbe (erg. BGHSt 53, 199, 203). Grundlage der Schadensfeststellung ist dabei der Wert des Vertragsobjekts, so wie ihn die Vertragsparteien in einem von Angebot und Nachfrage bestimmten System festgelegt haben (BGHSt 58, 205, 208 ff.; zust. *Bosch*, JK 8/13, StGB § 263/102).

Der Annahme einer schädigenden konkreten Vermögensgefähr- **220** dung in Fällen des Eingehungsbetrugs kann allerdings entgegenstehen, dass der Getäuschte noch die Möglichkeit hat, sich von den eingegangenen Verpflichtungen zu lösen. Dazu zunächst ein

Beispiel: Werber W schwatzt, weil er vom Verleger V für jede Bestellung **221** eine Provision erhält, dem naturwissenschaftlich interessierten Laien L den Bezug einer naturwissenschaftlichen Fachzeitschrift als „für jedermann geeignet" auf. Bevor L die erste Rechnung erhält, bemerkt er die Untauglichkeit der Zeitschrift für seine Zwecke. Der von L daraufhin informierte V storniert den Auftrag ohne weiteres.

Da L keine Leistungen erbracht hat, muss gefragt werden, ob **222** schon in der eingegangenen vertraglichen Verpflichtung als solcher

eine konkrete Vermögensgefährdung in der Form eines Gefährdungsschadens liegt. Beim Vergleich der Verpflichtungen liegt objektiv an
sich ein wirtschaftlich ausgeglichenes Geschäft vor. Doch ist die Zeitschrift subjektiv unbrauchbar (individueller Schadenseinschlag,
→ Rn. 204). Auch bleiben die Anfechtbarkeit der Bestellung und andere gesetzliche Rechte bei der Schadensprüfung außer Betracht
(→ Rn. 181).

223   So stellt sich nur noch die Frage, ob die offenbar von Anfang an
gegebene **Stornierungsbereitschaft** des V der Bejahung einer schädigenden konkreten Vermögensgefährdung entgegensteht. Dies muss
grundsätzlich deshalb verneint werden, weil das Risiko, von dem
Vertrag loszukommen, der Besteller trägt: Er weiß von der Storni-
rungsbereitschaft nichts, er erkennt unter Umständen die Unbrauch-
barkeit erst später, er trägt die Beweislast und kann aus vielerlei
Gründen (Glaube an die Wirksamkeit des Vertrages, Geschäftsunge-
wandtheit, Unerfahrenheit, Scheu vor Auseinandersetzungen) von
Beanstandungen absehen. All das hängt in der Regel so sehr vom Zufall ab, dass die Gefahr der Vertragsdurchführung unter wirtschaftlichen Aspekten einer wertmindernden Schädigung des Vermögens
entspricht (BGHSt 23, 300, 302 ff.). W ist daher wegen vollendeten
Betrugs strafbar (zur Bereicherungsabsicht → Rn. 318).

224   Ganz unangefochten sind die Lehren vom Eingehungsbetrug und von der
(schädigenden) konkreten Vermögensgefährdung nicht, weil sie die Gefahr in
sich bergen, die Grenzen zwischen Versuch und Vollendung zu verwischen
und die Vollendungsstrafbarkeit nach vorne zu verlagern. Verlangt man aber
grundsätzlich eine zahlenmäßige Bezifferung auch von Gefährdungsschäden
(→ Rn. 214 ff.), so kann derartigen Tendenzen wirksam begegnet werden.
Von daher wird die Minderheitsmeinung, die in den Fällen des Eingehungsbetrugs nur eine Versuchsstrafbarkeit für möglich hält, weiter an Boden verlieren (Nachweise zur Minderheitsmeinung bei *Lackner/Kühl*, § 263 Rn. 53;
Diskussion bei *Waszczynski*, JA 2010, 254 f.). – In der **Fallbearbeitung** ist
die Gefahr groß, Konstellationen des Eingehungsbetrugs nur als Versuchsunrecht zu erfassen (ein Beispiel in → Rn. 328 f.).

225   Ein weiteres – umstrittenes – Beispiel für einen vollendeten Eingehungsbetrug: T schließt für den Fall seines Todes bei der Versicherung V eine Lebensversicherung zugunsten des O ab. Dabei planen T und O von Anfang
an, später den Tod des T vorzutäuschen, um die Versicherungssumme zu erlangen (BGHSt 54, 69, 120 ff.; näher → Rn. 11, 282 ff.; zur Beteiligungsproble-
matik in diesem „Al-Qaida-Fall" *Rengier*, JuS 2010, 281 ff.).

226   Inwieweit insbesondere ein **vertraglich vereinbartes Rücktrittsrecht** im Gegensatz zur verdeckten Stornierungsbereitschaft eine

konkrete Vermögensgefährdung zum Zeitpunkt des Vertragsabschlusses ausschließt, hängt von der jeweiligen Rücktrittsregelung ab:

(1) Ein Rücktrittsrecht, das **vor** der Leistungserbringung, also typi- 227
scherweise vor der Zahlung des Kaufpreises eine angemessene Prü-
fungs- und Bedenkzeit einräumt, steht der Bejahung einer konkreten
Vermögensgefährdung entgegen, natürlich nur bis zum Ablauf einer
etwaigen Rücktrittsfrist.

Ähnlich liegt es bei den **gesetzlichen** Widerrufsrechten der §§ 355 ff. BGB. 228
Im Übrigen sind stets die Umstände des Einzelfalles zu beachten. So spricht
z. B. gegen eine schädigende konkrete Vermögensgefährdung, dass der getäuschte Vertragsteil von dem noch nicht abgewickelten Vertrag ohne Beweisschwierigkeiten loskommen und/oder auf Leistung **Zug um Zug** bestehen
kann (vgl. *BGH* StV 1992, 117; NStZ 1998, 85; *OLG Düsseldorf* wistra 1996,
32, 33; SK/*Hoyer,* § 263 Rn. 238; Falllösung bei *Konhäuser/Lindemann,* JuS
2011, 808 f.). – Lehrreich auch zu weiteren Betrugsfragen ist der Zug-um-
Zug-Fall (Grundstückskaufvertrag) *BGH* NStZ 2018, 713 mit abl. Anm. *Becker*; dazu ferner *Eisele*, JuS 2018, 917 f.; *Bechtel*, Jura 2019, 63 ff. – Zum Zug-
um-Zug-Fall *BGH* NStZ-RR 2005, 180 siehe → Rn. 312.

(2) Wenn dagegen die Vertragsgestaltung die Prüfung der bestellten 229
Ware erst **nach** Erhalt und Bezahlung ermöglicht, wie es z. B. bei vielen Fernabsatzverträgen (§ 312c BGB) der Fall ist, ist auch das vertraglich oder gesetzlich eingeräumte Rücktritts- oder Widerrufsrecht
grundsätzlich nicht kompensationsfähig, weil dann wieder das Risiko
in ungleicher Weise beim übertölpelten Vertragspartner liegt (vgl.
BGHSt 34, 199, 202 f.; *Müller-Christmann*, JuS 1988, 113 f.).

An dieser Stelle kann zusammenfassend **Fall 1** gelöst werden. **Täuschung:** 230
Die Reklame des A beschränkt sich nicht auf bloß wertende, übertriebene
Werbeanpreisungen. Denn auch nach allen Abstrichen, die man marktschreie-
rischer Reklame zugestehen mag, bleiben im Kern die Aussagen, die Mittel
seien zur Gewichtsabnahme, Verjüngung bzw. Förderung des Haarwuchses
geeignet. Dies sind Tatsachen, die dem Beweis zugänglich sind (→ Rn. 4). **Irrtum:** Die Leichtfertigkeit der Käufer und die leichte Erkennbarkeit der Täuschung schließen nach der Rechtsprechung und bisherigen h. M. den Irrtum
nicht aus; Gegenstimmen stützen sich auf eine im Lichte des europäischen
Verbraucherleitbildes gebotene richtlinienkonforme einschränkende Auslegung (→ Rn. 55 ff.). **Vermögensverfügung:** Zahlung des Kaufpreises. **Vermögensschaden:** Die Käufer haben als Gegenleistung ein wertloses Produkt erhalten. Doch könnte das eingeräumte Rücktrittsrecht der Annahme eines
Vermögensschadens entgegenstehen; richtigerweise ist dies aber wegen der
Lieferung per Nachnahme nicht der Fall (→ Rn. 229). Im Übrigen scheitert
die Einbeziehung des Rücktrittsrechts in die Saldierung im Grunde genommen schon daran, dass sein Inhalt über das gesetzliche Gewährleistungsrecht
nicht hinausgeht (vgl. → Rn. 181). Die Rückzahlung des Kaufpreises stellt nur

eine Schadenswiedergutmachung dar. Vorsatz und Bereicherungsabsicht sind unproblematisch. Zum ganzen Fall zutreffend BGHSt 34, 199 ff.; *Müller-Christmann*, JuS 1988, 108 ff.

231 c) **Vertiefung.** Die folgenden Beispiele sollen die Gedanken des (Vermögens-)Gefährdungsschadens bzw. der schädigenden konkreten Vermögensgefährdung – samt dem Bezifferbarkeitsproblem – und die damit unter Umständen einhergehende frühere Vollendung des § 263 verdeutlichen.

232 (1) **Erschleichen von Zugangsdaten zu Konten per Zahlungskarte und PIN:** Für diese Konstellation typisch sind Fälle, in denen Täter, indem sie z. B. eine Legitimation oder einen Gefälligkeitsakt (wie Holen von Kontoauszügen) vortäuschen, die Herausgabe einer fremden Girocard/Maestro-Karte samt PIN erschleichen, um damit anschließend an Bankautomaten unbefugt Geld abzuheben.

233 Eine erste Ansicht sieht schon darin einen Gefährdungsschaden und hält daher § 263 für erfüllt; doch vermisst man Aussagen, wie die Höhe des Schadens zum Zeitpunkt der Verfügung beziffert werden soll. Eine Gegenmeinung lässt daher § 263 an der kaum zu leistenden Bezifferbarkeit des Schadens sowie, sofern der Zugriff auf das Konto gelingt, an dem Unmittelbarkeitserfordernis (→ Rn. 74 ff.) scheitern. Die uneinheitliche Rechtsprechung nimmt teilweise wie die erste Ansicht einen Gefährdungsschaden an und beziffert ihn fiktiv – und daher nicht überzeugend – mit der Höhe der nachfolgenden Geldabhebungen; teilweise bejaht sie § 263 nur, wenn Geld abgehoben wurde, liefert aber keine überzeugende Begründung, weshalb dieser Schädigungsakt noch eine „unmittelbare" Folge der Verfügung sein soll.

Zur ersten Ansicht: *Fischer*, § 263 Rn. 173; M/R/*Saliger*, § 263 Rn. 122, 234; SSW/*Satzger*, § 263 Rn. 189 f. – Zur Gegenmeinung: *Eisele*, BT II, Rn. 559, 581; *Berster*, wistra 2016, 73 f.; *Ladiges*, wistra 2016, 180 ff.; *Böse*, ZJS 2016, 663 ff.; *Brand*, StV 2016, 363 f.; *Günther/Selzer*, ZJS 2016, 757 ff. mit Falllösung. – In der Rechtsprechung nimmt *BGH* NStZ-RR 2022, 14, 16 einen Gefährdungsschaden an; dagegen stellen auf die Geldabhebung ab: *BGH* NStZ 2016, 149, 151; 2 StR 553/12; 1 StR 412/02; *OLG Jena* wistra 2007, 236, 237. – Zur Bejahung des § 263a I Var. 3 siehe → § 14 Rn. 36. – Zur Erpressungsebene vgl. → § 11 Rn. 44 ff.

234 Ersetzt man, wie hier entgegen der h. M. vorgeschlagen (→ Rn. 76, 126 f.), das Unmittelbarkeitserfordernis durch objektive Zurechnungskriterien, ergibt sich für die auf die Automatenbenutzung abstellende Ansicht der Rechtsprechung eine klare Begründung (*Ren-*

gier, Sieber-FS, 2021, 310 f.): Die spätere Geldabhebung ist objektiv zurechenbar auf die täuschungsbedingte Erlangung der Zugangsdaten zurückzuführen; der Unmittelbarkeitsaspekt spielt für die Bejahung des § 263 keine Rolle. Ein bezifferbarer Gefährdungsschaden vor der schädigenden Geldabhebung lässt sich nicht feststellen. Der durchs Abheben auch erfüllte § 263a I Var. 3 tritt im Wege der Subsidiarität zurück (vgl. → 14 Rn. 36, 70).

(2) Erschleichen von Zugangsdaten zu Konten per E-Mail (sog. 235 **Phishing):** Im klassischen Fall erlangt der Täter durch Täuschungstricks per E-Mail Zugangsdaten und Passwörter zu Konten, um anschließend durch Online-Banking vom Konto eines Opfers Überweisungen vorzunehmen.

Was § 263 betrifft, so bewegt sich auch hier die Diskussion entspre- 236 chend → Rn. 233 um die Fragen – auch der Bezifferbarkeit – des Gefährdungsschadens sowie der fehlenden „unmittelbaren" Vermögensminderung, falls die Online-Überweisung gelingt. Befürwortet man entsprechend → Rn. 234 den Weg über die objektive Zurechnung, führt die erfolgreiche Überweisung zur Annahme des § 263.

Stuckenberg, ZStW 2007, 899 ff.; *Rengier*, Sieber-FS, 2021, 309 f. m. w. N. – Zu § 263a I Var. 3 siehe → § 14 Rn. 54; zu § 202c I Nr. 1 und § 269 *Rengier*, BT II, § 31 Rn. 39, § 35 Rn. 10.

(3) Erschleichen einer Kreditkarte: Der vermögenslose A er- 237 schleicht die Ausstellung und Aushändigung einer Universalkreditkarte im „Drei-" oder „Vier-Partner-System" (vgl. → § 19 Rn. 6, 9 ff., 30), mit der er im Rahmen des monatlich eingeräumten Kreditlimits Einkäufe tätigen will.

In diesem Fall haben Rechtsprechung und h. M. bisher einen Ge- 238 fährdungsschaden bejaht und sich dabei von dem Gedanken leiten lassen, dass A nach dem Erhalt der Kreditkarte die erstrebten rechtswidrigen Vorteile jederzeit problemlos realisieren kann (vgl. BGHSt 33, 244, 245 f.; *BGH* NStZ 1993, 283). Will man mit Blick auf die inzwischen notwendige zahlenmäßige Bezifferbarkeit des Schadens (→ Rn. 212 ff.) das Ergebnis halten, so bedarf die Begründung der Ergänzung. Insoweit kann man aus bilanzieller Sicht den Standpunkt einnehmen, dass die mangelnde Bonität des A dazu verpflichtet, gemäß § 249 I 1 HGB Rückstellungen wegen drohender Verluste aus schwebenden Geschäften zu bilden.

Vgl. MüKo/*Hefendehl*, § 263 Rn. 957 ff.; ähnlich *Jäger*, JuS 2010, 763; WiStStR/*Dannecker*, § 263 Rn. 95. – Freilich sei erneut vermerkt (erg.

→ Rn. 185c), dass die bilanzielle Bewertung bloßer Forderungen, die aus Kreditzusagen herrühren, durchaus Schwierigkeiten bereitet und das bilanzrechtliche Vorsichtsprinzip zu einer Überbewertung von Verlustrisiken führen kann (vgl. BGHSt 58, 102, 114f.; *Krell*, NZWiSt 2013, 375).

239   Kritiker, die § 263 ablehnen, halten es für widersprüchlich, das schlichte Erschleichen der Kreditkarte strenger zu bestrafen als den durch § 266b I Var. 2 milder sanktionierten Gebrauch, und sehen darin eine Bestätigung, dass der relevante Schaden erst durch einen späteren deliktischen Gebrauch herbeigeführt wird.

Vgl. *Ranft*, Jura 1992, 69f.; AnwK/*Gaede*, § 263 Rn. 130, 132; *Kühl/Lange*, JuS 2010, 43, 45 mit Falllösung; im Ergebnis abl. auch MüKo/*Hefendehl*, § 263 Rn. 959.

240   **(4) Erschleichen einer Kontoeröffnung:** Das Erschleichen der Ausstellung einer Girocard/Maestro-Karte in Verbindung mit einer Kontoeröffnung wird in entsprechender Weise kontrovers beurteilt, sofern die Bank dem mit Schädigungsvorsatz agierenden Täter einen Dispositionskredit einräumt, auf den er auch mit Hilfe von im electronic-cash-Verfahren ausgelösten garantierten Zahlungen (→ § 19 Rn. 22 ff.) zugreifen kann.

Für Betrug: BGHSt 47, 160, 167; *BGH* NStZ 2009, 329f.; 2011, 160; abl. *Rehmet/Ströle*, JuS 2021, 338 ff. mit Falllösung.

241   **(5) Erschleichen eines vollstreckbaren Titels:** C bewirkt durch einen Meineid den Erlass eines noch nicht rechtskräftigen, aber vorläufig vollstreckbaren Urteils, das den Beklagten zu Unrecht zur Zahlung einer Geldsumme verpflichtet.
    Hier hat man bisher in der Regel ebenfalls eine bereits schädigende konkrete Vermögensgefährdung und somit einen vollendeten (Prozess-)Betrug bejaht (*BGH* NStZ 1992, 233; MüKo/*Hefendehl*, § 263 Rn. 968ff.). Daran wird sich im Lichte bilanzieller Maßstäbe nichts ändern. Sollte C etwa in der Berufungsinstanz seine Aussage widerrufen, bewirkte dies nur eine Schadenswiedergutmachung, die allein für die Strafzumessung Bedeutung hätte. Zum Prozessbetrug auch → Rn. 51, 134.

242   Im **Fall 6** erfüllt F im Sinne einer schädigenden konkreten Vermögensgefährdung den objektiven Tatbestand zu dem Zeitpunkt, als A den Lieferschein unterschreibt und dadurch den gegen ihn wirkenden Anschein der vollständigen Erfüllung schafft (vgl. §§ 362, 368 BGB), so dass sein Vermögen – wirtschaftlich messbar entsprechend → Rn. 219 – mit der Gefahr unberechtigter

Inanspruchnahme belastet wird (*OLG Düsseldorf* wistra 1985, 110, 111). Von daher ist der Tatbestand schon zu diesem Zeitpunkt vollendet. Die spätere Nachlieferung kann daran nichts mehr ändern, sondern allenfalls den Charakter einer Wiedergutmachung haben (vgl. → Rn. 181). Dem Typ nach lässt sich der Fall in die Kategorie des echten Erfüllungsbetruges (→ Rn. 198 ff.) wie des sog. „Beweismittelbetruges" (dazu LK/*Tiedemann*, 12. Aufl. § 263 Rn. 109, 230) einordnen. Zur Bereicherungsabsicht → Rn. 316.

d) Verhältnis zur Erfüllung. Die Bedeutung der Lehre vom Ein- **243** gehungsbetrug liegt vor allem darin, dass sie unabhängig von der späteren Durchführung des Vertrags zur Strafbarkeit wegen vollendeten Betrugs wegen eines (Vermögens-)Gefährdungsschadens führen kann. Wird der Vertrag wie vorgesehen abgewickelt, wirkt die Täuschung in den anschließenden Erfüllungshandlungen nur fort. Der endgültige Vermögensverlust vertieft dann als Erfüllungs- oder Endschaden lediglich den bereits eingetretenen Gefährdungsschaden. Beide Verfügungen und die durch sie ausgelösten Nachteile bilden zusammen *einen* Betrug (dazu BGHSt 47, 160, 168; 58, 102, 109 f.; *Tenckhoff,* Lackner-FS, 1987, 680; LK/*Tiedemann*, 12. Aufl. § 263 Rn. 274).

Auch in der **Fallbearbeitung** kann man den abgewickelten Eingehungs- **244** betrug im Normalfall als Einheit und aus dem Blickwinkel der späteren Erfüllung prüfen, ohne zwischen Eingehungs- und Erfüllungsphase zu trennen. Im Lichte der hier geübten Kritik am Kriterium der Unmittelbarkeit der Vermögensminderung (→ Rn. 76, 126 f., 234) ist bemerkenswert, dass der *BGH* in Fällen, in denen der Erfüllungsschaden erst erheblich (auch Jahre) später eintritt, die Unmittelbarkeitsklippe mit der Behauptung überwindet, ein solcher Erfüllungsschaden sei immer „unmittelbar" herbeigeführt (BGHSt 61, 48, 74; BGH NStZ-RR 2015, 341). Dieses richtige Ergebnis lässt sich mit den Kriterien der objektiven Zurechnung klarer und sachgerechter begründen (*Rengier,* Sieber-FS, 2021, 314). Dagegen muss sich in den Fällen des „unechten" und „echten" Erfüllungsbetruges (→ Rn. 192 ff.) der Blickwinkel zumindest zuerst auf den Zeitpunkt der Eingehung richten.

8. Weitere Hinweise und Fallgruppen zum Vermögensschaden

a) Gutgläubiger Erwerb. Anerkannt ist zunächst, dass der Käufer **245** und unrechtmäßige Besitzer einer **abhanden gekommenen** Sache mangels Eigentumserwerbs (§ 935 I BGB) auch dann geschädigt wird, wenn der Kaufpreis (weit) unter dem Wert der Sache liegt. Auf dem Boden des juristisch-ökonomischen Vermögensbegriffs (→ Rn. 139 f.) lässt sich das leicht nachvollziehen. In derartigen Fällen können sich weder aus dem redlichen, aber unrechtmäßigen Besitz

noch aus denkbaren unrechtmäßigen Rechtsgeschäften mit der erlangten Sache berücksichtigungsfähige äquivalente Gegenwerte ergeben (Falllösung bei *Graul,* JuS 1999, 566). – Zu einem Fall mit rechtmäßiger Besitzerlangung trotz § 935 I BGB siehe → § 2 Rn. 124.

246   In vergleichbarer Weise um den vollen Kaufpreis wird geschädigt, wer täuschungsbedingt ein funktionsfähiges, nicht lizenziertes Computerprogramm
erwirbt, das angeblich rechtmäßig nutzbar ist (*BGH* NStZ-RR 2019, 112,
114).

247   Was die Reichweite des § 935 I BGB betrifft, so sind im Zivilrecht die Fälle
der Drohung (§§ 240, 253, 255) umstritten. Eine Meinung nimmt bei Drohungen stets einen Besitzverlust ohne (freien) Willen an (etwa *Baur/Stürner,* Sachenrecht, 18. Aufl. 2009, § 52 Rn. 43). Die engere Ansicht bejaht zutreffend
das Abhandenkommen nur bei einem seelischen Zwang, der unwiderstehli-
cher physischer Gewalt gleichsteht (*BGH* 3 StR 105/16 Rn. 8; BGHZ 4, 10,
34 ff.; MüKoBGB/*Oechsler,* § 935 Rn. 7); von diesem Standpunkt aus dürften
allein qualifizierte Drohungen im Sinne des § 255 für § 935 I BGB ausreichen.

248   Ein altes Problem betrifft die Frage, ob trotz gutgläubigen Erwerbs
ein Vermögensschaden in Form der konkreten Vermögensgefährdung
vorliegen kann (näher *Begemeier/Wölfel,* JuS 2015, 307 ff.).

249   **Beispiel:** T mietete bei der Firma V einen dieser gehörenden Mercedes im
Wert von 55.000 € in der Absicht, den Pkw nicht ordnungsgemäß zurückzugeben, sondern zu verkaufen. Er ließ sich von einem Dritten passende, auf den
ersten Blick nicht als Fälschungen erkennbare Zulassungsbescheinigungen auf
gestohlenen Blankoformularen herstellen. Seine Frau F unterstützte ihn bei
den Verkaufsverhandlungen. K sah sich die Papiere an und kaufte den Pkw
für 39.100 €, der ihm auch übergeben wurde (*BGH* wistra 2011, 387).

Da die Verdachtsmomente (günstiger Kaufpreis, gefälschte Papiere)
nicht ausreichen, um gegen K den Vorwurf grober Fahrlässigkeit zu
erheben, hat er gemäß den §§ 929, 932 BGB an dem von T durch einen Betrug erlangten Pkw gutgläubig Eigentum erworben. Den zivilrechtlichen Wertungen entspräche es, den gutgläubigen Rechtserwerb
als gleichwertigen und vollen Ausgleich für die Gegenleistung anzuerkennen und von daher generell einen Vermögensschaden abzulehnen (so wohl M/*Momsen,* BT 1, § 41 Rn. 126). Zum gegenteiligen Ergebnis gelangte man auf dem Boden der seit längerem überholten
„Makeltheorie"; nach dieser früher insbesondere von der Rechtsprechung vertretenen Theorie soll dem gutgläubigen Erwerb einer zuvor
in strafbarer Weise erlangten Sache ein schädigender „sittlicher Makel" anhaften.

Lange stellte man dann den **Gedanken des (besonderen) Prozess-** 250 **risikos** in den Vordergrund und sah in diesem Risiko eine schädigende konkrete Vermögensgefährdung, wenn unter Berücksichtigung und trotz der beim Gegner liegenden Beweislast die **Gefahr des Prozessverlustes** bestand (vgl. LK/*Tiedemann*, 12. Aufl. § 263 Rn. 209; K/H/H/*Hellmann*, BT 2, Rn. 728; nicht so eng *BGH* wistra 2003, 230). Inzwischen hat der *BGH* die Rechtsprechung des *BVerfG* zur Bezifferbarkeit des Vermögensschadens aufgegriffen (→ Rn. 185 a ff.) und sie auf § 263 übertragen. Folgerichtig wird im Beispielsfall mit Blick auf den Betrug des T gegenüber K gerügt, dass weder Feststellungen dazu vorhanden sind, „nach welchen wirtschaftlich nachvollziehbaren Maßstäben ein bezifferbarer Vermögensschaden allein in dem Bestehen eines zivilrechtlichen Prozessrisikos liegen kann, wenn nach dem Ergebnis der Beweisaufnahme im Strafverfahren feststeht oder nicht ausschließbar ist, dass der getäuschte Käufer gutgläubig Eigentum an dem Fahrzeug erworben hat, noch werden Parameter für die Berechnung der Höhe eines solchen Schadens erkennbar" (*BGH* wistra 2011, 387, 388). Damit hat bei einem (nicht ausschließbaren) gutgläubigen Erwerb der Gedanke des Prozessrisikos keine tragfähige Grundlage mehr (deutlich *BGH* wistra 2013, 387, 388; erg. *Begemeier/Wölfel*, JuS 2015, 309 f.).

Denkbar bleibt ein wirtschaftlich messbarer Schaden unter dem 251 Aspekt des merkantilen Minderwertes, so wenn die wirtschaftliche Verwertung des gutgläubig erworbenen Gegenstands durch Streitigkeiten über die Eigentumsverhältnisse blockiert ist (LK/*Tiedemann*, 12. Aufl. § 263 Rn. 209; K/H/H/*Hellmann*, BT 2, Rn. 728; *Trück*, ZWH 2012, 60).

Im Beispielsfall (→ Rn. 249) verwirklicht T § 263 I, III 2 Nr. 2 Var. 1 zum 252 Nachteil des V durch das Erlangen des Pkw, begeht aber keinen Betrug durch den Verkauf an K. Ferner erfüllt T § 267 I Var. 3 – hinter den die §§ 267 I Var. 1, 26 im Wege der Subsidiarität zurücktreten – und § 259 (Blankoformulare). Bezüglich F lässt sich eine psychische Beihilfe zu § 267 I Var. 3 bejahen. Nimmt man bei T mit Blick auf den Verkauf an K auf dem Boden der Konkurrenzlösung noch § 246 I, II an (→ § 5 Rn. 51 ff.), kann F außerdem gemäß den §§ 246 I, 27, 28 II bestraft werden.

Im **Fall 4** (dazu schon → Rn. 136) gibt es bezüglich des Betruges gegenüber 253 K keinerlei Anhaltspunkte für eine schädigende konkrete Vermögensgefährdung.

In *BGH* NStZ 2015, 514 geht es um die Frage, ob ein Verkäufer, der eine 254 Sache an einen (gutgläubigen) Käufer wirksam übereignet, § 263 erfüllen kann, wenn er von Anfang an plant, sich später illegal wieder in den Besitz der Sache zu bringen. In dem Fall vereinbarten A und B, einen sicherungsübereigneten Pkw zum Marktpreis von 42.000 € in Deutschland an eine in Polen lebende gutgläubige polnische Käuferin zu verkaufen. Die Rolle des Verkäufers und Eigentümers übernahm einvernehmlich K, der mit falschen Fahrzeugpapieren ausgestattet war und mit einem gefälschten Reisepass unter einem falschen Namen agierte. Nach der Übergabe des Pkw erstattete A Strafanzeige wegen angeblicher Unterschlagung durch einen Mieter. Dann machten sich A und B auf den Weg nach Polen, orteten den Pkw per GPS, ließen das Fahrzeug mit Hilfe der örtlichen Polizei sicherstellen und fuhren es nach Deutschland zurück. Den Gewinn teilten sie sich. Ansprüche der Käuferin sollten infolge der von K präsentierten falschen Papiere ins Leere laufen.

255   Der *BGH* sieht die konkludente Täuschung darin, dass die mittäterschaftlich agierenden A, B und K die vereinbarte Gegenleistung nicht ernsthaft erbringen wollten, weil sie vorhatten, sich das verkaufte Fahrzeug schnell wieder zu verschaffen. Der Irrtum habe zur Kaufpreiszahlung und trotz gutgläubigen Erwerbs zu einem dem Kaufpreis entsprechenden bezifferbaren Schaden geführt, da das erworbene Eigentum wirtschaftlich betrachtet nichts wert gewesen sei (zust. *Hecker*, JuS 2015, 950 f.; *Bosch*, Jura, JK, 2015, 1136). Dies verdient keinen Beifall. Überzeugender ist es, in dem Eigentumserwerb eine gleichwertige Kompensation und in dem geplanten späteren Zugriff nicht unmittelbar vermögensschädigend wirkende Faktoren zu sehen. So betrachtet entfällt § 263 und man gelangt mit Blick auf die Hilfe der polnischen Polizei zu einem Diebstahl in mittelbarer Täterschaft (*Pannenborg*, NZWiSt 2015, 429 f. unter Hinweis auf die in → Rn. 84 ff. erörterten Beschlagnahmefälle; *El-Ghazi*, HRRS 2015, 386 ff.; *Jäger*, BT, Rn. 506; erg. *Kudlich*, JA 2015, 948 f.; *Begemeier/Wölfel*, NStZ 2016, 129 ff.). – Zu § 145d I Nr. 1 *Rengier*, BT II, § 51 Rn. 7 a.

256   **b) Darlehens-/Kreditbetrug; Sicherheiten als Ausgleichsfaktor.** Einen Betrug begeht, wer Kredite erschleicht, indem er z. B. seine Zahlungsfähigkeit oder seine Zahlungswilligkeit für den Zeitpunkt der fälligen Rückzahlung vortäuscht. Jedoch entfällt der Vermögensschaden, wenn der Minderwert des Rückzahlungsanspruchs durch ausreichende Sicherheiten wie Grundschulden oder Pfandrechte wettgemacht wird, die es dem Gläubiger ermöglichen, sich sofort nach Fälligkeit wegen seiner Forderung ohne nennenswerte Schwierigkeiten, namentlich ohne Mitwirkung des Schuldners, zu befriedigen. Dabei ist hinsichtlich der Bonität und Werthaltigkeit der Sicherheiten auf den Zeitpunkt der Vermögensverfügung abzustellen. In diesem Sinne vollwertige Sicherheiten sind generell als wirtschaftlicher Ausgleichsfaktor zu berücksichtigen.

257   Nach der neueren Rechtsprechung des *BVerfG* ist der etwaige Schaden in aller Regel zu beziffern (→ Rn. 212 ff.). Insoweit muss geprüft werden, ob, bezogen auf den Zeitpunkt der Darlehensauszahlung, der erlangte Rückzahlungsanspruch minderwertig ist. Um dessen Werthaltigkeit – naheliegend mit sachverständiger Beratung – zu ermitteln, verweist der *BGH* auf die bilanzrechtlichen Maßstäbe und führt konkretisierend aus (wistra 2012, 438, 440):

„Dabei ist davon auszugehen, dass die Werthaltigkeit des Rückzahlungsanspruchs des Darlehensgebers durch die Bonität des Schuldners, gegebenenfalls aber auch durch die Güte einer eventuellen Sicherheit, bestimmt ist. Ist der Darlehensnehmer von vornherein zahlungsunwillig oder zahlungsunfähig, ist der Wert des mit Abschluss des Darlehensvertrages entstandenen Rückzahlungsanspruches des Darlehensgebers mit Null zu bewerten, ein Schaden also in Höhe des versprochenen und ausgezahlten Darlehens entstanden. Besteht dagegen auch nur die Bereitschaft zu teilweiser Tilgung des Darlehensanspruches, kann nicht von einer völligen Wertlosigkeit des Rückzahlungsanspruchs ausgegangen werden."
Ergänzend *BGH* NJW 2012, 2370, 2371; NStZ 2013, 711, 712; 2016, 343 ff.; *Rübezahl*, HRRS 2012, 501 ff. – Zum Ganzen ferner BGHSt 15, 24; *BGH* NStZ 2009, 150; Falllösung mit § 647 BGB als Sicherheit bei *Kühl/Brutscher*, JuS 2011, 335 ff.

Der *BGH* (NStZ 2013, 711, 712; 2014, 457) weicht von der auf den Zeit- **258** punkt der Darlehensauszahlung bezogenen, komplizierten Schadensberechnung auch dann nicht ab, wenn das Kreditinstitut Jahre später den Kredit abgewickelt und seinen Endschaden genau beziffert hat (a. A. *Rengier*, Sieber-FS, 2021, 315 f.; vgl. erg. → Rn. 244).

Hätte der Täter ohne die Täuschung den Kredit nur zu einem höheren **259** Zinssatz bekommen, liegt der Schaden in dem Zinsvorteil (*Hellmann*, Kühl-FS, 2014, 703).

Die vorstehenden Grundsätze können im Prinzip auf Warenkre- **260** dite übertragen werden. So lässt sich hier z. B. eine Lieferung unter Eigentumsvorbehalt (§ 449 BGB) einordnen. Insoweit wird ein Verkäufer, der einem Käufer täuschungsbedingt eine Ware überlässt, durch den Eigentumsvorbehalt in der Regel nicht ausreichend gesichert und daher geschädigt (vertiefend *Norouzi*, JuS 2005, 786 ff.).

c) Erschleichen entgeltlicher Leistungen. Einen Vermögensscha- **261** den erleidet, wer dem täuschenden Täter eine entgeltliche Leistung ohne (volles) Entgelt erbringt.

BGH wistra 2002, 138; *OLG Düsseldorf* NJW 1992, 924; NStZ 2021, 369, 370; *Lackner/Kühl*, § 263 Rn. 39a.

Typisch sind – die Täuschung einer Kontrollperson vorausgesetzt **262** (zu § 265a siehe → § 16 Rn. 6 f.) – das Schwarzfahren und der „kostenlose" Besuch von Sportveranstaltungen, Konzerten, Ausstellungen, Schwimmbädern usw. Freilich bereitet die Begründung des Schadens durchaus Schwierigkeiten, weil die Aufwendungen in der Regel unabhängig von einer einzelnen Inanspruchnahme anfallen und daher eine faktische Vermögensminderung nicht eintritt, sondern nur eine erwartete Vermögensmehrung ausbleibt (vgl. → Rn. 179 ff.). Man kann aber sagen, dass in jeder Leistung ein Bruchteil von dem wirtschaftlichen Wert des zuvor investierten Vermögensaufwandes liegt und dafür kein Äquivalent erlangt wird (LK/*Lackner*, 10. Aufl. § 263 Rn. 181; zust. *Eisele*, BT II, Rn. 576). Außerdem löst die Inanspruchnahme der Leistung – typischerweise durch konkludenten Vertragsschluss im modernen Massenverkehr – in der Regel einen Zahlungsanspruch aus, so dass auch dessen täuschungsbedingte Nichtgeltendmachung den Schaden begründen kann.

Ranft, Jura 1993, 88; *Preuß*, ZJS 2013, 259 f.; LK/*Tiedemann*, 12. Aufl. § 263 Rn. 189. – Falllösung dazu bei *Park*, JuS 1999, 888 f.: Erschleichen des Eintritts zu einem nicht ausverkauften Fußballspiel mit einer falschen Eintrittskarte.

263   **d) Vortäuschen von Leistungsverpflichtungen.** Einen Schaden erleidet ferner, wer, nachdem ihm eine Leistungsverpflichtung vorgespiegelt worden ist, eine irrtumsbedingte Vermögensverfügung vornimmt und dafür keine ausgleichende Gegenleistung erhält. Man denke an die Herausgabe einer Sache an jemanden, der vorspiegelt, berechtigter Gläubiger zu sein. Man denke ferner an die Bezahlung von Rechnungen und Abrechnungen, in denen Handwerker, Händler, Unternehmer, Ärzte usw. tatsächlich nicht erbrachte Leistungen aufführen und berechnen.

264   Im ärztlichen Umfeld spricht man insoweit vom **Abrechnungsbetrug**. Umstritten sind hier insbesondere Konstellationen, in denen ein **Arzt ohne kassenärztliche Zulassung** medizinisch indiziert und fachgerecht Kassenpatienten behandelt und dafür von der Krankenkasse Honorare erhält, auf die er nach den streng formalen Regeln des Sozialversicherungsrechts keinen Anspruch hat. Unabhängig von dieser Spezialmaterie stößt man auf lehrreiche Fragen des Betrugstatbestandes.

265   **Beispiel:** Der vorbestrafte Nichtkassenarzt Z setzte als „Strohmann" den als Kassenarzt zugelassenen R ein, der seine Arztpraxis aufgegeben hatte. R erhielt von Z monatlich 3.000 €. Von den Kassenpatienten behandelte Z etwa 90 %, R die restlichen 10 %. Gegenüber der kassenärztlichen Vereinigung K rechnete R – in Mittäterschaft mit Z – alle Kassenpatienten ab. K zahlte an R innerhalb von 27 Monaten Honorare in Höhe von ca. 600.000 € aus, die Z abzüglich der monatlichen Zahlungen an R vereinnahmte (vgl. *BGH* NJW 2003, 1198).

Die Täuschungshandlung von Z und R liegt darin, dass sie mit der Geltendmachung von Zahlungsansprüchen konkludent vorspiegeln, die aufgeführten Leistungen seien nach den Vorschriften des Sozialversicherungsrechts abrechnungsfähig. Für den hervorgerufenen Irrtum genügt das sachgedankliche Mitbewusstsein der K, die Abrechnungen seien ordnungsgemäß erstellt worden (vgl. → Rn. 45 f.).

Umstritten ist die Schadensfrage. Die Rechtsprechung überträgt die **266** streng formale Betrachtungsweise des Sozialrechts in das Strafrecht und sieht den Schaden darin, dass K – hier zumindest 540.000 € – ohne Rechtsgrund gezahlt hat und eine Kompensation durch Tilgung einer Verbindlichkeit nicht erfolgt. Die Behandlungsleistungen des Z, so wird weiter argumentiert, stünden nicht unter dem Schutz der Rechtsordnung und stellten auch deshalb keine relevante Gegenleistung dar, weil der mögliche Gewinn infolge ersparter Kosten für Behandlungen durch andere zugelassene Vertragsärzte eine hypothetische Ersatzursache sei, die nicht berücksichtigt werden dürfe; zudem stehe keineswegs fest, ob ein anderer Arzt die gleiche Behandlungsweise gewählt hätte. Nur bei der Strafzumessung könnten zugunsten des Nichtkassenarztes seine fachgerecht erbrachten Leistungen eine Rolle spielen.

Die h. M. im Schrifttum wirft dem *BGH* vor, den Vermögensde- **267** liktscharakter des § 263 zu verkennen, der „juristischen" Seite des Schadensbegriffs zu viel Gewicht beizumessen (vgl. → Rn. 150) und letztlich formale Abrechnungsmängel zu sanktionieren. Zwar sehen auch die Kritiker Sanktionierungsbedarf, doch verweisen sie diesbezüglich auf das Standesrecht und sozialversicherungsrechtliche Regressansprüche. Freilich: Diese Sanktionsmöglichkeiten scheinen nicht konsequent ergriffen zu werden und demzufolge kaum effektiv zu sein (vgl. *Kölbel,* StV 2012, 592 f.). Alles in allem verdient die Ansicht der Rechtsprechung den Vorzug.

Zustimmend auch *Beckemper/Wegner*, NStZ 2003, 316; *Tiedemann*, JZ 2012, 567; *Singelnstein*, wistra 2012, 417 ff.; MüKo/*Hefendehl*, § 263 Rn. 847 ff. – A. A. AnwK/*Gaede*, § 263 Rn. 149 f.; *Saliger*, ZIS 2011, 916 f.; *Krüger/Burgert*, ZWH 2012, 213 ff.; *Braun*, ZJS 2014, 39 f. – *BGH* NJW 2014, 3170, 3171 f. (mit zust. Anm. *Brand*, ZWH 2014, 427 f.) bestätigt die streng formale Betrachtungsweise mit Blick auf Pflegedienstleistungen. – Erneut bestätigend BGHSt 65, 110 ff.

268   BGHSt 57, 95 (vor allem S. 100 f., 112 ff.) überträgt die geschilderte Rechtsprechung auf den **privatliquidierenden Arzt**, der von ihm nicht erbrachte
Laborleistungen unzulässig und deshalb nach der Ansicht des *BGH* ohne Vergütungsanspruch gegenüber den Privatpatienten mit dem korrekten Steige-
rungsfaktor selbst abrechnet und niedrigere Ausgleichszahlungen an das keine
Rechnungen stellende Speziallabor leistet. – Zust. *Schuhr*, wistra 2012, 265;
abl. *Lindemann*, NZWiSt 2012, 334 ff.; *Tiedemann*, JZ 2012, 525 ff.; *Jäger*,
ZWH 2012, 186; *Brand/Wostry*, StV 2012, 619 ff. (speziell gegen die Verneinung des Vergütungsanspruchs); MüKo/*Hefendehl*, § 263 Rn. 854 ff.

269   Allgemeiner formuliert *BGH* NStZ 2019, 462: „Zahlungen auf eine Nicht-
schuld bewirken einen Schaden in entsprechender Höhe"; im konkreten Fall
geht es um Abrechnungen eines gerichtlich bestellten Sachverständigen, der
wahrheitswidrig einen akademischen Grad (hier: „Diplom-Psychologe") führt
(abl. *Kraatz*, medstra 2020, 143 ff.). – Ergänzend → § 18 Rn. 51.

270   Insbesondere erfasst § 263 auch die Erschleichung (und Fehlleitung) zweckgebundener öffentlicher Mittel, falls der täuschende
Antragsteller die gesetzlichen Vergabevoraussetzungen nicht erfüllt,
also keinen Anspruch auf die staatliche Leistung hat und insoweit
der Subventionszweck verfehlt wird. Für die Frage der Betrugsstraf-
barkeit kommt es also – vergleichbar mit den Konstellationen anderer
bewusst unentgeltlicher Leistungen (→ Rn. 173 ff.) – auf den materiellen Subventionszweck und nicht darauf an, ob etwa Verstöße gegen
haushaltsrechtliche Grundsätze oder formelle Vergabevoraussetzungen vorliegen.

BGHSt 31, 93, 95 f.; 59, 205, 215; *BGH* NStZ 2006, 624 f. mit Bspr. *Bosch*,
JA 2006, 492 ff.

271   Die Erschleichung von Untersuchungshaft, um versorgt zu sein,
kann man ebenfalls hier einordnen (vgl. BGHSt 14, 170).

272   **e) Preisbildende Marktfaktoren.** Der wirtschaftliche Wert einer
Sache wird auch durch – unter Umständen „irrationale" – preisbildende Marktfaktoren bestimmt. Wer für ein „Markenprodukt" bezahlt und ein anderes qualitätsgleiches, vom Markt jedoch geringer
bewertetes, Produkt erhält, ist geschädigt.

273   **Beispiele:** Lieferung von qualitätsgleichem Hopfen aus einem unbekannte-
ren Anbaugebiet (BGHSt 8, 46, 48 f.); Lieferung von Auslandsbutter statt der
besser verkäuflichen Deutschen Markenbutter (BGHSt 12, 347, 352 f.); Lieferung eines No-name-Produkts/Medikaments statt der bau-/substanzgleichen
Markenware.

f) Besitzverlust. Leitlinie ist die Frage, ob dem Besitz Vermögens- 274
wert zukommt und daher sein Verlust einen messbaren Vermögensschaden herbeiführt. Beim **endgültigen** Verlust einer wirtschaftlich
wertvollen Sache wird in der Regel ein Vermögensschaden vorliegen
(auch bei einem unrechtmäßigen Besitzer; → Rn. 159 ff.). Beim **vorübergehenden** Verlust entsteht ein Schaden vor allem dann, wenn
für die Besitzüberlassung üblicherweise ein Entgelt (Miete) zu entrichten ist. Ferner können die erforderlichen wirtschaftlichen Nachteile im Verbrauch, in der Abnutzung oder in der Notwendigkeit er-
satzweiser Anmietung liegen.

Beispiele: Bei Pkws hat der vorübergehende Besitzverlust typischerweise 275
wirtschaftlichen Wert (vgl. BGHSt 14, 386, 388 f.; *BGH* NStZ 1996, 39), aber
nicht ohne weiteres bei der vorübergehenden Überlassung eines Funkgeräts
(BGHSt 38, 83, 87) oder eines Auswahlpostens z. B. von Teppichen (*BGH*
wistra 1982, 148; *OLG Celle* StV 1996, 154). Auch Ausweispapieren (z. B.
Personalausweis) kommt angesichts ihrer Bescheinigungsfunktion kein Vermögenswert zu (*BGH* MDR/D 1972, 17; h. M.; kritisch LK/*Tiedemann*,
12. Aufl. § 263 Rn. 155).

Zum Ganzen ferner die schon in → Rn. 228 erwähnte Entscheidung *BGH*
NStZ 2018, 713; LK/*Tiedemann*, 12. Aufl. § 263 Rn. 190 ff.; Sch/Sch/*Perron*,
§ 263 Rn. 157 f.; SSW/*Satzger*, § 263 Rn. 155.

g) Glücks- und Geschicklichkeitsspiele; Wetten. Im Zusammen- 276
hang mit Glücks- und Gewinnspielen erleidet das spielende Opfer einen Schaden, wenn die durch den Einsatz erworbenen Gewinnaussichten abredewidrig vermindert werden, sei es dass Gewinnlose
zurückgehalten werden oder der Zufall ausgeschaltet und dadurch
ein Spielsystem wirkungslos wird (*BayObLG* NJW 1993, 2820 f.).
Wer als Veranstalter Einsätze für Geschicklichkeitsspiele oder Renn-
wetten kassiert, aber weiß, dass es sich in Wirklichkeit um Glücks-
spiele oder manipulierte Spiele/Wetten handelt, mindert das Vermögen des Opfers, weil die geschuldete Gegenleistung (Einräumen
größerer Gewinnchancen) nicht erbracht wird (vgl. *LG Frankfurt*
NJW 1993, 945, 946).

Schließt ein Wettender einen Wettvertrag ab, obwohl er die Wett- 277
grundlage durch Manipulationen zu seinen Gunsten verändert hat
(vgl. schon → Rn. 12, 45 f.), so muss man unterscheiden: Wenn der
Wettanbieter z. B. stets 70 % aller Einsätze als Gewinn ausschüttet,
erleidet er selbst in der Regel keinen Schaden, weil seine 30 % nicht
angetastet werden. Doch schädigt der Wettende andere Mitbewerber
im Wege des Dreiecksbetruges (→ Rn. 101 ff., 133 f.) dadurch, dass er

deren Gewinnchancen beseitigt oder mindert (BGHSt 29, 165, 168; *Fasten/Oppermann*, JA 2006, 72 f.; erg. → Rn. 124 f.).

278 Anders liegt es, sofern der Wettanbieter die Wette mit einer feststehenden Gewinnquote anbietet (so im **Fall 2**). Wird der Gewinn nicht ausbezahlt, weil die Manipulation nach dem Spiel entdeckt wird, so könnte man den (Gefährdungs-)Schaden zunächst in einer im Abschluss des Wettvertrags liegenden konkreten Vermögensgefährdung sehen. Im **Fall 2** scheidet dieser Weg aber aus, da der Verlauf eines Fußballspiels von so vielen Ungewissheiten abhängt, dass ein Erfolg der Schiedsrichterbestechung nicht wirtschaftlich konkret prognostiziert werden kann. BGHSt 51, 165, 175 f. hat einen Vermögensschaden aber damit begründet, dass der Wettanbieter dem täuschenden Wettenden zu einem nicht seiner kaufmännischen Kalkulation entsprechenden, also zu einem zu niedrigen Preis eine Gewinnchance einräume, die das Wettrisiko wirtschaftlich zugunsten des Wetters verschiebe; insoweit könne man von einem „Quotenschaden" sprechen, der sich aus der Quotendifferenz zwischen der täuschungsbedingt eingeräumten und der kalkulierten Gewinnquote ergebe.

279 Entgegen dieser Entscheidung muss aber im Lichte der später ergangenen Rechtsprechung des *BVerfG* der Schaden beziffert werden (→ Rn. 214, 217). Das sieht der *BGH* inzwischen auch so. Er verfolgt aber nicht mehr den Gedanken des Quotenschadens, sondern schlägt vor, den mit Abschluss des Wettvertrags eingetretenen Vermögensschaden mit der über das vertraglich eingegangene Risiko hinausgehenden wirtschaftlich messbaren Verlustgefahr zu begründen. Denn indem der Wettende durch seine Manipulationen die Erfolgswahrscheinlichkeit erhöhe, steigere er den Geldwert seines Anspruchs gegen den getäuschten Wettanbieter, ohne dass dessen Anspruch auf den Wetteinsatz das erhöhte Haftungsrisiko noch kompensiere.

280 BGHSt 58, 102, 111 ff.; ähnlich *Hellmann*, Kühl-FS, 2014, 704; *Bittmann*, ZWH 2013, 137 ff.; *Greco*, NZWiSt 2014, 334 ff.; *Ivanov/Köpferl*, Jura 2016, 554 ff. mit Falllösung. – Die Annahme eines Schadens beim erschlichenen Verkauf von Wetten zum Normalpreis, die „mit einer manipulationsbedingt um das zigfach erhöhten Gewinnchance" ausgestattet sind (*Bittmann*, wistra 2013, 2 mit Fn. 7), liegt auf der Hand und verdient Zustimmung; freilich wird, auch mit sachverständiger Hilfe und etwaiger Schätzung (→ Rn. 214), die Bezifferbarkeit schwierig bleiben (vgl. *Greco*, NZWiSt 2014, 337 ff.; *Schiemann*, NJW 2013, 889; *Jäger*, JA 2013, 870; *Satzger*, Jura 2016, 1143 f.). – Ablehnend M/R/*Saliger*, § 263 Rn. 260 ff.; *Schlösser*, NStZ 2013, 629 ff.

Wird der Gewinn ausgezahlt, so lässt sich der Schaden in Höhe der **281** gesamten Auszahlungssumme damit begründen, dass die Wetten auf manipulierte Spiele ohne die Täuschung nicht angenommen worden wären und daher der Wettgewinn dem Wettenden nicht zusteht, und zwar auch dann nicht, wenn die Bestechung des Schiedsrichters oder eine andere Manipulation den Spielverlauf gar nicht beeinflusst hat, weil der konkrete Tatverlauf entscheidend ist (BGHSt 58, 102, 110; a. A. M/R/*Saliger*, § 263 Rn. 262). Nach *BGH* NJW 2016, 1336, 1337 soll dies selbst für den Fall noch gelten, dass der Wettende täuschungsbedingt bloß irrtümlich von einem manipulierten Spielverlauf ausgeht (a. A. *Bosch*, Jura, JK, 2016, 954).

Die im Jahr 2017 eingefügten §§ 265c, 265d StGB sollen gewisse Strafbarkeitslücken schließen, die der Gesetzgeber mit Blick auf die Merkmale des § 263 rund um Konstellationen des Sportwettbetrugs gesehen hat (näher *Valerius*, Jura 2018, 777 ff.; *Perron*, JuS 2020, 809 ff.; K/*Böse*, BT II, § 34).

h) Versicherungsverträge. Um das Ausschalten von Risikofakto- **282** ren, die wirtschaftlichen Wert haben, kann es auch bei Täuschungen im Zusammenhang mit dem Abschluss von Versicherungsverträgen gehen. Man kann zwei Fallgruppen unterscheiden. In der ersten macht der Täter keine oder falsche Angaben zu typischen Risikofaktoren wie Vorerkrankungen, die zwar den Abschluss der Versicherung nicht ausschließen, deren Unkenntnis aber zur täuschungsbedingten Vereinbarung einer niedrigeren Prämie führt. Hier wird man den Schaden in dem auf die Vertragslaufzeit entfallenden Differenzbetrag zu sehen haben (vgl. *Eisele*, BT II, Rn. 580; kritisch zu einem solchen „Prämienbetrug" *Joecks*, wistra 2010, 180).

Im Zentrum der Diskussion steht, ausgelöst durch den Al-Qaida- **283** Fall (→ Rn. 225), die zweite Konstellation. Hier schließt der Täter einen (z. B. Lebens-) Versicherungsvertrag in der Absicht ab, die Versicherungsleistung (z. B. eine Million Euro im Todesfall) durch Vortäuschen des Versicherungsfalles zu erlangen; im Al-Qaida-Fall sollten gefälschte Sterbeurkunden vorgelegt werden. In dieser Konstellation ist es ausgeschlossen, dass die Versicherung auch bei wahrheitsgemäßen Angaben dem Vertrag gegen Zahlung irgendwelcher Höchstprämien zugestimmt hätte.

Ob namentlich im Beispiel der Lebensversicherung (→ Rn. 225) be- **284** reits mit Vertragsabschluss ein Vermögensschaden eintritt, ist sehr umstritten. Bejahend könnte man den Schaden in dem wirtschaftlichen Ungleichgewicht sehen, das zwischen der von der Versicherung eingegangenen Verpflichtung und den erwartbaren Prämienzahlungen besteht, die nicht den allgemeinen, zahlenmäßig und versicherungsmathematisch bezifferbaren (vgl. → Rn. 214), Kalkulationsgrundlagen entsprechen. Unter Einbeziehung des wesentlichen täuschungsbedingt nicht berücksichtigten Risikofaktors – extrem erhöhte Wahrscheinlichkeit des Eintritts des Versicherungsfalls – hätte sich rechnerisch eine um ein Vielfaches höhere hypothetische Prämie ergeben. Das wirtschaftliche Minus lässt sich weiter mit der Überlegung verdeutlichen, dass kein anderer Versicherer den Vertrag zu den vereinbarten Konditionen übernehmen würde. Schließlich ist in der zweiten Fallgruppe das Verlustrisiko größer als in der ersten. Kritiker wenden ein, dass der Schaden nicht allein an die böse Gesinnung geknüpft werden dürfe. Der Vertragsabschluss stelle bloß eine Vorbereitungshandlung dar, mit der ein späterer, weitere Zwischenschritte erfordernder Betrug in die Wege geleitet werde. Mit der Konstruktion eines Eingehungsbetruges unterlaufe man § 22 und schneide Rücktrittsmöglichkeiten ab. Außerdem wird bezweifelt, dass sich ohne existierende Marktpreise die Höhe des Schadens etwa in Form einer fiktiven Prämie berechnen lasse.

285   Einen Schaden bejahen: BGHSt 54, 69, 122 ff.; K/H/H/*Hellmann*, BT 2, Rn. 746; *Hellmann*, Kühl-FS, 2014, 704 f.; *Bosch*, JK 7/12, StGB § 263/97. – BVerfGE 130, 1, 42 ff. hat BGHSt 54, 69 konsequent aufgehoben, da der *BGH* zur genauen Bezifferbarkeit keine Feststellungen getroffen hat. – Kritisch bis ablehnend zur Annahme eines Schadens: AnwK/*Gaede*, § 263 Rn. 123; *Eisele*, BT II, Rn. 580; *Kraatz*, JR 2012, 329 ff.; *Waßmer*, HRRS 2012, 368 ff.; *Kudlich*, JA 2012, 232; *Fischer*, § 263 Rn. 176b ff.; *Hefendehl*, wistra 2012, 330; SSW/*Satzger*, § 263 Rn. 257 f.

286   **i) Anstellungsbetrug** (hierzu vor allem *BGH* NJW 1978, 2042 mit Bspr. *Miehe*, JuS 1980, 261 ff.; NStZ 2020, 291, 293 f.). Aus dem wirtschaftlichen Vermögensbegriff folgt der Grundsatz, dass beim Erschleichen einer privat- oder öffentlichrechtlichen Anstellung ein Vermögensschaden vorliegt, wenn die vom Arbeitgeber/Dienstherrn zu erbringenden finanziellen Leistungen die vom Verpflichteten zugesagten Dienste wertmäßig übersteigen, namentlich weil dieser die fachlichen Anforderungen nicht erfüllt. Dabei tritt nach der Lehre vom Eingehungsbetrug (→ Rn. 209 ff.) der Schaden grundsätzlich bereits mit Abschluss des Vertrages ein (näher BGHSt 45, 1, 4). BGHSt 22, 38 geht sogar so weit, in nachfolgenden Gehaltszahlungen lediglich nicht tatbestandliche Nachwirkungen des mit der Anstellung vollendeten Betruges zu sehen, und lässt die Verjährung gemäß § 78a

mit dem Abschluss des Anstellungsvertrages beginnen. Dies überzeugt nicht, weil beim Eingehungsbetrug auch sonst im Falle der Ver-
tragserfüllung (hier: Gehaltszahlung) Eingehungs- und Erfüllungsphase eine einheitliche Tat bilden (→ Rn. 196, 243 f.; zur Kritik LK/
Lackner, 10. Aufl. § 263 Rn. 293; Sch/Sch/*Bosch,* § 78a Rn. 4). – Im
Einzelnen lassen sich drei Konstellationen unterscheiden:

(1) Speziell bei der **Erschleichung einer Beamtenstellung** ist un- **287**
abhängig von der Qualität der zugesagten und geleisteten Dienste
und unabhängig von falschen Angaben zu gehaltsrelevanten Faktoren
(wie Lebensalter, Familienstand) ein Vermögensschaden dann zu bejahen, wenn die Ernennungsvoraussetzungen nicht vorlagen oder darüber getäuscht wurde. Denn unter diesen Umständen *muss* die Er-
nennung zurückgenommen werden (§§ 12 I BeamtStG, 14 I BBG),
so dass – vergleichbar mit den Fällen → Rn. 263 ff. – die Auszahlung
der Bezüge im Widerspruch zu den vom Staat kraft seines Monopols
festgesetzten Anstellungsbedingungen steht.

Im Ergebnis übereinstimmend BGHSt 5, 358; 45, 1; *BGH* NStZ 2020, 291,
293; A/W/*Heinrich,* BT, § 20 Rn. 109; Sch/Sch/*Perron,* § 263 Rn. 156; K/H/
H/*Hellmann,* BT 2, Rn. 731. – Abl. *KG* JR 1998, 434, 437 ff.; *Geppert,* NStZ
1999, 305 ff.; AnwK/*Gaede,* § 263 Rn. 136; *Otto,* JZ 1999, 739; *Duttge,* Jura
2002, 271 f.

(2) Bei **anderen Stellenerschleichungen** kann trotz einer der Ver- **288**
gütung entsprechenden fachlichen Eignung und Arbeitsleistung ein
Vermögensschaden ausnahmsweise dann angenommen werden,
wenn ohne eine bestimmte Qualifikation (z. B. Approbation als
Arzt) die Ausübung der Tätigkeit verboten ist oder die Entlohnung
leistungsunabhängige Bestandteile (z. B. Dienstalter) oder Anteile für
besondere Qualifikationen, Vertrauenswürdigkeit oder Zuverlässig-
keit des Stelleninhabers enthält, dieser aber die dafür erforderlichen
Vorbedingungen nicht erfüllt.

BGHSt 17, 254, 256 f., 259; *BGH* NJW 1978, 2042, 2043; NStZ 2020, 291,
293 f.; *Miehe,* JuS 1980, 265; Sch/Sch/*Perron,* § 263 Rn. 154; WiStStR/*Dannecker,* § 263 Rn. 199; Falllösung bei *Kretschmer,* Jura 2016, 1436 ff.

Das bloße Interesse, Personen mit einer bestimmten politischen **289**
Vergangenheit (z. B. Spitzeltätigkeit in der früheren DDR) nicht zu
beschäftigen, hat keinen Vermögenswert.

AG Tiergarten NStZ 1994, 243. – Näher zum Anstellungsbetrug im Zusammenhang mit dem Verschweigen einer MfS-Tätigkeit *BVerfG* NJW 1998,

2589, 2590; BGHSt 45, 1 mit Anm. *Geppert*, NStZ 1999, 305 ff. und JK 99, StGB § 263/53; *Otto*, JZ 1999, 738 ff.; *Jahn*, JA 1999, 628 ff.

290   (3) Umstrittener sind die **Vorstrafenfälle** (soweit sie nicht, was natürlich denkbar ist, unter die zweite Konstellation fallen). In diesen
Fällen werden Täuschungen über Vorstrafen für die Einstellung kausal, wobei Täuschungen durch Unterlassen eine Garantenstellung voraussetzen (→ Rn. 29 ff.; K/H/H/*Hellmann*, BT 2, Rn. 734 ff.). Zunächst begründen weder die Einstellung des Vorbestraften als solche
noch eine etwaige Schädigung des Ansehens einen Vermögensschaden (*OLG Düsseldorf* StV 2011, 734).

291   Ältere Entscheidungen haben aber, und zwar bereits mit der Einstellung, eine konkrete Vermögensgefährdung bejaht, wenn der Ein-
gestellte über erhebliche Vorstrafen wegen begangener *Vermögensstraftaten* getäuscht hat und über Vermögen des Dienstberechtigten
verfügen konnte (BGHSt 17, 254, 258 ff.; *BGH* NJW 1978, 2042,
2043). Anders formuliert: Die durch erhebliche Vorstrafen indizierte
Anfälligkeit für Vermögensstraftaten soll – sogar unabhängig von bestimmten deliktischen Absichten bei der Einstellung – bereits eine
konkrete Vermögensgefährdung beinhalten.

292   Von diesem Standpunkt scheint der *BGH* neuerdings (NStZ 2020,
291, 294) nicht unbedingt abrücken zu wollen, hebt aber immerhin
das inzwischen bestehende Gebot der zahlenmäßigen Bezifferung
hervor (→ Rn. 214, 217). Konkreter wird der *BGH* nicht. Dabei
drängt sich doch die Einsicht auf, dass selbst dann, wenn deliktische
Absichten vorhanden gewesen sein sollten, ein wirtschaftlicher Wert
solch böser Gedanken realistisch nicht zu ermitteln ist. Die Strafbarkeit kann sich erst aus deliktischem Verhalten nach der Einstellung
ergeben.

Die bisherige Kritik konzentriert sich auf den letzten Punkt: Vgl. LK/*Tiedemann*, 12. Aufl. § 263 Rn. 227; Sch/Sch/*Perron*, § 263 Rn. 154; *Satzger*, Jura
2009, 527.

293   **j) Ausschreibungs- oder Submissionsbetrug.** In dieser Fallgruppe
geht es um gemäß § 1 GWB unzulässige, den Wettbewerb beschrän-
kende Preisabsprachen hauptsächlich bei öffentlichen Ausschreibungen, aber auch bei einer freihändigen Vergabe mit Angebotsanfragen
durch öffentliche oder private Auftraggeber an zumindest zwei Unternehmer. Im Rahmen solcher Preisabsprachen wird unter mehreren
Konkurrenten typischerweise vereinbart, dass einer das günstigste
Angebot abgibt und sich im Gegenzug verpflichtet, an die höher bie-

tenden anderen Konkurrenten Ausgleichszahlungen zu leisten (näher *Hohmann*, NStZ 2001, 567).

Die anschließende Angebotsabgabe enthält vor dem Hintergrund 294 des § 1 GWB die konkludente Erklärung, dass das Angebot ohne eine vorherige Preisabsprache zwischen den Bietern zustande gekommen ist (Täuschung).

Mit der Angebotsannahme stellt sich unter dem Aspekt des Einge- 295 hungsbetrugs (→ Rn. 209 ff.) die Frage nach dem Vermögensschaden. Dessen Feststellung bereitet Schwierigkeiten, wenn – wie namentlich bei vielen Großprojekten – kein Marktpreis existiert.

Dazu *Hohmann*, NStZ 2001, 568 ff.; *Hotz*, JuS 2017, 922 ff.; LK/*Tiedemann*, 12. Aufl. § 263 Rn. 165; Sch/Sch/*Perron*, § 263 Rn. 137a.

Der *BGH* nimmt an, dass der Auftraggeber einen Schaden erleidet, 296 wenn der mit einem Anbieter vereinbarte Preis höher als der in einem ordnungsgemäßen Vergabeverfahren erzielbare **hypothetische Wettbewerbspreis** liegt (BGHSt 38, 186, 190 ff.; *BGH* NJW 1997, 3034, 3037 f.). Daran anknüpfend setzt BGHSt 47, 83 den erzielbaren Preis mit dem erzielten Preis abzüglich der absprachegemäß bedingten Preisaufschläge gleich. Damit wird die Schadensfeststellung einfacher und ein Schaden liegt vor, wenn in dem angenommenen Angebot („erzielter" Preis) als Rechnungsposten Ausgleichs- bzw. Schmiergeldzahlungen einkalkuliert sind, deren Abzug zu einem niedrigeren „erzielbaren" Preis führt. Unter solchen Umständen kommt es nach der Ansicht des *BGH* nicht darauf an, ob der „erzielte", d. h. der tatsächlich vereinbarte, Preis den Wertvorstellungen des Marktes entspricht und daher als durchaus angemessen erscheint. Kritiker bemängeln, dass in diesem Fall nur die Aussicht auf einen noch günstigeren Vertragsabschluss, also bloß eine Erwerbsaussicht vereitelt werde, die § 263 grundsätzlich nicht schütze (vgl. → Rn. 145, 183 ff., 195).

Zur Diskussion um BGHSt 47, 83 siehe *Rönnau*, JuS 2002, 545 ff.; *Satzger*, 297 JR 2002, 391 ff.; *Walter*, JZ 2002, 254 ff.; *Best*, GA 2003, 157 ff. – Zweifel werden geäußert, inwieweit die *BGH*-Rechtsprechung im Lichte von BVerfGE 126, 170 (→ Rn. 212 ff.) Bestand haben kann (*Rönnau*, Rissing-van Saan-FS, 2011, 540 f.). Da die Gedankenkette des *BGH*, nämlich: einkalkulierte Ausgleichszahlungen = faktisch unangemessener Preis = Schaden aus wirtschaftlicher Sicht, eine hohe Plausibilität aufweist und das *BVerfG* gewisse normative Spielräume zugesteht, wird sich die Ansicht des *BGH* verfassungsrechtlich kaum in Frage stellen lassen (vgl. *Saliger*, ZIS 2011, 917; *Hotz*, JuS 2017, 924).

Angesichts der betrugsstrafrechtlichen Probleme hat der Gesetzge- 298 ber 1997 einen eigenen Tatbestand gegen wettbewerbsbeschränkende

Absprachen bei Ausschreibungen geschaffen (§ 298). § 298 schützt nach dem Willen des Gesetzgebers als abstraktes Gefährdungsdelikt in erster Linie den Wettbewerb, daneben auch das Vermögen. Zwischen § 263 und § 298 besteht wegen unterschiedlicher Schutzrichtungen richtigerweise Idealkonkurrenz.

Zu § 298 näher *Hotz*, JuS 2017, 925 ff. – Zur Konkurrenzfrage Sch/Sch/ *Heine/Eisele*, § 298 Rn. 29; *Fischer*, § 298 Rn. 22; NK/*Dannecker*, § 298 Rn. 112; erg. → § 17 Rn. 22, 26 f. – Falllösungen zum Ausschreibungsbetrug bei *Regge/Rose/Steffens*, JuS 1999, 159 ff.; *Rössner/Guhra*, Jura 2001, 403 ff.; *Grüner*, JuS 2001, 882 ff.

299   **k) Sonstiges.** Zum Betrug im Zusammenhang mit **Gewinnmitteilungen** siehe *Braun*, StraFo 2005, 102 ff.

VI. Subjektiver Tatbestand

1. Vorsatz

300   Der Vorsatz muss sich wie üblich auf alle objektiven Tatbestandsmerkmale erstrecken. Soweit z. B. besondere Faktoren den Schaden begründen, müssen diese Umstände dem Täter bewusst sein. So handelt ein Werber ohne Schädigungsvorsatz, der von einem Krimileser, den er irrtümlich für einen Jura-Studenten hält, die Bestellung einer juristischen Ausbildungszeitschrift erschleicht (zur objektiven Seite vgl. → Rn. 204).

2. Bereicherungsabsicht

301   **a) Erstreben eines Vermögensvorteils.** Die Bereicherungsabsicht verlangt zunächst das Streben nach einem Vermögensvorteil, d. h. nach einer günstigeren Gestaltung der Vermögenslage im Sinne einer Mehrung des wirtschaftlichen Wertes. Der erstrebte Vorteil kann auch in der Abwehr eines Schadensersatzanspruchs liegen. Keinesfalls darf übersehen werden, dass die Bereicherungsabsicht eigennützig oder (!) fremdnützig sein kann.

Dazu BGHSt 42, 268, 271; *BGH* NJW 1988, 2623; NStZ 2011, 699, 701. – Die **Beispiele** von → § 11 Rn. 60 lassen sich im Wesentlichen sinngemäß auf die Betrugsebene übertragen. – Ggf. müssen, um die *Bereicherung*sabsicht festzustellen, die erstrebten Leistungen und Gegenleistungen wie beim Vermögensschaden (→ Rn. 179 ff.) saldiert werden (*Mitsch*, BT 2, 336 f.; *Rengier*, JuS 1989, 804; a. A. *Dencker*, Grünwald-FS, 1999, 86 ff.).

b) Absichtsbegriff. Er wird eng im Sinne zielgerichteten Handelns 302 verstanden (dolus directus 1. Grades; erg. *Rengier*, AT, § 16 Rn. 3 ff.). Dem Täter muss es also auf die (eigen- oder fremdnützige) Bereicherung – neben anderen Zwecken zumindest *auch* – ankommen. Dabei muss die erstrebte Bereicherung nicht unbedingt das Endziel darstellen; es genügt ebenso das Streben nach notwendigen Zwischenzielen, d. h. nach Zielen, die gleichsam als unentbehrliche Plattform anvisiert werden, um das Endziel überhaupt erreichen zu können. Anders formuliert: Es kommt darauf an, ob nach der Tätervorstellung das erstrebte Ziel nur mit Hilfe der Bereicherung erreicht werden kann. So handeln Eltern mit Bereicherungsabsicht, die anderen Leuten Geld abschwindeln, um eine sehr teure, lebensrettende Operation ihres Kindes finanzieren zu können. Schwieriger ist das folgende

Beispiel: Um D Unannehmlichkeiten zu bereiten, gibt A, ohne seine Iden- 303 tität zu offenbaren, im Namen des D Bestellungen (z. B. Blumen, Verlobungskarten) in Auftrag, die von den getäuschten Lieferanten an den reklamierenden D ausgeliefert werden. – Der Schaden der Lieferanten liegt darin, dass sie keinen vertraglichen Anspruch gegen D haben und ihr Anspruch gegen A aus § 179 I BGB analog keinen wirtschaftlichen Wert hat (*Krack*, Puppe-FS, 2011, 1207 ff.). Subjektiv handelt A (nicht mit fremdnütziger, aber) mit eigennütziger Bereicherungsabsicht; denn er muss als notwendiges Zwischenziel für seine immateriellen Endzwecke die wirtschaftlich sinnlose Dienstleistung in Anspruch nehmen (*LG Kiel* NStZ 2008, 219, 221; *Herzberg*, JuS 1972, 188 f.; *K/H/H/Hellmann*, BT 2, Rn. 752 ff.; *Seelmann*, JuS 1982, 748 f.; Falllösung bei *von Schenck*, Jura 2008, 557 f.; im Ergebnis auch *BayObLG* JZ 1972, 25).

Von den miterstrebten, also vom Absichtsbegriff noch umfassten, 304 notwendigen Zwischenzielen unterscheidet die ganz h. M. die – nicht mehr beabsichtigte, aber als unvermeidlich erkannte – bloß wissentliche (dolus directus 2. Grades) Herbeiführung notwendiger Nebenfolgen (zusammenfassend *Fahl*, JA 1997, 110 ff.; *Wittig*, JA 2013, 402 f.).

Beispiele: (1) Wissenschaftler W bietet, um seine Reputation zu steigern, mit 305 Erfolg einer Fachzeitschrift ein Plagiat als Originalbeitrag zur Veröffentlichung an und erhält dafür, wie er weiß, ein geringes Honorar von 100 €. – *Jerouschek* (GA 1999, 418 ff.) verneint hier im Sinne der h. M. die Bereicherungsabsicht, weil W nicht wegen des Geldes, sondern um seines Ruhmes willen täusche. Anders betrachtet: Die Steigerung der Reputation lässt sich auch ohne das Honorar erreichen.
(2) In entsprechender Weise handelt nach h. M. ohne Bereicherungsabsicht, wer sich zum Zweck der Werkspionage eine Stelle erschleicht und die Lohn-

zahlung nur entgegennimmt, damit die Tarnung nicht auffliegt (*Kindhäuser/ Nikolaus*, JuS 2006, 298).
(3) Siehe ferner **Fall 6** in → Rn. 316.

306   Zur h. M. vgl. BGHSt 16, 1 ff.; *BGH* wistra 1999, 378, 379; *OLG Köln* NJW 1987, 2095; *Roxin/Greco*, AT I, § 12 Rn. 12 f.; *Lackner/Kühl*, § 263 Rn. 58; LK/*Tiedemann*, 12. Aufl. § 263 Rn. 251 ff.; MüKo/*Hefendehl*, § 263 Rn. 1147 ff.; *Dencker*, Grünwald-FS, 1999, 77 ff.

307   Auf größere und berechtigte Kritik stößt lediglich die in der Rechtsprechung verbreitete Differenzierung danach, ob der als sichere Folge vorausgesehene Bereicherungserfolg erwünscht (d. h. tatbestandlich erfasst) oder unerwünscht (d. h. nur notwendige Nebenfolge) ist. Auch wenn dieser Ansatz keine Zustimmung verdient, so kann in dem Erwünschtsein immerhin ein Indiz dafür liegen, dass der Täter die Bereicherung als Nebenerfolg *auch* erstrebt.

308   Die Rechtsprechung würde in dem Wissenschaftler-Beispiel (→ Rn. 305) wohl darauf abstellen, ob dem W die als sicher vorausgesehene Vermögensmehrung auch „erwünscht" oder – z. B. als peinliche oder lästige Folge seines Handelns – unerwünscht sei (vgl. BGHSt 16, 1, 5 f.; *OLG Köln* NJW 1987, 2095; zur Kritik *Rengier*, JZ 1990, 325 f.; *Fahl*, JA 1997, 112 f.).

309   Nicht durchgesetzt hat sich der Vorschlag, angesichts der bestehenden Abgrenzungsschwierigkeiten zwischen erstrebten notwendigen Zwischenzielen und bloß als unvermeidlich erkannten Nebenfolgen für die Bereicherungsabsicht auch den dolus directus 2. Grades genügen zu lassen (*Rengier*, JZ 1990, 321 ff.). Die Einwände knüpfen an den Wortlaut („Absicht" im Sinne eines Daraufankommens), an das Gewinnstreben als typisches Betrugselement und daran an, dass der Beschränkung auf den dolus directus 1. Grades eine sinnvolle restriktive Funktion zukommt (vgl. *Dencker*, Grünwald-FS, 1999, 78; NK/*Kindhäuser*, § 263 Rn. 355; Sch/Sch/*Perron*, § 263 Rn. 176; LK/*Tiedemann*, 12. Aufl. § 263 Rn. 253; M/R/*Saliger*, § 263 Rn. 280).

310   **c) Stoffgleichheit.** Wichtig und mit Schwierigkeiten behaftet ist das ungeschriebene Merkmal der sog. Stoffgleichheit. Nicht jede Bereicherungsabsicht genügt. Das ungeschriebene Erfordernis der Absicht „stoffgleicher" Bereicherung ergibt sich aus dem Wesen des Betrugs als Vermögensverschiebungsdelikt. Dem Grundgedanken nach muss die erstrebte Bereicherung aus dem zugefügten Schaden stammen, d. h. sich spiegelbildlich im geschädigten Vermögen niederschlagen. Stoffgleichheit meint allerdings nicht unbedingt Sachidentität. Die Hauptfunktion des Merkmals liegt vor allem darin, „externe" Vorteile wie Belohnungen Dritter und bestimmte Folge- und mittelbare Schäden auszuklammern.

Beispiele: (1) Tierarzt T erschleicht die Einwilligung des Hundebesitzers H **311** zur Tötung dessen Hundes, indem er eine unheilbare Erkrankung des Tieres vorspiegelt. Dies tut T, nachdem ihm Nachbar E dafür eine Belohnung von 1.000 € versprochen hat. Das übliche Honorar (50 €) rechnet er nur ab, um nicht irgendwie aufzufallen. – Bei T ist § 263 I gegenüber H objektiv erfüllt. Ein täuschungsbedingter Schaden liegt erstens im Verlust des Hundes und zweitens in der Zahlung von 50 € für eine sinnlose Dienstleistung. Doch scheitert der Tatbestand bezüglich des Hundes subjektiv am Erfordernis der Stoffgleichheit, weil die erstrebte Belohnung nicht aus dem Vermögen des H kommt. Bezüglich des Honorars (50 €) verläuft die Lösung auf der Absichtsseite entsprechend dem Wissenschaftler-Beispiel (→ Rn. 305 ff.). Verneint man daher auch hinsichtlich der 50 € die Absicht, so erfüllt T lediglich § 303 (die Einwilligung ist unwirksam). Dazu hat E angestiftet.

(2) Der zahlungsunfähige und -unwillige K bestellt beim Juwelier J diverse **312** Schmuckstücke zum Gesamtpreis von über 20.000 €. J nimmt ein Darlehen in Höhe von 15.000 € auf, um seinerseits die Ware bei einem Händler bestellen zu können. Da K nach vielen Mahnungen und trotz gegenteiliger Zusagen die Ware nicht abholt und bezahlt, erwirkt J ein Versäumnisurteil, in dem K zur Zahlung Zug um Zug gegen Übergabe der Schmuckstücke verurteilt wird (*BGH* NStZ-RR 2005, 180). – Durch den Vertragsabschluss ist J, da er nur Zug um Zug leisten muss, nicht geschädigt (→ Rn. 228). Unterstellt man bei K bezüglich der mittelbaren Schäden (Zinsen, Prozesskosten) vorsätzliches Handeln, so entfällt § 263 jedenfalls mangels Stoffgleichheit zwischen Schaden und angestrebtem Vermögensvorteil (*BGH* a. a. O.; LK/*Tiedemann,* 12. Aufl. § 263 Rn. 257).

Ansonsten reicht es aus, dass Vorteil und Schaden auf derselben **313** Vermögensverfügung beruhen und der Vorteil zu Lasten des geschädigten Vermögens geht. Der Vermögensvorteil und der Vermögensschaden müssen einander entsprechen, d. h. sie müssen durch dieselbe Vermögensverfügung vermittelt werden. Dieselbe Vermögensverfügung des Getäuschten, die den Bereicherungserfolg bewirken soll, muss den Schaden unmittelbar herbeiführen. So verstanden kann man sagen: Der erstrebte Vorteil muss die Kehrseite des Schadens darstellen (zusammenfassend BGHSt 34, 379, 391 f.). Nochmals: „Identität" ist nicht erforderlich, und vor diesem Hintergrund dürfen die durch das Merkmal gesetzten Schranken nicht überbewertet werden. Einige vertiefende

Beispiele: (1) Im **Fall 4** (dazu schon → Rn. 136, 253) würde ein Betrug des V **314** zum Nachteil des E auch an der Stoffgleichheit scheitern; denn V will sich aus dem Vermögen des K (Kaufpreis) und nicht des E bereichern.

(2) Im **Fall 5** (dazu schon → Rn. 137) erlangt V die erstrebten 100 € zwar aus **315** dem Vermögen des (nicht geschädigten) K; doch geht dieser Vorteil zugleich

unmittelbar zu Lasten des Vermögens von G, weil mit der Zahlung des K an V gleichzeitig die Forderung des G gegen K wirtschaftlich untergeht. Daher ist die Absicht „stoffgleicher" Bereicherung zu bejahen.

316   (3) Im **Fall 6** (dazu schon → Rn. 242) muss man bezüglich F bei der Absichtsprüfung zuerst erkennen, dass die erstrebte Bereicherung (eine Kiste Wein) nicht stoffgleich aus dem Vermögen des A kommt und daher ein eigennütziger Betrug ausscheidet. Es lässt sich aber ein fremdnütziger Betrug zugunsten der Firma X bejahen; denn F kann sein Ziel nur erreichen, wenn alles seinen gewohnten Gang geht, wenn also als notwendiges Zwischenziel auch die Firma X bezüglich der nicht gelieferten Kiste durch Zahlung seitens A bereichert wird. Es wäre allerdings ebenso vertretbar, hierin nur eine unvermeidliche Nebenfolge zu sehen, weil ein funktionaler Zusammenhang in dem Sinne, dass das eine (Erlangung der Weinkiste) zwingend auf dem anderen (Zahlung an die Firma) aufbaut, nicht besteht. Dazu muss man sich nur etwa vorstellen, A würde später aus irgendwelchen Gründen die Rechnung der Firma X nicht begleichen; die Bereicherung des F bliebe davon unberührt. – Ergänzend die Falllösung bei *Jansen*, ZJS 2019, 139 f.

317   (4) In den Fällen des **individuellen Schadenseinschlags** (→ Rn. 201 ff.) kann das Kriterium der Stoffgleichheit Schwierigkeiten bereiten. Ob sich zumindest beim Verkauf zum Marktpreis der beabsichtigte Vermögensvorteil aus dem im Preis enthaltenen Gewinn ableiten lässt, ist zweifelhaft, weil der Gewinn zum Marktpreis gehört. Unabhängig davon muss man die Subjektivierung des Schadensbegriffs konsequent auf die bei der Vorteilsabsicht zu saldierenden Posten übertragen: Wer einen Gegenwert anstrebt, für den er dem Opfer lediglich etwas (nach individuellen Maßstäben) Minderwertiges liefert, will sich auch zu Lasten des Opfervermögens bereichern (vgl. auch SK/*Hoyer*, § 263 Rn. 272; A/W/*Heinrich*, BT, § 20 Rn. 123; LK/*Lackner*, 10. Aufl. § 263 Rn. 274).

318   (5) Als Prüfungsgegenstand beliebt sind die **Provisionsvertreterfälle**. Sie erfordern im Absichtsbereich die gleichen Prüfungsschritte wie Fall 5. In dem einschlägigen Beispiel → Rn. 221 kommt es W zwar auf die Provision an, doch erhält er sie nicht stoffgleich aus dem geschädigten Vermögen des L (also keine eigennützige Bereicherungsabsicht). Freilich muss es W als notwendiges Zwischenziel auf die – wegen der Anfechtbarkeit gemäß § 123 BGB rechtswidrige (→ Rn. 336) – Bereicherung des V durch die schädigende Bezugsverpflichtung ankommen, weil der Provisionsanspruch von der Bestellung abhängt (also fremdnützige Bereicherungsabsicht). Macht W trotz des anfechtbaren Vertrages gegenüber V mit Erfolg einen Provisionsanspruch geltend, so muss auch noch ein Betrug zum Nachteil des Geschäftsherrn V bejaht werden. Dieser Betrug bildet, da er bezüglich L zu einer Schadensvertiefung führt, mit dem Betrug gegenüber L eine Handlungseinheit. Da die Schäden auf verschiedenen Täuschungen beruhen, liegen zwei Betrugsakte vor, die gemäß § 52 I Var. 2 in gleichartiger Tateinheit stehen (Falllösungen bei *Achenbach*, Jura 1984, 602 ff.; *Seier/Justenhoven*, JuS 2010, 795 ff.).

VII. Versuch und Rücktritt

1. Grundlagen und Aufbaufragen

Die große Bedeutung des Betrugstatbestandes bringt es mit sich, **319** dass man es in der Fallbearbeitung verhältnismäßig oft mit Versuchskonstellationen zu tun hat, die sich – nicht nur beim Betrug – immer wieder als fehleranfällig erweisen. Im Unterschied zum vollendeten Delikt (→ Rn. 2) rückt bei der Versuchsprüfung im Rahmen der Tatbestandsmäßigkeit der subjektive Tatbestand (Tatentschluss) ohne inhaltliche Änderung an die erste Stelle, bevor anschließend im objektiven Tatbestand die Voraussetzungen des § 22 zu erörtern sind. Also ergibt sich folgendes

---

Aufbauschema (§§ 263, 22)   **320**

Vorprüfung: (1) Kein vollendeter Betrug; (2) Hinweis auf § 263 II

I. Tatbestandsmäßigkeit
  1. Subjektiver Tatbestand (Tatentschluss)
    a) Vorsatz bezüglich Täuschung, Irrtum, Vermögensverfügung, Vermögensschaden und des durchlaufenden Kausalzusammenhangs
    b) Eigennützige oder fremdnützige Absicht stoffgleicher Bereicherung
    c) Vorsatz bezüglich der Rechtswidrigkeit der erstrebten Bereicherung
  2. Objektiver Tatbestand
    Unmittelbares Ansetzen gemäß § 22
II. Rechtswidrigkeit
III. Schuld

Ggf. ist die Prüfung der Regelbeispiele des § 263 III und der Qualifikation des § 263 V anzuschließen. Ferner kann ein etwaiger Rücktritt zu beachten sein.
Siehe ergänzend die Aufbauschemata zum versuchten Diebstahl (→ § 2 Rn. 5) und zum allgemeinen Versuchsdelikt (*Rengier*, AT, § 34 Rn. 2).

Die erwähnte Fehleranfälligkeit hängt vor allem mit zwei Punkten **321** zusammen. Erstens darf man nicht, nachdem ein vollendeter Betrug z. B. mangels Irrtums oder Vermögensschadens abgelehnt worden ist, gleichsam automatisch zur Versuchsprüfung übergehen oder gar unbedacht einen Versuch vorschnell bejahen. Vielmehr ist die Versuchsprüfung nur dann angezeigt, wenn sich die subjektive Vorstellung des Täters, d. h. sein Vorsatz auf tatbestandsrelevante Umstände erstreckt, die über das tatsächlich objektiv Geschehene hinausreichen (*Rengier*, AT, § 34 Rn. 14 f.).

322   **Beispiele:** (1) Kann ein täuschender Käufer K wegen vollendeten Betrugs nicht bestraft werden, weil er im electronic-cash-Verfahren bezahlt und daher keinen Irrtum hervorgerufen hat (→ Rn. 49), so besteht zur Erörterung der §§ 263, 22 nur Anlass, wenn sich aus dem Sachverhalt ergibt, dass K von einem anderen Zahlungsverfahren ausgegangen ist oder die Garantiewirkung nicht gekannt hat.

323   (2) Wegen vollendeten Betrugs ebenfalls nicht strafbar macht sich ein erfolgreich täuschender Verkäufer, wenn das Geschäft trotz allen Schwindels („Sonderangebot"; „für einen guten Zweck") wirtschaftlich ausgeglichen ist (→ Rn. 186 ff.). Da der Täter in solchen Fällen in der Regel auch subjektiv von der wirtschaftlichen Ausgeglichenheit ausgeht, gibt es keine davon abweichende subjektive Vorstellung und also keinen Grund, die §§ 263, 22 zu prüfen.

324   (3) Einen typischen Versuchsfall mit einer über das objektive Geschehen hinausgehenden subjektiven Vorstellung findet man im Tankbeispiel von → Rn. 44: Objektiv ist „niemand da" (deshalb kein Irrtum und kein vollendeter § 263), subjektiv geht der Täter aber in der Regel von seiner Wahrnehmung durch den Tankwart oder Kassierer aus (daher im Regelfall §§ 263, 22).

325   Zweitens fällt es Studierenden oft schwer, Probleme zu erkennen und zu erörtern, sobald sie nicht auf der Vollendungsebene auftauchen, sondern erst auf der Versuchsebene relevant bzw. dort platziert werden.

326   **Beispiele:** (1) Gelingt es in den Fällen 3a und b (→ Rn. 109 f.) und im Wirtin-Fall von → Rn. 117 dem T nicht, das Fernsehgerät bzw. die Kamera zu erlangen, so muss man die Problematik des – jetzt versuchten – Dreiecksbetruges im Rahmen der Vorsatzprüfung erörtern. Dementsprechend ist einleitend die Frage aufzuwerfen, ob sich der Vorsatz des T auf die Herbeiführung einer Vermögensverfügung des Getäuschten erstreckt, die dem Geschädigten zugerechnet werden kann.

327   (2) Macht im Beispiel von → Rn. 160 der zahlungsunwillige und bezüglich der Vortat bösgläubige K ein Kaufangebot, das der Vortäter ablehnt, sind die §§ 263, 22 zu erörtern. Nunmehr ist das Problem des Vermögensschadens bei der Vorsatzprüfung einzuordnen und etwa zu formulieren: „Fraglich ist, ob K einen Vermögensschaden herbeiführen wollte. Dies ist umstritten. Nach dem wirtschaftlichen Vermögensbegriff …" (usw. entsprechend → Rn. 161 f.). Ist K gutgläubig, hält er also den das Kaufangebot ablehnenden Vortäter für den Eigentümer, liegen der Schädigungsvorsatz und die §§ 263, 22 unproblematisch vor.

2. Zum Eingehungsbetrug

In den Fällen des **Eingehungsbetruges** (→ Rn. 209 ff.) besteht die 328
Gefahr, dass man ohne Problembewusstsein entgegen der h. M. den
Eintritt eines Schadens verneint und nur einen Versuch annimmt.
Um den Blick für die Problematik zu schärfen, sei in den folgenden
Fall eine „Rücktrittsfalle" eingebaut.

Beispiel: V verkauft K am 1.10. einen Laptop mit einer angeblichen Spei- 329
cherkapazität von 500 GB für 800 €. Tatsächlich hat die Festplatte nur die
halbe Kapazität, was den Wert des Laptops um 100 € mindert. Geliefert und
gezahlt werden soll am 15.10. Noch vor dem 15.10. nimmt V von dem Vertrag
Abstand oder baut eine Festplatte mit 500 GB ein. – Die Neigung, im Vertragsschluss vom 1.10. angesichts des noch fehlenden Güteraustauschs lediglich einen versuchten Betrug zu sehen, auch um sich mit dem scheinbar angesprochenen § 24 auseinandersetzen zu können, mag groß sein. Indes: Nach
der weitgehend anerkannten Lehre vom Eingehungsbetrug liegt bereits ein
vollendeter Betrug vor, der nicht rücktrittsfähig ist. Nur wer diese Lehre mit
der Minderheitsmeinung ablehnt, erreicht mit Problembewusstsein die Versuchsebene.

3. Versuchsbeginn

Was die **Voraussetzungen des § 22** betrifft, so bereitet die Anwen- 330
dung der Vorschrift in der Regel keine Schwierigkeiten. Ein strafbarer
Versuch liegt vor, wenn der Täter zu einer auf Täuschung gerichteten
Handlung unmittelbar ansetzt, sofern er – wie es dem Normalfall
entspricht – mit der Täuschung denjenigen Irrtum hervorrufen will,
der die schädigende Vermögensverfügung auslösen soll.

Beispiele: (1) Wer mit Betrugsabsicht ein täuschendes Vertragsangebot ab- 331
gibt oder einen fingierten Schaden bei seiner Versicherung meldet, erfüllt die
§§ 263, 22. Im Übrigen ist das Versuchsstadium bereits dann erreicht, wenn
das Angebot bzw. die Meldung abgesandt wird (vgl. *Rengier*, AT, § 34
Rn. 45 ff. zum Versuchsbeginn beim beendeten Versuch; LK/*Tiedemann*,
12. Aufl. § 263 Rn. 276 ff.).

(2) Noch nicht ausgelöst werden soll die Vermögensverfügung, wenn der 332
Täter durch Täuschungen etwa über seine Vermögensverhältnisse (zunächst)
allein das Vertrauen anderer erschleichen möchte (BGHSt 37, 294, 296 f.;
OLG Karlsruhe NJW 1982, 59). Ebenso wenig überschreitet die Schwelle
des § 22, wer in betrügerischer Weise die Zustimmung zu einem Schenkungs-
vertrag erschleicht, der zu seiner Wirksamkeit noch der – für die Vermögensverfügung entscheidenden – notariellen Beurkundung bedarf (*BGH* NStZ
2011, 400 f. mit Bspr. *Satzger*, JK 9/11, StGB § 263/92; *Jäger*, JA 2011, 390 ff.).

(3) Zu einem versuchten Prozessbetrug in mittelbarer Täterschaft siehe den
Fall bei *Rengier*, AT, § 36 Rn. 17.

4. Rücktritt

333   **Beispiel:** A versandte in mehreren Fällen in betrügerischer Absicht Rechnungen an die Gewerbetreibenden G1-G6 über angeblich von diesen in Auftrag gegebene Eintragungen in Branchenverzeichnisse im Internet. G1 zahlte nach einer und G2 nach zwei Mahnungen, G3 erstattete Strafanzeige, G4 schaltete einen Anwalt ein, G5 und G6 zahlten nicht, ohne weitere Post zu erhalten (nach *BGH* NStZ 2018, 468 mit Bspr. *Nestler*, Jura, JK, 2018, 845).

334   Gegenüber G1 und G2 liegt ein vollendeter Betrug vor (§ 263 I, III 2 Nr. 1 Var. 1). Weiter wurde A mit Blick auf G3-G6 wegen versuchten Betruges in vier Fällen verurteilt (§§ 263 I, 22 i. V. m. § 263 III 2 Nr. 1 Var. 1). Diesbezüglich vermisst der *BGH* allerdings Feststellungen zum Rücktrittshorizont nach der letzten Ausführungshandlung, also dazu, inwieweit A nach dem Versand der Rechnungen und dem Ausbleiben der Zahlungen im Lichte der Gesamtbetrachtung (dazu *Rengier*, AT, § 37 Rn. 41 ff.) davon ausgegangen ist, die vier Versuchstaten mit den ihm zur Verfügung stehenden Mitteln (z. B. Mahnungen) noch vollenden zu können. Bejahendenfalls läge ein unbeendeter Versuch vor, von dem A gemäß § 24 I 1 Var. 1 zurückgetreten sein könnte. Bezüglich G3 und G4 entfiele freilich wegen der Strafanzeige bzw. des anwaltlichen Beistands auf jeden Fall freiwilliges Handeln. In den Fällen G5 und G6 könnte indes A sich in der neuen Hauptverhandlung – ggf. anwaltlich beraten – (unwiderlegt) dahingehend einlassen, er habe bei ihnen, anders als bei G1 und G2, auf aus seiner Sicht erfolgversprechende Mahnungen verzichtet; dann müsste ihm der Rücktritt zugebilligt werden.

335   Dieser Rücktrittsfall beleuchtet durchaus problematische Auswirkungen der Gesamtbetrachtungslehre in (Massen-)Betrugsfällen (vgl. *Nestler*, Jura, JK, 2018, 468). – Zu den Verteidigungsperspektiven *Schwerdtfeger*, NStZ 2018, 583.

VIII. Rechtswidrigkeit der erstrebten Bereicherung

336   Der Täter muss die Absicht haben, sich oder einem Dritten einen „rechtswidrigen" Vermögensvorteil zu verschaffen. Diese Rechtswidrigkeit der erstrebten Bereicherung ist objektives Tatbestandsmerkmal und von der üblichen Rechtswidrigkeit der Tat zu unterscheiden (zum Aufbau → Rn. 1). Wenn also der Täter – bzw. beim fremdnützigen Betrug auch der begünstigte Dritte – einen fälligen und einredefreien Anspruch hat und diesen mittels Täuschung durchsetzt, entfällt der Betrugstatbestand selbst dann, wenn sich der Täter dazu rechtswidriger oder unlauterer Mittel wie gefälschter Urkunden bedient. Dabei spielt – anders als bei § 242 – die Unterscheidung zwischen Stück-, Gattungs- und insbesondere Geldschulden keine Rolle, weil der Schuldner durch seine Leistung das Schuldverhältnis auf den Gegenstand der Täuschungshandlung konkretisiert.

Vgl. BGHSt 42, 268, 271 f.; LK/*Tiedemann*, 12. Aufl. § 263 Rn. 265. – Zur Parallelproblematik bei den §§ 242, 249 und 253, 255 siehe → § 2 Rn. 187 ff.; → § 7 Rn. 39; → § 11 Rn. 61 ff.

Auch wenn der Täter eine Aufrechnungslage erschleicht, um seine **337** Forderung zu befriedigen, erstrebt er, sofern die Aufrechnung zulässig ist, keinen rechtswidrigen Vermögensvorteil; denn nach den §§ 387 ff. BGB stellt die Aufrechnung eine erlaubte Form der Erfüllung dar (*BGH* NJW 1953, 1479; MDR/H 1982, 281). Weiter entfällt die Rechtswidrigkeit der erstrebten Bereicherung dort, wo der Täter als angeblicher „Schuldner" Täuschungsmittel (z. B. falsche Urkunden) einsetzt, um die angesichts der Beweislage aussichtsreiche Durchsetzung eines unbegründeten Anspruchs abzuwehren (BGHSt 42, 268, 271 f.; *BayObLG* StV 1990, 165). – Zur Problematik im Zusammenhang mit dem Vortäuschen von Versicherungsfällen siehe → § 15 Rn. 11 f.

In allen genannten Fällen muss also der Betrugstatbestand verneint **338** werden. In der Begründung kann man zwei Wege gehen: Auf der Basis des wirtschaftlichen Vermögensbegriffs (jedes Haben als Gut) liegt die Verneinung erst der Rechtswidrigkeit der erstrebten Bereicherung nahe (so K/H/H/*Hellmann*, BT 2, Rn. 757). Auf dem Boden des vorzugswürdigen juristisch-ökonomischen Vermögensbegriffs muss man konsequenterweise bereits den Vermögensschaden verneinen, weil der entzogene Vermögensbestandteil gegenüber dem Täuschenden rechtlich nicht geschützt ist.

Ebenso BGHSt 20, 136, 137 f.; SK/*Hoyer*, § 263 Rn. 276; M/R/*Saliger*, § 263 Rn. 290; M/*Momsen*, BT 1, § 41 Rn. 135, 146; offen gelassen von *BGH* GA 1966, 52, 53; erg. → § 11 Rn. 50, 65.

Leicht übersehen wird die Prüfung des **Vorsatzes bezüglich der** **339** **Rechtswidrigkeit** des erstrebten Vorteils. Die irrige Vorstellung, einen fälligen und einredefreien Anspruch zu haben oder einen vermeintlich unberechtigten Anspruch abzuwehren, führt gemäß § 16 I 1 zu einem vorsatzausschließenden Tatbestandsirrtum (BGHSt

42, 268, 272; *BGH* NStZ 2003, 663, 664). Wer z. B. Sozialhilfe bezieht und entgegen § 60 SGB I leistungsrelevantes Einkommen verschweigt (zur Garantenstellung → Rn. 30), handelt bezüglich der Rechtswidrigkeit des Vorteils unvorsätzlich, falls er irrig annimmt, die erhaltenen Geldzahlungen stellten kein Einkommen im Sinne des Sozialhilferechts dar (*BGH* StV 1992, 106). Auf dem Boden des juristisch-ökonomischen Vermögensbegriffs muss man in solchen Fällen korrekterweise bereits den Schädigungsvorsatz verneinen.

340   Der umgekehrte Fall, nämlich die Fehlvorstellung, einen vermeintlich rechtswidrigen Vorteil zu erstreben, führt in den Grenzbereich zwischen untauglichem Versuch und Wahndelikt. BGHSt 42, 268, 272 f. nimmt mit der Begründung, dass der Irrtum über das Bestehen des Anspruchs einen tatsächlichen Umstand betreffe, einen untauglichen Versuch an. Man kann dieses zutreffende Ergebnis auch mit dem Vorliegen eines „umgekehrten" Tatbestandsirrtums begründen, da der Täter subjektiv einen ihm nicht zustehenden Anspruch durchsetzen will und insoweit den normativen Sinngehalt des Merkmals „rechtswidrig" richtig erfasst.

So *BGH* NStZ 2008, 214 zum parallelen Erpressungsfall (→ § 11 Rn. 64a; vertiefend *Rengier*, AT, § 35 Rn. 17 ff.). BGHSt 42, 268 ebenfalls zust. *Kudlich*, NStZ 1997, 432 ff.; *Geppert*, JK 97, StGB § 263/48; *Kühl*, AT, § 15 Rn. 98; *Schmitz*, Jura 2003, 593 ff., 600; erg. *Abrahams/Schwarz*, Jura 1997, 356 ff.; *Rengier*, BT II, § 49 Rn. 25.

IX. Konkurrenzen

341   Ein Anschlussbetrug nach einem Aneignungs- oder Bereicherungsdelikt, der gegenüber demselben Geschädigten den bereits verursachten Vermögensschaden nicht erweitert oder vertieft, sondern lediglich der Sicherung oder Verwertung des Vorteils dient, kommt nach h. M. kein eigener Unwertgehalt zu und tritt als mitbestrafte Nachtat zurück (**Sicherungsbetrug**). Ein klassischer Fall ist der Diebstahl – oder auch die Unterschlagung – eines Sparbuchs (→ § 2 Rn. 105 ff.), von dem anschließend in betrügerischer Weise (→ Rn. 48) Geld abgehoben wird. Weitere Konstellationen betreffen Täuschungshandlungen gegenüber dem Verletzten, um Herausgabe- und Schadensersatzansprüche zu vereiteln.

342   Dazu *BGH* NStZ 1993, 591; 2008, 396; LK/*Tiedemann*, 12. Aufl. § 263 Rn. 326. – Eine Gegenmeinung betont, dass im Falle fehlender „Erweiterung"

oder „Vertiefung" des Schadens ein solcher gar nicht vorliege und daher bereits der Tatbestand zu verneinen sei (*Otto*, BT, § 51 Rn. 152; W/H/S/*Schuhr*, BT 2, Rn. 629). – Ergänzend → § 11 Rn. 53 ff. zur Sicherungserpressung.

Ein unbedeutender Streit kreist um die Frage, ob in den **Selbstbe-** **343** **dienungs-Fällen,** in denen der Täter bereits vor der Kasse einen vollendeten Diebstahl begangen hat (dazu → § 2 Rn. 47 ff.), an der Kasse noch ein Sicherungsbetrug wegen täuschungsbedingter unterlassener Geltendmachung des Herausgabeanspruchs angenommen werden kann (bejahend *Eisele*, BT II, Rn. 664 f.). Auch wenn eine solche Konstruktion möglich ist, verdient die Ansicht Zustimmung, die in diesen Konstellationen an der Exklusivität von Diebstahl und Betrug bezüglich ein und derselben Sache mit der Begründung festhält, bis zur Beendigung des Diebstahls sei auf das einheitliche, insgesamt als „Nehmeakt" zu qualifizierende, Geschehen abzustellen.

Vgl. BGHSt 17, 205, 208 f.; LK/*Lackner*, 10. Aufl. § 263 Rn. 106; *Geiger*, JuS 1992, 834 ff. – Andere Stimmen verneinen mit guten Gründen die Entstehung eines selbstständigen Vermögensschadens (*Hillenkamp*, JuS 1997, 222; *Seier*, JuS 1997, L 63; Sch/Sch/*Perron*, § 263 Rn. 63a).

Zum Verhältnis von § 263 und § 253 siehe → § 11 Rn. 74 ff.   **344**

X. Täterschaft und Teilnahme

Anhand von Betrugsfällen kann man gut die – näher *Rengier*, AT, **345** § 41 – Abgrenzung von Mittäterschaft und Teilnahme studieren, sofern sich ein Beteiligter auf die Mitwirkung im Vorbereitungsstadium beschränkt, also der eine Beteiligte z. B. die Täuschungsunterlagen erarbeitet und den Tatplan entwirft, während der andere „vor Ort" allein die Täuschungen durchführt. Mittäter kann im Übrigen nur sein, wer selbst mit eigennütziger oder fremdnütziger Bereicherungsabsicht handelt (entsprechend → § 2 Rn. 198 ff.).

Zu Abgrenzungsfällen siehe BGHSt 54, 69, 128 f.; *BGH* wistra 1992, 181 f.; *OLG Celle* NJW 1994, 142, 143; *Rengier*, JuS 2010, 281 f.; *Radtke*, JuS 1994, 591 mit Falllösung.

Eine Beendigungsphase, in der sich Fragen der sukzessiven Mittä- **346** terschaft und Beihilfe stellen können (entsprechend → § 7 Rn. 44 ff.), ist auch beim Betrug denkbar, so wenn nach tatbestandlicher Vollendung der erstrebte Bereicherungserfolg noch nicht eingetreten oder die erlangte Bereicherung noch nicht in gesicherter Weise in das Vermögen übergeführt ist. Ferner kommt das Stadium der Abwicklung eines Eingehungsbetruges in Betracht (→ Rn. 243; dazu auch *BGH* NStZ 2014, 516, 517 mit Anm. *Becker*; LK/*Tiedemann*, 12. Aufl. § 263 Rn. 273 f., 286).

XI. Strafschärfungen

347   § 263 III knüpft an die Regelbeispielstechnik an (vgl. → § 3 Rn. 1 ff. zu § 243) und nennt fünf Regelbeispiele für besonders schwere Fälle. § 263 V sieht dagegen eine echte Qualifikation vor, die den banden- *und* gewerbsmäßig begangenen Betrug bestraft.

348   § 263 III 2 Nr. 1 und § 263 V: Speziell zu deren Voraussetzungen vgl. → § 3 Rn. 34 (Gewerbsmäßigkeit), → § 4 Rn. 89 ff. (Bandendiebstahl) und → § 22 Rn. 78 (Bandenhehlerei).

349   § 263 III 2 Nr. 2 Var. 1: Der Begriff des **Vermögensverlustes** ist umstritten. Nach einer Ansicht unterscheidet er sich nicht vom Begriff des Vermögensschadens oder Vermögensnachteils und erfasst auch schädigende konkrete Vermögensgefährdungen. Gegen die Gleichstellung von Vermögensschaden und Vermögensverlust sprechen aber der Wortlaut und der unterschiedliche Sprachgebrauch in ein und derselben Vorschrift. Richtigerweise muss daher der Geschädigte die Vermögenseinbuße tatsächlich erleiden, wobei der Verlust nicht von Dauer zu sein braucht.

Wie hier BGHSt 48, 354; *BGH* NJW 2005, 3650, 3653; 5 StR 194/20; *Rotsch*, ZStW 2005, 588 ff.; *Fischer*, § 263 Rn. 215, 216; SK/*Hoyer*, § 263 Rn. 283. – Zur Gegenmeinung LK/*Tiedemann*, 12. Aufl. § 263 Rn. 298; *Peglau*, wistra 2004, 7 ff.; MüKo/*Hefendehl*, § 263 Rn. 1221 ff.

350   Das **große Ausmaß** setzt einen Vermögensverlust im Wert von mindestens 50.000 € voraus (vgl. BGHSt 48, 360; *BGH* NJW 2005, 3650, 3653). Der Verlust bezieht sich auf die Vermögenseinbuße beim Opfer der Betrugstat. Umstritten ist, ob bei mehreren in Tateinheit stehenden Betrugstaten eine Addition von Einzelschäden nur in Betracht kommt, falls dasselbe Opfer betroffen ist (*BGH* NJW 2011, 1825, 1827; NStZ 2012, 213), oder richtigerweise auch dann, wenn verschiedene Personen geschädigt sind (*Steinberg/Jannusch*, Jura 2012, 333 mit Falllösung).

351   Bei einer bloß gewollten Schädigung in Höhe von mindestens 50.000 € kann die Indizwirkung des Regelbeispiels nicht bejaht werden (*BGH* wistra 2007, 111; erg. → § 3 Rn. 49, 52 f.).

§ 263 III 2 Nr. 2 Var. 2: Die Absicht muss sich auf die Begehung 352
mehrerer rechtlich selbstständiger Betrugstaten richten (*BGH* NStZ-
RR 2016, 205, 208). Für die **große Zahl von Menschen** werden Zahlen zwischen zehn und 50 genannt. Man kann die Zahl – parallel zu
§ 306b I – bei zehn beginnen lassen.

Vgl. *Rengier*, BT II, § 40 Rn. 64; SK/*Hoyer*, § 263 Rn. 286; für 20 etwa
MüKo/*Hefendehl*, § 263 Rn. 1227; für 50 *Heghmanns*, BT, Rn. 1285.

§ 263 III 2 Nr. 3: Die **wirtschaftliche Not** meint einen Zustand, in 353
dem das Opfer lebenswichtige Aufwendungen nicht mehr bestreiten
kann (*Lackner/Kühl*, § 283a Rn. 2).

§ 263 III 2 Nr. 4: Der **Amtsträger** (zum Begriff § 11 I Nr. 2 und 354
Rengier, BT II, § 59 Rn. 7 ff.) missbraucht seine **Befugnisse**, wenn
die betrügerischen Handlungen im Rahmen seiner Zuständigkeit erfolgen. Er missbraucht seine **Stellung**, wenn er außerhalb seiner Zuständigkeit die ihm durch das Amt gegebenen Handlungsmöglichkei-
ten ausnutzt. § 28 II ist entsprechend anwendbar (*BGH* NStZ-RR
2013, 344; *Eisele*, BT II, Rn. 655; erg. → § 4 Rn. 8, 34).

§ 263 III 2 Nr. 5: Dieses Regelbeispiel erschließt sich leichter im 355
Zusammenhang mit § 265 (siehe daher → § 15 Rn. 11 ff.).

Empfehlungen zur vertiefenden Lektüre:
Rechtsprechung: BGHSt 14, 170 (Erschleichen der Untersuchungshaft
durch Vortäuschen von Straftaten); BGHSt 16, 321 (Lehre vom individuellen
Schadenseinschlag – Melkmaschinen-Fall); BGHSt 23, 300 (Betrug trotz Stornierungsbereitschaft bei Bestellung einer individuell unbrauchbaren Zeitschrift); BGHSt 34, 199 (Täuschung und Irrtum bei reißerischer Reklame,
Schaden trotz Rücktrittsrechts); BGHSt 34, 379, 390 ff. (Anwartschaft auf Zuschlag als Vermögensbestandteil, Stoffgleichheit); BGHSt 39, 392 (Betrug
durch Unterlassen bei Fehlüberweisung); BGHSt 41, 198 (Abgrenzung von
Betrug und Diebstahl im Selbstbedienungsladen); BGHSt 42, 268 (Irrtum
über die Rechtswidrigkeit des Vorteils); BGHSt 51, 165 und 58, 102 (Sport-
wettenbetrug); BGHSt 59, 195 (Betrugsfragen bei Ping-Anrufen); *BGH*
NJW 1990, 2005 (Verkauf von Bücher-Sonderausgaben zum höheren Preis
der Originalausgaben); *BGH* NStZ 2014, 215 (sachgedankliches Mitbewusstsein bei Bezahlung mit Falschgeld); *BGH* NStZ-RR 2020, 213 (Überschreiten
der Vergütung gemäß § 632 II BGB durch Schlüsselnotdienst); *BGH* NJW
2014, 2595 (Abo-Fallen und Probleme der unionsrechtskonformen Auslegung); *OLG Düsseldorf* NJW 1974, 1833 (Unmittelbarkeit der Vermögensverfügung, Fragen beim Provisionsvertreterbetrug); *OLG Köln* NJW 1976, 1222
(Verkauf eines Lexikons an Ungebildete); *OLG Köln* NJW 1979, 1419 (vorgetäuschter sozialer Zweck bei Zeitschriftenwerbung); *OLG Stuttgart* NJW
1980, 1177 (Verkauf eines ungeeigneten Lehrmittels an Schule); *OLG Karls-*

ruhe NJW 1980, 1762 (täuschungsbedingter Kauf eines unfallgeschädigten Gebrauchtwagens); *OLG Köln* NJW 1980, 2366 (irrtümliche Zuvielauszahlung bei Einlösung eines Barschecks); *OLG Köln* NJW 1987, 2527 (irrtümliche Zuvielauszahlung beim Umtausch ausländischer Banknoten); *OLG Düsseldorf* NJW 1988, 922 (Abgrenzung von Betrug und Diebstahl im Selbstbedienungsladen); *OLG Karlsruhe* NStZ 1990, 282 (Abwehr von Geldstrafen durch Täuschung); *KG* NJW 2001, 86 (Erschleichen eines Killerlohnes); *OLG Köln* NJW 2002, 1059 (Tanken ohne Zahlungsbereitschaft); *LG Kiel* NStZ 2008, 219 (Bestellungen unter dem Namen eines Dritten, um ihn zu ärgern).

Literatur: *Achenbach,* Übungsklausur Strafrecht, Jura 1984, 602 ff.; *Begemeier/Wölfel,* Betrugsschaden trotz gutgläubigen Erwerbs?, JuS 2015, 307 ff.; *Brocker,* Das Passieren der Kasse mit „versteckter Ware" – *OLG Düsseldorf,* NJW 1993, 1407, JuS 1994, 919 ff.; *Eisele/Bechtel,* Der Schadensbegriff bei den Vermögensdelikten, JuS 2018, 97 ff.; *El-Ghazi,* Der diebische Betrüger?: „schadensgleiche" Vermögensgefährdung bei beabsichtigter späterer Entwendung des Kompensationsgegenstandes, HRRS 2015, 386 ff.; *Geerds,* Schadensprobleme beim Betrug, Jura 1994, 309 ff.; *Geppert,* Die Abgrenzung von Betrug und Diebstahl, insbesondere in den Fällen des sogenannten „Dreiecks-Betruges", JuS 1977, 69 ff.; *Hecker,* Betrügerische Schädigung des Auftraggebers eines Mordes? – KG, NJW 2001, 86, JuS 2001, 228 ff.; *Jäger,* Die drei Unmittelbarkeitsprinzipien beim Betrug, JuS 2010, 761 ff.; *Kindhäuser/Nikolaus,* Der Tatbestand des Betrugs (§ 263 StGB), JuS 2006, 193 ff., 293 ff.; *Kühl,* Umfang und Grenzen des strafrechtlichen Vermögensschutzes, JuS 1989, 505 ff.; *Müller-Christmann,* Problematik des Vermögensschadens beim Betrug im Falle eines vereinbarten Rücktrittsrechts – *BGH* NJW 1987, 388 (= BGHSt 34, 199), JuS 1988, 108 ff.; *Otto,* Betrug bei rechts- und sittenwidrigen Rechtsgeschäften, Jura 1993, 424 ff.; *Ranft,* Grundfälle aus dem Bereich der Vermögensdelikte, JA 1984, 723 ff.; *Ranft,* Grundprobleme des Betrugstatbestandes, Jura 1992, 66 ff.; *Rengier,* Die „harmonische" Abgrenzung des Raubes von der räuberischen Erpressung entsprechend dem Verhältnis von Diebstahl und Betrug, JuS 1981, 654 ff.; *Rönnau/Becker,* Grundwissen – Strafrecht: Der Irrtum beim Betrug (§ 263 StGB), JuS 2014, 504 ff.; *Roßmüller/Rohrer,* Diebstahl und Betrug im Selbstbedienungsladen, Jura 1994, 469 ff.; *Samson,* Grundprobleme des Betrugstatbestandes, JA 1978, 469 ff., 564 ff., 625 ff.; *Satzger,* Probleme des Schadens beim Betrug, Jura 2009, 518 ff.; *Waszczynski,* Klausurrelevante Problemfelder des Vermögensschadens bei § 263 StGB, JA 2010, 251 ff.; *Wittig,* Die Absicht der rechtswidrigen Bereicherung, JA 2013, 401 ff.

§ 14. Computerbetrug (§ 263a)

Fall 1: A verfügt bei der B-Bank über ein Bankkonto mit einem minimalen Guthaben und einem eingeräumten Dispositionskredit in Höhe von bis zu 5.000 €. Ohne Ausgleichsmittel zur Hand zu haben und gewährte Kredite zurückzahlen zu wollen, hebt A an Bankautomaten der B-Bank mit seiner Girocard/Maestro-Karte unter Eingabe der persönlichen Geheimzahl a) insgesamt 5.000 € ab, b) noch einmal 1.000 € ab, so dass das Soll knapp 6.000 € erreicht. → Rn. 37 ff.

Fall 2: a) T besorgt sich in einem Elektronikmarkt ein drittes Objekt kostenlos, indem er an einer Selbstbedienungskasse zwei Objekte mit dem vorgesehenen Strichcode abrechnet, während er beim dritten Objekt den Scanner neben den Code richtet (Fortsetzung von → § 2 Rn. 77). b) *1. Variante:* T erlangt in einem Supermarkt die Zeitschrift „Playboy" billiger, indem er an einer Selbstbedienungskasse einen aus einer Tageszeitung herausgerissenen Strichcode unter das Lesegerät hält und den angezeigten Preis (1,30 €) bezahlt (Fortsetzung von → § 2 Rn. 79). c) *2. Variante:* T erwirbt eine verpackte Ware, indem er sie an einer Selbstbedienungskasse mittels des aufgedruckten Strichcodes abrechnet. Zuvor hat er im Geschäft den Inhalt um Zubehör ergänzt oder gegen ein teureres Objekt ausgetauscht (Fortsetzung von → § 2 Rn. 82). → Rn. 48 ff.

Fall 3: A erwirbt illegal ein Computerprogramm über den Spielverlauf des Geldspielautomaten Typ X. Mit Hilfe dieses Programms kann A in einer Gaststätte bei einem Automaten des entsprechenden Typs nach einigen Probespielen den Spielverlauf so bestimmen, dass unter Ausschaltung des Zufalls das Drücken der sog. Risikotaste ein bestimmtes Gewinnbild herbeiführt. So erlangt A etwa 50 € aus dem Gerät (BGHSt 40, 331). → Rn. 60 ff.

I. Grundlagen und Aufbaufragen

§ 263a schützt wie § 263 das Vermögen als Individualrechtsgut. Der **1** betrugsähnliche Tatbestand will in erster Linie vermögensschädigende Computermanipulationen bekämpfen, bei denen § 263 mit seinen personenbezogenen Merkmalen (Täuschung, Irrtum, Vermögensverfügung) nicht greift. Daraus folgen gewisse parallele Strukturen: Die Funktion des Täuschungsmerkmals übernehmen die vier Handlungsmodalitäten. Mit den Elementen Irrtum und Vermögensverfügung korrespondiert die „Beeinflussung des Ergebnisses eines (vermögensrelevanten) Datenverarbeitungsvorgangs". Im weiteren Aufbau (Vermögensschaden, subjektiver Tatbestand mit dem Vorsatz und der Absicht rechtswidriger stoffgleicher Bereicherung) stimmt § 263a mit § 263 überein. Die Anlehnung an § 263 spricht für die Sichtweise der h. M., die bei Auslegungsschwierigkeiten alle Varianten des Tatbestandes „betrugsnah" oder „betrugsspezifisch" interpretiert, eine Frage, die in der Regel im Zusammenhang mit der 3. und 4. Variante und dem Merkmal „unbefugt" thematisiert wird, aber auch bei der 2. Variante Bedeutung erlangt hat.

2   Vgl. → Rn. 13, 15 ff., 19 ff., 60; BGHSt 38, 120, 121 f.; 47, 160, 162 f.; *BGH NStZ* 2013, 586, 587; StV 2014, 684, 685; 4 StR 194/16 Rn. 15; *OLG Düsseldorf* NStZ-RR 1998, 137; SK/*Hoyer*, § 263a Rn. 5 ff.; *Lackner/Kühl*, § 263a Rn. 2; LK/*Tiedemann/Valerius*, 12. Aufl. § 263a Rn. 16 f., 44.

3   Die teilweise parallelen Strukturen zwischen § 263 (vgl. das Aufbauschema in → § 13 Rn. 2) und § 263a verdeutlicht das folgende

---

Aufbauschema (§ 263a)

I. Tatbestandsmäßigkeit
  1. Objektiver Tatbestand
     a) Tathandlungen des § 263a I
        aa) Unrichtige Gestaltung des Programms (Var. 1)
        bb) Verwendung unrichtiger oder unvollständiger Daten (Var. 2)
        cc) Unbefugte Verwendung von Daten (Var. 3)
        dd) Sonstige unbefugte Einwirkung auf den Ablauf (Var. 4)
     b) Beeinflussung des Ergebnisses eines Datenverarbeitungsvorgangs, d. h. die Tathandlung muss
        aa) einen Datenverarbeitungsvorgang in Gang setzen, der
        bb) zu einer unmittelbar vermögensmindernden „Computerverfügung" führt.
     c) Vermögensschaden
  2. Subjektiver Tatbestand
     a) Vorsatz
     b) Eigennützige oder fremdnützige Absicht stoffgleicher Bereicherung
  3. Objektive Rechtswidrigkeit der erstrebten Bereicherung und entsprechender Vorsatz
II. Rechtswidrigkeit
III. Schuld

Zu beachten sind noch die Verweisungen in § 263a II auf § 263 II–VII. Davon spielen in der Fallbearbeitung am ehesten die Versuchsstrafbarkeit und § 248a eine Rolle.

II. Generelle Tatbestandsmerkmale

Alle Tathandlungen setzen voraus, dass der Täter das Ergebnis ei- **4** nes Datenverarbeitungsvorgangs beeinflusst. Der Begriff der **Daten** ist weit zu verstehen und umfasst alle codierten und codierbaren Informationen unabhängig vom Verarbeitungsgrad (z. B. Eingabe-, Stamm- und Ausgabedaten; enger § 202a II: nur nicht unmittelbar wahrnehmbare Daten). Unter **Datenverarbeitung** sind die elektronischen technischen Vorgänge zu verstehen, bei denen nach der Aufnahme von (Eingangs-)Daten durch deren Verknüpfung mit dem installierten Programm, auf dem wiederum Arbeitsbefehle an die Datenverarbeitungsanlage gespeichert sind, Arbeitsergebnisse erzielt werden (vgl. Sch/Sch/*Perron*, § 263a Rn. 4).

Der Täter muss durch seine Tathandlung das **Ergebnis eines Da-** **5** **tenverarbeitungsvorgangs beeinflussen.** Dies bedeutet zunächst, dass es von dem Ergebnis abweicht, das ohne die Tathandlung erzielt worden wäre. Weiter setzt eine „Beeinflussung" keinen bereits in Gang befindlichen Datenverarbeitungsvorgang voraus (erg. → Rn. 26). Insbesondere übernehmen diese Tatbestandsmerkmale die Funktion der irrtumsbedingten Vermögensverfügung: Dem irrtümlichen Denkprozess beim Betrug entspricht die Auslösung eines determinierten Datenverarbeitungsvorgangs infolge einer täuschungsähnlichen Einwirkung. Die Vermögensverfügung spiegelt sich in der Voraussetzung wider, dass das durch die Einwirkung beeinflusste Ergebnis zu einer vermögensrelevanten Disposition des Computers führen, also eine so zu verstehende „Computerverfügung" zur Folge haben muss, die entsprechend → § 13 Rn. 67 ff.) unmittelbar vermögensmindernd wirkt.

Vgl. dazu *BGH* NStZ 2013, 586, 587; *OLG Hamm* NJW 2006, 2341; *Fischer*, § 263a Rn. 20; Sch/Sch/*Perron*, § 263a Rn. 18 ff.; *Joecks/Jäger*, § 263a Rn. 51 ff.; SK/*Hoyer*, § 263a Rn. 48 ff.

An der Unmittelbarkeit fehlt es, wenn elektronische Wegfahrsper- **6** ren oder sonstige elektronische Schlösser überwunden werden, um die Voraussetzungen etwa für eine Wegnahme in Zueignungsabsicht zu schaffen.

Ebenso erschleicht sich bloß den Zutritt und löst keinen vermögensmindernden Datenverarbeitungsvorgang aus, wer sich durch die unbefugte Verwendung einer Codekarte, z. B. einer Krankenversicherungskarte, legitimiert und dadurch die Möglichkeit verschafft, im Anschluss daran täuschungsbedingt in den kostenlosen Genuss einer vermögenswerten Dienstleistung, z. B. einer ärztlichen Behandlung, zu gelangen; daher greift nicht § 263a, wohl aber § 263 ein (*OLG Hamm* NJW 2006, 2341). Weitere

7   **Beispiele:** (1) T hat dem Geschäftsinhaber G individualisiertes Leergut entwendet, für das er planmäßig nach der Rückgabe über den Rücknahmeautomaten des G einen Pfandbon im Wert von 20 € erhält. – § 242 erfüllt T nicht (→ § 2 Rn. 134). Bezüglich § 263a I Var. 3 gibt er mit dem Bestücken des Automaten Daten in einen Datenverarbeitungsvorgang ein (vgl. → Rn. 4, 26). Als Ergebnis des dadurch ausgelösten Verarbeitungsprozesses erstellt der Automat den Bon. Darin liegt eine unmittelbar vermögensmindernde „Computerverfügung", weil es sich bei dem Pfandbon um ein kleines Inhaberpapier handelt, das faktisch Geldwert hat (§ 807 BGB). T handelt schließlich auch im Sinne der betrugsspezifischen Interpretation unbefugt. Daher ist § 263a I Var. 3 unabhängig von der Einlösung des Bons vollendet (ebenso *LG Saarbrücken* NStZ-RR 2019, 45, 46;; *Hinrichs*, ZJS 2013, 414 ff. mit Falllösung).
(2) Zu **Fall 2** siehe → Rn. 48 ff.
(3) Ergänzend *BGH* NStZ 2013, 586; NStZ-RR 2018, 214, 215.

8   Schließlich muss die „Computerverfügung" einen Vermögensschaden herbeiführen (→ § 13 Rn. 138 ff.). Dabei gelten auch die Regeln zum Dreiecksbetrug (→ § 13 Rn. 101 ff.) entsprechend, sofern der Betreiber der EDV-Anlage und der Geschädigte auseinanderfallen („Dreieckscomputerbetrug"). Bezüglich der subjektiven Tatseite kann auf → § 13 Rn. 300 ff. verwiesen werden.

III. Die einzelnen Tathandlungen

1. Unrichtige Gestaltung des Programms (§ 263a I Var. 1)

9   Die 1. Variante erfasst die sog. **Programm-Manipulation.** Es handelt sich um einen Spezialfall der 2. Variante, weil sich auch Programme aus Daten zusammensetzen. Die 1. Variante umfasst Eingriffe in den Programmablauf etwa durch Neuschreiben, Verändern und Löschen von Programmteilen (*BGH* NStZ-RR 2016, 371, 372; 4 StR 196/16 Rn. 21).
Nach der zutreffenden Ansicht ist die Unrichtigkeit der Programmgestaltung nicht subjektiv nach dem Willen des Verfügungsberechtigten, sondern objektiv danach zu bestimmen, ob das Programm die aus dem Verhältnis zwischen den Beteiligten abzuleitende Aufga-

benstellung materiell richtig bewältigt (*Lackner/Kühl*, § 263a Rn. 7; SK/*Hoyer*, § 263a Rn. 23 ff.; *Kraatz*, Jura 2010, 39; a. A. Sch/Sch/*Perron*, § 263a Rn. 5).

Beispiel: Der Täter gestaltet ein Zinsberechnungsprogramm so, dass Cent- **10** beträge nicht an die Berechtigten ausgezahlt, sondern auf einem stillen Konto zu seinen Gunsten gesammelt werden. Nach der objektiven Betrachtungsweise ist der Tatbestand auch dann erfüllt, wenn die Manipulation mit dem Willen des Systembetreibers (Bankinhabers) erfolgt.

2. Verwendung unrichtiger oder unvollständiger Daten (§ 263a I Var. 2)

Die 2. Variante betrifft die sog. **Input- oder Eingabemanipula-** **11** **tion.** Die Daten werden verwendet, wenn sie in den Datenverarbeitungsprozess eingeführt werden (zum Verwenden erg. → Rn. 14).

Beispiele: (1) Durch die Eingabe falscher (Schlüssel-)Zahlen für Kinder, Le- **12** bensalter, Dienstalter, Anrechnungszeiten usw. bewirkt der Computer unberechtigte Überweisungen. Der Täter hebt mit einer Girocard/Maestro-Karte Geld ab, deren Kontendaten manipuliert sind (Falllösung in → § 26 Rn. 9).
(2) Fraglich ist, ob als (mittelbarer) Täter der 2. Variante ein Antragsteller **13** bestraft werden kann, der bewusst wahrheitswidrig einen zivilrechtlichen Anspruch im **automatisierten Mahnverfahren** (§§ 689 I 2–4, III 2 ZPO) geltend macht. Zunächst versteht es sich von selbst, dass bei einer rein maschinellen Bearbeitung des Mahnantrags mangels Täuschung einer Person ein vollendeter Betrug ausscheidet (*BGH* NStZ 2012, 322, 323). Ob § 263a I Var. 2 eingreift, hängt – im Lichte der auch bei dieser Variante gebotenen „betrugsnahen" Auslegung (→ Rn. 1; *BGH* StV 2014, 684, 685) – davon ab, wie man sich zu der in → § 13 Rn. 51 f. diskutierten Frage der Prüfungspflicht bei falschen Angaben im nicht automatisierten Verfahren verhält. Verneint man dort entgegen der Rechtsprechung mit der vorzugswürdigen h. M. im Schrifttum die Irrtumsmöglichkeit, so scheidet auch ein Computerbetrug aus (*Bosch*, JK 6/14, StGB § 263a/18; *Beulke*, Rengier-FS, 2018, 149 f.; SK/*Hoyer*, § 263a Rn. 30; Sch/Sch/*Perron*, § 263a Rn. 6; *Kraatz*, Jura 2016, 877 f.; *Trüg*, NStZ 2014, 158; a. A. BGHSt 59, 68, 73 f.; LK/*Tiedemann/Valerius*, 12. Aufl. § 263a Rn. 39, 68; *Wachter*, JuS 2017, 725 f.).
(3) Zu **Fall 3a und 3b** siehe → Rn. 49 ff.

3. Unbefugte Verwendung von Daten (§ 263a I Var. 3)

a) Verwendung von Daten. Der Begriff ist umstritten. Der Streit **14** hat Bedeutung für die Abgrenzung zwischen der 3. und der 4. Variante. Die weite Auffassung lässt dafür jede Nutzung von Daten genügen (so etwa *BayObLG* JR 1994, 289, 290 f.; *Hilgendorf*, JuS 1997,

131). Demgegenüber verlangt die engere h. M. angesichts der Auffangfunktion der Var. 4 (→ Rn. 59) zu Recht eine Eingabe von Daten gerade in den Datenverarbeitungsprozess. Die Frage spielt unter anderem im Zusammenhang mit dem Leerspielen von Geldspielautomaten eine Rolle (→ Rn. 59 ff.).

15   **b) Merkmal unbefugt.** Es handelt sich um ein Tatbestandsmerkmal, weil der Tatbestand ohne das Attribut „unbefugt" kein ausreichendes Unrecht verkörpert (vgl. *Rengier,* AT, § 8 Rn. 3, 14; *Lackner/Kühl,* § 263a Rn. 24; *Fischer,* § 263a Rn. 10, 23). Die Auslegung des Merkmals bereitet einige Schwierigkeiten und führt zu einer zentralen Streitfrage, die auch die Var. 4 betrifft (siehe deren Wortlaut) und außerdem im Rahmen der Var. 2 Bedeutung erlangt hat (vgl. → Rn. 1, 13). Im Ausgangspunkt sind drei Standpunkte zu unterscheiden (LK/*Tiedemann/Valerius,* 12. Aufl. § 263a Rn. 42 ff.; *Beulke* III, Rn. 373; Falllösung bei *Jerouschek/Kölbel,* JuS 2001, 780 f.):

16   (1) Nach einer weiten **subjektivierenden** Auffassung ist jede Datenverwendung „unbefugt", die dem wirklichen oder mutmaßlichen Willen des über die Daten Verfügungsberechtigten widerspricht. Als in diesem Sinne Berechtigte kommen vor allem der Automatenbetreiber, die kontoführende Bank, der Kartenaussteller, der berechtigte Karteninhaber und der Kontoinhaber in Betracht. Gegen diese Meinung ist einzuwenden, dass sie keine hinreichend klaren Grenzen setzt und z. B. jeden vertragswidrigen Gebrauch von elektronisch gesteuerten Geräten bis hin zur schlichten unerlaubten Nutzung einer fremden Waschmaschine dem § 263a subsumieren könnte.

Die subjektivierende Auffassung vertreten *BayObLG* JR 1994, 289, 291; SSW/*Hilgendorf,* § 263a Rn. 10, 14, 16 f.; K/*Böse,* BT II, § 28 Rn. 23; *Mitsch,* BT 2, 395 ff.; *Popp,* JuS 2011, 392.

17   (2) Demgegenüber verstehen die Befürworter einer – in ihren Aussagen teilweise unklaren und deshalb auch unterschiedlich interpretierten – **computerspezifischen** Auslegung das Merkmal grundsätzlich enger. Die im Vordergrund stehende Interpretation stellt darauf ab, ob sich der einer Datenverwendung entgegenstehende Wille des Betreibers in der Programmgestaltung niedergeschlagen hat, also das Programm selbst die Befugnis des Verwenders überprüft. Typischerweise geschieht dies durch Abfragen von Codes (Geheimnummer, Passwort). Insoweit verwendet nach einer ersten (weiteren) Ansicht Daten unbefugt, wer durch die Eingabe des Codes vorgibt, eine Zu-

gangsberechtigung zu haben. Eine zweite Interpretation versteht das „Überprüfen" enger und setzt dafür ein vom Programm vorgesehenes, die Zugangsberechtigung kontrollierendes spezielles Missbrauchserkennungsmodul voraus. Eine dritte Richtung verlangt eine irreguläre Einwirkung auf den Datenverarbeitungsprozess, d. h. eine nicht ordnungsgemäße Einwirkung auf das System im Sinne einer Datenmanipulation, oder eine mechanisch unzulässige Bedienung; von daher scheidet der Tatbestand bei einer ordnungs- und programmgemäßen Bedienung des Geräts aus. Die computerspezifischen Sichtweisen haben sich zu Recht nicht durchgesetzt, da sie die Reichweite des § 263a zu sehr einschränken.

Zur Kritik NK/*Kindhäuser*, § 263a Rn. 24; SK/*Hoyer*, § 263a Rn. 17 f. – Zur **18** ersten Ansicht *Achenbach*, JR 1994, 295; *ders.*, Gössel-FS, 2002, 494. – Zur zweiten Ansicht siehe, freilich nur als Interpreten: LK/*Tiedemann/Valerius*, 12. Aufl. § 263a Rn. 45; SK/*Hoyer*, § 263a Rn. 17; *Kraatz*, Jura 2010, 41. – Zur dritten Ansicht *Neumann*, JuS 1990, 537; *Arloth*, Jura 1996, 357 f.; *ders.*, CR 1996, 364 f.

(3) Auf dem Boden der vorzugswürdigen **betrugsspezifischen** In- **19** terpretation (h. M.) muss sich die Auslegung an § 263 orientieren. Danach erfasst § 263a I nur solche Handlungen, „die, würden nicht lediglich maschinell gesteuerte Geschehensabläufe ausgelöst, als Betrug durch täuschungsbedingte Veranlassung der Vermögensverfügung eines … anderen zu bewerten wären" (treffend *BGH* StV 2014, 684, 685). Was den Täuschungswert betrifft, so ist zu fragen, ob die Verwendung der Daten gegenüber einem Menschen als fiktiver Vergleichsperson einer zumindest schlüssigen Vorspiegelung der Befugnis entspräche. Zur hypothetischen Betrugsparallele gehört entgegen gewissen unklaren Äußerungen neben der Täuschungsäquivalenz auf jeden Fall auch die Irrtumsseite, zumal Täuschung und Irrtum eng zusammenhängen (vgl. → Rn. 13, 38, 45, 56 ff.). Die von der h. M. befürwortete Anlehnung an § 263 entspricht der Stellung sowie dem Zweck des § 263a. Auch verleihen die Kriterien der Täuschungs- und Irrtumsäquivalenz dem Tatbestand Konturen, die Bedenken wegen der Bestimmtheit des Tatbestandes (Art. 103 II GG) entkräften.

Beispiele: (1) Die Betrugsfragen, die sich etwa stellen, wenn ein Täter Spie- **20** ler oder Schiedsrichter bestochen hat und danach in betrügerischer Weise Wetten auf den Ausgang bestimmter Spiele abschließt (im Einzelnen → § 13 Rn. 12, 45 f., 146, 276 ff.), geraten auf die Ebene des § 263a Var. 3, sofern derartige Wetten über Automaten elektronisch geschlossen werden (*BGH* NJW

2013, 1017; 2016, 1336, 1337; MüKo/*Hefendehl/Noll*, § 263a Rn. 134; W/H/ S/*Schuhr*, BT 2, Rn. 647).

(2) Soweit Garantiezusagen auf der Betrugsebene einen Irrtum ausschließen, man denke etwa an die Bezahlung mit Universalkreditkarten (→ § 13 Rn. 49), entfällt auch eine Strafbarkeit gemäß § 263a I Var. 3 im Falle ihres Einsatzes in automatisierten Verfahren (*OLG Hamm* NStZ-RR 2015, 214).

21   Zur herrschenden betrugsspezifischen Interpretation vgl. BGHSt 38, 120, 121 f.; 47, 160, 162 f.; *BGH* NStZ 2013, 586, 587; NJW 2013, 1017, 1018; StV 2014, 684; *OLG Köln* NJW 1992, 125, 126 f.; *OLG Düsseldorf* NStZ-RR 1998, 137; *Fischer*, § 263a Rn. 11 ff.; SK/*Hoyer*, § 263a Rn. 19 f., 33; MüKo/ *Hefendehl/Noll*, § 263a Rn. 78 ff., 85 ff.; *Kraatz*, Jura 2010, 41.

22   Im Lager der betrugsspezifischen Auslegung ist allerdings bezüglich der Täuschungs- und Irrtumsäquivalenz umstritten, welche Prüfungskompetenz die fingierte Vergleichsfigur hat. BGHSt 47, 160, 163 (2. Strafsenat) hat es im Zusammenhang mit Abhebungen an Geldautomaten zutreffend abgelehnt, auf einen fiktiven Bankangestellten abzustellen, der die Interessen der Bank umfassend wahrzunehmen hat, sich dann aber der Ansicht von *Altenhain* (JZ 1997, 758) angeschlossen, der Vergleich dürfe sich nur auf einen Schalterangestellten beziehen, „der sich mit Fragen befasst, die auch der Computer prüft". Diese These überzeugt nicht. Wenn man die fiktive Vergleichsperson nicht von den Beschränkungen des Automaten befreit, kann man auf sie gleich verzichten und sich einer computerspezifischen Interpretation anschließen. Richtigerweise muss darauf abgestellt werden, welche Aufgaben und Prüfungspflichten die Vergleichsperson hätte, wenn sie an die Stelle des Computers träte und die Daten verarbeiten würde.

23   Wenn im Wettbetrugsfall von → Rn. 20 der entscheidende 4. Senat der von BGHSt 47, 160, 163 (2. Senat) vertretenen These gefolgt wäre, hätte § 263a I Var. 3 abgelehnt werden müssen. Immerhin äußert der 4. Senat (*BGH* NJW 2013, 1017, 1018) gewisse Zweifel, ohne mit dem Versuch zu überzeugen, den Widerspruch zum 2. Senat in Abrede zu stellen (vgl. auch W/H/S/*Schuhr*, BT 2, Rn. 647). In *BGH* NStZ 2016, 149, 151 erkennt der 2. Senat die Mängel seiner Vergleichsbetrachtung und beschränkt deren Reichweite offenbar auf die Konstellationen des Missbrauchs von Codekarten, die der Täter mit dem Willen des Kontoinhabers, auch täuschungsbedingt erlangt hat (näher → Rn. 32 ff., 36). Schlüssig ist das nicht (erg. *Jäger*, JA 2016, 153).

Zur Kritik an BGHSt 47, 160, 163 siehe *Mühlbauer*, wistra 2003, 249; W/ H/S/*Schuhr*, BT 2, Rn. 639, 647, 649; MüKo/*Hefendehl/Noll*, § 263a Rn. 82; NK-WSS/*Waßmer*, § 263a Rn. 38 ff. – Zu weiteren Beispielen → Rn. 36, 41, 51.

24   Zur Auslegung des „unbefugt" ein **abschließendes Beispiel** (*LG Gießen* NStZ-RR 2013, 312; Falllösung bei *Schmidhäuser*, JA 2019, 914 ff.): Ein von

K beim Internet-Anbieter A gekaufter und zugesandter Online-Gutschein gelangt mit dem Gutschein-Code irrtümlich zu T. T erkennt den Irrtum, kauft damit aber trotzdem bei A erfolgreich Waren ein, indem er online unter Eingabe des Gutschein-Codes bezahlt. – Nach der subjektivierenden Auffassung wird man, da ein Unberechtigter den Code benutzt, eher von einer dem Willen des A widersprechenden, also unbefugten Datenverwendung auszugehen haben. Anders liegt es nach den computerspezifischen Varianten, da irgendeine Prüfung der Legitimation oder eine Datenmanipulation nicht erfolgt. Im Lichte der betrugsspezifischen Interpretation fehlt die Täuschungs- und vor allem die Irrtumsäquivalenz. Denn die Zahlung mit dem Gutschein-Code muss mit der Zahlung mittels eines papiernen Geldgutscheins verglichen werden, der ein kleines Inhaberpapier gemäß § 807 BGB ist. Vor diesem Hintergrund macht sich A keine Gedanken über die Berechtigung des T, weil er an jeden Verwender mit befreiender Wirkung leisten kann (§ 807 i. V. m. §§ 793 I 2, 794 I BGB). Und wenn A über die Berechtigung nicht nachdenkt, muss T eine solche auch nicht vorspiegeln, um mit dem Code bezahlen zu können. Soweit man demgegenüber eine unbefugte Verwendung bejaht, gelangt man zu einem Dreieckscomputerbetrug mit K als Geschädigtem (vgl. → Rn. 8).

c) Bankautomatenmissbrauch. Die wichtige 3. Variante erlangt **25** insbesondere beim Bankautomatenmissbrauch mit Codekarten große Bedeutung (die 2. Variante scheidet hier in der Regel aus, weil die *richtigen* Daten verwendet werden). Indem der Täter typischerweise die Codekarte einschiebt und die (korrekte) Geheimnummer in die Tastatur tippt, führt er – unproblematisch durch „Verwendung" – Daten in den Datenverarbeitungsprozess ein.

Nicht durchgesetzt hat sich eine Minderheitsmeinung, die mit der Begrün- **26** dung, der Tatbestand setze einen bereits in Gang befindlichen Datenverarbeitungsvorgang voraus, insbesondere die Strafbarkeit des Bankautomatenmissbrauchs ablehnt. Das Merkmal „Beeinflussung" erfordert keine solche Interpretation. Vielmehr kann man in dem Ingangsetzen eine besonders intensive Form der Beeinflussung sehen und außerdem annehmen, dass der betriebsbereite Bankomat durch die Bank bereits in Gang gesetzt ist (dazu BGHSt 38, 120, 121; Sch/Sch/*Perron*, § 263a Rn. 18; LK/*Tiedemann/Valerius*, 12. Aufl. § 263a Rn. 26, 69).

Im Einzelnen lassen sich beim Bankautomatenmissbrauch folgende **27** Konstellationen unterscheiden:

(1) **Geldabhebung durch einen nichtberechtigten Karteninhaber 28 mit gefälschter, kopierter oder durch verbotene Eigenmacht erlangter Codekarte.** Nach der subjektivierenden wie der betrugsspezifischen Ansicht verhältnismäßig unproblematisch sind die Fälle, in denen der Täter als nichtberechtigter Karteninhaber – mit einer gefälschten, kopierten oder durch verbotene Eigenmacht erlangten Co-

dekarte – Geld aus einem Bankautomaten abhebt und dabei die von den Banken zugeteilten persönlichen Geheimnummern mit den dazugehörigen Kontendaten (also richtige Daten) verwendet. Das von der h. M. verlangte täuschungsgleiche, betrugsnahe Verhalten ergibt sich daraus, dass der Täter einem Bankangestellten als Gegenüber vorspiegeln müsste, eine Vollmacht zu haben. Was die computerspezifische Auslegung betrifft, so müsste § 263a I Var. 3 nach der zweiten und dritten Interpretation abgelehnt werden.

29   Zur h. M. BGHSt 38, 120; 47, 160, 162; *OLG Köln* NJW 1992, 125 f.; *Schumann/Zivanic*, JA 2018, 506 f.; ferner *Eisele*, CR 2011, 135 f. mit Blick auf Kartendubletten, auf die Täter zuvor an Geldautomaten ausgespähte, demnach richtige Daten von Zahlungskarten kopiert haben (sog. Skimming; erg. *Rengier*, BT II, § 31 Rn. 30).

30   **Geschädigt** wird in diesen Missbrauchsfällen die **Bank.** Denn das Geld stammt aus ihrem Vermögen, und sie hat mangels Autorisierung (§ 675u BGB) gegen den Kontoinhaber keinen Aufwendungsersatzanspruch nach den §§ 675c, 675, 670 BGB. Die belastende Buchung muss sie rückgängig machen (§ 675u I 2 BGB). Denkbare Ersatzansprüche gegen den Kontoinhaber (§ 675v BGB) stellen keine Kompensation dar (*BGH* NStZ 2001, 316 f.; 2008, 396, 397; → § 13 Rn. 181). Im Übrigen lässt sich auch noch ein Dreieckscomputerbetrug (→ Rn. 8) zum Nachteil des **Kontoinhabers** mit der Begründung konstruieren, dass die belastende Buchung zu einem Gefährdungsschaden führe, da der Inhaber die Buchung zunächst überhaupt entdecken und dann die Rückbuchung durchsetzen müsse (vgl. *BGH* NStZ 2014, 579, 580; NStZ-RR 2018, 211, 212 f.; *Stuckenberg*, ZStW 2006, 898 f.; *Goeckenjan*, wistra 2008, 132).

31   Ob diese Konstruktion eine eigenständige Bedeutung im Sinne gleichartiger Idealkonkurrenz hat (§ 52 I Var. 2), hängt davon ab, inwieweit man bei Vermögensdelikten, die mehrere Opfer schädigen, auch mehrmals eine höchstpersönliche Betroffenheit für gegeben hält (bejahend *Jescheck/Weigend*, AT, § 67 II 1; für die Anwendung des § 52 I Var. 2 bei den §§ 263, 266 auch *BGH* MDR/D 1970, 381 f.; NStZ 2000, 375, 376; a. A. Sch/Sch/*Sternberg-Lieben/Bosch*, § 52 Rn. 25 ff., 29; erg. *Rengier*, AT, § 56 Rn. 46 f.). – Zu anderen hier in Betracht kommenden Tatbeständen (§§ 242, 246, 265a, 269, 274, 303a) siehe zusammenfassend *Meier*, JuS 1992, 1017 ff.; *Kempny*, JuS 2007, 1086 f.; *Beulke* III, Rn. 359 ff. mit Falllösung; ferner → § 2 Rn. 72 f., 103 f.; → § 16 Rn. 4; → § 26 Rn. 5; *Rengier*, BT II, § 35 Rn. 9, § 36 Rn. 15 f.

32   **(2) Auftragswidrige Geldabhebung durch einen nichtberechtigten Karteninhaber.** Es kommt verhältnismäßig oft vor, dass der berechtigte Karteninhaber einem Nichtberechtigten Karte und Geheimzahl, d. h. die PIN (= Personal Identification Number), anvertraut und diesen mit der Abhebung eines bestimmten Betrages beauftragt. Die Verneinung des § 263a ist unstreitig, solange sich der beauftragte nichtberechtigte Karteninhaber im Rahmen des Auftrags bewegt, obwohl ein solches Verhalten den üblichen Bankbedingungen widerspricht.

Umstritten ist aber der Fall, dass der Beauftragte einen höheren Betrag als erlaubt abhebt und diesen für sich behält. Die subjektivierende Betrachtungsweise würde § 263a I Var. 3 bejahen, da der Karten- und Kontoinhaber mit der Eingabe des höheren Betrages nicht einverstanden gewesen ist. Im Lager der computerspezifischen Auslegung kämen alle Varianten zur Verneinung. **33**

Auf dem Boden der herrschenden betrugsspezifischen Interpretation besteht Streit über den Täuschungswert des Verhaltens. Dieser Streit dreht sich vor allem um die Frage, ob die Aushändigung von Karte und PIN mit einer Bankvollmacht gleichgesetzt werden kann, die alle Befugnisse des berechtigten Karteninhabers auf den Nichtberechtigten überträgt. Richtigerweise muss dies verneint werden, weil dem Übergabeverhalten ein so weitgehender Erklärungswert nicht zukommt und demzufolge der konkrete Einzelauftrag auch im Außenverhältnis die Grenzen absteckt. Daher ist auch in dieser Konstellation § 263a I Var. 3 zu bejahen. Insoweit ergibt sich im Ergebnis erneut kein Unterschied zur subjektivierenden Betrachtungsweise. **34**

Wie hier *Lackner/Kühl,* § 263a Rn. 14; MüKo/*Hefendehl/Noll,* § 263a Rn. 95 ff.; *Otto,* Jura 1993, 614 f.; *Hilgendorf,* JuS 1999, 542 ff.; *Eisele/Fad,* Jura 2002, 310; *Theile,* JA 2011, 33 f. mit Falllösung. – A. A. *BGH* NStZ 2005, 213; *OLG Köln* NJW 1992, 125 ff.; *OLG Düsseldorf* NStZ-RR 1998, 137; LK/*Tiedemann/Valerius,* 12. Aufl. § 263a Rn. 50; Sch/Sch/*Perron,* § 263a Rn. 12; *Jansen,* JA 2017, 754 f. mit Falllösung. – Zusammenfassend *Kempny,* JuS 2007, 1088. – Zur Untreue vgl. → § 18 Rn. 30. **35**

(3) Auftragslose Geldabhebung durch einen nichtberechtigten Karteninhaber mit durch Täuschung erlangter Codekarte. Die Rechtsprechung lehnt die Anwendung des § 263a I Var. 3 in erst recht nicht überzeugender Weise sogar bei einer auftragslosen Geldabhebung ab, die Täter eingefädelt haben, indem sie sich die Übergabe der Girocard/Maestro-Karte samt PIN durch den berechtigten Karteninhaber etwa unter dem Vorwand erschlichen haben, bloß nach dem Kontostand schauen zu wollen oder als Mitarbeiter der Bank wegen ungewöhnlicher Unregelmäßigkeiten die Karte überprüfen zu **36**

müssen. Dahinter steckt die nicht überzeugende These des 2. Strafsenats in BGHSt 47, 160, 163, für die fiktive Vergleichsperson „irrtumsrelevant" seien nur solche Tatsachen, die auch von dem Datenverarbeitungssystem geprüft würden; für den Automaten seien Identität und Berechtigung des Abhebenden mit Eingabe der richtigen Daten hinreichend festgestellt.

BGH NStZ 2016, 149, 151; NStZ-RR 2022, 14, 16; 2 StR 553/12; OLG Jena wistra 2007, 236, 237. – Wie hier *Berster*, wistra 2016, 73 f.; *Ladiges*, wistra 2016, 180 ff.; *Böse*, ZJS 2016, 663 ff.; W/H/S/*Schuhr*, BT 2, Rn. 648; *Günther/Selzer*, ZJS 2016, 764 ff. mit Falllösung; erg. *Brand*, StV 2016, 361 ff. – Zur Kritik an der erwähnten These (Zweifel auch bei *BGH* NJW 2013, 1017, 1018) siehe → Rn. 22 f., in → Rn. 23 auch zur vom 2. Strafsenat in *BGH* NStZ 2016, 149, 151 betonten beschränkten Reichweite der Vergleichsbetrachtung. Der 4. Senat (*BGH* NStZ-RR 2017, 79) neigt in einem obiter dictum dazu, § 263a I Var. 3 zu bejahen, da nach dem Bankkartenvertrag eine Bevollmächtigung durch Überlassen von Karte und Geheimzahl ausgeschlossen sei.

Zur namentlich von der Rechtsprechung angenommenen Strafbarkeit wegen Betrugs näher → § 13 Rn. 232 ff.

36a   **(4) Griff in das Ausgabefach nach Eingabe von Karte und PIN durch den berechtigten Karteninhaber.** Zu dieser seit *BGH* NJW 2018, 245 diskutierten, vor allem die §§ 242, 249 betreffenden, Missbrauchsvariante siehe → § 2 Rn. 73a ff.

37   **(5) Missbrauch durch den berechtigten Karteninhaber.** Von den in → Rn. 28–36 behandelten missbräuchlichen Abhebungen durch einen *nicht*berechtigten Karteninhaber ist der Missbrauch durch den *berechtigten* Karteninhaber zu unterscheiden. Im Lager der betrugsorientierten Interpretation ist umstritten, inwieweit diese Missbrauchsfälle betrugsspezifischen Charakter haben. Zwei Konstellationen lassen sich unterscheiden, die Fall 1 aufgreift. Um sie richtig beurteilen zu können, ist es unentbehrlich, sich die bankrechtlichen Rahmenbedingungen und die faktischen Abläufe zu vergegenwärtigen (näher *Rengier*, Stürner-FS, 2013, 891 ff.).

38   Im **Fall 1a** nimmt der zur Schädigung entschlossene A eine ihm vertraglich zuvor „eingeräumte Überziehungsmöglichkeit" (§ 504 BGB), geläufiger ausgedrückt einen Dispositionskredit in Anspruch, der das Recht einräumt, im Rahmen des vereinbarten Limits (= der sog. „finanziellen Nutzungsgrenze") das Girokonto auch laufend im Soll zu führen. Das betrugsähnliche Verhalten des A könnte man in der Täuschung eines fiktiven Bankangestellten über die Bonität und Zahlungswilligkeit sehen. Doch wäre es auch vertretbar, das Täuschungsmerkmal mit der Begründung zu verneinen, dass A, solange der Dispositionskredit nicht gekündigt ist, nur seinen Auszahlungsanspruch geltend macht (entsprechend → § 13 Rn. 25 f.). Auf jeden Fall würde sich der Schalterangestellte über die Bonität gar keine Gedanken machen, weil er den Kontostand nur elektronisch überprüfen und dann pflichtgemäß automatisch auszahlen würde, solange der vertraglich eingeräumte und nicht gekündigte Dispositionskredit nicht ausgeschöpft ist. Es entstünde also kein Irrtum (→ § 13 Rn. 51 f.). Deshalb ist die Betrugsäquivalenz und damit § 263a I Var. 3 zu verneinen (*Rengier*, Stürner-FS, 2013, 892, 896; im Ergebnis auch BGHSt 47, 160, 162 f.).

Zum selben Ergebnis gelangen die computerspezifischen Sichtweisen. Auch 39 im Lichte der subjektivierenden Auslegung ergibt sich korrekterweise nichts anderes; denn vertragsgerechtes Verhalten kann nicht dem Willen der Bank widersprechen.

Fall 1b betrifft die Inanspruchnahme einer – vom Dispositionskre- 40 dit zu unterscheidenden – „geduldeten Überziehung" (§ 505 BGB), üblicher als Überziehungskredit charakterisiert. Dieser ist dadurch gekennzeichnet, dass die Bank, wenn kein Dispositionskredit eingeräumt oder dieser ausgeschöpft ist, unter Umständen in einem bestimmten Umfang eine Kontoüberziehung jenseits der finanziellen Nutzungsgrenze duldet. Eine solche Duldung kann im Interesse des Kontoinhabers liegen, weil sonst z. B. am Monatsende im Falle kurzfristiger Deckungslücken etwaige Lastschriften zurückgewiesen würden. Da der Kunde keinen Anspruch auf einen Überziehungskredit hat, liegt die Entscheidung darüber bei der Bank. Sie hat es in der Hand, durch Auszahlungssperren die Inanspruchnahme von Überziehungskrediten am Geldautomaten zu verhindern. Räumt sie dagegen den Überziehungskredit ein, so tut sie dies vorab im Vertrauen auf die Seriosität ihres Kunden. Sie lässt sich dabei von vergleichbaren Erwägungen wie bei der Gewährung eines Dispositionskredits leiten. Jedenfalls nimmt sie es willentlich hin, dass der Karteninhaber den ihm nicht zustehenden Überziehungskredit auch in Anspruch nimmt. Rechtlich betrachtet kommt in diesem Fall ein Handdarlehen zustande, für das die Bank besondere Überziehungszinsen berechnen darf. Nach allem nutzt ein Kontoinhaber, der mit Hilfe eines Überziehungskredits seine Bank schädigt, nicht anders als beim Dispositionskredit nur einen ihm zugebilligten Kreditrahmen und das ihm entgegengebrachte Vertrauen aus. Damit scheidet auch im Fall 1b die Annahme eines betrugsähnlichen Verhaltens aus.

41   *Rengier,* Stürner-FS, 2013, 892 ff., 896; ähnlich *Eisele,* BT II, Rn. 685. Gegen
die Strafbarkeit ferner die h. M.: BGHSt 47, 160, 162 f.; K/H/H/*Hellmann,*
BT 2, Rn. 853; *Kraatz,* Jura 2010, 43; *Kudlich,* JuS 2003, 540; *Kempny,* JuS
2007, 1085 f. – Teilweise wird die Betrugsähnlichkeit mit der Begründung verneint, der fiktive Bankangestellte befasse sich allein mit Fragen, die auch der
Computer prüfe; dieser prüfe aber nicht die Bonität (BGHSt 47, 160, 163;
Heghmanns, BT, Rn. 1304 ff.). Diese Beschränkung der Prüfungskompetenz
überzeugt nicht (→ Rn. 22 f.). Genau genommen prüft der Computer lediglich,
ob die Geheimzahl zu der eingeführten Karte passt; dann müssten konsequenterweise auch die Fälle der entwendeten Codekarte (→ Rn. 28) sub specie
§ 263a straflos bleiben (vgl. *Schönauer,* wistra 2008, 447). Eher lässt sich für
die h. M. noch die These ins Feld führen, dass § 266b eine Sondervorschrift
sei, die den Kartenmissbrauch durch den berechtigten Karteninhaber abschließend regele. – Für die Strafbarkeit gemäß § 263a I Var. 3 LK/*Tiedemann/Va-
lerius,* 12. Aufl. § 263a Rn. 51; W/H/S/*Schuhr,* BT 2, Rn. 649; auch die subjektivierende Sichtweise (SSW/*Hilgendorf,* § 263a Rn. 17); gegen die Strafbarkeit
wiederum die computerspezifischen Interpretationen.

42   Im **Fall 1b** ist also wie im Fall 1a § 263a I Var. 3 zu verneinen. Ebenso greift
§ 266b nicht ein (→ § 19 Rn. 24 f.). Gleichermaßen müssen die §§ 242, 246 abgelehnt werden, weil der Automat vom berechtigten Karteninhaber korrekt
bedient wird und unter diesen Umständen ein Übereignungsangebot an ihn
ergeht (BGHSt 47, 160, 166; erg. → § 2 Rn. 72 ff.).

43   Die Konstellationen des Falles 1 haben Barabhebungen aus instituts*eigenen* Bankautomaten zum Gegenstand. Bei Abhebungen aus
instituts*fremden* Automaten ändert sich an der Unanwendbarkeit
des § 263a I Var. 3 im Ergebnis nichts. Die Begründung bleibt die
gleiche, soweit auch bei der Geldabhebung am fremden Automaten,
wie es dem heutigen Stand der Technik entspricht, die Autorisierung
der Zahlung direkt am Girokonto des Karteninhabers erfolgt. Ein
weiterer Grund tritt hinzu: Leistet das fremde Institut aus seinem
Geldautomaten an den Karten- und Kontoinhaber einer anderen
Bank von dieser Bank autorisierte Zahlungen, so erwirbt es nach
dem 2011 erneuerten Regelwerk zum Deutschen Geldautomaten-
System aufgrund eines abstrakten Zahlungsversprechens einen garan-
tieähnlichen Ausgleichsanspruch gegen die kartenausgebende Bank
(näher *Rengier,* Stürner-FS, 2013, 896 ff.).

44   Wenn A im Fall 1 Geldautomaten der für ihn fremden A-Bank benutzte,
müsste unabhängig davon, ob die Autorisierung durch die kartenausgebende
Bank direkt am Girokonto des Karteninhabers oder am Verfügungsrahmen
erfolgt (→ § 19 Rn. 26 f.), wegen der von der B-Bank an die A-Bank gegebenen
Ausgleichsgarantie mangels eines fiktiven Irrtums § 263a I Var. 3 verneint werden (insoweit im Ergebnis zutreffend BGHSt 47, 160 ff., 164 f.; *Zielinski,* JR

2002, 343; *Beckemper*, JA 2002, 546; a. A. W/H/S/*Schuhr*, BT 2, Rn. 649). Die
§§ 242, 246 scheiden aus, weil die Drittbank, hier die A-Bank, an den berechtigten Karteninhaber übereignen will. Zu § 266b I Var. 2 näher → § 19 Rn. 26 f.

d) Missbrauch im electronic-cash-Zahlungsverfahren. In diesem 45
unten in → § 19 Rn. 22 beschriebenen, für das bargeldlose Bezahlen
geschaffenen, PIN-gestützten Verfahren gibt die Bank nach den
Händlerbedingungen in der Form eines abstrakten Schuldversprechens eine Zahlungsgarantie ab („Zahlung erfolgt"). Diese Garantie
erstreckt sich auch auf die missbräuchliche Verwendung von Girocards mit der richtigen PIN durch Nichtberechtigte. Daher wird,
was den § 263 betrifft, beim Verkäufer kein Irrtum hervorgerufen
(→ § 13 Rn. 49), so dass auch ein etwaiger Dreiecksbetrug ausscheidet. Dementsprechend muss bezüglich § 263a I Var. 3 die Betrugsäquivalenz unabhängig davon verneint werden, ob der berechtigte
oder ein nichtberechtigter Karteninhaber die Girocard mit dazugehö-
riger PIN in schädigender Weise einsetzt. Demgegenüber sollen nach
h. M. die Grundsätze zum Bankautomatenmissbrauch (→ Rn. 28 ff.)
entsprechend gelten, also z. B. die Verwendung einer entwendeten
Girocard am POS-Terminal § 263a I Var. 3 erfüllen. Überzeugend ist
das nicht. § 263a soll nicht den Strafbarkeitsbereich erweitern, wenn
ein Täuschungsadressat vorhanden ist, bei dem kein Irrtum hervorgerufen wird.

Wie hier *Eisele*, BT II, Rn. 681. – Zur h. M. K/*Böse*, BT II, § 28 Rn. 51 f.; 45a
LK/*Tiedemann/Valerius*, 12. Aufl. § 263a Rn. 52; MüKo/*Hefendehl/Noll*,
§ 263a Rn. 107 f.; BeckOK StGB/*Schmidt*, § 263a Rn. 29. – Zu § 266b I Var. 2
näher → § 19 Rn. 22 ff. – Zur Girocard/Maestro-Karte → § 19 Rn. 2.

Dementsprechend verwirklicht § 263a I Var. 3 auch nicht, wer als 46
Nichtberechtigter eine fremde Codekarte missbraucht, indem er sie
im electronic-cash-Verfahren kontaktlos ohne PIN-Abfrage einsetzt
und Einkäufe bis zu 50 € bezahlt.

Ebenso *OLG Hamm* NStZ 2020, 673, 674 f.; *Christoph/Dorn-Haag*, NStZ
2020, 700 ff. – Näher zu diesem kontaktlosen Verfahren und insbesondere zur
Erfüllung des § 269 *Rengier*, BT II, § 35 Rn. 8 f.

e) Elektronisches Lastschriftverfahren. In diesem – für den Han- 47
del billigeren – Verfahren wird an der Kasse mit Hilfe der Girocard/
Maestro-Karte und einem Kartenterminal lediglich ein Lastschriftbe-
leg erstellt, der unterschrieben dem Händler eine Einzugsermächtigung erteilt. Eine Eingabe der Geheimnummer und eine Online-Au-

torisierung erfolgen nicht. Da deshalb der Händler das Risiko der fehlenden Kontodeckung trägt, macht er sich bei Täuschungen über die Bonität auch entsprechende Gedanken, so dass der Weg zu § 263 führt. In Parallelfällen an Selbstbedienungskassen gelangt man richtigerweise zu § 263a I Var. 3 (→ Rn. 52a).

48   **f) Missbrauch an Selbstbedienungskassen.** An dieser Stelle soll zusammenfassend **Fall 2** mit seinen Selbstbedienungs-Konstellationen aufgegriffen werden (zu den Diebstahlsfragen → § 2 Rn. 76 ff.).

49   Im **Fall 2a** erfüllt T § 242 (→ § 2 Rn. 76 f.). Was § 263a betrifft, liegt die Argumentation nahe, dass T bezüglich des dritten Objektes überhaupt keinen § 263a berührenden Datenverarbeitungsvorgang ausgelöst hat. Insbesondere erfasst die Var. 2 ihrem Wortlaut nach nicht die bloße Nichteingabe von Daten. Allerdings hat T zwei von den drei Objekten korrekt eingescannt. Daher stellt sich die Frage, ob er „unvollständige" Daten verwendet hat. Unvollständig sind sie, wenn sie den zugrunde liegenden Lebenssachverhalt nicht ausreichend erkennen lassen (*BGH* NJW 2013, 2608, 2610; Sch/Sch/*Perron*, § 263a Rn. 6). Behauptet man, zu diesem Sachverhalt gehöre auch die Erstellung einer „richtigen" Rechnung unter Einbeziehung des dritten Objekts (vgl. *Fahl*, NStZ 2014, 245), lässt sich ein unvollständiges Verwenden bejahen. Doch entfällt dann § 263a aus den gleichen Gründen, die zu seiner Verneinung im anschließend erörterten Fall 2b führen.

50   Auch im **Fall 2b** erfüllt T § 242 (→ § 2 Rn. 78 ff.; Falllösungen bei *Schneider*, Ad Legendum 2015, 42 ff.; *Preuß*, ZJS 2016, 639 ff.; *Penkuhn/Petersen*, JA 2021, 206 ff.). Das *OLG Hamm* sieht dies genauso und lehnt § 263a zutreffend mit der Begründung ab, dass durch das Einscannen des Zeitungsstrichcodes kein Datenverarbeitungsvorgang in Gang gesetzt worden sei, der unmittelbar zu einer vermögensrelevanten Disposition des Computers geführt habe. Die bewirkte elektronische Kaufpreisanzeige habe die Mitnahme des „Playboy" nicht ermöglicht oder erleichtert. Hierzu sei vielmehr eine selbstständige, den Übergang der Sachherrschaft bewirkende Handlung des T erforderlich gewesen (*OLG Hamm* wistra 2014, 36, 37; zust. *Jahn*, JuS 2014, 180; *Jäger*, JA 2014, 156; *Fahl*, NStZ 2014, 246; a. A. *Heinrich*, Beulke-FS, 2015, 402 f.; *Wachter*, JuS 2017, 723 f.; erg. *Eisele*, BT II, Rn. 670a).

51   Außerdem setzt sich das *OLG Hamm* relativ ausführlich mit den im Prinzip vorrangig zu prüfenden Tathandlungen des § 263a I auseinander (wistra 2014, 36, 37). Insbesondere liege bezüglich der Var. 2 keine „unvollständige" Verwendung von Daten vor, weil der Zeitungscode richtig und vollständig angezeigt werde (a. A. *Fahl*, NStZ 2014, 245). Eine unbefugte Verwendung von Daten (Var. 3) entfalle ebenfalls; denn der im Sinne der betrugsspezifischen Interpretation zu bemühende fiktive Kassierer befasse sich nur mit Fragen, die auch der Computer prüfe, der gerade nicht die Übereinstimmung von eingescannter und mitgenommener Ware kontrolliere (gegen diese These → Rn. 22 f.).

Schließlich erfüllt T ebenfalls im **Fall 2c** § 242, und zwar unabhängig von 52
dem die Verpackungsfälle betreffenden Abgrenzungsstreit zwischen Betrug
und Diebstahl bei bedienten Kassen (→ § 2 Rn. 82). Soweit man in diesem
Streit für Betrug plädiert, könnte man im Fall 2c noch an die Verwirklichung
des § 263a I Var. 3 mit der Begründung denken, im Lichte der betrugsnahen
Auslegung entspreche das Einscannen des auf der Verpackung aufgedruckten
Strichcodes der konkludenten Täuschung einer fiktiven Kassiererin, unmani-
pulierte Ware abzurechnen (*Heinrich*, Beulke-FS, 2015, 398 ff.). Gegen die Bejahung spricht dann aber der Exklusivitätsgedanke (→ Rn. 64, 67).

Das *OLG Rostock* (wistra 2020, 122) hatte die Strafbarkeit eines Täters zu 52a
beurteilen, der Waren im Wert von unter 100 € an automatisierten Selbstbedienungskassen im Wege des elektronischen Lastschriftverfahrens (→ Rn. 47;
→ § 19 Rn. 23c) abrechnete und mitnahm, ohne dass sein Konto gedeckt war.
– Hier scheiden § 263 mangels menschlicher Kontrolle und § 242 deshalb aus,
weil der Abrechnungsvorgang äußerlich korrekt geschieht (→ § 2 Rn. 70). Zu
Unrecht verneint das *OLG* aber § 263a I Var. 3 mit Blick auf die angenommene angeblich beschränkte Prüfungskompetenz des fiktiven Kassierers (abl.
schon → Rn. 22 f., 51). Richtigerweise ist § 263a I Var. 3 parallel zu den Fällen
an besetzten Kassen (→ Rn. 47) zu bejahen, da die (scheinbare) Bezahlung eine
das Eigentum übertragende Computerverfügung auslöst (*Schmidt*, wistra
2020, 126; MüKo/*Hefendehl/Noll*, § 263a Rn. 136 f.; erg. → § 5 Rn. 11 f.).

g) Missbrauch anderer Karten. Die vorstehend in → Rn. 25 ff. im 53
Zusammenhang mit dem Bankautomatenmissbrauch dargestellten
Grundsätze erlangen auch bei der Verwendung anderer Karten Bedeutung: Zur Benutzung fremder Telefonkarten siehe *BGH* NStZ
2005, 213; zu gefälschten Telefonkarten siehe *BGH* NStZ-RR 2003,
265, 268; *LG Würzburg* NStZ 2000, 374; *Hefendehl*, NStZ 2000,
348 ff.; *Schnabel*, NStZ 2001, 374 f. Umfassend zur Strafbarkeit bezüglich Herstellung, Verkauf, Erwerb und Verwendung manipulier-
ter Telefonkarten *Hecker*, JA 2004, 762 ff. Zum unbefugten Telefonieren mit einem Mobiltelefon siehe *LG Bonn* NJW 1999, 3726 und die
Falllösungen bei *Hellmann/Beckemper*, JuS 2001, 1095 ff.; *Kretschmer*, Jura 2006, 227 f.

h) Weitere Anwendungsfälle. An § 263a I Var. 3 ist ferner überall 54
dort zu denken, wo in missbräuchlicher Weise automatisierte Abläufe
benutzt werden, bei denen kein Kontrollpersonal eingeschaltet wird
(dann § 263). Stichworte liefern das **Homebanking, Online-Ein-
käufe** von Waren, Fahr- und Eintrittskarten, der **Internet-Handel**
und die Inanspruchnahme von **kostenpflichtigen Online-Dienstleis-
tungen.** Bezüglich der strafrechtlichen Beurteilung des Homeban-
kings ergeben sich Parallelen zu den Fällen des Bankautomatenmiss-

brauchs (→ Rn. 25 ff.). Die Beurteilung des Online-Banking im Zusammenhang mit dem **Phishing** verläuft weitgehend parallel zum Missbrauchsfall von → Rn. 28 (*Goeckenjan*, wistra 2008, 131 f.; erg. *Rengier*, BT II, § 31 Rn. 39; § 35 Rn. 10). Im Übrigen wird der Tatbestand bei der unbefugten Verwendung fremder Zugangscodes und fremder Zahlungskarten in der Regel erfüllt sein.

Vgl. *BGH* NStZ-RR 2021, 214; 3 StR 94/20 Rn. 11 f.; LK/*Tiedemann/Valerius*, 12. Aufl. § 263a Rn. 56 ff.; NK/*Kindhäuser*, § 263a Rn. 57 ff.; Sch/Sch/*Perron*, § 263a Rn. 14 f.; *Fischer*, § 263a Rn. 16.

Ein ergänzendes **Beispiel:** § 263a I Var. 3 erfüllt, wer in der Kantine einer Universität als Mitarbeiter an einem den Zugang automatisch regelnden Drehkreuz das Essen mit der Chipkarte einer Studentin bezahlt, deren Essen die Universität mit 30 % subventioniert (Falllösung bei *Rehmet/Ströle*, JuS 2021, 340 ff.).

55 Ferner verwirklicht den Tatbestand nach zutreffender Ansicht ebenfalls, wer zahlungsunwillig und/oder zahlungsunfähig, auch in Verbindung mit eigenen Codewörtern und Bankdaten, computergesteuert online einkauft oder eine kostenpflichtige Datenbankabfrage macht. Ob das Computersystem eine – mit Blick auf die subjektive Zahlungswilligkeit von vornherein untaugliche – Bonitätsprüfung vornimmt, spielt hier so wenig eine Rolle wie im kommunikativen Geschäftsverkehr mit Täuschungsadressaten. Nur wenn im Falle der Bezahlung namentlich mit einer Kreditkarte aufgrund deren Garantiefunktion der fiktive Irrtum entfällt, scheidet § 263a I Var. 3 aus.

Vgl. zunächst → Rn. 13, 45 und → § 13 Rn. 49. – Wie hier *OLG Köln* StV 2016, 369, 370; *Rengier*, Neumann-FS, 2017, 1149 ff.; BeckOK StGB/*Schmidt*, § 263a Rn. 32.1; Sch/Sch/*Perron*, § 263a Rn. 15; SK/*Hoyer*, § 263a Rn. 44; MüKo/*Hefendehl/Noll*, § 263a Rn. 119; *Lackner/Kühl*, § 263a Rn. 14b; NK-WSS/*Waßmer*, § 263a Rn. 55. – A. A. *Kraatz*, Jura 2016, 878 ff.; M/R/*Altenhain*, § 263a Rn. 16. – Bei den ablehnenden Stimmen spielt auch die Bezugnahme auf die verfehlte fingierte Vergleichsfigur von BGHSt 47, 160, 163 eine Rolle (zur Kritik → Rn. 22 f.). Oft fehlen klare Stellungnahmen.

56 Fraglich ist, ob das **Ausnutzen eines Automatendefekts** unter den Tatbestand fällt.

Beispiele: Tanken an einer vollautomatischen Selbstbedienungstankstelle mittels einer Bankkarte, ohne dass das Konto belastet wird (*OLG Braunschweig* NJW 2008, 1464 mit Bspr. *Geppert*, JK 10/08, StGB § 263a/16); Bargeldabhebung an einem Geldautomaten mittels Girocard/Maestro-Karte und eingegebener PIN ohne Kontobelastung; Kopieren mit einer Kopierkarte, ohne dass der Kopierautomat das Entgelt für die Kopien abbucht (Falllösung bei *Vogt/Brand*, Jura 2008, 306).

Das *OLG Braunschweig* hält parallel zum Leerspielen von Geld- **57** spielautomaten (→ Rn. 60 ff.) eine Strafbarkeit für möglich. Dies überzeugt nicht: Zunächst sollte gesehen werden, dass in dessen Fall von den Varianten des § 263a I wegen der Benutzung der Bankkarte richtigerweise die Var. 3 und nicht die Var. 4 einschlägig ist, so wie in den anderen Beispielsfällen auch. Der wesentliche Punkt liegt darin, dass der Tatbestand in allen drei Konstellationen auf dem Boden der betrugsspezifischen Interpretation verneint werden muss, weil sich die Täter darauf beschränken, den ihnen bekannten Defekt schlicht auszunutzen. Damit verhalten sie sich genauso wie nicht unter § 263 fallende Täter, die ohne täuschende Einwirkung einen Irrtum nur ausnutzen (vgl. → § 13 Rn. 21 f.). Folglich scheidet in den Beispielsfällen eine Strafbarkeit gemäß § 263a I Var. 3 aus.

Vogt/Brand, Jura 2008, 306 f. mit Falllösung; *Niehaus/Augustin*, JR 2008, **58** 436 ff; *Geppert*, JK 10/08, StGB § 263 a/16 (die alle ferner zu den §§ 242, 246 Stellung nehmen; dazu → § 2 Rn. 74). – Gegen § 263a auch *OLG Karlsruhe* NStZ 2004, 333, 334; *Eisele*, BT II, Rn. 690; erg. → Rn. 63.

4. Sonst unbefugte Einwirkung auf den Ablauf (§ 263a I Var. 4)

Die Var. 4 hat Auffangfunktion und soll noch verbleibende, von **59** den anderen Varianten nicht erfasste, strafwürdige Manipulationen sanktionieren. Die Reichweite der Var. 4 hängt nicht zuletzt davon ab, ob man für die Verwendung von Daten im Sinne der Varianten 2 und 3 mit der zutreffenden h. M. eine Eingabe in den Datenverarbeitungsprozess voraussetzt oder jede Nutzung von Daten genügen lässt (→ Rn. 14).

Nach der engeren Auffassung kann das **Leerspielen von Geldspiel-** **60** **automaten** allein unter die Var. 4 fallen **(Fall 3)**; denn der Täter drückt die Risikotaste nur in Kenntnis der illegal erlangten Daten, gibt diese aber nicht in den dadurch ausgelösten Verarbeitungsvorgang ein (weshalb auch die Varianten 1 und 2 nicht einschlägig sind). Im Übrigen ist die Problematik sehr umstritten. Der *BGH* hat im Anschluss an *BayObLG* JR 1994, 289 die Strafbarkeit „jedenfalls" nach der – richtigerweise allein einschlägigen – Var. 4 des § 263a I bejaht (BGHSt 40, 331). Dem ist mit der Begründung zuzustimmen, dass das Verhalten des Spielers – entsprechend den Fällen der Spätwette (→ § 13 Rn. 12) – Täuschungsrelevanz hat.

Vgl. *Lackner/Kühl*, § 263a Rn. 14a; LK/*Tiedemann/Valerius,* 12. Aufl. § 263a Rn. 61; Sch/Sch/*Perron*, § 263a Rn. 17; *Kraatz*, Jura 2010, 44 f.; *Theile,*

JA 2011, 35 f. mit Falllösung. – Auf dem Boden der subjektivierenden Auslegung – die Var. 3 anwendend – zust. *Hilgendorf,* JuS 1997, 130 ff.

61   Gegenmeinungen stützen sich, insbesondere um Bedenken wegen der Bestimmtheit des Tatbestandes (Art. 103 II GG) auszuräumen, auch für die Var. 4 auf die bereits erörterten (→ Rn. 17 f.) computerspezifischen Interpretationen und gelangen zur Straflosigkeit, da der Geldspielautomat die Zugangsbefugnis nicht überprüft und mechanisch ordnungsgemäß bedient wird (*Neumann,* JuS 1990, 536 f.; *Achenbach,* JR 1994, 293 ff.; *Arloth,* Jura 1996, 357 f.). Indes kann dem Bestimmtheitsgebot ebenso mit dem hier befürworteten Kriterium der Täuschungsrelevanz genügt werden.

62   Unabhängig vom Streit um § 263a greift meist ein Tatbestand des § 17 II UWG ein. Zu § 202a *Rengier,* BT II, § 31 Rn. 30 f. Zu den §§ 242, 246, 265a siehe *Neumann,* JuS 1990, 537 ff.; *Achenbach,* Jura 1991, 226 f.; *Flum/Wieland,* JuS 1991, 950 ff.; *Arloth,* Jura 1996, 358 f.; ferner → § 2 Rn. 72 ff.; → § 16 Rn. 4.

63   Entsprechend → Rn. 56 ff. entfällt auch beim Leerspielen eines Spielautomaten eine Strafbarkeit gemäß § 263a I Var. 4, wenn Täter ihnen vermutlich über das Internet bekannt gewordene Programmdefekte bei ansonsten formell ordnungsgemäßer Bedienung lediglich ausnutzen (*KG,* NStZ-RR 2015, 111 f. mit Bspr. *Hecker,* JuS 2015, 756 ff.; W/H/S/*Schuhr,* BT 2, Rn. 651).

64   Umstritten ist ferner, inwieweit die Var. 4 den Missbrauch von (namentlich: Waren- und Spiel-)**Automaten** erfasst, die **mit elektronischen Geldprüfern** ausgestattet sind. Beispielhaft denke man an die (versuchte) Überlistung der Elektronik mittels falscher Münzen. Insoweit sollte zunächst gesehen werden, dass auf dem Boden der subjektivierenden wie der betrugsspezifischen Auslegung der Tatbestand vorzuliegen scheint. Auf der anderen Seite erlangt hier der Täter die freigegebene Sache (Ware, echtes Geld) typischerweise im Wege des (Automaten-)Diebstahls (→ § 2 Rn. 70 ff.). Vor diesem Hintergrund treten zahlreiche Stimmen mit guten Gründen dafür ein, das Exklusivitätsverhältnis von § 242 und § 263 „betrugsnah" auf § 242 und § 263a zu übertragen und bei der automatischen Wegnahme einer Sache unter Überlistung elektronischer Sicherungen ausschließlich § 242 anzuwenden.

65   Andere Stimmen lassen den Computerbetrug an der „unmittelbaren" Vermögensminderung (→ Rn. 5 f.) scheitern. Dieser Weg ist jedenfalls dann gangbar, wenn der Täter nach der Überlistung des Geldprüfers, um die Freigabe der Ware zu erreichen, noch weitere

Handlungen – z. B. Drücken von Tasten, Aussuchen der Ware, Ziehen eines Faches – vornehmen muss.

Vgl. hierzu *OLG Celle* NJW 1997, 1518; *W/H/S/Schuhr*, BT 2, Rn. 639, 66
655; LK/*Tiedemann/Valerius*, 12. Aufl. § 263a Rn. 22, 65; *Jerouschek/Kölbel*,
JuS 2001, 782; NK/*Kindhäuser*, § 263a Rn. 34, 64. Andere zur Verneinung
des § 263a I Var. 4 führende Begründungen bei *OLG Düsseldorf* NJW 1999,
3208; *Hilgendorf*, JR 1997, 347 ff.; *Mitsch*, JuS 1998, 313 f.

Die bezüglich § 263a unklare Rechtslage zeigt sich auch im **Tesa-** 67
film-Fall (→ § 2 Rn. 71): Hier verneinen das *OLG Düsseldorf* und
Geppert § 263a und bejahen nur § 242. Dies entspricht im Ergebnis
dem Exklusivitätsgedanken, dem auch *Otto* folgt, der allerdings von
einer ausschließlich unter § 263a fallenden computergesteuerten Verfügung ausgeht. *Kudlich* wiederum spricht den Tesafilmstreifen mit
Blick auf einen fiktiven menschlichen Geldwechsler die Täuschungsrelevanz ab, während *Biletzki* beide Tatbestände bejaht.

IV. Sonstiges

Nach § 263a II gilt § 263 II bis VII entsprechend (insbesondere: 68
Strafbarkeit des **Versuchs,** besonders schwere Fälle und §§ 247, 248a).
Durch das 35. StrÄndG vom 22.12.2003 hat der Gesetzgeber, ver- 69
anlasst durch europarechtliche Vorgaben, den Tatbestand in § 263a III
um bestimmte Vorbereitungshandlungen und in § 263a IV um den
Strafaufhebungsgrund der tätigen Reue ergänzt (näher *Husemann*,
NJW 2004, 107 f.; *Fischer*, § 263a Rn. 29 ff.).
Bezüglich der wichtigsten **Konkurrenzfragen** gilt richtigerweise 70
Folgendes: Soweit der Computerbetrug durch Täuschung einer Kontrollperson erfolgt, tritt § 263a im Wege der Subsidiarität hinter § 263
zurück. Hingegen verdrängt § 263a beim Bankautomatenmissbrauch
als Sondervorschrift etwaige Eigentumsdelikte (§§ 242, 246) auf jeden
Fall bezüglich des abgehobenen Bargeldes. Bezüglich einer zuvor gestohlenen Codekarte wird diese Lösung auch vertreten; doch ist, weil
die Abhebung die Bank schädigt (→ Rn. 30), die Annahme von Tatmehrheit überzeugender. Tateinheit kommt insbesondere mit den
§§ 268, 269, 303a in Betracht.

Hierzu *BGH* NJW 2001, 1508; *Lackner/Kühl*, § 263a Rn. 27 ff.; *Sch/Sch/
Perron*, § 263a Rn. 41 ff.; LK/*Tiedemann/Valerius*, 12. Aufl. § 263a Rn. 95 ff.

Wer sich durch gefälschte Überweisungen zu Lasten anderer Kon- 71
toinhaber bereichert, erfüllt, abgesehen von § 267 I Var. 1. und Var. 3,

entweder § 263, soweit Bankangestellte die Echtheit der Unterschrift kontrollieren, oder § 263a I Var. 3, wenn die Überprüfung automatisiert erfolgt. Lässt sich der genaue Ablauf nicht mehr aufklären, so kann nach den Grundsätzen der Wahlfeststellung eine wahlweise Verurteilung wegen Betrugs oder Computerbetrugs erfolgen.

BGH NJW 2008, 1394 mit Bspr. *v. Heintschel-Heinegg*, JA 2008, 660; *Geppert*, JK 9/08, StGB § 263 a/15; erg. → § 22 Rn. 75.

Empfehlungen zur vertiefenden Lektüre:
Rechtsprechung: BGHSt 38, 120 (Bankautomatenmissbrauch mit gefälschter Codekarte); BGHSt 40, 331 (Leerspielen eines Geldspielautomaten mit rechtswidrig erlangtem Computerprogramm); *OLG Köln* NJW 1992, 125 (Bankautomatenmissbrauch durch nichtberechtigten Karteninhaber); *OLG Düsseldorf* NStZ-RR 1998, 137 (Bankautomatenmissbrauch durch absprachewidrige Abhebung); *OLG Hamm* wistra 2014, 36 (Selbstbedienungskasse – missbräuchliche Benutzung des Strichcodes einer anderen Ware); *LG Gießen* NStZ-RR 2013, 312 (Online-Einkauf mit Gutschein-Code durch Nichtberechtigten).
Literatur: *Achenbach,* Die „kleine Münze" des sog. Computer-Strafrechts – Zur Strafbarkeit des Leerspielens von Geldspielautomaten, Jura 1991, 225 ff.; *Arloth,* Computerstrafrecht und Leerspielen von Geldspielautomaten – BGHSt 40, 331 –, Jura 1996, 354 ff.; *Eisele/Fad,* Strafrechtliche Verantwortlichkeit beim Missbrauch kartengestützter Zahlungssysteme, Jura 2002, 305 ff.; *Hilgendorf,* Grundfälle zum Computerstrafrecht, JuS 1997, 130 ff.; *Hilgendorf,* Scheckkartenmissbrauch und Computerbetrug – OLG Düsseldorf, NStZ-RR 1998, 137, JuS 1999, 542 ff.; *Kempny,* Überblick zu den Geldkartendelikten, JuS 2007, 1084 ff.; *Kraatz,* Der Computerbetrug (§ 263a StGB), Jura 2010, 36 ff.; *Meier,* Strafbarkeit des Bankautomatenmissbrauchs, JuS 1992, 1017 ff.; *Neumann,* Unfaires Spielen an Geldspielautomaten – OLG Celle, NStZ 1989, 367, JuS 1990, 535 ff.; *Otto,* Probleme des Computerbetrugs, Jura 1993, 612 ff.; *Rengier,* Freie Fahrt für Betrüger beim Online-Shopping?, Neumann-FS, 2017, 1149 ff.; *Wachter,* Grundfälle zum Computerbetrug, JuS 2017, 723 ff.

§ 15. Versicherungsmissbrauch (§ 265); Vortäuschen eines Versicherungsfalles (§ 263 III 2 Nr. 5)

Fall 1: In Absprache mit dem Eigentümer E, aber in dessen Abwesenheit, fingieren A und B einen Einbruch und „entwenden" gegen eine Belohnung den gegen Diebstahl versicherten Pkw des E, der den Wagen, wie A und B wissen, seiner Versicherung als gestohlen melden will. → Rn. 7

Fall 2: Zum Geschäft der E gehört Ware, die E gegen Beschädigung versichert hat. Da sich die Ware schlecht verkauft, beschädigt sie der 18-jährige Sohn S der E ohne deren Wissen, um ihr die Versicherungssumme zukommen zu lassen. E meldet gutgläubig den Schaden und erhält die Summe. → Rn. 18

Fall 3: Wie Fall 2, doch ist es F, der die Ware beschädigt. F, der Freund der E, kümmert sich zusammen mit E um den Einkauf und Verkauf. Obwohl E hinterher den wahren Sachverhalt durchschaut, meldet sie den Schaden ihrer Versicherung mit dem Vermerk „Täter unbekannt" und erhält die Summe ausbezahlt. Dies hat F von Anfang an so gewollt. → Rn. 19

Fall 4: a) Im Fall 3 beschädigt F die Ware nicht nur, sondern setzt sie in Brand. b) *Variante:* Der Brand führt zu einer von F sehenden Auges in Kauf genommenen Rauchvergiftung eines Kunden. → Rn. 4, 20, 21

I. § 265

1. Objektiver Tatbestand

§ 265 ist durch das 6. StrRG 1998 umfassend reformiert worden. Bestraft werden bestimmte Handlungen im Vorfeld des § 263. Der Tatbestand erfasst gegen alle möglichen Risiken versicherte Sachen und Tathandlungen jeder Art. Im Aufbau sieht dies wie folgt aus: 1

Aufbauschema (§ 265)

I. Tatbestandsmäßigkeit
  1. Objektiver Tatbestand
    a) Eine Sache, die gegen Untergang, Beschädigung, Beeinträchtigung der Brauchbarkeit, Verlust oder Diebstahl versichert ist, wird
    b) beschädigt, zerstört, in ihrer Brauchbarkeit beeinträchtigt, beiseite geschafft oder einem anderen überlassen.
  2. Subjektiver Tatbestand
    a) Vorsatz
    b) Absicht, sich oder einem Dritten Leistungen aus der Versicherung zu verschaffen.
II. Rechtswidrigkeit
III. Schuld

Anders als § 265 a. F. (der ein Verbrechen war) schützt der neue   2 Tatbestand nicht mehr (zusätzlich) das Interesse an der sozialen Leistungsfähigkeit bestimmter Versicherungszweige, sondern nur noch das Vermögen der Versicherung. Dafür sprechen entscheidend der Strafrahmen und die gesetzliche Subsidiarität (nur) gegenüber § 263.

So auch *Geppert*, Jura 1998, 383; *Bussmann*, StV 1999, 617; NK/*Hellmann*, § 265 Rn. 15; SK/*Hoyer*, § 265 Rn. 5 ff.; SSW/*Saliger*, § 265 Rn. 1. – A. A. *Lackner/Kühl*, § 265 Rn. 1; Sch/Sch/*Perron*, § 265 Rn. 2; *Eisele*, BT II, Rn. 695.

3   Was die Tathandlungen betrifft, so bedarf vor allem das Merkmal des **Beiseiteschaffens** der Erläuterung. Eine einheitliche Definition gibt es nicht. Richtigerweise genügt angesichts des geschützten Rechtsgutes für das Beiseiteschaffen jedes räumliche Verbringen, durch das die versicherte Sache in eine Lage gebracht wird, in welcher der Zugriff auf die Sache durch die Versicherung zumindest wesentlich erschwert wird. Das Merkmal erfasst insbesondere das Verbergen durch Verstecken wie durch einen Standortwechsel, um bei der Versicherung den Anschein des Abhandenkommens zu erwecken. Ein bloß verbales Verhalten wie die wahrheitswidrige Behauptung eines Diebstahls oder das Ableugnen des Besitzes genügt nicht.

W/H/S/*Schuhr*, BT 2, Rn. 695; NK/*Hellmann*, § 265 Rn. 26, MüKo/*Kasiske*, § 265 Rn. 18; zum Teil enger *Lackner/Kühl*, § 265 Rn. 3; *Rönnau*, JR 1998, 443 f.

4   **Überlassen** bedeutet: Übertragung der Sachherrschaft (auch durch Zulassen der Ansichnahme).

Prüfungsrelevant ist auch das Zerstören bzw. Beschädigen durch **Brandstiftung**. Soweit dabei § 306a I oder II verwirklicht wird, muss die vor allem um die Einbeziehung der §§ 263, 265 kreisende Problematik der Ermöglichungsabsicht des § 306b II Nr. 2 gesehen werden (**Fall 4b** → Rn. 21; *Rengier*, BT II, § 40 Rn. 79 ff.).

2. Subjektiver Tatbestand

5   Im subjektiven Tatbestand verlangt § 265 neben dem Vorsatz (§ 15) die zielgerichtete Absicht (dolus directus 1. Grades), „sich oder einem Dritten Leistungen aus der Versicherung zu verschaffen". Dieses Absichtserfordernis ist an die Stelle der früheren „betrügerischen Absicht" getreten, bei der gefragt werden musste, ob der Versicherungsnehmer um eine „rechtswidrige" (d. h. ihm nicht zustehende) Versicherungsleistung bereichert werden sollte. Darauf kommt es im Rahmen des § 265 nicht mehr an; denn dessen subjektiver Tatbestand

lässt *alle* aus der Versicherung erstrebten Leistungen unabhängig von ihrer Rechtmäßigkeit ausreichen.

Jedoch spielen die Fragen der speziell „betrügerischen" Absicht noch im Rahmen des § 263 III 2 Nr. 5 eine Rolle, der daher wegen des Sachzusammenhangs anschließend erörtert wird (→ Rn. 11 ff.).

Fraglich ist, ob die erforderliche Absicht bei einem Autoschieber **6** bejaht werden kann, dem ein Versicherungsnehmer, der Leistungen aus der Diebstahlsversicherung erstrebt, sein Fahrzeug günstig überlässt. Mit Blick auf die eigenen wirtschaftlichen Interessen des Schiebers, die nicht mit etwaigen Leistungen der Versicherung an den Versicherungsnehmer verknüpft sind, wird dies überwiegend verneint.

Rönnau, JR 1998, 445; Sch/Sch/*Perron,* § 265 Rn. 13; *Eisele,* BT II, Rn. 700. – A. A. W/H/S/*Schuhr,* BT 2, Rn. 699: notwendige „Geschäftsgrundlage".

Im **Fall 1** erfüllen A und B den objektiven Tatbestand der §§ 265 I, 25 II **7** durch Beiseiteschaffen. Im subjektiven Tatbestand darf die Prüfung der Absicht, E Leistungen aus der Versicherung zu verschaffen, nicht vergessen werden. Insoweit kann man argumentieren, dass es A und B nur auf die Belohnung und nicht auf eine Bereicherung des E ankomme. Stellt man aber darauf ab, dass das Ziel des E Bestandteil der gegenseitigen Absprache ist, überzeugt eher die Annahme, dass sich die Absicht von A und B zumindest auch auf die Leistung an E erstreckt. E verwirklicht § 265 I durch Überlassen. – Sofern man bei A und B bezüglich der §§ 265 I, 25 II (Beiseiteschaffen) die Absicht ablehnt, ist bei ihnen eine Beihilfe zum Überlassen durch E zu bejahen; eine straflose notwendige Teilnahme (vgl. *Rengier,* AT, § 45 Rn. 7 f.) liegt darin nicht, da A und B den Pkw nicht nur entgegennehmen, sondern eine Absprache getroffen haben. – Zu § 265 als Vortat des § 259 siehe → § 22 Rn. 8.

3. Sonstiges

Angesichts der Weite und frühen Vollendung des Tatbestandes **8** wird vorgeschlagen, Vorschriften über die **tätige Reue** (§§ 264 V, 264a III, 265b II, 306e) dann analog anzuwenden, wenn der Täter dafür sorgt, dass es nicht zu einer nachfolgenden Schädigung der Versicherung kommen kann (*Geppert,* Jura 1998, 384 f.).

Beispiele: Der Täter überlässt seinen Pkw einem Kfz-Schieber, um gegenüber der Versicherung einen Diebstahl vorzutäuschen, gibt diese Absicht aber auf, indem er die Festnahme des Schiebers veranlasst. Der Täter zerstört Fensterscheiben seines Hauses, um die Fenster mit Hilfe der Glasversicherung zu modernisieren, offenbart sich aber anschließend der Polizei oder seiner Versicherung.

9   Für die Honorierung solcher „Rücktrittsleistungen" spricht aus kriminalpolitischer Sicht viel. Leider kann man aber kaum von einer Gesetzeslücke ausgehen, weil die Frage schon zu § 265 a. F. diskutiert wurde und das 6. StrRG 1998 bezüglich § 265 gerade keine Regelung getroffen hat.

W/H/S/*Schuhr*, BT 2, Rn. 697; *Rönnau*, JR 1998, 446; SSW/*Saliger*, § 265 Rn. 14. – A. A. Sch/Sch/*Perron*, § 265 Rn. 15; MüKo/*Kasiske*, § 265 Rn. 32. – Ergänzend *Rengier*, AT, § 39.

10   Die missverständliche gesetzliche **Subsidiaritätsklausel** ist so zu verstehen, dass § 265 hinter einem begangenen (auch bloß versuchten) Betrug zurücktritt. Insbesondere meint das Gesetz mit „der Tat" den nachfolgenden (real konkurrierenden) Betrug; der Tatbegriff muss hier also im prozessualen Sinn verstanden werden (BGHSt 45, 211, 214 f.; *Mitsch*, ZStW 1999, 118). Schließlich berührt ein strafbefreiender Rücktritt vom versuchten Betrug die Strafbarkeit aus dem vollendeten § 265 nicht.

II. Vortäuschen eines Versicherungsfalles (§ 263 III 2 Nr. 5)

1. Grundlagen

11   Das strafschärfende Regelbeispiel des § 263 III 2 Nr. 5 setzt sich aus zwei Teilakten zusammen: Zunächst muss der (spätere) Betrugstäter oder ein Dritter eine Sache von bedeutendem Wert in Brand gesetzt haben (usw.), und zwar zu dem Zweck, einen Versicherungsfall vorzutäuschen (= „betrügerische Absicht"). Im zweiten Teilakt muss dann der Täter – in Kenntnis des ersten Teilaktes – den Versicherungsfall, den zuvor er oder ein Dritter nur herbeiführen wollte, noch tatsächlich vortäuschen.

Die Untergrenze für den bedeutenden Wert ist entsprechend § 315c I zu bestimmen und liegt nach der Rechtsprechung bei 750 € (*Rengier*, BT II, § 44 Rn. 21; dort auch in § 40 Rn. 14 ff., 20 ff. zu den Tathandlungen des Inbrandsetzens und der Brandlegung).

12   Da in der **Fallbearbeitung** § 263 I vor dem Regelbeispiel geprüft werden muss, führt die gesetzliche Konstruktion dazu, dass namentlich die Problematik der Repräsentantenhaftung (→ Rn. 14 f.) bereits im Rahmen des § 263 I zu erörtern ist. Dies gilt übrigens auch für das Vortäuschen von Versicherungsfällen, die nicht die speziellen Voraussetzungen des § 263 III 2 Nr. 5 erfüllen. Dabei kommen als Standorte nicht nur die „Rechtswidrigkeit" der erstrebten Be-

reicherung, sondern auch der Vermögensschaden (→ § 13 Rn. 338) und die Täuschung (Falllösung bei *Tiedemann/Waßmer*, Jura 2000, 538 f.) in Betracht.

2. Zum Zweck, einen Versicherungsfall vorzutäuschen

Der Zweck, einen Versicherungsfall vorzutäuschen, setzt die „be- **13** trügerische" Absicht voraus, sich oder einem Dritten einen „rechtswidrigen" Vermögensvorteil zu verschaffen. Auf Versicherungsleistungen bezogen ist dies der Fall, wenn der Versicherungsnehmer auf die beabsichtigte Entschädigungsleistung der Versicherung nach versicherungsrechtlichen Grundsätzen keinen Anspruch hat. Insoweit wiederum gilt folgendes:

(1) **Allgemeiner Grundsatz:** Der Versicherer ist nicht zur Leistung **14** verpflichtet bzw. zur Kürzung seiner Leistung berechtigt, wenn der Versicherungsnehmer – oder sein „Repräsentant" – als Täter *oder* Teilnehmer den Versicherungsfall vorsätzlich bzw. grob fahrlässig herbeigeführt hat (§ 81 I bzw. II VVG).

(2) Speziell die **Grundsätze der sog. Repräsentantenhaftung:** Die **15** Leistungspflicht der Versicherung entfällt bzw. verringert sich auch dann, wenn der Versicherungsnehmer für das Verhalten eines Dritten (des „Repräsentanten") wie für eigenes Verhalten einzustehen hat. Repräsentant ist, wer in dem (Geschäfts-)Bereich, zu dem das versicherte Risiko gehört, aufgrund eines Vertretungsverhältnisses oder eines ähnlichen Rechtsverhältnisses an die Stelle des Versicherungsnehmers getreten ist und die Risikoverwaltung übernommen hat. Der Repräsentant muss befugt sein, selbstständig in einem gewissen, nicht ganz unbedeutenden Umfang für den Versicherten zu handeln und dabei auch dessen Rechte und Pflichten als Versicherungsnehmer wahrzunehmen. Die bloße Überlassung der Obhut über die versicherte Sache reicht nicht aus, ebenso wenig allein die Ehe oder eine Lebensgemeinschaft mit dem Versicherungsnehmer. Ein typischer Repräsentant ist der faktische Geschäftsführer, der das Geschäft eines versicherten Dritten mit diesem gemeinsam oder sogar mehr oder weniger alleine führt. Ferner können die Voraussetzungen z. B. bei gesetzlichen Vertretern, Prokuristen oder Verwaltern gegeben sein.

Dazu *BGH* NJW 2007, 2130, 2131; StV 2020, 604, 605; NStZ 2021, 171, 172; BGH(Z) NJW 2007, 2038 (mit Anm. *K. Schmidt*, JuS 2007, 876).

(3) Schließlich kann der Versicherungsnehmer seinen Versiche- **16** rungsanspruch insbesondere noch verlieren, wenn der **„wahre wirtschaftlich Versicherte"** als Täter gehandelt hat. Als Beispiel wird der

Alleingesellschafter einer versicherten GmbH genannt, der nicht in der Geschäftsführung mitwirkt (*Ranft*, Jura 1985, 400 f.).

17   (4) Im Übrigen ist freilich zu beachten, dass ein Täter, der z. B. als potentieller Erbe, Ehegatte oder Kind des Versicherungsnehmers eigennützige wirtschaftliche Interessen verfolgt oder ausschließlich als „wohlmeinender" Dritter agiert, allein dadurch den Leistungsanspruch des (unbeteiligten) Versicherten nicht beseitigen kann.

18   Im **Fall 2** entfällt eine Strafbarkeit der E gemäß § 263 schon mangels Täuschung. S erfüllt § 265 I. Zwar handelt S ohne betrügerischen Zweck, weil seine Tat den versicherungsrechtlichen Auszahlungsanspruch der E nicht berührt. Jedoch spielt dies für § 265 I keine Rolle.

19   Im **Fall 3** muss man bezüglich § 263 I durch E spätestens (vgl. → § 13 Rn. 338) bei der Rechtswidrigkeit der erstrebten Bereicherung auf die Frage der Repräsentantenhaftung eingehen und feststellen, dass F als faktischer Geschäftsführer und damit als Repräsentant der E gehandelt hat. Deshalb hat E keinen Anspruch auf Auszahlung der Versicherungssumme und erfüllt § 263 I. F verwirklicht § 265 I und, weil sich sein Vorsatz auf die Bösgläubigkeit der E erstreckt, auch die §§ 263 I, 27. Insoweit tritt § 265 I zurück, weil die Subsidiaritätsklausel diese Teilnahmekonstellation mit erfasst (vgl. erg. → § 5 Rn. 69).

20   Im **Fall 4a** gelangt man bei E mit gleichen Überlegungen zuerst wieder zur Strafbarkeit gemäß § 263 I. Bei der folgenden Erörterung des zu bejahenden § 263 III 2 Nr. 5 durch E ist zunächst die Vortat des F und insbesondere seine Absicht festzuhalten, E rechtswidrig zu bereichern (1. Teilakt); anschließend muss E den Versicherungsfall vortäuschen (2. Teilakt) und spätestens im Augenblick ihrer Täuschung von der mit betrügerischer Absicht begangenen Vortat des F wissen (Vorsatzfeststellung). Bei F liegt wieder eine Beihilfe vor (zu § 263 I i. V. m. III 2 Nr. 5), hinter die § 265 I zurücktritt.

21   Im **Fall 4b** ist bezüglich F zusätzlich § 306a II zu bejahen und anschließend die Qualifikation des § 306b II Nr. 2 zu prüfen. Diesbezüglich sehen Rechtsprechung und h. M. in § 265 (hier durch F) zu Recht keine unter die Ermöglichungsabsicht fallendende „andere" Straftat, während die namentlich von der Rechtsprechung befürwortete Einbeziehung des § 263 sehr umstritten ist und keinen Beifall verdient (näher *Rengier*, BT II, § 40 Rn. 79 ff.).

Empfehlungen zur vertiefenden Lektüre:
Literatur: *Geppert*, Versicherungsmissbrauch (§ 265 StGB n. F.), Jura 1998, 382 ff.

§ 16. Erschleichen von Leistungen (§ 265a)

I. Grundlagen

§ 265a ist ein dem Betrug verwandtes Vermögensdelikt. Zu § 263 **1** gelangt man, sobald Kontrollpersonen vorhanden sind und getäuscht werden (vgl. → § 13 Rn. 53, 261 f.). Mit Blick auf die Subsidiaritätsklausel stellt sich parallel zur von § 246 ausgehenden Diskussion (→ § 5 Rn. 66 f.) die Streitfrage, ob § 265a, wie die h. M. zu Recht annimmt, nur gegenüber einem (versuchten) Betrug und anderen Delikten mit gleicher oder ähnlicher Schutzrichtung wie den §§ 242, 246, nicht aber z. B. auch gegenüber den §§ 267, 303 zurücktritt.

Für die h. M. *Sch/Sch/Perron*, § 265a Rn 16; für die Gegenansicht MüKo/ *Hefendehl*, § 265a Rn. 220 f.

Allen vier Varianten des § 265a I ist gemeinsam, dass sie sich nur **2** auf das Erschleichen von – für den jeweiligen Täter – **entgeltlichen** Leistungen beziehen (vgl. „das Entgelt nicht zu entrichten"). Die Entgeltlichkeit der Leistung stellt ein **objektives Tatbestandsmerkmal** dar, das vom Vorsatz umfasst sein muss. Wer das Entgelt entrichtet hat oder davon befreit ist, wer also z. B. öffentliche Verkehrsmittel benutzt und die gültige Tages-, Monats- oder Zeitkarte bzw. einen bestimmten Ausweis bloß nicht dabei hat, handelt nicht tatbestandsmäßig.

BayObLG NJW 1986, 1504; StV 2021, 513; *OLG Koblenz* NJW 2000, 86 mit Anm. *Kudlich*, NStZ 2001, 90 f.; *AG Lübeck* NJW 1989, 467; *AG Tiergarten* StV 2008, 647 f.; SSW/*Saliger*, § 265a Rn. 3 f.

In subjektiver Hinsicht muss der Täter neben dem Vorsatz die Ab- **2a** sicht im Sinne des dolus directus 1. Grades haben, das Entgelt nicht – d. h. auch: nicht vollständig – zu entrichten. Die Struktur der Vorschrift verdeutlicht das folgende

---

Aufbauschema (§ 265a)

I. Tatbestandsmäßigkeit
  1. Objektiver Tatbestand
    a) Entgeltlichkeit der Leistung
    b) Erschleichen
      aa) der Leistung eines Automaten (Var. 1)
      bb) der Leistung eines Telekommunikationsnetzes (Var. 2)
      cc) der Beförderung durch ein Verkehrsmittel (Var. 3)
      dd) des Zutritts zu einer Veranstaltung/Einrichtung (Var. 4)
  2. Subjektiver Tatbestand
    a) Vorsatz
    b) Absicht, das Entgelt nicht zu entrichten
II. Rechtswidrigkeit
III. Schuld

Zu beachten sind weiter die gesetzliche Subsidiarität der Vorschrift und die Verweise in § 265a III auf die §§ 247, 248a.

II. Automatenmissbrauch (§ 265a I Var. 1)

3   Automaten im Sinne der Var. 1 sind technische Geräte, deren Steuerung durch die Entrichtung des Entgelts in Gang gesetzt wird (*OLG Karlsruhe* NJW 2009, 1287, 1288). Nach der früheren h. M. erfasst der Tatbestand nur die sog. **Leistungsautomaten**. Darunter versteht man Automaten, die eine Dienstleistung erbringen. Typische Leistungsautomaten sind Musikboxen, Spielautomaten (Tischfußball, Billard), Videoautomaten, Ferngläser an Aussichtspunkten und Decoder für verschlüsselte Pay-TV-Dienste. Auf **Warenautomaten**, bei denen es um die Übereignung von Sachen geht, soll sich danach § 265a I Var. 1 schon tatbestandlich nicht erstrecken, da deren Missbrauch typischerweise unter § 242 fällt (→ § 2 Rn. 70 ff.).

Demgegenüber bezieht die inzwischen wohl h. M. Warenautomaten zu Recht in den tatbestandlichen Schutzbereich ein und scheidet § 265a I Var. 1, namentlich soweit zugleich – der unbedingt zu bedenkende – § 242 erfüllt ist, lediglich konkurrenzrechtlich aus (→ Rn. 1).

Diese Meinung, die vom Wortlaut ebenfalls gedeckt ist, verdient deshalb Beifall, weil sie auch den Warenautomatenmissbrauch *ohne* Zueignungsabsicht strafrechtlich erfassen kann und gewissen Abgrenzungsschwierigkeiten zwischen den Automatentypen entgeht.

Beachte: Der Wortlaut verführt in dieser Streitfrage dazu, Warenautomaten zu schnell und ohne Problembewusstsein einzubeziehen (*Koch/Dorn*, JA 2012, 678 f.). – Zur Streitfrage wie hier *Mitsch*, BT 2, 437 ff.; *Bock*, JA 2017, 358; MüKo/*Hefendehl*, § 265a Rn. 39 ff.; K/*Böse*, BT II, § 33 Rn. 3 ff.; *Eisele*, BT II, Rn. 709; W/H/S/*Schuhr*, BT 2, Rn. 718; SSW/*Saliger*, § 265a Rn. 8. – A. A. *OLG Düsseldorf* NJW 1999, 3208, 3209; 2000, 158; NK/*Hellmann*, § 265a Rn. 19 ff.; Sch/Sch/*Perron*, § 265a Rn. 4; *Klesczewski*, BT, § 9 Rn. 180 f.

Ein **Erschleichen** liegt vor, wenn der die Entgeltlichkeit der Inanspruchnahme sichernde Mechanismus des Automaten in ordnungswidriger Weise betätigt wird (z. B. mit Falschgeld oder Metallstücken). Nicht tatbestandsmäßig ist folglich jede Automatennutzung, die mechanisch korrekt und programmgemäß erfolgt, auch nicht eine solche, bei der ein technischer Defekt bloß ausgenutzt wird.

Beispiele: (1) In den typischen Fällen des Bankautomatenmissbrauchs und 4 des Leerspielens von Geldspielautomaten (→ § 14 Rn. 25 ff., 60 ff.) geht es um die Freigabe von Ware (nämlich Geld). Unabhängig davon, ob man Warenautomaten einbezieht, entfällt der Tatbestand, weil die Automaten technisch korrekt bedient werden.
(2) Ein Täter, der sich den „Warenteil" (nämlich das fremde Geld) eines Leistungs-/Spielautomaten mittels mechanischer Manipulationen oder Falschgeld zueignet, erfüllt § 242, eventuell i. V. m. § 243 I 2 Nr. 2 (*OLG Koblenz* NJW 1984, 2424, 2425; *OLG Celle* NJW 1997, 1518 mit Anm. *Hilgendorf*, JR 1997, 347 ff.; *OLG Düsseldorf* NJW 1999, 3208, 3209; → § 2 Rn. 70; → § 3 Rn. 33). Geschieht dies im Wege des Erschleichens, so tritt § 265a I zurück, sofern man dessen Var. 1 wie hier auf Warenautomaten erstreckt.
(3) Keine Leistungsautomaten sind Parkuhren auf frei zugänglichen öffentlichen Parkplätzen, weil der Parkplatz auch ohne Bedienung der Parkuhr benutzt werden kann (*OLG Saarbrücken* VRS 75, 345, 347; *BayObLG* JR 1991, 433, 434; erg. → Rn. 8).

III. § 265a I Var. 2

Das Erschleichen der Leistung eines Telekommunikationsnetzes 5 setzt voraus, dass der Täter in ordnungswidriger Weise die technischen Schutzvorkehrungen umgeht. Das bloß unbefugte Telefonieren von einem privaten oder geschäftlichen Anschluss aus genügt z. B. nicht (vgl. *BGH* NStZ 2005, 213; *OLG Karlsruhe* NStZ 2004, 333, 334).

IV. Beförderungserschleichung (§ 265a I Var. 3)

6 Im Rahmen dieser Variante wird vor allem die Frage intensiv diskutiert, ob angesichts der Bedingungen des modernen Massenverkehrs das „schlichte" **Schwarzfahren** als tatbestandliches „Erschleichen" angesehen werden kann. Namentlich die Rechtsprechung bejaht dies zu Recht und hält daran fest, dass für das **Erschleichen** ein ordnungswidriges Verhalten genügt, bei dem sich der Täter mit dem Anschein der Ordnungsmäßigkeit umgibt. Insoweit erweckt der Schwarzfahrer durch sein äußerlich unauffälliges Mitfahren ohne Fahrausweis den Anschein, ein ehrlicher Benutzer zu sein.

Einschränkend fordert die inzwischen h. M. im Schrifttum ein Umgehen oder Ausschalten von Kontroll- oder Sicherungsmaßnahmen. Sie stützt sich einmal auf den Wortsinn, weiter auf einen Vergleich mit der 4. Variante (vgl. → Rn. 8) und sieht im Übrigen in dem Verhalten kein strafwürdiges Bagatellunrecht.

Für die Rechtsprechungsansicht spricht nicht nur, dass ihre Wortlautauslegung mit Art. 103 II GG vereinbar ist (*BVerfG* NJW 1998, 1135), weil man unter einem Erschleichen auch die unrechtmäßige Erlangung einer Leistung verstehen kann, sondern auch, dass früher Kontrollmaßnahmen selbstverständlich waren und ihr Abbau, der auch im Interesse der Allgemeinheit erfolgt ist (preisgünstiger und schneller Massenverkehr), die kriminalpolitischen Bedürfnisse insbesondere mit Blick auf Wiederholungstäter nicht entfallen lässt. – Zu § 263 siehe → § 13 Rn. 53, 261 f..

Wie hier BGHSt 53, 122; zust. *Zschieschack/Rau*, JR 2009, 244 f.; *Bosch*, JA 2009, 470 f.; ferner *Stiebig*, Jura 2003, 699 ff.; *Otto*, BT, § 52 Rn. 19; Falllösungen bei *Martin*, JuS 2001, 366; *Preuß*, ZJS 2016, 645 ff. – Die Gegenmeinung vertreten etwa: Sch/Sch/*Perron*, § 265a Rn. 11; SK/*Hoyer*, § 265a Rn. 6 ff., 21 f.; MüKo/*Hefendehl*, § 265a Rn. 169 ff.; W/H/S/*Schuhr*, BT 2, Rn. 716; K/H/H/*Hellmann*, BT 2, Rn. 818 f.; *Ellbogen*, JuS 2005, 20 f.; SSW/*Saliger*, § 265a Rn. 5 ff., 17; *Exner*, JuS 2009, 990 ff.; *Putzke/Putzke*, JuS 2012, 500 ff.; *Bock*, JA 2017, 359 f.; *Harrendorf*, Joecks-GS, 2018, S97 ff.

7 **Kein Erschleichen** stellt es dar, wenn man die Beförderungsleistung **offen und eindeutig als Schwarzfahrer** in Anspruch nimmt, z. B. im Rahmen einer Protestdemonstration. Dafür genügt allerdings nicht das bloße Tragen eines leicht übersehbaren, bloß scheckkartengroßen Schildes mit Aufdrucken wie „Ich zahle nicht" oder eines T-

Shirts oder Zettels mit der sichtbaren Beschriftung „Ich fahre schwarz", weil weder das allgemeine Publikum noch etwaiges Kontrollpersonal auf solche Kundgaben besonders achten.

KG NJW 2011, 2600 mit Bspr. *Jahn*, JuS 2011, 1042 ff.; *OLG Köln* BeckRS 2015, 16686 mit Bspr. *Satzger*, Jura (JK) 2017, 362.

Ebenso wenig „erschleicht" die Leistung, wer eine Kontrollperson **8** „offen" ausschaltet, z. B. durch Gewalt oder Drohung, aber auch, was streitig ist, durch Bestechung.

So auch Sch/Sch/*Perron*, § 265a Rn. 11; a. A. W/H/S/*Schuhr*, BT 2, Rn. 716; LK/*Tiedemann*, 12. Aufl. § 265a Rn. 46.

Vollendet ist die Tat mit dem *Beginn* der Beförderungsleistung. – **9** Wer nach seinem äußeren Erscheinungsbild eindeutig als Schwarzfahrer erkennbar ist, wird in der Regel § 123 I Var. 1 erfüllen.

Dazu *Ranft*, Jura 1993, 89; *Rengier*, BT II, § 30 Rn. 7 ff., 12. – Zum ganzen Tatbestand ausführlich *Preuß*, ZJS 2013, 261 ff.

V. Zutrittserschleichung (§ 265a I Var. 4)

Als **Veranstaltungen** kommen namentlich (entgeltliche) Theater-, **10** Konzert- und Sportveranstaltungen in Betracht. Zu den **Einrichtungen** gehören z. B. Museen, Bibliotheken, Schwimmbäder, Tiergärten und Parkhäuser, nicht aber öffentliche Parkplätze mit Parkuhren, weil die Stätte eine gewisse Abgegrenztheit haben muss (*BayObLG* JR 1991, 433, 343). Was das **Erschleichen** anbelangt, handelt zweifellos tatbestandsmäßig, wer den Zutritt erlangt, indem er Kontrollmaßnahmen umgeht, etwa einen Zaun überklettert oder einen unbewachten Notausgang benutzt. Soweit aber auf Zugangskontrollen verzichtet wird, entfällt richtigerweise bei einem Zutritt durch die „offene Tür" ein tatbestandliches Erschleichen. Denn im Rahmen der 4. Variante sind – anders als im Fall des Schwarzfahrens – Kontrollen sozial üblich.

Auch wer die Öffnung der Schranke zu einem Parkhaus wie jedermann durch Ziehen eines Parkscheins bewirkt, umgibt sich nicht mit irgendeinem „Anschein" ordnungsmäßigen Verhaltens, wenn er die Zahlung der erst bei der Ausfahrt fälligen Parkgebühren vermeiden will (*Fischer*, § 265a Rn. 24; SSW/*Saliger*, § 265a Rn. 19; a. A. *Rinio*, DAR 1998, 297 f.).

Empfehlungen zur vertiefenden Lektüre:
Rechtsprechung: BGHSt 53, 122 (Schwarzfahren); *OLG Koblenz* NJW 1984, 2424 (Abgrenzung von Automatenmissbrauch und Diebstahl); *BayObLG* NJW 1986, 1504 (Fahren ohne Mitführen der Tageskarte); *BayObLG* JR 1991, 433 (Benutzung eines öffentlichen Parkplatzes ohne Bedienung der Parkuhr).
Literatur: *Bock*, Erschleichen von Leistungen, § 265a StGB, JA 2017, 357 ff.; *Ellbogen*, Strafbarkeit des einfachen „Schwarzfahrens", JuS 2005, 20 f.; *Exner*, Strafbares „Schwarzfahren" als ein Lehrstück juristischer Methodik, JuS 2009, 990 ff.; *Preuß*, Praxis- und klausurrelevante Fragen des „Schwarzfahrens", ZJS 2013, 257, 261 ff.

§ 17. Betrugsähnliche Wirtschaftsstraftaten (§§ 264, 264a, 265b)

I. Grundfragen des Wirtschaftsstrafrechts

1   Die §§ 264, 264a, 265b gehören zu den betrugsähnlichen Wirtschaftsstraftaten, deren Ausbildungsrelevanz im Pflichtfachbereich eher gering ist. Den Vorschriften fällt die Funktion zu, Lücken zu schließen, die sich bei der Anwendung des § 263 ergeben. Die Erscheinungsformen und Besonderheiten wirtschaftskrimineller Verhaltensweisen sowie die Unzulänglichkeiten der herkömmlichen strafrechtlichen Tatbestände sind erst verhältnismäßig spät in das Blickfeld des Gesetzgebers gerückt. Die §§ 264, 265b gehen auf das Erste Gesetz zur Bekämpfung der Wirtschaftskriminalität (1. WiKG) von 1976 zurück, während § 264a auf dem 2. WiKG von 1986 beruht.

2   Im „Allgemeinen Teil" des Wirtschaftsstrafrechts stellen sich immer wieder bestimmte Grundfragen (die sich auch in den §§ 264, 264a, 265b widerspiegeln):

3   Von zentraler Bedeutung ist die Frage nach dem geschützten bzw. zu schützenden **Rechtsgut.** Diesbezüglich hat sich heute weitgehend die Ansicht durchgesetzt, dass das Kennzeichen des Wirtschaftsstrafrechts in der Verletzung von überindividuellen (sozialen) Rechtsgütern des Wirtschaftslebens liegt, und eben nicht (nur) in der Verletzung von Individualrechtsgütern (*Tiedemann*, JuS 1989, 691).

4   Die Anerkennung solcher überindividueller Rechtsgüter liefert dann auch eine Legitimation dafür, durch Schaffung **abstrakter Gefährdungsdelikte** die strafrechtliche Verteidigungslinie gegenüber

§ 263 weit vorzuverlegen. Daran ändern mit Blick auf die frühe Vollendung eingefügte Vorschriften über die tätige Reue wenig (§§ 264 VI, 264a III, 265b II). Gleichzeitig hilft die Vorverlagerung des Strafrechtsschutzes, **Beweisschwierigkeiten** zu überwinden; dieser Gedanke, der – wie auch die Vorverlagerung selbst – hinterfragt werden muss, hat ferner bei der Entscheidung des Gesetzgebers eine Rolle gespielt, in § 264 V ausnahmsweise die Strafbarkeit auf leichtfertiges Verhalten auszudehnen (vgl. ferner §§ 261 VI, 283 IV Nr. 2, V Nr. 2).

Nicht zu übersehen ist schließlich der Trend zum ungenauen Straf- 5 recht, der in der Verwendung von wenig bestimmten und generalklauselartigen Rechtsbegriffen zum Ausdruck kommt und **Konflikte mit Art. 103 II GG** schafft. Diese Tendenz hängt insbesondere mit der Dynamik des wirtschaftlichen Lebens und dem speziellen Täterkreis zusammen, der dazu neigt, Gesetzeslücken für sich auszunutzen.

Näher zu Fragen des „Allgemeinen Teils" aus wirtschaftsstrafrechtlicher 6 Sicht *Tiedemann*, Wirtschaftsstrafrecht, 5. Aufl. 2017; *ders.*, JuS 1989, 689 ff.; *Wittig*, WiStR, §§ 4 ff.; *Otto*, Jura 1989, 24 ff.; A/W/*Heinrich*, BT, § 19; *Heinz*, in: Eser/Kaiser (Hrsg.), Zweites deutsch-ungarisches Kolloquium über Strafrecht und Kriminologie, 1995, S. 155 ff., 206 ff. Eine Einführung in das gesamte Wirtschaftsstrafrecht bei *Dannecker/Bülte*, in: Wabnitz/Janovsky/Schmitt (Hrsg.), Handbuch Wirtschafts- und Steuerstrafrecht, 5. Aufl. 2020, 1. Kap.

II. Subventionsbetrug (§ 264)

§ 264 hat eine doppelte Schutzrichtung (h. M.). Geschütztes 7 Rechtsgut ist vor allem das Allgemeininteresse an einer effektiven staatlichen Wirtschaftsförderung durch Subventionen, daneben auch das Vermögen der öffentlichen Hand.

Zur Diskussion *Lackner/Kühl*, § 264 Rn. 1; Sch/Sch/*Perron*, § 264 Rn. 4; LK/*Tiedemann/Vogel*, 12. Aufl. § 264 Rn. 23 ff.; NK/*Hellmann*, § 264 Rn. 9 f.

Erfasst sind nur sog. **direkte Subventionen** im Sinne des Abs. 8 8 (Legaldefinition). Nach Abs. 8 Satz 1 Nr. 1 muss die Subvention eine Leistung aus öffentlichen Mitteln an **Betriebe oder Unternehmen** sein und wenigstens zum Teil erstens ohne marktmäßige Gegenleistung gewährt werden (z. B. verlorener Zuschuss, zinsverbilligtes Darlehen) und zweitens der Förderung der Wirtschaft dienen (also nicht sozialen oder kulturellen Zwecken wie z. B. Kindergeld, Sozialhilfe oder Theatersubventionen; erg. BGHSt 59, 244, 248 f.). Bei EG-Subventionen verzichtet das Gesetz auf das einschränkende Merkmal der „Förderung der Wirtschaft" (Abs. 8 Satz 1 Nr. 2).

9   Die Zuweisung von Finanzmitteln an **öffentliche Unternehmen** (wie Verkehrsbetriebe, Wohnungsbau- und Wirtschaftsförderungsgesellschaften) bezieht das Gesetz ein (§ 264 VIII 2). Davon nicht erfasst sind unmittelbar begünstigte Stellen der staatlichen und kommunalen Hoheitsverwaltung, namentlich Länder, Gemeinden und Behörden (vgl. *LG Mühlhausen* NJW 1998, 2069; LK/*Tiedemann/ Vogel*, 12. Aufl. § 264 Rn. 56; kritisch *Lührs,* wistra 1999, 93).

10   **Steuerrechtliche Vergünstigungen** wirtschaftlicher Art werden nicht erfasst, erstens weil es sich bei ihnen in der Regel um sog. indirekte Subventionen handelt, zweitens auch deshalb, weil das Steuerstrafrecht als Spezialmaterie vorgeht (vgl. §§ 370, 378 AO; *Lackner/ Kühl,* § 264 Rn. 5, 30; Sch/Sch/*Perron,* § 264 Rn. 10, 86).

11   Eine wichtige Legaldefinition enthält Abs. 9 bezüglich der subventionserheblichen Tatsachen. Damit soll sichergestellt werden, dass die Vergabevoraussetzungen und etwaige Täuschungshandlungen für alle Beteiligten möglichst klar erkennbar sind. Mit Blick auf § 264 IX Nr. 1 Var. 2 normiert § 2 SubvG eine gesetzliche Grundlage, die es dem Subventionsgeber ermöglicht, in Antragsformularen für eine unmissverständliche und klare Bezeichnung der Subventionserheblichkeit Sorge zu tragen (dazu anlässlich von Anträgen für Corona-Soforthilfen *BGH* NJW 2021, 2055 f. mit Anm. *Dihlmann* und Bspr. *Hecker,* JuS 2021, 988 ff.).
      Ferner zu Abs. 9: BGHSt 44, 233; 59, 244, 249 f.; 60, 15, 37 f.; NStZ-RR 2011, 81 mit Bspr. *Adick,* HRRS 2011, 408 ff.; NStZ-RR 2019, 147, 148 f.

12   Im Tatbestand des § 264 I Nr. 1 bereitet das Merkmal **„vorteilhaft"** besondere Interpretationsschwierigkeiten. Vorteilhaft sind Angaben, die die Aussicht des Subventionsnehmers auf die Gewährung oder Belassung einer Subvention objektiv verbessern. Dabei soll es insbesondere nach der Rechtsprechung nicht darauf ankommen, ob ein anderer als der im Subventionsantrag wahrheitswidrig behauptete Sachverhalt einen Anspruch auf die erstrebte Subvention begründet. Überzeugender ist die im Schrifttum überwiegende Gegenansicht, weil bei einem bestehenden Anspruch auf die gleiche Subvention das Rechtsgut nicht beeinträchtigt wird.

      Zur h. M. im Schrifttum *Kindhäuser,* JZ 1991, 492 ff.; Sch/Sch/*Perron,* § 264 Rn. 47; *Mitsch,* BT 2, 408 f.; NK/*Hellmann,* § 264 Rn. 87; zur a. A. BGHSt 36, 373; *Otto,* BT, § 61 Rn. 19.

Täter der Nr. 1 kann jeder sein, der sich oder – z. B. als Angestell-   **13**
ter – einen anderen Subventionsnehmer begünstigt. Lediglich der
Subventionsgeber selbst scheidet als Täter aus, da die Angaben gerade
ihm gegenüber gemacht werden müssen. **Amtsträger** freilich, die
nicht die Entscheidung über die Gewährung der Subvention zu treffen haben, sondern Subventionsanträge behördenintern lediglich vor-
prüfen und den Vorgang zur Unterschrift dem letztentscheidenden
Vorgesetzten vorlegen müssen, kommen als taugliche Täter (und
nicht nur als Teilnehmer) in Betracht, etwa wenn sie bewusst unrichtige Darstellungen des Antragstellers, und sei es bloß konkludent, als
zutreffend bestätigen. Dafür spricht nicht zuletzt die Vorschrift des
§ 264 II 2 Nr. 2.

So überzeugend die h. M.: BGHSt 32, 203 mit zust. Bspr. *Ranft,* JuS 1986,
445 ff.; LK/*Tiedemann/Vogel,* 12. Aufl. § 264 Rn. 105; MüKo/*Ceffinato,* § 264
Rn. 72 f.; a. A. *Otto,* BT, § 61 Rn. 20.

Im Übrigen ist § 264 I Nr. 1 mit der Täuschungshandlung, d. h. mit   **14**
dem Zugang der unrichtigen/unvollständigen Angaben beim Subventionsgeber vollendet. Auf alle weiteren für § 263 notwendigen Merkmale (z. B. Irrtum, Schaden) kommt es nicht an. Zum Ausgleich für
die frühe Vollendung enthält § 264 VI eine Vorschrift über die tätige
Reue.

§ 264 I Nr. 2 pönalisiert die zweckwidrige Verwendung von Sub-   **15**
ventionsleistungen, weil der Treubruchstatbestand des § 266 I Var. 2
solche Handlungen grundsätzlich nicht erfasst (BGHSt 49, 147,
153 ff.). § 264 I Nr. 3 enthält ein Sonderdelikt, das nur der Subventionsnehmer im Sinne des § 2 I SubvG begehen kann (Sch/Sch/*Perron,* § 264 Rn. 56, 70). § 264 I Nr. 4 normiert ein weiteres Allgemein-
delikt.

Nach der zutreffenden h. M. geht § 264 – auch im Falle der Sub-   **16**
ventionsgewährung (vgl. → § 13 Rn. 270) – als Sonderregelung dem
§ 263 vor; dies ergibt sich vor allem aus den im Wesentlichen gleichen
Strafandrohungen und den Regelungen in § 264 II 2 Nr. 1, VI, die
Schädigungen einbeziehen (BGHSt 44, 233, 243; LK/*Tiedemann/Vo-
gel,* 12. Aufl. § 264 Rn. 185 f.; a. A. NK/*Hellmann,* § 264 Rn. 172 ff.).
– Im Übrigen soll noch auf Abs. 5 hingewiesen werden, der auch
leichtfertiges Handeln erfasst (zum Begriff vgl. *BGH* NStZ 2012,
406; → § 23 Rn. 46 und erg. → § 9 Rn. 27 ff.).

Ausführlicher zu § 264 *Wittig,* WiStR, § 17; *Hellmann,* WiStR, Rn. 879 ff.   **17**

III. Kapitalanlagebetrug (§ 264a)

18   Auch bei dieser Vorschrift handelt es sich um ein abstraktes Gefährdungsdelikt im Vorfeld des § 263. Ebenfalls mit § 264 vergleichbar ist die Rechtsgutsproblematik: Zustimmung verdient die h. M., wenn sie neben dem Vermögen des Anlegers auch das Allgemeininteresse an der Funktionsfähigkeit des Kapital(anlage)marktes für mit geschützt hält.

> *OLG Köln* NJW 2000, 598, 600; LK/*Tiedemann/Vogel*, 12. Aufl. § 264a Rn. 22 ff.; *Lackner/Kühl*, § 264a Rn. 1; Sch/Sch/*Perron*, § 264a Rn. 1; *Park*, JuS 2007, 622; a. A. NK/*Hellmann*, § 264a Rn. 9 f.; *Gössel*, BT 2, § 23 Rn. 69.

19   Erfasst werden bestimmte Kapitalanlageformen wie Wertpapiere (z. B. Aktien, Schuldverschreibungen, Investmentzertifikate) und Unternehmensanteile (z. B. Kommanditanteile). Tatmittel sind Prospekte, Darstellungen und Übersichten, die als „Werbeträger" eingesetzt werden. Was die Tathandlungen anbelangt, so geht der Begriff der „Angabe" über den Tatsachenbegriff des § 263 hinaus und kann auch Bewertungen und Prognosen erfassen.

20   „Vorteilhaft" sind Angaben, welche die Anlageentscheidung positiv beeinflussen können. „Erheblich" sind solche Umstände, die nach den Erwartungen des Kapitalmarkts für einen verständigen, durchschnittlich vorsichtigen Kapitalanleger von Bedeutung sein können (*BGH* NJW 2005, 2242, 2244 f.). Täuschungsadressat muss ein „größerer Kreis von Personen" sein, d. h. eine so große Zahl potentieller Anleger, dass deren Individualität zurücktritt. Dies ist z. B. der Fall, wenn die Anleger durch ausliegendes Werbematerial oder Tür-zu-Tür-Verkauf angesprochen werden.

21   Strafbar ist nur vorsätzliches Handeln (§ 15). Zum Ausgleich für die frühe Vollendung enthält § 264a III eine Vorschrift über die tätige Reue.

22   Im Verhältnis zu § 263 kann § 264a – anders als § 264 – keinesfalls vorgehen, weil der Strafrahmen des § 263 höher ist. Im Übrigen ist streitig, ob § 263 den § 264a als Vorfelddelikt im Wege der Gesetzeskonkurrenz verdrängt oder wegen der weitergehenden Schutzrichtung des § 264a (→ Rn. 18) Tateinheit besteht.

> Zutreffend für Tateinheit Sch/Sch/*Perron*, § 264a Rn. 41; LK/*Tiedemann/Vogel*, 12. Aufl. § 264a Rn. 110; *Eisele*, BT II, Rn. 746; *Otto*, BT, § 61 Rn. 67.

– Für Konsumtion bzw. Subsidiarität *BGH* wistra 2001, 57, 58; NK/*Hellmann*, § 264a Rn. 82; *Lackner/Kühl*, § 264a Rn. 17 i. V. m. § 265b Rn. 10.

Ausführlicher zu § 264a *Wittig*, WiStR, § 18; *Hellmann*, WiStR, Rn. 1 ff. – **23** Zu den Schwächen der Vorschrift *Zieschang*, GA 2012, 611 ff.

IV. Kreditbetrug (§ 265b)

§ 265b stellt eine weitere betrugsähnliche Wirtschaftsstraftat dar, **24** die in der Form eines abstrakten Gefährdungsdelikts im Vorfeld des § 263 angesiedelt ist. Die Tatbestände des Abs. 1 erfassen Täuschungshandlungen im Zusammenhang mit bestimmten Kreditanträgen. Der Gesetzgeber hat den Anwendungsbereich der Vorschrift so beschränkt, dass ihr Charakter als Wirtschaftsdelikt zum Ausdruck kommt: Denn sowohl auf der Kreditgeberseite als auch auf der Kreditnehmerseite muss ein Betrieb oder Unternehmen stehen. Dabei genügt auf der Kreditnehmerseite nach dem Gesetzeswortlaut auch ein vorgetäuschter Betrieb, d. h. ein angeblich existenter, aber nicht ein noch zu gründender Betrieb (*BayObLG* NJW 1990, 1677). Zur Reichweite des Tatbestandes sind ergänzend die Legaldefinitionen in Abs. 3 zu beachten. Zu den Begriffen „vorteilhaft" und „erheblich" vgl. → Rn. 12, 20.

Die Rechtsgutsdiskussion kreist hier in besonderer Weise um die **25** Frage, ob sich die Schutzrichtung auf das Vermögen des Kreditgebers beschränkt oder auch, was Zustimmung verdient, die im Allgemeininteresse liegende Funktionsfähigkeit der Kreditwirtschaft erfasst.

Die Diskussion erlangt insbesondere für das Konkurrenzverhältnis **26** mit § 263 Bedeutung (vgl. schon → Rn. 22): Wer allein oder zumindest vorrangig das Vermögen als Schutzgut ansieht, lässt § 265b im Wege der Subsidiarität hinter § 263 zurücktreten. Nach der überzeugenderen Gegenmeinung stehen § 263 und § 265b in Idealkonkurrenz.

Wie hier Sch/Sch/*Perron*, § 265b Rn. 3, 51; LK/*Tiedemann/Vogel*, 12. Aufl. **27** § 265b Rn. 10 ff.; *Fischer*, § 265b Rn. 3; A/W/*Heinrich,* BT, § 21 Rn. 55, 102; W/H/S/*Schuhr*, BT 2, Rn. 740. – BGHSt 60, 15, 25 f. erkennt die doppelte Schutzrichtung an, nimmt zum Konkurrenzverhältnis aber nicht Stellung. – Für Subsidiarität BGHSt 36, 130; SK/*Hoyer*, § 265b Rn. 2 ff., 48; K/H/H/ *Hellmann*, BT 2, Rn. 811; K/*Hilgendorf*, LPK-StGB, § 265b Rn. 1, 18. Zur Vereinbarkeit des § 265b I Nr. 1a mit Art. 103 II GG siehe BGHSt 30, 285; Sch/Sch/*Perron*, § 265b Rn. 2. Zur tätigen Reue § 265b II.

Zum Ausschreibungs- oder Submissionsbetrug und zu § 298 siehe → § 13 Rn. 293 ff.

28   Ausführlicher zu § 265b *Wittig*, WiStR, § 19; *Hellmann*, WiStR, Rn. 186 ff.

Empfehlungen zur vertiefenden Lektüre:
Rechtsprechung: BGHSt 30, 285 (Vereinbarkeit von § 265b I Nr. 1a mit Art. 103 II GG); BGHSt 32, 203 („behördeninterner" Amtsträger als Täter des § 264 I Nr. 1); BGHSt 36, 130 (Konkurrenzverhältnis zwischen § 265b und § 263); BGHSt 36, 373 (Begriff des „vorteilhaft" bei § 264); *BGH* NJW 2021, 2055 (Subventionsbetrug durch Anträge auf Corona-Soforthilfen).
Literatur: *Otto,* Die Tatbestände gegen Wirtschaftskriminalität im Strafgesetzbuch, Jura 1989, 24 ff.; *Tiedemann,* Wirtschaftsstrafrecht – Einführung und Übersicht, JuS 1989, 689 ff.

4. Kapitel. Untreue und untreueähnliche Straftaten

§ 18. Untreue (§ 266)

Fall 1: a) Prokurist P, der im Betrieb des Inhabers X tätig ist, nimmt, obwohl er dies nicht darf, im Namen des Betriebs ein Darlehen auf, wodurch dieser geschädigt wird. b) *1. Variante:* P entzieht dem Betrieb für sich Gelder oder Ware. c) *2. Variante:* P veranlasst während einer Urlaubsreise per Telefon, dass der Angestellte A gegen einen Beuteanteil Gelder oder Ware für P entzieht. → Rn. 10, 22, 67 ff.

Fall 2: Regierungsrat R ist im Innenministerium eines Bundeslandes für den Haushalt der Polizei zuständig. Er überredet den Beamten B, dem die Aussonderung und der Verkauf von Dienstfahrzeugen der Polizei obliegt, entgegen den haushaltsrechtlichen Vorschriften ein ausgemustertes Fahrzeug zur Hälfte des erzielbaren Marktpreises an X zu verkaufen. → Rn. 11, 24, 66

Fall 3: Rechtsanwalt A ist von G beauftragt worden, eine Forderung des G gegen S über 10.000 € geltend zu machen und notfalls einzuklagen. Trotz Ermahnungen seitens G klagt A nicht, so dass, wie A erkennt, die Forderung verjährt (*BGH* NJW 1983, 461 mit Anm. *Keller*, JR 1983, 516). → Rn. 12, 22, 37

Fall 4: H ist Handelsvertreter eines Werbeartikelherstellers und befugt, mit beliebigen Kunden aus der Gastronomie Verträge abzuschließen, für die ihm ein Provisionsanspruch zusteht. Entgegen dem vertraglich vereinbarten Inkassoverbot kassiert H auch Rechnungsbeträge ein und behält sie für sich (*BGH* wistra 1992, 66). → Rn. 13, 22

I. Grundlagen und Aufbaufragen

§ 266 schützt allein das Vermögen (*BGH* NJW 2000, 154). Es handelt sich um ein reines Schädigungsdelikt, das keine Bereicherung(stendenzen) voraussetzt. Während sich die veruntreuende Unterschlagung auf fremde Sachen beschränkt und für den Betrug der täuschende Zugriff von außen typisch ist, schützt § 266 fremdes Vermögen vor schädigenden Pflichtverletzungen von innen (*Saliger*, JA 2007, 327). **1**

Zunehmend ist in der neueren Zeit – nicht zuletzt infolge von zum Teil aufsehenerregenden Strafverfahren gegen Wirtschaftsfunktionäre und Politiker – **1a** die Vereinbarkeit des § 266 mit dem Bestimmtheitsgebot des Art. 103 II GG bezweifelt worden (dazu SSW/*Saliger*, § 266 Rn. 4 f., 8; erg. *Rengier*, AT, § 4 Rn. 26 ff.). Die Kritik richtet sich vor allem gegen die teilweise Abhängigkeit des Kriteriums der Pflichtverletzung von außerstrafrechtlichen, z. B. gesellschaftsrechtlichen Normen, die ihrerseits generalklauselartigen Charakter haben (vgl. etwa §§ 93, 116 AktG; 43 I GmbHG), sowie gegen die Übertragung der Grundsätze zur schädigenden konkreten Vermögensgefährdung bzw. zum Gefährdungsschaden von § 263 auf § 266.

1b   BVerfGE 126, 170, 194 ff. hat sich im Jahr 2010 in grundlegender Weise mit den Einwänden auseinandergesetzt und die Vereinbarkeit des Untreuetatbestandes mit Art. 103 II GG bestätigt (zur Diskussion SK/*Hoyer*, § 266 Rn. 6 ff.; *Krüger*, NStZ 2011, 369 ff.; *Böse*, Jura 2011, 617 ff.; *Saliger*, ZIS 2011, 902 ff.; *Rönnau*, StV 2011, 753 ff.). Die Bedeutung der Entscheidung liegt darin, dass sie die Rechtsfigur der schädigenden konkreten Vermögensgefährdung bzw. des Gefährdungsschadens auf der einen Seite anerkennt, auf der anderen Seite aber auch für diese Fälle eine zahlenmäßige Bezifferbarkeit des Schadens fordert. Für den Studierenden sind die Auswirkungen auf der Ebene des § 263 von größerer Bedeutung; deshalb ist die Entscheidung dort näher erörtert worden (→ § 13 Rn. 212 ff.; zu § 266 siehe → Rn. 56 ff.).

2   § 266 I enthält zwei – streng voneinander zu unterscheidende – Tatbestände, nämlich den **Missbrauchstatbestand** (Var. 1) und den **Treubruchstatbestand** (Var. 2). Die zwei Varianten werden durch das „oder" hinter dem „missbraucht" getrennt, bevor der Halbsatz „und dadurch dem, dessen Vermögensinteressen er zu betreuen hat, Nachteil zufügt" Voraussetzungen normiert, die für *beide* Modalitäten gelten:

3   Danach muss der Täter stets zum einen eine spezielle **Vermögensbetreuungspflicht** verletzen und zum anderen dem fremden Vermögen einen „Nachteil" zufügen (womit gemeint ist: einen **Vermögensschaden** im Sinne der §§ 263 und 253). Dass sich die – den Untreuetatbestand charakterisierende und einschränkende – Vermögensbetreuungspflicht ebenfalls auf den Missbrauchstatbestand bezieht, ist zwar nicht ganz unstreitig, entspricht aber der zutreffenden h. M. (erg. → Rn. 14). Von daher beschränkt sich die Bedeutung der Var. 1 darauf, als lex specialis für das Treuverhältnis engere Kriterien zu normieren.

4   In der **Fallbearbeitung** sollte unbedingt mit § 266 I Var. 1 als dem spezielleren Delikt begonnen werden, nach dessen Bejahung sich die Prüfung der Var. 2 erübrigt. Zur Frage der Vermögensbetreuungspflicht gelangt man im Rahmen der Var. 1 nur, wenn zuvor der Missbrauch einer rechtlichen Befugnis festgestellt wurde. Meistens erlangt die Vermögensbetreuungspflicht erst bei der Var. 2 Relevanz und wird daher dort erörtert (→ Rn. 15 ff.; Falllösungen bei *I. Sternberg-Lieben*, JA 1997, 124 ff.; *Seier*, JuS 2002, 237 ff.; *Rotsch*, ZJS 2013, 75 ff.). – Es ergibt sich folgendes

---

Aufbauschema (§ 266)   5

I. Tatbestandsmäßigkeit
1. Objektiver Tatbestand
   a) § 266 I Var. 1: Missbrauchstatbestand (lex specialis)
      aa) Verfügungs- oder Verpflichtungsbefugnis
      bb) Missbrauch der Befugnis: Täter bindet den Treuge-ber extern rechtlich wirksam, indem er die ihm in-tern gesetzten Schranken überschreitet
      cc) Vermögensbetreuungspflicht (h. M.); Kriterien:
         (1) Hauptpflicht
         (2) Selbstständigkeit mit Entscheidungsspielraum
      dd) Vermögensnachteil
   b) § 266 I Var. 2: Treubruchstatbestand
      aa) Vermögensbetreuungspflicht; Kriterien:
         (1) Hauptpflicht
         (2) Selbstständigkeit mit Entscheidungsspielraum
      bb) Verletzung der Pflicht
      cc) Vermögensnachteil
2. Subjektiver Tatbestand: Vorsatz
II. Rechtswidrigkeit
III. Schuld
IV. Strafzumessung: Besonders schwere Fälle (§ 266 II i. V. m. § 263 III)

Zu beachten sind ferner die weiteren Verweise in § 266 II auf die §§ 243 II, 247, 248a.

II. Der Missbrauchstatbestand (§ 266 I Var. 1)

Die Missbrauchsvariante erfasst Fälle, in denen dem Täter eine 6 **rechtliche Befugnis** eingeräumt ist, nach außen rechtswirksam über fremdes Vermögen zu verfügen bzw. einen anderen zu verpflichten, d. h. dessen Vermögen schuldrechtlich mit einer Verbindlichkeit zu belasten. Diese rechtliche Vertretungsmacht muss der Täter „missbrauchen", d. h. er muss die ihm im Innenverhältnis gesetzten Schranken überschreiten, und zwar in einer Weise, die den vertretenen Treugeber im Außenverhältnis rechtlich wirksam bindet und dadurch schädigt. Kurz: Der Täter handelt **intern pflichtwidrig,** aber **extern wirksam.** Er gebraucht also sein rechtliches Können im Außenverhältnis und geht dabei missbräuchlich über sein rechtliches Dürfen im Innenverhältnis hinaus (*Seier/Martin,* JuS 2001, 875 ff.).

7   Die rechtliche Befugnis kann „durch Gesetz, behördlichen Auftrag oder Rechtsgeschäft" eingeräumt worden sein, wobei Überschneidungen vorkommen: **Gesetzliche** Vertretungsmacht haben z. B. Eltern (§§ 1626 ff. BGB), Vormund (§§ 1793 ff. BGB), Betreuer (§§ 1896 ff. BGB), Pfleger (§ 1909 BGB), Testamentsvollstrecker (§§ 2205 ff. BGB), Insolvenzverwalter (§ 80 I InsO), Nachlassrichter (BGHSt 35, 224) und Gerichtsvollzieher (BGHSt 13, 274). Als Bevollmächtigte kraft **behördlichen Auftrags** kommen insbesondere Amtsträger in Betracht, denen bestimmte Dienstgeschäfte zugewiesen sind. **Rechtsgeschäftliche** Vertretungsbefugnisse ergeben sich insbesondere aus Vollmachten (§§ 164 ff. BGB). Man kann ferner die – überwiegend einen Bestellungsakt voraussetzenden – Fälle der §§ 48 ff., 54, 55, 125 ff. HGB, 35 ff. GmbHG, 78 ff. AktG nennen, doch lassen sie sich nicht eindeutig zuordnen, weil bei ihnen die konkreten Befugnisse zugleich „durch Gesetz" geregelt werden (vgl. Sch/Sch/*Perron,* § 266 Rn. 8; A/W/*Heinrich,* BT, § 22 Rn. 29).

8   Wichtig ist, dass der Missbrauch, abgesehen von Fällen der hoheitlichen Verfügung, stets ein *rechtsgeschäftliches* Handeln voraussetzt; denn der Täter muss den Dritten im Außenverhältnis *rechtlich* wirksam binden. Mit anderen Worten: Die Schädigung muss eine *rechtliche* Folge der bestehenden und eingesetzten Vertretungsmacht sein. Dies ist nach h. M. auch beim Missbrauch einer im Innenverhältnis erloschenen, im Außenverhältnis aber aufgrund der Vertretungsfiktion des § 170 BGB fortwirkenden Kontovollmacht der Fall, weil die Bindungswirkung noch aus der wirksam erteilten Vollmacht resultiert (*OLG Koblenz* NStZ 2012, 330 f.; NK/*Kindhäuser,* § 266 Rn. 89; Sch/Sch/*Perron,* § 266 Rn. 4; a. A. A/W/*Heinrich,* § 22 Rn. 22). Schädigende Handlungen rein *tatsächlicher* Art genügen nicht, erfüllen aber unter Umständen den Treubruchstatbestand. Auch Rechtsverluste aufgrund einer Duldungs- oder Anscheinsvollmacht sind nicht durch eine verliehene rechtsgeschäftliche Vollmacht legitimiert und können nur unter § 266 I Var. 2 fallen (h. M.; *BGH* wistra 1992, 66; Sch/Sch/*Perron,* § 266 Rn. 4). Gleiches gilt für den

Rechtsscheinsfall des § 56 HGB und erst recht für Rechtsverluste infolge gutgläubigen Erwerbs etwa nach § 932 BGB (BGHSt 5, 61) oder infolge der §§ 946 ff. BGB.

Ebenso wenig reicht für § 266 I Var. 1 eine Vertretung ohne Vertre- 9
tungsmacht aus. Eine solche liegt auch dann vor, wenn interne Schranken überschritten werden, die zugleich im Außenverhältnis der Befugnis Grenzen setzen, wie es typischerweise bei gewillkürten, also nur durch Rechtsgeschäft bevollmächtigten Vertretern der Fall ist. Entsprechendes gilt, soweit die Vertretung nach den Regeln des Missbrauchs der Vertretungsmacht, insbesondere aufgrund kollusiven Zusammenwirkens zwischen Vertreter und Drittem, unwirksam ist (siehe den Fall in → § 22 Rn. 17).

Ferner hierzu BGHSt 50, 299, 313 f.; Sch/Sch/*Perron*, § 266 Rn. 17; *Küper/Zopfs*, BT, Rn. 615 ff.; *Regge/Rose/Steffens*, JuS 1999, 162 f. mit Falllösung. – Zu § 266 I Var. 1 im Übrigen die folgenden

Beispiele: Einen typischen Schulfall zu § 266 I Var. 1 enthält **Fall 1a**, in dem 10
P die Missbrauchsvariante verwirklicht, weil er entgegen der Beschränkung im Innenverhältnis ein Rechtsgeschäft abschließt, das aufgrund seiner im Außenverhältnis unbeschränkten Vertretungsmacht den Inhaber X *rechtlich* verpflichtet (§§ 49, 50 HGB).

Im **Fall 1b** setzt P dagegen nicht seine ihm gegebene Rechts-(Vertretungs-)macht ein. Folglich kommt nur der Treubruchstatbestand in Betracht, den P auch verwirklicht und den er übrigens genauso erfüllen würde, wenn es ihm nicht um irgendeinen eigenen Vorteil ginge. Weiter bricht P den Gewahrsam des X (vgl. → § 2 Rn. 43) und verwirklicht in Idealkonkurrenz mit der Untreue den § 242.

Im **Fall 2** hat B zwar Vertretungsmacht kraft behördlichen Auftrags, doch 11
ist er haushaltsrechtlich nicht befugt, ein Fahrzeug unter dem Marktpreis zu verkaufen. Da ihm damit zugleich Grenzen im Außenverhältnis gesetzt werden, handelt er außerhalb seiner Vertretungsmacht und kann nicht eine rechtliche Befugnis im Sinne der Var. 1 missbrauchen (richtig Sch/Sch/*Perron*, § 266 Rn. 17; *Labsch*, Jura 1987, 412; a. A. BGHSt 13, 315, 316). Zur weiteren Lösung des Falles → Rn. 12, 24.

Im **Fall 3** lässt der *BGH* es offen, ob das Unterlassen des A noch als Miss- 12
brauch rechtsgeschäftlich eingeräumter Verfügungsmacht angesehen werden kann. Richtigerweise ist dies zu verneinen (Sch/Sch/*Perron*, § 266 Rn. 16; a. A. LK/*Schünemann*, 12. Aufl. § 266 Rn. 53). Pflichtwidrige Unterlassungen führen nur dort zur Var. 1, wo dem Schweigen rechtsgeschäftliche Bedeutung zukommt (z. B. §§ 362, 377 II HGB). Doch erfüllt A den Treubruchstatbestand.

Auch im **Fall 4** entfällt § 266 I Var. 1. Denn H hat keine Inkassovollmacht 13
und kann demzufolge beim Einkassieren keine ihm eingeräumte Rechtsmacht missbrauchen. Die Var. 1 wäre selbst dann nicht erfüllt, wenn der Hersteller

die Zahlungen nach den Grundsätzen der Duldungs- oder Anscheinsvollmacht gegen sich gelten lassen müsste. Gegeben ist freilich der Treubruchstatbestand (*BGH* wistra 1992, 66).

14   Nach der zutreffenden Rechtsprechung und h. M., für die schon der Gesetzeswortlaut spricht (→ Rn. 2f.), verlangt der objektive Tatbestand des § 266 I Var. 1 neben dem Missbrauch einer rechtlichen Befugnis – wie die Var. 2 – die Verletzung einer **Vermögensbetreuungspflicht** (BGHSt 47, 187, 192). Die Frage, ob auch der Missbrauchstatbestand – nochmals: wie der Treubruchstatbestand und mit identischem Inhalt – eine spezielle Vermögensbetreuungspflicht voraussetzt, ist insbesondere vor der 1986 erfolgten Einfügung des § 266b unter anderem anhand des Kreditkartenmissbrauchs diskutiert worden. In dem Fall, dass jemand Waren einkauft und sie ohne Kontodeckung mit einer Universalkreditkarte unter Ausnutzung der Zahlungsgarantie bezahlt, scheitert § 266 I Var. 1 spätestens an der fehlenden Vermögensbetreuungspflicht gegenüber dem Kreditkartenaussteller.

> BGHSt 33, 244, 250f.; Sch/Sch/*Perron*, § 266 Rn. 12; a. A. *Labsch,* Jura 1987, 344ff. – Falllösung bei *Brand/Hotz*, JuS 2014, 716f. – Näher zum Kreditkartenmissbrauch und zum Kartenaussteller → § 19 Rn. 3ff., 11, 14.

III. Der Treubruchstatbestand (§ 266 I Var. 2)

1. Die Vermögensbetreuungspflicht

15   **a) Grundlagen.** Welcher Art die zentrale – erneut: nach h. M. auch für die Var. 1 geltende – „Pflicht, fremde Vermögensinteressen wahrzunehmen" (= Vermögensbetreuungspflicht) sein muss, lässt der Wortlaut nicht erkennen. Allgemein wird die Notwendigkeit einer restriktiven Interpretation anerkannt, um eine konturenlose Ausdehnung des Tatbestandes zu vermeiden und das spezifische Untreueunrecht zu kennzeichnen. Dieses Unrecht wird durch die Verpflichtung zu einer besonderen fremdnützigen Vermögensfürsorge charakterisiert und mit Hilfe von zwei einschränkenden Kriterien festgestellt.

> Vgl. BGHSt 55, 288, 297f.; 60, 94, 104f.; 62, 288, 299ff.; *BGH* NStZ 1992, 201; 2013, 407; NJW 1991, 2574; 2011, 2819; 2016, 3253; *OLG Düsseldorf* NJW 1998, 690, 691; erg. BVerfGE 126, 170, 208ff.

16   (1) Bei der Pflicht muss es sich um eine **Hauptpflicht** und nicht nur eine Nebenpflicht handeln. Die Vermögensbetreuungspflicht darf nicht bloß untergeordnete Bedeutung haben, sondern muss typischer und wesentlicher Inhalt des Treueverhältnisses sein. Maßgebend sind Inhalt und Umfang der Treuabrede, wie sie sich aus dem zugrunde liegenden rechtlichen Verhältnis, den getroffenen Vereinbarungen und deren Auslegung ergibt (BGHSt 47, 295, 297).

(2) Kriterium der **Selbstständigkeit (mit Entscheidungsspiel-** 17 **raum):** Die Tätigkeit muss Spielraum für eigenverantwortliche Entscheidungen geben sowie eine gewisse Selbstständigkeit und Bewegungsfreiheit belassen. Daran fehlt es insbesondere dann, wenn die übertragene Tätigkeit in allen Einzelheiten vorgezeichnet ist und Raum für eigene Beurteilungen nicht besteht. Andererseits darf man nicht allein auf die Weite des eingeräumten Spielraums abstellen, sondern muss sehen, dass – wie z. B. beim selbstständigen Umgang mit Fremdgeldern – auch das Fehlen von Kontrolle ein Aspekt ist, der für die Annahme einer besonderen Vermögensbetreuungspflicht spricht, wenn der Treugeber tatsächliche Möglichkeiten einräumt, die ohne gleichzeitige Überwachung durch ihn den Zugriff auf sein Vermögen erlauben.

BGHSt 60, 94, 105; 61, 305, 310 f.; 62, 288, 299 f.; *BGH* NStZ 2013, 407; NJW 2016, 3253; LK/*Schünemann*, 12. Aufl. § 266 Rn. 86.

b) Konkretisierung der Leitprinzipien. Die beiden Kriterien der 18 Hauptpflicht und der Selbstständigkeit mit Entscheidungsspielraum stellen die maßgeblichen Leitprinzipien dar, mit deren Hilfe der treupflichtige Personenkreis festgestellt wird. Als typische Leitfiguren mag man den Geschäftsführer eines Unternehmens und den Vermögensverwalter herausgreifen (*Seier/Martin*, JuS 2001, 878).

Negativ betrachtet ergibt sich aus dem ersten Kriterium der 19 Hauptpflicht die wichtige Einschränkung, dass „schlichte" Vertragsverletzungen für den Schritt zu § 266 nicht genügen. Gemeint sind damit Verstöße, die nur die allgemeine Pflicht betreffen, sich vertragsgemäß zu verhalten und dabei auf den Vertragsgegner auch in vermögensrechtlicher Hinsicht Rücksicht zu nehmen. Daher werden schädigende Handlungen im Rahmen von üblichen Kauf-, Miet-, Werk- und Arbeitsverträgen weitgehend nicht von § 266 erfasst. Personalisiert: „Schlichte" Vertragspartner mit ihren gegenseitigen vertraglichen Pflichten gehören typischerweise *nicht* zum Kreis der treupflichtigen Personen.

Aus dem zweiten Kriterium der Selbstständigkeit ist einschränkend 20 abzuleiten, dass alle Personen als Untreuetäter ausscheiden, die unselbstständige, untergeordnete, mechanische und festen Vorgaben folgende Tätigkeiten ausüben (wie Boten, Arbeiter, Sekretärinnen, Auslieferungsfahrer, Verkaufspersonal).

20a   c) **Weitere Restriktionen.** Diskutiert und überwiegend auch von der Rechtsprechung anerkannt werden weitere die Vermögensbetreuungspflicht betreffende restriktive Kriterien, die in erster Linie wirtschaftsstrafrechtliche Bereiche betreffen und deshalb im einschlägigen Schwerpunktbereich ihre Bedeutung haben. Daher genügen hier kurze Hinweise: Das erste Kriterium betrifft das Erfordernis einer „gravierenden" oder „evidenten" Pflichtverletzung, das bei zivilrechtsakzessorischen Pflichtverletzungen (vgl. → Rn. 1a) eine Rolle spielt. Zweitens leitet der *BGH* aus dem Schutzzweck des § 266 ab, dass nur (auch strafbewehrte) Verstöße gegen solche Vorschriften untreuerelevant sind, die zumindest mittelbar auch das zu betreuende Vermögen schützen.

Zum Schutzzweckaspekt BGHSt 55, 288, 299 ff.; 56, 203, 211; 61, 48, 72 f.; 62, 288, 301; *BGH* NJW 2011, 2819, 2820; 2016, 3253, 3256; *LG Ravensburg* NStZ-RR 2017, 145 f.; ferner *Wittig*, WiStR, § 20 Rn. 42; *Saliger*, ZIS 2011, 908 ff.; kritisch *Brand*, JR 2011, 400 ff.; *Krell*, NStZ 2014, 62 ff.; *Rönnau/Becker*, JR 2017, 207 f. – Zur qualifizierten Pflichtverletzung vgl. BVerfGE 126, 170, 210 f.; BGHSt 55, 288, 302; 61, 48, 65; *BGH* NJW 2016, 3253, 3256; 2017, 578 f. mit Anm. *Brand*; *Hotz*, ZWH 2016, 356 f.; *Krüger*, NStZ 2011, 373 f.; *Kraatz*, JR 2011, 437; *Rönnau/Becker*, JR 2017, 208 f.; *Knieler*, HRRS 2020, 401 ff.

2. Vertiefende Beispiele zur Reichweite des Treubruchstatbestandes

21   **a) Personen mit gesetzlichen Vertretungsmachten.** Diese Personen (→ Rn. 7) sind vielfach zur Betreuung fremden Vermögens verpflichtet. Die Vermögensfürsorgepflicht des Betreuers bezieht sich nicht nur auf das Vermögen der betreuten Person, sondern besteht nach deren Tod auch gegenüber dem Erben als Rechtsnachfolger fort (*BGH* NStZ-RR 2018, 347, 348; NStZ 2019, 525, 526).

22   **b) Berufsgruppen mit selbstständiger Stellung.** Zu den – zum Teil ebenfalls mit gesetzlichen Vertretungsmachten ausgestatteten – Berufsgruppen mit selbstständiger Stellung, denen typischerweise Vermögensbetreuungspflichten im Sinne des § 266 obliegen, gehören z. B. Rechtsanwälte (**Fall 3** → Rn. 12), Steuerberater, Wirtschaftsprüfer, Notare, Vermögensverwalter, Geschäftsführer, Vorstände, Bür-

germeister, Prokuristen (**Fall 1b** → Rn. 10), Handelsvertreter (**Fall 4** → Rn. 13), Kommissionäre im Sinne der §§ 383 ff. HGB, Filialleiter und leitende Angestellte, Gerichtsvollzieher und Zwangsverwalter (*BGH NJW* 2011, 2149 und 2819). Eine häufige Konstellation ist die eigennützige Verwendung von Fremdgeldern, die der Täter etwa als Anwalt, Notar oder Insolvenzverwalter erhalten hat und eigentlich weiterleiten bzw. auf einem Treuhand-/Anderkonto lagern müsste (vgl. *BGH NStZ* 2020, 418); in diesen Fällen gleicht der Aspekt der fehlenden Kontrolle den eher geringen rechtlichen Handlungsspielraum aus (*BGH* wistra 2008, 427, 428; erg. → Rn. 17). In allen Fällen bleibt zu beachten, dass eine Vermögensfürsorgepflicht eine konkrete Rechtsbeziehung zu der Person voraussetzt, deren Vermögen betreut werden soll (*BGH NStZ* 2006, 38, 39 mit Bspr. *Satzger*, JK 6/06, StGB § 266/28).

In dem Fall *OLG Düsseldorf NJW* 2000, 529 stellte der Künstler K dem Galeristen G eine Anzahl Bilder für eine Ausstellung zur Verfügung. G sollte die Bilder nach Möglichkeit zu festgelegten Preisen verkaufen und die erzielten Erlöse unter Abzug einer Provision von 50 % an K abführen. G verkaufte zahlreiche Bilder, kam seinen Zahlungsverpflichtungen aber nicht nach. – Für die Annahme eines Kommissionsgeschäftes reicht dem Gericht dieser festgestellte Sachverhalt nicht aus. Es betont weiter, dass lediglich die Abrede, übergebene Ware weiter zu verkaufen und den Erlös abzuführen, für sich allein noch keine Vermögensbetreuungspflicht im Sinne des Untreuetatbestandes auslöse. Da außerdem die Vereinbarung wenig Raum für eigenverantwortliche Entscheidungen gelassen habe, müsse eine Vermögensbetreuungspflicht des G abgelehnt werden. Gemäß § 246 I, II könnte G bestraft werden, sollte er schon beim Verkauf der Bilder den Willen gehabt haben, an K keine Erlöse abzuführen. 23

c) Beamte. Bei ihnen reicht die allgemeine beamtenrechtliche Treuepflicht nicht aus; vielmehr bedarf es einer sich aus dem konkreten Aufgabengebiet ergebenden Treuepflicht (*BGH* StV 1995, 73). Im **Fall 2** (dazu schon → Rn. 11) hat nur B die besondere Pflicht, sich speziell um das staatliche Vermögen (Dienstfahrzeuge) zu kümmern, nicht jedoch R, der ganz allgemein mit dem Haushalt befasst ist (*BGH* StV 1995, 73). Daher verwirklicht B den Treubruchstatbestand, während R nur aus den §§ 266 I Var. 2, 26, 28 I strafbar ist (erg. → Rn. 66). 24

d) Sicherungsverträge. Aus solchen im Prinzip eigennützig strukturierten Verträgen ergeben sich grundsätzlich keine über die allgemeinen Vertragspflichten hinausgehenden speziellen fremdnützigen Treuepflichten im Sinne des § 266. Allein die Vereinbarung eines (ver- 25 längerten) Eigentumsvorbehalts (BGHSt 22, 190; *BGH* wistra 1987, 136), einer Sicherungszession *(BGH* wistra 1984, 143 mit Anm. *Schomburg)* oder einer Sicherungsübereignung *(BGH* MDR/H 1990, 888) genügt nicht. Nur in besonderen Fallgestaltungen soll vor allem der Sicherungsnehmer als Täter in Betracht kommen, so wenn er etwa bei einer ungewöhnlichen Übersicherung durch eine Grund-schuld, deren Wert den gesicherten hohen Darlehensbetrag mehrfach übertrifft, die Sicherheit verwertet *(BGH* MDR/H 1978, 625; a. A. Sch/Sch/*Perron,* § 266 Rn. 26; SSW/*Saliger,* § 266 Rn. 17). Das *OLG Celle* lehnt es allerdings ab, diese Rechtsprechung auf die pflichtwid-rig verweigerte Freigabe der Übersicherung zu übertragen *(OLG Celle* ZWH 2014, 21 mit zust. Anm. *Brand;* a. A. LK/*Schünemann,* 12. Aufl. § 266 Rn. 79).

26   **e) Kautionen.** Streitig ist, ob dem **Vermieter,** der eine **Mietkaution** bei einer Wohnraummiete entgegen § 551 III BGB verwendet, insbe-sondere verbraucht oder nicht anlegt, eine spezielle (Haupt-)Pflicht zur Vermögensfürsorge obliegt. Da ähnlich wie bei den in → Rn. 22 erwähnten Anwälten und Notaren, die eigennützig Fremdgelder ver-wenden, ein treuhänderisches Verhältnis vorliegt, ist dies mit BGHSt 41, 224 zu bejahen.

> Bestätigend BGHSt 52, 182, 184; ebenso LK/*Schünemann,* 12. Aufl. § 266 Rn. 147; *Beulke* III, Rn. 484 ff. – Anders die wohl h. M.: *OLG Düsseldorf* wistra 1994, 33; *Otto,* JK 96, StGB § 266/12; *Satzger,* Jura 1998, 570 ff.; MüKo/*Dierlamm/Becker,* § 266 Rn. 127 ff.; *Saliger,* JA 2007, 328; *Bosch,* JA 2008, 658 f.

27   Diese BGH-Rechtsprechung ist aber nicht auf Kautionen im Rah-men einer **Gewerberaummiete** übertragbar, da insoweit eine gesetz-liche Bestimmung wie § 551 III BGB fehlt; daher bedarf es hier, um eine rechtsgeschäftliche Vermögensbetreuungspflicht zu begründen, einer ausdrücklichen Vereinbarung über eine besondere Anlageform (BGHSt 52, 182, 185 ff.). Ebenso wenig begründen schädigende Ver-fügungen des **Mieters** über die Mietkaution eine Strafbarkeit gemäß § 266 I Var. 2 (a. A. *BayObLG* wistra 1998, 157; zur Kritik vgl. *Satz-ger,* JA 1998, 928 f.; *Radtke/Steinsiek,* JuS 2010, 421 f. mit Falllösung).

28   **f) Kassenleiter, Kassierer, Buchhalter.** Die für die Vermögensbe-treuungspflicht maßgeblichen Kriterien lassen sich gut anhand der Fallgruppe der Kassenleiter, Kassierer und Buchhalter verdeutlichen: Ein tauglicher Täter ist der Kassenleiter einer Gemeinde, dem die

Buchführung und Abwicklung des Zahlungsverkehrs obliegt (vgl. *BGH* NStZ 1994, 586). Anders liegt es bei einem Sortenkassierer, der im Wesentlichen lediglich damit beschäftigt ist, von anderen vereinnahmte ausländische Geldsorten einzusortieren und den Ist- und Sollbestand zu überprüfen (*BGH* NStZ 1983, 455). Der Raum für eigenverantwortliche Entscheidungen fehlt ebenfalls bei einem Zahlungen überwachenden Buchhalter der Finanzkasse (*BGH* wistra 1987, 27).

Hingegen bejaht die Rechtsprechung bei allein verantwortlichen **29** Kassierern, die Gelder für andere einkassieren, verwalten und abliefern, jedenfalls dann die Vermögensbetreuungspflicht, „wenn der Kassierer zur Kontrolle der Einnahmen und der Ablieferungen Bücher zu führen, Quittungen zu erteilen und Wechselgeld herauszugeben hat" (*BGH* wistra 1989, 60, 61; vgl. ferner BGHSt 13, 315, 318). Man kann hier über den Aspekt der Selbstständigkeit durchaus streiten (vgl. LK/*Schünemann*, 12. Aufl. § 266 Rn. 82 ff.; MüKo/*Dierlamm/Becker*, § 266 Rn. 61 ff.). Für allein verantwortliche Bankkassierer und andere Kassierer mit vergleichbar breitem Verantwortungsbereich wie Verwaltern eines Fahrkartenschalters der Eisenbahn (BGHSt 13, 315) ist der Rechtsprechung zuzustimmen; doch geht es zu weit, damit auch die ganz überwiegend rein mechanische Tätigkeit von allein verantwortlichen Kassierern in Selbstbedienungsläden gleichzusetzen (a. A. *LG Bonn* JMBlNW 1968, 199; K/H/H/*Hellmann*, BT 2, Rn. 919 ff.).

g) Sonstige Fälle. Eine Vermögensbetreuungspflicht kann haben, **30** wem ein Karteninhaber seine Codekarte mit Geheimzahl anvertraut, um für ihn fortlaufend die für eine angemessene Lebensführung erforderlichen Geldbeträge abzuheben (vgl. *OLG Hamm* NStZ-RR 2004, 111, 112; 2015, 213, 214).

Keine Vermögensbetreuungspflicht obliegt aber einem Arbeitnehmer oder Polizeibeamten, dem sein Arbeitgeber/Dienstherr eine spezielle Kreditkarte (vgl. → § 19 Rn. 6 f.) in Form einer Tankkarte überlassen hat, die der Kartenbesitzer missbräuchlich zu Lasten des Geschäftsherrn zu privaten Tankvorgängen einsetzt (*OLG Celle* NStZ 2011, 218 mit Bspr. *Hecker*, JuS 2011, 657 ff.; a. A. *LG Dresden* NStZ 2006, 633; erg. *Brand/Hotz*, JuS 2014, 716 f. mit Falllösung).

Der erforderliche Entscheidungsspielraum fehlt bei einem Kreditsachbearbeiter, der Kreditanträge schematisch mit Hilfe eines automatisierten Programms zu bearbeiten hat (*BGH* NStZ 2013, 40, 41).

3. Zum pflichtenbegründenden Treueverhältnis

31   Als Entstehungsgrund für Vermögensbetreuungspflichten lässt § 266 I Var. 2 ausdrücklich auch ein (tatsächliches) **Treueverhältnis** genügen. Darunter können Rechtsverhältnisse fallen, die von vornherein z. B. wegen Geschäftsunfähigkeit unerkannt unwirksam gewesen oder zur Zeit der Tat beendet sind, aber noch fortwirkende Treuepflichten enthalten.

Beispiele: Ein entlassener Prokurist bringt mit dem noch in seinem Besitz befindlichen Tresorschlüssel den Inhalt der Firmenkasse in seinen Besitz (Sch/Sch/*Perron*, § 266 Rn. 34). Ein Handelsvertreter zieht trotz Kündigung und Widerruf der Inkassovollmacht unter Ausnutzung fortwirkenden Rechtsscheins weiter Forderungen ein, um sich zu bereichern (vgl. K/H/H/ *Hellmann*, BT 2, Rn. 903 ff., 917). Ein seines Amtes enthobener Gerichtsvollzieher führt begonnene Vollstreckungstätigkeiten in eigennütziger Weise fort (*BGH* NStZ-RR 2013, 344 f.; a. A. *Kraatz*, JR 2014, 241 ff.; kritisch *Jäger*, JA 2014, 311 ff.).

32   Umstritten ist, ob auch Vereinbarungen, die **gesetz- oder sittenwidrigen Zwecken** dienen und daher nichtig sind (§§ 134, 138 BGB), faktische Treueverhältnisse begründen können (sog. „**Ganovenuntreue**"). Die wohl h. M. bejaht dies zu Recht, und zwar mit vergleichbaren Erwägungen, die zutreffenderweise auch im Rahmen des § 263 den Schutz des rechtswidrig erlangten Besitzes und von Vermögen erfordern, das zu missbilligten Zwecken eingesetzt wird (→ § 13 Rn. 165 ff.). Selbstverständlich kommt die Annahme eines faktischen Treueverhältnisses nur in Betracht, wenn beim „untreuen" Ganoven die Merkmale der charakteristischen Vermögensbetreuungspflicht vorliegen. Im Übrigen ist unstreitig, dass von einer Pflichtverletzung jedenfalls dann nicht die Rede sein kann, wenn der Verpflichtete sitten- oder gesetzeswidrige Abreden nur nicht ausführt.

33   Als **Beispiele,** die nach h. M. als „Ganovenuntreue" § 266 I Var. 2 erfüllen, kann man sich selbstständig operierende Vermögensverwalter vorstellen, die durch Vermögensdelikte, Bestechung oder Steuerhinterziehung erlangte und ihnen von den Tätern zur risikoarmen Anlage anvertraute Gelder abredewidrig für sich behalten oder zu verlustreichen spekulativen Geschäften verwenden. Oder: Ein Verkaufskommissionär (§ 383 HGB), der als Hehler ein wertvolles gestohlenes Bild für den Vortäter möglichst gut verkaufen soll, schenkt es seiner Freundin.

34   Zur Diskussion siehe zusammenfassend *Kühl*, JuS 1989, 512 f.; ferner für die h. M. BGHSt 8, 254; *BGH* wistra 1999, 103, 107; LK/*Schünemann*, 12. Aufl.

§ 266 Rn. 64. – Für die Gegenmeinung Sch/Sch/*Perron,* § 266 Rn. 31; NK/
Kindhäuser, § 266 Rn. 42; SSW/*Saliger,* § 266 Rn. 29; *Freund/Bergmann,* JuS
1991, 222 f.

4. Die Tathandlung

Für die in einer Verletzung der Vermögensbetreuungspflicht lie- **35**
gende Tathandlung kommt beim Treubruchstatbestand nicht nur
rechtsgeschäftliches, sondern auch jedes **tatsächliche Verhalten** in
Frage, das wiederum in einem *positiven Tun* wie in einem *Unterlassen*
bestehen kann.

Die Möglichkeit des **pflichtwidrigen Unterlassens** und der da- **36**
durch bedingten Vereitelung von Vermögenszuwächsen hängt damit
zusammen, dass die Vermögensbetreuungspflicht zugleich Ausdruck
einer tatbestandlich geregelten (Beschützer-)Garantenstellung ist (vgl.
BGHSt 52, 182, 185; *BGH* StV 2021, 716, 718 f.). Daher handelt es
sich mit Blick auf Unterlassungshandlungen um ein echtes Unterlas-
sungsdelikt. Folglich bedarf es einer besonderen Prüfung der Garantenstellung und der Erwähnung des § 13 I nicht.

Beispiele: Um Unterlassungen geht es etwa im **Fall 3** (→ Rn. 12), bei einem **37**
Vormund, der Mündelgelder nicht verzinslich anlegt oder bei einem Rechtsanwalt, der Fremdgelder auf seinem Geschäftskonto belässt und nicht an die
Mandanten auszahlt (*BGH* NStZ 2015, 277; NJW 2015, 1190, 1191). Entsprechendes gilt für Repräsentanten von Unternehmen, die bei fremdnützigen In-
kassotätigkeiten dem Auftraggeber zustehende Gelder nicht fristgerecht abführen (vgl. *BGH* NJW 2011, 3528, 3529; NStZ 2014, 158, 159). Man denke
ferner an die Nichtwahrnehmung von Kontrollpflichten (*BGH* StV 2021, 716,
718 f.) oder günstigeren Vertragsabschlüssen. Ebenso pflichtwidrig untätig
bleibt ein Notar, der ohne besondere Belehrung einen massiv von der üblichen
Gestaltung abweichenden Grundstückskaufvertrag beurkundet und dadurch
den unwissenden Verkäufer schädigt (*BGH* NJW 1990, 3219, 3220; NStZ
2014, 517, 518 f.). – Vertiefend MüKo/*Dierlamm/Becker,* § 266 Rn. 240; erg.
→ Rn. 54.

Umstritten ist die **Anwendbarkeit des § 13 II.** Nach der bejahen- **38**
den Ansicht kann der Gedanke des § 13 II, dass ein Unterlassen unter
Umständen weniger schwer wiegt als ein Tun, auch für eine Untreue
durch pflichtwidriges Unterlassen zutreffen. Gegen die Anwendung
spricht aber, dass für § 13 II kein Raum bleibt, wenn ein Straftatbestand wie § 266 I das Unterlassen unmittelbar erfasst und insoweit
Tun und Unterlassen gleich behandelt. Bestätigt wird diese Sichtweise
durch die Beispiele von → Rn. 37, in denen eine Milderung wenig ein-
leuchtend wäre.

So auch Sch/Sch/*Bosch*, § 13 Rn. 1a; Sch/Sch/*Perron*, § 266 Rn. 35, 53; SSW/ *Saliger*, § 266 Rn. 40; *Eisele*, BT II, Rn. 884. – Dagegen für die Anwendung des § 13 II BGHSt 36, 227; *BGH* NJW 2015, 1190, 1191; MüKo/*Dierlamm/Becker*, § 266 Rn. 145 ff.; LK/*Schünemann*, 12. Aufl. § 266 Rn. 202; *Seier*, JuS 2002, 240, 241; W/H/S/*Schuhr*, BT 2, Rn. 809. – Ergänzend *Rengier*, AT, § 48 Rn. 7.

5. Einverständnis des Vermögensinhabers

39   Ist der geschützte Vermögensinhaber mit der Tathandlung einverstanden, so kann der Pflichtige die ihm obliegende Pflicht nicht verletzen. Bei juristischen Personen tritt an die Stelle des Vermögensinhabers das zuständige Willensbildungsorgan. Es handelt sich um ein **tatbestandsausschließendes Einverständnis**. Dessen Wirksamkeit ist weitgehend nach den für eine rechtfertigende Einwilligung geltenden Grundsätzen zu beurteilen. Demnach stehen der Wirksamkeit fehlende Verfügungsbefugnisse, beachtliche Wissens- und Willensmängel sowie gesetzes- und treuwidrige Zustimmungen grundsätzlich entgegen.

Hierzu BGHSt 50, 331, 342; 55, 266, 278; *BGH* NJW 2012, 2366, 2369; W/ H/S/*Schuhr*, BT 2, Rn. 802 ff.

6. Untreue zum Nachteil einer GmbH

Vorbemerkung: Soweit das Recht der GmbH zum Prüfungsstoff gehört, haben Fragen der GmbH-Untreue auch strafrechtliche Relevanz.

40   Man sollte zunächst sehen, dass die GmbH als juristische Person eine eigene Rechtspersönlichkeit besitzt und Trägerin des Gesellschaftsvermögens ist (§ 13 I GmbHG). Folglich stellt dieses Vermögen nach ganz h. M. nicht nur für den Geschäftsführer (§§ 6, 35 GmbHG), sondern auch für den/die Gesellschafter (vgl. §§ 3, 14, 45 ff. GmbHG) fremdes Vermögen dar.

41   **Taugliche Täter** können vor allem der eingetragene und der faktische **Geschäftsführer** sein. Dabei kommt der eingetragene Geschäftsführer als Täter sowohl der Missbrauchsvariante (vgl. §§ 35 I, 37 GmbHG; → Rn. 7 ff.) als auch des Treubruchstatbestandes in Betracht (vgl. → Rn. 22). Auf den faktischen Geschäftsführer ist allein der Treubruchstatbestand anwendbar (*BGH* NJW 2013, 613 ff.).

42   Was das tatbestandsausschließende Einverständnis betrifft (→ Rn. 39), so kommt es darauf an, ob als maßgebliches Willensbildungsorgan die Gesellschaftergesamtheit mit dem Vorgehen des

Pflichtigen einverstanden ist. Gibt es nur einen Gesellschafter wie bei der Ein-Mann-GmbH, so reicht das Einverständnis des Alleingesellschafters selbst dann aus, wenn er zugleich in Personalunion Geschäftsführer ist. Sofern eine Zustimmung aller Gesellschafter vorliegt, spielt die Form der Zustimmung überhaupt keine Rolle. Demgegenüber genügen Mehrheitsbeschlüsse richtigerweise nur dann, wenn sie in einer im Sinne der §§ 47 ff. GmbHG ordnungsgemäß einberufenen Gesellschafterversammlung gefasst werden (*Brand/Kanzler*, ZWH 2012, 1 f.; a. A. *Saliger*, Roxin-FS, 2011, 1066 ff.).

Freilich müssen dabei stets bestimmte Grenzen beachtet werden, **43** die der Verfügungsbefugnis gesetzt sind und die damit zusammenhängen, dass der GmbH eine eigene Rechtspersönlichkeit zukommt: Nach der zutreffenden h. M. sind der Disposition entzogen und daher untreuerelevant Vermögensverfügungen, die das Stammkapital der Gesellschaft beeinträchtigen (vgl. § 30 GmbHG) oder sonst die wirtschaftliche Existenz der Gesellschaft konkret gefährden (sog. existenzgefährdender Eingriff), etwa durch Herbeiführung oder Vertiefung einer Überschuldung oder durch Gefährdung der Liquidität (vgl. §§ 17 ff. InsO). Eine Gegenmeinung stützt sich darauf, dass die Gesellschafter die wirtschaftlichen Eigentümer seien, und wendet ein, die h. M. betreibe mit dem Untreuetatbestand Gläubigerschutz, der nicht § 266 als Vermögensdelikt, sondern insbesondere den §§ 283 ff. obliege. Die h. M. billigt diesen Schutz von Gläubigerinteressen durchaus, sieht darin aber nur eine mittelbare Folge, die sich aus der Anerkennung des besonderen GmbH-Status ergibt.

Zur h. M. siehe BGHSt 49, 147, 157 ff.; 54, 52, 57 ff.; *BGH* NJW 2012, 2366, 2369; NStZ 2009, 153 ff.; *Zieschang*, Kohlmann-FS, 2003, 351 ff.; zusammenfassend *Fischer*, § 266 Rn. 92 ff. – Zur Gegenmeinung Sch/Sch/*Perron*, § 266 Rn. 21b; SSW/*Saliger*, § 266 Rn. 107; *Fischer*, § 266 Rn. 99; *Kasiske*, JR 2011, 235 ff.

Wenn sich **Gesellschafter** über die vorstehenden Grenzen der Dis- **44** positionsbefugnis hinwegsetzen, können sie sich auf jeden Fall an der Tat des Geschäftsführers gemäß den §§ 26, 27 beteiligen. Fraglich ist, inwieweit sie auch Täter einer Untreue sein können. Insoweit sollte man zunächst sehen, dass sich die Frage nicht stellt, wenn ein Gesellschafter die Position des (faktischen) Geschäftsführers innehat, weil er dann in *dieser* Funktion – wie jeder Nichtgesellschafter – die erforderliche Täterqualität besitzt.

45   Ferner versteht es sich von selbst, dass auf dem Boden der in
→ Rn. 43 erwähnten Gegenmeinung Gesellschafter erst recht nicht
als Täter in Betracht kommen. Doch sondert auch die herkömmliche
h. M. Gesellschafter aus dem Täterkreis mit der Begründung aus, dass
sie die wirtschaftlichen Eigentümer der GmbH seien und ihnen deshalb typischerweise keine fremdnützige Vermögensbetreuungspflicht
obliege.

46   Allerdings ist in die Diskussion Bewegung gekommen, nachdem
der *BGH* innerhalb eines Konzerns im Verhältnis von Muttergesell-
schaft (Aktiengesellschaft, GmbH) zur Tochtergesellschaft (GmbH)
bei Angriffen auf das Stammkapital der beherrschten Tochtergesellschaft oder bei deren konkreter Existenzgefährdung die Muttergesell-
schaft für treuepflichtig gehalten und daher § 266 I Var. 2 auf die gemäß § 14 I Nr. 1 verantwortlichen Vertreter (vgl. *Rengier*, AT, § 42
Rn. 7 ff., 12) angewandt hat.

47   Argumente für die Täterqualität von Gesellschaftern lassen sich außerdem aus der zivilrechtlichen Trihotel-Entscheidung ableiten
(BGHZ 173, 246 ff.): Danach trifft die Gesellschafter im Innenverhältnis zur GmbH gemäß § 826 BGB eine Existenzvernichtungshaf-
tung, wenn sie vorsätzlich Handlungen vornehmen, die zur Insolvenz der Gesellschaft führen (vgl. §§ 17 ff. InsO) oder diese
vertiefen. Demzufolge hat die GmbH bis zu ihrer Auflösung
(§§ 60 ff. GmbHG) ein gegenüber den Gesellschaftern geschütztes –
mittelbar auch dem Gläubigerschutz dienendes – Eigeninteresse am
Erhalt ihrer wirtschaftlichen Existenz. Zu beachten bleibt, dass man
das zivilrechtliche Schädigungsverbot nicht unbesehen mit einer Vermögensbetreuungspflicht gleichsetzen kann.

48   Aus strafrechtlicher Sicht grundlegend BGHSt 49, 147 ff. (Bremer Vulkan);
54, 52, 57 ff. Die Anwendbarkeit des § 266 I Var. 2 auf die Gesellschafter bei
fehlender Dispositionsbefugnis bejahen etwa: *Ransiek*, Kohlmann-FS, 2003,
207 ff. und wistra 2005, 121 ff.; *Beckemper*, GmbHR 2005, 592 ff.; *Radtke/
Hoffmann*, GA 2008, 535 ff. (mit Blick auf die Trihotel-Entscheidung); *Brand*,
Der Konzern 2010, 289 ff. – Vertiefend zur GmbH- und Konzernuntreue
SSW/*Saliger*, § 266 Rn. 106 ff., 114 f.

IV. Vermögensnachteil

1. Grundlagen

Der Nachteil, dessen Eintritt beide Varianten als Taterfolg voraus- 49
setzen, ist ein Vermögensnachteil und stimmt im Prinzip mit dem
Vermögensschaden im Sinne des § 263 (→ § 13 Rn. 138 ff.) und § 253
(→ § 11 Rn. 47 ff.) überein. Daher sind alle dort erörterten Schadens-
fragen grundsätzlich auch für § 266 zu beachten. Dies gilt ebenfalls
für die Anerkennung der schädigenden konkreten Vermögensgefährdung (vgl. → § 13 Rn. 209 ff.; vertiefend → Rn. 56 ff.).

Aus dem Wesen der Untreue und dem Gesetzeswortlaut („… und 50
dadurch dem, dessen …") ergibt sich, dass nur der gerade dem zu be-
treuenden Vermögen durch die pflichtwidrige Täterhandlung zuge-
fügte Schaden rechtserheblich ist; zwischen dem von der Vermögensfürsorgepflicht erfassten und dem geschädigten Vermögen muss also
Identität bestehen (BGHSt 47, 295, 297; *BGH* NJW 1983, 461, 462).

§ 266 ist wie § 263 ein Vermögensschädigungsdelikt. Ein Vermö- 51
gensnachteil stellt jede Vermögenseinbuße dar, die zu einer Minderung des wirtschaftlichen Gesamtwerts des betreuten Vermögens
führt. Nach dem Prinzip der Gesamtsaldierung können – nicht anders als beim Betrug (→ § 13 Rn. 179 ff.) – durch die treuwidrige Tathandlung herbeigeführte Verluste durch solche Vorteile kompensiert
werden, die gleichzeitig – oder auch unmittelbar – mit dieser Tathandlung in das Vermögen fließen. Dies setzt nicht unbedingt einen
engen zeitlichen Zusammenhang voraus, sondern es genügt, wenn
für den Vermögenszuwachs keine weitere, selbstständige Handlung
mehr hinzutreten muss. Berücksichtigungsfähig sind etwa das Erlöschen einer Verbindlichkeit, vermögensrelevante Gegenleistungen sowie wirtschaftlich wertvolle konkrete Exspektanzen (→ § 13 Rn. 145),
aber nicht z. B. Schadensersatz- und Versicherungsleistungen.

Beispiel: Nachdem Geschäftsgeheimnisse der T-AG in der Presse erschie-
nen sind, beauftragt der für die Konzernsicherheit zuständige leitende Angestellte K die N-GmbH mit auch strafbaren Ermittlungstätigkeiten. Nach der
Durchführung des Auftrags veranlasst K, der mehrere Kostenstellen eigenver-
antwortlich verwaltet, die Bezahlung dieser von der N-GmbH gleichfalls in
Rechnung gestellten Tätigkeiten. Damit schädigt der vermögensbetreuungs-
pflichtige K die T-AG, weil insoweit der Vertrag nichtig ist (§ 134 BGB) und
die rechtsgrundlos geleistete Zahlung nicht durch das Erlöschen einer wirksamen Forderung kompensiert wird (*BGH* NJW 2013, 401, 403).

Zum Ganzen ferner BGHSt 55, 288, 304; *BGH* NStZ 2010, 330, 331; 2018, 105, 107; NJW 2011, 3528, 2529; StV 2021, 726, 727; *OLG Celle* BeckRS 2012, 20313 Rn. 111, 115; erg. → § 13 Rn. 264 ff.

51a   Eine ausreichende Kompensation liegt nach h. M. auch dann vor, wenn der Täter bei einer veruntreuenden Verwendung fremder Gelder objektiv jederzeit eigene flüssige Ersatzmittel bereithält und subjektiv stets zahlungsbereit ist. Dies verdient Zustimmung, weil § 266 anders als § 263 keine Bereicherungsabsicht voraussetzt und man deshalb in der Ersatzbereitschaft – durchaus großzügig – eine vermögenswerte reale Gewinnaussicht sehen kann.

Beispiel: Ein Insolvenzverwalter oder Rechtsanwalt führt – ersatzfähig und ersatzwillig – ihm anvertraute Fremdgelder vorübergehend anderen Zwecken zu.
Zur h. M. BGHSt 15, 342, 344; *BGH* NStZ 1995, 233, 234; StV 2004, 80, 81; NJW 2015, 1190, 1191; *Lackner/Kühl*, § 266 Rn. 17; vgl. ferner M/*Momsen*, BT 1, § 45 Rn. 47; a. A. Sch/Sch/*Perron*, § 266 Rn. 42; kritisch *Wittig*, I.Roxin-FS, 2012, 375 ff.

2. Zur „Unmittelbarkeit" der Vermögensminderung

52   Von der Schadenskompensation durch einen gleichzeitigen oder auch unmittelbaren Vermögenszuwachs (→ Rn. 51) ist die Feststellung der Vermögensminderung zu unterscheiden. Zwischen der treuwidrigen Handlung und dem Vermögensnachteil muss, wie sich der Wendung „und dadurch" entnehmen lässt, ein Kausal- und Zurechnungszusammenhang bestehen. Darüber, dass insoweit ein schlichter Kausalzusammenhang im Sinne der Bedingungstheorie nicht genügt, besteht Einigkeit. Rechtsprechung und h. M. nehmen an, dass es parallel zur Schadensfeststellung beim Betrug (→ § 13 Rn. 74 ff., 121 ff.) auch bei der Untreue eines Unmittelbarkeitszusammenhangs bedarf und es daher beim Vermögensabfluss darauf ankommt, ob die Pflichtverletzung die Vermögensminderung unmittelbar herbeigeführt hat (*BGH* StV 2019, 744, 745; NStZ 2020, 157; SSW/*Saliger*, § 266 Rn. 78, 89, 105).

52a   Demgegenüber gewinnt in der Literatur eine Meinung an Zulauf, die sich vom Betrugstatbestand löst und das Unmittelbarkeitserfordernis nicht parallel in den § 266 integrieren will. Diese überzeugende Ansicht betont, dass die Untreue kein Vermögensverschiebungs- und Selbstschädigungsdelikt ist, bei dem man das Unmittelbarkeitselement als Abgrenzungskriterium zu einem anderen Straftatbestand –

wie bei der Abgrenzung zwischen Diebstahl und Sachbetrug (→ § 13 Rn. 74, 81 ff.) – benötigen könnte. Vielmehr rückt man die Untreue als Erfolgsdelikt in den Fokus, das den Eintritt eines Vermögensschadens verlangt, der auf eine Pflichtverletzung zurückzuführen ist. Demzufolge kommt es auf eine wie auch immer geartete zeitliche Nähe zwischen Tathandlung und Erfolgseintritt bei § 266 so wenig an wie etwa bei den Tötungsdelikten, sondern es gelten die allgemeinen Regeln zur Kausalität und objektiven Zurechnung.

Sch/Sch/*Perron*, § 266 Rn. 39; *Perron*, Kindhäuser-FS, 2019, 765 ff.; *Brand*, in: Bittmann (Hrsg.), Praxishandbuch Insolvenzstrafrecht, 2. Aufl. 2017, § 28 Rn. 44 ff., 49; *Albrecht*, GA 2017, 130 ff.; *Rengier*, Sieber-FS, 2021, 316 ff.

Bereits beim Betrug ist – im Anschluss an *Rengier*, Sieber-FS, 2021, 304 ff. – **52b** gegen die h. M. die Ansicht vertreten worden, dass es überzeugende Gründe gibt, das für die Abgrenzung zwischen Diebstahl und Sachbetrug kreierte Unmittelbarkeitserfordernis nicht auch beim Forderungsbetrug zu installieren, dort vielmehr durch Kriterien der objektiven Zurechnung zu ersetzen (→ § 13 Rn. 75 f., 121 ff., 231 ff.). Umso weniger besteht Anlass, bei der Untreue an dem Gedanken der „unmittelbaren" Vermögensminderung festzuhalten.

Beispiel: Die Berliner Stadtreinigungsbetriebe haben infolge eines Berech- **52c** nungsfehlers von Grundstückseigentümern überhöhte Entgelte verlangt und einkassiert, auch nachdem der Fehler bemerkt worden war. Als Leiter der Innenrevision war L Garant und vermögensbetreuungspflichtig. Trotzdem schritt er gegen den fortgesetzten Betrug durch Mitarbeiter nicht ein und wurde deshalb zu Recht wegen Beihilfe durch Unterlassen zum Betrug verurteilt (BGHSt 54, 44 ff. = NJW 2009, 3173).

Mit Blick auf § 266 I Var. 2 kommen als Vermögensnachteile nur die Folgeschäden in Betracht, welche die Reinigungsbetriebe nach Aufdeckung des Betrugs durch Schadensersatzleistungen und Prozesskosten erlitten haben. Der *BGH* sieht hierin keine untreuerelevanten Schäden, da sie nicht eine „unmittelbare" Folge des treuwidrigen Verhaltens seien, sondern auf Zwischenschritten beruhten (*BGH* NJW 2009, 3173, 3175). Wendet man statt des Unmittelbarkeitsgedankens die Kriterien der objektiven Zurechnung an (*Perron*, Heinz-FS, 2012, 805; *Brand*, NZG 2016, 692 f.), so kommt man zu einem gegenteiligen Ergebnis, da sich in der Gegenreaktion der betrogenen Eigentümer die gesetzte Ausgangsgefahr widerspiegelt. Die Befürworter des Unmittelbarkeitsaspekts sehen dagegen ein Bedürfnis für eine restriktive Interpretation des § 266; es wird auch davon gespeist, dass § 266 anders als § 263 den Versuch nicht bestraft und keine Bereicherungsabsicht mit dem einschränkenden Kriterium der Stoffgleichheit verlangt (vgl. → Rn. 56; SSW/*Saliger*, § 266 Rn. 89). Diesen Bedenken lässt sich allerdings die besondere Pflichtenstellung des Treupflichtigen entgegenhalten, der kraft seiner Garantenstellung alle Gefahren für das von ihm zu betreuende Vermögen abzuwenden hat.

52d Die Rechtsprechung ist, was den Gedanken der Unmittelbarkeit des Untreueschadens betrifft, keineswegs einheitlich (*Mosiek*, HRRS 2012, 454 ff.) und hat in der Auslösung von Schadensersatzansprüchen auch schon untreuerelevante Schäden erblickt.

Beispiel: Ein treupflichtiger Mitarbeiter M des Steuerberaters und Insolvenzverwalters S überweist Gelder aus Insolvenzmassen auf sein eigenes Konto und löst dadurch Schadensersatzansprüche gegen S aus (*BGH* NStZ 2000, 375).

Der *BGH* hat hier den (Gefährdungs-)Schaden in der drohenden Gefahr einer erfolgreichen Inanspruchnahme auf Schadensersatz gesehen. Mit Blick auf die inzwischen gebotene Bezifferbarkeit (→ Rn. 59) ist dies so nicht mehr vertretbar; im Übrigen wird die Bezifferung derartiger Gefahren auch kaum gelingen. Nach den Kriterien der objektiven Zurechnung muss gefragt werden, ob das Verhalten der Gläubiger, die Ersatzansprüche geltend machen, dem Täter als Reaktion auf sein Ausgangsverhalten anzulasten ist. Das muss bejaht werden (Sch/Sch/*Perron*, § 266 Rn. 45b). Von daher gelangt man sachgerecht zum etwaigen Endschaden (anerkannter oder erfüllter Ersatzanspruch) als untreuerelevantem Vermögensschaden. Im Lichte des Unmittelbarkeitszusammenhangs scheidet eine Zurechnung aus, weil die Gläubiger frei entscheiden können, ob sie gegen S vorgehen (SSW/*Saliger*, § 266 Rn. 93 f.; *Kraatz*, ZStW 2011, 482 f.).

52e Im Bürgschaftsfall der Nürburgring-Affäre (BGHSt 61, 48 ff.) sagte der Finanzminister D in untreuerelevanter Weise eine Landesbürgschaft über 85 Mio. € zu. Muss die Bürgschaft – Jahre später – erfüllt werden, tritt ein dem D objektiv zurechenbarer (End-)Schaden ein. Demgegenüber meint der *BGH*, man komme nicht umhin, im Lichte der Unmittelbarkeit einen zuvor eingetretenen Gefährdungsschaden festzustellen, und konfrontiert insoweit die Instanzgerichte mit dem Problem, die Eintrittswahrscheinlichkeit der Bürgschaft zum Zeitpunkt der Pflichtverletzung in wirtschaftlich messbarer Weise zu berechnen. Gelingt das, soll nach der Ansicht des *BGH* die spätere tatsächliche Zahlung immer „unmittelbar" erfolgt sein, ein Ergebnis, das ganz auf der Linie der objektiven Zurechnung liegt;

wegen des gegebenen Erfüllungsschadens soll jetzt sogar die – verfassungsrechtlich doch gebotene – Bezifferung des Gefährdungsschadens entbehrlich sein. Man fragt sich, welchen Nutzen der Umweg über das Unmittelbarkeitserfordernis haben soll und weshalb nicht dem direkten Weg der objektiven Zurechnung gefolgt wird.

In diesem Sinne schon *Brand*, NZG 2016, 692 f.; erg. *Rengier*, Sieber-FS, 2021, 321 f.

3. Weitere Konstellationen

Im Bereich der **Korruption** fügt ein kaufmännischer Geschäftsfüh- 53
rer oder ein Beamter, der Angebote annimmt, in denen ihm gewährte Bestechungsgelder einkalkuliert oder aus anderen Gründen die Preise überhöht sind, seinem Geschäftsherrn einen Schaden zu und erfüllt insoweit den Untreuetatbestand (sog. Kick-Back-Zahlungen). Was allerdings die Verwendung von erlangten Schmiergeldern betrifft, muss der Geschäftsführer oder Beamte sie zwar gemäß §§ 687 II, 681 S. 2, 667 BGB herausgeben und kann von daher den Geschäftsherrn schädigen; doch gehört diese Pflicht nicht zu den von § 266 geschützten spezifischen Treuepflichten (BGHSt 47, 295, 298; *BGH* NJW 2001, 2102, 2105).

Schwierige Fragen der Schadensfeststellung können sich im Bereich der 53a
Haushalts- oder **Amtsuntreue** ergeben (vgl. BGHSt 43, 293 mit Anm. *Brauns*, JR 1998, 381 ff.; *Bieneck*, wistra 1998, 249 ff.; ferner *BGH* NJW 2001, 2411; 2003, 2179; NStZ 2011, 520; *Rübenstahl/Wasserburg*, NStZ 2004, 521 ff.; Sch/Sch/*Perron*, § 266 Rn. 44; LK/*Schünemann*, 12. Aufl. § 266 Rn. 230). Eine wichtige Rolle spielt hier der schon im Rahmen des § 263 erwähnte Aspekt der Fehlleitung zweckgebundener öffentlicher Mittel (→ § 13 Rn. 270). Bei einem zweckwidrigen Einsatz öffentlicher Mittel ist der Staat grundsätzlich geschädigt, weil die zweckgebundenen Mittel verringert werden, ohne dass der Zweck erreicht wird (BGHSt 19, 37, 44 f.; 43, 293, 297 f.; *BGH* NJW 2001, 2411, 2413). Daher verwirklicht ein Abgeordneter § 266 I Var. 2, dem Haushaltsmittel zur richtlinienkonformen Verwendung übertragen sind, wenn er diese Mittel für einen anderen als den haushaltsrechtlich vorgegebenen Zweck verwendet (*OLG Koblenz* NJW 1999, 3277). Auch die Gewährung einer Subvention, auf die kein Anspruch besteht, schädigt die Staatskasse, und zwar unabhängig davon, ob der Subventionszweck verfehlt wird (*BGH* NJW 2003, 2179, 2180). Der *BGH* lehnt es aber ab, schon im Überschreiten des Haushaltsplans oder in anderen Verstößen gegen das Haushaltsrecht eine zweckwidrige Mittelverwendung zu sehen (BGHSt 43, 293, 296 ff.; *BGH* NJW 2001, 2411, 2413; a. A. *Otto*, JK 98, StGB § 266/17). Folgt man dem, muss hier die Frage des Vermögensnachteils auch unter Einbeziehung etwaiger empfangener Gegenleistungen beurteilt werden.

54   Mit der Stellung des Täters zum geschützten Vermögen hängt es
zusammen, dass ein Vermögensnachteil auch durch **pflichtwidrig unterlassene Vermögensvermehrungen** herbeigeführt werden kann.
Man denke etwa an nicht wahrgenommene konkretisierte günsti-
ge(re) Geschäftsgelegenheiten, an das Vorenthalten von Fremdgeldern
und an die unterlassene Anlage von Geldern (vgl. bereits → Rn. 36 f.).
Diese Anknüpfungspunkte sind unbestritten. Freilich bereitet die Begründung des Schadens gewisse Schwierigkeiten. Da die Untreue ein
Vermögensschädigungsdelikt ist, kann man, bezogen auf den für den
Vermögensvergleich maßgeblichen Zeitpunkt der Tathandlung
(→ Rn. 51), den Nachteil nicht mit der ausgebliebenen Vermögensmehrung als solcher begründen. Daher geht die h. M. einen anderen
Weg und nimmt an, dass in diesen Konstellationen gesicherte Gewinnaussichten betroffen sind. Demzufolge wird der Vermögensschaden in der Vereitelung vermögenswerter Exspektanzen gesehen
(vgl. → Rn. 51; → § 13 Rn. 145). Präziser lässt sich die relevante Ex-
spektanz erfassen, wenn man argumentiert, dass die Pflicht des Täters, bestimmte für das betreute Vermögen vorteilhafte Handlungen
vorzunehmen, und der damit korrespondierende Rechtsanspruch
des Treugebers dann ein Vermögensbestandteil sind, wenn pflichtge-
mäßes Handeln das Vermögen mit an Sicherheit grenzender Wahrscheinlichkeit vermehrt hätte.

> Zur letzten Argumentation vgl. BGHSt 31, 232, 234 f.; *BGH* NJW 1983,
> 1919, 1920 f.; wistra 1984, 109, 110; 1989, 224, 225; *OLG Bremen* NStZ
> 1989, 228, 229; NK/*Kindhäuser*, § 266 Rn. 97 f.; SK/*Hoyer*, § 266 Rn. 100;
> SSW/*Saliger*, § 266 Rn. 80; *Perron*, Heinz-FS, 2012, 804 f. – Zur h. M. vgl.
> *Rönnau*, Kohlmann-FS, 2003, 249 ff.; LK/*Schünemann*, 12. Aufl. § 266
> Rn. 167, 173, 176; *Wittig*, WiStR, § 20 Rn. 166 ff.; MüKo/*Dierlamm/Becker*,
> § 266 Rn. 240; SSW/*Saliger*, § 266 Rn. 80; *Kraatz*, ZStW 2010, 525 f. – Zu
> § 263 vgl. → § 13 Rn. 179 ff.

55   Nicht erfasst sind unterlassene Vermögensvermehrungen, die man nur über
rechtlich missbilligte Geschäfte erreichen kann. Denn solche Versäumnisse
sind weder pflichtwidrig noch können sie einen Schaden im Rechtssinne herbeiführen (*BGH* MDR/H 1979, 456); letzteres lässt sich übrigens mit dem juristisch-ökonomischen Vermögensbegriff (→ § 13 Rn. 139 ff.) schlüssig begründen.

4. Fragen des Gefährdungsschadens

56   Die Übertragung der Rechtsfigur des **Gefährdungsschadens** bzw.
der **schädigenden konkreten Vermögensgefährdung** von § 263

(→ § 13 Rn. 209 ff.) auf § 266 hat wegen der latenten Gefahr, die Strafbarkeit in den Versuchs- und Gefährdungsbereich vorzuverlagern, besondere Probleme hervorgerufen. Während beim Betrug im Wesentlichen „nur" die Grenze zwischen Versuch und Vollendung betroffen ist, kann es bei der – den Versuch nicht bestrafenden – Untreue um Straflosigkeit oder Strafbarkeit gehen. Außerdem kennt der Untreuetatbestand nicht das einschränkende Erfordernis der Bereicherungsabsicht. Betroffen sind in erster Linie wirtschaftsstrafrechtliche Bereiche der Untreue im Zusammenhang z. B. mit Risikogeschäften (vgl. *Mansdörfer*, JuS 2009, 114 ff.; *Wittig*, WiStR, § 20 Rn. 170 ff.).

Vor diesem Hintergrund hat es in der BGH-Rechtsprechung Versuche gegeben, die Untreuestrafbarkeit durch eine restriktive Interpretation des voluntativen Vorsatzelements mit dem Ziel zu begrenzen, eine „Ausweitung des ohnehin schon äußerst weiten Tatbestands der Untreue in Richtung auf ein bloßes Gefährdungsdelikt" zu vermeiden. Danach soll der dolus eventualis hinsichtlich eines Gefährdungsschadens nicht nur die Kenntnis des Täters von der konkreten Möglichkeit eines Schadenseintritts und das Inkaufnehmen dieser konkreten Gefahr voraussetzen, sondern darüber hinaus verlangen, dass sich der Täter mit der Realisierung der Gefahr, d. h. mit dem Vermögensverlust abfindet. **57**

BGHSt 51, 100, 121 ff.; 52, 182, 189 f.; *BGH* NStZ 2007, 704, 705. Näher *Fischer*, StraFo 2008, 275 ff. und NStZ-Sonderheft 2009, 13 f.

Die hiergegen gerichtete **Kritik** der Literatur hat sich nicht gegen das Ziel, sondern gegen den Weg gerichtet und dafür plädiert, die Restriktionen im objektiven Tatbestand zu etablieren. **58**

Vgl. oben Rn. 51 ff.; W/H/S/*Schuhr*, BT 2, Rn. 829 f.; *Fischer*, § 266 Rn. 150 ff., 176 ff.; *Ransiek*, NJW 2007, 1727 ff.; *Schünemann*, NStZ 2008, 430 ff.; SSW/*Saliger*, § 266 Rn. 127.

Eine gewisse Klärung hat die zur Untreue 2010 ergangene Grundlagenentscheidung BVerfGE 126, 170 herbeigeführt. Wie im Zusammenhang mit § 263 ausgeführt (→ § 13 Rn. 212 ff.), hat das *BVerfG* gegen die Figur des Gefährdungsschadens keine prinzipiellen verfassungsrechtlichen Einwände erhoben, jedoch betont, dass auch Gefährdungsschäden in wirtschaftlich nachvollziehbarer Weise festzustellen seien, um eine verfassungswidrige Überdehnung des (Vermögens-)Nachteilsmerkmals zu vermeiden (→ § 13 Rn. 214 f.). Wenn **59** danach gewährleistet ist, dass zwischen Schaden und Gefährdungsschaden nur ein quantitativer Unterschied besteht, ist dem Vorverlagerungsargument (→ Rn. 56) der Boden entzogen und ein Bedürfnis für besondere Restriktionen im Vorsatzbereich nicht mehr ersichtlich. Der *BGH* hat die Rechtsprechung des *BVerfG* schnell rezipiert und verlangt demzufolge, die für den Vermögensschaden relevanten Posten betragsmäßig zu berechnen.

BGH StV 2011, 733, 734; NJW 2016, 2585, 2592; NStZ-RR 2021, 246. – Richtig *BGH* NStZ-RR 2020, 20: Wenn die Bank einen von T treupflichtwidrig erteilten Überweisungsauftrag zu Lasten des Kontos X nicht ausführt, entsteht X kein messbarer Vermögensschaden; die Annahme eines Gefährdungsschadens würde auch die Straflosigkeit der versuchten Untreue umgehen.

5. Speziell: Bildung sog. schwarzer Kassen

60   Im vorstehenden Umfeld kreist auch die Diskussion um die Siemens-Entscheidung BGHSt 52, 323 und die Strafbarkeit der Bildung von sog. schwarzen Kassen:

K oblag als leitendem Angestellten der S.-AG die kaufmännische Leitung eines bestimmten Geschäftsbereichs. In seinem Bereich war er u. a. zuständig für die Buchhaltung und die Region Europa und hatte die Befugnis, Zahlungen in unbegrenzter Höhe anzuweisen. Zum Geschäftsbereich gehörte ein etabliertes System für Leistung von Bestechungsgeldern, die auf diversen – nicht unter dem Namen der S.-AG geführten – Auslandskonten in Liechtenstein und Dubai lagerten und nicht ordnungsgemäß verbucht wurden. Das System hatte K von seinem Vorgänger W übernommen und war dem Vorstand (§ 76 AktG) weder bekannt noch von diesem gebilligt; vielmehr widersprach es einem ausdrücklichen Verbot jeglicher Schmiergeldzahlungen. Um zwei Aufträge in Italien zu erlangen, zahlte K Bestechungsgelder jeweils in Millionenhöhe. Die S.-AG erwirtschaftete durch die erlangten Aufträge einen Gewinn von über 100 Mio. €.

61   Nach der Ansicht des *BGH* erfüllt K § 266 I Var. 2. Er stützt die Verurteilung insbesondere auf die folgenden Punkte:
(1) Das tatbestandsrelevante Verhalten soll darin liegen, dass K die Gelder nicht ordnungsgemäß verbucht und der S.-AG offenbart hat. Der *BGH* sieht den Schwerpunkt der Vorwerfbarkeit (vgl. *Rengier*, AT, § 48 Rn. 9 ff.) in diesem Unterlassen und nicht etwa bei den einzelnen Vermögensverfügungen (BGHSt 52, 323, 333 f.; zum Unterlassen erg. → Rn. 35 ff., 54).

62   (2) Da es für eine Einwilligung des Treugebers keine Anhaltspunkte gibt, lässt der *BGH* die Frage offen, ob einer solchen Einwil

ligung bei der Verfolgung von Bestechungszwecken Grenzen gesetzt wären (BGHSt 52, 323, 335; dazu *Rönnau*, ZStW 2007, 922 ff.).

(3) Weiter nimmt der *BGH* nicht nur eine schädigende konkrete 63 Vermögensgefährdung, sondern den Eintritt eines endgültigen Vermögensschadens an. Er begründet dies damit, dass die schwarzen Kassen nach Maßgabe eigener Zweckmäßigkeitserwägungen unter Ausschaltung des Vermögensinhabers geführt und diesem daher die Gelder entzogen worden seien. Anders als in den Fällen der → Rn. 51a halte der Täter nicht eigene Mittel zum Ersatz bereit (BGHSt 52, 323, 336 f.; erg. BGHSt 55, 266, 288 ff.).

(4) Schließlich betont der *BGH*, dass der Entziehung des Vermö- 64 genswertes keine schadensverhindernde unmittelbare Kompensation gegenüberstehe (vgl. → § 13 Rn. 179 ff.). Dafür genügten weder die „vage Chance", mit dem Schwarzgeld später einen möglicherweise wirtschaftlich vorteilhaften Vertrag abzuschließen, noch gar die bloße Absicht dazu (BGHSt 52, 323, 337 f.).

Zustimmend *Fischer*, NStZ-Sonderheft 2009, 8 ff.; *Ransiek*, NJW 2009, 95 f. 65 – Kritisch bis ablehnend: SSW/*Saliger*, § 266 Rn. 95 ff.; *Knauer*, NStZ 2009, 151 ff.; *Satzger*, NStZ 2009, 297 ff.; *Rönnau*, StV 2009, 246 ff.; *Jahn*, JuS 2009, 175 f.; *Bernsmann*, GA 2009, 300 ff.; *Wickel*, JA 2019, 754 ff. mit Falllösung. – Ergänzend *Wittig*, WiStR, § 20 Rn. 183 ff.; *Jäger*, BT, Rn. 580 ff. – Das *BVerfG* hat die auf die Verletzung des Art. 103 II GG gestützte (vgl. → Rn. 1a) Verfassungsbeschwerde gegen BGHSt 52, 323 zurückgewiesen (BVerfGE 126, 170, 212 ff.; dazu *Saliger*, NJW 2010, 3195 ff.; *Kuhlen*, JR 2011, 251 f.).

Siehe ferner *BGH* NStZ 2014, 646 (mit Anm. *Hoven*); 2020, 544 (mit Anm. *Habetha*); *Becker*, NZWiSt 2015, 38 ff.

V. Täterschaft und Teilnahme

§ 266 ist ein **Sonderdelikt**. Täter kann nur sein, wer in seiner Per- 66 son alle Kriterien der Vermögensbetreuungspflicht erfüllt. Für nicht sonderpflichtige Teilnehmer (§§ 26, 27) gilt § 28 I (*BGH* NStZ 2012, 630).

Dies erklärt, weshalb im **Fall 2** (siehe schon → Rn. 11, 24) der nicht treupflichtige R nur als Teilnehmer (§ 26) in Betracht kommt und seine aus den §§ 266 I Var. 2, 26 folgende Strafe nach § 28 I gemildert werden muss (zu Fragen des § 28 I näher *Rengier*, AT, § 46; BT II, § 5 und § 59 Rn. 1 ff.).

Was die **Täterschaft** betrifft, so stellt sich vor dem Hintergrund, 67 dass als Tathandlung des § 266 I Var. 2 jedes pflichtverletzende Tun oder Unterlassen in Betracht kommt (→ Rn. 35 ff.), die Frage, ob jeder – schädigende – tatbestandsmäßige Pflichtenverstoß durch den Treupflichtigen seine Täterschaft begründet.

68 Im **Fall 1c** geht es um eine insoweit problematische Konstellation. Vorab ist kurz festzuhalten, dass A § 242 erfüllt, da er den Gewahrsam des X bricht und die weggenommene Sache P zueignen will. P ist insoweit mangels jeder Tatherrschaft über die Tathandlung der Wegnahme nur Anstifter und nicht (Mit-)Täter des § 242.

Bezüglich § 266 I Var. 2 kommt A, da er keine Treuepflicht hat, als tauglicher Täter nicht in Betracht. Von daher scheidet auch eine Anstiftung durch P aus. Doch fragt es sich, ob man den treupflichtigen P nicht als Täter des § 266 I Var. 2 ansehen kann. Eine Meinung lehnt dies mit der Begründung ab, dass P keine Tatherrschaft über die Herbeiführung des Vermögensschadens durch den wegnehmenden A habe (SK/*Hoyer*, § 25 Rn. 21 f.). Demgegenüber sieht ein Teil der Literatur in § 266 ein Pflichtdelikt, bei dem allein die besondere Pflichtenstellung die Täterschaft begründet, ohne dass es auf das Maß der Tatherrschaft ankommt (*Roxin*, AT II, § 25 Rn. 267 ff.; *Wittig*, WiStR, § 6 Rn. 70 ff., § 20 Rn. 7 ff.). Nach einer dritten Ansicht soll P mittelbarer Täter des § 266 I Var. 2 sein, da er A als qualifikationsloses doloses Werkzeug benutze und sich daraus seine – hier normativ zu verstehende – Tatherrschaft ergebe (vgl. *Jescheck/Weigend*, AT, § 62 II 7; erg. → § 27 Rn. 3 ff.; *Rengier*, AT, § 43 Rn. 14 ff.).

69 Im Ergebnis ist es richtig, P als *unmittelbaren* Täter des § 266 I Var. 2 zu bestrafen. Zur Begründung muss man nicht unbedingt die durchaus problematische Pflichtdeliktslehre heranziehen (abl. *Rengier*, AT, § 43 Rn. 19 f.). Denn gegenüber anderen Sonderdelikten (= Pflichtdelikten) wie § 288 (vgl. → § 27 Rn. 3) oder § 203 weist § 266 die Besonderheit auf, dass sein objektiver Tatbestand die Strafbarkeit ausdrücklich an jede Pflichtverletzung als Tathandlung anknüpft. Das Anstifterverhalten des P stellt eine solche tatbestandsmäßige Pflichtverletzung dar, über die er selbstverständlich die Tatherrschaft hat. Aus diesem Fehlverhalten geht dann, wie es § 266 I genügen lässt (vgl. „… und dadurch … Nachteil zufügt"), in zurechenbarer Weise das schädigende Verhalten des A hervor. P würde, ob vor Ort oder nicht, § 266 I Var. 2 selbst dann verwirklichen, wenn er bloß tatenlos zusähe, wie andere dem Betrieb vorsätzlich Vermögenswerte entziehen, obschon er dies verhindern könnte (vgl. auch SSW/*Murmann*, § 25 Rn. 11; *Stratenwerth/Kuhlen*, AT I, § 12 Rn. 40; *Seier*, JA 1990, 382; *Eisele*, BT II, Rn. 913 f.).

Abschließend ist noch die Beteiligung des A an der täterschaftlichen Untreue des P festzustellen (§§ 266 I Var. 2, 27, 28 I). Wäre A treupflichtig, gelangte man zu einer mittäterschaftlichen Untreue. Da demnach A an sich täterschaftlich agiert und die Annahme von Beihilfe allein auf dem Fehlen des strafbegründenden persönlichen Merkmals beruht, kommt neben der Milderung gemäß § 28 I eine weitere Milderung nach § 27 II 2 nicht in Betracht (*BGH* NStZ 2012, 630; 2019, 525, 526).

Die Fragen der Untreue hätten strafbarkeitsentscheidende Bedeutung, wenn 70 im **Fall 1c** P den A zu einer schädigenden bloßen Sachentziehung veranlassen würde, die sich weder dem § 242 (vgl. → § 2 Rn. 138) noch § 303 (vgl. → § 24 Rn. 15 f.) subsumieren ließe.

VI. Sonstiges

Der **Versuch** des § 266 ist nicht strafbar (§§ 23 I, 12 II). Nach § 266 71 II gelten die §§ 243 II, 247, 248a, 263 III entsprechend.

Konkurrenz mit § 246 II: Soweit das Tatobjekt der Untreue eine 72 fremde Sache ist und zugleich § 246 II erfüllt wird, greift die Subsidiaritätsklausel des § 246 I nicht ein, weil § 266 I und § 246 II die gleiche Strafe androhen (→ § 5 Rn. 64 ff.).

Folglich muss man das Verhältnis zwischen § 266 I und § 246 II 73 nach den allgemeinen Konkurrenzregeln bestimmen. Insoweit stößt man auf den alten Streit, ob Tateinheit oder Konsumtion besteht. Da die Untreue typischerweise eigennützig begangen wird, verdient die Auffassung der h. M. den Vorzug, die § 246 II im Wege der Konsumtion als mitbestrafte Begleittat hinter § 266 I zurücktreten lässt. Diese Ansicht ist zudem besser mit der Entscheidung des Gesetzgebers zu vereinbaren, § 246 als Auffangtatbestand auszugestalten. Die Gegenmeinung sieht ein Bedürfnis, die Eigentumsverletzung durch die Annahme von Tateinheit klarzustellen.

Zur h. M. siehe *BGH* wistra 1991, 213, 214; 2004, 105, 107; *Lackner/Kühl,* § 266 Rn. 23; Sch/Sch/*Perron,* § 266 Rn. 55; *Eisele,* BT II, Rn. 278. – A. A. M/ *Momsen,* BT 1, § 45 Rn. 63.

Empfehlungen zur vertiefenden Lektüre:
Rechtsprechung: BGHSt 13, 315 (Verwalter eines Fahrkartenschalters der Eisenbahn); BGHSt 22, 190 (Handeln entgegen verlängertem Eigentumsvorbehalt); BGHSt 41, 224 (Umgang mit Mietkaution entgegen § 551 III BGB n. F. bei einer Wohnraummiete); BGHSt 52, 182 (keine Vermögensbetreuungspflicht für Kautionen bei einer Gewerberaummiete); BGHSt 52, 323 (Bil-

dung schwarzer Kassen); *BGH* NJW 1983, 461 (Verjährenlassen einer Forderung durch Rechtsanwalt); *BGH* NStZ 1983, 455 (Ansichnahme von Geld durch Sortenkassierer); *BGH* JR 1985, 28 (Gewährung ungenügend gesicherter Bankkredite durch Vorstandsmitglied und Prokuristen); *BGH* wistra 1989, 60 (Ansichnahme von Geld durch allein verantwortlichen Kassierer); *BGH* NJW 2000, 154 (Untreue gegenüber der GmbH bei Zustimmung aller Gesellschafter); *OLG Bremen* NStZ 1989, 228 (Nichtwahrnehmung günstiger Geschäftsgelegenheiten durch Gebrechlichkeitspfleger); *OLG Düsseldorf* wistra 1994, 33 (Nichtanlage einer Mietkaution); *OLG Düsseldorf* NJW 2000, 529 (keine Vermögensbetreuungspflicht bei bloßer Verkaufsvereinbarung); *OLG Koblenz* NStZ 2012, 330 (Missbrauch einer im Innenverhältnis erloschenen Kontovollmacht).

Literatur: *Seier/Martin*, Die Untreue (§ 266 StGB), JuS 2001, 874 ff.; *Mitsch*, Die Untreue – keine Angst vor § 266 StGB, JuS 2011, 97 ff.

§ 19. Missbrauch von Scheck- und Kreditkarten (§ 266b)

I. Grundlagen und Aufbaufragen

1   Die im Jahre 1986 durch das 2. WiKG eingefügte Vorschrift schützt nicht nur das Vermögen, sondern auch die Funktionsfähigkeit des bargeldlosen Zahlungsverkehrs (BGHSt 47, 160, 168; A/W/*Heinrich*, BT, § 23 Rn. 42, 54; a. A. etwa MüKo/*Radtke*, § 266b Rn. 1). § 266b soll(te) Strafbarkeitslücken schließen, die in Fällen des Scheckkarten- und Kreditkartenmissbrauchs nach verbreiteter Ansicht vor allem bei den §§ 263, 266 sichtbar geworden waren.

2   Der **Tatbestand des Scheckkartenmissbrauchs** (§ 266b I Var. 1) hat seit dem 1.1.2002 keine Bedeutung mehr, weil mit diesem Tag die Zahlungsgarantie entfallen ist, die bis dahin die Banken bei der Bezahlung mittels Euroscheck und Scheckkarte übernommen hatten. Hat die „Scheckkarte" ihre Funktion verloren, kann es auch den „Scheckkartenmissbrauch" nicht mehr geben. Der Wortlaut verbietet es daher, Codekarten wie namentlich die von den Banken und Sparkassen ausgegebenen Girocards/Maestro-Karten (sog. Debitkarten), die niemals eine Scheckkartenfunktion besessen haben, der Var. 1 zu subsumieren (ebenso W/H/S/*Schuhr*, BT 2, Rn. 650, 842; Sch/Sch/*Perron*, § 266b Rn. 4; MüKo/*Radtke*, § 266b Rn. 11 f.).

Im Rahmen der Vereinheitlichung des europäischen Zahlungsverkehrs ist aus der früheren „ec-Karte" eine „Girocard" geworden. Girocard ist ein

Name und Logo für die beiden Debitkarten-Zahlungssysteme, nämlich das PIN-gestützte Bezahlen im Handel innerhalb des electronic-cash-Systems und die Bargeldbeschaffung am Geldautomaten. Das ec-Logo wird und nach durch das Girocard-Logo ersetzt (www.girocard.eu). Das zusätzliche Maestro-Logo auf den meisten Girocards steht für die Möglichkeit, die Debitkarte in gleicher Weise auch im Ausland insbesondere an entsprechend gekennzeichneten Geldautomaten einsetzen zu können.

Der **Tatbestand des Kreditkartenmissbrauchs** findet sich in 3 § 266b I Var. 2. Im objektiven Tatbestand muss man zunächst sehen, dass als Täter, wie sich aus dem Gesetzeswortlaut („ihm") sowie der Untreuenähe (→ Rn. 11 ff.) ableiten lässt, *nur* der – sog. „berechtigte" – Karteninhaber persönlich in Betracht kommt (Sonderdelikt!), also auch nicht jemand, dem der Berechtigte die Karte zur Nutzung überlassen hat (*BGH* NStZ-RR 2017, 281). Schon deshalb scheidet in den in → § 14 Rn. 28 ff. erörterten Konstellationen des Bankautomatenmissbrauchs durch einen nicht berechtigten Karteninhaber eine Strafbarkeit gemäß § 266b aus. Was das Merkmal der „Möglichkeit, den Aussteller zu einer Zahlung zu veranlassen," betrifft, so sprechen die Entstehungsgeschichte und die Verwendung des Begriffs der Kreditkarte im klassischen Sinn für die Absicht des Gesetzgebers, nur Zahlungskarten mit Garantiefunktion erfassen zu wollen, also solche Karten, die es dem Karteninhaber ermöglichen, den Aussteller zu einer *garantierten* Zahlung gegenüber einem Dritten zu veranlassen (BT-Drs. 10/5058, S. 32; erg. → Rn. 10 ff., 19; insoweit klarer § 152b IV Nr. 1; dazu *Rengier*, BT II, § 39 Rn. 28). Ob der Täter die Kreditkarte missbraucht, richtet sich nach dem Innenverhältnis zum Kartenaussteller. Schließlich muss der Missbrauch eine (Vermögens-) Schädigung des Ausstellers herbeiführen. Auch darauf hat sich der Vorsatz zu erstrecken (§ 15).

Speziell bei den **Kreditkarten** ist vor allem zwischen den beiden 4 Formen der Kundenkreditkarte und der Universalkreditkarte zu unterscheiden (*Heinz*, Maurer-FS, 2001, 1115 f.; MüKo/*Radtke,* § 266b Rn. 13 ff., 25 ff.). Soweit eine Kreditkarte – für die Girocard/Maestro-Karte gilt dies entsprechend – mehrere Funktionen in sich vereint, muss auf die jeweilige Verwendungsart abgestellt werden.

Die **Kundenkreditkarte** wird von einem bestimmten Unterneh- 5 men, z. B. von einer Warenhauskette, an Kunden ausgegeben, nachdem es deren Bonität geprüft hat. Nach Überlassung der Karte kann der Kunde damit (nur) bei diesem Unternehmen und etwaigen Filialen bargeldlos Geschäfte abschließen. Dabei gewährt das kartenaus-

gebende Unternehmen dem Karteninhaber insoweit einen „Kredit",
als es vorleistet und erst später seine Forderung(en) gegenüber dem
Kunden einzieht; rechtlich ist das eine Stundung. Wegen der begrenz-
ten Wirkung solcher Kundenkreditkarten spricht man vom „Zwei-
Partner-System". Nach h.M. erfasst § 266b I Var. 2 den Kartenmissbrauch in diesem Bereich nicht (→ Rn. 18 ff.).

6   Die **Universalkreditkarte** ist die klassische Kreditkarte, für die in
erster Linie die Namen MasterCard, Visacard, American-Express-
Karte und Diners-Club-Karte stehen. Bei diesen Karten gibt es keine
Beschränkung auf ein einzelnes Unternehmen, sondern sie können
weltweit „universal" bei allen Vertragsunternehmen – typischerweise
Hotels, Restaurants, Geschäfte, Kfz-Vermieter – eingesetzt werden.
Die entscheidende Basis für das Kreditkartengeschäft bildet die Zu-
sage einer garantierten Zahlung (vgl. § 152b IV Nr. 1), die das Vertragsunternehmen in der Form eines abstrakten Schuldversprechens
erhält, und zwar im klassischen „Drei-Partner-System" vom Kreditkartenunternehmen selbst. Dieses Versprechen bezieht sich darauf,
alle Forderungen, die ein Vertragsunternehmen gegen einen Kreditkarteninhaber hat, abzüglich einer Servicegebühr auszugleichen, sofern das Vertragsunternehmen die vereinbarten Bedingungen (z.B.
Vorlage der Kreditkarte, Überprüfung der Unterschrift, Erstellen eines ordnungsgemäßen Belastungsbelegs, Online-Autorisierungsan-
frage) eingehalten hat.

Der Begriff „Kredit"-Karte rührt daher, dass der Kartenaussteller
dem Karteninhaber typischerweise einen bestimmten (monatlichen)
Kreditrahmen einräumt, dessen Einhaltung bei Zahlungen mit der
Kreditkarte per Autorisierungsanfrage überprüft wird und der unabhängig vom aktuellen Stand des Girokontos bis zu seiner Erschöp-
fung in Anspruch genommen werden kann. Freilich hat der Karteninhaber dafür zu sorgen, dass zum Abrechnungsstichtag das als
Belastungskonto vereinbarte Girokonto eine ausreichende Deckung
aufweist, damit der Kartenaussteller seine fälligen Forderungen vereinbarungsgemäß mittels Lastschrift einziehen kann.

7   Die Universalkreditkarte fällt unstreitig unter § 266b I Var. 2. Daran sollte nicht gerüttelt werden, auch wenn man im Strafrecht lange
zu wenig beachtet hat, dass sich neben dem klassischen „Drei-Partner-System" ein wesentlich verbreiteteres „Vier-Partner-System" mit
anderen zivilrechtlichen Rahmenbedingungen etabliert hat und es daher neuer Begründungsansätze bedarf (→ Rn. 9 ff.).

Der Begriff Kreditkarte erlaubt es, darunter auch andere Zahlungskarten zu verstehen, mit denen in vergleichbarer Weise garantierte Zahlungen ausgelöst werden können. Relativ verbreitet sind **Tankkarten,** die bargeldloses Tanken und Einkaufen bei bestimmten Tankstellen ermöglichen (vgl. → § 18 Rn. 30). Entspricht die rechtliche Konstruktion einem Zwei-Partner-System, scheidet § 266b I Var. 2 von vornherein aus (→Rn. 18 ff.). Besteht ein Drei-Partner-System (→ Rn. 10 ff.), kommt es darauf an, ob, wie es § 266b I verlangt, gerade der Aussteller zu einer garantierten Zahlung an den Tankstelleninhaber veranlasst wird und außerdem den Schaden trägt, weil er etwa gegen den Kartenbesitzer (z. B. ein Unternehmen, eine Behörde) keine Ausgleichsansprüche hat (so in *OLG Dresden* NStZ 2006, 633). Weiter stellt sich vor allem die Frage, inwieweit **Debitkarten** unter die Kreditkartenvariante fallen können (→ Rn. 22 ff.).

Es ist nicht ganz leicht, § 266b richtig zu erfassen. Dies hängt zum 8 einen damit zusammen, dass die Var. 1 des § 266b I keinen Anwendungsbereich mehr hat. Ferner muss man in der Var. 2 zwischen Universal- und Kundenkreditkarten differenzieren. – Eine Orientierung ermöglicht das folgende

---

Aufbauschema (§ 266b)

I. Tatbestandsmäßigkeit
  1. Objektiver Tatbestand
    a) Täter: nur der berechtigte Karteninhaber (Sonderdelikt)
    b) Var. 1: Tatobjekt Scheckkarte (gegenstandslos)
    c) Var. 2.: Tatobjekt Kreditkarte
      aa) Universalkreditkarte
      bb) Kundenkreditkarte
    d) Missbrauch der Möglichkeit, den Aussteller zu einer – garantierten (h. M.) – Zahlung zu veranlassen
      aa) Verwendung einer Universalkreditkarte in einem „Drei-" oder „Vier-Partner-System" mit Auslösung einer Garantiefunktion
      bb) Verwendung einer Kundenkreditkarte in einem „Zwei-Partner-System" (nicht erfasst; h. M.)
      cc) Verwendung ohne Auslösung einer Garantiefunktion (nicht erfasst; h. M.)
    e) Vermögensschaden
  2. Subjektiver Tatbestand: Vorsatz
II. Rechtswidrigkeit
III. Schuld

Zu beachten ist noch der Verweis auf § 248a in § 266b II. – Enthält eine Karte mehrere Funktionen, so ist die konkrete Benutzungsart entscheidend.

II. Missbrauch von Universalkreditkarten

1. Grundlagen

9   Die strafrechtliche Diskussion ist immer noch vom klassischen Leitbild der Universalkreditkarte im „Drei-Partner-System" und der untreuespezifischen Anlehnung des § 266b I Var. 2 an den Missbrauchstatbestand des § 266 I Var. 1 beeinflusst. Diesem Leitbild entsprechen heute allenfalls noch die American-Express-Karte und die Diners-Club-Karte, deren Marktanteil aber in Deutschland unter 10 % liegt. Das Kreditkartensystem der Marktführer Visa und Mastercard, die einen Marktanteil von über 90 % aufweisen, beruht im Wesentlichen auf einem Vierecksverhältnis, dessen zivilrechtliche Konstruktion ein neues Licht auf die Interpretation des § 266b I Var. 2 wirft.

Grundlegend *Brand*, WM 2008, 2194 ff.; vertiefend *Rengier*, Heinz-FS, 2012, 808 ff.; ferner daran anknüpfend *Wittig*, WiStR, § 21 Rn. 19, 22; Beck-OK StGB/*Wittig*, § 266b Rn. 12, 15; W/H/S/*Schuhr*, BT 2, Rn. 844; *Eisele*, BT II, Rn. 922, 932; MüKo/*Radtke*, § 266b Rn. 14 ff.; *Klesczewski*, BT, § 9 Rn. 165. – Zur zivilrechtlichen Seite vertiefend *Casper*, in: *Baumbach/Hefermehl/Casper*, Wechselgesetz usw., 24. Aufl. 2020, E Rn. 697 ff., 781 ff.

2. Das „Drei-Partner-System" als Ausgangspunkt und gesetzgeberisches Leitbild

10   **Beispiel:** Der zahlungsunfähige und zahlungsunwillige Kreditkarteninhaber K bezahlt ohne Kontodeckung mit einer Universalkreditkarte des Kreditkartenunternehmens A oder D (American-Express-Karte bzw. Diners-Club-Karte) Waren im Wert von 400 €, die er bei dem Vertragsunternehmer V der beiden Unternehmen gekauft hat. Dabei legt K seine A- bzw. D-Kreditkarte vor, und V erstellt entsprechend den mit A und D vereinbarten Bedingungen insbesondere einen ordnungsgemäßen Belastungsbeleg. Nach Vorlage des Belegs zahlt das Kreditkartenunternehmen aufgrund des mit V geschlossenen Rahmenvertrages und der Zahlungsgarantie 400 € an V, während es selbst von K mangels Deckung des Belastungskontos keinen Ersatz erlangen kann.

11   Den Kreditkartenmissbrauch im „Drei-Partner-System" mit den Beteiligten Kreditkartenunternehmen (= Kartenaussteller) – Karten-

inhaber – Vertragsunternehmen hatte die h. M. bis 1986 für straflos gehalten (BGHSt 33, 244, 248 ff.). So kann im Beispielsfall bezüglich § 263 von einem Irrtum des V keine Rede sein, weil er sich wegen des die Zahlung garantierenden Schuldversprechens über die Bonität des K keine Gedanken machen muss und macht (→ § 13 Rn. 49). Was die Bestrafung des K wegen Untreue anbelangt, hat der *BGH* ohne nähere zivilrechtliche Überlegungen zwar behauptet, der Karteninhaber sei durch Rechtsgeschäft befugt gewesen, den Kartenaussteller zu verpflichten, doch scheitert § 266 I Var. 1 nach h. M. jedenfalls an der fehlenden Vermögensbetreuungspflicht gegenüber A bzw. D (→ § 18 Rn. 14).

Vor diesem Hintergrund gingen die Absichten des Gesetzgebers **12** von 1986 dahin, § 266b I Var. 2 unter Verzicht auf die untreuespezifische Vermögensbetreuungspflicht an den Missbrauchstatbestand des § 266 I Var. 1 anzulehnen. Folgt man dem, muss auch bei § 266b I Var. 2 der Täter einen anderen im Außenverhältnis rechtlich wirksam binden, indem er im Innenverhältnis missbräuchlich über sein rechtliches Dürfen hinausgeht (BT-Drs. 10/5058, S. 32 f.; *BGH* NStZ 1992, 278, 279). Diesem gesetzgeberischen Leitbild, dem das Schrifttum – letztlich ebenfalls ohne präzise Aussagen zur zivilrechtlichen Konstruktion – weitgehend gefolgt ist, liegt der untreuespezifische Gedanke zugrunde, dass der Kreditkartenaussteller bei der Abgabe seines abstrakten Schuldversprechens gegenüber dem Vertragsunternehmen vom Karteninhaber rechtsgeschäftlich vertreten wird (vgl. *Brand*, WM 2008, 2196 f.; MüKo/*Radtke*, § 266b Rn. 17, 20).

So betrachtet verpflichtet im Beispielsfall K (Karteninhaber) in schädigender **13** Weise – mit Hilfe der ihm überlassenen Karte – nach außen hin rechtlich bindend A bzw. D (Aussteller), aufgrund der Zahlungsgarantie an V 400 € zu zahlen, obwohl K im Innenverhältnis zu A bzw. D keinen Kredit hat und vertragswidrig handelt.

Ob diese Konstruktion jemals tragfähig gewesen ist, sei dahingestellt. Sie ist es jedenfalls im Lichte der neueren zivilrechtlichen Rechtsprechung und des heute dominanten „Vier-Partner-Systems" nicht mehr (→ Rn. 14 ff.). Die Auswirkungen auf das Drei-Partner-System sind nicht zu übersehen, zumal American Express als Hauptvertreter dieses Systems seine Allgemeinen Bedingungen für Vertragspartner, insbesondere was das Zustandekommen des abstrakten Schuldversprechens betrifft, exakt an die Entwicklung im Vier-Partner-System angepasst hat (→ Rn. 17; *Rengier*, Heinz-FS, 2012, 810 f., 814 f.).

3. Das heute vorherrschende „Vier-Partner-System"

14   Die Praxis des heutigen Kreditkartensystems wird von den Markt-
führern Visa und Mastercard bestimmt. Dieses System weicht von
dem herkömmlichen Dreiecksverhältnis erheblich ab. So tritt hier die
Kreditkartenorganisation als Aussteller gar nicht auf, sondern vergibt
u. a. an Bankinstitute nur Lizenzen. Die Institute ihrerseits schließen
mit den Karteninhabern Kartenverträge und stellen auf diese Weise
die Karten aus. Die Aufgabe, Vertragsunternehmen anzuwerben,
übernehmen eigens eingeschaltete und selbstständige sog. Acquiring-
Unternehmen (auch Händlerbanken genannt), die für diesen Zweck
ebenfalls von der Kartenorganisation Lizenzen erwerben. Auf diese
Weise wird aus dem Dreieck ein Viereck mit den Beteiligten Bankinstitut (= Kartenaussteller) – Karteninhaber – Vertragsunternehmen –
Acquiring-Unternehmen. Besonders wichtig ist, dass das für das Vertragsunternehmen essentielle abstrakte Schuldversprechen mit dem
Acquiring-Unternehmen geschlossen wird. Das Acquiring-Unternehmen wiederum hat bezüglich aller geleisteten Zahlungen aus den
Lizenzvereinbarungen resultierende interne Ausgleichsansprüche gegen die kartenausgebende Bank (sog. „Interchange"), die insoweit
keine Widerspruchsrechte hat und daher bei einem missbräuchlichen
Karteneinsatz am Ende den Schaden tragen muss.

15   Auf dem Boden der Vierecksstruktur müsste man, um die traditio-
nelle, an § 266 I Var. 1 angelehnte, untreuespezifische Auslegung des
§ 266b I Var. 2 aufrechterhalten zu können, annehmen, dass der Karteninhaber für das Acquiring-Unternehmen in rechtsgeschäftlicher
Weise das abstrakte Schuldversprechen begründet, wenn er unter
Verwendung der Kreditkarte ein Rechtsgeschäft mit einem Vertragsunternehmen abschließt. Das ist indes ein sehr fernliegender Gedanke, weil zwischen dem Acquiring-Unternehmen und dem Karteninhaber überhaupt keine Rechtsbeziehungen bestehen. Daher geht
die h. M. im Zivilrecht davon aus, dass die rechtsgeschäftliche Zahlungsgarantie durch ein dem Vertragsunternehmen vom Acquiring-
Unternehmen gegebenes abstraktes Schuldversprechen entsteht, das
aufschiebend bedingt insbesondere an die Einreichung des Belastungsbelegs geknüpft ist.

BGHZ 150, 286, 293 ff.; 157, 256, 261 f.; *Casper* (wie → Rn. 9), E Rn. 821 ff.;
Grüneberg/*Sprau*, § 675 f BGB Rn. 55 ff.; MüKoBGB/*Casper*, § 675 f
Rn. 115 ff.; *Brand*, WM 2008, 2197 ff.; *Rengier*, Heinz-FS, 2012, 809 ff.

Will man vor diesem Hintergrund die Visa- und Mastercard-Kar- 16
ten weiterhin von § 266b I Var. 2 erfasst sehen und den Tatbestand
nicht zur Bedeutungslosigkeit herabstufen, so muss man von dem
Gedanken Abschied nehmen, § 266b I Var. 2 erfordere wie der Missbrauchstatbestand des § 266 I ein rechtsgeschäftliches Handeln des
Täters, das im Außenverhältnis den Schuldner des abstrakten Schuldversprechens wirksam bindet. Der Wortlaut zwingt nicht zu einem
solchen Verständnis der Untreueäquivalenz. Vielmehr kann und
muss man im Außenverhältnis bezüglich der „Möglichkeit", den
Aussteller (das Bankinstitut) zu einer – garantierten – Zahlung zu
veranlassen, auch die von ihm eingeräumte Rechtsmacht genügen lassen, durch die Benutzung der Kreditkarte eine notwendige Bedingung für das Zustandekommen der die Bank treffenden garantieähn-
lichen (→ Rn. 14) Ausgleichspflicht zu setzen.

Scheidet demnach im Regelfall der Vierecksskonstruktion die un- 17
treuespezifische Annahme einer rechtsgeschäftlichen Bindungsmacht
des Karteninhabers aus, so gibt es keine überzeugenden Gründe
mehr, bei der erheblich selteneren herkömmlichen Dreiecks-Konstel-
lation noch anders zu argumentieren (*Brand*, WM 2008, 2199). American Express hat ohnehin schon die Konsequenzen gezogen und
seine Bedingungen an die Struktur im Vier-Partner-System angepasst
(→ Rn. 13). Daher ist auch im „Drei-Partner-System" anzunehmen,
dass der Karteninhaber am Zustandekommen des abstrakten Schuldversprechens zwischen dem Aussteller (dem Kreditkartenunternehmen) und dem Vertragsunternehmen nicht als Stellvertreter oder in
anderer Weise rechtsgeschäftlich bindend mitwirkt, sondern durch
den Gebrauch der Kreditkarte lediglich den entscheidenden tatsächlichen – für § 266b I Var. 2 ausreichenden – Grund für den Eintritt
der aufschiebenden Bedingung setzt.

III. Missbrauch von Kundenkreditkarten
im „Zwei-Partner-System"

Streitig ist, ob auch der Missbrauch von Kundenkreditkarten im 18
„Zwei-Partner-System" (dazu → Rn. 5) unter § 266b I Var. 2 fällt.

Beispiele: Der zahlungsunfähige und zahlungsunwillige Karteninhaber K
bezahlt ohne Kontodeckung mit einer – bargeldloses Einkaufen ermöglichenden – Kundenkreditkarte des Kaufhauses V Waren im Wert von 400 €. *Oder:*
K bucht bei der Lufthansa Flüge, die er mit seiner Air-Plus-Kundenkredit-

karte der Lufthansa bargeldlos „bezahlt" und in Anspruch nimmt (BGHSt 38, 281). Die Forderungen des Kaufhauses wie der Lufthansa bleiben unerfüllt.

19   Nach der vorzugswürdigen h. M. ist in beiden Fällen § 266b I Var. 2 nicht erfüllt. Für die h. M. spricht schon der Wortlaut, der die Veranlassung zu einer „Zahlung" verlangt. In den Beispielsfällen kann aber nicht davon die Rede sein, dass V bzw. die Lufthansa „zahlen"; vielmehr stellen sie Waren bzw. Dienstleistungen zur Verfügung. Zudem bestehen keine Strafbarkeitslücken, weil der täuschende Missbrauch von Kundenkarten beim getäuschten Partner in der Regel einen Irrtum hervorruft und daher von § 263 erfasst wird. Schließlich soll § 266b nach seinem Gesetzeszweck Beziehungen erfassen, in denen der Kreditgeber aufgrund einer durch die Benutzung der Kreditkarte ausgelösten Zahlungsgarantie zu Zahlungen an Dritte verpflichtet wird.

Zur h. M. BGHSt 38, 281 ff.; *Lackner/Kühl*, § 266b Rn. 4; Sch/Sch/*Perron*, § 266b Rn. 5b; MüKo/*Radtke*, § 266b Rn. 25 ff.; erg. → Rn. 3, 10 ff. – Falllösung zu einer Tankkarte bei *Brand/Hotz*, JuS 2014, 715.

20   Gegenstimmen deuten das Merkmal „Zahlung" in eine geldwerte „Leistung" um und wollen wegen der privilegierenden Wirkung § 266b I Var. 2 anwenden. Sie führen gegen die h. M. vor allem die nicht unbedingt einleuchtende Ungleichbehandlung an, die der Täter im „Zwei-Partner-System" erleidet, wenn er nach § 263 und – anders als der Täter im „Drei-" oder „Vier-Partner-System" – nicht nach dem vom Strafrahmen und der fehlenden Versuchsstrafbarkeit her milderen § 266b bestraft wird (*Otto*, JZ 1992, 1139 f.; *Ranft*, NStZ 1993, 185 f.). Doch lässt sich dem entgegnen, dass es auch nicht sachgerecht erscheint, einen bestimmten Ausschnitt betrügerischer Waren- und Leistungserlangung zu privilegieren (*Fischer*, § 266b Rn. 10a).

21   In den Beispielsfällen muss auf dem Boden der h. M. § 266b I Var. 2 abgelehnt werden. Was den Tatbestand des § 263 betrifft, käme eine Verneinung mangels Irrtums ausnahmsweise dann in Betracht, wenn nach dem Willen des Kartenausstellers der Angestellte bei Vorlage der (nicht gesperrten) Kundenkarte bedingungslos von der Kreditwürdigkeit des Kunden auszugehen hätte, also gleichsam „blind" leisten dürfte und müsste (vgl. auch *Ranft*, NStZ 1993, 186). Die Gegenmeinung würde, unabhängig von § 263, jeweils aus dem (speziellen) § 266b I Var. 2 bestrafen.

IV. Missbrauch von Debitkarten im electronic-cash-System

Diskutiert wird ferner die Anwendbarkeit des § 266b I in der Konstellation, dass eine Debitkarte, also eine Girocard/Maestro-Karte, als Codekarte innerhalb des electronic-cash-Systems im sog. POS- (= point of sale)Verfahren missbraucht wird. In diesem Fall hält an der Kasse ein Kartenlesegerät, das sog. POS-Terminal, die Daten der Bankkarte mit dem geschuldeten Betrag fest. Nachdem der Kunde seine Geheimnummer, die sog. PIN (= Personal Identification Number), eingetippt hat, werden diese Nummer, eine etwaige Kartensperre und der Bezahlvorgang an das für das kartenausgebende Kreditinstitut zuständige Autorisierungssystem weitergeleitet. Wird nun dem Händler im Display „Zahlung erfolgt" mitgeteilt, so sagt ihm die kartenausgebende Bank im Wege eines abstrakten Schuldversprechens die Begleichung der Forderung zu (zur Konstruktion *Fest/Simon*, JuS 2009, 802; zum System www.electronic-cash.de). **22**

Teilweise lehnt man den Tatbestand mit der Begründung ab, dass hier die Zahlungsgarantie nicht auf einer dem Karteninhaber von dem Kreditinstitut eingeräumten rechtlichen Befugnis im Sinne des § 266 I Var. 1, sondern auf einem dem Händler gegebenen abstrakten Schuldversprechen beruhe (*Lackner/Kühl*, § 266b Rn. 3). Diese Argumentation ist mit Blick auf die bisherige Diskussion (→ Rn. 10 ff.) konsequent, die durch das herkömmliche Drei-Partner-System und das ursprüngliche gesetzgeberische Leitbild geprägt wird. Nachdem sich aber herausgestellt hat, dass die untreuespezifische Parallele beim Missbrauch von Universalkreditkarten nicht mehr tragfähig ist (→ Rn. 14 ff.), könnte die damit gegebene Vergleichbarkeit der zivilrechtlichen Abläufe (vgl. auch *Hoffmann*, BKR 2003, 321 ff.) bei der Bezahlung mit Universalkredit- und Debitkarten im electronic-cash-Verfahren dafür sprechen, den missbräuchlichen Einsatz von Debitkarten im electronic-cash-Verfahren gleichermaßen dem § 266b I Var. 2 zu subsumieren. Vom Wortlaut her ist freilich umstritten, ob man eine Debitkarte überhaupt als „Kreditkarte" im Sinne des § 266b I Var. 2 bezeichnen kann. Indes sind solche Zweifel überwindbar, da sich der Begriff Kreditkarte weit im Sinne von einer „Karte, mit der ein Kredit erlangt werden kann" interpretieren lässt; man denke an eingeräumte Dispositionskredite oder daran, dass die Belastung des Girokontos zeitlich immer mehr oder weniger später erfolgt. **23**

23a   Entscheidend ist Folgendes: Soweit im electronic-cash-Verfahren, wie es dem heutigen Regelfall und dem Stand der Technik entspricht, die Transaktion direkt am Girokonto unter Berücksichtigung eines eingeräumten Dispositions- und Überziehungskredits autorisiert wird, scheidet § 266b I Var. 2 aus. Dann unterscheidet sich nämlich der Zahlungsvorgang nicht von der Bargeldabhebung am institutseigenen Automaten.

Zu den faktischen Grundlagen näher *Rengier*, Stürner-FS, 2013, 900 ff.; *Casper* (wie → Rn. 9), E Rn. 711, 714, 758, 772; erg. → § 14 Rn. 37 ff. und unten → Rn. 24 f. – Zumindest im Ergebnis ebenso W/H/S/*Schuhr*, BT 2, Rn. 842; Sch/Sch/*Perron*, § 266b Rn. 5a; *Eisele*, BT II, Rn. 935; MüKo/*Radtke*, § 266b Rn. 32, 66. – Zu den §§ 263, 263a siehe → § 13 Rn. 49; → § 14 Rn. 45.

23b   Soweit die Online-Autorisierung im electronic-cash-Verfahren direkt am Kontostand (noch) nicht etabliert ist, erfolgt die Autorisierung unverändert anhand des Verfügungsrahmens. Dieser legt unabhängig vom aktuellen Kontostand den Höchstbetrag fest, über den der Kontoinhaber innerhalb eines bestimmten Zeitraums, z. B. eines Tages oder einer Woche, verfügen kann. Damit soll auch der Kontoinhaber, etwa im Falle des Kartenverlustes, geschützt werden. Bei der Beschränkung der Autorisierung auf den Verfügungsrahmen hat der Karteninhaber die Macht, garantierte Zahlungen auch dann noch auszulösen, wenn er sein Konto bis zum Dispositions- und Überziehungslimit schon „geplündert", aber noch nicht den Verfügungsrahmen ausgeschöpft hat. In diesen Fällen hat(te) die Anwendung des § 266b I Var. 2 ihre Berechtigung (vgl. *Brand*, WM 2008, 2194 ff.; *Rengier*, Stürner-FS, 2013, 900 ff.).

23c   Vom mit der PIN autorisierten Bezahlen im electronic-cash-System muss man strikt das im Handel ebenfalls verbreitete **elektronische Lastschriftverfahren** unterscheiden. In diesem günstigeren Verfahren erstellt das Lesegerät nach dem Einführen der Girocard eine Einzugsermächtigung, die der Kunde unterschreibt und dann zum Lastschrifteinzug vom Konto des Karteninhabers berechtigt. Hier trägt der Händler das volle Zahlungsrisiko (MüKo/*Radtke*, § 266b Rn. 67). Daher ist im Missbrauchsfall auf keinen Fall § 266b, vielmehr § 263 einschlägig, eventuell auch § 263a I Var. 3 (→ § 14 Rn. 52a).

Konto des F wird rein auf Guthabenbasis geführt

V. Missbrauch von Debitkarten durch den berechtigten Karteninhaber

1. Missbrauch an institutseigenen Automaten

Fraglich ist, ob der berechtigte Girocard/Maestro-Karteninhaber 24 § 266b I erfüllen kann, wenn er die Karte als Codekarte verwendet und aus einem institutseigenen Bankautomaten Geld von seinem Konto abhebt, ohne das Soll ausgleichen zu wollen und/oder zu können (Fall 1 von → § 14). Die Frage muss verneint werden.

Für die h. M. ergibt sich die verneinende Antwort schon daraus, 25 dass der Sachverhalt nach dem Wegfall der Scheckkartenfunktion (→ Rn. 2) nicht mehr vom Wortlaut der Var. 1 des § 266b I erfasst werden kann (W/H/S/*Schuhr*, BT 2, Rn. 650, 842; MüKo/*Radtke*, § 266b Rn. 11 f.; a. A. K/*Hilgendorf*, LPK-StGB, § 266b Rn. 21). Das stimmt zwar, schließt aber eine Subsumtion unter den Begriff der Kreditkarte (Var. 2) nicht aus (→ Rn. 23). Entscheidend gegen die Annahme des § 266b spricht: Erstens hat das eigene Institut die Möglichkeit, den eingeräumten Kreditrahmen – der sich ggf. aus Dispositions- und Überziehungskredit zusammensetzt – am aktuellen Kontostand zu überprüfen und darüber hinausgehende Zahlungen zu blockieren. Solange dieser Rahmen nicht geändert wird, nimmt der Kontoinhaber nur eine ihm eingeräumte Kreditmöglichkeit in Anspruch (vgl. → Rn. 23a; → § 14 Rn. 37 ff.). Zweitens sollte die typische Tatstruktur des § 266b – Missbrauch unter Ausnutzung einer Garantiefunktion zumindest in einer Dreiecksbeziehung – in diesem Fall so wenig wie in der Kundenkarten-Konstellation (→ Rn. 18 ff.) aufgeweicht werden (BGHSt 47, 160, 165 f.).

2. Missbrauch an institutsfremden Automaten

Nach dem 2011 erneuerten Regelwerk zum Deutschen Geldauto- 26 maten-System verpflichten sich die beteiligten Banken wechselseitig, allen Kunden den Zugang zu sämtlichen Geldausgabeautomaten zu eröffnen. Lässt sich ein Kunde an einem institutsfremden Bankautomaten PIN-gestützt Geld auszahlen, so unterscheiden sich die Autorisierungsabläufe nicht von denen im electronic-cash-Verfahren (→ Rn. 23a/b; *Rengier*, Stürner-FS, 2013, 896 ff.). Also erfolgt auch in diesem Fall die Autorisierung der Zahlung – inzwischen in der Regel (*Casper*, wie → Rn. 9, E Rn. 772, 774) – direkt am Girokonto des Karteninhabers. Da es bei einem derartigen Online-Abgleich keinen Unterschied zu den Konstellationen in → Rn. 23a, 24 f. gibt, scheidet die Anwendung des § 266b I Var. 2 aus (vgl. auch MüKo/*Radtke*, § 266b Rn. 63).

27   Anders liegt es, soweit die Autorisierung noch am Verfügungsrahmen geschieht und Auszahlungen jenseits des Dispositions- und Überziehungslimits betrifft. Dann gelten die in → Rn. 23b zum electronic-cash-Verfahren gemachten Ausführungen entsprechend, weil der Nutzer eine garantierte Zahlung auslöst: Die institutsfremde Bank zieht nämlich die Karteninhabern anderer Banken an einem Automaten ausgezahlten Beträge unmittelbar danach im Wege des beleglosen Datenträgeraustausches bei der kartenausgebenden Bank ein. Da diese nach dem erwähnten Regelwerk (→ Rn. 26) der Lastschrift nicht widersprechen kann, hat die eingegangene Verpflichtung den Charakter eines abstrakten Zahlungsversprechens (erg. → § 14 Rn. 43).

Zu dieser Konstellation grundlegend *Brand*, JR 2008, 496 ff.; ferner *Rengier*, Stürner-FS, 2013, 899 f.; erg. *Casper* (wie Rn. 9), E Rn. 751 ff. Für die Bejahung des § 266b auch schon, ohne freilich einschlägige Varianten zu nennen, BGHSt 47, 160 ff.; *Kudlich*, JuS 2003, 540. – Dagegen etwa *Eisele/Fad*, Jura 2002, 311.

28   Wird eine **Universalkreditkarte** nicht in der klassischen Bezahlungsfunktion (→Rn. 6, 9 ff.), sondern in ihrer **Bargeldfunktion**, d. h. PIN-gestützt zur Bargeldabhebung an Geldautomaten benutzt, so entspricht die zivilrechtliche Konstruktion dem in → Rn. 26 f. geschilderten Verfahren, weil eine derartige Nutzungsmöglichkeit den Beitritt zum Regelwerk des Deutschen Geldautomaten-Systems voraussetzt. Es besteht also ein Dreiecksverhältnis, in dem der Karteninhaber den Kreditkartenaussteller zu einer garantierten Zahlung veranlassen kann. Zudem erfolgt bei der Kreditkarte die Autorisierung durch den Aussteller anhand des eingeräumten Kreditlimits unabhängig vom Girokontostand des Kartennutzers (→ Rn. 6). Da unter diesen Voraussetzungen die Abläufe bei der Inanspruchnahme der Bargeldfunktion mit denen der Bezahlungsfunktion in den wesentlichen Punkten übereinstimmen, muss § 266b I Var. 2 dann auch den schädigenden missbräuchlichen Einsatz der Bargeldfunktion erfassen (zust. MüKo/*Radtke*, § 266b Rn. 61; a. A. *Fischer*, § 266b Rn. 11; Sch/Sch/*Perron*, § 266b Rn. 8).

VI. Weitergabe und Erschleichen von Universalkreditkarten

Die **unberechtigte Weitergabe** einer Universalkreditkarte an einen   29
Dritten, damit dieser sie zu eigenhändigen Betrugshandlungen zu
Lasten des Kartenausstellers benutzen kann, stellt keinen Missbrauch
gemäß § 266b I Var. 2 dar, weil hier der berechtigte Karteninhaber
den Aussteller nicht durch eine Verwendung der Karte gegenüber
Vertragsunternehmen verpflichtet und schädigt (*BGH* NStZ 1992,
278).

Ob ein Täter, der zahlungsunfähig und zahlungsunwillig mit Miss-   30
brauchsabsicht die **Ausstellung und Aushändigung einer Universalkreditkarte erschleicht,** den Aussteller schon durch die Überlassung in Form einer konkreten Vermögensgefährdung schädigt, ist
umstritten (→ § 13 Rn. 237 ff.). Bejaht man § 263 und verwirklicht
der Täter plangemäß danach auch § 266b I Var. 2, so stehen die
§§ 263, 266b wegen der weitergehenden Schutzrichtung des § 266b
(→ Rn. 1) in Tateinheit, weil die spätere Schädigung den Betrug beendet und sich von daher die Taten überschneiden (BGHSt 47, 160, 167;
für Tatmehrheit *Lackner/Kühl,* § 266b Rn. 9; erg. → § 13 Rn. 243 f.).

Empfehlungen zur vertiefenden Lektüre:
Rechtsprechung: BGHSt 33, 244 (Strafbarkeit des Missbrauchs von Universalkreditkarten vor Einfügung des § 266b); BGHSt 38, 281 (Missbrauch einer Kundenkreditkarte im „Zwei-Partner-System"); *BGH* NStZ 1992, 278
(unberechtigte Weitergabe einer Universalkreditkarte an einen Dritten).
Literatur: *Eisele/Fad,* Strafrechtliche Verantwortlichkeit beim Missbrauch
kartengestützter Zahlungssysteme, Jura 2002, 305 ff.

5. Kapitel. Anschlussstraftaten

§ 20. Begünstigung (§ 257)

Fall 1: T hat eine Bank überfallen (§§ 255, 250) und die Beute schnell in Tatortnähe in einem Gebüsch versteckt, bevor er weiter zu Fuß geflüchtet ist. T bittet seine in alles eingeweihte Freundin F, die Beute zu holen und in ihrer Wohnung zu verstecken. F tut dies, um T zu helfen. Danach kommen ihr schnell Bedenken; daher bringt sie schon am anderen Tag die Beute zur Polizei. → Rn. 10, 18, 19, 20

Fall 2: A hat betrügerisch erlangtes Geld von seinem Konto in Frankfurt auf sein Konto bei einer Bank in Luxemburg überwiesen und dort in Aktien und Anleihen anlegen lassen. Als A Zugriffe auf das Vermögen befürchtet, verkauft er die Aktien und Anleihen wieder. Im Auftrag des A hebt nun H das Geld in Luxemburg ab und übergibt es dem A in dessen Ferienwohnung in Monaco (BGHSt 36, 277). → Rn. 9

Fall 3: D hat E ein wertvolles, auf dem freien Markt kaum verkäufliches Bild gestohlen. V bemüht sich, das Bild E wieder zu verschaffen. *Drei Varianten:* a) V verspricht D in einer öffentlichen Anzeige 10.000 €, wenn D das Bild E zurückgibt; D tut dies und erhält die ausgelobten 10.000 €. b) D hat V eingeschaltet und ihn gebeten, E sein Angebot (Bild gegen Zahlung von 10.000 €) zu übermitteln; V tut dies aus Freundschaft, und der Tausch kommt zustande. c) V agiert als neutraler Vermittler zwischen D und E und handelt den Preis von 10.000 € aus; der Tausch kommt wieder zustande. → Rn. 16, 17

I. Grundlagen und Aufbaufragen

1   § 257 erfasst die sog. „sachliche" Begünstigung. Es handelt sich um ein typisches Anschlussdelikt. Für das Verständnis und die Auslegung des § 257 sind **Wesen und Rechtsgut** des Tatbestandes von besonderer Bedeutung. Der *BGH* hat dies wie folgt zusammengefasst (*BGH* NStZ 1994, 187, 188; siehe ferner BGHSt 36, 277, 280 f.):

> „Das Wesen der Begünstigung liegt in der Hemmung der Rechtspflege, die dadurch bewirkt wird, dass der Täter die Wiederherstellung des gesetzmäßigen Zustandes verhindert, der sonst durch ein Eingreifen des Verletzten oder von Organen des Staates gegen den Vortäter wieder hergestellt werden könnte. Der Täter der Begünstigung beseitigt oder mindert die Möglichkeit, die Wiedergutmachung des dem Verletzten zugefügten Schadens durch ein Einschreiten gegen den Vortäter zu erreichen, das diesem den durch die Vortat erlangten Vorteil wieder entziehen würde."

Es geht also bei der Begünstigung darum, die Restitutionsaussichten 2
der zuständigen staatlichen Organe oder des Verletzten zu beeinträchtigen. Von daher schützt § 257 nach der zutreffenden h. M. sowohl
Allgemein- als auch Individualinteressen, nämlich einmal die Rechtspflege, deren Aufgabe es ist, die Wirkungen der Vortat zu beseitigen
und den alten rechtmäßigen Zustand wieder herzustellen, zum anderen das Individualinteresse des durch die Vortat – d. h. in der Regel
durch ein Vermögensdelikt – Verletzten an der Wiederherstellung des
früheren Zustandes (dazu *Zipf*, JuS 1980, 25 f.; *Lackner/Kühl*, § 257
Rn. 1; Sch/Sch/*Hecker*, § 257 Rn. 1). Da demnach Allgemeininteressen
mit geschützt sind, ist die Begünstigung nicht einwilligungsfähig.

In der **Fallbearbeitung** ist zu beachten, dass die Begünstigung als 3
Anschlussdelikt die Begehung einer – unbedingt zuvor getrennt zu
prüfenden – Vortat durch einen anderen voraussetzt. Weiter verlangt
der subjektive Tatbestand neben dem Vorsatz als weiteres (besonderes) subjektives Tatbestandsmerkmal die Feststellung einer Vorteilssicherungsabsicht. – Man gelangt zu folgendem

---

Aufbauschema (§ 257)

I. Tatbestandsmäßigkeit
  1. Objektiver Tatbestand
    a) Rechtswidrige Vortat eines anderen
    b) Tatobjekt: ein durch die Vortat erlangter, noch vorhan-
       dener Vorteil
    c) Tathandlung: Hilfeleistung bei der Vorteilssicherung
  2. Subjektiver Tatbestand
    a) Vorsatz
    b) Absicht der Vorteilssicherung
II. Rechtswidrigkeit
III. Schuld
IV. Strafausschluss gemäß § 257 III

II. Objektiver Tatbestand

Der objektive Tatbestand setzt die Begehung einer rechtswidrigen 4
Vortat voraus und erfordert eine Hilfeleistung bei der Vorteilssicherung, wobei als Sicherungsobjekt nur Vorteile der Vortat in Frage
kommen.

1. Die Vortat und ihre Vorteile

5   Für die **Vortat**, die „ein anderer" begangen haben muss, genügt
eine „rechtswidrige Tat" (§ 11 I Nr. 5). Der Vortäter muss also (objektiv und subjektiv) tatbestandsmäßig sowie rechtswidrig, aber nicht
schuldhaft gehandelt haben. Anders als bei § 259 braucht die Vortat
nicht unbedingt gegen fremdes Vermögen gerichtet zu sein. Es kommen alle Delikte in Betracht, sofern nur der Vortäter aus ihnen noch
entziehbare Vorteile erlangt hat. Freilich ist die Vortat typischerweise
ein Vermögensdelikt; von daher erscheint es sachgerecht, § 257 im
Zusammenhang mit den Vermögensdelikten zu erörtern (vgl. auch
§ 257 IV 2).

5a   Die erlangten **Vorteile der Tat** können so wie die Vortaten beliebiger Art sein. Für Vermögensdelikte typisch sind Geld, Wertgegenstände und Diebesgut. Durch Bestechungsdelikte kann Bestechungslohn, aber auch z. B. eine rechtswidrige Baugenehmigung erlangt
worden sein. Als Tatvorteile kommen ferner etwa durch Verwahrungs-
und Verstrickungsbruch erlangte Sachen in Betracht (§§ 133, 136).

Nach BGHSt 57, 56 ff. (zust. *Jahn*, JuS 2012, 566 ff.; *Satzger*, JK 10/12,
StGB § 257/7) soll zu den Vorteilen des § 257 nicht nur der „aus" z. B. betrügerischen Vortat erlangte Erlös, sondern auch der einem Tatbeteiligten
„für" seine Mitwirkung an der Vortat gezahlte Lohn gehören. Denn, so argumentiert der *BGH*, durch die Sicherung des Tatlohns mindere der Täter des
§ 257 die Möglichkeiten des geschädigten Opfers der Vortat, zivilrechtlichen
Schadensersatz zu erlangen. Diese Ansicht überzeugt nicht, sofern der Lohn
wie hier nicht aus der Vortat stammt und seine Sicherung sich daher nicht,
dem Wesen und Rechtsgut des Tatbestandes entsprechend, gegen die Wiederherstellung des gesetzmäßigen Zustands richtet (*Altenhain*, JZ 2012, 913 ff.;
Cramer, NStZ 2012, 445 f.; Sch/Sch/*Hecker*, § 257 Rn. 18).

2. Die Vorteile der Vortat als Sicherungsobjekt

6   **a) Noch-Vorhanden-Sein des Vorteils.** Das Wesen der Begünstigung als Restitutionsvereitelungsdelikt liegt in einer Verschlechterung
der Chancen, durch ein Eingreifen gegen den Vortäter diesem den
Tatvorteil wieder zu entziehen. Daher muss der Vorteil zum Zeitpunkt der Begünstigungshandlung beim Vortäter noch vorhanden
sein. Eine Vorteilssicherung, die sich nicht auf noch vorhandene Tatvorteile bezieht, läuft gewissermaßen ins Leere.

Beispiel: M hat als Angestellter 10.000 € veruntreut, die er als „Spielbankge-
winn" seiner Ehefrau E schenkt. Als E den wahren Sachverhalt erfährt, will sie
das Geld der Firma zurückgeben. Doch gelingt es M, E zu überreden, ihm

wieder das Geld zur eigenen Verwendung auszuhändigen (nach BGHSt 24, 166; dazu *Seelmann*, JuS 1983, 34 f.). – In diesem Beispiel hat M § 242 oder § 246 II und bei bestehender Vermögensbetreuungspflicht auch § 266 I Var. 2 erfüllt (hinter den § 246 II zurücktritt). E ist straflos; sie erfüllt weder § 259, da insoweit der Vorsatz bezüglich der Vortat fehlt, noch § 257, weil sich ihre „Hilfeleistung" nicht auf einen bei M noch vorhandenen Vorteil der Vortat bezieht. – Zum Ganzen erg. BGHSt 36, 277, 281; *BGH* NStZ 1994, 187, 188; NStZ-RR 2011, 177, 178.

b) Ersatzvorteile. Fraglich ist, inwieweit Vorteile, die an die Stelle 7 des durch die Vortat Erlangten getreten sind („Ersatzvorteile"), als Sicherungsobjekt in Betracht kommen. Bei § 259 ist die „Ersatzhehlerei" straflos, weil der Wortlaut des Tatbestandes Identität zwischen der Vortat-Sache und dem Hehlereiobjekt voraussetzt (→ § 22 Rn. 24 ff.). Im Gegensatz dazu werden bei § 261 Surrogate weitgehend erfasst (→ § 23 Rn. 14 ff.). Was den § 257 betrifft, so steht sein Wortlaut, der nur von Vorteilen spricht, der Einbeziehung von „Ersatzvorteilen" nicht von vornherein entgegen. Doch nimmt man, um eine unangemessene Ausdehnung des § 257 zu vermeiden, im Ausgangspunkt an, dass der Vorteil *unmittelbar* aus der Vortat erwachsen sein muss (BGHSt 36, 277, 281; W/H/S/*Hillenkamp*, BT 2, Rn. 862). Welche Konsequenzen allerdings aus diesem „Unmittelbarkeits"-Erfordernis zu ziehen sind, ist nicht abschließend geklärt. Doch wird man Folgendes festhalten können:

(1) Die Einbeziehung von unmittelbaren Ersatzvorteilen jeglicher 8 Art – z. B. des mit geraubtem Geld gekauften Ringes oder des Erlöses für den geraubten Ring – geht zu weit (h. M.). Grundsätzlich führt der Gedanke der „Sachidentität" auch im Rahmen des § 257 zu Ergebnissen, die der Idee der Restitutionsvereitelung entsprechen. Denn soweit nur Surrogate als Sicherungsobjekte betroffen sind, steht in Wirklichkeit nicht mehr die Funktion des § 257 im Vordergrund, Verhaltensweisen zu bekämpfen, die die Aussichten auf die Wiederherstellung des früheren gesetzmäßigen Zustandes durch ein Einschreiten gegen den Vortäter erschweren. Daher liegt lediglich eine straflose „Ersatzbegünstigung" vor, wenn sich das Beistandleisten z. B. auf den Erlös aus dem Verkauf der erbeuteten Sache, auf die mit gestohlenem Geld gekaufte Sache oder auf ein Umtauschobjekt bezieht (*BGH* NStZ 2008, 516; NStZ-RR 2011, 177, 178).

(2) Eine andere Sachlage ergibt sich bei Geld, das umgewechselt 9 oder über Konten hin und her bewegt wird, oder das (z. B. in Anleihen, Aktien) angelegt und eventuell später wieder verflüssigt wird.

Bei Geld spielt der Identitätsaspekt eine zweitrangige Rolle, entscheidend ist die bargeldgleiche oder bargeldähnliche Verfügbarkeit. Daher hat der *BGH* – der Sache nach dem Wertsummengedanken folgend – im **Fall 2** den H zu Recht gemäß § 257 mit der Begründung bestraft, bei der gebotenen wirtschaftlichen Betrachtungsweise komme es nicht darauf an, in welcher Weise oder Verkörperung der geldwerte Vorteil bei dem Vortäter – wirtschaftlich nachvollziehbar – noch vorhanden sei.

BGHSt 36, 277, 282. Dazu ferner BGHSt 46, 107, 117 f.; *BGH* NStZ 1987, 22; 2013, 583, 584. Im Wesentlichen zustimmend *Geppert,* JK 90, StGB § 257/ 4; Sch/Sch/*Hecker,* § 257 Rn. 18; *Mitsch,* BT 2, 760 f. – Zum Wertsummengedanken siehe auch → § 2 Rn. 193; → § 22 Rn. 28.

3. Hilfeleistung bei der Vorteilssicherung

10   Eine Minderheitsmeinung interpretiert den Begriff des Hilfeleistens weit und lässt jedes Handeln in subjektiver Hilfstendenz genügen, das nach der Vorstellung des Täters zur Vorteilssicherung geeignet ist (*Seelmann,* JuS 1983, 34). Diese Ansicht dehnt die Strafbarkeit zu weit aus und umgeht die in § 257 fehlende Versuchsstrafbarkeit. Demgegenüber setzt eine heute nicht mehr vertretene Auffassung eine tatsächliche Verbesserung der Lage des Vortäters voraus. Die h. M., die den Vorzug verdient, vertritt einen vermittelnden Standpunkt. Sie verlangt, dass die Handlung objektiv zur Vorteilssicherung geeignet ist und subjektiv mit dieser Tendenz vorgenommen wird (Sch/Sch/*Hecker,* § 257 Rn. 11; *Lackner/Kühl,* § 257 Rn. 3; *Geppert,* Jura 2007, 592). Anders betrachtet und vom Wesen des Delikts her verdeutlicht: Die Hilfeleistung muss objektiv geeignet sein, die Position des Vortäters gegen eine Entziehung des Vorteils zu festigen bzw. – aus dem Blickwinkel des Verletzten – die Restitutionsaussichten zumindest zu verschlechtern. Ein darüber hinausreichender Begünstigungserfolg ist nicht erforderlich (erg. → Rn. 20).

Beispiele (vgl. Sch/Sch/*Hecker,* § 257 Rn. 12): Verstecken und Aufbewahren der Beute; Umlackieren gestohlener Kraftfahrzeuge; Ablenken von Verfolgern; Flucht- und Transporthilfe; falsche Angaben über die Lage der Beute oder Ableugnen ihres Besitzes; Warnungen vor drohenden Zugriffen; Geldwäsche. Im **Fall 1** hat F nach allen Ansichten Hilfe geleistet; die Rückgabe berührt die Vollendung nicht (zur tätigen Reue → Rn. 20).

11   In einer **Absatzhilfe bei der Verwertung** kann nicht nur eine Hehlerei, sondern nach zutreffender h. M. auch ein Hilfeleisten im Sinne

des § 257 I liegen. Dem steht nicht entgegen, dass der Vortäter durch das Weiterverschieben der erbeuteten Sache den Vorteil zu verlieren scheint (a. A. NK/*Altenhain*, § 257 Rn. 32). Freilich ist hier besonders auf die Feststellung zu achten, dass die wirtschaftliche Verwertung dazu beiträgt, den Vortäter vor einer Wiederentziehung zu bewahren, und in dieser Absicht erfolgt; allein die Förderung der Verwertung genügt nicht.

BGHSt 2, 362; *BGH* NStZ 2008, 516; 2020, 273, 276; *OLG Düsseldorf* NJW 1979, 2320; zusammenfassend *Stoffers*, Jura 1995, 122 f.

Das subjektive Element der Vorteilssicherungstendenz hat vor al- **12** lem den Sinn, Handlungen, die allein der **Sacherhaltung** (Füttern von Tieren, Pflegemaßnahmen, Reparaturen) oder der **Sachverteidigung** (gegenüber Naturgewalten und rechtswidrigen Angriffen) dienen und nicht die Restitutionsaussichten beeinträchtigen, dem Schutzbereich des § 257 zu entziehen.

Vgl. etwa W/H/S/*Hillenkamp*, BT 2, Rn. 858; *Geppert*, Jura 2007, 593; Sch/Sch/*Hecker*, § 257 Rn. 11, 19; *Bosch*, Jura 2012, 273 f.

Die Begünstigung kann auch **durch Unterlassen** begangen werden **13** (*BGH* StV 1993, 27). Allerdings wird insoweit leicht die Prüfung der gemäß § 13 unentbehrlichen Garantenstellung vergessen. Die Garantenstellung muss gerade zur Wahrung der Restitutionsinteressen bestehen. Da § 257 kumulativ die Rechtspflege und Individualinteressen schützt (→ Rn. 2), kommen als Garanten neben Strafverfolgungsbeamten (entsprechend → § 21 Rn. 14 ff., 44 ff.) auch Privatpersonen in Betracht, die nach den Kriterien des § 13 verpflichtet sind, zugunsten des durch die Vortat Verletzten einzuschreiten (*Mitsch*, BT 2, 754 f.).

Beispiele: Polizeibeamter P entdeckt in einem Lager gestohlene Waren des Kaufhauses K, unternimmt aber nichts. Der Hausdetektiv D des K macht dieselbe Entdeckung und bleibt ebenfalls passiv. Der Vater V schreitet nicht dagegen ein, dass der Dieb, sein 14-jähriger Sohn S, dem K entwendete Waren in dem Lager versteckt. – P und D erfüllen, sofern sie mit Vorteilssicherungsabsicht (→ Rn. 15 ff.) handeln, als Beschützergaranten die §§ 257, 13. V hingegen ist als Überwachungsgarant verpflichtet, schädigende Handlungen des S zu unterbinden. Indem V das die Restitutionsaussichten des K beeinträchtigende Verstecken seitens S geschehen lässt, hat er seine Überwachungspflicht verletzt und verwirklicht dadurch, Vorteilssicherungsabsicht unterstellt, die §§ 257, 13.

III. Subjektiver Tatbestand

1. Vorsatz

14   Der Vorsatz (dolus eventualis reicht aus) muss sich namentlich auf die Vortat erstrecken. Diese braucht nicht in allen Einzelheiten – z. B. gerade als Diebstahl von Geld oder Schmuck, als Raub, Betrug usw. – erfasst zu sein. Vielmehr sind Fehlvorstellungen insbesondere über die Art der Straftat und die Art der erlangten Vorteile unwesentlich, solange der Begünstigende von einer rechtswidrigen Tat ausgeht, die dem Begünstigten einen noch entziehbaren Vorteil verschafft hat (dazu Sch/Sch/*Hecker*, § 257 Rn. 20; *Lackner/Kühl*, § 257 Rn. 4).

2. Absicht der Vorteilssicherung

15   Nach h. M. wird die Absicht im Sinne zielgerichteten Wollens verstanden (dolus directus 1. Grades), weil dadurch die Reichweite des objektiven Begünstigungstatbestandes sinnvoll eingeschränkt wird (*Rengier*, AT, § 16 Rn. 3 ff., 8). Dem Täter muss es – als Endziel oder als Zwischenziel (entsprechend → § 13 Rn. 302 ff.) – darauf ankommen, dem Vortäter die Vorteile der Vortat gegen ein Entziehen zu sichern. Allein das Bewusstsein (auch) der Beutesicherung als notwendige Konsequenz eines in anderer Absicht erfolgenden Handelns genügt nicht (*BGH* NStZ 2000, 31; NStZ-RR 2020, 175). Hilfreich ist auch hier wieder der Blick auf Wesen und Rechtsgut der Begünstigung (→ Rn. 1 f.): Der Täter muss – zumindest auch – darauf abzielen, die Restitutionsaussichten zu verschlechtern bzw. die Position des Vortäters gegen eine Entziehung zu verbessern.

16   Im **Fall 3** ist zunächst in **objektiver** Hinsicht in allen Varianten zu beachten, dass auch die Unterstützung bei der wirtschaftlichen Verwertung des Bildes eine taugliche Hilfeleistung darstellt (→ Rn. 11). Dies gilt nicht nur für entgeltliche Veräußerungen an Dritte, sondern nach der zutreffenden h. M. auch für entgeltliche Rückverschaffungen an den Eigentümer; denn der Täter stellt den früheren gesetzmäßigen Zustand nicht her, wenn ein Dritter **(Fall 3a)** oder der Eigentümer selbst **(Fall 3b, 3c)** Geld aufwenden muss, um den Vorteil zu entziehen (dazu *OLG Düsseldorf* NJW 1979, 2320 f.; *Geppert*, Jura 1980, 328 f.; *Stoffers*, Jura 1995, 123 f.; Sch/Sch/*Hecker*, § 257 Rn. 19).

17   Was die **subjektive** Tatseite betrifft, so entfällt die Vorteilssicherungsabsicht im **Fall 3a**, weil V auf der Seite des Geschädigten steht und in erster Linie die Wiederbeschaffung der Beute fördern will; in einem solchen Fall bezweckt der Helfer (V) nicht, den Vortäter (D) zumindest auch besserzustellen, sondern

nimmt die Besserstellung nur als unvermeidliche Nebenfolge hin (*OLG Düsseldorf* NJW 1979, 2320, 2321; *Geppert*, Jura 2007, 594; erg. → § 13 Rn. 304 f.). Dagegen ist im **Fall 3b** die Absicht zu bejahen; denn hier will V den D bei der wirtschaftlichen Verwertung unterstützen, jedenfalls als Zwischenziel, um die Freundschaft (Endziel) zu erhalten. Im **Fall 3c** dient V gleichzeitig den Interessen „zweier Herren"; da er insoweit *auch* zugunsten des Vortäters tätig werden will, muss die Vorteilssicherungsabsicht bejaht werden (*Zipf,* JuS 1980, 27; *Geppert*, Jura 1980, 328 f.).

IV. Abgrenzung zwischen Begünstigung und Beihilfe zur Vortat

Unstreitig ist erstens, dass Unterstützungshandlungen *vor Vollendung* der Vortat stets als Beihilfe zu bestrafen sind (siehe auch § 257 III 1). Unstreitig ist zweitens, dass *nach Beendigung* der Vortat nur § 257 in Betracht kommt (*BGH* NStZ 2014, 516, 517). **18**

Probleme bereitet die Konstellation, in der *zwischen* Vollendung und Beendigung Hilfe geleistet wird (**Fall 1**). Lehnt man mit der hier vertretenen Ansicht eine Beihilfe im Beendigungsstadium ab (→ § 7 Rn. 44 ff.), kann allein § 257 eingreifen.

Bejaht man dagegen die Beihilfemöglichkeit, so muss man wieder unterscheiden: Namentlich die Rechtsprechung (BGHSt 4, 132, 133; *OLG Köln* NJW 1990, 587, 588) grenzt im Sinne tatbestandlicher Exklusivität nach der inneren Willensrichtung ab und fragt, ob der Helfer den erfolgreichen Abschluss der Haupttat fördern (Beihilfe) oder den Vortäter vor einer Entziehung des erlangten Vorteils schützen wolle (Begünstigung). Andere Stimmen lassen stets die Beihilfe vorgehen und behandeln die Begünstigung in Anlehnung an § 257 III 1 als mitbestrafte Nachtat; sie führen gegen die Rechtsprechung vor allem Beweisschwierigkeiten und die unter Umständen höhere Beihilfestrafe ins Feld (Sch/Sch/*Hecker*, § 257 Rn. 7).

Im **Fall 1** ist F nach der hier vertretenen Ansicht aus § 257 zu bestrafen. Zu dem gleichen Ergebnis wird man auf dem Boden der Rechtsprechung kommen, da die Vorteilssicherungstendenzen überwiegen. Hingegen würde die dritte Ansicht die §§ 255, 250, 27 bejahen. – Zusammenfassend zu allen Abgrenzungsfragen *Geppert*, Jura 1994, 442 f.; NK/*Altenhain*, § 257 Rn. 14; SSW/*Jahn*, § 257 Rn. 10 ff.; *Beulke* III, Rn. 288; Falllösung bei *Rönnau*, JuS 2007, 351 f.

V. Sonstiges

19   § 257 I bestraft nur die *Fremd*begünstigung (vgl. „einem anderen"). Die *Selbst*begünstigung als solche ist nicht tatbestandsmäßig. Deshalb kann fraglich sein, inwieweit die Förderung einer Selbstbegünstigung mangels Haupttat straflos bleibt oder eine strafbare Hilfeleistung gemäß § 257 darstellt. Im Ergebnis kommen als straflose Unterstützungshandlungen nur solche Mitwirkungen in Betracht, die sich darauf beschränken, den Selbstbegünstigungswillen hervorzurufen oder zu stärken (Sch/Sch/*Hecker,* § 257 Rn. 15; *Lackner/Kühl,* § 257 Rn. 8; vgl. ferner → § 21 Rn. 34 f.).

§ 257 III 1 beruht auf dem Gedanken der mitbestraften Nachtat. Nach dieser Vorschrift bliebe im **Fall 1** T bezüglich der §§ 257, 26 straflos. Jedoch enthält § 257 III 2 eine (fragwürdige) Ausnahme für die Konstellation, dass der Vortatbeteiligte (T) einen an der Vortat Unbeteiligten (F) anstiftet; daher erfüllt T in Tatmehrheit die §§ 257, 26.

Zur analogen Anwendung von § 258 V und VI im Rahmen des § 257 siehe → § 21 Rn. 28 f.

20   Der Versuch des § 257 ist nicht strafbar (§§ 12 II, 23 I). Im Übrigen ist das Delikt, die erforderliche Absicht unterstellt, mit dem Hilfeleisten vollendet. Ob die Vorteilssicherung erreicht wird, spielt keine Rolle. Daher erfüllt § 257 I, wer gegenüber einem Polizisten P bestreitet, die Beute zu besitzen; sucht und findet danach P die Beute, ändert dies an der Vollendung des Tatbestandes nichts (*Bosch*, Jura 2012, 273 f.).

Im **Fall 1** hat F den Tatbestand des § 257 I erfüllt. Einen „Rücktritt" vom vollendeten Delikt gibt es nicht. Richtigerweise muss aber ein Täter (wie die F), der den Eintritt des vorteilssichernden Erfolges freiwillig verhindert, nach dem Gedanken der tätigen Reue (vgl. z. B. §§ 261 VIII, 264 VI, 306e) straffrei bleiben, um einen Ausgleich für die frühe Vollendung zu schaffen und Wertungswidersprüche vor allem mit § 261 VIII zu vermeiden.

Schittenhelm, Lenckner-FS, 1998, 534 ff.; NK/*Altenhain,* § 257 Rn. 34; Sch/Sch*Hecker,* § 257 Rn. 22. – A. A. *Lackner/Kühl,* § 257 Rn. 7; *Mitsch,* BT 2, 731 f. – Ergänzend *Rengier,* AT, § 39 und BT II, § 42 Rn. 20.

Empfehlungen zur vertiefenden Lektüre:
Rechtsprechung: BGHSt 24, 166 (Noch-Vorhanden-Sein des Vorteils); BGHSt 36, 277 („Ersatzvorteile" bei Geld); *BGH* NStZ 2008, 516 (Verkauf

gestohlener Sachen); *OLG Düsseldorf* NJW 1979, 2320 (Fragen des § 257 beim Rückkauf der gestohlenen Sache).
Literatur: *Geppert,* Begünstigung (§ 257 StGB), Jura 1980, 269 ff., 327 ff.; *Geppert,* Zum Begriff der „Hilfeleistung" im Rahmen von Beihilfe (§ 27 StGB) und sachlicher Begünstigung (§ 257 StGB), Jura 2007, 589 ff.; *Zipf,* Begünstigung durch Mitwirkung am Rückkauf der gestohlenen Sache – *OLG Düsseldorf* NJW 1979, 2320, JuS 1980, 24 ff.

§ 21. Strafvereitelung (§§ 258, 258a)

Fall 1: a) M hat infolge Alkoholgenusses einen Unfall verursacht und insoweit die §§ 315c I Nr. 1a, III Nr. 2, 229, 52 erfüllt. Um M, der den Führerschein beruflich benötigt, zu schützen, gibt sich seine mitfahrende Freundin F der Polizei gegenüber spontan als Fahrerin aus. Die Täuschung bleibt unentdeckt. b) *Variante:* Bei der F handelt es sich um die Ehefrau des M. → Rn. 11, 31
Fall 2: Am Abend des 3.3.1993 tötet A den O. Die H verscharrt den Leichnam und hilft A, Blutspuren zu beseitigen. Deshalb werden erst am 16.3.1993 gegen A Ermittlungen aufgenommen. Am 21.3.1994 wird A wegen der Tötung (und zahlreicher anderer Straftaten) verurteilt (*BGH* wistra 1995, 143). → Rn. 12
Fall 3: Der für die Abwasserbeseitigung in einem Unternehmen verantwortliche X ist wegen fahrlässiger Gewässerverunreinigung zu einer Geldstrafe von insgesamt 10.000 € verurteilt worden. Sein Chef überweist die 10.000 € an die Gerichtskasse (dazu BGHSt 37, 226 mit Bspr. *Müller-Christmann,* JuS 1992, 379 ff.). → Rn. 18 ff.

I. Grundlagen und Aufbaufragen

§ 258 erfasst die sog. „persönliche" Begünstigung, die das Gesetz 1 als „Strafvereitelung" bezeichnet. Geschütztes Rechtsgut ist die staatliche deutsche (Straf-)Rechtspflege (BGHSt 45, 97, 101). Es handelt sich demnach um eine Straftat gegen die Allgemeinheit. Der Charakter der Strafvereitelung als Anschlussdelikt, Berührungen mit § 257 und die gesetzliche Systematik legen es jedoch nahe, den Abschnitt der §§ 257 ff. geschlossen innerhalb der Straftaten gegen das Vermögen zu erörtern.

Innerhalb des § 258 muss man zunächst die Verfolgungsvereitelung 2 (Abs. 1) von der Vollstreckungsvereitelung (Abs. 2) unterscheiden. § 258 I wiederum enthält zwei Varianten, nämlich die eigentliche

*Straf*vereitelung (Var. 1) sowie die *Maßnahme*vereitelung (Var. 2). § 258a sieht für Amtsträger eine Qualifikation vor.

3   In der **Fallbearbeitung** sollten die drei Straftatbestände des § 258 durch genaues Zitieren klar unterschieden werden. Ferner sind im subjektiven Tatbestand die verschärften Vorsatzanforderungen bezüglich der Tathandlung und des Vereitelungserfolges zu beachten. Schließlich dürfen die persönlichen Strafausschließungsgründe (§ 258 V, VI) nicht übersehen werden. – Am Beispiel des Straftatbestandes der eigentlichen Strafvereitelung dargestellt ergibt sich folgendes

---

Aufbauschema (§ 258 I Var. 1)

   I. Tatbestandsmäßigkeit
      1. Objektiver Tatbestand
         a) Strafbare Vortat eines anderen
         b) Vereiteln („ganz" oder „zum Teil") der Bestrafung des anderen
      2. Subjektiver Tatbestand: Vorsatz
         a) Bezüglich 1.a genügt dolus eventualis
         b) Bezüglich 1.b absichtliches oder wissentliches Handeln erforderlich
  II. Rechtswidrigkeit
 III. Schuld
  IV. Persönliche Strafausschließungsgründe (§ 258 V, VI)

Die Besonderheiten der beiden anderen Straftatbestände beschränken sich im Wesentlichen auf den Schemapunkt I.1.a: Bei der Maßnahmevereitelung (§ 258 I Var. 2) muss als Anknüpfungspunkt eine Vortat vorliegen, welche die Anordnung einer Maßnahme zulässt, bei der Vollstreckungsvereitelung (§ 258 II) eine rechtskräftig verhängte Strafe oder Maßnahme.

II. Verfolgungsvereitelung (§ 258 I)

1. Die Vortat

4   Das Merkmal „wegen einer rechtswidrigen Tat" darf nicht isoliert betrachtet und missverstanden werden. Es muss im Gesamtzusammenhang gelesen werden, wonach es um die Vereitelung einer „dem Strafgesetz gemäßen" Rechtsfolge geht. Dies bedeutet: Hinsichtlich

der Vortat müssen alle Bedingungen erfüllt sein, die das Gesetz für die Verhängung einer Strafe (Var. 1) bzw. die Anordnung einer Maßnahme (Var. 2) voraussetzt. Die Vereitelung einer **Bestrafung** erfordert deshalb eine **strafbare Vortat**, d. h. eine tatbestandsmäßige, rechtswidrige und schuldhafte Tat, deren Aburteilung weder Strafausschließungs- oder Strafaufhebungsgründe noch endgültige Verfolgungshindernisse entgegenstehen. Unter Bestrafung versteht § 258 dabei jede Art von Strafe, insbesondere auch Nebenstrafen wie das Fahrverbot (§ 44). Die von § 258 I Var. 2 erfassten **Maßnahmen,** die nur zum Teil strafbare Vortaten voraussetzen, ergeben sich aus § 11 I Nr. 8 (i. V. m. §§ 61 ff., 73 ff.).

2. Vereiteln

a) Ganz Vereiteln. Die Erfüllung der ersten Vereitelungsvariante **5** setzt voraus, dass der Täter den staatlichen Anspruch „ganz vereitelt". Im Gegensatz zu § 257 ist § 258 ein *Erfolgs*delikt, verlangt also neben einer Vereitelungshandlung den Eintritt eines bestimmten Vereitelungserfolges. Unter das „ganz" Vereiteln fällt unproblematisch die **endgültige Strafvereitelung,** also das Herbeiführen von Strafvereitelungserfolgen wie der Verjährung oder eines rechtskräftigen Freispruchs.

Problematischer ist die umstrittene **Strafvereitelung auf Zeit.** Die **6** h. M. erkennt auch sie zu Recht an und subsumiert sie ebenfalls dem „ganz" Vereiteln (und nicht, wie oft verkannt wird, dem „zum Teil" Vereiteln). Für die h. M. spricht: Käme es darauf an, dass die Strafverfolgung oder die Anordnung der Maßnahme völlig und endgültig unmöglich gemacht werden müsste, so könnte eine Vollendung der Tat nur in Ausnahmefällen eintreten. Insbesondere hinge die Vollendung vom Lauf der Verjährungsfristen ab und könnte in Fällen der Unverjährbarkeit (§ 78 II) sogar kaum einmal eintreten. Deshalb muss für das „ganz" Vereiteln auch die Verursachung einer **geraumen zeitlichen Verzögerung** bei der Realisierung des staatlichen Ahndungsanspruches ausreichen. Der Wortlaut steht einer solchen Interpretation nicht entgegen, weil das „Vereiteln" nicht unbedingt im Sinne von „endgültig vereiteln" verstanden werden muss, sondern auch als „zunächst vereiteln" interpretiert werden kann.

Die wachsende Gegenmeinung bezweifelt mit Blick auf Art. 103 II **7** GG, ob die bloße zeitliche Verzögerung wirklich noch dem „Verei-

teln" subsumiert werden kann. Von diesem Standpunkt aus wird vielfach nur ein – nach Abs. 4 strafbarer – Versuch festzustellen sein.

Zur h. M. *BGH* NJW 2016, 3110, 3111; *OLG Karlsruhe* NStZ 1988, 503,
504; *Lackner/Kühl*, § 258 Rn. 4; LK/*Walter*, 12. Aufl. § 258 Rn. 35 f.; *Satzger,*
Jura 2007, 758. – Zur Gegenmeinung vgl. *Seebode*, JR 1998, 341 f.; *Hardtung,*
JuS 1998, 720; NK/*Altenhain*, § 258 Rn. 49 ff.; *Vormbaum*, Küper-FS, 2007,
663 ff.

8   Was die auf dem Boden der h. M. festzustellende konkrete geraume
Zeitspanne anbelangt, so kann man sich an einer Untergrenze von
etwa zwei Wochen orientieren (W/H/E/*Engländer*, BT 1, Rn. 709).

In der Rechtsprechung werden auch zehn Tage genannt (*OLG Stuttgart*
NJW 1976, 2084). Zunehmend werden mit Blick auf die Unterbrechungsfrist
des § 229 I StPO drei Wochen als Untergrenze angesehen (SSW/*Jahn*, § 258
Rn. 15; *Eisele*, BT II, Rn. 1117; Sch/Sch/*Hecker*, § 258 Rn. 14).

8a   Ferner muss neben der geraumen Zeitspanne die **Ursächlichkeit**
der Vereitelungshandlung für den Vereitelungserfolg festgestellt werden. Dabei ist zu beachten, dass dieser Erfolg in der **Verzögerung
der Ahndung** liegt, was nicht unbedingt mit der Verzögerung bloßer
Ermittlungshandlungen gleichgesetzt werden kann. Man muss also
den Beweis führen (können), dass ohne die Täterhandlung die Ahndung der Tat geraume Zeit früher erfolgt wäre (*BGH* wistra 1995,
143; Sch/Sch/*Hecker*, § 258 Rn. 18).

9   **Beispiele für typische Vereitelungshandlungen** stellen etwa Falschaussagen zugunsten des Beschuldigten, das Verbergen von Straftätern, das Vernichten, Verstecken oder Verfälschen von Beweismitteln und die Fluchthilfe dar.
Dabei muss unter Umständen zur straflosen Teilnahme an einer tatbestandslosen Selbstbegünstigung abgegrenzt werden (→ Rn. 34 f.).
Der Tatbestand kann verwirklicht werden, sobald aufgrund der Vortat ein
verfolgbarer materieller Strafanspruch des Staates besteht. Es kommt also
nicht darauf an, ob wegen der Vortat schon ein förmliches Ermittlungsverfahren eingeleitet worden war (BGHSt 45, 97, 103).

10   In der **Fallbearbeitung** werden taugliche Vereitelungshandlungen
in der Regel erkannt. Wenn aber daraus – oder aus dem Vorliegen einer „sachlichen" Begünstigung (oben → § 20) – oft mehr oder weniger automatisch auch die Vollendung des § 258 abgeleitet wird, geht
man über den erforderlichen Vereitelungserfolg einfach hinweg. Um
die Vollendung bejahen zu können, muss sich aus dem Sachverhalt
etwa ergeben, dass der Vortäter ohne die Falschaussage, ohne das
Verstecken, ohne die Fluchthilfe usw. mindestens 14 Tage früher (ge-

fasst und) verurteilt worden wäre. Solche Angaben fehlen oft, so z. B. auch in den Fällen 1 bis 3 zur Begünstigung (oben → § 20). Dann kann man (in dubio pro reo) die Vollendung nicht bejahen, und es kommt allenfalls bei entsprechender innerer Tatseite ein Versuch des § 258 in Betracht (→ Rn. 22).

Im **Fall 1a** hat F § 258 I unproblematisch erfüllt, und zwar nicht nur hin- **11** sichtlich der Bestrafung gemäß § 315c (§ 258 I Var. 1), sondern auch hinsichtlich der Entziehung der Fahrerlaubnis (§ 258 I Var. 2 i. V. m. §§ 61 Nr. 5, 69 I, II Nr. 1). § 145d II Nr. 1 (näher *Rengier*, BT II, § 51 Rn. 8 ff.) tritt kraft gesetzlicher Subsidiarität zurück.

Im **Fall 2** hat H die Aufnahme der Ermittlungen um zwölf Tage verzögert. **12** Selbst wenn man eine solche Zeitspanne für eine Vollendung grundsätzlich (und durchaus vertretbar) genügen lässt, wird man kaum behaupten und feststellen können, dass ohne die Verzögerung des Ermittlungsbeginns auch die für den Vereitelungserfolg maßgebliche Aburteilung der Tat zwölf Tage früher, also bis zum 9.3.1994 erfolgt wäre; denn die Dauer des Vorverfahrens und der Hauptverhandlung hängt insbesondere bei gravierenden Vorwürfen von schwer vorhersehbaren Unsicherheitsfaktoren ab. Daher erfüllt H, die absichtlich handelt, nur die §§ 258 I, 22 (*BGH* wistra 1995, 143).

b) Zum Teil Vereiteln. Eine Strafe wird „zum Teil" vereitelt, wenn **13** der Täter bewirkt, dass die Strafe in quantitativer Hinsicht milder als den wahren Umständen entsprechend ausfällt.

Beispiele: Verurteilung wegen eines Vergehens statt eines Verbrechens; Verurteilung aus dem Grunddelikt statt aus einer Qualifikation; Verhängung einer zu niedrigen Geld- oder Freiheitsstrafe.

c) Strafvereitelung durch Unterlassen. Außerhalb des § 258a **14** (→ Rn. 23 ff.) sind Strafvereitelungen durch Unterlassen selten. Wie immer wieder übersehen wird, ist der Normalbürger grundsätzlich nicht dazu verpflichtet, die Strafverfolgung anderer zu gewährleisten. Auch aus den Anzeigepflichten des § 138 ergeben sich keine Garantenstellungen zum Schutz der staatlichen Rechtspflege. Das Gleiche gilt für privatrechtlich begründete Verfolgungspflichten (Hausdetektiv).

Streitig ist, ob sich aus prozessualen Aussagepflichten, die gegen- **15** über Richtern, Staatsanwälten und seit 2017 grundsätzlich auch gegenüber Polizeibeamten bestehen (vgl. §§ 48 ff., 72 ff., 161a I, 163 III StPO), Strafverfolgungs(garanten)pflichten ableiten lassen.

Beispiel (*LG Itzehoe* NStZ-RR 2010, 10): Der rechtskräftig wegen Raubes verurteilte R weigert sich im Ermittlungsverfahren gegen den unbekannt gebliebenen Mittäter M, als Zeuge vor dem Richter ihm bekannte Daten zur Identität des M zu offenbaren.

Eine Bestrafung des unberechtigt schweigenden R (vgl. § 55 StPO) gemäß § 153 scheidet aus, weil in der Nichtaussage keine Falschaussage liegt. Die umstrittene Strafbarkeit gemäß den §§ 258, (22), 13 scheitert richtigerweise daran, dass Zeugen und Sachverständige so wenig wie beispielsweise Strafvollzugsbeamte (→ Rn. 16) in besonderer Weise in den Dienst der Strafverfolgung gestellt sind. Die Aussagepflicht entspringt einer staatsbürgerlichen Pflicht, kann aber nicht die Annahme einer „Beschützer"- Garantenstellung zugunsten der Strafrechtspflege legitimieren. Zudem regelt bei unberechtigter Verweigerung des Zeugnisses oder der Sachverständigenaussage § 70 StPO die möglichen Sanktionen abschließend; mit der Anwendung der §§ 258, (22), 13 umginge man die gesetzgeberische Wertung, die Nichtaussage straflos zu lassen.

Ebenso *LG Itzehoe* NStZ-RR 2010, 10; *Reichling/Döring*, StraFo 2011, 82 ff.; MüKo/*Cramer*, § 258 Rn. 22; A/W/*Heinrich*, BT, § 26 Rn. 9a; *Eisele*, BT II, Rn. 1116; *Popp*, JR 2014, 418 ff.; *Nestler*, Jura (JK) 2018, 425; *Lenk*, NStZ 2019, 638 ff. – A. A. *OLG Köln* BeckRS 2010, 02388; *OLG Hamm* mit zust. Bspr. *Jahn*, JuS 2018, 296 ff.; Sch/Sch/*Bosch*, § 13 Rn. 31; NK/*Altenhain*, § 258 Rn. 46; *Hecker*, JuS 2010, 551 – Zum Gedanken der Beschützergarantenstellung *Rengier*, AT, § 50 Rn. 4, 11 ff., 34 ff.

16   Was die nicht zum Kreis des § 258a (→ Rn. 43 f.) gehörenden Amtsträger betrifft, so betont BGHSt 43, 82, 84 ff. in klärender Weise, dass für Amtsträger keine allgemeine Pflicht besteht, ihnen bekanntgewordene Straftaten anzuzeigen. Etwas anderes gilt nur, wenn Anzeigepflichten existieren, die gerade den Zweck haben, die Strafverfolgungsbehörden zu unterrichten (§§ 159 I StPO, 183 Satz 1 GVG, 6 SubvG, 41 I OWiG). Die Anzeige- und Mitteilungspflichten z. B. von Dienstvorgesetzten, Anstaltsleitern und Strafvollzugsbeamten dienen in der Regel anderen Zwecken. Daher begehen Vollzugsbeamte einer Justizvollzugsanstalt keine Strafvereitelung durch Unterlassen, wenn sie Straftaten, die Anstaltsbedienstete an Gefangenen verübt haben, nicht bei den Strafverfolgungsbehörden anzeigen.

BGHSt 43, 82; dazu *Rudolphi*, NStZ 1997, 599 ff.; *Geppert*, JK 98, StGB § 258/10; *Lackner/Kühl*, § 258 Rn. 7a; Sch/Sch/*Hecker*, § 258 Rn. 17.

III. Vollstreckungsvereitelung (§ 258 II)

Die Vollstreckungsvereitelung richtet sich gegen den Vollzug der 17
gegen einen anderen verhängten rechtskräftigen Strafe oder Maßnahme.

Als **Beispiele** können das Verbergen eines Verurteilten, die Gefangenenbe-
freiung und das Verbüßen einer Freiheitsstrafe für einen anderen genannt werden.

Umstritten ist, ob die **Bezahlung einer Geldstrafe** durch Dritte 18
unter § 258 II fällt (**Fall 3**). BGHSt 37, 226 hat sich mit der Streitfrage
sorgfältig auseinandergesetzt und die Anwendung des § 258 II zu
Recht uneingeschränkt abgelehnt.

Übereinstimmend *Müller-Christmann*, JuS 1992, 379 ff.; *Geppert*, JK 91,
StGB § 258/7; K/H/H/*Heinrich*, BT 1, Rn. 949 ff.; *Lackner/Kühl*, § 258
Rn. 13; *Kranz*, ZJS 2008, 471 ff. – Abweichend *OLG Frankfurt* StV 1990,
112; Sch/Sch/*Hecker*, § 258 Rn. 29; LK/*Walter*, 12. Aufl. § 258 Rn. 51).

Die Befürworter der Strafbarkeit aus § 258 II machen geltend, dass 19
die Verhängung einer Geldstrafe eine höchstpersönliche Leistungspflicht statuiere. Die Geldstrafe solle den Verurteilten persönlich treffen und für ihn ein fühlbares Übel darstellen. Insgesamt vereitele die
Bezahlung durch Dritte die Strafzwecke.

Demgegenüber beruft sich der *BGH* schon auf den Wortlaut des 20
§ 258 II, der von „Vollstreckung" spreche, womit der äußere Vollstre-
ckungsvorgang – also insbesondere die Beitreibung – gemeint sei.
Dieses Wortlautargument (Art. 103 II GG) kann man durchaus in
Frage stellen (*Hillenkamp*, JR 1992, 76; *Scholl*, NStZ 1999, 603 f.).
Entscheidend für die Straflosigkeit spricht aber, dass genügend Umgehungsmöglichkeiten bestehen. So lässt auch die Gegenmeinung –
jedenfalls überwiegend – denjenigen straflos, der ein zinsloses Darlehen gewährt, der dem Verurteilten nachträglich Geldbeträge schenkt,
oder der ein vorher im Hinblick auf die Geldstrafe gewährtes Darlehen erlässt. Von daher droht, wenn man dem *BGH* nicht folgt, ein
„Komödienspiel" bzw. die Bestrafung ungeschickt taktierender Helfer. Nur wenn dem Vortäter bis zur Vollendung der Vortat – nach
a. A. bis zur Beendigung (vgl. → § 7 Rn. 44 ff.) – die Erstattung einer
etwaigen Geldstrafe zugesagt wird, kommt eine Bestrafung insbesondere wegen psychischer Beihilfe (zur Vortat) in Betracht.

IV. Subjektiver Tatbestand und Versuch

21   Im **subjektiven Tatbestand** verschärfen § 258 I und II die üblichen Vorsatzanforderungen und lassen bezüglich der Tathandlung und des Vereitelungserfolges nur die Vorsatzformen der **Absicht** und **Wissentlichkeit** genügen. Lediglich hinsichtlich der Vortat bzw. rechtskräftigen Verurteilung reicht auch dolus eventualis aus (BGHSt 45, 97, 100; 46, 53, 58; Sch/Sch/*Hecker*, § 258 Rn. 24; *Lackner/Kühl*, § 258 Rn. 14).

22   In entsprechender Weise ist auf der Ebene des – gemäß § 258 IV strafbaren – **Versuchs** zu beachten, dass im Rahmen des Tatentschlusses einerseits die verschärften Vorsatzanforderungen zu beachten sind und andererseits bezüglich der Vortat dolus eventualis genügt (*BGH* NStZ 2015, 702, 703). Bei Zeugenaussagen wird die Grenze zur versuchten Strafvereitelung erst mit dem Beginn der falschen Aussage überschritten (BGHSt 31, 10, 13; siehe auch → Rn. 40 f.).

Zur Abgrenzung zwischen untauglichem Versuch und Wahndelikt bei einem Irrtum über das Vorliegen einer Straftat *Rengier*, AT, § 35 Rn. 21 ff., 26 ff.

V. Persönliche Strafausschließungsgründe (§ 258 V und VI)

1. § 258 V

23   § 258 V, der an die **notstandsähnliche Lage** des Vortäters anknüpft, betrifft die eigennützige Strafvereitelung und greift auch dann ein (vgl. vereiteln „will"), wenn der Täter irrig eine Beteiligung an der Vortat annimmt und von daher die Befürchtung eigener Strafverfolgung unbegründet ist (*BGH* NJW 2016, 3110 f.; K/*Schramm*, BT I, § 51 Rn. 27). Will allerdings der Vortäter nur sich selbst der Strafe entziehen, entfällt mangels Haupttat bereits der Tatbestand des § 258 I (vgl. „ein anderer"). Dagegen kann der Vortäter § 258 I bzw. §§ 258 I, 26 oder 27 erfüllen, wenn er an der Vortat beteiligte Personen (z. B. Mittäter) täterschaftlich vor Strafverfolgung schützt bzw. als Anstifter/Gehilfe Vortatbeteiligte oder unbeteiligte Dritte um Unterstützung zu seinen Gunsten bittet; jetzt bleibt er nach Abs. 5 unter der Bedingung straflos, dass er zugleich seinen eigenen Schutz bezweckt. Unter dieser Voraussetzung ist nach Abs. 5 auch straffrei, wer einem anderen hilft, weil dieser ihn andernfalls wegen

sonstiger Straftaten anzeigen will (*BGH* NJW 1995, 3264). Zu beachten ist schließlich, dass § 258 V eine dem § 257 III 2 entsprechende
Ausnahmeregelung nicht kennt. – Abschließend ein schwieriges

Beispiel (BGHSt 43, 356 mit Anm. *Martin,* JuS 1998, 663 f.): B hat eine   24
Brandstiftung (§ 306 I) begangen und behauptet bei seiner Beschuldigtenver-
nehmung wahrheitswidrig, er habe sich in der Brandnacht durchgehend bei
der Zeugin Z aufgehalten. Z bestätigt vor der Polizei diese Einlassung. Es
kann nicht mehr geklärt werden, ob Z schon vor der Tat das falsche Alibi zugesagt hat.

Bei Z müssen die §§ 306 I, 27 (psychische Beihilfe) nach dem
Grundsatz in dubio pro reo verneint werden. Im Rahmen der gege-
benen (versuchten) Strafvereitelung gelangt man zu § 258 V mit der
Überlegung, dass insoweit zugunsten der Z ihre Beteiligung an der
Vortat zu unterstellen ist. § 258 V lässt sich mit der Begründung beja-
hen, Z habe eine Verurteilung des B gemäß § 306 I und von daher
eine (drohende) Aufdeckung ihrer – von der Haupttat ja abhängigen
– Tatbeteiligung verhindern wollen (NK/*Altenhain,* § 258 Rn. 70;
Otto, JK 98, StGB § 258/12; *Seebode,* JZ 1998, 781 ff.; *Gubitz/Wol-
ters,* NJW 1999, 764). Nach der weniger überzeugenden Ansicht des
BGH soll § 258 V aber nicht eingreifen: Z befinde sich zum einen in
keiner notstandsähnlichen Lage, weil auch ihre wahrheitsgemäße
Aussage an der ihr gegenüber bestehenden Strafverfolgungssituation
nichts ändern würde; daher handle sie nur zugunsten des Vortäters.
Zum anderen sei es unverständlich, wenn Z Straffreiheit dadurch erlangen könne, dass sie verspreche, sich strafbar zu machen.

2. § 258 VI

§ 258 VI betrifft die Strafvereitelung zugunsten Angehöriger (zum   25
Personenkreis § 11 I Nr. 1). Auch dieser persönliche Strafausschlie-
ßungsgrund beruht auf dem Gedanken der notstandsähnlichen Lage.
Sofern die Begünstigung eines Angehörigen notwendigerweise mit
der Begünstigung eines Nichtangehörigen einhergeht, erfasst
§ 258 VI diesen Fall mit. Desgleichen erstreckt sich die Vorschrift auf
denjenigen, der sich als Anstifter oder Gehilfe an einer Strafvereitelung zugunsten seines Angehörigen beteiligt.

Umstritten ist die analoge Erweiterung des § 258 VI auf nicht von   26
§ 11 I Nr. 1 erfasste nahestehende Personen im Sinne des § 35 I, insbesondere auf nicht zu den „Lebenspartnern" gehörende Mitglieder
eheähnlicher Lebensgemeinschaften. Diese Analogie zugunsten des

Täters ist diskutabel, doch letztlich Sache des Gesetzgebers (vgl. Sch/ Sch/*Hecker,* § 258 Rn. 41; *Lackner/Kühl,* § 11 Rn. 2; a. A. M/*Maiwald,* BT 2, § 100 Rn. 24).

3. Verhältnis zu anderen Vorschriften

27   Die Reichweite des § 258 V und VI beschränkt sich grundsätzlich auf die Strafvereitelung als solche und berührt daher nicht die Strafbarkeit wegen anderer Delikte. Doch bedürfen zwei Punkte besonderer Aufmerksamkeit:

28   (1) Umstritten ist, ob beim Zusammentreffen von § 257 und § 258 die Vorschriften des § 258 V und VI auch für die sachliche Begünstigung gelten und die Strafbarkeit gemäß § 257 bzw. – im Falle des § 257 III 2 – §§ 257, 26 entfallen lassen. Im Ergebnis muss verhindert werden, dass die Privilegien des § 258 V, VI mittels des § 257 umgangen werden. Daher ist die Frage zu bejahen, sofern die Strafvereitelung nach der Vorstellung des Täters nicht ohne gleichzeitige sachliche Begünstigung erreicht werden kann.

Geppert, Jura 1980, 331 ff.; *Fischer,* § 258 Rn. 36, 40; a. A. *BGH* 1 StR 683/ 18 Rn. 65; *Cramer,* NStZ 2000, 246 f.; Sch/Sch/*Hecker,* § 258 Rn. 39 ff. – Dazu ein

29   **Beispiel:** Um als Dieb nicht überführt zu werden, bittet T während einer Wohnungsdurchsuchung seine Verlobte F, sich gegenüber den Durchsuchungsbeamten als Eigentümerin bestimmter gestohlener Sachen auszugeben. F erfüllt den Wunsch, weshalb T unbehelligt bleibt. – Eine Bestrafung der F wegen Strafvereitelung kommt nicht in Betracht (§§ 258 I, VI, 11 I Nr. 1a). Bezüglich § 257 I muss zunächst ihre – durchaus fragliche – Vorteilssicherungsabsicht geprüft werden (vgl. → § 20 Rn. 15; *Lackner/Kühl,* § 258 Rn. 16 f.). Erst nach der etwaigen Bejahung gelangt man zu § 258 VI, der richtigerweise anwendbar und auch erfüllt ist, weil die sachliche Begünstigung mit der Strafvereitelung notwendigerweise einhergeht. Bei T entfällt die Bestrafung aus den §§ 258 I, 26 gemäß § 258 V; hinsichtlich der §§ 257 I, 26 i. V. m. 257 III 2 greift § 258 V ebenfalls ein.

30   (2) Der andere Punkt betrifft das Verhältnis zu § 145d, nämlich die Frage, ob aus dieser – gegenüber § 258 kraft Gesetzes subsidiären – Vorschrift dann bestraft werden kann, wenn die Strafvereitelung nur wegen § 258 V oder VI straflos bleibt (dazu auch *Rengier,* BT II, § 51 Rn. 20). Hier hat sich die Ansicht, die nach § 145d bestraft und § 258 V und VI nicht analog anwendet, zu Recht durchgesetzt, weil die §§ 145d, 258 eine unterschiedliche Schutzrichtung aufweisen und das

Gesetz den Gesichtspunkt der Selbst- bzw. Angehörigenbegünstigung nur in begrenztem Umfang anerkennt.

BayObLG NJW 1978, 2563; NJW 1984, 2302; *OLG Celle* NJW 1980, 2205; *Rudolphi*, JuS 1979, 862 f.; Falllösung bei *Kuhlen*, JuS 1990, 397 f.

Im **Fall 1b** ist die Strafvereitelung der F (vgl. → Rn. 11) nach § 258 VI straf- **31** frei; doch kann sie aus § 145d II Nr. 1 bestraft werden, da insoweit § 258 VI nicht entsprechend gilt.

4. Irrtum

Bei einem Irrtum im Bereich des § 258 V ist schon nach dem Wort- **32** laut nur die subjektive Vorstellung maßgeblich (→ Rn. 23).

Bezüglich § 258 VI ist umstritten, ob es ausschließlich auf die ob- **33** jektive Lage ankommt. Die inzwischen h. M. widerspricht dem zu Recht und bestimmt angesichts der Nähe zu § 258 V und einer mit § 157 vergleichbaren Lage wegen des notstandsähnlichen Motivationsdrucks die Anwendbarkeit des § 258 VI allein nach dem Vorstellungsbild des Täters (*Rengier*, AT, § 32 Rn. 6 f.).

VI. Objektive Zurechnung, Täterschaft und Teilnahme

1. Grundlagen

Da Vereitelungshandlungen des Vortäters, mit denen er nur sich **34** selbst begünstigt, schon nicht tatbestandsmäßig sind (§ 258 I), bleibt mangels Haupttat auch die bloße Beihilfe oder Anstiftung dazu straflos. Umstritten ist aber, wie strafbare täterschaftliche Vereitelung und nicht strafbare Teilnahme an einer tatbestandslosen Selbstbegünstigung abzugrenzen sind. Eine Minderheitsmeinung beruft sich auf die allgemeinen Abgrenzungskriterien und geht solange von einer straflosen Teilnahme aus, wie der Vortäter die Tatherrschaft über das den Vereitelungs*erfolg* bewirkende Geschehen hat.

Diese Ansicht engt jedoch die Reichweite des § 258 in bedenklicher **35** Weise ein und läuft dem Schutzzweck des § 258 zuwider. Daher legt die vorzugswürdige h. M. das Schwergewicht auf die täterschaftliche Vereitelungs*handlung* und erfasst auch Hilfeleistungen wie das Verschaffen eines Verstecks oder falscher Papiere, das Bereitstellen eines Fluchtfahrzeuges und Warnungen vor Strafverfolgungsmaßnahmen. Straflos bleiben danach noch insbesondere rein psychische Beeinflussungen, die wie ein Rat zur Flucht den Selbstschutzwillen des Vortäters bloß hervorrufen oder verstärken.

36   Zur h. M. *Lackner/Kühl*, § 258 Rn. 6; Sch/Sch/*Hecker*, § 258 Rn. 35; *Frisch*, JuS 1983, 919; *Küper/Zopfs*, BT, Rn. 609; Falllösungen bei *Mitsch*, Jura 2006, 382; *Koch/Loy*, ZJS 2008, 175 f.; vgl. ferner → § 20 Rn. 19. – Zur Minderheitsmeinung NK/*Altenhain*, § 258 Rn. 23 f.; *Dessecker*, GA 2005, 147 ff.; *Satzger*, Jura 2007, 760; *Ernst*, ZStW 2013, 309 ff. – Ergänzend *Beulke/Ruhmannseder*, Volk-FS, 2009, 45 ff.

37   Bei derartigen nicht strafbaren Teilnahmen können sich Überschneidungen mit einem anderen Aspekt ergeben, der ebenfalls eine Bestrafung nach § 258 ausschließt. Gemeint sind bestimmte, mehr oder weniger „**sozialadäquate**", insbesondere **berufstypische Verhaltensweisen**. Freilich bereitet deren präzise Erfassung Schwierigkeiten. Im Kern geht es darum, einen zentralen Gedanken der objektiven Zurechnungslehre für § 258 fruchtbar zu machen, nämlich dass der Täter ein im Hinblick auf den tatbestandlichen Erfolg rechtlich missbilligtes Risiko schaffen muss (vgl. *Rengier*, AT, § 13 Rn. 46 ff.). Insoweit billigt die Rechtsordnung auch dem Straftäter gewisse Handlungsfreiheiten zu, die er beanspruchen darf. Von daher setzt derjenige, der einen Straftäter bei der Wahrnehmung solcher Freiheiten unterstützt, kein verbotenes Risiko, sondern verhält sich „sozialadäquat" und handelt nicht tatbestandsmäßig.

38   **Beispiele:** Ärztliche Behandlung; Beköstigung; Verkauf von Nahrungsmitteln und Kleidern; bloßes Zusammenwohnen und Beherbergen (ohne Versteckungscharakter); Auszahlen von dem Vortäter zustehendem Geld.

Vgl. hierzu mit unterschiedlichen Akzenten *BGH* NJW 1984, 135; *OLG Stuttgart* NJW 1981, 1569; Sch/Sch/*Hecker*, § 258 Rn. 22; *Lackner/Kühl*, § 258 Rn. 3; NK/*Altenhain*, § 258 Rn. 26 ff.; *Frisch*, JuS 1983, 915 ff., 920 ff.; *Satzger*, Jura 2007, 758 f.

2. Verteidigerhandeln

39   In den soeben erwähnten Rahmen der (un)erlaubten Risikoschaffung kann auch der Komplex **Strafvereitelung durch Verteidigerhandeln** eingeordnet werden. Jedes nach den Regelungen des Prozessrechts zulässige Verteidigerverhalten scheidet bereits tatbestandlich als taugliche Vereitelungshandlung aus.

Dazu BGHSt 46, 53, 54; 63, 174, 178 ff. (mit Bspr. *Jäger*, JA 2019, 154 ff.); *BGH* NStZ 2006, 510; *Otto*, Jura 1987, 329 ff.; *Widmaier*, BGH-FG IV, 2000, 1043 ff.; *Lackner/Kühl*, § 258 Rn. 9 f.; Falllösungen bei *Koch/Loy*, ZJS 2008, 175 f.; *Preuß*, Jura 2019, 671 f.

40   Fraglos unerlaubt handelt dagegen ein Verteidiger, der Zeugen zu Falschaussagen veranlasst bzw. dies versucht (erg. BGHSt 46, 53,

56 ff.). Doch bereitet die – für den Verteidigerausschluss gemäß § 138a I Nr. 3 StPO wichtige – strafrechtliche Erfassung dieser Konstellationen erhebliche Schwierigkeiten. Dogmatisch korrekt und zutreffend ist es, die Zeugenbeeinflussung durch den Verteidiger allein nach **Anstiftungsregeln** zu beurteilen, wobei die Haupttat, die (versuchte) Strafvereitelung durch den Zeugen, erst mit dem Beginn der Zeugenaussage in das strafbare (Versuchs-)Stadium gelangt (dazu *OLG Frankfurt* StV 1992, 360, 361).

Demgegenüber geht insbesondere die *BGH*-Rechtsprechung (ohne 41 nähere Begründung) von einer **Täterschaft** des Verteidigers aus, lässt im Übrigen aber den Versuch des § 258 grundsätzlich auch erst mit dem Beginn der Zeugenaussage anfangen (BGHSt 31, 10). Allerdings verlagert die Rechtsprechung den Versuchsbeginn dann nach vorne, wenn der Verteidiger bösgläubig einen Antrag auf Vernehmung eines „präparierten" Zeugen stellt (*BGH* NStZ 1983, 503; StV 1987, 195, 196; *OLG Köln* StV 2003, 15). Nach *Beulke* soll der täterschaftliche Versuch des Verteidigers sogar stets schon mit der Einwirkung auf den Zeugen beginnen (*Beulke*, NStZ 1982, 330 f.; 1983, 504 f.).

Verwirklicht der Strafverteidiger im Rahmen seiner Tätigkeit andere Straftatbestände (z. B. §§ 153 ff., 263, 267 ff.), so entfaltet § 258 42 auf der subjektiven Tatseite grundsätzlich keine Sperrwirkung in dem Sinne, dass auch bei den §§ 153 ff., 263, 267 ff. der Vorsatz in der Form des dolus eventualis nicht mehr ausreichte, sondern Absicht oder Wissentlichkeit erforderlich wäre (BGHSt 38, 345 ff.; h. M.). In der Gegenansicht (*von Stetten*, StV 1995, 606 ff.; *Wünsch*, StV 1997, 45 ff.) steckt allerdings ein richtiger Kern: Dem Verteidiger kann es im Sinne von → Rn. 39 prozessual zumindest erlaubt sein (so wie ein entsprechender mündlicher Vortrag ohne Verstoß gegen § 258 zulässig wäre), z. B. eine ihm vom Angeklagten zur Entlastung übergebene, möglicherweise gefälschte Urkunde dem Gericht vorzulegen (vgl. auch BGHSt 46, 53, 55 f.). Ist das Verteidigerverhalten prozessual erlaubt, so muss auch die Anwendung des § 267 tatbestandlich ausgeschlossen sein (*Stumpf*, NStZ 1997, 7 ff.; *Küpper*, Meurer-GS, 2002, 131 ff.). Von daher betrifft die Frage nach einem etwaigen dolus eventualis nicht unbedingt den zentralen Punkt. Auf jeden Fall ist dem § 258 die Aussage zu entnehmen, dass dem Verteidiger absichtliche und wissentliche Irreführungen nicht erlaubt sind.

VII. Strafvereitelung im Amt (§ 258a)

43   § 258a I qualifiziert die Taten nach § 258 I und II für **zur Mitwirkung berufene** Amtsträger. Amtsträger, die in keinerlei Beziehungen zu dem konkreten Fall stehen, sind *nicht* „zur Mitwirkung berufen" und können daher nur unter § 258 fallen. Im Übrigen darf das Mitwirkungserfordernis nicht zu eng verstanden werden. Neben Richtern, Staatsanwälten und Polizisten, die z. B. Akten oder Beweismittel verschwinden lassen, kommen etwa auch Geschäftsstellenbeamte in Betracht, die Entsprechendes tun, oder Vollzugsbedienstete, die Gefangene entweichen lassen. Nicht-Amtsträger haften als Beteiligte stets nur aus § 258 (§ 28 II; vgl. → § 4 Rn. 106 f.).

44   Häufig wird § 258a **durch Unterlassen** verwirklicht (zu § 258 vgl. Rn. 8). Strafverfolgungsbeamte (namentlich Staatsanwälte und Polizeibeamte) sind von Rechts wegen dazu berufen und infolge des Legalitätsprinzips nach den §§ 152 II, 160, 163 StPO grundsätzlich verpflichtet, gegen alle ihnen bekannt werdenden Straftaten einzuschreiten und die (Vor-)Täter zu verfolgen. Aus der dienstlichen Stellung solcher Beamten, denen die Strafverfolgung als amtliche Aufgabe anvertraut ist, ergibt sich die nach § 13 erforderliche – in der Fallbearbeitung oft übergangene – Garantenstellung zum Schutz der staatlichen Strafrechtspflege (siehe BGHSt 43, 82, 84 f.).

45   Streitig ist, ob die Garantenstellung das Strafverfolgungsorgan auch dann zum Einschreiten verpflichtet, wenn es **außerdienstlich Kenntnis von Straftaten** erlangt. Im Schrifttum wird eine Verfolgungspflicht zum Teil generell abgelehnt. Die demgegenüber vorzugswürdige h. M. räumt zwar ein, dass dem Strafverfolgungsorgan ein gewisser privater Freiraum und Kommunikationsbereich verbleiben muss, hält aber auch die Belange der Strafrechtspflege für beachtenswert. Daher wägt sie die gegensätzlichen Interessen ab und nimmt wegen überwiegender öffentlicher Interessen eine (Garanten-)Handlungspflicht an, wenn die konkret zu beurteilende Straftat nach Art oder Umfang die Belange der Öffentlichkeit im besonderen Maße berührt. Dies ist bei den Katalogtaten des § 138 und auch bei Verbrechen in der Regel der Fall, kann indes ebenso z. B. erhebliche Straftaten gegen die Umwelt oder Delikte mit hohem wirtschaftlichem Schaden betreffen.

Zur h. M. BGHSt 38, 388, 391 ff.; *BGH* NJW 1989, 914, 916; *OLG Köln* NJW 1981, 1794; Sch/Sch/*Hecker*, § 258a Rn. 11; nach *BVerfG* JZ 2004, 303

mit abl. Anm. *Seebode* ist diese Lehre mit dem Bestimmtheitsgebot des
Art. 103 II GG vereinbar. – Zur Gegenmeinung *Laubenthal*, JuS 1993,
910 ff.; *Mitsch*, NStZ 1993, 385; MüKo/*Cramer*, § 258a Rn. 7.

Eine vergleichbare Problematik, auch was den bisher noch nicht **46**
angesprochenen **Zeitpunkt der Handlungspflicht** betrifft, stellt sich
im Zusammenhang mit der Frage, inwieweit sich ein Strafverfolgungsorgan an außerdienstlich bekannt gewordenen (Dauer-)Straftaten durch Unterlassen beteiligen kann. BGHSt 38, 388 ff. geht insoweit mit der h. M. davon aus, dass insbesondere Beamte der
Schutzpolizei grundsätzlich eine Straftatverhinderungspflicht im
Sinne des § 13 trifft. Dann betont der *BGH*, auch mit Blick auf die
§§ 258a, 13 (BGHSt 38, 388, 393), dass etwaige außerdienstlich erworbene Kenntnisse zunächst nur einen bestimmten Wissensstand
herbeiführten, der (erst) **im Rahmen der Dienstausübung** – bei bestimmten schweren Delikten – die Handlungspflicht auslösen könne.
Die Tragweite dieser Rechtsprechung zeigt sich in dem folgendem

Beispiel: Polizeibeamte trinken in ihrer Freizeit mit einem per Haftbefehl
wegen eines Betäubungsmittelverbrechens gesuchten Täter Bier und veranlassen nicht seine Festnahme, so dass der Gesuchte wieder verschwinden kann,
als aus anderen Gründen diensthabende Polizisten im Lokal auftauchen
(*OLG Koblenz* NStZ-RR 1998, 332). – Das *OLG* spricht unter konsequenter
Bezugnahme auf BGHSt 38, 388 die Polizeibeamten vom Vorwurf der
§§ 258a, 13 frei, weil die Beamten im privaten Bereich keine (Garanten-)
Handlungspflicht treffe. Diese könne erst „im Dienst" entstehen, im konkreten Fall zu einem Zeitpunkt, als die Festnahme nicht mehr möglich war.

§ 258a III schließt insbesondere die Anwendung des Angehörigen- **47**
privilegs (§ 258 VI) aus; doch kommt in solchen Konstellationen zumindest bei Unterlassungen als Entschuldigungsgrund die Unzumutbarkeit des Handelns in Betracht. § 258 V bleibt anwendbar, wie sich
mittelbar aus § 258a III ergibt.

Empfehlungen zur vertiefenden Lektüre:
Rechtsprechung: BGHSt 37, 226 (Vollstreckungsvereitelung durch Bezahlung einer Geldstrafe durch Dritte); BGHSt 38, 388 (Garantenstellung von
Polizeibeamten, auch bei außerdienstlich erlangten Kenntnissen); BGHSt 43,
82 (keine Garantenstellung für Vollzugsbeamte zur Anzeige von Straftaten an
Gefangenen); BGHSt 46, 53 (Verteidigerhandeln); *BGH* NJW 1984, 135 (Verfolgungsvereitelung durch Zusammenleben mit dem Vortäter); *BGH* wistra
1995, 143 (Verfolgungsvereitelung durch Verzögerung von Ermittlungshandlungen); *BayObLG* NJW 1978, 2563 (Strafbarkeit nach § 145d trotz Straffreiheit gemäß § 258 V); *OLG Celle* NJW 1980, 2205 (Strafbarkeit nach § 145d
trotz Straffreiheit gemäß § 258 VI).

Literatur: *Kranz*, Bezahlung von Geldstrafen durch das Unternehmen – § 258 StGB oder § 266 StGB?, ZJS 2008, 471 ff.; *Laubenthal*, Strafrechtliche Garantenhaftung von Polizisten und außerdienstliche Kenntniserlangung – *BGH* NJW 1993, 544 (= BGHSt 38, 388), JuS 1993, 907 ff.; *Müller-Christmann*, Die Bezahlung einer Geldstrafe durch Dritte – BGHSt 37, 226, JuS 1992, 379 ff.; *Otto*, Strafvereitelung durch Verteidigerhandeln, Jura 1987, 329 ff.; *Reichling/Döring*, Strafvereitelung durch Unterlassen – der Zeuge als Garant für die Strafrechtspflege?, StraFo 2011, 82 ff.; *Satzger*, Grundprobleme der Strafvereitelung (§ 258 StGB), Jura 2007, 754 ff.

§ 22. Hehlerei (§§ 259, 260, 260a)

Fall 1: a) G ist Geschäftsführer einer Boutique-GmbH. Als ihn seine Freundin F besucht, zeigt G auf eine bestimmte Bluse und sagt zu F: „Diese Bluse schenke ich Dir." F nickt, obwohl ihr klar ist, dass G für die Bluse vertragswidrig nichts bezahlt. G übergibt die Bluse. b) *1. Variante:* G erlaubt F, sich irgendeine Bluse selbst auszusuchen, was sie tut. c) *2. Variante:* G lässt als Geschäftsführer einer Tank-GmbH die F unbefugt kostenlos tanken. → Rn. 17, 19 ff., 22

Fall 2: a) D hat ein Luxusauto gestohlen, das er H überlässt, der es verkaufen und dafür 20 Prozent des Gewinns erhalten soll. Als H einen Käufer gefunden hat, bittet er den eingeweihten F, mit ihm das Auto zum Übergabeort zu fahren. Nach der Ankunft am Übergabeort wird F zusammen mit H kurz vor der geplanten Übergabe festgenommen. b) *Variante:* D, der nicht mitfährt, hat den Käufer gefunden und schaltet F ein, der wieder wie im Ausgangsfall festgenommen wird. → Rn. 43, 67, 68

Fall 3: Vortäter V verkauft ein gestohlenes Bild weit unter Marktpreis an den bösgläubigen Antiquitätenhändler H. Später sucht V ein Geschenk für seine kunstinteressierte Freundin F. Zu diesem Zweck beschließt er, das Bild wieder in seinen Besitz zu bringen, und kauft es von H zurück. → Rn. 73

Fall 4: a) T besitzt ein gestohlenes Autoradio. Es kann nicht mehr festgestellt werden, ob er das Radio entweder als Alleintäter selbst gestohlen oder sich in Kenntnis der Vortat verschafft hat. b) *Variante:* T hat das Autoradio vom Vortäter X erlangt. Möglicherweise war T an dem Diebstahl des Radios als Mittäter beteiligt. → Rn. 70, 74 ff.

I. Grundlagen und Aufbaufragen

1   Auch bei der Hehlerei (§ 259) handelt es sich um ein typisches Anschlussdelikt. Ähnlich wie bei § 257 sind ebenso für die Auslegung des § 259 **Wesen und Rechtsgut** des Tatbestandes von besonderer

Bedeutung. Die Hehlerei ist ein Vermögensdelikt. Ihr Unrechtsgehalt ergibt sich aus zwei Aspekten:

(1) Nach der von der ganz h. M. vertretenen **Perpetuierungstheo- 2 rie** liegt das Unrecht der Hehlerei in der Aufrechterhaltung der durch die Vortat geschaffenen rechtswidrigen Vermögenslage (Besitzlage) durch einvernehmliches Zusammenwirken mit dem Vortäter. Ein solches Zusammenwirken von Vortäter und Hehler ist für alle Begehungsformen der Hehlerei notwendig. Die unrechtstypische Aufrechterhaltung des rechtswidrigen Vermögenszustandes findet in dem Weiterschieben der Deliktsbeute in die Verfügungsgewalt einer anderen Person ihren Ausdruck.

(2) Umstrittener ist der zweite Unrechtsaspekt, den die inzwischen 3 h. M. zu Recht ebenfalls anerkennt: Danach schützt der Hehlereitatbestand auch allgemeine Sicherheitsinteressen. Die solche Interessen berührende besondere Gefährlichkeit des Hehlers liegt darin, dass er mit seiner Abnahmebereitschaft einen ständigen Anreiz für die Begehung von Diebstählen und anderen Vermögensstraftaten hervorruft und damit den Vortäter der Sorge um die gefahrlose Verwertung der Beute enthebt. Insoweit fördern Hehler die Begehung von Vermögensdelikten und von daher soll das Verbot der Hehlerei auch den Schwarzmarkt bekämpfen. – Zur Bedeutung des zweiten Unrechtsaspektes → Rn. 32 ff.

Wie hier BGHSt 42, 196, 198, 199 f.; 63, 274, 278 ff.; *Rudolphi*, JA 1981, 1 f., 4 ff.; Sch/Sch/*Hecker*, § 259 Rn. 1, 3; W/H/S/*Hillenkamp*, BT 2, Rn. 872 f.; *Eisele*, BT II, Rn. 1135; K/*Böse*, BT II, § 48 Rn. 1; MüKo/*Maier*, § 259 Rn. 1 ff. – Abl. zum zweiten Aspekt *Roth*, JA 1988, 194 ff.; *Geppert*, Jura 1994, 100 f.; *Jahn/Palm*, JuS 2009, 502; SSW/*Jahn*, § 259 Rn. 2.

In der **Fallbearbeitung** empfiehlt es sich vor allem mit Blick auf 5 die Ersatzhehlerei (→ Rn. 24 ff.), das in Betracht kommende Hehlereiobjekt genau zu bezeichnen und ggf. die Prüfung zu trennen (z. B. § 259 bezüglich des Ringes, § 259 bezüglich des Erlöses usw.). Ferner setzt die Hehlerei als Anschlussdelikt die Begehung einer Vortat voraus, die gegen fremdes Vermögen gerichtet und zuvor selbstständig erörtert worden sein muss. Im subjektiven Tatbestand ist neben dem Vorsatz eine eigen- oder fremdnützige Bereicherungsabsicht festzustellen (besonderes subjektives Tatbestandsmerkmal). – Der Aufbau sieht dann so aus:

Aufbauschema (§ 259)

I. Tatbestandsmäßigkeit
   1. Objektiver Tatbestand
      a) Rechtswidrige (gegen fremdes Vermögen gerichtete) Vortat eines anderen,
      b) durch die der Vortäter eine Sache erlangt hat.
      c) Tathandlungen bezüglich dieser Sache (im einvernehmlichen Zusammenwirken mit dem Vortäter)
         aa) Sich oder einem Dritten Verschaffen (mit Ankaufen als Unterfall) oder
         bb) Absetzen oder Absetzenhelfen
   2. Subjektiver Tatbestand
      a) Vorsatz
      b) Eigennützige oder fremdnützige Bereicherungsabsicht
II. Rechtswidrigkeit
III. Schuld
IV. Qualifikationen (§§ 260, 260a)

II. Die Vortat

1. Die „gegen fremdes Vermögen gerichtete" rechtswidrige Tat

7   Das Merkmal der „rechtswidrigen Tat" entspricht demjenigen in § 257 (→ § 20 Rn. 5). Die „gegen fremdes Vermögen gerichtete" Vortat erfasst neben dem plakativ hervorgehobenen Diebstahl fraglos alle sonstigen Vermögensdelikte (einschließlich der Hehlerei als Vortat). Freilich bleibt zu beachten, dass auch ein Vermögensdelikt als taugliche Vortat ausscheidet, wenn seine Begehung keine rechtswidrige Besitzlage schafft.

8   **Beispiel:** V hat seinen Pkw im Wert von 40.000 € für 10.000 € an K verkauft. Absprachegemäß soll V den Pkw bei der Versicherung als gestohlen melden, verstecken und erst an K übergeben, nachdem V die erwartete Versicherungsleistung (35.000 €) erhalten hat. Alles läuft plangemäß.

Weil das Ankaufen ein Unterfall des Sichverschaffens ist, kann K § 259 I nicht schon durch den Kaufvertrag, sondern erst mit der Übergabe erfüllen, durch die er sich den Pkw verschafft (→ Rn. 40 ff., 48). Als Vortaten kommen § 263 und § 265 in Betracht. Aber diese Taten ändern mit Blick auf den Pkw weder die Eigentums- noch die Besitzverhältnisse, schaffen also keine rechtswidrige Besitzlage. Vielmehr kann V weiterhin als Berechtigter verfügen (*BGH* NStZ 2005, 447 f.; StraFo 2012, 369). Somit entfällt § 259 I. K erfüllt nur die §§ 263 I, 27; dahinter treten die §§ 265 I, 27 zurück.

Ein Betrug als Vortat durch einen Vortäter V gegenüber einem Eigentümer E begründet auch dann eine rechtswidrige Besitzlage, wenn V Eigentum erwirbt. Im Falle der Weiterveräußerung durch V erfüllt daher ein bösgläubiger Erwerber H § 259 I. Die rechtswidrige Besitzlage endet nämlich erst mit der Unanfechtbarkeit des Eigentumserwerbs, weil bis dahin V wie auch H Eigentum und Besitz wieder an E verlieren können (vgl. §§ 124, 142 BGB; MüKo/*Maier*, § 259 Rn. 38, 42; Sch/Sch/*Hecker*, § 259 Rn. 7). **9**

Weiter ist zu beachten, dass nach h. M. als Vortaten neben Vermögensdelikten auch andere Straftatbestände in Betracht kommen, sofern diese im Einzelfall fremdes Vermögen verletzen und dadurch eine rechtswidrige Besitzlage herbeiführen. **10**

Beispiel: A glaubt irrtümlich, gegen X einen fälligen Anspruch auf Herausgabe einer bestimmten Sache zu haben. Als X nicht leistet, droht A mit einer Strafanzeige wegen von X begangener Steuerhinterziehungen, woraufhin X die Sache herausgibt. Die Sache schenkt A seiner in alles eingeweihten Freundin F. **11**

Die Strafbarkeit des A aus § 253 entfällt wegen seines Irrtums, der den Vorsatz bezüglich des Schadens bzw. der Rechtswidrigkeit der erstrebten Bereicherung entfallen lässt (→ § 11 Rn. 62). A erfüllt nur § 240 (vgl. *Rengier*, BT II, § 23 Rn. 61 f.). Die h. M. lässt in einem solchen Fall die das Vermögen des X schädigende (und insoweit gegen dessen Vermögen „gerichtete") Nötigung als taugliche Vortat zu Recht genügen und bestraft F nach § 259.

BGH MDR/D 1972, 571; *Rudolphi*, JA 1981, 2 f.; *Lackner/Kühl*, § 259 Rn. 5; *Zöller/Frohn*, Jura 1999, 379 f.; a. A. *Otto*, Jura 1985, 150 f.; *Roth*, JA 1988, 197 f. **12**

2. Tat „eines anderen"

Nach dem eindeutigen Wortlaut („ein anderer") kann der Vortäter niemals Täter einer anschließenden Hehlerei sein. Dies gilt angesichts der aus § 25 II folgenden gegenseitigen Zurechnung von Tatbeiträgen auch für einen Mittäter der Vortat. **13**

Im Übrigen ergeben sich im Zusammenhang mit der Beteiligung von Vortätern an einer späteren Hehlerei weitere Fragen, die am Ende in → Rn. 69 ff. angesprochen werden.

3. Das zeitliche Verhältnis zwischen Vortat und Hehlerei

14   Tatobjekt der Hehlerei ist eine Sache, die der Vortäter **erlangt hat.** Daher setzt der Tatbestand in der Regel eine vollendete Vortat voraus, es sei denn, der Vortäter hat ausnahmsweise die Sache schon durch eine nur versuchte Tat erlangt (*BGH* StV 1996, 81, 82). Erlangen bedeutet die tatsächliche (Mit-)Verfügungsgewalt haben, die auch durch mittelbaren Besitz hergestellt werden kann (*Martens,* JA 1996, 248 ff.).

15   Umstritten ist das **zeitliche Verhältnis** zwischen Vortat und Hehlerei. Nach der Rechtsprechung und h. M. muss die Hehlerei der Vortat zeitlich nachfolgen, während nach einer Gegenmeinung Vortat und Hehlerei auch in einem Akt zusammenfallen können. Für die h. M. spricht nicht allein der Wortlaut („„erlangt *hat*"), sondern auch der Normzweck, weil von einer Aufrechterhaltung der rechtswidrigen Besitzlage nur die Rede sein kann, wenn zuvor eine solche Lage bestanden hat. Schließlich vermeidet die h. M. eine Verwässerung der Konturen zwischen Vortat- und Nachtatverhalten und wahrt den Charakter der Hehlerei als typisches *Anschluss*delikt. Die Gegenansicht, die auf die zeitliche Zäsur verzichtet, nimmt für sich vor allem in Anspruch, zufällige Ergebnisse zu vermeiden.

16   Zur h. M. siehe *BGH* StV 2002, 542; NStZ 2012, 510; NStZ-RR 2011, 245 (mit Bspr. *Hecker,* JuS 2011, 1040 ff.; *Satzger,* JK 4/12, StGB § 259/27); LK/ *Walter,* 12. Aufl. § 259 Rn. 31; Sch/Sch/*Hecker,* § 259 Rn. 14; *Geppert,* Jura 1994, 101 f. – Zur Gegenmeinung *Lackner/Kühl,* § 259 Rn. 6; *Rudolphi,* JA 1981, 6 f.; *Otto,* Jura 1985, 151 f. – Falllösung bei *Küper,* Jura 1996, 211 f.

17   Im **Fall 1a** ist bezüglich G angesichts seiner im Außenverhältnis grundsätzlich unbeschränkten Vertretungsbefugnis (§§ 35 I, 37 II GmbHG) zunächst an § 266 I Var. 1 zu denken. Da jedoch die Schenkung wegen des kollusiven Zusammenwirkens von G und F ohne wirksame Vertretung erfolgt, muss der Missbrauchstatbestand verneint werden (→ § 18 Rn. 9). Freilich verwirklicht G § 266 I Var. 2, wobei der ebenfalls erfüllte § 246 II zurücktritt (→ § 18 Rn. 72 f.). Bezüglich § 259 durch F scheidet nach h. M. die Untreue als Vortat aus, weil deren Vollendung (Eintritt des Vermögensschadens durch Besitzverlust) mit dem Sichverschaffen im Sinne des § 259 zusammen-

fällt. Dagegen stellt die Unterschlagung, auch wenn sie bei G verdrängt wird, eine taugliche Vortat dar; denn der Zueignungswille des G manifestiert sich mit dem Schenkungsangebot, spätestens im Augenblick der Übergabe. Damit hat G § 246 II vollendet, also eine rechtswidrige Besitzlage geschaffen, bevor F die abgeleitete Verfügungsgewalt erlangt. F erfüllt daher durch Sichverschaffen § 259 (in Tateinheit mit §§ 266 I Var. 2, 27, 28 I; der gleichzeitig verwirklichte § 246 I ist kraft Gesetzes subsidiär).

Parallel liegen Konstellationen, in denen ein Nichtberechtigter in seinem **18** Gewahrsam befindliche fremde Sachen an bösgläubige Käufer veräußert. Auf dem Boden der Manifestationstheorie ist die Unterschlagung mit einem etwaigen Verkaufsangebot vollendet, so dass mit Blick auf das hehlerische Sichverschaffen eine zeitliche Zäsur besteht.

Dagegen kann sich im **Fall 1b** der Zueignungswille des G erst zu **19** dem Zeitpunkt konkretisieren und damit manifestieren, in dem F die Bluse aussondert und sich verschafft. Insoweit fehlt jetzt zwischen der vollendeten Unterschlagung und dem Sichverschaffen jeder zeitliche Abstand. Daher entfällt nach h. M. eine Strafbarkeit der F wegen Hehlerei. Nach der Gegenmeinung allerdings stellt die fehlende zeitliche Zäsur kein Hindernis dar, die F wie im **Fall 1a** aus § 259 zu bestrafen.

Von dieser Frage unberührt bleibt die Strafbarkeit der F gemäß den **20** §§ 266 I Var. 2, 27, 28 I. Ferner liegt bei ihr eine täterschaftliche Unterschlagung vor (§ 246 I), weil G als Nichtberechtigter verfügt und F bösgläubig ist (vgl. *Stree*, NStZ 1991, 285 f.). Die beiden Taten konkurrieren ideal; denn wegen der doppelten Milderung der Untreuetat droht diese nicht die schwerere Strafe an (zur Subsidiarität des § 246 siehe → § 5 Rn. 64 ff.).

Das Höchstmaß des § 266 I von fünf Jahren reduziert sich zunächst auf drei **21** Jahre und neun Monate (§§ 27 II 2 i. V. m. 49 I Nr. 2) und dann auf zwei Jahre, neun Monate und einige Tage (§§ 28 I i. V. m. 49 I Nr. 2). – Zur zum Teil umstrittenen „doppelten" Milderung vgl. BGHSt 26, 53; *BGH* wistra 1988, 303; *Fischer,* § 50 Rn. 7; *Roxin,* AT II, § 27 Rn. 82 f.; LK/*Schünemann/Greco*, 13. Aufl. § 28 Rn. 88 f.

Fall 1c behandelt einen Grenzfall. Bezüglich § 259 durch F lässt **22** sich eine zeitliche Zäsur im Sinne einer „logischen Sekunde" noch bejahen (a. A. vertretbar). Man kann nämlich sagen, dass die Unterschlagung durch G mit dem Einlaufen des Benzins in den Schlauch vollendet ist, während das Sichverschaffen erst nach dem Auslaufen mit dem Füllen des Tanks stattfindet (vgl. *BGH* NJW 1959, 1377; M/ *Momsen*, BT 1, § 39 Rn. 21). Von diesem Standpunkt aus entspricht **Fall 1c** dem **Fall 1a**.

III. Die durch die Vortat erlangte „Sache" als Tatobjekt

1. Begriff der Sache

23   Gegenstand der Hehlerei können nur Sachen, d. h. körperliche Gegenstände sein, also nicht Forderungen oder sonstige Rechte. Deliktisch erlangte Papiere freilich, die Rechte verkörpern, kommen sehr wohl als Tatobjekte in Betracht, so z. B. Grundschuldbriefe (*BGH* NJW 1978, 710), Sparkassenbücher, Wertpapiere, Schecks, Schuldscheine, Pfandscheine und Garderobenmarken. Im Übrigen braucht die Sache weder beweglich noch fremd zu sein. Auch herrenlose Sachen (gewilderte Tiere) oder sogar eigene Sachen im Falle des § 289 (*BGH* wistra 1988, 25) können gehehlt werden.

2. Ersatzhehlerei

24   Aus dem Wortlaut des § 259 wie auch aus dem Wesen der Hehlerei (→ Rn. 1) ergibt sich, dass als Tatobjekt ausschließlich gerade *die* Sache in Betracht kommt, die der andere durch die Vortat erlangt hat. Es muss **körperliche Identität** bestehen. Fehlt diese bezüglich des Tatobjekts, so kommt grundsätzlich nur eine **straflose Ersatzhehlerei** in Betracht. Die Sachidentität geht z. B. durch Verkauf oder Umtausch verloren. Wenn freilich die „Ersatzsache" wiederum im Wege einer fremdes Vermögen verletzenden Straftat erlangt wird, liegt ein neues taugliches Hehlereiobjekt vor.

25   Darüber hinaus muss beachtet werden, dass namentlich dem **Geldwäschetatbestand** (§ 261) auch die ergänzende Funktion zufällt, Fälle strafloser Ersatzhehlerei aufzufangen. Insbesondere hat der Gesetzgeber 2021 die Reichweite des § 261 dadurch ganz erheblich ausgedehnt, dass seitdem jede rechtswidrige Tat als Vortat genügt und der frühere Straftatenkatalog ersatzlos weggefallen ist, der die Vortaten insbesondere auf Verbrechen und bestimmte gewerbs- oder bandenmäßig begangene Vergehen beschränkt hatte. In der **Fallbearbeitung** muss man daher in Fällen des § 259 unbedingt auch an § 261 denken. – Die folgenden **vier Beispiele** rund um Fragen der Ersatzhehlerei beziehen daher den – in → § 23 näher erörteren – Tatbestand des § 261 ein:

Beispiel (1): D hat 500 € gestohlen und kauft beim gutgläubigen J eine Hals- **26** kette, die er seiner in alles eingeweihten Freundin F schenkt.

D hat § 242 verwirklicht. § 263 zum Nachteil des J entfällt, weil J das Geld gutgläubig gemäß §§ 929, 932 BGB erwirbt (§ 935 II BGB). Weiter erfüllt D mit der Übergabe des Geldes § 261 I Nr. 3, da § 261 VII wegen des erfüllten Ausnahmetatbestands nicht eingreift. – F verwirklicht nicht den objektiven Tatbestand des § 259; denn das gestohlene Geld verschafft sie sich nicht, und die gekaufte Kette selbst ist nicht durch eine Straftat (Betrug) erlangt (bloße Ersatzhehlerei). Doch kann F angesichts der Vortat des D nach der Reform von 2021 gemäß § 261 I Nr. 3 bestraft werden.

Beispiel (2): D hat eine Halskette gestohlen und verkauft sie an den gutgläu- **27** bigen J für 500 €. Von den erhaltenen fünf 100-Euro-Scheinen schenkt D einen seiner eingeweihten Freundin F.

Jetzt verwirklicht D neben § 242 in Realkonkurrenz auch § 263, weil J an der Kette nicht gutgläubig Eigentum erwerben kann (§ 935 I BGB) und daher geschädigt wird. Mit dem wie in → Rn. 26 zu bejahenden § 261 I Nr. 3, VII steht § 263 in Tateinheit. – Bei F und der Prüfung des § 259 darf man, was die Vortat betrifft, nicht an § 242 anknüpfen, weil D nur die Halskette, aber nicht den Geldschein im Wege des Diebstahls erlangt hat. Indes erhält D das Geld (die „Ersatzsache") durch Betrug. Von daher kann und muss auf § 263 als Vortat abgestellt und die Strafbarkeit der F gemäß § 259 bejaht werden (Falllösung bei *Kühl/Brutscher*, JuS 2011, 339). Zugleich verschafft sie sich – in Tateinheit – gemäß § 261 I Nr. 3 einen seitens D durch Betrug erlangten Ursprungsgegenstand.

Beispiel (3): Im Beispiel (2) erhält D von J einen 500-Euro-Schein. Diesen **28** Schein tauscht er bei einer Bank in fünf 100-Euro-Scheine um und schenkt einen davon seiner in alles eingeweihten Freundin F.

Bei D kommt mit Blick auf den Umtausch bei der gutgläubigen Bank eine zweite Erfüllung des § 261 I Nr. 3, VII hinzu. – F hat bezüglich § 259 nicht gerade den betrügerisch erlangten 500-Euro-Schein erlangt. Da dieser Schein umgewechselt worden ist, handelt es sich bei dem 100-Euro-Schein um eine andere Sache (die nicht im Wege des § 263 erlangt worden ist). Nach den Regeln der Ersatzhehlerei muss daher § 259 durch F ausscheiden (h. M.). Eine Minderheitsmeinung greift bei der „Geldersatzhehlerei" auf den Wertsummengedanken zurück und stellt nicht auf die formale Sachidentität

ab (*Rudolphi*, JA 1981, 4; vgl. schon → § 2 Rn. 139; → § 20 Rn. 9).
Danach wäre F wie im Beispiel (2) aus § 259 (mit § 263 als Vortat)
zu bestrafen. So plausibel der Wertsummengedanke auch ist, im Rahmen des § 259 stehen seiner Anwendung der Gesetzeswortlaut und
damit das Analogieverbot entgegen (*Otto*, Jura 1985, 153; *Roth*, JA
1988, 198; K/H/H/*Heinrich*, BT 2, Rn. 967). Immerhin: Da die
Euro-Scheine als Surrogat des 500-Euro-Scheins von der Betrugstat
herrühren, erfüllt F wieder § 261 I Nr. 3.

29   **Beispiel (4):** Im Beispiel (2) verkauft D die Halskette für 500 € an den Hehler H, den F ins Gespräch gebracht hat, wofür sie von D aus dem Erlös erwartungsgemäß 100 € erhält.

Durch den Verkauf an H erfüllt D § 261 I Nr. 3, VII. – Bezüglich F
scheidet § 259 unter dem Aspekt des Sichverschaffens der 100 € aus.
Denn mit Blick auf § 242 als Vortat (Halskette) liegt eine Ersatzhehlerei vor, und das Geld selbst erlangt D von dem eingeweihten
Hehler H nicht im Wege einer weiteren Vermögensstraftat. Indes verwirklicht sie wiederum § 261 I Nr. 3. Weiter darf man nicht übersehen, dass F bei der wirtschaftlichen Verwertung der Halskette mitwirkt und daher Hehlerei in Form der Absatzhilfe begeht (vgl.
→ Rn. 54 ff., 59).

30   Wie bei der Ersatzhehlerei besteht der rechtswidrige Vermögens-
zustand auch dann nicht mehr fort, wenn jemand an dem Vortatob-
jekt – z. B. durch Verarbeitung (§ 950 BGB) – so Eigentum erlangt
hat, dass der Erwerb nicht (mehr) anfechtbar ist (*BayObLG* JR
1980, 299; *Rudolphi*, JA 1981, 3; *Otto*, Jura 1985, 151).

IV. Die Tathandlungen

1. Ankaufen oder sonst sich (oder einem Dritten) verschaffen

31   **a) Einvernehmliches Zusammenwirken.** Das aus dem Wesen der
Hehlerei folgende und für alle Tathandlungen geltende Erfordernis
des einvernehmlichen – oder auch: einverständlichen – Zusammenwirkens mit dem Vortäter spielt vor allem bei dem Merkmal des Sichverschaffens eine Rolle. Dieses Zusammenwirken wird auch als abgeleiteter (derivativer) Erwerb bezeichnet. Die **Verschaffung** der
bemakelten Sache **durch Diebstahl oder Raub** erfüllt daher nicht
§ 259; hier wird nicht durch *einvernehmliches* Weiterverschieben

eine rechtswidrige Besitzlage aufrechterhalten, vielmehr durch *eigenmächtiges* Handeln eine neue rechtswidrige Besitzlage begründet.

Fraglich ist die **Verschaffung durch Betrug, Erpressung oder** 32
Nötigung. Dazu folgende

Beispiele: D hat E eine wertvolle Briefmarke gestohlen. H erlangt die Briefmarke von D a) durch Betrug (§ 263), indem er, ohne dies je vorzuhaben, die Zahlung von 500 € verspricht, b) durch Erpressung (§ 253), indem er mit einer Strafanzeige droht (zum Schaden des unrechtmäßigen Besitzers D vgl. → § 13 Rn. 159 ff.; → § 11 Rn. 47).

Lässt man für den abgeleiteten Erwerb im Sinne des § 259 das le- 33
diglich in tatsächlicher Hinsicht einvernehmliche Zusammenwirken
genügen, so macht sich H in beiden Konstellationen auch wegen
Hehlerei strafbar. Diese (früher herrschende) Ansicht nimmt an, dass
eine Beeinflussung durch Täuschung und Nötigung ein faktisches
Zusammenwirken und die Rechtsgutsverletzung nicht ausschließe,
weil insoweit die bemakelte Sache immer noch mit dem Willen des
Vorbesitzers weiterverschoben und dadurch die rechtswidrige Besitzlage aufrechterhalten werde. Ein „kollusives" Agieren beider Seiten
brauche nicht vorzuliegen (vgl. *Küper/Zopfs*, BT, Rn. 475, 483, 485 f.).

Dem widerspricht die inzwischen h. M. zu Recht. Sie beruht auf 34
der Prämisse, dass der Hehlereitatbestand einen zweiten Unrechtsaspekt enthält, bei dem es um eine Gefährdung allgemeiner Sicherheitsinteressen geht (→ Rn. 3). Auf diesem Fundament ergibt sich die Folgerung: Für den Vortäter schafft die Aussicht, die erhoffte Beute
durch Betrug, Erpressung oder Nötigung an einen Abnehmer zu verlieren, überhaupt keinen Anreiz zu Vermögensstraftaten.

Im Ergebnis scheidet damit ein tatbestandsmäßiges Sichverschaffen nicht 35
nur in den Fällen der §§ 242 und 249, sondern auch dann aus, wenn der Täter
die bemakelte Sache im Wege der §§ 240, 253, 255 oder 263 an sich bringt. Danach erfüllt H in den Beispielsfällen (→ Rn. 32) § 259 nicht.

Der *BGH* hat zunächst zum Verschaffen durch Erpressung und 36
Nötigung Stellung genommen, insoweit § 259 ebenfalls für unanwendbar erklärt und dadurch den Standpunkt der h. M. gefestigt
(BGHSt 42, 196 ff.). Zum Betrugsfall hat sich erst BGHSt 63, 274 ff.
geäußert und hier die Anwendbarkeit des § 259 bejaht. Indes kann
der Betrugsfall richtigerweise nicht anders behandelt werden. Für
das Tatbild der Hehlerei ist die Hilfeleistung zugunsten des Vortäters
nach der Tat charakteristisch. Davon kann bei einer erpresserischen
oder betrügerischen Erlangung der Beute so wenig wie bei ihrer Weg-

nahme die Rede sein. Solche Taten können nach den §§ 240, 253, 255, 263, 242, 249 sach- und systemgerecht geahndet werden.

37   Wie hier gegen die Anwendung des § 259 auch im Betrugsfall die h. M. in der Literatur: LK/*Walter*, 12. Aufl. § 259 Rn. 35; *Mitsch,* JA 2020, 32 ff.; *Jäger,* JA 2019, 548 ff.; W/H/S/*Hillenkamp*, BT 2, Rn. 903; *Eisele*, BT II, Rn. 1150 f.; K/*Böse*, BT II, § 48 Rn. 19; MüKo/*Maier*, § 259 Rn. 71 ff.; Sch/Sch/*Hecker*, § 259 Rn. 37. – Wie der *BGH* grundsätzlich dafür: NK/*Altenhain*, § 259 Rn. 28; SSW/*Jahn*, § 259 Rn. 17; *Fischer*, § 259 Rn. 13a; *Heger/Weiss*, JR 2019, 644 ff.; *Kaspar*, JuS 2012, 634 mit Falllösung.

   Zur umstrittenen Reichweite des § 261 I Nr. 3 in diesen Fällen→ § 23 Rn. 28.

38   Vergleichbare Meinungsverschiedenheiten spiegeln sich in der Diskussion des Falles wider, dass ein bezüglich der Vortat (§ 242) bösgläubiger Erwerber H die Sache vom gutgläubigen Vorbesitzer B und nicht unmittelbar vom Vortäter D erlangt.

39   **Beispiel:** D schenkt einen gestohlenen Ring an die gutgläubige B, die diesen Ring später an ihre bösgläubige Mutter H weiterverschenkt. – Nach h. M. macht sich H gemäß § 259 strafbar, weil die einvernehmliche Übertragung keine Bösgläubigkeit auf beiden Seiten voraussetze (*OLG Düsseldorf* JR 1978, 465, 466; *Eisele*, BT II, Rn. 1152). Doch fehlt hier jedes Zusammenwirken mit dem Vortäter, weshalb § 259 richtigerweise abgelehnt werden muss (abl. auch *Rudolphi*, JA 1981, 6; K/*Böse*, BT II, § 48 Rn. 20). H erfüllt freilich § 246 I.

40   **b) Sichverschaffen.** Das Merkmal des Sichverschaffens – das Ankaufen ist („oder sonst") ein Unterfall! – wird oft verkannt und viel zu weit verstanden. Das Sichverschaffen erfordert die Erlangung einer eigenen (selbstständigen) tatsächlichen Verfügungsgewalt im Einvernehmen mit dem Vortäter. Der Vortäter muss die Verfügungsgewalt über die Sache so auf den Hehler übertragen, dass dieser **unabhängig vom Vortäter** zu eigenen Zwecken darüber verfügen können soll und kann. Unter denselben Voraussetzungen – nämlich: vom Vortäter unabhängige eigentümergleiche Verfügungsmacht – genügt bei mehreren Erwerbern auch die Erlangung einer bloßen Mitverfügungsbefugnis.

   Dazu BGHSt 35, 172, 175 f.; 63, 228, 230 f.; 63, 274, 276; *BGH* StV 2005, 87; NStZ-RR 2005, 236; *Küper/Zopfs*, BT, Rn. 478.

41   Ob die Sache einvernehmlich in die eigentümergleiche Verfügungsgewalt des Anschlusstäters gelangen soll, muss nach dem Willen der Beteiligten beurteilt werden. Dabei stimmt der Wille des Anschlustä-

ters, eigene Verfügungsgewalt zu begründen, mit dem Streben überein, das die Zueignungsabsicht kennzeichnet (vgl. *BGH* wistra 1993, 146; NStZ 1995, 544; *Lackner/Kühl*, § 259 Rn. 10).

Beispiele: (1) Ein Sichverschaffen *entfällt* daher bei der entgeltlichen Übernahme des Vortatobjekts nur zum Zwecke der Vernichtung (*BGH* NStZ 1995, 544) sowie bei einer bloßen Verwahrung, Leihe, Miete oder anderen vorübergehenden Benutzung (*BGH* StV 1987, 197; 1992, 65; wistra 1993, 146). Ebenso wenig führt die Stellung eines Verkaufskommissionärs, der die bemakelte Sache für einen anderen gegen Gewinnbeteiligung veräußern soll, zu der erforderlichen Loslösung vom Vortäter; demnach „verschafft sich" im **Fall 2a** H das Auto nicht, vielmehr kommt nur ein „Absetzen" in Betracht (→ Rn. 53, 67). **42**

(2) Desgleichen liegt im bloßen **Mitkonsum** – auch von Rauschgift – kein Sichverschaffen; denn allein der Mitgenuss verschafft dem Mitverzehrenden nicht die Macht, nach eigenem Belieben unabhängig vom Vortäter über den Hehlereigegenstand zu verfügen (h. M.; *BGH* NStZ 1992, 36; *Rudolphi*, JA 1981, 91 f.; W/H/S/*Hillenkamp*, BT 2, Rn. 901; a. A. Sch/Sch/*Hecker*, § 259 Rn. 22; *Roth*, JA 1988, 203). Zur nicht gegebenen Absatzhilfe vgl. → Rn. 49 f. Bei fremden Sachen wird aber § 246 I erfüllt. **43**

(3) Nicht grundsätzlich anders als die Konstellation (2) liegt der Fall, dass Täter eine Wohnung komplett mit gestohlenen Möbeln und Konsumartikeln ausstatten und andere Mitbewohner davon profitieren. Nur wenn ein Mitbewohner Mitverfügungsgewalt im Sinne von → Rn. 40 erlangt, ist er wegen Hehlerei in der Variante des Sichverschaffens strafbar (*BGH* wistra 1998, 264). **44**

Das Sichverschaffen setzt nicht unbedingt die Erlangung unmittelbaren Besitzes voraus. Die Deliktsbeute verschafft sich auch, wer vom Vortäter nur die selbstständige Verfügungsgewalt über einen unbemakelten Pfandschein oder über Schließfachschlüssel erlangt, infolgedessen aber faktisch dennoch unabhängig vom Vortäter zu eigenen Zwecken über die bemakelte (aufbewahrte oder eingeschlossene) Beute verfügen kann (siehe BGHSt 27, 160 bezüglich des Pfandscheins; ferner *Berz*, Jura 1980, 62 f.; *Rudolphi*, JA 1981, 91; h. M.). Umgekehrt kann natürlich auch z. B. der Pfandschein selbst bemakelt, also etwa durch Diebstahl oder Betrug erlangt worden und von daher unmittelbarer Gegenstand einer Hehlerei sein, während die verpfändete Sache „sauber" ist. **45**

Was das **Verhältnis zu § 261** betrifft, ist schon in den in → Rn. 25 ff. erläuterten Beispielen deutlich geworden, dass in Hehlereifällen auch an § 261 und namentlich dessen Verschaffensvariante (§ 261 I Nr. 3) gedacht werden muss. Darüber hinaus kann, soweit bei bloßem Mitkonsum § 259 nicht eingreift (→ Rn. 43), § 261 I Nr. 4 z. B. durch Verwenden erfüllt sein (→ § 23 Rn. 12 f.). **46**

47   **c) Drittverschaffung.** Für die Fälle der Drittverschaffung gelten die vorstehenden Ausführungen sinngemäß. Der Hehler muss (mit-) täterschaftlich dafür sorgen, dass nicht er – auch nicht übergangsweise –, sondern der (gut- wie bösgläubige) Dritte die abgeleitete selbstständige Verfügungsgewalt erlangt. Man kann an den Erwerb von Hehlerware durch einen Angestellten für seinen Geschäftsherrn oder durch eine Ehefrau für ihren Ehemann denken. Als Fall der Drittverschaffung lässt sich auch das erfolgreiche selbstständige Absetzen (→ Rn. 53, 55) einstufen.

48   **d) Ankaufen.** Als Unterfall muss das Ankaufen allen Erfordernissen des Sichverschaffens genügen. Insbesondere ist daher zu beachten, dass der bloße Abschluss des obligatorischen Kaufvertrages noch nicht genügt.

2. Absetzen und Absetzenhelfen

49   **a) Gemeinsame Fragen.** Für beide Merkmale folgt zunächst aus dem Wesen und Rechtsgut der Hehlerei, insbesondere aus dem Erfordernis des einvernehmlichen Zusammenwirkens (→ Rn. 2, 31 ff.), dass die Absatzbemühungen im wirtschaftlichen Interesse und mit Einverständnis des Vortäters erfolgen und auf die Übertragung der tatsächlichen, selbstständigen Verfügungsgewalt an einen Dritten gerichtet sein müssen (*BGH* StV 1984, 285).

50   Was den allgemeinen Begriff des Absatzes anbelangt, so versteht man darunter die rechtsgeschäftliche Übertragung der Deliktsbeute im Wege **entgeltlicher** (wirtschaftlicher) Verwertung, z. B. durch Verkauf, Tausch oder Verpfändung. Demnach kann eine Schenkung nur vom Merkmal des Sichverschaffens erfasst werden.

So die h. M.; *BGH* NStZ 2014, 577; *Eisele*, BT II, Rn. 1160; LK/*Walter*, 12. Aufl. § 259 Rn. 53. – Für die Einbeziehung auch der Schenkung K/*Böse*, BT II, § 48 Rn. 23; *Roth*, JA 1988, 204.

51   Weiter stellt sich die Frage, ob das Veräußern an den durch die Vortat Verletzten ein tatbestandsmäßiges Absetzen(helfen) sein kann. Richtigerweise muss dies, da durch die Rückerlangung die rechtmäßige Besitzposition wiederhergestellt – und nicht eine rechtswidrige aufrechterhalten – wird, unabhängig davon verneint werden, ob der Verletzte bei dem Rückerwerb die wahre Sachlage durchschaut oder getäuscht wird.

Sch/Sch/*Hecker,* § 259 Rn. 30; M/*Momsen,* BT 1, § 39 Rn. 28; W/H/S/*Hillenkamp,* BT 2, Rn. 914; a. A. *Zöller/Frohn,* Jura 1999, 384. – Zur Frage des Vermögensschadens, wenn beim Rückerwerb getäuscht (§ 263) oder genötigt (§ 253) wird, siehe → § 11 Rn. 50.

In vergleichbarer Weise führt die Lieferung von bemakelten Sachen **52** an einen verdeckten Ermittler oder eine zuverlässige Vertrauensperson der Polizei dazu, den rechtmäßigen Zustand wiederherzustellen. Insoweit scheidet eine vollendete Hehlerei durch Absetzen(helfen) aus und man gelangt bloß zu einem – untauglichen – Versuch (BGHSt 43, 110; *BGH* NStZ-RR 2000, 266; erg. *Rengier,* AT, § 35 Rn. 1 ff.).

b) Tatbestandlicher Unterschied. Der maßgebliche Unterschied **53** liegt in folgendem: Das **Absetzen** meint das **selbstständige** Unterstützen des Vortäters bei der in dessen Interesse erfolgenden wirtschaftlichen Verwertung; für das Absetzen ist also die – mit einem Verkaufskommissionär vergleichbare – selbstständige Stellung des Hehlers gegenüber dem Vortäter charakteristisch.

Demgegenüber erfasst die **Absatzhilfe** (nur) das **unselbstständige** **54** Unterstützen des Vortäters in dessen wirtschaftlichem Interesse bei dessen Absatzbemühungen. Der Sache nach handelt es sich um eine tatbestandlich verselbstständigte Beteiligung am tatbestandslosen (vgl. → Rn. 13, 59) Absetzen des Vortäters; typischerweise hat die Beteiligung Beihilfecharakter. Der Absatzhelfer muss also im Lager des Vortäters stehen. Demnach erstreckt sich das Merkmal Absatzhilfe *nicht* auf die Hilfe, die einer anderen Person als dem Vortäter bei deren tatbestandlicher Absatzhandlung oder die dem Erwerber gewährt wird; insoweit kommen nur die §§ 259, 27 in Betracht. Eine Strafbarkeit sowohl wegen Unterstützung des Vortäters als auch etwa eines Erwerbers scheidet aus. In Grenzfällen kommt es darauf an, in wessen Lager der Täter steht.

Vgl. BGHSt 63, 228, 232; *BGH* StV 1984, 285; NStZ-RR 2005, 373, 374; NStZ 2008, 215; *Fischer,* § 259 Rn. 17 f.; Sch/Sch/*Hecker,* § 259 Rn. 32 f. – **Beispiele** zur Absatzhilfe in → Rn. 29, 68.

c) Absatzerfolg. Zwischen der Rechtsprechung und ganz h. M. in **55** der Literatur war lange umstritten, ob die Merkmale „absetzt" und „absetzen hilft" einen Absatzerfolg voraussetzen (so die Literatur) oder schon das Tätigwerden beim Absatz genügen lassen. Der Streit hat sich erledigt, nachdem der 3. Strafsenat beschlossen hat, sich der

Literaturmeinung anzuschließen und ihm inzwischen alle anderen Strafsenate gefolgt sind. Demnach besteht nunmehr Einigkeit, dass auch die Absatzmerkmale den Übergang der Verfügungsgewalt verlangen.

BGHSt 59, 40 ff. (zust. Bspr. *Jahn*, JuS 2013, 1044 ff.; *Jäger*, JA 2013, 951 ff.; *Theile*, ZJS 2014, 458 ff.); 63, 228, 231 f.

56   Unabhängig davon stimmen Rechtsprechung und Literatur darin überein, dass beide Tathandlungen gleich interpretiert werden müssen: Insbesondere hätte eine Auslegung, die für das Absetzen einen Absatzerfolg voraussetzen, für das Absetzenhelfen dagegen schon das bloße Tätigwerden genügen lassen würde, schwerwiegende Wertungswidersprüche zur Folge. Denn der selbstständige Absetzer befindet sich in der Regel in der aktiveren Rolle, so dass man den Fall der erfolglosen Absatzhilfe nicht strenger als den Fall des erfolglosen Absatzes bestrafen kann (siehe nur BGHSt 27, 45, 51; *BGH* 2 StR 26/15 Rn. 4).

57   Die frühere Rechtsprechung vertrat den Standpunkt, dass das Merkmal „absetzt" – und dann natürlich auch das „absetzen hilft" – keinen Absatzerfolg voraussetze. Für diese Ansicht führte sie die historische Entwicklung, die bis 1975 geltende Fassung des Tatbestandes (Mitwirken zum Absatz) und das kriminalpolitische Bedürfnis ins Feld, möglichst viele Absatzbemühungen strafrechtlich zu erfassen (BGHSt 27, 45 ff.; 43, 110 f.).

58   Demgegenüber stützen sich die Literaturmeinung und jetzt auch die Rechtsprechung zutreffend zunächst auf den Wortlaut. Das allgemeine Sprachverständnis versteht unter einem Absetzen das gelungene Weiterverschieben in eine andere Hand (a. A. *Rosenau*, NStZ 1999, 352). Für die Absatzhilfe gilt dies zwar nicht, jedoch kann man, wie schon betont wurde, das unselbstständige Absetzenhelfen nicht strenger bestrafen; daher muss man auch für die Vollendung des „absetzen hilft" einen erfolgreichen Absatz voraussetzen. Die Wortlautinterpretation lässt sich ferner aus dem Unrecht der Hehlerei ableiten, für das die Aufrechterhaltung der rechtswidrigen Besitzlage durch einvernehmliche Begründung einer neuen selbstständigen Verfügungsgewalt typisch ist.

BGHSt 59, 40, 42 ff.; *Lackner/Kühl*, § 259 Rn. 13 ff.; *Rudolphi*, JA 1981, 92 f.; *Berz*, Jura 1980, 64 ff.; K/H/H/*Heinrich*, BT 2, Rn. 1008 ff.

59   **d) Interpretation der Absatzhilfe.** Da die Absatzhilfe einen Absatzerfolg voraussetzt und ihr Wesen in der Beteiligung am tatbestandslosen Absetzen des Vortäters liegt, kann allein der Vortäter den erforderlichen Absatzerfolg herbeiführen. Demnach ist die Absatzhilfe als Beihilfe zum Absatz des Vortäters zu begreifen und in dieser Hinsicht quasiakzessorisch zu dessen tatbestandsloser „Tat". Der Absatzhelfer kann sich daher wegen vollendeter Hehlerei nur strafbar machen, wenn der Absatz durch den Vortäter gelingt.

V. Subjektiver Tatbestand

Zum Vorsatzinhalt bezüglich der Vortat gelten die Ausführungen 60 in → § 20 Rn. 14 entsprechend. Neben dem Vorsatz muss der Täter die Absicht haben, sich oder einen Dritten zu bereichern. Insoweit muss es dem Täter – im Sinne zielgerichteten Wollens (dolus directus 1. Grades) – auf irgendeinen zusätzlichen geldwerten Vorteil ankommen, der nicht stoffgleich zu sein braucht und z. B. in der Bezahlung von Barbesuchen liegen kann. *Ohne* Bereicherungsabsicht handelt, wer die Deliktsbeute zum Marktpreis bzw. dort, wo wie im Drogengeschäft kein legaler Markt existiert, zum Schwarzmarktpreis oder teurer erwirbt.

Zum Letzteren siehe *OLG Hamm* NStZ-RR 2003, 237, 238; LK/*Walter*, 12. Aufl. § 259 Rn. 77. Zum Übrigen vgl. *BGH* MDR/H 1977, 282 f.; 1992, 18; 1996, 118; wistra 2012, 148, 149; *Jahn/Palm*, JuS 2009, 504.

Umstritten ist, ob als Dritter auch der Vortäter in Betracht kommt. 61 Dagegen spricht erstens der Wortlaut: In § 259 I wird der Vortäter als „ein anderer" bezeichnet und von dem „Dritten" unterschieden, dem die Sache verschafft und der bereichert werden kann; also kann der „Dritte" als Bereicherungsadressat kaum mit dem Vortäter identisch sein. Zweitens fällt die Funktion, die Vortäterbegünstigung zu erfassen, einer anderen Vorschrift, nämlich § 257, zu.

Beispiel: V hat eine Kamera gestohlen, deren Verkauf ihm nicht gelingt. 62 Jetzt gibt der eingeweihte T dem V den Tipp, an K heranzutreten, ohne sich oder den K bereichern zu wollen. Der bösgläubige K kauft die Kamera. – Bezüglich § 259 erfüllt T zwar den objektiven Tatbestand (Absatzhilfe), hat aber auf dem Boden der hier vertretenen Ansicht nicht die Absicht, mit dem V „einen Dritten" zu bereichern. Die Strafbarkeit des T gemäß § 257 hängt davon ab, ob er den V bei der wirtschaftlichen Verwertung unterstützen und dabei auch vor einer Wiederentziehung schützen will (vgl. → § 20 Rn. 6, 13 ff.); dazu sagt der Sachverhalt allerdings zu wenig. K verwirklicht § 259 (Sichverschaffen).

63   Zur Streitfrage wie hier *BGH* NStZ 1995, 595; StraFo 2005, 214, 215; NStZ-RR 2019, 379, 380; 2021, 7, 8; *Paeffgen*, JR 1996, 348 f.; *Lackner/Kühl*, § 259 Rn. 17; M/*Momsen*, BT 1, § 39 Rn. 38; MüKo/*Maier*, § 259 Rn. 153 ff.; *Wiedmer*, JuS 2021, 211 f. – A. A. Sch/Sch/*Hecker*, § 259 Rn. 44; *Eisele*, BT II, Rn. 1167; *Mitsch*, JuS 1999, 375 f. mit Falllösung.

VI. Versuch

64   Die versuchte Hehlerei ist strafbar (§ 259 III). Eine Vollendung scheidet aus, wenn die bemakelte Sache an eine Vertrauensperson der Polizei geliefert wird (→ Rn. 52). Was den Beginn des Versuchs betrifft, ist die Rechtslage klar, soweit es um die Merkmale des Sichverschaffens (mit dem Unterfall des Ankaufens) und des Absetzens geht:

(1) Beim **Sichverschaffen** – und dem Unterfall des Ankaufens – setzt das Überschreiten der Schwelle des § 22 ein unmittelbares Ansetzen zur Übernahme eigener Verfügungsgewalt voraus (*BGH* NStZ 2019, 80, 81).

(2) Bei der Drittverschaffung kommt es auf das Ansetzen zur Übertragung der Verfügungsgewalt auf den Dritten an.

(3) Beim **Absetzen** beginnt das Stadium des § 22 mit dem unmittelbaren Ansetzen des Hehlers zur Herbeiführung des Absatzerfolges, d. h. zur Übertragung der Verfügungsgewalt (**Fall 2a** → Rn. 67).

65   (4) Was den umstrittenen Versuch der **Absatzhilfe** angeht, darf wegen der Erfolgsbezogenheit auch dieser Tathandlung richtigerweise nicht in irgendeiner Weise auf das unmittelbare Ansetzen zur Hilfeleistung abgestellt, vielmehr muss der akzessorische Ansatz (→ Rn. 59) konsequent auf die Versuchsebene übertragen werden. Danach ist der Absatzhelfer wegen versuchter Hehlerei strafbar, wenn der von ihm unterstützte Vortäter zum Übergabeakt unmittelbar ansetzt, aber die Weiterverschiebung misslingt.

Jahn, JuS 2017, 1128 ff. (zust. zu *OLG Köln* BeckRS 2017, 117610); *Dehne-Niemann*, HRRS 2015, 78 f.; *Küper*, JZ 2015, 1039 ff.; NK/*Altenhain*, § 259 Rn. 74; Sch/Sch/*Hecker*, § 259 Rn. 48.

65a   BGHSt 63, 228 ff. widerspricht jedoch dieser überzeugenden und herrschenden Literaturmeinung. Der *BGH* führt zwar deren Argumente auf, setzt sich mit ihnen aber nicht ernsthaft auseinander. Er lässt das unmittelbare Ansetzen zur bloßen Hilfeleistung genügen und ignoriert insoweit den Wandel der Rechtsprechung seit BGHSt

59, 40 hin zur erfolgsbezogenen Interpretation der Absatzhilfe (→ Rn. 58). Eine strafbare versuchte Absatzhilfe soll alles darstellen, was mit der Intention geschieht, den Absatzplan des Vortäters unmittelbar zu fördern. Beispielhaft: Während beim Merkmal Absetzen der Versuch, in Deutschland gestohlene Ware in Kroatien zu verkaufen, frühestens nach der Einreise in dieses Land beginnen kann, soll demgebenüber nach BGHSt 63, 228 der Absatzhelfer, der das Transportfahrzeug fährt und zur Verfügung stellt, das Stadium des § 22 schon an der Grenze zu Österreich und sogar bereits dann erreicht haben, wenn er die Ware im Fahrzeug erst einmal verwahrt, bevor er einige Tage später Kroatien ansteuern will (erg. *BGH* NStZ-RR 2019, 180). Der *BGH* bestraft also im Versuchsfall widersprüchlich den – mit geringerer krimineller Energie agierenden (→ Rn. 56, 58) – Absatzhelfer erheblich strenger als den selbstständig handelnden Absatztäter.

Scharfe Kritik bei *Mitsch*, NJW 2019, 1258 ff.; abl. ferner BeckOK StGB/*Ruhmannseder*, § 259 Rn. 52 ff.; W/H/S/*Hillenkamp*, BT 2, Rn. 926; *Bosch*, Jura (JK) 2019, 680. – Zu **Fall 2b** → Rn. 68. – Zu beachten bleibt ggf. eine Strafbarkeit gemäß § 257 (→ § 20).

Wer sich eine taugliche Vortat nur irrtümlich vorstellt, macht sich **66** wegen eines (untauglichen) Versuchs der Hehlerei strafbar (*BGH* NStZ 1983, 264; 1992, 84; erg. *Rengier*, AT, § 35 Rn. 21 ff., 26 ff. zur Abgrenzung zwischen untauglichem Versuch und Wahndelikt).

Im **Fall 2a** hat H die selbstständige Stellung eines Verkaufskommissionärs, **67** so dass für ihn – nicht ein Sichverschaffen (→ Rn. 42), sondern – allein das Merkmal „absetzt" in Betracht kommt. Nach der früheren Rechtsprechung wäre der Tatbestand vollendet, weil nach ihr die Absatztätigkeit (Käufersuche) genügte. Nach der nun auch von der Rechtsprechung anerkannten Ansicht können ohne Absatzerfolg nur die §§ 259, 22 eingreifen. Insoweit kommt es gemäß § 22 darauf an, ob H zur Übertragung der Verfügungsgewalt schon unmittelbar angesetzt hat. Das kann mit dem Eintreffen des Autos am Übergabeort bejaht werden (vgl. Sch/Sch/*Hecker*, § 259 Rn. 47). F ist wegen Beihilfe zur versuchten Hehlerei des H strafbar. Zu beachten ist, dass bei F trotz seiner untergeordneten Stellung keinesfalls täterschaftliche Absatzhilfe vorliegt; denn das Merkmal „absetzen hilft" bezieht sich allein auf die Unterstützung des hinsichtlich seiner eigenen Absatzbemühungen tatbestandslos handelnden Vortäters (→ Rn. 54).

Im **Fall 2b** ist F dagegen Absatzhelfer, da er den Vortäter D unselbstständig **68** bei dessen Absatztätigkeiten unterstützt, indem er das Fahrzeug fährt und für D die Verfügungsgewalt übertragen will. Nach der früheren Rechtsprechung hätte sich F wegen vollendeter Hehlerei in Form der Absatzhilfe strafbar gemacht. Im Lichte der erfolgsbezogenen Interpretation kann F nur die §§ 259,

22 erfüllen, weil der Absatzerfolg fehlt. Im Übrigen wirkt sich hier der Streit um den Versuchsbeginn im Ergebnis nicht aus: Im Lichte der vorzugswürdigen Literaturmeinung haben die Absatztätigkeiten des D, zu denen F quasiakzessorisch Beihilfe leistet, mit dem Eintreffen des F am Übergabeort das Versuchsstadium erreicht; nach der Ansicht des *BGH* gelangt F in die Phase des § 22 früher und spätestens mit dem Losfahren.

VII. Hehlerei durch an der Vortat Beteiligte

1. Konstellationen der Vortatbeteiligung

69   Im Zusammenhang mit der Begehung einer Hehlerei durch Vortatbeteiligte werden immer wieder die folgenden Konstellationen aktuell (zusammenfassend *Geppert,* Jura 1994, 103 ff.):

70   (1) Wie schon erwähnt (→ Rn. 13), kann der **Vortäter** niemals den Tatbestand der Hehlerei erfüllen (Wortlaut!). Dass dies auch im Falle von Mittäterschaft gilt, etwa wenn Mittäter der Vortat untereinander Beuteanteile erwerben, folgt spätestens aus der Zurechnungsregel des § 25 II (beachte aber **Fall 4b** → Rn. 76).

71   (2) Beteiligt sich der **Vortäter als Anstifter oder Gehilfe** an der Hehlerei, so liegt nach h. M. zumindest eine straflose Nachtat vor. Überzeugender dürfte es sein, mit einem Erst-recht-Schluss bereits die Tatbestandslosigkeit einer solchen Teilnahme zu begründen (zust. MüKo/*Maier,* § 259 Rn. 59). – Vereinfachend lassen sich die Punkte (1) und (2) wie folgt zusammenfassen: Der (Mit–)Täter der Vortat kann nicht (Mit-)Täter oder Teilnehmer einer anschließenden Hehlerei sein.

72   (3) Anders als der Vortäter kann der **Teilnehmer an der Vortat** (Anstifter oder Gehilfe) nach ganz h. M. § 259 erfüllen, und zwar auch dann, wenn er bereits bei der Teilnahmehandlung auf die Beute abzielt. Die Taten stehen in Realkonkurrenz.

Hierzu BGHSt 7, 134; 33, 50, 52; *BGH* wistra 1986, 217; NStZ 1996, 493; StraFo 2012, 369, 370; *Niedernhuber,* JA 2021, 306 f. mit Falllösung.

73   (4) Streitig wird der Beuterückerwerb durch den Vortäter diskutiert **(Fall 3).** An sich bereitet es in diesem Fall keine Schwierigkeiten, den Rückerwerb durch V dem § 259 zu subsumieren, weil eine taugliche Vortat (§ 259 durch H) vorliegt und V jedenfalls in fremdnütziger Bereicherungsabsicht handelt. Doch wird die Ansicht vertreten, dass beim Rückerwerb nur die durch die Vortat geschaffene Lage

wieder hergestellt werde und es daher an einer erneuten Rechtsgutsverletzung fehle bzw. die Hehlerei jedenfalls als mitbestrafte Nachtat
hinter die Vortat (§ 242) zurücktrete. Da indes der rückerwerbende
Vortäter (V) in Wirklichkeit die Hehlereikette verlängert, ist die Annahme von Realkonkurrenz überzeugender.

So auch *Rudolphi*, JA 1981, 5; *Geppert*, Jura 1994, 103 f.; *Geisler/Meyer*,
Jura 2010, 392 f. mit Falllösung. – Für die Einstufung als mitbestrafte Nachtat
Lackner/Kühl, § 259 Rn. 18; K/H/H/*Heinrich*, BT 2, Rn. 971; W/H/S/*Hillen-*
kamp, BT 2, Rn. 931 f.; Sch/Sch/*Hecker*, § 258 Rn. 50.

2. Ungewisse Vortatbeteiligung

Fall 4 führt zu im Einzelnen umstrittenen Fragen der Hehlerei bei   74
ungewisser Vortatbeteiligung (dazu *Geppert*, Jura 1994, 104 ff.):

Im **Fall 4a** muss bei der Prüfung der §§ 242, 259 nach dem Grundsatz „in   75
dubio pro reo" zugunsten des T jeweils unterstellt werden, dass er die Sache
nicht weggenommen bzw. sich nicht von einem anderen verschafft hat. Da
aber feststeht, dass er nach den beiden in Betracht kommenden Sachverhaltsalternativen § 242 *oder* § 259 verwirklicht hat, kann gemäß den Grundsätzen der
(ungleichartigen) Wahlfeststellung eine alternative Verurteilung wegen Diebstahls oder Hehlerei erfolgen (*BGH* NJW 1990, 2476, 2477; erg. → § 14
Rn. 71 und *Rengier*, AT, § 57 Rn. 14 ff., 21 ff.; BT II, § 41 Rn. 23; § 52 Rn. 10).
– In der **Fallbearbeitung** wird es sich, weil in derartigen Konstellationen die
sichere alternative Strafbarkeit festgestellt werden muss, meistens empfehlen,
die Strafbarkeit für jede tatsächliche Variante erst getrennt zu erörtern, bevor
auf die Fragen des in dubio pro reo-Grundsatzes und der Wahlfeststellung
eingegangen wird.

Im **Fall 4b** geht es um die sog. Postpendenzfeststellung. Diese unterscheidet   76
sich von der Wahlfeststellung dadurch, dass eine *eindeutige* Tatsachengrundlage – nämlich eine Hehlereihandlung in der Form des Sichverschaffens durch
X – vorliegt, deren *rechtliche* Beurteilung von der nicht möglichen Klärung
eines früheren Verhaltens abhängt (mittäterschaftlicher Diebstahl?). Bei festge-
stellter Mittäterschaft könnte T nicht nach § 259 bestraft werden (→ Rn. 13,
70). Doch würde er selbst dann faktisch alle Merkmale des § 259 erfüllen.
Der eher erschwerende zusätzliche Umstand seiner möglichen mittäterschaftlichen Beteiligung am Diebstahl kann ihn nicht besserstellen und unter Anwendung des in dubio pro reo-Grundsatzes zur Verneinung des § 259 führen.
Daher wird T auf eindeutiger Tatsachenbasis nach § 259 bestraft (BGHSt 35,
86, 88 ff.; *BGH* NStZ 1989, 574; NStZ-RR 2018, 47, 48 f.; SK/*Wolter,* Anhang
zu § 55 Rn. 55 ff.; *Richter,* Jura 1994, 130 ff.; *Rengier,* AT, § 57 Rn. 32 f.).

VIII. §§ 260, 260a

77   Die §§ 260, 260a enthalten Qualifikationen. § 260 I Nr. 1 qualifiziert § 259 I bei gewerbsmäßiger Begehung. Insoweit gelten die Ausführungen in → § 3 Rn. 34 zu § 243 I 2 Nr. 3 entsprechend.

78   § 260 I Nr. 2 betrifft die Bandenhehlerei. Diesbezüglich kann
grundsätzlich auf die Erörterungen in → § 4 Rn. 89–107 bezüglich
§ 244 I Nr. 2 verwiesen werden. Freilich ist zu beachten, dass bei
§ 260 I Nr. 2 die Tat nicht „unter Mitwirkung eines anderen Bandenmitglieds" begangen sein muss und insoweit → § 4 Rn. 94–102 nicht
entsprechend gilt; den Tatbestand kann also auch ein als Alleintäter
im Rahmen der Bandenabrede und somit „als Mitglied" agierendes
Bandenmitglied erfüllen (*BGH* StV 2020, 243, 244).

79   § 260 I Nr. 2 erfasst ferner gemischte Banden, bei denen z. B. zwei
Mitglieder D und R für Diebstahl und Raub zuständig sind und ein
anderes Mitglied H die Hehlerei übernimmt. Hier kann es insoweit
zu Wertungswidersprüchen kommen, als H nach § 260 I Nr. 2 bestraft werden kann, während D und R bezüglich § 244 I Nr. 2 nur
eine nicht ausreichende „Zweierbande" bilden und sich als Vortäter
nicht an § 260 I Nr. 2 beteiligen können (→ Rn. 70).

80   § 260a I kombiniert beide Alternativen des § 260 I zu einem Ver-
brechenstatbestand.

Lehrreich zur **Akzessorietätslockerung des § 28 II** ist der Fall *BGH* NStZ
2020, 273, 274 f.: Wenn der Haupttäter entweder nur § 259 I oder auch die
Qualifikation des § 260 I Nr. 1 erfüllt, der Gehilfe G aber in seiner Person
die besonderen persönlichen Merkmale der Bandenmitgliedschaft und Gewerbsmäßigkeit vereinigt, führt die doppelte strafschärfende Anwendung des
§ 28 II (→ § 4 Rn. 106 f.; → § 3 Rn. 34) zur Strafbarkeit des G gemäß den
§§ 260a I, 27.

Empfehlungen zur vertiefenden Lektüre:
Rechtsprechung: BGHSt 35, 172 (Sichverschaffen durch Erlangung von
Mitverfügungsgewalt); BGHSt 42, 196 (keine Hehlerei bei Verschaffung durch
Nötigung oder Erpressung); BGHSt 59, 40 (Absatzerfolg – Änderung der
Rechtsprechung); BGHSt 63, 228 (Versuchsbeginn bei der Absatzhilfe);
BGHSt 63, 274 (Hehlerei bei Verschaffung durch Betrug); *BGH* NStZ 1995,
85 (gewerbsmäßige und bandenmäßige Hehlerei); *BGH* NStZ 1995, 544 (kein
Sichverschaffen bei entgeltlicher Übernahme zur Entsorgung und Vernich-
tung); *OLG Düsseldorf* JR 1978, 465 (abgeleiteter Erwerb vom gutgläubigen
Vorbesitzer).

Literatur: *Geppert,* Zum Verhältnis von Täterschaft/Teilnahme an der Vortat und sich anschließender Hehlerei (§ 259 StGB), Jura 1994, 100 ff.; *Jahn/ Palm,* Die Anschlussdelikte – Hehlerei (§§ 259–260a StGB), JuS 2009, 501 ff.; *Kudlich,* Neuere Probleme bei der Hehlerei, JA 2002, 672 ff.; *Otto,* Hehlerei, § 259 StGB, Jura 1985, 148 ff.; *Roth,* Grundfragen der Hehlereitatbestände, JA 1988, 193 ff., 258 ff.; *Rudolphi,* Grundprobleme der Hehlerei, JA 1981, 1 ff., 90 ff.; *Wiedmer,* Prüfungsrelevante Probleme der Hehlerei, JuS 2021, 207 ff.; *Zöller/Frohn,* Zehn Grundprobleme des Hehlereitatbestandes (§ 259 StGB), Jura 1999, 378 ff.

§ 23. Geldwäsche (§ 261)

Fall 1: Bei einem Raubüberfall erbeutet A mehrere Schmuckstücke und verkauft diese günstig an den bösgläubigen B, der einen Gewinn machen sowie A vor Wiederentziehung schützen will. Mit dem Erlös erwirbt A von C dessen Geschäftsanteile an einer Spielwarenfabrik. C weiß zwar von dem Raubüberfall, aber nichts Genaues darüber, ob das Geld aus dem Verkauf der Beute stammt. Später schenkt A den ersten Gewinn, den die Geschäftsanteile abwerfen, und Produkte der Fabrik seiner in alles eingeweihten Ehefrau E. → Rn. 6, 17, 31, 52

Fall 2: Im Fall 1 kauft A mit Geld aus dem Verkauf an B ein Lotterielos und gewinnt eine Million Euro. → Rn. 18

Fall 3: T hat in einem Supermarkt 10 rohe Eier und 10 bemalte gekochte harte Eier entwendet. Eingeladenen und eingeweihten Gästen bietet er die rohen Eier als Spiegeleier und die gekochten Eier unverändert an. Die Gäste A und B essen gemeinsam mit T nur Spiegeleier, die Gäste C und D mit T nur gekochte Eier, während E und F keinen Hunger haben und sich von T am Ende von jeder Sorte ein Ei zum Verzehr zu Hause mitgeben lassen. → Rn. 7, 13

I. Grundlagen und Aufbaufragen

§ 261 geht zurück auf das Gesetz zur Bekämpfung des illegalen 1 Rauschgifthandels und anderer Erscheinungsformen der Organisierten Kriminalität von 1992. Europäische Vorgaben haben den Gesetzgeber veranlasst, durch das Gesetz zur Verbesserung der strafrechtlichen Bekämpfung der Geldwäsche vom 2.3.2021 (BGBl. I S. 327) den Tabestand erheblich zu verändern. Ergänzend soll das Gesetz über das Aufspüren von Gewinnen aus schweren Straftaten (Geldwäschegesetz – GwG) für eine effektive Strafverfolgung sorgen.

Das GwG verpflichtet namentlich Finanzinstitute und auch bestimmte Be- 2 rufsgruppen (z. B. Wirtschaftsprüfer, Steuerberater, Immobilienmakler, Kunstvermittler) u. a. dazu, Vertragspartner zu identifizieren und Sachverhalte zu melden, bei denen der Verdacht besteht, dass die geschäftliche Beziehung einen Gegenstand betrifft, der aus einer strafbaren Handlung stammt (§§ 2, 11, 43 GwG).

3   Nach dem Willen des Gesetzgebers von 1992 dient § 261 dem Ziel, das Einschleusen von Vermögensgegenständen aus organisierter Kriminalität in den legalen Finanz- und Wirtschaftskreislauf zum Zwecke der Tarnung zu unterbinden. Man will ferner den Strafverfolgungsbehörden mit Hilfe der „Geldspur" ein Eindringen in die Strukturen organisierter Kriminalität ermöglichen und deren Nerv durch Entziehung der finanziellen Grundlagen treffen. Schließlich sollen der einzelne Vortäter isoliert und der inkriminierte Gegenstand verkehrsunfähig gemacht werden (dazu BT-Drs. 12/989, S. 26, 27).

4   Dem Studierenden dürfen Schlagworte wie „Geldwäsche" und „Organisierte Kriminalität" nicht den Blick dafür verschließen, dass sich die Reichweite des § 261 schon 1992 keineswegs auf das Tatobjekt „Geld" und bandenmäßig begangene Vortaten beschränkt hat. Die Reform von 2021 hat die Reichweite noch erheblich ausgedehnt, weil seitdem jede rechtswidrige Tat als Vortat genügt (→ Rn. 11 ff.).

Zur reformpolitischen Kritik siehe *Gazeas*, NJW 2021, 1041 ff.; *Gercke/Jahn/Paul*, StV 2021, 330 ff.; *Schiemann*, KriPoZ 2021, 151 ff. – Vor allem im **Verhältnis zu § 259** wird die vergrößerte Reichweite deutlich. Dies ist bereits in → § 22 Rn. 25 ff. beispielhaft erläutert worden. Den Blick darauf sollte sich der Studierende für die **Fallbearbeitung** in Erinnerung rufen, weil Hehlereifälle vielfach auch Geldwäschefälle sind.

5   § 261 schließt auch **Strafbarkeitslücken**, die bei der Anwendung der – insoweit vorrangig zu prüfenden – §§ 257 ff. auf Geldwäschevorgänge entstehen:

6   Im **Fall 1** hat allein B § 257 und § 259 (in Tateinheit) erfüllt. Bei C dagegen entfällt zunächst § 259 hinsichtlich des Erlöses, weil es sich um eine straflose Ersatzhehlerei handelt (→ § 22 Rn. 24 ff.). Desgleichen gelangt die h. M. bezüglich § 257 zu einer straflosen „Ersatzbegünstigung", da der Erlös nicht mehr als unmittelbarer Ersatzvorteil angesehen werden kann (→ § 20 Rn. 7 ff.); im Übrigen fehlt C auch die nötige Absicht (→ § 20 Rn. 15 ff.). Schließlich kommt für C § 258 I Var. 2 in der Form der Maßnahmenvereitelung (§§ 73 ff.) grundsätzlich in Betracht; doch handelt C in subjektiver Hinsicht weder absichtlich noch wissentlich. Noch weniger als C wird die E von den §§ 257 bis 259 erfasst (zum Fall weiter in → Rn. 17, 31, 52).

7   Im **Fall 3** hat T alle Eier durch Diebstahl erlangt. Doch entfällt bei den Gästen A und B § 259 I zum einen wegen der kraft Verarbeitung (vgl. § 950 BGB) fehlenden Sachidentität und außerdem wegen des bloßen Mitkonsums (→ § 22

Rn. 24 ff., 43). Bei den Gästen C und D scheitert § 259 I zwar nicht an der Sachidentität, aber wegen des Mitverzehrs. Nur E und F verwirklichen bezüglich der gekochten Eier 259 I durch Sichverschaffen. Weiter in → Rn. 13.

Geschütztes Rechtsgut ist nach h. M. die Rechtspflege mit ihrer 8 Aufgabe, die Wirkungen von Straftaten zu beseitigen. Zusätzlich wird durch § 261 I 1 Nr. 3 und 4 (= § 261 II a. F.), wie bei der Begünstigung (→ § 20 Rn. 2), das durch die Vortat verletzte Rechtsgut geschützt.

Zur h. M. und Diskussion vgl. SSW/*Jahn*, § 261 Rn. 7 ff.; LK/*Schmidt/Krause*, 12. Aufl. § 261 Rn. 4; NK/*Altenhain*, § 261 Rn. 10 ff.; Sch/Sch/*Hecker*, § 261 Rn. 2.

§ 261 gehört zu den längsten und gewiss auch schwer erfassbaren 9 Strafvorschriften des StGB. In der **Fallbearbeitung** kann der Studierende darauf vertrauen, nicht mit schwierigen und unübersichtlichen Zusammenhängen konfrontiert zu werden. Dass die maßgeblichen Strukturen gar nicht so kompliziert sind, verdeutlicht das folgende, auf die wichtigsten Punkte beschränkte

---

Aufbauschema (§ 261) 10

I. Tatbestandsmäßigkeit
  1. Objektiver Tatbestand
    a) Rechtswidrige Vortat (nicht unbedingt eines anderen)
    b) Täter: auch der Vortatbeteiligte (beachte Abs. 7)
    c) Tatobjekt: Gegenstand, der aus der Vortat herrührt
    d) Tathandlungen des Abs. 1 Satz 1
      aa) Nr. 1: Verbergen
      bb) Nr. 2: Umtausch usw. in Vereitelungsabsicht
      cc) Nr. 3: Verschaffen
      dd) Nr. 4: Verwahren, Verwenden
      ee) Abs. 1 Satz 2: Einschränkung der Nr. 3 und 4
    e) Tathandlungen des Abs. 2: Verheimlichen von Tatsachen
  2. Subjektiver Tatbestand
    a) Vorsatz
    b) Abs. 6 Satz 1 lässt (nur) bezüglich des Herrührens aus einer rechtswidrigen Vortat auch Leichtfertigkeit genügen.
    c) Einschränkung bei Strafverteidigern (§ 261 I 3, VI 2)

II. Tatobjekte

11   Das Tatobjekt muss ein (Vermögens-)Gegenstand sein, der aus „einer rechtswidrigen Tat" herrührt. Insoweit ist seit der Reform von 2021 unbedingt zu beachten, dass als Vortat jeder tatbestandsmäßig und rechtswidrig erfüllte Straftatbestand genügt; dieser muss also im Gegensatz zum früheren selektiven Straftatenkatalog nicht mehr eine bestimmte Qualität aufweisen. Das Merkmal **Gegenstand** ist weit zu verstehen und umfasst dem Schutzzweck entsprechend **jeden Vermögenswert**, z. B. bewegliche und unbewegliche Sachen, Rechte an solchen, Bar- und Buchgeld in allen Währungen sowie Wertpapiere und Forderungen.

12   Die Dimensionen, in die § 261 führt, zeigt der einen gewerbsmäßigen Betrug betreffende, bereits vom früheren Straftatenkatalog erfasste Fall *BGH* NStZ 2012, 321: A tätigte 141 betrügerische Warenbestellungen im Wert von 30.000 €. Sein Mitbewohner und Lebensgefährte B erfüllt § 261 I Nr. 4, sobald er einen erkannt bemakelten Gegenstand verwendet. Fällt darunter, wie die h. M. annimmt, auch der bestimmungsgemäße Gebrauch (→ Rn. 30), so ist – anders als gemäß § 259 (→ § 22 Rn. 43) – selbst der bloße Mitkonsum einbezogen (W/H/S/*Schuhr*, BT 2, Rn. 969; A/W/*Heinrich*, BT, § 29 Rn. 29).

13   **Fall 3** beleuchtet den seit 2021 mit erfassten Bagatellbereich: T erfüllt § 242 und bleibt wegen des Verwendens straflos (§ 261 I Nr. 4, VII). Die Gäste A bis D, bei denen § 259 entfällt (→ Rn. 7), verwirklichen indes durch Verwenden § 261 I Nr. 4, da die jeweiligen Eier Gegenstände sind, die entweder als Surrogate (Spiegeleier) oder als Ursprungsgegenstände (gekochte Eier) aus dem Diebstahl des T herrühren (erg. → Rn. 14 ff. zum Herrühren; → Rn. 30 zum Verwenden; → Rn. 3, 27 zum Isolierungsgedanken). E und F machen sich in Tateinheit gemäß § 259 (gekochte Eier) und § 261 I Nr. 3 (Spiegeleier) strafbar. – Vergleichbare Beispiele bei *Gazeas*, NJW 2021, 1044, der von einer „absurden Weite" spricht.

14   Von großer Bedeutung ist die Frage, unter welchen Voraussetzungen ein Gegenstand noch aus der Vortat **herrührt**. Man kann wie folgt unterscheiden (zusammenfassend *Jahn/Ebner*, JuS 2009, 599 f.):

(1) Unproblematische Tatobjekte stellen die Gegenstände dar, die unmittelbar aus der Vortat hervorgehen. Insoweit spricht man auch vom **Ursprungsgegenstand**. Als solche unmittelbar aus der Vortat erlangte Tatobjekte kommen vor allem die Beute, das Entgelt für die Tatbegehung und ein Lösegeld in Betracht.

(2) Weiter gehören hierher die **producta sceleris**, also die Erzeug- 15 nisse der Tatbegehung (z. B. Falschgeld, hergestellte Betäubungsmittel).

(3) Grundsätzlich nicht erfasst sind die **instrumenta sceleris**, d. h. die Tatwerkzeuge, die zur Begehung der Vortat gebraucht werden und folglich nicht aus ihr abgeleitet sind. Ob von daher speziell Bestechungslohn nicht nur in den klaren Fällen der Bestechlichkeit (§ 332) aus der Vortat herrührt, sondern auch dann, wenn ausnahmsweise allein der Tatbestand der Bestechung (§ 334) vorliegt, ist umstritten und richtigerweise zu bejahen (BGHSt 53, 205, 208 ff.; *Kuhlen*, JR 2010, 272 f.; a. A. *Fahl*, JZ 2009, 748).

(4) Problematischer ist, inwieweit der Begriff des Herrührens **Sur-** 16 **rogate** erfasst, die an die Stelle des Ursprungsgegenstandes treten. Im Ausgangspunkt geht man auf der Basis einer wirtschaftlichen Betrachtungsweise von einem weiten Begriffsverständnis aus. Danach sind Gegenstände als bemakelt anzusehen, wenn sie sich bei wirtschaftlicher Betrachtungsweise im Sinne eines Kausalzusammenhangs auf die Vortat zurückführen lassen (BGHSt 53, 205, 209; 63, 268, 271 f.; *BGH* NStZ-RR 2010, 109, 111). Der Gesetzgeber hat bewusst einen weiten Begriff gewählt, der auch eine für die Geldwäsche typische Kette von Verwertungshandlungen erfasst, bei denen der ursprüngliche Gegenstand in der Regel unter Beibehaltung seines Wertes, ggf. mehrfach, durch einen anderen oder auch mehrere Surrogate ersetzt wird. Der Rückgriff auf die Herkunft des Gegenstandes wird erst dort ausgeschlossen, wo dessen Wert im Wesentlichen auf der selbstständigen Leistung Dritter beruht (BT-Drs. 12/3533, S. 12).

Beispiele: Im **Fall 1** (dazu auch → Rn. 6, 31, 52) rühren die Schmuckstücke, 17 deren Verkaufserlös, die damit erworbenen Geschäftsanteile sowie der Gewinn aus dem Raubüberfall her. Nicht zu den inkriminierten Gegenständen gehören nur die Produkte der Spielwarenfabrik, die wesentlich aus der Arbeitsleistung der Mitarbeiter hervorgehen (Gedanke des § 950 BGB).

Auch im **Fall 2** rührt der Gewinn nicht aus dem Raubüberfall her, weil das 18 Zufallsmoment deutlich überwiegt.

Anders soll es liegen, wenn der Täter wirtschaftlich gesehen die inkriminierten Werte mittels eines Umwandlungsprozesses ersetzt (Sch/Sch/*Hecker*,

§ 261 Rn. 10), wenn er also bei Lotterien und Wetten den Gewinn erlangt hat, nachdem er größere Summen bemakelten Geldes eingesetzt und sich dadurch (wirtschaftlich relevante) gesteigerte Aussichten auf den Gewinn verschafft hat (*Barton*, NStZ 1993, 162 mit Fn. 39). Die Fragen sind ungeklärt.

19   Aus der Vortat können ferner noch Gegenstände stammen, die nur zum Teil mit illegalem Geld erworben worden sind. Kauft ein Täter einen Pkw für 10.000 €, von denen 1.000 € illegaler Herkunft sind, so soll nach der amtlichen Begründung das Auto aus der Vortat herrühren (BT-Drs. 12/3533, S. 12). Auf dieser Linie, auf der sich auch die h. M. bewegt, könnte man generalisierend bei einem aus wirtschaftlicher Sicht „nicht völlig unerheblichen" Anteil bemakelten Geldes den gesamten Gegenstand für „vergiftet" halten. Konkretisierend werden verhältnismäßig geringe Mindestquoten diskutiert und ein Anteil von 5 %, aber nicht von 1 % für ausreichend erachtet. Der *BGH* hält deliktische Anteile jedenfalls ab 5,9 % für ausreichend und lässt offen, ob es der Festlegung einer Mindestquote bedarf.

20   Dazu *BGH* NJW 2015, 3254 f.; NZWiSt 2019, 148, 150; *Barton*, NStZ 1993, 163; W/H/S/*Schuhr*, BT 2, Rn. 984; gegen jede „Makelquote" MüKo/*Neuheuser*, § 261 Rn. 65; NK/*Altenhain*, § 261 Rn. 77; für eine in der Höhe „wesentliche" Quote SSW/*Jahn*, § 261 Rn. 39, deren Höhe *Gercke/Jahn/Paul*, StV 2021, 336 „naheliegend" bei mehr als 50 % sehen.

21   Umstritten ist, ob der Gedanke, dass ein (bestimmter) bemakelter Anteil die Totalkontamination des Ganzen zur Folge hat, insbesondere auf die (untrennbare) Vermischung von Geld übertragen werden kann. Bejaht man dies, so ist beispielsweise ein Bankkonto mit einem Guthaben von 10.000 € insgesamt „vergiftet", wenn davon 1.000 € aus einer tauglichen Vortat herrühren. Eine Gegenmeinung wendet ein, dass dann irgendwann sämtliche Geldmittel bemakelt seien; sie will daher den Tatbestand im Sinne einer bloßen Teilkontamination nur anwenden, wenn die Überweisung/Abbuchung den Wert des legalen Anteils übersteigt, also im Beispiel über 9.000 € liegt. Diese Meinung verdient keinen Beifall, weil sie einfache Umgehungsmöglichkeiten eröffnet und der Täter selbst für die Vermischung mit seinem legalen Vermögen verantwortlich ist.

22   Auf dieser Linie auch der *BGH*, der für die totale „Vergiftung" jedenfalls einen Anteil von 5,9 % illegaler Geldmittel genügen lässt (NJW 2015, 3254, 3255; erg. 1 StR 595/15 Rn. 25); ferner NK/*Altenhain*, § 261 Rn. 76 f.; MüKo/*Neuheuser*, § 261 Rn. 66;. – A. A. Sch/Sch/*Hecker*, § 261 Rn. 11; SSW/*Jahn*, § 261 Rn. 40; *Jahn/Ebner*, JuS 2009, 599 f.; *Krug*, NZWiSt 2016, 159 f.

III. Tathandlungen

1. Die Tathandlungen des § 261 I 1

a) Nr. 1. Das **Verbergen** umschreibt zielgerichtete Tätigkeiten wie 23
das Verstecken und Verlegen, die den Zugriff auf den Vermögens-
gegenstand erschweren.

b) Nr. 2. In objektiver Hinsicht ist mit dem **Umtausch** die Weg- 24
gabe des Gegenstands und die Erlangung einer dafür erfolgenden Gegenleistung gemeint. Das **Übertragen** und **Verbringen** erfassen
Transfervorgänge, wobei sich die Übertragung (z. B. im Rahmen eines Vertrages) schwerpunktmäßig auf Rechte und die Verbringung
(an einen anderen Ort) überwiegend auf körperliche Gegenstände beziehen soll (BT-Drs. 19/24180, S. 31).
In subjektiver Hinsicht ist die **Absicht des Vereitelns** erforderlich. 25
Zum Merkmal „vereiteln" kann grundsätzlich auf → § 21 Rn. 5 ff.
verwiesen werden. Daran anknüpfend genügt im Rahmen der Nr. 2
für die Absicht der zielgerichtete Wille, als Vereitelungserfolg den
Vermögenswert dem staatlichen Zugriff für geraume Zeit zu entziehen. Das Vereiteln der Herkunft zielt etwa auf Verhaltensweisen ab,
die einem Tatobjekt den Anschein einer anderen (legalen) Herkunft
verleihen oder zumindest die wahre Herkunft verbergen sollen (vgl.
BGHSt 63, 268, 273; *BGH* NStZ 2017, 28, 29).

Beispiele: Einschleusen von Löse- oder Drogengeld unter Verdeckung sei- 26
ner Herkunft in den Wirtschaftskreislauf im Wege der Barzahlung, der Überweisung, des Umtausches usw. (vgl. *BGH* NStZ 1995, 500); Veränderungen
etwa von Identifizierungsmerkmalen an gewerbsmäßig gestohlenen Kfz
(*BGH* NStZ 2020, 273, 276).

c) Nr. 3 und Nr. 4. Diese beiden Tathandlungen, die § 261 II Nr. 1 27
und 2 a. F. entsprechen, können als „Isolierungstatbestand" charakterisiert werden. Die Bezeichnung „beruht auf dem Gedanken, dass der
Vortäter gegenüber der Umwelt isoliert und der inkriminierte Gegenstand praktisch verkehrsunfähig gemacht werden soll. Dies wird dadurch erreicht, dass das Verschaffen oder Verwenden inkriminierter
Gegenstände durch einen entsprechend ausgestalteten Straftatbestand
unterbunden wird" (BT-Drs. 12/989, S. 27).

aa) Nr. 3. Das (sich oder einem Dritten) **Verschaffen** ist dem § 259 28
entnommen. Von daher liegt es nahe, es in gleicher Weise wie oben

ausgeführt (→ § 22 Rn. 31 ff.) zu verstehen. Diesbezüglich besteht auch Einigkeit darüber, dass der Täter ebenfalls im Rahmen des § 261 die Verfügungsgewalt über den inkriminierten Gegenstand im Einvernehmen mit dem Vortäter erlangen muss und daher die Verschaffung durch Diebstahl oder Raub nicht tatbestandsmäßig ist. Was allerdings die Verschaffung durch Täuschung oder Nötigung einschließlich Erpressung betrifft, so lässt der *BGH* § 261 II Nr. 1 a. F. = § 261 I 1 Nr. 3 eingreifen und weicht insoweit von seiner, jedenfalls was die Nötigung betrifft, gegenteiligen Rechtsprechung zu § 259 ab (vgl. → § 22 Rn. 32 ff.). Diese Differenzierung verdient Beifall; für sie sprechen das besondere Rechtsgut des Isolierungstatbestandes und der Auffangcharakter des § 261.

BGHSt 55, 36, 47 ff.; MüKo/*Neuheuser*, § 261 Rn. 82; abl. *Jahn*, JuS 2010, 651 f.; Sch/Sch/*Hecker*, § 261 Rn. 18.

29 **bb) Nr. 4. Verwahren** bedeutet, über den bemakelten Gegenstand (→ Rn. 11 ff.) die tatsächliche Sachherrschaft oder Verfügungsgewalt auszuüben.

30 Das **Verwenden** erfasst nicht nur Verfügungen über den inkriminierten Gegenstand (so BT-Drs. 12/3533, S. 13), sondern nach h. M. auch den bestimmungsgemäßen Gebrauch.

Daher greift § 261 I Nr. 4 bei allen Verfügungen über ein Konto ein, dessen Guthaben im Sinne der → Rn. 21 f. bemakelt ist; für Geldgeschäfte sonstiger Art gilt Entsprechendes. Ferner lässt sich ein Verwenden vertretbar bei einer Täterin bejahen, der in Kenntnis der Vortat eine gestohlene oder geraubte teure Markenhandtasche zum vorübergehenden Gebrauch überlassen wird (Falllösung bei *Böse/Keiser*, JuS 2005, 445); für ein Sichverschaffen gemäß § 259 I genügt eine solche Leihe nicht (→ § 22 Rn. 40 ff.). Zum Mitkonsum bereits → Rn. 12 f.
Zum Ganzen *BGH* NJW 2015, 3254, 3255; NStZ 2017, 167, 169; NZWiSt 2019, 148, 150; *Lackner/Kühl*, § 261 Rn. 8.

31 Im Fall 1 (dazu auch → Rn. 6, 17, 52) hat B – neben den §§ 257, 259 – auf jeden Fall § 261 I 1 Nr. 3 verwirklicht. Die ergänzende Funktion des Geldwäschetatbestandes zeigt sich bei C, der nicht nach den §§ 257, 259 bestraft werden kann, aber wie B von § 261 I 1 Nr. 3 erfasst wird; C handelt bezüglich der Herkunft des Geldes wohl bereits mit dolus eventualis, zumindest aber leichtfertig (§ 261 VI 1). Für E gilt bezüglich des Gewinns grundsätzlich das Gleiche wie für C.

32 In subjektiver Hinsicht sind bei der Nr. 4 die besonderen Anforderungen an die Kenntnis zu beachten, wobei hierfür dolus eventualis genügt (*Lackner/Kühl*, § 261 Rn. 8).

2. Die Einschränkungen des § 261 I 2

Die Vorschrift schränkt in systematischer Hinsicht die Tatbestände 33
des § 261 I Nr. 3 und 4 ein. Deren Anwendung schließt § 261 I 2 zum
Schutz des allgemeinen Rechtsverkehrs aus, sobald ein Dritter zuvor
den Gegenstand erlangt hat, ohne hierdurch eine rechtswidrige Tat zu
begehen. Ab diesem Zeitpunkt kann sich niemand mehr – und sei er
noch so bösgläubig – bezüglich des bemakelten Gegenstandes nach
§ 261 I 1 Nr. 3 und 4 strafbar machen.

Mit der Ersetzung des Merkmals „Straftat" (§ 261 VI a. F.) durch „rechtswidrige Tat" hat der Gesetzgeber von 2021 unter Hinweis auf § 11 I Nr. 5 klar-
gestellt, dass jedwede Straftat genügt. Damit hat sich der frühere Streit erledigt, ob nur eine Geldwäschestraftat gemeint ist (BT-Drs. 19/26602, S. 2, 8).

Beispiel: R hat Geld geraubt und kauft sich damit für 10.000 € einen Pkw 34
vom gutgläubigen V. Später erfährt V, woher das Geld stammt. Mit demselben
Geld erwirbt V nun bei dem eingeweihten J einen Ring, den V seiner ebenfalls
eingeweihten Freundin F schenkt.

Die Strafbarkeit des V gemäß § 261 I Nr. 3 scheitert mangels Vorsatzes bzw. Leichtfertigkeit (§ 261 VI 1) an der subjektiven Tatseite,
diejenige nach § 261 I Nr. 4 (Verwenden des Geldes durch Kauf des
Ringes) daran, dass V von der wahren Herkunft des Gegenstandes
erst nach dessen Erlangung erfahren hat. V hat also das inkriminierte
Geld erlangt, ohne § 261 oder einen anderen Straftatbestand zu erfüllen. In einem solchen Fall unterbindet § 261 I 2 jede weitere Bestrafung gemäß § 261 I 1 Nr. 3 und 4 (hier von J und F).

Dies schließt entsprechend dem Gesetzeswortlaut eine Strafbarkeit 35
nach § 261 I Nr. 1 und 2 sowie § 261 II (→ Rn. 39 f.) nicht aus. Am
Beispielsfall verdeutlicht: V ist auch Eigentümer des Geldes geworden (§§ 929, 932, 935 II BGB) und folglich haben ebenfalls J und F
„makelloses" Eigentum erlangt. Gemäß § 261 I 2 sind die Eigentümer
J und F wegen aller Verfügungen im Sinne des § 261 I 1 Nr. 3 und 4
(z. B. Schenkungen, Veräußerungen, Einzahlungen) straffrei gestellt.
Fallen indes die Verfügungen zugleich unter eine der Tathandlungen
des § 261 I Nr. 1 und 2, II oder nehmen J und F unabhängig davon –
etwa wegen polizeilicher Nachforschungen – bestimmte Verschleie-
rungshandlungen vor, bleiben sie strafbar. Insoweit droht die Wirkung des § 261 I 2 mehr oder weniger ins Leere zu laufen.

Diese Rechtslage bestand bereits vor der Reform von 2021 und wurde von 36
der h. M. mit Blick auf den Gesetzeswortlaut akzeptiert (BGHSt 47, 68, 80;

SSW/*Jahn*, § 261 Rn. 57). Einer verbreiteten und auch hier bis zur 23. Aufl. (Rn. 16 ff.) vertretenen Gegenmeinung ging es insbesondere darum, im Sinne einer Sperrwirkung konsequent die Anwendbarkeit des § 261 generell bei solchen Gegenständen auszuscheiden, die einmal in makelloser Weise gutgläubig erworben und dadurch wieder „entgiftet" worden sind. Diese Ansicht ist aber mit dem klaren Willen des Gesetzgebers von 2021 nicht mehr vereinbar; denn er hat die im ursprünglichen Gesetzentwurf enthaltene Umsetzung der Gegenmeinung (BT-Drs. 19/24180, S. 7 f., 31 f.) schließlich nicht übernommen (BT-Drs. 19/26602, S. 2, 8). – Ebenso A/W/*Heinrich*, BT, § 29 Rn. 14a; Beck-OK StGB/*Ruhmannseder*, § 261 Rn. 34.1.

37   Aufschlussreich ist der Fall *BGH* NStZ 2017, 28: Tochter T hat zum größten Teil mit Geldern, die ihr Vater V zum Nachteil des A gemäß § 266 veruntreut und ihr geschenkt hat, ein Grundstück erworben und bebaut. Erst danach erfährt sie von der bemakelten Herkunft des Geldes. Jetzt befürchten sie und ihr Ehemann E Maßnahmen des A. Sie schließen einen Ehevertrag mit Übergang von der Zugewinngemeinschaft zur Gütertrennung. Dabei wird zum Ausgleich eines fingierten Zugewinns von 450.000 € dem E ein halber Miteigentumsanteil am Grundstück übertragen. – Zutreffend sieht der *BGH* in dem Miteigentumsanteil einen bemakelten Gegenstand, der aus den Vortaten (§ 266 StGB) herrührt. Die gutgläubige Annahme der Gelder durch T schließt gemäß § 261 I 2 die Anwendung des § 261 I Nr. 3 und 4 aus, sperrt aber nicht bezüglich T und E den naheliegenden Rückgriff auf § 261 I Nr. 2, II.

38   Im Rahmen des § 261 I 2 bleibt weiter zu beachten, dass es nur um solche Gegenstände (und deren Surrogate) geht, die ein *Dritter* erlangt hat, ohne dabei eine Straftat zu begehen. Was der *Vortäter* vom Dritten erhält, bleibt als Surrogat taugliches Geldwäscheobjekt.

Beispiel: Ein Betäubungsmittelhändler H zahlt auf sein leeres Bankkonto durch Straftaten erlangte Drogenerlöse ein, die von der Bank gutgläubig entgegengenommen werden. Später überweist H von diesem Konto Geld an den Gläubiger G oder seinen Strafverteidiger V. – Zwar hat die Bank straffrei Eigentum am Geld erworben, doch sind die Auszahlungsforderungen des H an die Stelle der Drogengelder getreten und insoweit noch bemakelt (→ Rn. 11, 16). Daher greift mit Blick auf G und V § 261 I 2 nicht ein. Vielmehr sind beide gemäß § 261 I Nr. 3 unter der Voraussetzung strafbar, dass G bei Annahme des Geldes zumindest leichtfertig den Makel nicht erkennt (§ 261 VI 1) bzw. V das Honorar in sicherer Kenntnis der Herkunft (§ 261 I 3, VI 2) annimmt (erg. → Rn. 44, 48). – So BGHSt 55, 36, 56 f.; MüKo/*Neuheuser*, § 261 Rn. 88; *Fischer*, § 261 Rn. 35; Sch/Sch/*Hecker*, § 261 Rn. 21; *Hombrecher*, JA 2005, 71 f.; a. A. *Maiwald*, Hirsch-FS, 1999, 637 ff.; SSW/*Jahn*, § 261 Rn. 59 f.

3. Die Tathandlungen des § 261 II

Die amtliche Begründung erläutert die erfassten Tathandlungen da- **39**
hingehend, dass der erfolgsbezogene Wortlaut ein manipulatives Verhalten erfordere; notwendig seien „konkret irreführende und aktiv
unterdrückende Machenschaften bezogen auf alle Tatsachen, die den
Ermittlungsbehörden bei den Ermittlungen und der Einziehung von
Bedeutung sein können" (BT-Drs. 19/24180, S. 33).

Speziell das **Verschleiern von Tatsachen** zur Ermittlung der Her- **40**
kunft zielt darauf ab, durch irreführendes Verhalten einem Tatobjekt
den Anschein einer anderen (legalen) Herkunft zu verleihen oder zumindest die wahre Herkunft zu verbergen (vgl. bereits → Rn. 25 f.).
Inwieweit sich das **Verheimlichen** vom Verschleiern unterscheidet,
ist nicht erkennbar (*Gercke/Jahn/Paul*, StV 2021, 337 f.).

4. „Sozialadäquate" Verhaltensweisen

Weiter stellt sich – ähnlich wie bei § 258 (→ § 21 Rn. 37 f.) – die **41**
Frage, inwieweit sich nach § 261 I Nr. 3 und 4, VI 1 (zuvor § 261 II,
V a. F.) auch jemand strafbar machen kann, der im Zusammenhang
mit gewissen „sozialadäquaten" Verhaltensweisen bemakeltes Geld
annimmt.

In der Literatur sind früh Stimmen laut geworden, die bei Geschäf- **42**
ten zur Befriedigung des notwendigen Lebensbedarfs die Anwendung dieser Vorschriften namentlich im Wege der teleologischen Reduktion ausschließen wollen.

Barton, StV 1993, 156 ff.; zur weiteren Diskussion *Fischer*, § 261 Rn. 38 ff.;
Sch/Sch/*Hecker*, § 261 Rn. 23 ff.; *Lackner/Kühl*, § 261 Rn. 5 f.

Gegen solche Restriktionen spricht die „Isolierungsidee" (→ Rn. 3, **43**
27). Andererseits muss man verhindern, Täter, die nur über bemakelte Mittel verfügen, noch weiter in die Illegalität zu drängen. Daher
sollten jedenfalls Geschäfte zur Deckung des existentiellen notwendigen Lebensbedarfs wie auch erforderliche ärztliche Behandlungen
nicht unter § 261 I Nr. 3 und 4, VI 1 fallen, Verkäufer und Ärzte
also in diesem engen Rahmen „schmutziges" Geld annehmen dürfen.

Ebenso M/*Maiwald*, BT 2, § 101 Rn. 37; erg. W/H/S/*Schuhr*, BT 2,
Rn. 975; *Eisele*, BT II, Rn. 1197. – A. A. NK/*Altenhain*, § 261 Rn. 120 ff.;
MüKo/*Neuheuser*, § 261 Rn. 90 f.; *Fahl*, Jura 2004, 162; *Hombrecher*, JA
2005, 71.

44   Innerhalb der vorstehenden Diskussion hat auch die umstrittene Frage eine erhebliche Rolle gespielt, inwieweit bei **Honorarzahlungen an Strafverteidiger** eine teleologische Reduktion des § 261 angezeigt ist (näher zuletzt 23. Aufl. Rn. 23 ff.). Im Hintergrund stehen hauptsächlich in Betäubungsmittel- und Wirtschaftsstrafsachen engagierte Wahlverteidiger, die sich verhältnismäßig leicht dem Verdacht ausgesetzt sehen können, leichtfertig oder mit dolus eventualis aus Straftaten ihrer Mandanten stammende Gelder als Honorare angenommen zu haben. In dieser Debatte hat BVerfGE 110, 226 ff. (zusammenfassend *Fahl*, JA 2004, 704 ff.; *Barton*, JuS 2004, 1033 ff.) einen wichtigen Schlusspunkt gesetzt und der – Restriktionen ablehnenden – Entscheidung BGHSt 47, 68 widersprochen: Der *BGH* habe die Tragweite des Art. 12 I GG nicht hinreichend beachtet. Vielmehr müsse § 261 II Nr. 1 a. F. (= § 261 I Nr. 3 n. F.) verfassungskonform restriktiv ausgelegt werden und sei mit dem Grundgesetz vereinbar, „soweit Strafverteidiger nur dann mit Strafe bedroht werden, wenn sie im Zeitpunkt der Annahme ihres Honorars sichere Kenntnis von dessen Herkunft hatten" (mit Gesetzeskraft veröffentlicht in BGBl. I 2004, S. 715). Der Gesetzgeber hat darauf erst mit der Reform von 2021 reagiert (§ 261 I 3, VI 2).

IV. Subjektiver Tatbestand

45   Grundsätzlich genügt entsprechend der Regel des § 15 vorsätzliches Handeln, das den dolus eventualis einschließt.

46   Für die Reichweite des Tatbestands wichtig ist § 261 VI 1, der keineswegs generell das Vorsatzerfordernis aufhebt, sondern nur bezüglich der praxisrelevanten bemakelten Herkunft des Gegenstandes leichtfertiges Verhalten genügen lässt. Leichtfertigkeit liegt vor, wenn sich die deliktische Herkunft aus einer rechtswidrigen Tat „geradezu aufdrängt und der Täter gleichwohl handelt, weil er dies aus besonderer Gleichgültigkeit oder grober Unachtsamkeit außer Acht lässt" (so BGHSt 50, 347, 351; *BGH* NStZ-RR 2015, 13, 14; erg. → § 9 Rn. 27 ff.). Der Gesetzgeber bekennt sich offen dazu, mit dieser – nach BGHSt 43, 158, 165 ff. verfassungsmäßigen – Regelung Beweisschwierigkeiten überwinden zu wollen (BT-Drs. 12/3533, S. 14; vgl. auch → § 17 Rn. 4 bezüglich § 264 V).

47   Der Hehlereitatbestand entfaltet keine Sperrwirkung gegenüber einer Strafbarkeit wegen Geldwäsche. Daher kann nach § 261 VI 1 auch ein Täter bestraft werden, dessen Verurteilung wegen Hehlerei nur am nicht nachweisbaren Vorsatz scheitert (BGHSt 50, 347, 352 ff.; *Stam*, wistra 2006, 143 ff., 146).

Einschränkend machen sich Strafverteidiger, die bemakelte Hono- 48 rare annehmen, gemäß § 261 I Nr. 3 und 4 nur strafbar, wenn sie bei der Annahme sichere Kenntnis von der Herkunft hatten (§ 261 I 3, VI 2; erg. → Rn. 44).

V. Sonstiges

Anders als bei der Hehlerei (→ § 22 Rn. 13, 70) kann der Vortäter 49 den Tatbestand der Geldwäsche erfüllen, nachdem der Gesetzgeber die ursprüngliche Beschränkung auf die rechtswidrige Tat „eines anderen" 1998 gestrichen hat. Die bei § 259 erörterten Fragen der Wahlfeststellung und Postpendenz (→ § 22 Rn. 75 f.) stellen sich daher im Rahmen des § 261 nicht. Allerdings entfällt gemäß § 261 VII, abgesehen von dem genannten Ausnahmefall, in Anlehnung an § 257 III 1 die Strafbarkeit für den Täter, dessen Beteiligung an der Vortat, auch auf wahldeutiger Grundlage, sicher festgestellt werden kann (*BGH* NStZ 2017, 167, 170).

Nach § 261 III ist der Versuch strafbar. § 261 V verschärft die Strafe 50 in besonders schweren Fällen, die in der Form von Regelbeispielen für die gewerbsmäßige (→ § 3 Rn. 34) Geldwäsche und die bandenmäßige Begehung (entsprechend → § 22 Rn. 78 und → § 4 Rn. 89 ff.) konkretisiert werden. § 261 VIII regelt Fälle der tätigen Reue.

Eine Qualifikation findet sich in § 261 IV (erg. → Rn. 2). Der un- 51 übersichtliche § 261 IX regelt die Strafbarkeit bezüglich bemakelter Gegenstände, die aus bestimmten Auslandstaten herrühren. § 261 X betrifft die Einziehung.

Mit den §§ 257 bis 260a besteht wegen der unterschiedlichen 52 Schutzrichtungen Tateinheit. Im **Fall 1** (dazu schon → Rn. 6, 17, 31) ist B gemäß den §§ 257, 259, 261, 52 strafbar. Verwirklicht der Täter durch eine Tat mehrere Modalitäten von § 261 I 1, II, VI 1, so liegt nur eine Gesetzesverletzung vor (*Lackner/Kühl,* § 261 Rn. 18; entsprechend → § 8 Rn. 36).

Empfehlungen zur vertiefenden Lektüre:
Rechtsprechung: BGHSt 55, 36, 47 ff. (Verschaffung durch Täuschung oder Nötigung); *BGH* NJW 2015, 3254 (Geldwäsche bei Verfügungen über Gelder mit bemakelten Anteilen).

6. Kapitel. Sachbeschädigung (§§ 303–305a)

§ 24. Sachbeschädigung (§ 303)

Fall 1: F fährt a) mit ihrem Auto, b) mit ihrem Fahrrad zur Universität. Dort lässt M, um F zu ärgern, aus einem Autoreifen bzw. beiden Fahrradreifen die Luft heraus (vgl. BGHSt 13, 207; BayObLG NJW 1987, 3271). → Rn. 12, 13

Fall 2: a) In einer Unterführung der Stadt Konstanz malen die 16-jährigen Jugendlichen A und B mit Kreide und Wasserfarbe Parolen und Zeichen an eine Betonwand. Ein Mitarbeiter der Stadt ist drei Stunden damit beschäftigt, die Bemalung spurenlos und rückstandsfrei zu entfernen. b) *Variante:* A und B hängen mit Klebestreifen 10 Plakate im Format 40 × 60 cm an die Wand. Plakate und Klebestreifen lassen sich schnell beseitigen, ohne die Substanz des Betons zu verletzen. → Rn. 6, 31.

I. Grundlagen und Aufbaufragen

1   § 303 I enthält den klassischen Tatbestand der Sachbeschädigung. Die Vorschrift schützt das Eigentum. Daher spielt der Wert der Sache grundsätzlich keine Rolle (vgl. → § 1 Rn. 2). Das Schutzbedürfnis entfällt nur dann, wenn ein irgendwie geartetes und zu respektierendes Interesse des Berechtigten nicht (mehr) besteht; so handelt tatbestandslos, wer einen an Tollwut erkrankten Hund tötet.

BayObLG NJW 1993, 2760, 2761; *Fischer*, § 303 Rn. 3; für Rechtfertigung W/H/S/*Schuhr*, BT 2, Rn. 19; Sch/Sch/*Hecker*, § 303 Rn. 3.

2   Nur die vorsätzliche, nicht die fahrlässige Sachbeschädigung ist strafbar (§ 15). Das Merkmal „rechtswidrig" stellt nicht etwa ein Tatbestandsmerkmal dar, sondern enthält lediglich einen (überflüssigen) Hinweis auf das allgemeine Verbrechensmerkmal der Rechtswidrigkeit. Dies ergibt sich daraus, dass schon die Beschädigung einer fremden Sache den typischen Unrechtsgehalt der Tat verkörpert (vgl. *Rengier*, AT, § 8 Rn. 3, 14). Zur möglichen Rechtfertigung in den Fällen des § 241a I BGB siehe → § 5 Rn. 15.

Ferner ist zu beachten, dass § 303 III die versuchte Sachbeschädigung bestraft. Zum Strafantrag siehe § 303c.

§ 303 II ist durch das 39. StrÄndG vom 1.9.2005 (BGBl. I S. 2674) **3**
neu eingefügt worden, um namentlich mit Blick auf Graffiti auch bestimmte Veränderungen des äußeren Erscheinungsbildes zu erfassen,
die zuvor insbesondere nach Ansicht der Rechtsprechung straflos
waren. Im Gegensatz zum Wort „rechtswidrig" in § 303 I soll das
Merkmal „unbefugt" bei einem Handeln mit Willen des Berechtigten
schon den Tatbestand ausschließen (BT-Drs. 15/5313, S. 3).

Die Struktur des § 303 verdeutlicht das folgende **4**

Aufbauschema (§ 303 I, II)

I. Tatbestandsmäßigkeit
  1. Objektiver Tatbestand
    a) Tatobjekt fremde Sache
    b) Tathandlung Zerstören (§ 303 I Var. 2): Körperliche
      Einwirkung auf eine Sache, durch die
      aa) ihre Existenz vernichtet wird oder
      bb) ihre bestimmungsgemäße Brauchbarkeit völlig ver-
        loren geht.
    c) Tathandlung Beschädigen (§ 303 I Var. 1): Körperliche
      Einwirkung auf eine Sache, durch die
      aa) ihre Substanz nicht unerheblich verletzt oder
      bb) ihre bestimmungsgemäße Brauchbarkeit nicht nur
        unerheblich beeinträchtigt wird.
    subsidiär (wenn b und c nein):
    d) Tathandlung Verändern des Erscheinungsbildes
    (§ 303 II)
  2. Subjektiver Tatbestand: Vorsatz
II. Rechtswidrigkeit
III. Schuld

Zum Verhältnis der Tathandlungen untereinander: Ist die unkompli-
zierte – deshalb im Schema zuerst genannte – Variante des Zerstörens zu
bejahen, so genügt es, allein § 303 I Var. 2 anzusprechen. Damit vergleichbar erlangt beim Beschädigen der Aspekt der Brauchbarkeitsminderung
nur Bedeutung, wenn eine Substanzverletzung zu verneinen ist. In wiederum ähnlicher Weise hat § 303 II Auffangcharakter und ist gegenüber
§ 303 I subsidiär; insoweit hat die Prüfung des § 303 I immer Vorrang.

II. Tatobjekt fremde Sache

5   Das Merkmal **Sache** (= körperlicher Gegenstand im Sinne des § 90 BGB) entspricht demjenigen in § 242 (→ § 2 Rn. 6 f.). Zur Körperlichkeit gehört, dass der Gegenstand in abgrenzbarer, individualisierbarer Weise existiert. Bei einem fließenden Gewässer, bei freier Luft und natürlichem Schnee ist dies nicht der Fall, wohl aber bei einem Schneemann oder einer auf freigefallenem Schnee angelegten Langlaufloipe.

Mitsch, BT 2, 209; *Satzger,* Jura 2006, 430; *Waszcynski,* JA 2015, 261 (bezüglich der Fremdheit auf § 950 BGB hinweisend). – A. A. *BayObLG* JR 1980, 429 f.; *Heghmanns,* BT, Rn. 865 f. – Zu § 304 siehe → § 25 Rn. 3 f.

6   Die Sache kann unbeweglich sein wie z. B. eine Betonwand (**Fall 2**) oder ein Grundstück, das Schafe abfressen, zertreten und verkoten (vgl. *LG Karlsruhe* NStZ 1993, 533, 534). – Zur **Fremdheit** → § 2 Rn. 9 ff.

III. Tathandlungen des § 303 I

1. Tathandlung Zerstören

7   Das Zerstören bezeichnet einen besonderen Grad des Beschädigens. Eine Sache ist zerstört, wenn infolge einer körperlichen Einwirkung entweder ihre Existenz vernichtet wird oder ihre bestimmungsgemäße Brauchbarkeit völlig verloren geht. Beispiele: Verbrennen, Einschmelzen, Zertrümmern, Töten eines Tieres (W/H/S/*Schuhr,* BT 2, Rn. 36; SSW/*Saliger,* § 303 Rn. 4).

2. Tathandlung Beschädigen

8   Entsprechend zum Zerstören kann sich auch beim Beschädigen der tatbestandsmäßige Eingriff auf die Substanz oder die Brauchbarkeit beziehen. Ein **Beschädigen** liegt in jeder **körperlichen Einwirkung** auf eine Sache, durch die

(1) ihre stoffliche Unversehrtheit nicht unerheblich verändert, mit anderen Worten: ihre Substanz nicht unerheblich verletzt wird (**Substanzverletzung**); *oder*

(2) ihre bestimmungsgemäße Brauchbarkeit nicht nur unerheblich beeinträchtigt wird (**Brauchbarkeitsminderung**).

Hierzu BGHSt 44, 34, 38; *BGH* NStZ 1982, 508; *OLG Frankfurt* NJW 1987, 389; 1990, 2007; *BayObLG* NJW 1987, 3271; *OLG Celle* NJW 1988, 1101; *OLG Köln* StV 1995, 592; *Lackner/Kühl*, § 303 Rn. 3 ff.

Substanzverletzungen sind z. B.: Kratzer, Beulen, Eingravierun- **9** gen; Herausreißen von Seiten aus einem Buch; Vermerke in Schriftstücken etwa mit Kugelschreiber; Verunreinigen einer Pferdetränke mit Spülmitteln; Hervorrufen von – parallel zu § 223 I Var. 2 – Gesundheitsschädigungen bei Tieren. Speziell u. a. zu Graffiti und Verunreinigungen vertiefend → Rn. 20.

Mit der „bestimmungsgemäßen" Brauchbarkeit ist die technische **10** oder funktionale Brauchbarkeit gemeint. **Brauchbarkeitsminderungen** sind also z. B.: Zerlegen einer Maschine oder Uhr; Einfügen von Fremdkörpern in eine Maschine; Herausnehmen von Seiten aus einer Loseblattsammlung; Aussetzen von Ungeziefer in einem Zimmer; Lockerung von Befestigungsschrauben; Anbringen eines befestigten Hindernisses auf Gleisen (BGHSt 44, 34, 38 f.; erg. → § 25 Rn. 3 f.). Speziell u. a. zu Graffiti und Verunreinigungen vertiefend → Rn. 22 f.

Darauf, ob der Schaden wieder repariert werden kann, kommt es **11** nicht an. Doch muss die Tathandlung – ähnlich wie bei § 223 (*Rengier,* BT II, § 13 Rn. 9 ff.) – stets eine gewisse **Erheblichkeitsschwelle** überschreiten. Als in diesem Sinne **unerheblich** (oder geringfügig) gelten solche Einwirkungen, deren Beseitigung keinen nennenswerten Aufwand an Mühe, Zeit oder Kosten erfordert (BGHSt 13, 207, 208 f.; *BayObLG* NJW 1987, 3271, 3272; *OLG Düsseldorf* NJW 1993, 869).

Im **Fall 1** scheidet in beiden Varianten eine Substanzverletzung aus. Unter **12** dem Aspekt der Brauchbarkeitsminderung liegt dagegen im Luftablassen eine körperliche Einwirkung auf das betreffende Tatobjekt „Auto" bzw. „Fahrrad", durch die dessen bestimmungsgemäße Brauchbarkeit beeinträchtigt wird. Das Problem liegt jeweils darin, ob der Eingriff „nicht unerheblich" bzw. „nicht geringfügig" ist.

Beim Autoreifen **(Fall 1a)** wird dies in der Regel vor allem davon abhängen, ob sich in der Nähe eine geöffnete Tankstelle befindet, die ein relativ schnelles Aufpumpen des Reifens ermöglicht. Dagegen beseitigt ein vorhandenes Ersatzrad angesichts des zur Herstellung der Fahrbereitschaft erforderlichen Montageaufwandes die „Erheblichkeit" des Eingriffs nicht (a. A. BGHSt 13, 207, 209). Nach der nicht überzeugenden Ansicht des *BGH* soll sogar das Abmontieren und Wegnehmen der Vorderräder eines Pkw einen bloß unerheblichen Beseitigungsaufwand erfordern (*BGH* 4 StR 239/16 Rn. 17, 53; abl. auch *Ladiges,* JuS 2018, 659; kritisch *Bosch,* Jura, JK, 2017, 360).

Was das Fahrrad anbelangt, so wird man im Normalfall schnell eine einsatz- **13** bereite Luftpumpe finden. Unter dieser Voraussetzung scheidet im **Fall 1b**

§ 303 I aus (so auch BGHSt 13, 207, 209); demgegenüber setzt *BayObLG* NJW 1987, 3271 die Erheblichkeitsschwelle unverständlich weit herab und bejaht eine vollendete „Fahrradbeschädigung" sogar in einem Fall, in dem die Luft nur aus einem Reifen herausgelassen wurde und eine Pumpe sofort greifbar war (abl. auch *Behm*, NStZ 1988, 275f.; W/H/S/*Schuhr*, BT 2, Rn. 35; *Lackner/Kühl*, § 303 Rn. 5). Als nicht von § 303 I erfasste „Bagatelle" nennt *BayObLG* NJW 1987, 3271, 3272 das vorsätzliche Verstellen des Rückspiegels eines Kraftfahrzeuges.

Zum Löschen von Daten auf Datenträgern vgl. → § 26 Rn. 1 ff.

14   Umstritten ist, ob **Reparaturen** als Beschädigungshandlungen eingestuft werden können. Die diskutierten „Reparaturfälle" sind dadurch gekennzeichnet, dass der Täter eine beschädigte fremde Sache gegen den (mutmaßlichen) Willen des Eigentümers reparieren lässt, um (Beweis-)Spuren zu beseitigen. Richtigerweise ist hier § 303 I grundsätzlich anwendbar, weil das Eigentumsrecht auch die Befugnis umfasst zu bestimmen, was mit einem geschädigten Objekt geschieht, und eine Reparatur, die der Eigentümer nicht will, der von ihm festgelegten bestimmungsgemäßen Brauchbarkeit (→ Rn. 8) widerspricht. Der Streit hat freilich an Bedeutung verloren, weil bei Ablehnung des § 303 I zumindest auf § 303 II zurückgegriffen werden kann.

Wie hier A/W/*Heinrich*, BT, § 12 Rn. 22; SK/*Hoyer*, § 303 Rn. 12. – A. A. SSW/*Saliger*, § 303 Rn. 12; auch Sch/Sch/*Hecker*, § 303 Rn. 13 und W/H/S/ *Schuhr*, BT 2, Rn. 34, 41, die freilich auf § 303 II hinweisen.

3. Reine Sach- und Nutzungsentziehungen

15   Mangels Beschädigung straflos bleiben reine Brauchbarkeitsminderungen *ohne* körperliche Einwirkung auf die Sache als solche. Man kann zwischen Sachentziehungen und Nutzungsentziehungen unterscheiden:

16   **Beispiele für reine Sachentziehungen:** Der Täter wirft einen fremden goldenen Ring ins Meer oder unauffindbar in ein Gebüsch; er öffnet einen Tierkäfig und schenkt Tieren die Freiheit, die in der Natur überleben können; er versteckt einen Gegenstand unauffindbar.

Zu beachten bleibt, dass eine (zunächst reine) Sachentziehung eine Sachbeschädigung zur Folge haben kann, sofern etwa die (z. B. versenkte) Sache rostet oder das freigelassene Tier in Freiheit nicht lebensfähig ist und stirbt. Zur Abgrenzung mit § 242 siehe → § 2 Rn. 138f.

17   Um bloße (straflose) **Nutzungsentziehungen** geht es in Fällen, in denen beispielsweise ein Autoschlüssel weggenommen oder die

Stromzufuhr unterbunden wird, so dass der Pkw, die Maschine, der Fernsehapparat usw. nicht benutzt werden können (Sch/Sch/*Hecker,* § 303 Rn. 13; *Ladiges,* JuS 2018, 658).

Als Unterfall der Nutzungsentziehung kann man den **bestimmungsgemäßen Verbrauch** einstufen. Von daher verdient die h. M. Zustimmung, die darin *kein* Beschädigen oder Zerstören sieht. Man denke etwa an den Verzehr fremder Lebensmittel, an das vorzeitige Zünden eines vorbereiteten Feuerwerks oder an den Papierverbrauch beim Empfänger infolge der Zusendung unerwünschter Telefaxmitteilungen. Bejaht man demgegenüber eine Sachbeschädigung und verwirklicht der Täter durch den Verbrauch oder zum Zwecke des Verbrauchs auch ein anderes Vermögensdelikt (z. B. § 242), so tritt § 303 I im Wege der mitbestraften Begleit- bzw. Nachtat zurück. **18**

Zur h. M. *GenStA Frankfurt* NStZ 2002, 546 (Telefax-Fall); Sch/Sch/*Hecker,* § 303 Rn. 13; LK/*Wolff,* 12. Aufl. § 303 Rn. 20; *Satzger,* Jura 2006, 431. – Zur Gegenmeinung K/*Böse,* BT II, § 20 Rn. 29; K/*Hilgendorf,* LPK-StGB, § 303 Rn. 27; *Heghmanns,* BT, Rn. 890; *Stöber,* NStZ 2003, 515 ff. (Telefax-Fall); *Ladiges,* JuS 2018, 659 f. – Falllösung bei *Seier,* JuS 1997, L 62, 63.

Auf dem Boden der – sich dazu kaum äußernden – h. M. liegt auch die nicht unerhebliche Abnutzung durch **bestimmungsgemäßen Gebrauch** (z. B. Benutzung fremder Sachen wie Autos, Lesen von fremden Büchern) außerhalb des Schutzbereichs von § 303 I. Diese Ansicht lässt sich auf den Gedanken stützen, dass insoweit § 248b (→ § 6 Rn. 7 ff.) und die §§ 242, 246 – insbesondere unter dem Aspekt der wertmindernden Enteignung (→ § 2 Rn. 109) – den Strafbarkeitsbereich abschließend regeln (vgl. NK/*Zaczyk,* § 303 Rn. 16). **19**

4. Beschädigen insbesondere durch Graffiti, Verunreinigungen, Verunstaltungen und wildes Plakatieren

a) Substanzverletzung. Auch beim **Bemalen, Besprühen, Beschmieren oder Bekleben** von Sachen muss zunächst geprüft werden, ob eine Substanzverletzung vorliegt (die, soweit „erheblich", stets für § 303 I genügt). Dabei muss beachtet werden, dass zur Sachsubstanz sowohl der Lack- und Farbanstrich als auch die sonstige Oberflächenbeschaffenheit wie etwa die Struktur gehören. Wichtig ist ferner, dass ein Eingriff in die Sachsubstanz nicht nur bei einer unmittelbaren Einwirkung, sondern ebenso dann vorliegt, wenn die **Wiederherstellung** des früheren Zustandes (insbesondere durch **Reinigung**) zwangsläufig zu einer (nicht unerheblichen) Beschädigung der Ober- **20**

fläche führt bzw. führen würde; denn dann liegt auch schon vor der Reinigung eine aktuelle Beeinträchtigung der Sachsubstanz vor (*Schuhr*, JA 2009, 170). Lässt sich aber der ursprüngliche Zustand, ggf. mit (teuren) Spezialmitteln, spurenlos und rückstandsfrei wieder herbeiführen, so scheidet unter dem Aspekt der Substanzverletzung § 303 I unabhängig auch vom finanziellen Beseitigungsaufwand aus (*OLG Karlsruhe* StV 1999, 544; *Behm,* NStZ 1999, 511; unklar *OLG Düsseldorf* NJW 1999, 1199).

21   Ein gutes Studium dieser Grundsätze ermöglichen die bezüglich § 303 I nach wie vor aktuellen Entscheidungen *OLG Oldenburg* JR 1984, 35 (Besprühen eines Gebäudes mit Parolen), *OLG Frankfurt* NJW 1990, 2007 (Anbringen von Aufklebern) und die Graffiti-Fälle *OLG Köln* StV 1995, 592, *BayObLG* StV 1997, 80, *OLG Düsseldorf* NJW 1999, 1199, *OLG Hamburg* StV 1999, 544 und *OLG Dresden* NJW 2004, 2843. – Zu § 303 II, den diese Entscheidungen natürlich noch nicht berücksichtigen konnten, siehe → Rn. 3, 25 ff.

Nach *Satzger* (Jura 2006, 432) realisiert sich in den Wiederherstellungsfällen erst mit Durchführung der die Oberfläche beschädigenden Reinigungsmaßnahme in objektiv zurechenbarer Weise die vom Täter gesetzte Ausgangsgefahr; zuvor soll nur ein Versuch des § 303 I vorliegen. Von diesem Standpunkt aus erlangt bis zur Reinigung § 303 II eigenständige Bedeutung. Für Anwendung nur des § 303 II in derartigen Fällen – entgegen dem Willen des Gesetzgebers (→ Rn. 25 f.) – W/H/S/*Schuhr,* BT 2, Rn. 29. Ergänzend *Waszcynski,* JA 2015, 262 f.

22   **b) Brauchbarkeitsminderung.** Wenn keine Substanzverletzung vorliegt, kann ein Beschädigen gemäß § 303 I immer noch unter dem Aspekt der Brauchbarkeitsminderung vorliegen. Die erforderliche Beeinträchtigung der „bestimmungsgemäßen Brauchbarkeit" ist immer, aber auch nur dann gegeben, wenn die körperliche Einwirkung durch Bemalen, Verunreinigen, Überkleben, Plakatieren usw. die Sache selbst in ihrer Gebrauchsfunktion beeinträchtigt. Solche Funktionen können sich aus der generellen Eigenschaft der Sache (z. B. als Fahrzeug) oder aus einer speziellen Widmung durch den Berechtigten (z. B. als Werbefläche) ergeben. Ob derartige Funktionen betroffen sind, richtet sich nach der Verkehrsauffassung.

Beispiele: Der Täter überklebt ein Geschwindigkeitsschild mit einer präparierten Folie so, dass es eine andere Grenze anzeigt (*Rengier,* BT II, § 32 Rn. 29 ff.). Eine Brauchbarkeitsminderung stellt auch das Beschmieren von durchsichtigen Scheiben dar, wenn – wie bei Verkehrsmitteln, Wohnungen oder Geschäften – namentlich deren Sichtfunktion beeinträchtigt wird (vgl. *LG Bremen* NJW 1983, 56). Der Täter durchnässt Kleidungsstücke wie das

Diensthemd eines Polizeibeamten etwa mit Bier (vgl. *OLG Frankfurt* NJW 1987, 389). Werbebotschaften auf gewidmeten Werbeflächen (auch auf Fahrzeugen) werden übermalt oder überklebt. In allen Konstellationen kann die Tatbestandsmäßigkeit im Einzelfall allein an der Frage der „erheblichen" Beeinträchtigung scheitern.

Auch das Beschmieren des Fotoobjektivs und Blitzlichts einer Verkehrsüberwachungs-Blitzanlage mit Senf erfüllt § 303 I. Doch gilt dies nicht entsprechend für das „Blenden" einer solchen Anlage durch Reflektoren; denn von den Lichtreflexen geht keine körperliche Einwirkung auf die Anlage aus (*Kudlich*, JA 2007, 74 f.; *Mann*, NStZ 2007, 271 f.; verfehlt *OLG München* NJW 2006, 2132). Ebenso wenig ist § 268 erfüllt (*Rengier*, BT II, § 34 Rn. 16).

Liegt die funktionale Gebrauchsbestimmung – wie namentlich bei **23** Kunstwerken und Baudenkmälern – in einer spezifisch ästhetischen Zwecksetzung, so genügt die Veränderung des äußeren Erscheinungsbildes ebenfalls, um ein Beschädigen im Sinne des § 303 I zu bejahen (BGHSt 29, 129, 134).

Damit sind die Fälle abschließend beschrieben, bei denen Verände- **24** rungen des Erscheinungsbildes die Anwendung des § 303 I begründen. Zu *keiner* Beschädigung, da zu keinen Funktionsbeeinträchtigungen, führen solche Veränderungen der äußeren Erscheinungsform, die unabhängig von einer funktionalen oder spezifisch ästhetischen Zwecksetzung nur dem Gestaltungsrecht des Sachherrn zuwiderlaufen. Solche Zustandsveränderungen dürfen jedenfalls nach der 2005 erfolgten Einfügung des § 303 II nicht mehr dem Kriterium der „bestimmungsgemäßen Brauchbarkeit" subsumiert werden.

Zuvor war dieser Punkt umstritten: Während die Rechtsprechung die Subsumtion unter das Beschädigen ablehnte (BGHSt 29, 129), sprach sich die h. M. in der Literatur auf dem Boden der „Zustandsveränderungstheorie" dafür aus (vgl. *Küper/Zopfs*, BT, Rn. 437). Der Streit ist mit der Einfügung des § 303 II überholt (W/H/S/*Schuhr*, BT 2, Rn. 23 ff., 29).

IV. § 303 II

1. Verhältnis von § 303 I und II

Wie schon gesagt, kann das Bemalen, Besprühen, Beschmieren **25** oder Bekleben von Sachen deren Beschädigung zur Folge haben. Zugleich verändern solche Handlungen das äußere Erscheinungsbild, so dass ebenfalls die Anwendung des § 303 II in Betracht kommt. Nach dem Willen des Gesetzgebers sollen von § 303 I unverändert die bisher schon unter das Beschädigen subsumierten Fälle der Substanzverletzung (→ Rn. 20) und der Beeinträchtigung von Gebrauchsfunktionen (→ Rn. 22 f.) erfasst bleiben. § 303 II soll den *darüber hinausgehenden* Schutz des äußeren Erscheinungsbildes aufnehmen und insoweit die Strafbarkeitslücke schließen, die aus dem Blickwinkel der Rechtsprechung seit BGHSt 29, 129 in der Praxis bestanden hat (BT-Drs. 15/5313, S. 3). Deshalb hat § 303 II Auffangcharakter und ist bei Überschneidungen mit § 303 I subsidiär (*KG* NStZ 2007, 223, 224; *Satzger*, Jura 2006, 435; *Lackner/Kühl*, § 303 Rn. 7a; *Schuhr*, JA 2009, 171 f.).

26 Das erklärte Ziel der Vorschrift liegt darin, insbesondere Graffiti und andere Bemalungen zu erfassen, die unmittelbar auf die Sache einwirken: Dabei geht es erstens um die Fälle, die mangels Substanzverletzung (→ Rn. 20) oder Brauchbarkeitsminderung (→ Rn. 22 ff.) nicht dem Beschädigen des § 303 I subsumiert werden können. Zweitens sollen Beweisschwierigkeiten im Zusammenhang mit Konstellationen überwunden werden, bei denen die Strafverfolgungspraxis bisher den Aufwand teurer Gutachten gescheut hat, um etwa eine unter § 303 I fallende reinigungsbedingte Schädigung des Untergrundes feststellen zu können. Jetzt kann ohne Gutachten „jedenfalls" auf § 303 II zurückgegriffen werden (zum Ganzen BT-Drs. 15/5313, S. 1, 3).

2. Tathandlung

27 Mit den Einschränkungen auf nicht nur unerhebliche und nicht nur vorübergehende Veränderungen will der Gesetzgeber den Tatbestand auf strafwürdiges Unrecht beschränken. Die (Un-)Erheblichkeitsschwelle ist auch (ungeschriebenes) Merkmal des Beschädigens (→ Rn. 11), also von daher im Prinzip bekannt, während das Zeitelement neu ist, auch wenn Überschneidungen mit dem Erheblichkeitsmerkmal bestehen mögen.

28 **Unerheblich** sind erstens minimale Beeinträchtigungen des äußeren Erscheinungsbildes. Man denke an das völlig unauffällige Aufbringen klein(st)er Zeichnungen an einer großen oder bereits bemalten Wand oder an einer schwer einsehbaren Stelle. Völlig unauffällig kann ferner ein größerer Schriftzug oder eine größere Zeichnung sein, sofern die Wand bereits mit einer Vielzahl von Graffiti und Schmierereien verunstaltet ist. Zweitens überschreiten solche Einwirkungen die Bagatellschwelle nicht, die mit geringem Zeit-, Arbeits- und Kostenaufwand wieder beseitigt werden können.

Als **vorübergehend** lassen sich Einwirkungen vor allem dann ansehen, wenn sie binnen kurzer Zeit von selbst vergehen, z. B. durch Regen. Auf jeden Fall ist für dieses Zeitelement die ex-ante-Perspektive maßgebend. Es spielt keine Rolle, ob etwa der Eigentümer den früheren Zustand schnell wieder herstellt.

Zum Ganzen *OLG Hamm* StV 2014, 693; *AG Tiergarten* NJW 2013, 801; W/H/S/*Schuhr*, BT 2, Rn. 39; MüKo/*Wieck-Noodt*, § 303 Rn. 57 ff.; SK/ *Hoyer*, § 303 Rn. 20 ff.; *Krüger*, NJ 2006, 249 ff.; *Lackner/Kühl*, § 303 Rn. 7 c, d.

Im Lichte dieser Merkmale greift § 303 II in der Regel nur ein, **29** wenn das Erscheinungsbild durch eine **unmittelbare Einwirkung** auf die Substanz der Sache verändert wird (BT-Drs. 15/5313, S. 3).

Beispiele (in denen § 303 II nicht vorliegt): Wäsche wird deutlich sichtbar auf dem Balkon eines Wohnhauses aufgehängt. Der Täter benutzt eine fremde weiße Hauswand oder das Bundeskanzleramt als „Großleinwand" (*Eisele*, BT II, Rn. 470; *Waszcynski*, JA 2015, 262). Demonstranten bringen an einer Außenfassade ein Spruchband an, ohne die Substanz des Gebäudes zu beeinträchtigen. – Der letzte Fall kann ausnahmsweise anders liegen, wenn das Spruchband an einer schwer zugänglichen Stelle befestigt wird (LK/*Wolff*, 12. Aufl. § 303 Rn. 30; a. A. W/H/S/*Schuhr*, BT 2, Rn. 38 f.).

Im Übrigen werden bloß unerhebliche und/oder vorübergehende **30** Einwirkungen insbesondere bei Tatsituationen im Zusammenhang mit Verhüllungen, Plakatierungen mittels ablösbarer Klebestreifen sowie Kreide- und Wasserfarbenauftrag vorkommen (BT-Drs. 15/5313, S. 3). Doch bleiben stets auch die Umstände des Einzelfalles zu berücksichtigen. Künstlerische und ästhetische Aspekte spielen nach dem Wortlaut grundsätzlich keine Rolle.

Im **Fall 2a** greift § 303 I nicht ein, weil eine Substanzverletzung ausscheidet **31** und eigentliche Gebrauchsfunktionen nicht beeinträchtigt sind. Bis zur Einfügung des § 303 II im Jahre 2005 wären A und B im Lichte von BGHSt 29, 129 straflos geblieben, während die durch die Reform überholte Zustandsveränderungstheorie ein Beschädigen mit der Begründung bejaht hätte, dass von einer die allgemeine Erheblichkeitsschwelle überschreitenden äußeren Zustandsveränderung auszugehen sei. Nunmehr kommt (nur) die Anwendung des § 303 II in Betracht. Da ein nennenswerter – zumindest zeitlicher – Beseitigungsaufwand notwendig ist und die Verunreinigungen auch nicht innerhalb kurzer Zeit mehr oder weniger von selbst verschwinden (Unterführung!), muss man trotz Kreide- und Wasserfarbenauftrag den Tatbestand bejahen (a. A. wohl *Kreß/Baenisch*, JA 2006, 707, 709, die den Aufwand „einiger Stunden" für nicht ausreichend halten).

Im **Fall 2 b**, in dem § 303 I genauso entfällt, führt die mögliche schnelle Beseitigung aller Spuren zur Verneinung auch des § 303 II.

Empfehlungen zur vertiefenden Lektüre:
Rechtsprechung (Entscheidungen, die für die Auslegung des § 303 I unverändert von Bedeutung sind, aber den erst 2005 eingefügten § 303 II natürlich

nicht berücksichtigen): BGHSt 29, 129 (Kleben eines Plakates auf einen Verteilerkasten); *OLG Frankfurt* NJW 1987, 389 (Durchnässen eines Diensthemdes mit Bier); *BayObLG* NJW 1987, 3271 (Ablassen der Luft aus Fahrradreifen); *OLG Frankfurt* NJW 1990, 2007 (Anbringen von Aufklebern auf diversen Oberflächen); *OLG Köln* StV 1995, 592 (Sprühen von Graffiti-Bildern auf Brückenpfeiler); *OLG Hamburg* StV 1999, 544 (Sprühen von Graffiti-Bildern auf mit Folie beklebten Eisenbahnwaggon); *LG Bremen* NJW 1983, 56 (Besprühen von Schaufensterscheiben mit Parolen).

Literatur: *Ladiges*, Grundfälle zu den Sachbeschädigungsdelikten, §§ 303–305a StGB, JuS 2018, 657 ff.; *Satzger*, Der Tatbestand der Sachbeschädigung (§ 303 StGB) nach der Reform durch das Graffiti-Bekämpfungsgesetz, Jura 2006, 428 ff.; *Schuhr*, Verändern des Erscheinungsbildes einer Sache als Straftat, JA 2009, 169 ff., *Waszcynski*, Prüfungsrelevante Problemkreise der Sachbeschädigungsdogmatik, JA 2015, 259 ff.

§ 25. Weitere Sachbeschädigungsdelikte (§§ 304–305a)

I. Gemeinschädliche Sachbeschädigung (§ 304)

1   § 304 enthält keine Qualifikation des § 303. Die Vorschrift schützt anders als § 303 nicht das Eigentum, sondern Interessen der Allgemeinheit. Eine strafbefreiende Einwilligung scheidet von daher aus. Die Fremdheit der Sache ist kein Tatbestandsmerkmal. Täter kann folglich auch der Eigentümer sein. Wegen der unterschiedlichen Rechtsgüter besteht zwischen § 304 und § 303 richtigerweise Idealkonkurrenz.

Eisele, BT II, Rn. 481; K/*Böse*, BT II, § 21 Rn. 1, 13; a. A. SSW/*Saliger*, § 304 Rn. 15; *Fischer*, § 304 Rn. 17.

2   Als **Gegenstände der Wissenschaft,** die in öffentlichen (d. h. allgemein zugänglichen) Sammlungen aufbewahrt werden, kommen z. B. Bücher in Staats- und Universitätsbibliotheken, aber nicht in Gerichtsbibliotheken mit begrenztem Benutzerkreis in Betracht (BGHSt 10, 285).

3   Größere Interpretationsschwierigkeiten bereitet vor allem das Merkmal **„Gegenstände, welche zum öffentlichen Nutzen ... dienen".** Unter diesen Begriff fallen nur Gegenstände, die dazu bestimmt sind, der Allgemeinheit durch ihren Gebrauch **unmittelbar** zu nützen. Unmittelbarkeit in diesem Sinne bedeutet, dass jeder-

mann, ggf. nach Erfüllung bestimmter allgemeingültiger Bedingungen, aus dem Gegenstand selbst Nutzen ziehen kann (BGHSt 31, 185, 186; *BayObLG* NJW 1988, 837, 838).

Beispiele: Verkehrszeichen (*OLG Köln* NJW 1999, 1042, 1044; dazu erg. **4** *Rengier,* BT II, § 32 Rn. 29 ff.); öffentliche Verkehrsmittel; Starkstromkasten des öffentlichen Nahverkehrs (*OLG Jena* NJW 2008, 776); Gleise der Deutschen Bahn *AG;* Postbriefkästen; öffentliche Telefonzellen; öffentlich zugängliche Feuermelder und Feuerlöscher (*BayObLG* NJW 1988, 837); Fahrkartenautomaten; für die Allgemeinheit aufgestellte Ruhebänke; Langlaufloipen, wenn sie entsprechend → § 24 Rn. 5 als Sachen angesehen werden; Außenmauern, Fenstergitter und andere Gebäudeteile einer Justizvollzugsanstalt, die dem Interesse der Allgemeinheit an einer sicheren Verwahrung von Straf- und Untersuchungsgefangenen dienen (*BGH* NStZ 2006, 345; *LG Koblenz* MDR 1981, 956; h. M.; a. A. LK/*Wolff,* 12. Aufl. § 304 Rn. 13; *Klesczewski,* BT, § 8 Rn. 38).

Nicht erfasst sind z. B. Gebrauchs- und Einrichtungsgegenstände von Be- **5** hörden; in diesen Rahmen lassen sich auch Polizeistreifenwagen einordnen, die nur ein Hilfsmittel polizeilicher Tätigkeit sind, aus dem das Publikum keinen unmittelbaren Nutzen ziehen kann (BGHSt 31, 185 ff.; beachte aber § 305a I Nr. 2).

Die Tathandlungen des § 304 I, II stimmen mit denen des § 303 I, **6** II überein (Beschädigen, Zerstören, Verändern des Erscheinungsbildes). Aus der Schutzrichtung des § 304 folgt jedoch, wie man leicht übersehen kann, dass die jeweilige Tathandlung auch den besonderen öffentlichen Nutzzweck beeinträchtigen muss. Daher entfällt beispielsweise § 304 I (aber nicht § 303 I), wenn in eine öffentliche Parkbank nur eine Inschrift geritzt wird oder die Außenflächen öffentlicher Verkehrsmittel ohne Beeinträchtigung der Gebrauchsfunktion des Fahrzeugs beschädigt werden.

KG NStZ 2007, 223; NStZ-RR 2009, 310, 311; LK/*Wolff,* 12. Aufl. § 304 Rn. 16; Sch/Sch/*Hecker,* § 304 Rn. 12; K/H/H/*Hellmann,* BT 2, Rn. 423.

Auch bei Veränderungen des Erscheinungsbildes gemäß § 304 II **7** muss der öffentliche Nutzzweck betroffen sein, weil es widersprüchlich wäre, für die eingriffsintensivere Beschädigung nach § 304 I mehr zu verlangen als für die geringfügigere Einwirkung gemäß § 304 II. Freilich: Da dann regelmäßig zugleich eine Beschädigung im Sinne einer Brauchbarkeitsminderung vorliegt (vgl. → § 24 Rn. 22 ff.) und deshalb § 304 I vorrangig eingreift, ist § 304 II allem Anschein nach überflüssig.

Siehe hierzu *OLG Jena* NJW 2008, 776; *KG* NStZ-RR 2009, 310, 311; *OLG Köln* mit Bspr. *Jahn*, JuS 2018, 395 ff.; *Kudlich*, GA 2006, 38 ff.; *Satzger*, Jura 2006, 436; SSW/*Saliger*, § 304 Rn. 12.

8 **Beispiele:** (1) Wer eine öffentliche Parkbank durch Besprühen mit abwaschbarer Farbe unbrauchbar macht, beseitigt durch körperliche Einwirkung ihre Brauchbarkeit (= § 303 I) und den öffentlichen Nutzzweck (= § 304 I); insoweit sind die §§ 303 II, 304 II subsidiär. Bleibt die äußerlich erheblich verunstaltete Parkbank benutzbar, so entfällt § 303 I und § 303 II greift ein; § 304 II ist nicht einschlägig, da der öffentliche Nutzen nicht beeinträchtigt wird. Daher kann auch das Parkbank-Beispiel der → Rn. 6 nicht als für § 304 II verbleibender Fall angesehen werden.

(2) *OLG Hamburg* NStZ 2015, 37 übersieht, dass bei öffentlichen Verkehrsmitteln das blickdichte und daher die Gebrauchsfunktion beeinträchtigende Beschmieren von Sichtfenstern bereits § 304 I erfüllt (vgl. → § 24 Rn. 22), indes die sonstige äußerliche Sauberkeit sowie Attraktivität der Fahrzeuge kein öffentlicher Nutzzweck ist, dessen Beeinträchtigung zu § 304 II führen könnte (*Jäger*, JA 2014, 550 f.).

Zum Ganzen auch *Schuhr*, JA 2009, 172 ff. mit einem von der h. M. abweichenden Ansatz.

II. Zerstörung von Bauwerken (§ 305)

9 Es handelt sich um eine Qualifikation des § 303. Die Vorschrift schützt ebenfalls das Eigentum und ist daher einwilligungsfähig. Zum Begriff des **Gebäudes** → § 3 Rn. 12. **Schiffe** sind, wie sich aus der Gleichstellung mit den anderen Schutzobjekten ergibt, nur größere Wasserfahrzeuge. Als **Bauwerke** (Oberbegriff) gelten alle selbstständigen, auf Dauer errichteten Werke von gewisser Größe und Bedeutung, z. B. Mauern, Hütten, ein künstlicher Fischteich und ein auf dem Boden errichteter größerer ummantelter Tankbehälter (BGHSt 41, 219, 221). Zur **Eisenbahn** gehört – es handelt sich ja um einen Unterfall des Bauwerks – nur der Baukörper mit den Schienen, nicht das rollende Material (Lokomotive, Waggon).

10 Für die Tathandlung reicht ein Beschädigen nicht aus. Zum **Zerstören** → § 24 Rn. 7. Eine **teilweise Zerstörung** liegt vor, wenn Teile des Tatobjekts, die für seinen bestimmungsgemäßen Gebrauch wesentlich sind, unbrauchbar gemacht werden. Zur Konkretisierung dieser Tathandlung insbesondere für Gebäude kann man auf die Judikatur zum Inbrandsetzen von wesentlichen Gebäudeteilen verweisen (vgl. *Rengier*, BT II, § 40 Rn. 14 f.).

III. Zerstörung wichtiger Arbeitsmittel (§ 305a)

Die im Vorfeld des § 316b angesiedelte Vorschrift soll vor allem be- 11
stimmte terroristische Sabotageakte bekämpfen (vgl. auch § 129a II
Nr. 2). § 305a I Nr. 1 setzt ausdrücklich ein „fremdes" Arbeitsmittel
voraus. Demgegenüber kommt es in den Fällen der Nr. 2 und 3 nicht
auf das Eigentum an den geschützten Objekten, sondern auf deren
Verwendung für dienstliche Zwecke an. Für ein „teilweises Zerstören" eines Kraftfahrzeuges reicht die Zerstörung eines Reifens oder
das Heraustreten von Seitenscheiben nicht aus (*OLG Oldenburg*
NStZ-RR 2011, 338).

Empfehlungen zur vertiefenden Lektüre:
Rechtsprechung: BGHSt 31, 185 (öffentlicher Nutzen im Sinne des § 304
bei Polizeistreifenwagen); *OLG Jena* NJW 2008, 776 und *KG* NStZ-RR
2009, 310 (Besprühen eines Starkstromkastens bzw. U-Bahn-Waggons mit
Farbe).

§ 26. Datenveränderung (§ 303a) und Computersabotage (§ 303b)

I. Datenveränderung (§ 303a)

Die Vorschrift des § 303a I soll Lücken des § 303 schließen und si- 1
cherstellen, dass insbesondere die Löschung von Magnetbändern und
von – auf beliebigen Datenträgern – elektronisch gespeicherten Daten
jedenfalls nach § 303a I bestraft werden kann. Denn ob § 303 solche
Taten erfasst, ist umstritten; bejahende Stimmen sehen die Sachbeschädigung in der Beschädigung des fremden Datenträgers durch die
Beseitigung der vorhandenen magnetischen bzw. elektronischen
Ordnung (LK/*Wolff,* 12. Aufl. § 303 Rn. 12; K/H/H/*Hellmann,*
BT 2, Rn. 407 ff.).

§ 303a I schützt nach h. M. das Interesse des Verfügungsberechtig- 2
ten an der unversehrten Verwendbarkeit der gespeicherten Daten.
Dabei spielt es keine Rolle, ob die Daten auf einem eigenen oder
fremden Datenträger gespeichert sind. Folglich erfüllt § 303a I, wer
auf seinem Laptop Daten seiner Ex-Freundin, z. B. einer Hausarbeit,
durch Veräußern des Computers unterdrückt (*Ladiges,* JuS 2018,
757).

Tatobjekte sind nur Daten im Sinne des § 202a II (dazu *Rengier,* BT II, § 31 Rn. 25), wobei es auf eine besondere Sicherung nicht ankommt (vgl. § 202a I). Für unmittelbar wahrnehmbare Daten ist § 303 einschlägig.

3   Die Tathandlungen überschneiden sich zum Teil und sollen alle Begehungsformen erfassen, die die Verwendbarkeit von Daten beeinträchtigen. Das **Löschen** (Parallele zum Zerstören bei § 303) bezeichnet sowohl die Aufhebung der Verkörperung von Daten als auch ihr unwiederbringliches Unkenntlichmachen (*Lackner/Kühl,* § 303a Rn. 3; *Fischer,* § 303a Rn. 9). Darunter fallen z. B. das Beseitigen von in Anwenderprogrammen vorhandenen Kopiersperren, das Zerstören eines Datenträgers sowie das Löschen eines Tonbandes und von gespeicherten elektronischen Daten.

4   Soweit man das Löschen von Daten auf fremden Datenträgern auch dem § 303 subsumiert, muss zum umstrittenen Konkurrenzverhältnis mit § 303a Stellung genommen werden. Insoweit nehmen manche Stimmen wegen unterschiedlicher Rechtsgüter Idealkonkurrenz an (K/H/H/*Hellmann,* BT 2, Rn. 415; Sch/Sch/*Hecker,* § 303 Rn. 25). Doch ist es überzeugender, § 303 im Wege der Subsidiarität zurücktreten zu lassen, weil sich das Unrecht in der Datenveränderung erschöpft; es sei denn, dass ausnahmsweise zugleich ein Angriff auf die – durch § 303a nicht geschützte – Hardware vorliegt (A/W/ *Heinrich,* BT, § 12 Rn. 52; K/*Böse,* BT II, § 24 Rn. 13; *Lackner/Kühl,* § 303a Rn. 7).

5   **Unterdrücken** heißt, die Daten auf Dauer oder vorübergehend für eine nicht unerhebliche Zeitspanne dem Zugriff des Verfügungsberechtigten zu entziehen.

Beispiele: Man denke etwa an das Hinzufügen von Zugangssperren und das Veräußern, Verstecken oder die Mitnahme von Datenträgern wie Laptops, Smartphones, Girocards/Maestro-Karten, Telefonkarten usw. Anlässlich einer „DoS-Attacke" (dazu → Rn. 16) hat das *OLG Frankfurt* entgegen der ganz h. M. die nicht überzeugende Ansicht vertreten, dass ein Vorenthalten von Daten für einen Zeitraum von etwa zwei Stunden nicht ausreiche (StV 2007, 244, 248 f.; zur h. M. vgl. *Fischer,* § 303a Rn. 10; MüKo/*Wieck-Noodt,* § 303a Rn. 13; W/H/S/*Schuhr,* BT 2, Rn. 63 mit Fn. 159; erg. die Falllösung bei *Jansen,* ZJS 2019, 134 f.).

Bemerkenswert ist: Während bei körperlichen Gegenständen reine Sach- und Nutzungsentziehungen straflos sind (→ § 24 Rn. 15 ff.), ändert sich dies wegen des von § 303a I Nr. 1 erfassten Unterdrückens, sobald die Sache – und sei es bloß infolge des technischen Fortschritts – auch Träger von Daten ist (kritisch *Popp,* JuS 2011, 388).

Das **Unbrauchbarmachen** (Parallele zum Beschädigen bei § 303) **6** erfasst Handlungen, die Daten so beeinträchtigen, dass sie nicht mehr bestimmungsgemäß verwendet werden können. **Verändert** sind Daten, wenn sie inhaltlich umgestaltet werden und dadurch einen anderen Informationsgehalt oder Aussagewert erhalten.

Dazu *BGH* NStZ 2018, 401, 403; *Hilgendorf,* JuS 1997, 324 f. – Im Fall *BGH* NJW 2021, 2301 haben Täter in erpresserischer Absicht über das Internet eine Schadsoftware mittels zugesandter Dateien verbreitet, deren Öffnung die Computer durch die Installation eines Sperrbildschirms lahmlegte. Hier sind jedenfalls die Tathandlungen des Unterdrückens und Veränderns einschlägig (*Bosch,* Jura, JK, 2021, 1526; *Hüttemann,* JuS 2021, 431 mit Falllösung; zu § 303b in → Rn. 15).

Nach dem Wortlaut des § 303a I scheint dessen objektiver Tatbe- **7** stand unbegrenzt auch eigene Daten und insoweit nicht strafwürdiges Verhalten zu erfassen. Von daher ergibt sich die Notwendigkeit, mit der h. M. das Merkmal „rechtswidrig" als einschränkendes unrechtsbegründendes Tatbestandselement einzustufen. Daran und an den Schutzzweck anknüpfend beschränkt sich der Tatbestand auf solche Daten, an deren Bestand ein anderer als der Täter ein schutzwürdiges Interesse hat. Man kann die erforderliche Restriktion auch so verdeutlichen: Aus der Sicht des Täters muss es sich im übertragenen Sinne um „fremde" Daten handeln, d. h. um Daten, über die ein anderer ein eigentümerähnliches Verfügungsrecht hat. Als Verfügungsberechtigter in diesem Sinne kommt in erster Linie derjenige in Betracht, der die Daten erzeugt und abgespeichert hat.

Vgl. *BayObLG* JR 1994, 476; *OLG Hamburg* StV 2014, 296, 297 f.; *Hilgendorf* JuS 1996, 892 ff.; *Eisele,* Jura 2012, 931; *Lackner/Kühl,* § 303a Rn. 4; K/*Hilgendorf,* LPK-StGB, § 303a Rn. 9 f.; erg. *Fischer,* § 303a Rn. 4 ff., 13.

Da § 303a I nur das (Bestands-)Interesse an der unversehrten Ver- **8** wendbarkeit der Daten schützt (→ Rn. 1), bleibt die Verfügungsbefugnis des Berechtigten über seine Originaldaten unberührt, wenn die Daten bloß unerlaubt kopiert und/oder diese Kopien verändert werden (LK/*Wolff,* 12. Aufl. § 303a Rn. 16; *Hilgendorf,* JR 1994, 479).

Beispiel: A ersetzt seine auf seiner Girocard/Maestro-Karte gespeicherte **9** Kontonummer 123 durch die Kontonummer 456 einer Bekannten X, um zu Lasten von X aus einem Geldautomaten Geld abzuheben. Beim Versuch, Geld abzuheben, zieht der Automat die Karte ein (hierzu *BayObLG* JR 1994, 476 mit Anm. *Hilgendorf; ders.,* JuS 1996, 893 f.; *Otto,* JK 94, StGB § 303a/1).

Man muss unterscheiden: (1) In der Konstellation, dass die **Bankkarte des A ungültig** ist, erfüllt A einmal die §§ 263a I Var. 2, 22, hinter denen die §§ 242, 22 zurücktreten (→ § 2 Rn. 70 ff.; → § 14 Rn. 11 f., 70). Ferner verwirklicht A auch den Tatbestand des § 303a I Var. 4, indem er die gespeicherten Kontodaten verändert und dadurch das der Bank insoweit zustehende Verfügungsrecht verletzt; denn ein schutzwürdiges Interesse der Bank an der Unversehrtheit des Datenbestandes besteht unabhängig von der Gültigkeitsdauer (*BayObLG* JR 1994, 476, 477; *Otto*, a. a. O.; a. A. *Hilgendorf*, JuS 1996, 894).

(2) Ist die **Karte noch gültig**, so hat sie ihre Beweisfunktion nicht verloren und es muss zunächst § 269 I Var. 2 (i. V. m. § 270) erkannt und bejaht werden (vgl. *Rengier*, BT II, § 35 Rn. 11 f.). Hinter diesen Tatbestand treten § 303a und § 274 I Nr. 2 zurück (*Rengier*, BT II, § 35 Rn. 16), während mit den §§ 263a I Var. 2, 22 Tateinheit besteht.

10   Fraglich ist, ob auch das **Wiederaufladen** des Speicherchips einer abtelefonierten **Telefonkarte** § 303a I Var. 4 erfüllt. Richtigerweise muss dies verneint werden, da beim Kauf einer solchen Karte alle Verfügungsrechte auf den Erwerber übergehen (*Hecker*, JA 2004, 764 f., der zugleich ausführt, dass im Falle der Täuschungsabsicht die §§ 268, 269 erfüllt sind).

Umstritten ist, ob das **Entfernen des SIM-Locks** § 303a I erfüllt. Damit ist die Sperre gemeint, die den Käufer eines (subventionierten) Handys an das Mobilfunknetz eines bestimmten Betreibers bindet. Überwiegend wird der Tatbestand mit der Begründung abgelehnt, das Interesse des Netzbetreibers erstrecke sich nicht auf die Verwendbarkeit der Daten, sondern allein auf die Einhaltung der Vertragsbedingungen (W/H/S/*Schuhr*, BT 2, Rn. 64; K/H/H/ *Hellmann*, BT 2, Rn. 411; *Eisele*, Jura 2012, 931; a. A. *AG Göttingen* MMR 2011, 626, 627).

11   **§ 303a III** normiert einen Vorfeldtatbestand, der auf § 202c verweist (zu dieser Vorschrift *Rengier*, BT II, § 31 Rn. 37 ff.).

II. Computersabotage (§ 303b)

12   Die Vorschrift ist durch das 41. StrÄndG vom 7.8.2007 (BGBl. I S. 1786) erheblich verändert, nämlich auf alle Datenverarbeitungsanlagen ausgedehnt und um die Modalität des Abs. 1 Nr. 2 sowie die Absätze 4 und 5 erweitert worden. Geschützt wird das Interesse aller Betreiber und Nutzer am störungsfreien Funktionieren ihrer Daten-

verarbeitung unabhängig davon, ob illegale Zwecke verfolgt werden (*BGH* NJW 2017, 838 mit Bspr. *Kudlich*, JA 2017, 310ff.). Der Begriff Datenverarbeitung umfasst auch den weiteren Umgang mit Daten und deren Verwertung.

Was die **wesentliche Bedeutung** betrifft, kann bei den Privatpersonen des Abs. 1 darauf abgestellt werden, ob die Datenverarbeitung für die Lebensgestaltung der Privatperson eine zentrale Rolle einnimmt. Das kommt auch bei einem wichtigen einzelnen Projekt in Betracht. Man denke an eine Datenverarbeitung im Rahmen einer Erwerbstätigkeit, einer schriftstellerischen, wissenschaftlichen oder künstlerischen Tätigkeit oder an den Doktoranden, der seine Dissertation auf einem Notebook schreibt (BT-Drs. 16/3656, S. 13; *Eisele*, Jura 2012, 933). Abgesehen davon spricht mittlerweile angesichs der fortschreitenden Digitalisierung des allgemeinen Lebens viel für die Annahme, dass grundsätzlich der (einzige) regelmäßig genutzte Computer einer Privatperson regelmäßig auch wesentliche Bedeutung haben wird (vgl. *Eisele*, JZ 2021, 1068). **13**

Eine erhebliche **Störung** der Datenverarbeitung liegt vor, wenn ihr reibungsloser Ablauf erheblich beeinträchtigt wird. **14**

Der Tatbestand des **§ 303b I Nr. 1** qualifiziert unter den vorstehenden Voraussetzungen § 303a I. **15**

Nach allem kann daher im schon angesprochenen Fall *BGH* NJW 2021, 2301 (→ Rn. 6) unproblematisch auch von der Erfüllung des § 303b I Nr. 1 ausgegangen werden (erg. die Falllösung bei *Hüttemann*, JuS 2021, 427ff.).

§ 303b I Nr. 2 hat vor allem die sog. „Denial-of-Service-" oder „DoS-Attacken" vor Augen, bei denen ein Server gezielt mit so vielen E-Mail-Anfragen bombardiert wird, dass die Funktionsfähigkeit des Systems beeinträchtigt oder gar beseitigt wird. Für die Nachteilszufügungsabsicht genügt parallel zu § 274 I Nr. 1 wissentliches Handeln (vgl. *Rengier*, BT II, § 36 Rn. 12). Was den Nachteil betrifft, so reicht jede Beeinträchtigung aus; um einen Vermögensnachteil muss es sich nicht handeln (BT-Drs. 16/3656, S. 13). Nach der Meinung des Gesetzgebers sollen sog. Massen-E-Mail-Proteste nicht tatbestandsmäßig sein, da sie ohne Nachteilszufügungsabsicht geschähen und von der Meinungsfreiheit gedeckt seien (BT-Drs. 16/5449, S. 5). **16**

An der Tatvariante des „Eingebens" ist zu kritisieren, dass sie nach dem – wegen des Klammerverweises – nicht überwindbaren Wortlaut (Art. 103 II GG) vermutlich ungewollt die Eingabe von außen, insbesondere über eine Tastatur, nicht erfasst (Sch/Sch/*Hecker*, § 303b Rn. 7; a. A. wohl *Popp*, JuS

2011, 389). Für das „Übermitteln" reicht es aus, wenn die Daten im Arbeits-
speicher gespeichert waren (*Gröseling/Höfinger*, MMR 2007, 627).

17 Kann infolge der DoS-Attacke der Verfügungsberechtigte, also der
Betreiber der Website, zumindest vorübergehend nicht mehr auf die
Daten zugreifen, so ist auch § 303a I erfüllt (→ Rn. 5) und folglich
ebenfalls an § 303b I Nr. 1 zu denken.

18 § 303b I Nr. 3 erfasst Angriffe auf eine Datenverarbeitungsanlage
oder einen Datenträger. Mit der Datenverarbeitungsanlage ist die
Hardware gemeint, d. h. die maschinentechnische Ausstattung (z. B.
Zentraleinheit, Tastatur, Bildschirm, Drucker). Als Datenträger kommen insbesondere Magnetbänder, Festplatten und Disketten in Betracht.

19 § 303b II normiert einen Qualifikationstatbestand. Bei den Anla-
gen von Wirtschaft und Verwaltung kommt es bezüglich der wesentlichen Bedeutung darauf an, ob die Datenverarbeitung so zentrale Informationen betrifft, dass davon die Funktionsfähigkeit des Betriebes,
des Unternehmens oder der Behörde abhängt.

20 § 303b IV greift die Regelbeispielstechnik auf (vgl. → § 3 Rn. 1 ff.
zu § 243). Zum Regelbeispiel des § 303b IV 2 Nr. 1 siehe → § 13
Rn. 349, zur Nr. 2 vgl. → § 3 Rn. 19 (Gewerbsmäßigkeit) und → § 4
Rn. 89 ff. (Bandendiebstahl). Bezüglich der lebenswichtigen Dienstleistungen im Sinne der Nr. 3 ist etwa an Einrichtungen der öffentlichen Daseinsvorsorge, an Krankenhäuser sowie an die Energie- und
Bankwirtschaft zu denken (BT-Drs. 16/3656, S. 14).

21 Der Vorfeldtatbestand des § 303b V verweist auf § 202c (zu dieser
Vorschrift *Rengier*, BT II, § 31 Rn. 37 ff.).

Empfehlungen zur vertiefenden Lektüre:
Rechtsprechung: *BayObLG* JR 1994, 476 (Verändern der Kontonummer
auf Magnetstreifen einer Girocard/Maestro-Karte).
Literatur: *Eisele*, Der Kernbereich des Computerstrafrechts, Jura 2012,
922, 930–934; *Hecker*, Herstellung, Verkauf, Erwerb und Verwendung mani-
pulierter Telefonkarten, JA 2004, 762 ff.; *Hilgendorf*, Grundfälle zum Computerstrafrecht, JuS 1996, 890 ff., 1082 ff.; *Ladiges*, Grundfälle zu den Sachbeschädigungsdelikten, §§ 303–305a StGB, JuS 2018, 754 ff.

7. Kapitel. Sonstige Straftaten gegen das Vermögen

§ 27. Vereiteln der Zwangsvollstreckung (§ 288)

I. Grundlagen und Aufbaufragen

§ 288 gehört zu den Tatbeständen, bei denen die genaue Erfassung **1** des geschützten Rechtsgutes für die Auslegung besondere Bedeutung hat. Es handelt sich um ein Vermögensdelikt. Der Tatbestand schützt das **materielle Individualrecht** des Gläubigers, sich aus dem Schuldnervermögen im Wege der Einzelzwangsvollstreckung befriedigen zu können (*Geppert*, Jura 1987, 427). Demgegenüber schützen die – üblicherweise nicht examensrelevanten – Insolvenzstraftaten (§§ 283 ff.) jedenfalls auch das Recht des Gläubigers auf (anteilsmäßige) Befriedigung in der Gesamtvollstreckung (Insolvenz). – Die Struktur des § 288 verdeutlicht das folgende

Aufbauschema (§ 288)	**2**

I. Tatbestandsmäßigkeit
  1. Objektiver Tatbestand
    a) Täter: nur der Vollstreckungsschuldner (Sonderdelikt)
    b) Dem Schuldner drohende Zwangsvollstreckung
      aa) Materiell-rechtlich begründeter und durchsetzbarer Anspruch des Gläubigers
      bb) Drohen der Zwangsvollstreckung
    c) Bestandteile des Schuldnervermögens (vollstreckungsrechtlich zu verstehen)
    d) werden veräußert oder beiseite geschafft.
  2. Subjektiver Tatbestand
    a) Vorsatz
    b) Absicht, die Befriedigung des Gläubigers zu vereiteln (dolus directus 1. oder 2. Grades)
II. Rechtswidrigkeit
III. Schuld

3   Als tauglicher Täter kommt nur der Vollstreckungsschuldner
(„ihm") in Betracht (Sonderdelikt). In diesem Zusammenhang wird
der für Täterschafts- und Teilnahmefragen lehrreiche und umstrittene
Fall diskutiert, dass ein außenstehender Dritter (D) als Werkzeug
ohne Täterqualität, insoweit als sog. **qualifikationsloses doloses
Werkzeug** im Auftrag des abwesenden – als Täter qualifizierten –
Schuldners (S) Bestandteile des Schuldnervermögens veräußert oder
beiseite schafft.

4   **Beispiel:** Auf Bitten des S, dem die Zwangsvollstreckung droht, überträgt
ein bösgläubiger Berater D Vermögen des S auf Dritte oder transferiert es ins
Ausland.

Die überwiegende Ansicht bejaht hier bezüglich S entweder die
§§ 288, 25 I Var. 2 im Wege einer eher normativ begründeten Tatherrschaft (was Zustimmung verdient) oder auch auf dem Boden der
Pflichtdeliktslehre eine unmittelbare Täterschaft und bei D eine entsprechende Beihilfe. Andere Stimmen verneinen die Tatherrschaft des
S und gelangen so zur Straflosigkeit von S und D.

5   Dazu *Rengier*, AT, § 43 Rn. 14 ff.; *Geppert*, Jura 1987, 430 f.; K/H/H/*Hellmann*, BT 2, Rn. 473 ff.; LK/*Schünemann/Greco*, 13. Aufl. § 25 Rn. 153 ff.;
LK/*Schünemann*, 12. Aufl. § 288 Rn. 41; *Jescheck/Weigend*, AT, § 62 II 7;
Mitsch, BT 2, S. 897 ff. und JuS 2004, 323 ff. mit Falllösung. – Siehe erg.
→ § 18 Rn. 67 ff. und zum Parallelfall des *absichtslosen* dolosen Werkzeugs
→ § 2 Rn. 173 ff.

II. Die dem Schuldner drohende Zwangsvollstreckung

6   Der objektive Tatbestand verlangt zunächst, dass dem Täter eine
Zwangsvollstreckung droht. Dies setzt, da § 288 das materielle Befriedigungsrecht des Gläubigers sichern soll, auf der **Gläubigerseite**
einen materiellrechtlich begründeten und durchsetzbaren Anspruch
voraus. Ein Vollstreckungstitel allein genügt nach h. M. nicht; vielmehr muss im Strafverfahren selbstständig geprüft werden, ob der
zugrundeliegende Anspruch nach der materiellen Rechtslage auch
wirklich besteht. Nicht durchsetzbar sind namentlich noch anfecht-
bare oder infolge Verjährung einredebehaftete Ansprüche, weil der
Schuldner deren Verwirklichung jederzeit durch Ausübung der An-
fechtung bzw. Einrede vereiteln kann.

Zur h. M. *BGH* NJW 1991, 2420; *Geppert*, Jura 1987, 427 f.; SSW/*Kudlich*,
§ 288 Rn. 1 f.; W/H/S/*Schuhr*, BT 2, Rn. 498; a. A. MüKo/*Maier*, § 288
Rn. 10 f. für nicht erschlichene rechtskräftige Zivilurteile.

Ob der Anspruch privat- oder öffentlich-rechtlicher Natur ist, 7
spielt keine Rolle. Freilich gehört die Vollstreckung von Geldstrafen,
Zwangsgeldern (*LG Bielefeld* NStZ 1992, 284) und anderen Vermö-
genssanktionen nicht zu den spezifisch vermögensrechtlich geschützten staatlichen Positionen; daher schützt § 288 diesen Bereich nicht
(vgl. auch → § 13 Rn. 148).

Auf der **Schuldnerseite** muss die Zwangsvollstreckung „drohen" 8
(vgl. dazu *BGH* MDR/H 1977, 638; *Geppert,* Jura 1987, 427 f.).
Eine Zwangsvollstreckung droht, wenn nach den Umständen konkrete Anhaltspunkte dafür vorliegen, dass der Gläubiger seinen Anspruch alsbald zwangsweise durchsetzen wird. Eindeutig sind die
Fälle, in denen der Gläubiger schon einen Vollstreckungstitel erlangt
oder zumindest Klage erhoben hat. Größere Schwierigkeiten bereiten
die Fälle im Vorfeld. Auch hier kann eine Zwangsvollstreckung schon
drohen. Allerdings genügen insoweit bloße Mahnungen und Erinne-
rungen – im Gegensatz zur Einleitung eines Mahnverfahrens
(§§ 688 ff. ZPO) – nicht. Entscheidend ist vor allem, ob der Gläubiger
schon angedeutet hat, den Anspruch eventuell mit hoheitlichem
Zwang durchsetzen zu wollen.

III. Bestandteile des Schuldnervermögens

Aus dem Rechtsgut des § 288 ergibt sich, dass der **Begriff des Ver-** 9
mögens rein vollstreckungsrechtlich auszulegen ist. Zum Vermögen
in diesem Sinne gehört alles, was der Vollstreckung unterliegt. Demnach fallen unpfändbare Sachen nicht in den Schutzbereich des § 288
(vgl. § 811 ZPO), ferner alle Sachen, deren Verwertung ein Dritter im
Wege der Drittwiderspruchsklage (§ 771 ZPO) verhindern könnte
(LK/*Schünemann*, 12. Aufl. § 288 Rn. 24 f.). Der Besitz und Anwartschaften können im Einzelfall vollstreckungsrechtlich relevante Vermögensstücke sein; denn wenn das Gesetz von Bestandteilen „seines"
Vermögens spricht, so muss dies nicht unbedingt Eigentum bedeuten.

Beispiele: (1) Der Vorbehaltsverkäufer betreibt wegen einer Geldforderung 10
gegen den Vorbehaltskäufer die Vollstreckung in seine eigene Sache; hier ist
der Besitz Bestandteil des Schuldnervermögens (BGHSt 16, 330 ff.; *BGH* GA
1965, 309 f.; dazu ferner *Geppert,* Jura 1987, 429). – (2) Herausgabevollstre-
ckung nach § 883 ZPO gegen den unberechtigten Besitzer.

IV. Zu den Tathandlungen

1. Veräußern

11   Ein Veräußern im Sinne des § 288 ist jede rechtsgeschäftliche Verfügung, durch die ein dem Gläubiger haftender Vermögensbestandteil ohne vollen adäquaten Gegenwert aus dem Vermögen des Schuldners ausscheidet. Ein rein obligatorisches Geschäft wie der Abschluss eines Kaufvertrages genügt dafür nicht. Im Einzelnen sind vor allem die folgenden drei Punkte zu beachten:

12   Erstens entfällt ein tatbestandsmäßiges Veräußern, sofern infolge der Veräußerung eines Vermögensstücks Gegenwerte in das Vermögen des Schuldners fließen, die den Verlust wertmäßig voll ausgleichen.

Beispiel: Der Schuldner verkauft ihm gehörenden Schmuck, wofür er entsprechend dessen Marktpreis 10.000 € erhält.

13   Streitig ist, ob in einer solchen Konstellation § 288 zumindest dann eingreift, wenn der Schuldner das Geld zum Nachteil der Gläubiger sofort ausgeben will (so *BGH* NJW 1953, 1152, 1153); richtigerweise muss auf den Zeitpunkt abgestellt werden, in dem das Geld tatsächlich ausgegeben wird (Sch/Sch/*Heine/Hecker,* § 288 Rn. 12; LK/*Schünemann,* 12. Aufl. § 288 Rn. 28).

14   Geht es zweitens um die Herausgabe einer bestimmten Sache (§ 883 ZPO), so versteht es sich von selbst, dass ein etwaiger „Wertausgleich" keine Rolle spielt. Das Gleiche gilt, wenn der Schuldner eine wegen einer Geldforderung wirksam gepfändete Sache weiter veräußert; denn jedenfalls bei gutgläubigem Erwerb nach § 936 BGB verliert der Gläubiger seine sichere Pfandrechtsposition, für die auch ein „Wertausgleich" kein adäquater Ersatz ist (dazu *Geppert,* Jura 1987, 429 f.).

15   Drittens: Befriedigt der Schuldner einen Gläubiger, so stellt dies kein tatbestandsmäßiges Veräußern dar, wenn der Gläubiger auf die Leistung zu dieser Zeit und in dieser Art einen Anspruch hat (sog. **kongruente Deckung**). Haben mehrere Gläubiger einen in diesem Sinne fälligen Anspruch, so schützt § 288 nicht davor, dass bei der Befriedigung eine bestimmte Rangfolge eingehalten wird.

2. Beiseiteschaffen

Ein Beiseiteschaffen liegt in jeder Handlung, durch die ein Gegen- 16
stand der Zwangsvollstreckung tatsächlich entzogen wird (*BGH* GA
1965, 309, 310). Dies kann z. B. durch Verstecken geschehen. Ebenso
reicht das Zerstören einer Sache aus. Dagegen verbietet es der Wortlaut, auch das Beschädigen als Beiseiteschaffen zu verstehen; denn die
bloße Beschädigung schließt den Vollstreckungszugriff auf die Sache
nicht aus.

So zutreffend die h. M.; LK/*Schünemann*, 12. Aufl. § 288 Rn. 32; A/W/
Heinrich, BT, § 16 Rn. 42; Sch/Sch/*Heine/Hecker*, § 288 Rn. 14.

V. Subjektiver Tatbestand

Abgesehen vom üblichen Vorsatz bezüglich der objektiven Tatbe- 17
standsmerkmale muss der Täter die Absicht haben, die Befriedigung
des Gläubigers zu vereiteln. Für diese Absicht reicht neben dem zielgerichteten Wollen (dolus directus 1. Grades) auch der dolus directus
2. Grades aus, also die sichere (und vom Willen umfasste) Voraus-
sicht, dass der Vereitelungserfolg eintreten wird.

Im Übrigen muss im Regelfall (Befriedigung wegen Geldforderun- 18
gen gemäß §§ 803 ff. ZPO) die Absicht darauf gerichtet sein, durch
Entziehung von Vermögensbestandteilen die Vermögenswerte so zu
reduzieren, dass die volle Befriedigung des Gläubigers im Wege der
Einzelzwangsvollstreckung nicht mehr gewährleistet ist, somit – und
sei es auch nur zeitweise – **allgemein vereitelt** wird. Dazu ein

Beispiel: G hat gegen S eine Forderung über 10.000 € und diesbezüglich 19
Klage erhoben. An pfändbarem Vermögen besitzt S eine Briefmarken- und
eine Münzsammlung im Wert von je 15.000 €. Da S die Briefmarkensammlung
über alles liebt und auch G Briefmarken (aber nicht Münzen) sammelt, versteckt S die Briefmarkensammlung, um sie dem Vollstreckungszugriff des G
zu entziehen. – S schafft zwar angesichts einer ihm drohenden Zwangsvollstreckung Vermögensbestandteile beiseite, hat aber, da in Höhe von 15.000 €
ein Zugriff des G möglich bleibt, nicht die Absicht, die Befriedigung des G
generell zu vereiteln. § 288 schützt nicht ein etwaiges Interesse des Gläubigers,
sich aus einem bestimmten Vermögensstück zu befriedigen.

Auf ganz bestimmte Vermögensstücke erstreckt sich das Befriedi- 20
gungsrecht des Gläubigers nur dann, wenn wie bei der Herausgabe-
vollstreckung gemäß § 883 ZPO die Herausgabe eines bestimmten
Gegenstandes geschuldet wird oder der Gegenstand bereits mit einem

Pfändungspfandrecht belastet ist. In solchen Fällen ist das Befriedigungsrecht des Gläubigers auf eine bestimmte Sache konkretisiert; hier spielen im Rahmen der Absicht alternative Befriedigungsmöglichkeiten keine Rolle (vgl. auch → Rn. 14).

Empfehlungen zur vertiefenden Lektüre:
Literatur: *Geppert*, Vollstreckungsvereitelung (§ 288 StGB) und Pfandkehr (§ 289 StGB), Jura 1987, 427 ff.

§ 28. Pfandkehr (§ 289)

Fall 1: Rentner R hat als Tourist zwei Tage im Hotel des G übernachtet. Beim Frühstück beschließt er, nicht zu bezahlen. Er packt seine Sachen (Kleider, Smartphone, Digitalkamera) in seinen Koffer und verlässt damit in einem unbeobachteten Augenblick das Hotel. → Rn. 15

I. Grundlagen und Aufbaufragen

1   Der Tatbestand des § 289 – zu eng als „Pfand"kehr bezeichnet – ist in gewisser Weise dem Diebstahl nachkonstruiert. Die Vorschrift ergänzt den Individualschutz in Fällen, in denen der Tatbestand des § 242 insbesondere an den Merkmalen der „fremden" Sache oder der Zueignungsabsicht scheitert. § 289 schützt private Pfand-, Besitz- und andere Gläubigerrechte gegen eigenmächtige Vereitelungshandlungen durch den Eigentümer oder zugunsten des Eigentümers. – Es empfiehlt sich folgendes

2	**Aufbauschema (§ 289)**

	I. Tatbestandsmäßigkeit
	  1. Objektiver Tatbestand
	    a) Geschütztes Recht an
	      aa) einer eigenen oder
	      bb) fremden beweglichen Sache, die
	    b) der Eigentümer oder ein Dritter zugunsten des Eigentümers
	    c) dem Rechtsinhaber wegnimmt (= auch ohne Gewahrsamsbruch aus dem tatsächlichen Machtbereich des Berechtigten entfernt; h. M.).

2. Subjektiver Tatbestand
   a) Vorsatz
   b) Rechtswidrige Absicht (dolus directus 1. oder 2. Grades), das fremde Recht im Widerspruch zur Rechtsordnung zu vereiteln
 II. Rechtswidrigkeit
III. Schuld

II. Geschützte Rechte

Entstehungsgrund und Natur der geschützten Rechte spielen keine **3** Rolle. In Betracht kommen dingliche und persönliche, privat- und öffentlichrechtliche Rechte, die z. B. durch Gesetz, Vertrag oder letztwillige Verfügung begründet worden sind.

Im Einzelnen: Zu den **Nutznießungsrechten** zählt etwa der Nieß- **4** brauch an Sachen (§§ 1030 ff. BGB). Typische **Gebrauchsrechte** sind diejenigen des Mieters, Pächters, Entleihers und auch des Vorbehaltskäufers, der ein Anwartschaftsrecht hat. Zu den **Zurückbehaltungsrechten** gehören die gesetzlichen (vor allem § 273 BGB) wie die vertraglich eingeräumten Zurückbehaltungsrechte.

Wer individualisiertes Leergut entwendet, um es als eigenes Pfandgut zu- **5** rückzugeben (zu § 242 siehe → § 2 Rn. 134), verletzt dadurch zwar das Gebrauchsrecht des Besitzers, doch handelt er ausschließlich im eigenen Interesse und daher nicht zumindest auch „zugunsten" des Eigentümers (*LG Saarbrücken* NStZ-RR 2019, 45, 46; *Seher*, JuS 2002, 104; *Geppert*, JK 6/06, StGB, § 242/24; a. A. *Hellmann*, JuS 2001, 355).

Besondere Bedeutung haben die **Pfandrechte**. Dazu zählen nicht **6** nur die **rechtsgeschäftlich** eingeräumten Pfandrechte (§§ 1204 ff. BGB), sondern auch die **gesetzlichen** Pfandrechte, namentlich das Vermieterpfandrecht (§ 562 BGB) sowie das Unternehmerpfandrecht (§ 647 BGB).

Beispiel: A hat seinen Pkw von der Firma X reparieren lassen. Erschreckt **7** über die hohen Reparaturkosten fährt er am Abend, ohne zuvor die Rechnung bezahlt zu haben, mit Hilfe eines Zweitschlüssels den Pkw vom Firmengelände.

A erfüllt den objektiven Tatbestand des § 289, indem er der Firma X als Pfandgläubigerin (§ 647 BGB) seinen Pkw wegnimmt und zudem ihr Zurückbehaltungsrecht (§ 273 BGB) verletzt. Anders als bei den besitzlosen Pfandrechten (vgl. → Rn. 15) bereitet es auch keine großen Schwierigkeiten, den Vorsatz zu begründen; denn ein Täter wie A, der eine Gewahrsamsschranke überwinden muss, weiß normalerweise, dass für den Unternehmer der Besitz an der reparierten Sache ein Druck- und Sicherungsmittel, eben ein „Pfand" ist (vgl. auch *OLG Düsseldorf* NJW 1989, 115, 116 bezüglich der Entwendung eines entwickelten Films).

8	Umstritten ist, ob § 289 auch für das **Pfändungspfandrecht** (§ 804 ZPO) gilt. Eine Minderheitsmeinung verneint dies mit der Begründung, dass insoweit der Tatbestand des § 136 I (dazu *Rengier*, BT II, § 58 Rn. 1 ff.) eine abschließende und vorgehende Regelung enthalte. Indes schützen § 136 I und § 289 verschiedene Rechtsgüter, nämlich einerseits die hoheitliche Verstrickung und andererseits das private Sicherungsinteresse. Für die h. M., die das Pfändungspfandrecht einbezieht, spricht ferner, dass es keinen einleuchtenden Grund gibt, den gegenüber § 136 I strengeren § 289 (Strafrahmen, Versuchsstrafbarkeit) gerade beim praktisch besonders relevanten Pfändungspfandrecht nicht anzuwenden (zur h. M. LK/*Schünemann*, 12. Aufl. § 289 Rn. 6; *Geppert,* Jura 1987, 432 f.).

9	Von diesem Standpunkt aus ist weiter zu beachten, dass der Streit um die Rechtsnatur des Pfändungspfandrechts die Reichweite des § 289 beeinflusst. Nach der öffentlichrechtlichen Theorie hängt die Entstehung des Pfändungspfandrechts allein von der wirksamen Verstrickung ab, so dass, sobald der Schutz des § 136 I eingreift (näher *Rengier*, BT II, § 58 Rn. 1 ff.), gleichzeitig ein unter § 289 fallendes Pfandrecht vorliegt. Dagegen kommt es nach der – im Zivilrecht wohl herrschenden – gemischt privat-öffentlich-rechtlichen Theorie entsprechend §§ 1204, 1205 BGB zusätzlich auf das Bestehen der titulierten Forderung und auf das Eigentum des Vollstreckungsschuldners an.

Zum Meinungsstand MüKo-ZPO/*Gruber*, 6. Aufl. 2020, § 804 Rn. 4 ff., 15 ff.; *Brox/Walker*, Zwangsvollstreckungsrecht, 12. Aufl. 2021, § 14 Rn. 31 ff.

III. Merkmal „Wegnahme"

10	Der Begriff der Wegnahme ist von § 242 her bekannt (→ § 2 Rn. 22 ff.). Wird fremder Gewahrsam gebrochen und neuer begründet, so liegt unproblematisch auch eine Wegnahme im Sinne des

§ 289 vor. Im Einzelnen freilich konkurrieren vor allem zwei Meinungen:

Die engste Ansicht interpretiert die Wegnahmebegriffe von § 289 **11** und § 242 gleich. Sie verweist weniger auf den übereinstimmenden Wortlaut als darauf, dass der Schutz besitzloser Pfandrechte von vornherein schwächer ausgeprägt sei und die gegenüber den §§ 136, 288 erhöhte Strafe nur mit einem besonderen Unrechtselement, nämlich dem Bruch fremden Gewahrsams zu erklären sei.

Laubenthal, JA 1990, 41 f.; *Otto,* Jura 1992, 667; NK/*Gaede,* § 289 Rn. 11; *Nicolai/Oglakcioglu,* JA 2021, 218 f.

Die Rechtsprechung und ein Teil des Schrifttums lösen sich von **12** der Parallele zu § 242 und sehen als Wegnahme jede räumliche Entfernung der Sache aus dem tatsächlichen Machtbereich des Berechtigten an, ein Machtbereich, für den ein besitzähnliches Herrschaftsverhältnis genügt. Danach sind die besitzlosen Pfandrechte des Vermieters (§ 562 BGB), Verpächters (§ 592 BGB) und Gastwirts (§ 704 BGB) in den Schutzbereich des § 289 einbezogen. Diese Meinung verdient den Vorzug. Sie ist mit dem Wortlaut vereinbar, entspricht der Gleichwertigkeit aller Pfandrechte, wird dem Schutzgut des Tatbestandes gerecht und schließt Strafbarkeitslücken, welche die §§ 136, 288 hinterlassen.

Wie hier *BayObLG* NJW 1981, 1745, 1746; Sch/Sch/*Heine/Hecker,* § 289 Rn. 9; *Geppert,* Jura 1987, 433 f.; W/H/S/*Schuhr,* BT 2, Rn. 494; *Mitsch,* BT 2, 911 ff. und JuS 2004, 325 f. mit Falllösung.

Allerdings greift § 289 bei einer Pfändung gemäß § 808 II 2 ZPO nicht mehr **13** (Falllösung bei *Geppert,* Jura 1987, 108 f.); denn hierdurch wird kein ausreichender tatsächlicher Machtbereich des Gläubigers geschaffen (a. A. LK/*Schünemann,* 12. Aufl. § 289 Rn. 14).

IV. Subjektiver Tatbestand

Neben dem Vorsatz erfordert der subjektive Tatbestand ein Handeln in „rechtswidriger Absicht". Für diese Absicht reicht nach **14** h. M. wie bei § 288 (→ § 27 Rn. 17) auch der dolus directus 2. Grades aus. Im Übrigen muss die Absicht einen „rechtswidrigen" Inhalt haben, d. h. darauf gerichtet sein, das fremde Recht im Widerspruch zur Rechtsordnung – auch nur teilweise oder vorübergehend – zu vereiteln.

Siehe hierzu K/H/H/*Hellmann*, BT 2, Rn. 460; *Lackner/Kühl*, § 289 Rn. 4; W/H/S/*Schuhr*, BT 2, Rn. 495; MüKo/*Maier*, § 289 Rn. 20 f.; *Böse/Keiser*, JuS 2005, 442 f. mit Falllösung.

15 Im **Fall 1** muss zunächst geprüft werden, ob und inwieweit G ein Pfandrecht gemäß § 704 Satz 1 BGB hat. Dabei gelangt man über § 704 Satz 2 i. V. m. § 562 I 2 BGB zu § 811 I Nr. 1a ZPO. Danach sind die Kleidung und das Smartphone der Pfändung nicht unterworfen. Hingegen fällt die Digitalkamera nicht unter § 811 I Nr. 1a ZPO und ist pfändbar. Der Koffer gehört aber wieder zu den unpfändbaren Sachen (zu § 811 I Nr. 1 a. F. ZPO vgl. *Gruber*, wie → Rn. 9, § 811 Rn. 17 ff., 41 ff.). Im Ergebnis hat G auf jeden Fall ein Pfandrecht an der Digitalkamera.

Ob R die Kamera dem G „weggenommen" hat, hängt, da G an den Sachen seiner Gäste normalerweise keinen (Mit-)Gewahrsam erlangt, davon ab, wie man den Wegnahmebegriff des § 289 definiert. Bejaht man richtigerweise losgelöst von § 242 eine Wegnahme, so gelangt man zum subjektiven Tatbestand. Insoweit wird man hier bei der Verletzung besitzloser Pfandrechte – anders als beim Unternehmerpfandrecht (→ Rn. 6 f.) – vorsätzliches Handeln nicht ohne weiteres annehmen können; denn es versteht sich nicht von selbst, dass einem Täter wie R aufgrund allgemeiner Lebenserfahrung zumindest nach Laienart bewusst ist, ein Sicherungsrecht des G zu verletzen.

Empfehlungen zur vertiefenden Lektüre:
Rechtsprechung: *BayObLG* NJW 1981, 1745 (Begriff der Wegnahme).
Literatur: *Geppert*, Vollstreckungsvereitelung (§ 288 StGB) und Pfandkehr (§ 289 StGB), Jura 1987, 427, 432 ff.; *Laubenthal*, Einheitlicher Wegnahmebegriff im Strafrecht?, JA 1990, 38 ff.; *Otto*, Der Wegnahmebegriff in §§ 242, 289, 168, 274 Abs. 1 Nr. 3 StGB, § 17 Abs. 2 Nr. 1c UWG, Jura 1992, 666 ff.

§ 29. Jagdwilderei (§ 292)

I. Grundlagen

1 Wilde Tiere in Freiheit sind herrenlos (§ 960 I 1 BGB) und können daher nicht Tatobjekt der §§ 242, 246 sein; etwas anderes gilt nur für – z. B. in Tiergärten – gefangene wilde Tiere (§ 960 I 2 BGB).

§ 292 schützt unstreitig das Aneignungsrecht des Jagdausübungsberechtigten, nach zutreffender Ansicht (vgl. § 1 I, II BJagdG) aber auch das Interesse der Allgemeinheit an der Hege, d. h. an dem Schutz und der Pflege wildlebender Tiere, die dem Jagdrecht unterliegen.

Ebenso W/H/S/*Schuhr*, BT 2, Rn. 470; *Lackner/Kühl*, § 292 Rn. 1; MüKo/ *Zeng*, § 292 Rn. 1. – A. A. Sch/Sch/*Heine/Hecker*, § 292 Rn. 1; NK/*Gaede*, § 292 Rn. 1; SSW/*Kudlich*, § 292 Rn. 1.

II. Objektiver Tatbestand

Der Tatbestand des § 292 I enthält zwei Alternativen: Die Nr. 1 be- **2** zieht sich ausschließlich auf *lebendes* Wild (vgl. § 1 I BJagdG), während die Nr. 2 *totes* Wild und Sachen erfasst, die dem Jagdrecht unterliegen. Beide Alternativen setzen eine Verletzung fremden Jagdrechts voraus.

Zu Abs. 1 Nr. 1: Das geschützte Wild führt § 2 BJagdG im Einzel- **3** nen auf (z. B. Rehwild, Feldhase, Fuchs, Wildente). Von den Tathandlungen der Nr. 1 bedarf vor allem das **Nachstellen** der Erläuterung. Das Nachstellen ist ein sog. „unechtes" Unternehmensdelikt (zum „echten" siehe § 11 I Nr. 6). Es erfasst alle Handlungen, die der unmittelbaren Durchführung der anderen Tatmodalitäten (Fangen, Erlegen oder Sichzueignen) dienen. Für das Nachstellen und damit für eine *vollendete* (!) Wilderei genügen also beispielsweise das Durchstreifen des Jagdgebietes mit einsatzbereiten Jagdwaffen, ein entsprechendes Auflauern sowie das Legen von Ködern und Schlingen.

Näher Sch/Sch/*Heine/Hecker*, § 292 Rn. 12; *Mitsch*, BT 2, 864 ff.; NK/ *Gaede*, § 292 Rn. 22 f.; *Geppert*, Jura 2008, 600 f.

Zu Abs. 1 Nr. 2: Erfasst sind in erster Linie das *tote* Wild und die **4** Eier von Federwild (§ 1 V BJagdG). Man denke etwa an die Zueignung von Wild, das infolge von Verkehrsunfällen verendet ist.

Zur Verletzung fremden Jagdrechts oder Jagdausübungsrechts: 5 Dieses Recht steht grundsätzlich dem Grundstückseigentümer zu, kann aber auch namentlich im Wege der Jagdpacht auf Dritte übertragen werden (vgl. §§ 3, 7, 11 BJagdG). Das fremde Jagdrecht kann sich nur auf herrenlose Objekte beziehen. Es erlischt, sobald irgendwer Eigentum erwirbt. In Betracht kommt vor allem der Jagdausübungsberechtigte, der sein Aneignungsrecht ausübt (§ 958 BGB). Ferner können gutgläubige Dritte nach den §§ 932 ff. BGB – auch vom Wilderer – Eigentum erwerben (§ 935 I BGB greift bei Wilderei *nicht* ein). Schließlich ist an die Verarbeitung (§ 950 BGB) zu denken. Hat jemand Eigentum erworben, so scheidet § 292 aus; an seine Stelle treten die Eigentumsdelikte.

Besonders früh beginnt der Eigentumsschutz, wenn man mit einer Minder- **6** heitsmeinung für den Eigentumserwerb durch den Jagdausübungsberechtigten im Wege des § 958 BGB eine Aneignung durch jedermann, insbesondere durch den Wilderer, genügen lässt (*Baur/Stürner*, Sachenrecht, 18. Aufl. 2009,

§ 53 Rn. 73). Indes hat sich diese Ansicht, die vor allem in Irrtumsfällen (→ Rn. 8 ff.) Bedeutung gewinnt, schon wegen des entgegenstehenden Wortlauts zu Recht nicht durchgesetzt (zur Diskussion siehe *Wessels*, JA 1984, 223 f.; *Geppert*, Jura 2008, 602 f.).

7   Die Verletzung fremden Jagdrechts stellt ein **disponibles** Tatbestandsmerkmal dar. Daher handelt ein Jagdgast nicht tatbestandsmäßig, der im Rahmen der vom Berechtigten erteilten Jagderlaubnis die Jagd ausübt.

Schließlich ist für die Verletzung des Jagdrechts der **Standort des Wildes** entscheidend. Wer in seinem Jagdrevier ein Reh anschießt, das verletzt über die Reviergrenze wechselt, und dann das verendete Tier sich zueignet, erfüllt § 292 I Nr. 2, falls nicht eine besondere Wildfolgevereinbarung besteht (*BayObLG* GA 1993, 121).

III. Irrtumsfälle

8   Einer breiteren Diskussion erfreuen sich bestimmte Irrtumsfragen. Auf dem Boden üblicher allgemeiner Lehren gelangt man hier immer zu vertretbaren Ergebnissen.

Beispiele: Spaziergänger S findet in der Nähe eines Hochsitzes einen erlegten Feldhasen, den er mitnimmt und sich zueignet. Den Hasen hat (1) der Jagdberechtigte J, (2) der Wilderer W geschossen und dort vorübergehend abgelegt.

Im Beispiel (1) erfüllt S wegen der bereits erfolgten Aneignung (§ 958 BGB) den objektiven Tatbestand des § 242. Im Beispiel (2) bleibt der Hase nach der zutreffenden h. M. herrenlos (§ 958 II BGB), so dass S objektiv § 292 I Nr. 2 verwirklicht; nur nach der Minderheitsmeinung (→ Rn. 6), die J auch bei einer Aneignung durch W Eigentümer werden lässt, gelangt man wieder zu § 242.

9   Was den **Vorsatz** in beiden Varianten anbelangt, so kann wie folgt unterschieden werden:

Die Strafbarkeit des S aus dem jeweils objektiv verwirklichten Delikt ist zu bejahen, wenn er mit alternativem Vorsatz gehandelt hat (vgl. *Rengier*, AT, § 14 Rn. 57 ff.).

Geht im Beispiel (1) S subjektiv von einer Wilderei aus, entfällt bezüglich des objektiv gegebenen § 242 gemäß § 16 I 1 der Vorsatz (a. A. die Minderheitsmeinung); denn die Vorstellung, ein fremdes Aneignungsrecht zu verletzen, umfasst nicht die Vorstellung, Eigentum zu verletzen. § 292 I Nr. 2 scheidet schon objektiv aus, weil der Hase im Eigentum des J steht. Der vorliegende (untaugliche) Versuch einer Jagdwilderei ist straflos (§§ 12 II, 23 I).

Sieht im Beispiel (2) S subjektiv den berechtigten J als Schützen an, 10 so gelangt man auf jeden Fall zu einem untauglichen Versuch der §§ 242, 22 (nach der Minderheitsmeinung zum vollendeten Diebstahl). Bezüglich des objektiv erfüllten § 292 I Nr. 2 ist der Vorsatz fraglich. Manche bejahen den Wildereivorsatz – und damit auch eine vollendete Wilderei – mit der Begründung, der Diebstahlsvorsatz schließe als „Plus" den Willen zur Verletzung des Aneignungsrechts als „Minus" mit ein (so etwa *Lackner/Kühl*, § 292 Rn. 5). Überzeugender ist aber die Ansicht, die nur aus den §§ 242, 22 bestraft. Wenn nämlich § 292 neben dem Aneignungsrecht ebenso die Hege schützt (→ Rn. 1), stimmt die „Plus-Minus-Theorie" nicht mehr.

Zumindest im Ergebnis ebenso W/H/S/*Schuhr*, BT 2, Rn. 481 f.; *Mitsch*, BT 2, 874 f.; K/H/H/*Hellmann*, BT 2, Rn. 444 ff.; NK/*Gaede*, § 292 Rn. 34; SSW/*Kudlich*, § 292 Rn. 18.

Empfehlungen zur vertiefenden Lektüre:
Literatur: *Geppert*, Straf- und zivilrechtliche Fragen zur Jagdwilderei (§ 292 StGB), Jura 2008, 599 ff.; *Wessels*, Probleme der Jagdwilderei und ihrer Abgrenzung zu den Eigentumsdelikten, JA 1984, 221 ff.

Stichwortverzeichnis

Die **fett** gesetzten Zahlen verweisen auf die Paragrafen des Buches,
die mageren auf deren Randnummern.